2022

中国第三产业统计年鉴

CHINA STATISTICAL YEARBOOK OF THE TERTIARY INDUSTRY

国 家 统 计 局　编
Compiled by National Bureau of Statistics

中国统计出版社
China Statistics Press

图书在版编目（CIP）数据

中国第三产业统计年鉴 . 2022 = China Statistical Yearbook of the Tertiary Industry 2022 / 国家统计局编 . -- 北京 : 中国统计出版社 , 2022.12
ISBN 978-7-5230-0057-1

I. ①中 … II. ①国 … III. ①第三产业－经济统计－统计资料－中国－ 2022 －年鉴 IV. ① F264.1-66

中国版本图书馆 CIP 数据核字 (2022) 第 226322 号

中国第三产业统计年鉴 2022

作　　者 / 国家统计局
责任编辑 / 李　冲　佘竞雄
装帧设计 / 李雪燕
出版发行 / 中国统计出版社有限公司
通信地址 / 北京市丰台区西三环南路甲 6 号　邮政编码 /100073
发行电话 / 邮购（010）63376909　书店（010）68783171
网　　址 / http://www.zgtjcbs.com
印　　刷 / 河北鑫兆源印刷有限公司
经　　销 / 新华书店
开　　本 / 880×1230 毫米　1/16
字　　数 / 1000 千字
印　　张 / 41.25
版　　别 / 2022 年 12 月第 1 版
版　　次 / 2022 年 12 月第 1 次印刷
定　　价 / 320.00 元

《中国第三产业统计年鉴 2022》

编委会和编辑工作人员

编者说明

一、《中国第三产业统计年鉴 2022》收录了全国和各省、自治区、直辖市2021年第三产业的统计数据以及部分历史数据，是一部反映中华人民共和国第三产业发展全面情况的资料性年刊。

二、本年鉴正文内容分为 9个篇章：1.第三产业单位数；2.第三产业就业人员数；3.第三产业增加值；4.第三产业固定资产投资；5.第三产业双向投资与服务贸易进出口情况；6.第三产业能源消费情况；7.第三产业分行业主要指标；8.派生产业情况；9.港澳台第三产业情况。附录部分包括 3个篇章：1.世界及主要国家第三产业统计资料摘要；2.中国服务业采购经理指数及世界主要经济体的相关情况；3.部分国家服务业生产指数月度增速。各篇章前设有《简要说明》，对本篇章的主要内容、资料来源、统计范围、统计方法以及历史变动情况予以简要概述，篇末附有《主要统计指标解释》。

三、本年鉴所涉及的全国性统计数据，除森林面积和森林覆盖率外，均未包括香港、澳门特别行政区和台湾省数据。

四、香港、澳门特别行政区的统计是构成国家统计总体的一部分。但根据《中华人民共和国香港特别行政区基本法》和《中华人民共和国澳门特别行政区基本法》的有关原则，香港、澳门与内地是相对独立的统计区域，根据各自不同的统计制度和法律规定，独立进行统计工作。本年鉴中香港、澳门特别行政区统计资料分别由香港特别行政区政府统计处、澳门特别行政区政府统计暨普查局提供，国家统计局国际统计信息中心负责整理、编辑。

五、台湾省数据来自台湾省“行政院主计处”统计资料，国家统计局国际统计信息中心负责整理、编辑。

六、与 2021年版《中国第三产业统计年鉴》相比较，本年鉴主要做了如下修订：

（一）删除表式：

1.第七篇章“第三产业分行业主要指标”的“交通运输、仓储和邮政业”

章节中，因部门统计制度调整，删除“省会城市和计划单列市公共交通运营线路总长度（年底数）”“省会城市和计划单列市公共交通运营车（船）拥有量（年底数）”“省会城市和计划单列市公共交通客运量”三张表。

2.第七篇章“第三产业分行业主要指标”的“教育”章节中，因部门表式调整，删除“研究生和留学人员情况”一张表。

3.第九篇章“港澳台第三产业情况”的“台湾第三产业情况”章节中，因表式内容调整，删除“国际收支平衡表”一张表。

（二）数据更新：

国际旅游等部分数据在疫情期间不再对外公布，相关表式仍沿用往年数据。

七、本年鉴中凡未注明年份的数据，均指2020年的数据。

八、本年鉴所使用的度量衡单位，均采用国际统一标准计量单位。

九、本年鉴中部分数据合计数或相对数由于计量单位取舍不同而产生的计算误差，均未做机械调整。

十、符号使用说明：年鉴各表中的“空格”表示该项统计指标数据不足本表最小单位数、数据不详或无该项数据；“#”表示其中的主要项。港澳台部分的符号使用方法具体见其篇章说明。

目　录

一、第三产业单位数

二、第三产业就业人员数

三、第三产业增加值

四、第三产业固定资产投资

七、第三产业分行业主要指标

八、派生产业情况

附录一、世界及主要国家第三产业统计资料摘要

附录二、中国服务业采购经理指数及世界主要经济体的相关情况

附录三、部分国家服务业生产指数月度增速

1 第三产业单位数

简要说明

一、主要内容

本篇资料通过对一定时期第三产业法人单位数量上的描述，反映报告期内第三产业法人单位的数量变化。

二、统计范围与统计口径

第三产业基本单位统计范围包括：我国境内从事社会经济第三产业活动的法人单位，未包括香港、澳门特别行政区和台湾省。

三、资料来源

第三产业基本单位统计 2004 年、2008 年、2013 年和 2018 年的数据，来源于第一次、第二次、第三次和第四次全国经济普查数据，其余年份来源于基本单位统计年报数据，普查年份没有年报数据。

社会组织和自治组织单位数由民政部提供。

1-1 第三产业法人单位数及所占比重

单位：个

年份	全部法人单位数	第一产业	第二产业	第三产业	第三产业法人单位数所占比重(%)
2005	5647823	68800	1733605	3845418	68.1
2006	6068912	78205	1889475	4101232	67.6
2007	6495064	98546	2039702	4356816	67.1
2008	7214683	117941	2200376	4896366	67.9
2009	8003868	184764	2386389	5432715	67.9
2010	8754588	242429	2568818	5943341	67.9
2011	9593729	321086	2758483	6514160	67.9
2012	10616530	440853	2949694	7225983	68.1
2013	11258282	434486	2743347	8080449	71.8
2014	13701440	773414	3244154	9683872	70.7
2015	15729199	1005230	3544975	11178994	71.1
2016	18191382	1262764	3953940	12974678	71.3
2017	22009092	1670774	4731349	15606969	70.9
2018	23481046	1694997	4626235	17159814	73.1
2019	25280211	1642773	5063303	18574135	73.5
2020	29389255	1827421	5904042	21657792	73.7
2021	32866972	1915236	6697618	24254118	73.8

注：根据相关统计资料对2008年、2013年和2018年的全部法人单位数、第一产业法人单位数和第三产业法人单位数所占比重进行了修正。

1-2 第三产业按行业、东中西部以及东北地区分组的法人单位数

单位：个

行业	法人单位数				
		东部地区	中部地区	西部地区	东北地区
合计	**24254118**	**13341829**	**5340715**	**4524896**	**1046678**
农、林、牧、渔专业及辅助性活动	273965	77486	110889	61105	24485
开采专业及辅助性活动	5823	675	491	4154	503
金属制品、机械和设备修理业	48041	28260	8944	7871	2966
批发和零售业	**9575504**	**5544340**	**2038314**	**1605371**	**387479**
批发业	5227545	3235505	1006699	763540	221801
零售业	4347959	2308835	1031615	841831	165678
交通运输、仓储和邮政业	**858447**	**464977**	**186902**	**157420**	**49148**
铁路运输业	2754	1196	623	774	161
道路运输业	550333	275058	135564	108340	31371
水上运输业	18830	12111	3633	2333	753
航空运输业	4361	2338	696	1017	310
管道运输业	573	303	139	108	23
多式联运和运输代理业	161857	115102	20273	19290	7192
装卸搬运和仓储业	89418	45294	19526	17467	7131
邮政业	30321	13575	6448	8091	2207
住宿和餐饮业	**583028**	**301875**	**122419**	**141008**	**17726**
住宿业	159369	72029	34408	46753	6179
餐饮业	423659	229846	88011	94255	11547
信息传输、软件和信息技术服务业	**1488072**	**864558**	**344249**	**221992**	**57273**
电信、广播电视和卫星传输服务	34228	15697	8088	8073	2370
互联网和相关服务	211260	115770	53443	34951	7096
软件和信息技术服务业	1242584	733091	282718	178968	47807
金融业	**149813**	**99299**	**18105**	**25364**	**7045**
货币金融服务	42604	21126	7033	10851	3594
资本市场服务	68885	56976	4203	6695	1011
保险业	20149	9419	4397	4635	1698
其他金融业	18175	11778	2472	3183	742
房地产业	**1038260**	**550474**	**226566**	**209761**	**51459**
房地产业	1038260	550474	226566	209761	51459
租赁和商务服务业	**3876456**	**2188053**	**835823**	**711112**	**141468**
租赁业	405654	179564	113369	95062	17659
商务服务业	3470802	2008489	722454	616050	123809
科学研究和技术服务业	**2053759**	**1295535**	**403609**	**279123**	**75492**
研究和试验发展	263161	188102	40414	22160	12485
专业技术服务业	804287	455872	172742	143494	32179
科技推广和应用服务业	986311	651561	190453	113469	30828
水利、环境和公共设施管理业	**250799**	**114991**	**66874**	**58452**	**10482**
水利管理业	22666	7978	6307	6915	1466
生态保护和环境治理业	32803	15603	7861	8132	1207
公共设施管理业	145192	68105	38990	32231	5866
土地管理业	50138	23305	13716	11174	1943
居民服务、修理和其他服务业	**667130**	**349526**	**136064**	**155182**	**26358**
居民服务业	301940	161928	57804	69991	12217
机动车、电子产品和日用产品修理业	236058	117576	49086	60048	9348
其他服务业	129132	70022	29174	25143	4793
教育	**793247**	**345643**	**203823**	**196646**	**47135**
教育	793247	345643	203823	196646	47135
卫生和社会工作	**296031**	**133076**	**70510**	**69490**	**22955**
卫生	197937	80283	49695	52221	15738
社会工作	98094	52793	20815	17269	7217
文化、体育和娱乐业	**766821**	**434591**	**166135**	**138089**	**28006**
新闻和出版业	10816	5854	2229	2142	591
广播、电视、电影和录音制作业	114381	67133	23042	20585	3621
文化艺术业	262291	161267	51059	41542	8423
体育	86136	49338	17109	16050	3639
娱乐业	293197	150999	72696	57770	11732
公共管理、社会保障和社会组织	**1528922**	**548470**	**400998**	**482756**	**96698**
中国共产党机关	33099	9477	7888	12695	3039
国家机构	427705	120565	115451	155987	35702
人民政协、民主党派	5850	1866	1375	2045	564
社会保障	10763	2773	3304	3918	768
群众团体、社会团体和其他成员组织	421711	170673	97452	135833	17753
基层群众自治组织	629794	243116	175528	172278	38872

1-3 各地区第三产业法人单位数

单位：个

地 区	2014	2015	2016	2017	2018	2019	2020	2021
全 国	**9683872**	**11178994**	**12974678**	**15606969**	**17159814**	**18574135**	**21657792**	**24254118**
北 京	598321	641029	646874	654823	927890	850010	1100792	1212471
天 津	196037	243372	303998	347974	232920	247559	291270	320455
河 北	360865	425143	524464	766990	835062	880101	970662	1051670
山 西	204219	261897	349239	424346	388779	456179	563170	654041
内蒙古	156062	170668	197767	229568	246973	270022	309711	356033
辽 宁	360057	399774	435068	480409	469476	450692	545867	570886
吉 林	125444	132071	141384	149117	154409	154230	172690	223094
黑龙江	153845	165123	183182	234967	212740	207229	239630	252698
上 海	330431	343605	357385	376332	376014	407213	451529	458521
江 苏	852005	1009469	1279916	1604092	1419897	1603491	1754201	2146581
浙 江	723735	821291	951472	1190194	1064583	1332836	1634880	1799374
安 徽	321755	388957	452152	594467	632607	661092	809714	920156
福 建	388842	461980	532297	620532	547347	707731	881956	1070335
江 西	227755	266812	318382	389056	353752	392322	532363	614162
山 东	750280	917722	1189066	1429606	1362081	1664599	2048424	2359360
河 南	449315	559206	620138	713946	1055586	1065184	1234139	1447943
湖 北	424391	507983	576338	687379	696763	766643	890734	1004301
湖 南	327002	356272	420047	506224	519608	511960	626793	700112
广 东	877443	955114	1043763	1351026	2430350	2563447	2690429	2768676
广 西	247266	297964	348074	396587	423728	484926	574541	649648
海 南	46701	56616	63470	75423	86417	98620	111588	154386
重 庆	257403	306389	359017	405566	434842	438105	477551	547179
四 川	353117	373418	407564	460213	642310	652845	695234	719075
贵 州	138414	169309	207802	270199	276301	291882	342501	410502
云 南	207876	271033	323837	404836	382565	408469	538791	568105
西 藏	21882	22197	22271	21988	35024	34565	34959	37419
陕 西	237044	268960	291702	330621	428458	431210	499944	524134
甘 肃	128036	141071	150573	156968	198501	184404	205597	230890
青 海	35818	39667	43567	71654	62011	67816	78368	87388
宁 夏	39976	47279	57410	63232	57010	79495	94934	113159
新 疆	142535	157603	176459	198634	205810	209258	254830	281364

1-4 各地区第三产业法人单位数及所占比重

单位：个

地区	全部法人单位数	第一产业	第二产业	第三产业	第三产业法人单位数所占比重(%)
全国	**32866972**	**1915236**	**6697618**	**24254118**	**73.8**
北京	1300941	7036	81434	1212471	**93.2**
天津	405767	10390	74922	320455	**79.0**
河北	1569370	95296	422404	1051670	**67.0**
山西	890153	101813	134299	654041	**73.5**
内蒙古	502117	64053	82031	356033	**70.9**
辽宁	778066	48248	158932	570886	**73.4**
吉林	300703	28796	48813	223094	**74.2**
黑龙江	360309	53091	54520	252698	**70.1**
上海	539969	5128	76320	458521	**84.9**
江苏	3082538	44477	891480	2146581	**69.6**
浙江	2493082	48320	645388	1799374	**72.2**
安徽	1314062	98829	295077	920156	**70.0**
福建	1385496	60339	254822	1070335	**77.3**
江西	879842	81454	184226	614162	**69.8**
山东	3261394	141976	760058	2359360	**72.3**
河南	1953717	159565	346209	1447943	**74.1**
湖北	1348824	78645	265878	1004301	**74.5**
湖南	935750	67656	167982	700112	**74.8**
广东	3634156	41389	824091	2768676	**76.2**
广西	846687	83339	113700	649648	**76.7**
海南	188997	12041	22570	154386	**81.7**
重庆	728589	84170	97240	547179	**75.1**
四川	971006	95172	156759	719075	**74.1**
贵州	634533	114693	109338	410502	**64.7**
云南	782491	95201	119185	568105	**72.6**
西藏	54923	3055	14449	37419	**68.1**
陕西	732758	57482	151142	524134	**71.5**
甘肃	343393	66768	45735	230890	**67.2**
青海	124164	19656	17120	87388	**70.4**
宁夏	158156	20902	24095	113159	**71.5**
新疆	365019	26256	57399	281364	**77.1**

1-5 第三产业按行业、控股情况分组的企业法人单位数

单位：个

行业	企业法人单位数	国有控股	集体控股	私人控股	港澳台商控股	外商控股	其他
合　计	**21142898**	**245020**	**128384**	**20339283**	**88137**	**69213**	**272861**
农、林、牧、渔专业及辅助性活动	94441	1557	2088	88915	147	68	1666
开采专业及辅助性活动	5812	127	56	5470	11	12	136
金属制品、机械和设备修理业	47779	426	599	45809	135	185	625
批发和零售业	**9405079**	**52570**	**45619**	**9149572**	**30580**	**30786**	**95952**
批发业	5098368	32363	21571	4944215	22582	25209	52428
零售业	4306711	20207	24048	4205357	7998	5577	43524
交通运输、仓储和邮政业	**849361**	**19389**	**6251**	**807172**	**3345**	**2194**	**11010**
铁路运输业	2738	524	58	2101	5	4	46
道路运输业	544582	8141	3359	525728	852	472	6030
水上运输业	18446	1118	489	16323	107	88	321
航空运输业	4221	551	26	3479	22	42	101
管道运输业	571	101	4	433	5	15	13
多式联运和运输代理业	161777	1788	514	154536	1336	861	2742
装卸搬运和仓储业	86796	6135	1686	76132	988	692	1163
邮政业	30230	1031	115	28440	30	20	594
住宿和餐饮业	**580835**	**8022**	**4433**	**555640**	**2740**	**2599**	**7401**
住宿业	158313	5385	2407	147040	775	523	2183
餐饮业	422522	2637	2026	408600	1965	2076	5218
信息传输、软件和信息技术服务业	**1480593**	**9418**	**2884**	**1432484**	**9852**	**6064**	**19891**
电信、广播电视和卫星传输服务	31300	2808	260	26870	366	389	607
互联网和相关服务	210174	1222	413	204322	784	381	3052
软件和信息技术服务业	1239119	5388	2211	1201292	8702	5294	16232
金融业	**147588**	**19124**	**2946**	**114583**	**2734**	**2218**	**5983**
货币金融服务	40700	8087	1937	26091	2040	879	1666
资本市场服务	68782	2750	294	62750	437	304	2247
保险业	20100	6900	609	9962	119	943	1567
其他金融业	18006	1387	106	15780	138	92	503
房地产业	**1033634**	**33021**	**17333**	**951175**	**8532**	**3960**	**19613**
房地产业	1033634	33021	17333	951175	8532	3960	19613
租赁和商务服务业	**3596440**	**50295**	**25820**	**3437845**	**17124**	**10848**	**54508**
租赁业	399700	2159	823	391035	745	358	4580
商务服务业	3196740	48136	24997	3046810	16379	10490	49928

1-5 续表

单位：个

行业	企业法人单位数	国有控股	集体控股	私人控股	港澳台商控股	外商控股	其他
科学研究和技术服务业	**1925328**	**23827**	**8599**	**1846993**	**9163**	**7586**	**29160**
研究和试验发展	252124	1882	1088	241233	1886	1727	4308
专业技术服务业	764442	15089	4004	728552	3339	2591	10867
科技推广和应用服务业	908762	6856	3507	877208	3938	3268	13985
水利、环境和公共设施管理业	**216253**	**11715**	**2558**	**197649**	**508**	**282**	**3541**
水利管理业	7937	1574	251	5894	18	10	190
生态保护和环境治理业	29255	1296	211	26975	161	126	486
公共设施管理业	132388	7693	1911	120299	313	125	2047
土地管理业	46673	1152	185	44481	16	21	818
居民服务、修理和其他服务业	**636568**	**3267**	**4442**	**619388**	**928**	**704**	**7839**
居民服务业	277598	1508	1933	270133	470	354	3200
机动车、电子产品和日用产品修理业	235546	986	1688	229518	267	196	2891
其他服务业	123424	773	821	119737	191	154	1748
教育	**318397**	**1888**	**1343**	**310134**	**417**	**401**	**4214**
教育	318397	1888	1343	310134	417	401	4214
卫生和社会工作	**110312**	**1186**	**887**	**105846**	**231**	**236**	**1926**
卫生	88629	792	671	85272	148	172	1574
社会工作	21683	394	216	20574	83	64	352
文化、体育和娱乐业	**694478**	**9188**	**2526**	**670608**	**1690**	**1070**	**9396**
新闻和出版业	7950	2048	170	5559	8	11	154
广播、电视、电影和录音制作业	109908	2681	412	104751	233	105	1726
文化艺术业	219012	2553	721	211613	467	345	3313
体育	72701	596	245	70257	280	256	1067
娱乐业	284907	1310	978	278428	702	353	3136

1-6 第三产业按地区、控股情况分组的企业法人单位数

单位：个

地区	企业法人单位数	国有控股	集体控股	私人控股	港澳台商控股	外商控股	其他
全国	**21142898**	**245020**	**128384**	**20339283**	**88137**	**69213**	**272861**
北京	1167484	15549	12823	1112401	6461	8447	11803
天津	298637	6203	1811	286735	1857	1911	120
河北	911546	11252	5267	888704	496	617	5210
山西	565519	7505	3731	553816	170	199	98
内蒙古	284009	4190	1104	278322	127	266	
辽宁	488951	8453	4447	461486	1051	1908	11606
吉林	172094	3427	1092	162794	126	224	4431
黑龙江	193474	4651	1817	181219	187	201	5399
上海	427988	11037	5698	376393	10879	14676	9305
江苏	1971741	15418	8159	1920684	6756	6363	14361
浙江	1642805	12817	7395	1604046	4228	9780	4539
安徽	806124	8937	4341	783248	581	427	8590
福建	976335	7859	2939	956771	5597	2517	652
江西	525242	7334	2342	510793	650	281	3842
山东	2111348	13897	6495	2066970	2578	4303	17105
河南	1219297	10525	6299	1198689	551	590	2643
湖北	841055	8029	4088	822665	952	1184	4137
湖南	544808	6372	1955	524346	519	388	11228
广东	2476272	20206	16664	2287421	39892	10172	101917
广西	530144	6043	3920	518014	845	917	405
海南	139151	2266	1206	117056	554	275	17794
重庆	490402	5211	1463	482069	861	796	2
四川	564526	11216	6278	540828	885	958	4361
贵州	342751	8111	2864	331309	204	178	85
云南	477651	7046	7082	461658	458	737	670
西藏	19390	1010	455	16152	23	13	1737
陕西	424298	7720	3107	402161	388	602	10320
甘肃	154701	3805	1454	141704	71	51	7616
青海	62786	1401	472	60818	34	47	14
宁夏	95182	998	305	93300	36	31	512
新疆	217187	6532	1311	196711	120	154	12359

1-7 第三产业按行业、登记注册类型分组的企业法人单位数

单位：个

行业	企业法人单位数	内资	国有	集体	股份合作	国有联营	集体联营	国有与集体联营
合　计	**21142898**	**20964458**	**60096**	**69678**	**18755**	**726**	**1447**	**489**
农、林、牧、渔专业及辅助性活动	94441	94174	706	1365	82	6	48	2
开采专业及辅助性活动	5812	5787	23	19	2			
金属制品、机械和设备修理业	47779	47409	128	431	112	1	3	
批发和零售业	**9405079**	**9338291**	**16311**	**30569**	**6999**	**229**	**584**	**186**
批发业	5098368	5046416	10038	13728	3324	111	280	87
零售业	4306711	4291875	6273	16841	3675	118	304	99
交通运输、仓储和邮政业	**849361**	**842879**	**5838**	**3594**	**657**	**58**	**80**	**40**
铁路运输业	2738	2724	53	37	3	1	1	
道路运输业	544582	542950	1846	1770	393	24	45	16
水上运输业	18446	18124	164	361	24	3	4	1
航空运输业	4221	4131	65	4	5	1		
管道运输业	571	545	13	1	1			
多式联运和运输代理业	161777	159346	227	210	110	7	3	2
装卸搬运和仓储业	86796	84884	2924	1181	104	13	27	19
邮政业	30230	30175	546	30	17	9		2
住宿和餐饮业	**580835**	**574773**	**3271**	**2430**	**924**	**29**	**61**	**20**
住宿业	158313	156770	2364	1464	341	20	35	16
餐饮业	422522	418003	907	966	583	9	26	4
信息传输、软件和信息技术服务业	**1480593**	**1462842**	**1285**	**535**	**529**	**30**	**11**	**8**
电信、广播电视和卫星传输服务	31300	30481	578	132	21	5	1	1
互联网和相关服务	210174	208877	136	45	75	4		2
软件和信息技术服务业	1239119	1223484	571	358	433	21	10	5
金融业	**147588**	**140149**	**2513**	**436**	**626**	**25**	**5**	**9**
货币金融服务	40700	36468	1445	367	539	12	3	5
资本市场服务	68782	67800	299	29	39	11		2
保险业	20100	18161	629	18	36	2	2	
其他金融业	18006	17720	140	22	12			2
房地产业	**1033634**	**1019466**	**7280**	**8510**	**2052**	**106**	**107**	**57**
房地产业	1033634	1019466	7280	8510	2052	106	107	57
租赁和商务服务业	**3596440**	**3564929**	**8777**	**12087**	**2409**	**122**	**276**	**66**
租赁业	399700	398346	315	335	132	2	7	1
商务服务业	3196740	3166583	8462	11752	2277	120	269	65

1-7 续表 1

单位：个

行 业	企业法人单位数	内 资						
			国 有	集 体	股份合作	国有联营	集体联营	国有与集体联营
科学研究和技术服务业	**1925328**	**1905312**	**6938**	**3853**	**1804**	**51**	**102**	**44**
研究和试验发展	252124	247569	417	375	526	4	15	2
专业技术服务业	764442	757852	5143	1874	669	34	49	31
科技推广和应用服务业	908762	899891	1378	1604	609	13	38	11
水利、环境和公共设施管理业	**216253**	**215280**	**2190**	**1080**	**129**	**23**	**26**	**10**
水利管理业	7937	7896	475	164	5	4	2	4
生态保护和环境治理业	29255	28879	305	64	24	4	4	1
公共设施管理业	132388	131879	1230	776	78	14	19	5
土地管理业	46673	46626	180	76	22	1	1	
居民服务、修理和其他服务业	**636568**	**634731**	**1188**	**2776**	**1070**	**11**	**69**	**30**
居民服务业	277598	276672	578	1240	436	3	29	25
机动车、电子产品和日用产品修理业	235546	235040	403	1082	503	6	26	4
其他服务业	123424	123019	207	454	131	2	14	1
教育	**318397**	**317451**	**634**	**590**	**402**	**7**	**20**	**8**
教育	318397	317451	634	590	402	7	20	8
卫生和社会工作	**110312**	**109731**	**403**	**406**	**278**	**6**	**17**	**3**
卫生	88629	88252	282	282	263	4	13	
社会工作	21683	21479	121	124	15	2	4	3
文化、体育和娱乐业	**694478**	**691254**	**2611**	**997**	**680**	**22**	**38**	**6**
新闻和出版业	7950	7926	742	118	16	2		2
广播、电视、电影和录音制作业	109908	109488	1046	164	52	7	2	2
文化艺术业	219012	218083	485	297	268	5	11	
体育	72701	72076	122	94	83	2	6	2
娱乐业	284907	283681	216	324	261	6	19	

1-7 续表 2

单位：个

行业	其他联营	国有独资公司	其他有限责任公司	股份有限公司	私营独资	私营合伙	私营有限责任公司
合计	**1304**	**58418**	**1235538**	**77216**	**1231412**	**254594**	**17810226**
农、林、牧、渔专业及辅助性活动	16	471	6351	448	14305	808	68240
开采专业及辅助性活动		34	483	25	190	16	4918
金属制品、机械和设备修理业	4	50	2349	131	2910	220	40722
批发和零售业	**569**	**8387**	**394722**	**20932**	**661609**	**29944**	**8113500**
批发业	255	5546	225064	11362	226442	12997	4507824
零售业	314	2841	169658	9570	435167	16947	3605676
交通运输、仓储和邮政业	**69**	**4838**	**54773**	**3288**	**27426**	**2316**	**734037**
铁路运输业		77	620	28	94	7	1781
道路运输业	38	2246	30584	1837	16264	1351	483032
水上运输业	3	220	2064	158	442	59	14461
航空运输业		183	817	61	53	11	2873
管道运输业		12	136	12	15	1	349
多式联运和运输代理业	15	336	11047	539	5051	499	140145
装卸搬运和仓储业	10	1442	7567	413	4569	317	65671
邮政业	3	322	1938	240	938	71	25725
住宿和餐饮业	**49**	**1461**	**37622**	**1853**	**78901**	**5894**	**438056**
住宿业	18	987	13905	801	23644	2060	109831
餐饮业	31	474	23717	1052	55257	3834	328225
信息传输、软件和信息技术服务业	**45**	**1476**	**93300**	**5940**	**40279**	**15725**	**1291703**
电信、广播电视和卫星传输服务	3	499	2905	1000	1429	141	23431
互联网和相关服务	9	224	13745	840	7662	1543	182660
软件和信息技术服务业	33	753	76650	4100	31188	14041	1085612
金融业	**15**	**1421**	**23341**	**16378**	**1947**	**25665**	**64893**
货币金融服务	6	260	7612	7703	469	220	16234
资本市场服务	6	538	10118	453	563	23830	31347
保险业	1	158	2519	7979	730	72	5513
其他金融业	2	465	3092	243	185	1543	11799
房地产业	**76**	**8262**	**132845**	**5289**	**26270**	**4057**	**816285**
房地产业	76	8262	132845	5289	26270	4057	816285
租赁和商务服务业	**210**	**18697**	**237130**	**10511**	**127162**	**135875**	**2985419**
租赁业	19	511	16675	807	16579	927	359486
商务服务业	191	18186	220455	9704	110583	134948	2625933

1-7 续表 3

单位：个

行业	其他联营	国有独资公司	其他有限责任公司	股份有限公司	私营独资	私营合伙	私营有限责任公司
科学研究和技术服务业	**106**	**4866**	**135621**	**6291**	**48039**	**17493**	**1664913**
研究和试验发展	14	424	19182	982	5288	2416	215786
专业技术服务业	54	3373	49073	2664	22573	3871	662346
科技推广和应用服务业	38	1069	67366	2645	20178	11206	786781
水利、环境和公共设施管理业	**20**	**4703**	**20415**	**1023**	**7420**	**789**	**175437**
水利管理业	2	526	1328	49	297	43	4899
生态保护和环境治理业	3	341	3343	174	729	114	23462
公共设施管理业	12	3310	13341	720	3253	354	107520
土地管理业	3	526	2403	80	3141	278	39556
居民服务、修理和其他服务业	**41**	**663**	**29020**	**1555**	**58731**	**3923**	**531472**
居民服务业	20	351	12569	677	27124	1879	230041
机动车、电子产品和日用产品修理业	16	143	10080	568	26127	1457	193052
其他服务业	5	169	6371	310	5480	587	108379
教育	**30**	**418**	**16584**	**988**	**15188**	**2136**	**277906**
教育	30	418	16584	988	15188	2136	277906
卫生和社会工作	**15**	**272**	**9824**	**464**	**21010**	**3386**	**72465**
卫生	14	151	7681	364	19170	3131	55970
社会工作	1	121	2143	100	1840	255	16495
文化、体育和娱乐业	**39**	**2399**	**41158**	**2100**	**100025**	**6347**	**530260**
新闻和出版业	2	542	1332	90	155	22	4845
广播、电视、电影和录音制作业	6	566	8435	456	5123	548	92121
文化艺术业	7	752	12939	540	10827	1407	189231
体育	3	157	4762	236	5198	456	60465
娱乐业	21	382	13690	778	78722	3914	183598

1-7 续表 4 单位：个

行业	私营股份有限公司	其他内资企业	港澳台商投资	合资经营	合作经营	独资	股份有限
合 计	**104262**	**40297**	**93439**	**15450**	**1710**	**73059**	**1183**
农、林、牧、渔专业及辅助性活动	834	492	174	37	6	115	6
开采专业及辅助性活动	61	16	11	1	1	7	1
金属制品、机械和设备修理业	257	91	150	41	3	102	2
批发和零售业	**38779**	**14971**	**31388**	**3378**	**205**	**26882**	**354**
批发业	21737	7621	23240	2372	141	20121	240
零售业	17042	7350	8148	1006	64	6761	114
交通运输、仓储和邮政业	**4384**	**1481**	**3728**	**750**	**474**	**2404**	**55**
铁路运输业	7	15	9	5		3	1
道路运输业	2670	834	996	175	387	409	11
水上运输业	126	34	164	98	15	47	4
航空运输业	43	15	36	12	1	18	4
管道运输业	4	1	9	8		1	
多式联运和运输代理业	825	330	1408	194	51	1124	28
装卸搬运和仓储业	470	157	1078	256	20	776	7
邮政业	239	95	28	2		26	
住宿和餐饮业	**2948**	**1254**	**2980**	**690**	**91**	**2061**	**46**
住宿业	938	346	890	300	53	498	15
餐饮业	2010	908	2090	390	38	1563	31
信息传输、软件和信息技术服务业	**9579**	**2397**	**10144**	**1001**	**66**	**8733**	**170**
电信、广播电视和卫星传输服务	254	81	387	28	3	301	43
互联网和相关服务	1423	509	812	100	3	670	16
软件和信息技术服务业	7902	1807	8945	873	60	7762	111
金融业	**2430**	**445**	**3718**	**1824**	**32**	**1687**	**67**
货币金融服务	1499	94	2881	1630	24	1155	52
资本市场服务	354	211	480	83	6	347	9
保险业	408	94	192	52		86	4
其他金融业	169	46	165	59	2	99	2
房地产业	**6106**	**2164**	**9236**	**2654**	**450**	**5863**	**127**
房地产业	6106	2164	9236	2654	450	5863	127
租赁和商务服务业	**17638**	**8550**	**18004**	**2470**	**152**	**14634**	**183**
租赁业	1705	845	878	359	11	477	20
商务服务业	15933	7705	17126	2111	141	14157	163

1-7 续表 5 单位：个

行业							
	私营股份有限公司	其他内资企业	港澳台商投资	合资经营	合作经营	独资	股份有限
科学研究和技术服务业	**10830**	**4361**	**9869**	**1541**	**87**	**7931**	**112**
研究和试验发展	1686	452	2130	431	20	1591	31
专业技术服务业	4421	1677	3403	393	32	2888	28
科技推广和应用服务业	4723	2232	4336	717	35	3452	53
水利、环境和公共设施管理业	**1315**	**700**	**579**	**217**	**24**	**318**	**13**
水利管理业	49	49	21	8		13	
生态保护和环境治理业	235	76	192	83	8	92	8
公共设施管理业	897	350	345	122	15	199	4
土地管理业	134	225	21	4	1	14	1
居民服务、修理和其他服务业	**3061**	**1121**	**955**	**211**	**25**	**669**	**14**
居民服务业	1254	446	490	114	17	333	8
机动车、电子产品和日用产品修理业	1230	343	261	50	6	190	4
其他服务业	577	332	204	47	2	146	2
教育	**1853**	**687**	**431**	**94**	**10**	**311**	**5**
教育	1853	687	431	94	10	311	5
卫生和社会工作	**739**	**443**	**264**	**127**	**16**	**106**	**3**
卫生	546	381	158	80	11	56	1
社会工作	193	62	106	47	5	50	2
文化、体育和娱乐业	**3448**	**1124**	**1808**	**414**	**68**	**1236**	**25**
新闻和出版业	35	23	9	5		3	
广播、电视、电影和录音制作业	716	244	253	65	7	169	3
文化艺术业	928	386	503	96	7	377	5
体育	366	124	286	75	35	162	5
娱乐业	1403	347	757	173	19	525	12

1-7 续表 6

单位：个

行业	其他	外商投资	合资经营	合作经营	独资	股份有限	其他
合　计	**2037**	**85001**	**17733**	**975**	**59911**	**2280**	**4102**
农、林、牧、渔专业及辅助性活动	10	93	30	5	48	4	6
开采专业及辅助性活动	1	14	3		8	1	2
金属制品、机械和设备修理业	2	220	80	3	130	6	1
批发和零售业	**569**	**35400**	**4834**	**221**	**27977**	**663**	**1705**
批发业	366	28712	3645	155	23063	400	1449
零售业	203	6688	1189	66	4914	263	256
交通运输、仓储和邮政业	**45**	**2754**	**768**	**130**	**1702**	**77**	**77**
铁路运输业		5	4		1		
道路运输业	14	636	173	104	311	23	25
水上运输业		158	95	2	55	6	
航空运输业	1	54	14	1	33	4	2
管道运输业		17	6		10	1	
多式联运和运输代理业	11	1023	230	10	731	22	30
装卸搬运和仓储业	19	834	239	12	547	20	16
邮政业		27	7	1	14	1	4
住宿和餐饮业	**92**	**3082**	**590**	**44**	**2228**	**96**	**124**
住宿业	24	653	201	23	384	18	27
餐饮业	68	2429	389	21	1844	78	97
信息传输、软件和信息技术服务业	**174**	**7607**	**1814**	**56**	**5308**	**195**	**234**
电信、广播电视和卫星传输服务	12	432	16	4	353	43	16
互联网和相关服务	23	485	156	1	297	13	18
软件和信息技术服务业	139	6690	1642	51	4658	139	200
金融业	**108**	**3721**	**1275**	**13**	**1788**	**524**	**121**
货币金融服务	20	1351	444	4	676	190	37
资本市场服务	35	502	160	7	249	15	71
保险业	50	1747	632	1	791	316	7
其他金融业	3	121	39	1	72	3	6
房地产业	**142**	**4932**	**1620**	**158**	**2890**	**120**	**144**
房地产业	142	4932	1620	158	2890	120	144
租赁和商务服务业	**565**	**13507**	**2266**	**124**	**9665**	**265**	**1187**
租赁业	11	476	138	2	301	16	19
商务服务业	554	13031	2128	122	9364	249	1168

1-7 续表 7

单位：个

行业	其他	外商投资	合资经营	合作经营	独资	股份有限	其他
科学研究和技术服务业	**198**	**10147**	**3419**	**112**	**6067**	**241**	**308**
研究和试验发展	57	2425	1005	20	1255	69	76
专业技术服务业	62	3187	839	27	2179	58	84
科技推广和应用服务业	79	4535	1575	65	2633	114	148
水利、环境和公共设施管理业	**7**	**394**	**157**	**11**	**202**	**9**	**15**
水利管理业		20	9		10		1
生态保护和环境治理业	1	184	87	7	82	2	6
公共设施管理业	5	164	51	4	95	6	8
土地管理业	1	26	10		15	1	
居民服务、修理和其他服务业	**36**	**882**	**201**	**19**	**575**	**27**	**60**
居民服务业	18	436	98	11	283	12	32
机动车、电子产品和日用产品修理业	11	245	53	4	159	14	15
其他服务业	7	201	50	4	133	1	13
教育	**11**	**515**	**128**	**13**	**347**	**14**	**13**
教育	11	515	128	13	347	14	13
卫生和社会工作	**12**	**317**	**142**	**25**	**134**	**5**	**11**
卫生	10	219	98	21	91	2	7
社会工作	2	98	44	4	43	3	4
文化、体育和娱乐业	**65**	**1416**	**406**	**41**	**842**	**33**	**94**
新闻和出版业	1	15	6		8		1
广播、电视、电影和录音制作业	9	167	61	6	71	8	21
文化艺术业	18	426	112	3	279	12	20
体育	9	339	104	23	196	3	13
娱乐业	28	469	123	9	288	10	39

1-8 第三产业按地区、登记注册类型分组的企业法人单位数

单位：个

地区	企业法人单位数	内资								
			国有	集体	股份合作	国有联营	集体联营	国有与集体联营	其他联营	国有独资公司
全国	**21142898**	**20964458**	**60096**	**69678**	**18755**	**726**	**1447**	**489**	**1304**	**58418**
北京	1167484	1150608	2137	6643	5597	77	149	15	37	1293
天津	298637	294331	1211	992	199	22	28	16	20	900
河北	911546	910350	2655	3444	779	7	23	12	43	2862
山西	565519	565025	2096	2672	70	6	6	2	8	1971
内蒙古	284009	283638	675	514	68	1	4	1	3	1520
辽宁	488951	485372	2546	3135	663	29	58	18	49	1360
吉林	172094	171684	1060	665	109	6	20	3	3	947
黑龙江	193474	192971	1712	1108	368	13	23	6	15	818
上海	427988	400362	1621	2343	590	32	59	64	46	1982
江苏	1971741	1956441	4171	4488	740	65	101	48	130	3206
浙江	1642805	1625695	1551	3569	1873	16	10	20	15	4211
安徽	806124	805096	1823	1759	233	36	102	13	31	1592
福建	976335	966465	1782	2538	226	17	17	6	22	2037
江西	525242	524202	2940	1262	188	26	35	11	129	1219
山东	2111348	2103099	3654	3479	412	30	62	15	55	3070
河南	1219297	1217725	3318	4874	348	9	26	12	39	2159
湖北	841055	838245	3037	2685	222	15	48	9	19	1567
湖南	544808	543687	1571	982	82	24	45	8	22	1711
广东	2476272	2422147	6845	9006	3625	119	267	115	391	4012
广西	530144	528298	1909	2585	218	9	10	3	10	2128
海南	139151	138253	811	398	262	20	12	7	9	329
重庆	490402	488414	644	947	267	5	27	4	25	1247
四川	564526	562464	1959	1762	619	39	78	11	61	5454
贵州	342751	342285	1265	1867	103	12	74	12	23	3646
云南	477651	476247	1492	2368	252	23	44	14	28	1901
西藏	19390	19337	367	91	12	11	13	5	2	245
陕西	424298	422826	2154	1947	254	22	46	14	17	1817
甘肃	154701	154569	998	721	153	13	34	14	20	925
青海	62786	62675	382	220	77	3	6	2	5	330
宁夏	95182	95100	201	198	17	2	1			353
新疆	217187	216847	1509	416	129	17	19	9	27	1606

1-8 续表 1

单位：个

地区	其他有限责任公司	股份有限公司	私营独资	私营合伙	私营有限责任公司	私营股份有限公司	其他内资企业	港澳台商投资	合资经营	合作经营
全国	**1235538**	**77216**	**1231412**	**254594**	**17810226**	**104262**	**40297**	**93439**	**15450**	**1710**
北京	97976	3313	27341	17885	983648	4254	243	6745	1076	130
天津	35020	2120	13152	6672	229894	1620	2465	2106	845	25
河北	62636	2487	67556	6698	756191	3310	1647	463	139	11
山西	13785	829	25948	1901	514391	1289	51	201	58	6
内蒙古	15191	762	7235	1393	255217	906	148	125	32	3
辽宁	46206	4225	55531	3153	362726	3009	2664	1143	381	30
吉林	16796	1774	12183	688	135669	1221	540	123	39	2
黑龙江	12461	1647	11745	949	159927	1738	441	202	55	6
上海	53086	2541	31631	9837	293518	2506	506	11013	1777	129
江苏	60458	6746	62539	25495	1776195	8060	3999	7297	1528	41
浙江	46616	2209	68964	49577	1443490	3249	325	4859	1179	38
安徽	57610	2878	55309	7226	667120	5919	3445	444	114	7
福建	18989	1481	66668	10698	859202	2779	3	6625	1606	69
江西	21929	2004	36494	14322	437531	4848	1264	668	131	12
山东	78354	5419	99257	17863	1881575	6530	3324	2856	760	59
河南	51028	2248	62251	4897	1083560	2061	895	647	202	13
湖北	34090	1831	60401	8496	723007	2140	678	1176	333	18
湖南	22742	2096	37730	8544	462755	4767	608	570	191	9
广东	250763	14066	111886	31873	1958471	20989	9719	41353	3829	990
广西	23376	795	34099	3220	458974	957	5	840	268	34
海南	38825	960	5438	2330	85895	1885	1072	536	149	13
重庆	5465	1076	95358	3586	378563	1200		966	154	15
四川	43870	3793	51443	5391	441722	5457	805	849	216	22
贵州	18461	920	49401	2064	263612	798	27	232	71	6
云南	27667	2579	35802	2787	398181	2935	174	466	126	7
西藏	9726	511	950	536	6277	439	152	17	2	
陕西	23986	1574	16514	2054	367621	2793	2013	671	104	10
甘肃	25940	2473	13781	628	105021	2505	1343	53	19	2
青海	3886	342	2877	614	53332	545	54	33	11	1
宁夏	1932	240	2785	787	88008	549	27	39	14	1
新疆	16668	1277	9143	2430	178933	3004	1660	121	41	1

1-8 续表 2

单位：个

地 区									
				外商投资					
	独 资	股份有限	其 他		合资经营	合作经营	独资	股份有限	其 他
全 国	**73059**	**1183**	**2037**	**85001**	**17733**	**975**	**59911**	**2280**	**4102**
北 京	5439	52	48	10131	2518	148	7225	179	61
天 津	1143	49	44	2200	535	35	1416	80	134
河 北	295	11	7	733	210	40	460	17	6
山 西	128	7	2	293	70	10	181	28	4
内蒙古	87	2	1	246	64	8	167	3	4
辽 宁	697	13	22	2436	612	28	1710	30	56
吉 林	75	5	2	287	63	5	191	18	10
黑龙江	126	5	10	301	65	7	173	42	14
上 海	8835	132	140	16613	2464	122	13635	162	230
江 苏	5460	91	177	8003	1964	41	5326	122	550
浙 江	3559	47	36	12251	2295	100	8421	75	1360
安 徽	285	12	26	584	167	4	335	52	26
福 建	4699	107	144	3245	833	21	2265	46	80
江 西	493	10	22	372	92	6	212	20	42
山 东	1923	40	74	5393	1165	73	3907	88	160
河 南	420	5	7	925	208	6	491	202	18
湖 北	790	15	20	1634	408	5	1052	111	58
湖 南	339	15	16	551	181	12	297	24	37
广 东	35284	449	801	12772	2340	212	8771	526	923
广 西	507	15	16	1006	227	17	550	204	8
海 南	296	16	62	362	109	16	174	19	44
重 庆	759	21	17	1022	253	6	674	60	29
四 川	570	19	22	1213	330	26	742	34	81
贵 州	145	6	4	234	50	8	156	13	7
云 南	310	15	8	938	163	8	682	31	54
西 藏	14	1		36	15	1	8	1	11
陕 西	245	12	300	801	235	4	477	43	42
甘 肃	30	1	1	79	13	1	37	13	15
青 海	18	3		78	13	2	37	23	3
宁 夏	19	2	3	43	13		26	1	3
新 疆	69	5	5	219	58	3	113	13	32

1-9 批发和零售业按地区分组的法人单位数

单位：个

地 区	法人单位数（2020年）	#多产业法人单位	法人单位数（2021年）	#多产业法人单位
全 国	**8415106**	**146369**	**9575504**	**145875**
北 京	307996	7602	322189	6905
天 津	95568	1713	105119	1633
河 北	411316	6537	441451	6573
山 西	221278	4403	264606	4542
内蒙古	110098	2175	130357	2371
辽 宁	208749	3413	220268	3294
吉 林	55953	1152	81420	1218
黑龙江	79395	2094	85791	1993
上 海	161888	10370	165464	9912
江 苏	735916	10808	904625	10862
浙 江	754359	10008	832468	9557
安 徽	307510	5221	346360	4986
福 建	404678	4708	529008	4901
江 西	201735	2325	242250	2371
山 东	906404	10438	1063047	11404
河 南	500883	7146	610860	7798
湖 北	314974	5006	359049	5156
湖 南	191685	2938	215189	2885
广 东	1097327	15522	1135372	14598
广 西	196525	5214	225206	5042
海 南	29772	862	45597	924
重 庆	190309	3644	215801	3437
四 川	216758	5653	227826	5303
贵 州	119765	2432	151240	2944
云 南	203469	5717	214255	5805
西 藏	7233	187	7944	184
陕 西	175186	3930	187663	3892
甘 肃	62709	1462	75357	1637
青 海	22228	578	24627	576
宁 夏	35299	715	43244	807
新 疆	88141	2396	101851	2365

1-10 交通运输、仓储和邮政业按地区分组的法人单位数

单位：个

地 区	法人单位数 (2020年)	#多产业法人单位	法人单位数 (2021年)	#多产业法人单位
全 国	**748046**	**26024**	**858447**	**25035**
北 京	20656	818	22487	757
天 津	16035	366	17793	376
河 北	37489	763	41532	754
山 西	21188	611	25434	630
内蒙古	14153	470	16279	512
辽 宁	26407	673	28288	629
吉 林	6869	333	9081	319
黑龙江	10831	468	11779	438
上 海	20153	1626	20701	1602
江 苏	73866	1444	92992	1426
浙 江	48213	1906	54297	1831
安 徽	31798	1197	36342	1087
福 建	23530	806	27692	798
江 西	24805	688	27726	659
山 东	82583	1472	94666	1486
河 南	31923	1285	38258	1361
湖 北	30590	1379	38829	1284
湖 南	17452	593	20313	514
广 东	82795	3133	87924	2908
广 西	20399	840	23792	747
海 南	2926	142	4893	139
重 庆	14260	692	16789	590
四 川	22198	992	23676	881
贵 州	10370	539	12607	559
云 南	16717	1002	19339	964
西 藏	686	48	797	50
陕 西	15528	484	16409	461
甘 肃	5408	365	6461	377
青 海	2088	126	2362	120
宁 夏	4398	169	5450	196
新 疆	11732	594	13459	580

1-11 住宿和餐饮业按地区分组的法人单位数

单位：个

地区	法人单位数（2020年）	#多产业法人单位	法人单位数（2021年）	#多产业法人单位
全国	**514980**	**24763**	**583028**	**25687**
北京	35847	2047	36814	1841
天津	5672	467	6216	453
河北	17538	860	19511	910
山西	12368	504	15215	560
内蒙古	4917	246	5689	297
辽宁	10122	364	10888	361
吉林	2770	99	3664	103
黑龙江	2993	151	3174	144
上海	20695	2405	20849	2375
江苏	32208	1773	41838	2061
浙江	33787	1785	38151	1723
安徽	21335	1026	24682	1043
福建	16900	723	20326	766
江西	10151	348	12329	356
山东	41439	1749	49282	2030
河南	24403	696	30183	823
湖北	19944	761	23504	810
湖南	14484	510	16506	556
广东	59860	3615	63847	3584
广西	12713	733	15263	738
海南	3674	246	5041	276
重庆	25902	565	28244	559
四川	19025	790	19613	756
贵州	18625	256	20469	349
云南	18052	787	18336	867
西藏	1157	35	1239	36
陕西	13639	599	14807	603
甘肃	6168	258	7143	300
青海	2548	98	2772	96
宁夏	2084	106	2685	135
新疆	3960	161	4748	176

1-12 信息传输、软件和信息技术服务业按地区分组的法人单位数

单位：个

地区	法人单位数（2020年）	#多产业法人单位	法人单位数（2021年）	#多产业法人单位
全国	**1285534**	**19756**	**1488072**	**20494**
北京	76341	2647	76323	2620
天津	17825	323	18966	304
河北	49354	552	56435	608
山西	36222	357	45881	413
内蒙古	11255	204	13934	229
辽宁	33783	360	32808	348
吉林	6907	112	10213	123
黑龙江	12594	214	14252	211
上海	28013	1648	28404	1589
江苏	113158	1604	145001	1744
浙江	112541	1583	129498	1719
安徽	45235	554	55161	569
福建	70248	549	82325	625
江西	31528	249	39574	275
山东	105443	999	130314	1231
河南	66983	644	81183	753
湖北	64252	602	79719	584
湖南	33795	476	42731	481
广东	180484	2927	185529	2913
广西	27898	376	32130	350
海南	7860	141	11763	154
重庆	27586	414	34098	375
四川	38077	634	39433	599
贵州	11738	196	15091	232
云南	26952	501	30193	512
西藏	1081	55	1099	52
陕西	25994	302	29200	316
甘肃	4525	116	5677	123
青海	2844	60	3204	62
宁夏	3876	74	5487	91
新疆	11142	283	12446	289

1-13 金融业按地区分组的法人单位数

单位：个

地 区	法人单位数（2020年）	#多产业法人单位	法人单位数（2021年）	#多产业法人单位
全 国	**142488**	**18725**	**149813**	**18455**
北 京	7778	591	8079	560
天 津	4738	345	5057	324
河 北	4365	968	4281	964
山 西	2824	628	3035	635
内蒙古	1763	604	1734	605
辽 宁	3873	707	3957	691
吉 林	1375	383	1495	369
黑龙江	1544	520	1593	501
上 海	9602	618	9599	581
江 苏	6193	952	7543	935
浙 江	16626	1052	16175	1003
安 徽	3439	652	3709	631
福 建	4733	530	4247	524
江 西	2018	518	2144	485
山 东	9842	1301	11654	1277
河 南	2920	884	3146	901
湖 北	3305	664	3729	681
湖 南	2235	630	2342	604
广 东	30521	1532	31260	1502
广 西	3174	582	3792	604
海 南	821	109	1404	111
重 庆	2033	410	2267	412
四 川	3465	892	3496	856
贵 州	1641	395	1812	414
云 南	3434	630	3643	627
西 藏	320	27	342	29
陕 西	2600	522	2671	525
甘 肃	1534	401	1626	411
青 海	365	113	390	117
宁 夏	801	156	796	160
新 疆	2606	409	2795	416

1-14 房地产业按地区分组的法人单位数

单位：个

地 区	法人单位数 (2020年)	#多产业法人单位	法人单位数 (2021年)	#多产业法人单位
全 国	**933969**	**47732**	**1038260**	**46580**
北 京	30112	1861	32615	1774
天 津	13752	563	15152	546
河 北	51251	2498	54663	2518
山 西	24282	1237	27586	1278
内蒙古	14905	843	17422	915
辽 宁	27175	958	29172	932
吉 林	8140	323	10415	325
黑龙江	10893	488	11872	456
上 海	23425	1627	23692	1574
江 苏	72874	3707	86703	3703
浙 江	63792	2756	67064	2512
安 徽	34455	2274	39132	2045
福 建	26042	1304	31092	1345
江 西	21157	1148	23961	1144
山 东	73834	3267	84204	3463
河 南	54504	1907	62838	2029
湖 北	39805	2095	43480	1938
湖 南	26286	1090	29569	1066
广 东	132006	6435	139385	6073
广 西	29889	1662	32479	1444
海 南	13110	484	15904	525
重 庆	20038	1582	25425	1404
四 川	30775	2031	32999	1891
贵 州	15427	871	18309	895
云 南	24672	1629	26318	1619
西 藏	684	36	749	36
陕 西	23673	1164	25136	1162
甘 肃	7904	488	9176	518
青 海	3434	245	3728	237
宁 夏	3530	280	4285	319
新 疆	12143	879	13735	894

1-15 租赁和商务服务业按地区分组的法人单位数

单位：个

地 区	法人单位数(2020年)	#多产业法人单位	法人单位数(2021年)	#多产业法人单位
全 国	**3394995**	**62576**	**3876456**	**65744**
北 京	221441	4899	238502	4831
天 津	48083	832	52815	852
河 北	124301	2347	136714	2518
山 西	72254	1428	90236	1611
内蒙古	41848	815	50346	895
辽 宁	75878	1537	81775	1549
吉 林	19754	444	28441	466
黑龙江	28176	666	31252	624
上 海	86456	3834	87549	3726
江 苏	251853	5273	319032	5863
浙 江	237068	5006	265049	5221
安 徽	137351	2322	164694	2311
福 建	124636	1812	141003	2030
江 西	86737	1133	103174	1279
山 东	297319	4506	356901	5432
河 南	158736	2152	195476	2516
湖 北	146105	2139	172973	2342
湖 南	90197	1568	109270	1660
广 东	554117	8397	560746	8070
广 西	100500	1973	117239	1807
海 南	19885	417	29742	450
重 庆	72995	1127	87976	1154
四 川	110135	2021	117502	1963
贵 州	49635	925	64233	1103
云 南	79834	2040	87882	2190
西 藏	5607	84	6073	92
陕 西	73078	1147	80948	1234
甘 肃	21819	427	27892	486
青 海	13660	261	17109	273
宁 夏	14308	248	17455	309
新 疆	31229	796	36457	887

1-16 科学研究和技术服务业按地区分组的法人单位数

单位：个

地 区	法人单位数 (2020年)	#多产业法人单位	法人单位数 (2021年)	#多产业法人单位
全 国	**1738335**	**34894**	**2053759**	**36919**
北 京	222040	4556	276097	4923
天 津	42869	506	50458	518
河 北	72442	1170	86206	1303
山 西	34791	783	41868	820
内蒙古	19582	440	25376	497
辽 宁	37584	627	41301	649
吉 林	10343	255	13749	267
黑龙江	18145	384	20442	379
上 海	37615	1463	38624	1438
江 苏	182643	2894	239353	3137
浙 江	103928	2258	119559	2373
安 徽	57701	1144	69678	1149
福 建	54197	1120	68597	1345
江 西	27219	656	33351	666
山 东	153680	2410	188496	2818
河 南	92406	1287	112493	1515
湖 北	71496	1507	79696	1543
湖 南	56458	1110	66523	1221
广 东	209766	3466	218332	3376
广 西	38701	1111	43967	1032
海 南	7039	156	9813	162
重 庆	24265	536	29419	535
四 川	48100	1364	50437	1311
贵 州	13804	518	17511	591
云 南	32954	1157	35945	1223
西 藏	1453	48	1525	48
陕 西	32979	753	34577	780
甘 肃	8263	318	9922	341
青 海	4998	104	5467	99
宁 夏	4816	108	6559	133
新 疆	16058	685	18418	727

1-17 水利、环境和公共设施管理业按地区分组的法人单位数

单位：个

地区	法人单位数（2020年）	#多产业法人单位	法人单位数（2021年）	#多产业法人单位
全国	**216714**	**4695**	**250799**	**4567**
北京	8004	265	8638	273
天津	2248	41	2256	30
河北	11240	196	12616	182
山西	7121	124	7355	125
内蒙古	4758	89	5113	70
辽宁	4694	86	4871	73
吉林	1917	36	2741	33
黑龙江	2793	59	2870	44
上海	2664	98	2686	95
江苏	17298	309	23063	326
浙江	12567	313	13922	324
安徽	9999	253	11682	219
福建	7619	151	8769	138
江西	5182	71	6374	77
山东	20713	363	26330	416
河南	14625	201	19130	231
湖北	11806	264	13738	241
湖南	8119	217	8595	175
广东	13668	370	14913	369
广西	8875	150	7630	120
海南	1366	24	1798	24
重庆	5145	130	6787	131
四川	7375	175	7682	150
贵州	4231	79	5501	85
云南	6803	208	7491	211
西藏	209	8	288	7
陕西	7696	141	8538	133
甘肃	1907	94	2285	92
青海	1424	31	1616	27
宁夏	1050	22	1376	24
新疆	3598	127	4145	122

1-18 居民服务、修理和其他服务业按地区分组的法人单位数

单位：个

地区	法人单位数（2020年）	#多产业法人单位	法人单位数（2021年）	#多产业法人单位
全国	**598808**	**13990**	**667130**	**14619**
北京	37706	1179	39266	1107
天津	9144	249	9720	233
河北	24548	504	26374	540
山西	16018	272	18736	309
内蒙古	8646	158	10018	161
辽宁	14272	252	15261	247
吉林	4648	58	5673	59
黑龙江	5168	91	5424	78
上海	17875	1178	17797	1142
江苏	46772	1057	55278	1155
浙江	41526	1113	47171	1137
安徽	24591	520	27497	529
福建	20506	441	24256	503
江西	12405	205	14219	233
山东	47685	929	54892	1177
河南	27288	395	31719	462
湖北	23830	408	26256	438
湖南	15915	274	17637	297
广东	68344	1923	70169	1877
广西	19648	513	27833	545
海南	3849	96	4603	102
重庆	17733	355	19551	349
四川	21340	509	21730	469
贵州	17383	203	20016	264
云南	18573	451	19347	510
西藏	670	13	708	12
陕西	15605	325	16594	337
甘肃	5986	87	6918	94
青海	2169	41	2358	43
宁夏	2784	56	3330	66
新疆	6181	135	6779	144

1-19 教育按地区分组的法人单位数

单位：个

地区	法人单位数 (2020年)	#多产业法人单位	法人单位数 (2021年)	#多产业法人单位
全国	**769578**	**28235**	**793247**	**20785**
北京	21228	780	21169	671
天津	8479	466	8867	294
河北	29666	555	32164	318
山西	19778	1109	19808	752
内蒙古	13986	309	14267	217
辽宁	23366	634	24202	344
吉林	8867	421	10078	285
黑龙江	13265	335	12855	198
上海	9283	311	9259	288
江苏	42284	1688	46000	1617
浙江	54244	1631	55101	1456
安徽	28272	2106	29118	1356
福建	23600	1007	23515	620
江西	21670	1348	22316	1192
山东	63276	2144	65005	1222
河南	62366	918	65927	784
湖北	30650	1757	30743	1098
湖南	34672	1348	35911	481
广东	77498	2250	78327	2150
广西	32145	282	34342	313
海南	5771	97	6236	105
重庆	18374	1177	18786	723
四川	36227	1012	36256	339
贵州	18456	934	20146	721
云南	19353	1443	19980	1289
西藏	1038	33	1098	32
陕西	22321	651	21788	545
甘肃	12663	791	12973	686
青海	2569	114	2537	118
宁夏	4162	130	4475	136
新疆	10049	454	9998	435

1-20 卫生和社会工作按地区分组的法人单位数

单位：个

地区	法人单位数（2020年）	#多产业法人单位	法人单位数（2021年）	#多产业法人单位
全国	**299142**	**10712**	**296031**	**8934**
北京	7954	328	9008	316
天津	3010	94	3298	66
河北	11714	327	12589	368
山西	8445	460	8793	477
内蒙古	5449	122	5556	78
辽宁	12539	262	12326	248
吉林	4432	89	4794	72
黑龙江	6564	247	5835	164
上海	5046	69	5058	65
江苏	32095	709	34128	667
浙江	16690	659	18336	601
安徽	12244	894	12094	447
福建	8314	173	8760	140
江西	8687	235	8508	181
山东	22428	1329	20417	1127
河南	19422	139	16709	150
湖北	13404	841	12662	595
湖南	12511	485	11744	203
广东	19674	837	19354	760
广西	6598	99	6603	118
海南	1843	31	2128	40
重庆	6694	350	6981	426
四川	17507	451	17476	299
贵州	5964	184	6248	129
云南	6964	672	7211	648
西藏	578	15	622	16
陕西	11841	233	8346	201
甘肃	3933	208	3873	188
青海	1581	36	1579	32
宁夏	1037	42	1096	38
新疆	3980	92	3899	74

1-21 文化、体育和娱乐业按地区分组的法人单位数

单位：个

地 区	法人单位数（2020年）	#多产业法人单位	法人单位数（2021年）	#多产业法人单位
全 国	**686805**	**10488**	**766821**	**10786**
北 京	82571	1155	100015	1159
天 津	9625	180	10486	176
河 北	27088	335	29902	359
山 西	17997	228	20439	228
内蒙古	8950	123	10279	121
辽 宁	14359	150	15183	141
吉 林	4278	60	5086	66
黑龙江	7565	102	7737	86
上 海	13669	600	13791	581
江 苏	47539	925	55633	984
浙 江	52742	880	57839	936
安 徽	23232	372	25514	356
福 建	30424	352	37098	396
江 西	14443	187	17659	207
山 东	50216	575	55878	659
河 南	36426	408	42011	512
湖 北	26551	420	29435	431
湖 南	27782	358	31077	345
广 东	66685	1201	68046	1175
广 西	14253	243	15897	245
海 南	4337	70	5903	77
重 庆	17272	251	19118	235
四 川	26918	347	26974	312
贵 州	10059	141	11518	146
云 南	18086	290	18353	320
西 藏	1011	23	1014	25
陕 西	15199	255	15777	249
甘 肃	6365	78	7131	84
青 海	2107	39	2418	36
宁 夏	2472	30	2919	41
新 疆	6584	110	6691	98

1-22 公共管理、社会保障和社会组织按地区分组的法人单位数

单位：个

地 区	法人单位数（2020年）	#多产业法人单位	法人单位数（2021年）	#多产业法人单位
全 国	**1600853**	**68427**	**1528922**	**46916**
北 京	19250	235	19412	182
天 津	12396	276	12345	168
河 北	85122	1937	84821	1366
山 西	58978	4894	54638	3240
内蒙古	40218	2022	39650	1511
辽 宁	40851	1007	38728	666
吉 林	27429	849	26539	540
黑龙江	33622	2267	31431	1813
上 海	13601	95	13520	78
江 苏	81418	884	77294	694
浙 江	79985	718	77162	399
安 徽	52367	3835	53019	2716
福 建	59553	3393	55666	1481
江 西	55724	3083	51396	2361
山 东	135173	5465	117906	1556
河 南	104458	2917	99301	2131
湖 北	76612	5560	72127	3369
湖 南	72523	3346	70517	1603
广 东	84711	4285	82365	3884
广 西	53777	129	53281	77
海 南	8066	217	7979	181
重 庆	29854	885	29669	740
四 川	90085	1888	86659	683
贵 州	42978	4601	42321	3701
云 南	55791	3020	52480	2761
西 藏	12814	961	13365	924
陕 西	54117	3612	50629	2781
甘 肃	51799	2951	49376	2526
青 海	15729	793	16462	724
宁 夏	12755	441	12024	419
新 疆	39097	1861	36840	1641

1-23 社会组织、自治组织情况

单位：个

年份/地区	社会组织				自治组织		
	单位数	社会团体	民办非企业单位	基金会	单位数	村民委员会	社区居委会
2006	354393	191946	161303	1144	704386	623669	80717
2007	386916	211661	173915	1340	694715	612709	82006
2008	413660	229681	182382	1597	687698	604285	83413
2009	431069	238747	190479	1843	683767	599078	84689
2010	445631	245256	198175	2200	681715	594658	87057
2011	461971	254969	204388	2614	679133	589653	89480
2012	499268	271131	225108	3029	679628	588475	91153
2013	547245	289026	254670	3549	683167	588547	94620
2014	606048	309736	292195	4117	682144	585451	96693
2015	662425	328500	329141	4784	680535	580856	99679
2016	702405	335932	360914	5559	662478	559186	103292
2017	761539	354794	400438	6307	660709	554218	106491
2018	817360	366234	444092	7034	649888	542019	107869
2019	866335	371638	487112	7585	642693	533073	109620
2020	894162	374771	510959	8432	615146	502057	113089
2021	901870	371110	521883	8877	606124	489573	116551
中央级	2279	1972	92	215			
北　京	12892	4444	7642	806	7206	3784	3422
天　津	6357	2494	3753	110	5311	3519	1792
河　北	36825	11937	24371	517	53411	48428	4983
山　西	18533	7762	10620	151	21892	19086	2806
内蒙古	17288	7777	9345	166	13655	11027	2628
辽　宁	26893	6630	20157	106	16101	11566	4535
吉　林	13439	5723	7595	121	11363	9342	2021
黑龙江	20313	6911	13282	120	12208	9026	3182
上　海	17368	4304	12490	574	6132	1556	4576
江　苏	89247	34284	54182	781	21303	13767	7536
浙　江	72825	26166	45755	904	24951	19785	5166
安　徽	35615	15679	19747	189	17941	14253	3688
福　建	35436	19249	15710	477	17185	14267	2918
江　西	28300	12752	15460	88	21180	16989	4191
山　东	63687	19274	44129	284	61461	54621	6840
河　南	49917	13384	36373	160	52034	44700	7334
湖　北	31536	12339	19003	194	26577	21626	4951
湖　南	38384	16448	21541	395	29286	23704	5582
广　东	71834	32089	38363	1382	26443	19430	7013
广　西	29485	13011	16361	113	16460	14172	2288
海　南	8830	3506	5195	129	3197	2532	665
重　庆	18561	8548	9924	89	11228	7956	3272
四　川	45535	20793	24547	195	34358	26092	8266
贵　州	14742	7234	7441	67	17858	13216	4642
云　南	23011	12890	10014	107	14748	11722	3026
西　藏	633	560	51	22	5561	5313	248
陕　西	31210	17114	13917	179	20009	16859	3150
甘　肃	21554	14227	7237	90	17400	15923	1477
青　海	5997	4096	1868	33	4666	4149	517
宁　夏	5070	2869	2123	78	2860	2212	648
新　疆	8274	4644	3595	35	12139	8951	3188

【主要统计指标解释】

法人单位 指有权拥有资产、承担负债，并独立从事社会经济活动（或与其他单位进行交易）的组织。法人单位应同时具备以下条件：（1）依法成立，有自己的名称、组织机构和场所，能够独立承担民事责任；（2）独立拥有（或授权使用）资产或者经费，承担负债，有权与其他单位签订合同；（3）具有包括资产负债表在内的账户，或者能够根据需要编制账户。法人单位包括五种类型：企业法人、事业单位法人、机关法人、社会团体和其他成员组织法人、其他法人。

多产业法人单位 法人单位从事多种经济活动，或者位于多个地点，称为多产业法人。多产业法人由两个或两个以上产业活动单位组成。

企业法人 指依据《中华人民共和国公司登记管理条例》、《中华人民共和国企业法人登记管理条例》等国家法律和法规，经各级市场监督管理部门登记注册，领取《企业法人营业执照》的企业。包括：（1）公司制企业法人；（2）非公司制企业法人；（3）依据《中华人民共和国个人独资企业法》、《中华人民共和国合伙企业法》，经各级市场监督管理部门登记注册，领取《营业执照》的个人独资企业、合伙企业。

企业控股情况 根据企业实收资本中某种经济成分的出资人的实际投资情况，或出资人对企业资产的实际控制、支配程度进行分类。具体分为国有控股、集体控股、私人控股、港澳台商控股、外商控股和其他六类。

国有控股 包括：（1）在企业的全部实收资本中，国有经济成分的出资人拥有的实收资本（股本）所占企业全部实收资本（股本）的比例大于50%的国有绝对控股。（2）在企业的全部实收资本中，国有经济成分的出资人拥有的实收资本（股本）所占比例虽未大于50%，但相对大于其他任何一方经济成分的出资人所占比例的国有相对控股；或者虽不大于其他经济成分，但根据协议规定拥有企业实际控制权的国有协议控股。（3）投资双方各占50%，且未明确由谁绝对控股的企业，若其中一方为国有经济成分的，一律按国有控股处理。

集体控股 包括：（1）在企业的全部实收资本中，集体经济成分的出资人拥有的实收资本（股本）所占企业全部实收资本（股本）的比例大于50%的集体绝对控股。（2）在企业的全部实收资本中，集体经济成分的出资人拥有的实收资本（股本）所占比例虽未大于50%，但相对大于其他任何一方经济成分的出资人所占比例的集体相对控股；或者虽不大于其他经济成分，但根据协议规定拥有企业实际控制权的集体协议控股。

私人控股 包括：（1）在企业的全部实收资本中，私人经济成分的出资人拥有的实收资本（股本）所占企业全部实收资本（股本）的比例大于50%的私人绝对控股。（2）在企业的全部实收资本中，私人经济成分的出资人拥有的实收资本（股本）所占比例虽未大于50%，但相对大于其他任何一方经济成分的出资人所占比例的私人相对控股；或者虽不大于其他经济成分，但根据协议规定拥有企业实际控制权的私人协议控股。

港澳台商控股 包括：（1）在企业的全部实收资本中，港澳台商经济成分的出资人拥有的实收资本（股本）所占企业全部实收资本（股本）的比例大于50%的港澳台商绝对控股。

（2）在企业的全部实收资本中，港澳台商经济成分的出资人拥有的实收资本（股本）所占比例虽未大于50%，但相对大于其他任何一方经济成分的出资人所占比例的港澳台商相对控股；或者虽不大于其他经济成分，但根据协议规定拥有企业实际控制权的港澳台商协议控股。

外商控股 包括：（1）在企业的全部实收资本中，外商经济成分的出资人拥有的实收资本（股本）所占企业全部实收资本（股本）的比例大于50%的外商绝对控股。（2）在企业的全部实收资本中，外商经济成分的出资人拥有的实收资本（股本）所占比例虽未大于50%，但相对大于其他任何一方经济成分的出资人所占比例的外商相对控股；或者虽不大于其他经济成分，但根据协议规定拥有企业实际控制权的外商协议控股。

其他控股情况 除上述五类以外的企业控股情况。

国有企业 指企业全部资产归国家所有，并按《中华人民共和国企业法人登记管理条例》规定登记注册的非公司制的经济组织。不包括有限责任公司中的国有独资公司。

集体企业 指企业资产归集体所有，并按《中华人民共和国企业法人登记管理条例》规定登记注册的经济组织。

股份合作企业 指以合作制为基础，由企业职工共同出资入股，吸收一定比例的社会资产投资组建，实行自主经营，自负盈亏，共同劳动，民主管理，按劳分配与按股分红相结合的一种集体经济组织。

联营企业 指两个及两个以上相同或不同所有制性质的企业法人或事业单位法人，按自愿、平等、互利的原则，共同投资组成的经济组织。联营企业包括国有联营企业、集体联营企业、国有与集体联营企业和其他联营企业。

国有联营企业 指所有联营单位均为国有。

集体联营企业 指所有联营单位均为集体。

国有与集体联营企业 指联营单位既有国有也有集体。

其他联营企业 指上述三种联营企业之外的其他联营形式的企业。

有限责任公司 指根据《中华人民共和国公司登记管理条例》规定登记注册，由两个以上，五十个以下的股东共同出资，每个股东以其所认缴的出资额对公司承担有限责任，公司以其全部资产对其债务承担责任的经济组织。有限责任公司包括国有独资公司以及其他有限责任公司。

国有独资公司 指国家授权的投资机构或者国家授权的部门单独投资设立的有限责任公司。

其他有限责任公司 指国有独资公司以外的其他有限责任公司。

股份有限公司 指根据《中华人民共和国公司登记管理条例》规定登记注册，其全部注册资本由等额股份构成并通过发行股票筹集资本，股东以其认购的股份对公司承担有限责任，公司以其全部资产对其债务承担责任的经济组织。

私营企业 指由自然人投资设立或由自然人控股，以雇佣劳动为基础的营利性经济组织。包括按照《公司法》、《合伙企业法》以及《个人独资企业法》规定登记注册的私营独资企业、私营合伙企业、私营有限责任公司、私营股份有限公司和个人独资企业。

私营独资企业 由一名自然人投资经营，以雇佣劳动为基础，投资者对企业债务承担无限责任的企业。

私营合伙企业 由两个以上自然人按照协议共同投资、共同经营、共负盈亏，以雇佣劳动为基础，对债务承担无限责任的企业。

私营有限责任公司 由两个以上自然人投资或由单个自然人控股的有限责任公司。

私营股份有限公司 由五个以上自然人投资，或由单个自然人控股的股份有限公司。

其他内资企业 指上述企业之外的其他内资经济组织。

与港澳台商合资经营企业 指港澳台地区投资者与内地企业依照原《中华人民共和国中外合资经营企业法》及有关法律的规定，按合同规定的比例投资设立、分享利润、分担风险及亏损的企业。

与港澳台商合作经营企业 指港澳台地区投资者与内地企业依照原《中华人民共和国中外合作经营企业法》及有关法律的规定，依照合作合同的约定进行投资或提供条件设立、分配利润、分担风险及亏损的企业。

港澳台商独资经营企业 指依照原《中华人民共和国外资企业法》及有关法律的规定，在内地由港澳台地区投资者全额投资设立的企业。

港澳台商投资股份有限公司 指根据国家有关规定，经商务部（原外经贸部）批准设立，其中港、澳、台商的股本占公司注册资本的比例达25%以上的股份有限公司。凡其中港、澳、台商的股本占公司注册资本的比例小于25%的，属于内资中的股份有限公司。

其他港澳台商投资企业 指在中国境内参照原《外国企业或个人在中国境内设立合伙企业管理办法》和《外商投资合伙企业登记管理规定》，依法设立的港、澳、台商投资合伙企业等。

中外合资经营企业 指外国企业或外国人与中国内地企业依照原《中华人民共和国中外合资经营企业法》及有关法律的规定，按合同规定的比例投资设立、分享利润、分担风险及亏损的企业。

中外合作经营企业 指外国企业或外国人与中国内地企业依照原《中华人民共和国中外合作经营企业法》及有关法律的规定，依照合作合同的约定进行投资或提供条件设立、分配利润、分担风险及亏损的企业。

外资企业 指依照原《中华人民共和国外资企业法》及有关法律的规定，在中国内地由外国投资者全额投资设立的企业。

外商投资股份有限公司 指根据国家有关规定，经商务部（原外经贸部）批准设立，其中外资的股本占公司注册资本的比例达25% 以上的股份有限公司。凡其中外资股本占公司注册资本的比例小于25%的，属于内资企业中的股份有限公司。

其他外商投资企业 指在中国境内依照原《外国企业或个人在中国境内设立合伙企业管理办法》和《外商投资合伙企业登记管理规定》，依法设立的外商投资合伙企业等。

社会团体 指中国公民自愿组成，为实现会员共同意愿，按照其章程开展活动的非营利性社会组织。是在中华人民共和国境内组织的各种协会、学会、联合会、研究会、联谊会、促进会、商会等合法机构的总称。各种社团，均不得从事以盈利为目的的经营性活动，并具备以下四项法人条件：①依法成立；②必要的财产或者经费；③有自己的名称、组织机构和场所；④能够独立承担民事责任。否则，不能统计为社团机构数。报告期末合法社团总数，即为年末实有社团机构数。

民办非企业单位 即社会服务机构，是指企业事业单位、社会团体和其他社会力量以及公民个人利用非国有资产举办的，从事非营利性社会服务活动的社会组织。目前，民办非企业单位主要分布在教育、卫生、文化、科技、体育、劳动、民政、社会中介、服务业等行(事)业中。

基金会 指利用自然人、法人或者其他组织捐赠的财产，以从事公益事业为目的，按照《基金会管理条例》规定成立的非营利性法人。基金会分为具有公开募捐资格的基金会和不具有公开募捐资格的基金会。

村民委员会数 指报告期末乡镇在农业人口的居住地区设立的群众性自治组织（即村民委员会）实有个数。

社区居委会数 指报告期末城市和建制镇在城镇居民集中居住的地区设立的居民委员会实有个数（含家委会）。

2 第三产业就业人员数

简要说明

一、主要内容

本篇资料主要包括劳动力、就业人员、单位就业人员等。

二、统计范围与统计口径

《劳动工资统计报表制度》的调查范围为城镇地域全部法人单位；《劳动力调查制度》的调查范围为我国大陆地区的城镇和乡村地域。

三、资料来源

就业基本情况资料，是国家统计局人口和就业统计司根据《劳动工资统计报表制度》和《劳动力调查制度》搜集资料，加工整理。1990 年及以后的劳动力、就业人员总量及结构数据根据劳动力调查、全国人口普查推算；其中 2011-2019 年数据是根据第七次全国人口普查修订数。

2-1 第三产业就业人员数及比重

单位：万人

年 份	劳动力	就业人员合计				第三产业就业人员占所有就业人员比重(%)
			第一产业	第二产业	第三产业	
1957	23971	23771	19309	2142	2320	9.8
1962		25910	21276	2059	2575	9.9
1965		28670	23396	2408	2866	10.0
1970		34432	27811	3518	3103	9.0
1975		38168	29456	5152	3560	9.3
1978	40682	40152	28318	6945	4890	12.2
1979	41592	41024	28634	7214	5177	12.6
1980	42903	42361	29122	7707	5532	13.1
1981	44165	43725	29777	8003	5945	13.6
1982	45674	45295	30859	8346	6090	13.5
1983	46707	46436	31151	8679	6606	14.2
1984	48433	48197	30868	9590	7739	16.1
1985	50112	49873	31130	10384	8359	16.8
1986	51546	51282	31254	11216	8811	17.2
1987	53060	52783	31663	11726	9395	17.8
1988	54630	54334	32249	12152	9933	18.3
1989	55707	55329	33225	11976	10129	18.3
1990	65323	64749	38914	13856	11979	18.5
1991	66091	65491	39098	14015	12378	18.9
1992	66782	66152	38699	14355	13098	19.8
1993	67468	66808	37680	14965	14163	21.2
1994	68135	67455	36628	15312	15515	23.0
1995	68855	68065	35530	15655	16880	24.8
1996	69765	68950	34820	16203	17927	26.0
1997	70800	69820	34840	16547	18432	26.4
1998	72087	70637	35177	16600	18860	26.7
1999	72791	71394	35768	16421	19205	26.9
2000	73992	72085	36043	16219	19823	27.5
2001	73884	72797	36399	16234	20165	27.7
2002	74492	73280	36640	15682	20958	28.6
2003	74911	73736	36204	15927	21605	29.3
2004	75290	74264	34830	16709	22725	30.6
2005	76120	74647	33442	17766	23439	31.4
2006	76315	74978	31941	18894	24143	32.2
2007	76531	75321	30731	20186	24404	32.4
2008	77046	75564	29923	20553	25087	33.2
2009	77510	75828	28890	21080	25857	34.1
2010	78388	76105	27931	21842	26332	34.6
2011	78349	76196	26472	22539	27185	35.7
2012	78431	76254	25535	23226	27493	36.1
2013	78604	76301	23838	23142	29321	38.4
2014	78757	76349	22372	23057	30920	40.5
2015	78921	76320	21418	22644	32258	42.3
2016	79282	76245	20908	22295	33042	43.3
2017	79042	76058	20295	21762	34001	44.7
2018	78653	75782	19515	21356	34911	46.1
2019	78985	75447	18652	21234	35561	47.1
2020	78392	75064	17715	21543	35806	47.7
2021	78024	74652	17072	21712	35868	48.0

2-2 按登记注册类型分第三产业城镇非私营单位就业人员数(2021年底)

单位：万人

行业	合计	国有单位	城镇集体单位	其他单位
合计	**10400.9**	**5321.8**	**160.0**	**4919.0**
批发和零售业	**797.5**	**47.9**	**8.3**	**741.3**
批发业	402.3	37.2	3.5	361.6
零售业	395.2	10.7	4.8	379.7
交通运输、仓储和邮政业	**798.1**	**104.5**	**5.8**	**687.8**
铁路运输业	189.3	0.8	0.1	188.4
道路运输业	346.6	59.5	3.4	283.7
水上运输业	28.4	4.4	0.5	23.5
航空运输业	59.8	4.2		55.6
管道运输业	4.0	1.2		2.8
多式联运和运输代理业	34.3	1.3	0.1	32.9
装卸搬运和仓储业	48.8	7.4	1.7	39.8
邮政业	86.8	25.6		61.1
住宿和餐饮业	**265.3**	**18.7**	**2.4**	**244.1**
住宿业	104.7	15.2	1.5	88.0
餐饮业	160.5	3.5	0.9	156.1
信息传输、软件和信息技术服务业	**519.2**	**27.6**	**0.4**	**491.1**
电信、广播电视和卫星传输服务	149.8	20.5	0.2	129.0
互联网和相关服务	75.5	1.5	0.1	73.9
软件和信息技术服务业	293.9	5.5	0.1	288.2
金融业	**818.5**	**65.7**	**6.5**	**746.3**
货币金融服务	374.7	55.4	6.5	312.8
资本市场服务	36.9	3.2		33.7
保险业	394.3	6.5		387.8
其他金融业	12.6	0.6		12.0
房地产业	**529.3**	**21.5**	**8.7**	**499.1**
租赁和商务服务业	**680.3**	**94.8**	**18.6**	**567.0**
租赁业	13.4	0.7	0.2	12.5
商务服务业	666.9	94.1	18.4	554.5
科学研究和技术服务业	**450.1**	**150.9**	**4.2**	**295.0**
研究和试验发展	72.1	33.4	0.4	38.4
专业技术服务业	314.8	94.1	3.1	217.5
科技推广和应用服务业	63.3	23.4	0.7	39.1
水利、环境和公共设施管理业	**252.6**	**121.2**	**5.2**	**126.2**
水利管理业	28.3	24.4	0.5	3.4
生态保护和环境治理业	19.6	10.5	0.1	8.9
公共设施管理业	198.0	83.9	4.5	109.6
土地管理业	6.6	2.4		4.2
居民服务、修理和其他服务业	**85.9**	**13.3**	**3.5**	**69.0**
居民服务业	35.2	7.9	1.7	25.6
机动车 、电子产品和日用产品修理业	11.0	0.9	0.4	9.7
其他服务业	39.6	4.6	1.4	33.6
教育	**1971.9**	**1662.8**	**53.0**	**256.1**
卫生和社会工作	**1094.7**	**934.4**	**36.2**	**124.1**
卫生	1046.8	913.0	33.0	100.9
社会工作	47.9	21.4	3.3	23.2
文化、体育和娱乐业	**151.7**	**85.6**	**1.7**	**64.4**
新闻和出版业	29.0	16.6	0.2	12.1
广播、电视、电影和录音制作业	38.8	24.3	0.2	14.4
文化艺术业	49.3	36.6	0.9	11.8
体育	14.4	4.9	0.2	9.2
娱乐业	20.2	3.2	0.1	16.9
公共管理、社会保障和社会组织	**1985.8**	**1973.0**	**5.3**	**7.5**
#中国共产党机关	94.7	94.6	0.1	
国家机构	1844.8	1835.9	4.5	4.4
人民政协、民主党派	11.2	11.2		
社会保障	16.1	15.6	0.2	0.3
群众团体、社会团体和其他成员组织	19.0	15.6	0.6	2.8

注：城镇非私营单位就业人员数不含私营企业和个体(后续表同)。

2-3 按第三产业行业门类分城镇非私营单位就业人员数

单位：万人

行业门类	2006	2007	2008	2009	2010	2011	2012	2013
合　计	**6105.4**	**6243.5**	**6428.7**	**6668.6**	**6898.6**	**7294.4**	**7649.5**	**8592.8**
批发和零售业	515.7	506.9	514.4	520.8	535.1	647.5	711.8	890.8
交通运输、仓储和邮政业	612.7	623.1	627.3	634.4	631.1	662.8	667.5	846.2
住宿和餐饮业	183.9	185.8	193.2	202.1	209.2	242.7	265.1	304.4
信息传输、软件和信息技术服务业	138.2	150.2	159.5	173.8	185.8	212.8	222.8	327.3
金融业	367.4	389.7	417.6	449.0	470.1	505.3	527.8	537.9
房地产业	153.9	166.5	172.7	190.9	211.6	248.6	273.7	373.7
租赁和商务服务业	236.7	247.2	274.7	290.5	310.1	286.6	292.3	421.9
科学研究和技术服务业	235.5	243.4	257.0	272.6	292.3	298.5	330.7	387.8
水利、环境和公共设施管理业	187.0	193.5	197.3	205.7	218.9	230.3	243.8	259.2
居民服务、修理和其他服务业	56.6	57.4	56.5	58.8	60.2	59.9	62.1	72.3
教育	1504.4	1520.9	1534.0	1550.4	1581.8	1617.8	1653.4	1687.2
卫生和社会工作	525.4	542.8	563.6	595.8	632.5	679.1	719.3	770.0
文化、体育和娱乐业	122.4	125.0	126.0	129.5	131.4	135.0	137.7	147.0
公共管理、社会保障和社会组织	1265.6	1291.2	1335.0	1394.3	1428.5	1467.6	1541.5	1567.0

2-3 续表

单位：万人

行业门类	2014	2015	2016	2017	2018	2019	2020	2021
合　计	**8828.7**	**8986.0**	**9127.8**	**9277.4**	**9392.8**	**10184.3**	**10262.8**	**10400.9**
批发和零售业	888.6	883.3	875.0	842.8	823.3	830.0	786.9	797.5
交通运输、仓储和邮政业	861.4	854.4	849.5	843.9	819.0	815.5	812.2	798.1
住宿和餐饮业	289.3	276.1	269.7	265.9	269.8	265.2	256.6	265.3
信息传输、软件和信息技术服务业	336.3	349.9	364.1	395.4	424.3	455.3	487.1	519.2
金融业	566.3	606.8	665.2	688.8	699.3	826.1	859.0	818.5
房地产业	402.2	417.3	431.7	444.8	466.0	510.3	525.4	529.3
租赁和商务服务业	449.4	474.0	488.4	522.6	529.5	660.4	643.6	680.3
科学研究和技术服务业	408.0	410.6	419.6	420.4	411.5	434.3	431.2	450.1
水利、环境和公共设施管理业	269.1	273.3	269.6	268.5	260.6	244.5	245.6	252.6
居民服务、修理和其他服务业	75.4	75.2	75.4	78.2	77.4	86.3	82.8	85.9
教育	1727.3	1736.5	1729.2	1730.4	1735.6	1909.3	1958.9	1971.9
卫生和社会工作	810.4	841.6	867.0	897.9	912.4	1006.2	1051.9	1094.7
文化、体育和娱乐业	145.5	149.1	150.8	152.2	146.6	151.2	149.5	151.7
公共管理、社会保障和社会组织	1599.3	1637.8	1672.6	1725.6	1817.5	1989.8	1972.2	1985.8

2-4　按第三产业行业门类分国有单位就业人员数

单位：万人

行业门类	2006	2007	2008	2009	2010	2011	2012	2013
合　计	**4748.9**	**4792.6**	**4855.7**	**4921.3**	**5025.8**	**5167.1**	**5328.8**	**5288.5**
批发和零售业	186.7	174.1	160.7	144.2	137.3	145.7	148.5	110.1
交通运输、仓储和邮政业	433.0	432.0	424.5	413.9	403.3	415.9	419.5	410.3
住宿和餐饮业	63.8	58.6	56.6	55.2	54.6	56.3	57.6	45.7
信息传输、软件和信息技术服务业	65.6	62.5	63.0	64.6	62.5	67.0	65.8	49.5
金融业	165.1	161.4	155.4	146.0	144.3	146.3	151.9	147.9
房地产业	45.0	45.2	43.5	43.5	45.4	47.6	46.7	37.1
租赁和商务服务业	121.0	120.5	125.9	125.4	131.5	127.9	116.7	123.6
科学研究和技术服务业	193.0	197.5	201.6	209.4	219.6	218.2	232.5	223.7
水利、环境和公共设施管理业	165.4	169.8	172.8	178.3	189.9	198.0	208.9	207.7
居民服务、修理和其他服务业	27.7	28.7	28.8	28.3	28.9	30.7	30.4	22.9
教育	1448.0	1462.9	1481.9	1490.6	1517.4	1540.9	1567.2	1573.8
卫生和社会工作	466.8	483.2	501.2	529.9	562.6	606.0	639.5	672.7
文化、体育和娱乐业	110.1	111.3	110.9	111.9	113.1	113.8	115.0	109.9
公共管理、社会保障和社会组织	1257.5	1285.0	1328.8	1380.0	1415.6	1452.7	1528.6	1553.6

2-4　续表

单位：万人

行业门类	2014	2015	2016	2017	2018	2019	2020	2021
合　计	**5340.1**	**5352.6**	**5363.1**	**5355.6**	**5229.2**	**5125.4**	**5249.1**	**5321.8**
批发和零售业	99.9	90.8	82.0	72.0	60.6	42.9	47.8	47.9
交通运输、仓储和邮政业	395.2	373.4	366.0	353.0	264.1	131.8	108.5	104.5
住宿和餐饮业	41.8	37.4	35.2	31.7	26.0	20.9	20.6	18.7
信息传输、软件和信息技术服务业	37.5	35.5	33.5	26.9	24.9	19.9	25.6	27.6
金融业	146.1	146.6	148.7	143.1	125.8	89.3	68.6	65.7
房地产业	36.5	33.1	32.1	26.3	19.6	15.7	22.1	21.5
租赁和商务服务业	126.0	120.6	118.1	116.8	104.2	98.5	96.2	94.8
科学研究和技术服务业	224.8	213.2	215.1	206.2	182.7	150.3	152.2	150.9
水利、环境和公共设施管理业	211.9	210.7	203.9	195.9	167.6	129.9	122.1	121.2
居民服务、修理和其他服务业	22.5	22.0	21.4	18.5	19.3	12.3	11.8	13.3
教育	1602.7	1607.3	1593.9	1582.4	1564.8	1540.0	1637.0	1662.8
卫生和社会工作	703.9	733.1	752.5	773.8	786.2	835.1	894.5	934.4
文化、体育和娱乐业	106.3	104.4	102.6	98.8	91.5	82.1	85.5	85.6
公共管理、社会保障和社会组织	1585.1	1624.4	1658.1	1710.3	1791.8	1956.7	1956.6	1973.0

2-5 按第三产业行业门类分城镇集体单位就业人员数

单位：万人

行业门类	2006	2007	2008	2009	2010	2011	2012	2013
合　计	**336.7**	**320.2**	**295.4**	**278.3**	**272.9**	**261.6**	**260.2**	**264.7**
批发和零售业	77.4	69.0	58.6	52.5	48.0	46.8	40.9	38.3
交通运输、仓储和邮政业	27.2	24.6	22.2	20.6	19.8	17.5	17.7	19.0
住宿和餐饮业	12.7	11.6	11.0	10.4	9.6	10.0	9.3	10.0
信息传输、软件和信息技术服务业	1.1	0.9	0.8	1.1	1.0	1.3	1.3	0.9
金融业	62.1	61.3	60.1	53.1	52.1	50.2	50.1	48.7
房地产业	8.0	7.7	7.4	8.7	9.2	8.6	8.7	8.3
租赁和商务服务业	34.1	34.4	33.1	36.7	37.6	31.8	33.7	38.1
科学研究和技术服务业	3.5	3.4	3.4	4.2	4.2	3.7	5.4	5.5
水利、环境和公共设施管理业	10.0	10.2	10.8	10.5	10.5	10.8	10.6	10.7
居民服务、修理和其他服务业	9.8	8.9	8.8	8.2	7.8	6.0	6.1	5.4
教育	36.0	34.3	24.6	17.4	17.5	19.1	19.0	21.8
卫生和社会工作	48.8	48.7	49.8	49.9	51.4	51.5	52.6	54.0
文化、体育和娱乐业	2.3	2.3	2.3	2.2	2.2	2.0	2.5	2.0
公共管理、社会保障和社会组织	3.6	2.9	2.4	2.7	2.2	2.4	2.3	2.1

2-5　续表

单位：万人

行业门类	2014	2015	2016	2017	2018	2019	2020	2021
合　计	**255.2**	**235.8**	**222.9**	**207.5**	**183.7**	**159.8**	**158.2**	**160.0**
批发和零售业	35.0	31.7	28.0	21.2	17.8	12.9	9.2	8.3
交通运输、仓储和邮政业	17.4	14.8	13.7	12.2	9.3	8.5	7.8	5.8
住宿和餐饮业	6.7	5.4	4.9	4.2	3.9	3.1	2.6	2.4
信息传输、软件和信息技术服务业	0.8	0.7	0.6	0.8	0.6	0.7	0.6	0.4
金融业	47.0	46.5	44.9	42.0	33.1	9.5	7.0	6.5
房地产业	8.9	8.0	8.0	7.4	7.2	9.9	9.2	8.7
租赁和商务服务业	36.0	31.8	29.1	27.7	23.3	26.2	19.5	18.6
科学研究和技术服务业	5.4	4.8	4.6	4.2	3.9	4.3	4.7	4.2
水利、环境和公共设施管理业	11.2	10.9	10.6	10.0	8.0	5.0	4.9	5.2
居民服务、修理和其他服务业	5.7	4.9	4.2	3.8	3.3	3.2	3.8	3.5
教育	22.2	20.9	19.0	18.9	22.9	37.7	46.7	53.0
卫生和社会工作	54.9	51.5	51.2	51.0	46.2	33.2	35.2	36.2
文化、体育和娱乐业	1.9	1.8	1.8	1.7	1.3	1.5	1.7	1.7
公共管理、社会保障和社会组织	2.1	2.0	2.3	2.4	3.0	4.1	5.4	5.3

2-6 按第三产业行业门类分城镇非私营单位中其他单位就业人员数

单位：万人

行业门类	2006	2007	2008	2009	2010	2011	2012	2013
合　计	**1019.8**	**1130.8**	**1277.6**	**1469.0**	**1599.8**	**1865.7**	**2060.4**	**3039.6**
批发和零售业	251.6	263.8	295.0	324.2	349.9	455.0	522.4	742.4
交通运输、仓储和邮政业	152.6	166.4	180.6	199.9	208.0	229.4	230.3	417.0
住宿和餐饮业	107.3	115.7	125.6	136.5	145.1	176.5	198.1	248.7
信息传输、软件和信息技术服务业	71.5	86.8	95.7	108.1	122.3	144.5	155.7	276.9
金融业	140.2	167.0	202.0	249.9	273.7	308.9	325.7	341.3
房地产业	101.0	113.6	121.8	138.7	157.1	192.4	218.3	328.3
租赁和商务服务业	81.6	92.3	115.7	128.4	140.9	126.9	141.8	260.2
科学研究和技术服务业	38.9	42.5	52.0	59.0	68.6	76.5	92.8	158.5
水利、环境和公共设施管理业	11.6	13.5	13.7	16.8	18.5	21.5	24.3	40.8
居民服务、修理和其他服务业	19.0	19.8	19.0	22.3	23.5	23.1	25.7	44.1
教育	20.4	23.7	27.5	42.3	46.8	57.7	67.2	91.6
卫生和社会工作	9.8	11.0	12.6	16.0	18.6	21.6	27.3	43.3
文化、体育和娱乐业	10.0	11.5	12.7	15.4	16.2	19.2	20.2	35.0
公共管理、社会保障和社会组织	4.4	3.3	3.8	11.6	10.7	12.5	10.6	11.3

2-6 续表

单位：万人

行业门类	2014	2015	2016	2017	2018	2019	2020	2021
合　计	**3233.4**	**3397.6**	**3541.7**	**3714.3**	**3980.0**	**4899.1**	**4855.6**	**4919.0**
批发和零售业	753.6	760.9	765.1	749.6	744.9	774.3	730.0	741.3
交通运输、仓储和邮政业	448.9	466.2	469.8	478.7	545.6	675.2	695.9	687.8
住宿和餐饮业	240.8	233.3	229.6	230.0	240.0	241.3	233.4	244.1
信息传输、软件和信息技术服务业	298.0	313.6	330.0	367.7	398.8	434.6	460.9	491.1
金融业	373.3	413.7	471.5	503.7	540.4	727.3	783.4	746.3
房地产业	356.8	376.2	391.6	411.0	439.2	484.7	494.0	499.1
租赁和商务服务业	287.4	321.7	341.2	378.1	402.1	535.6	527.9	567.0
科学研究和技术服务业	177.8	192.6	199.9	210.0	224.9	279.7	274.3	295.0
水利、环境和公共设施管理业	46.1	51.7	55.0	62.6	85.0	109.6	118.5	126.2
居民服务、修理和其他服务业	47.3	48.3	49.8	56.0	54.8	70.8	67.2	69.0
教育	102.4	108.3	116.4	129.1	147.9	331.6	275.2	256.1
卫生和社会工作	51.6	57.0	63.3	73.2	80.0	137.9	122.2	124.1
文化、体育和娱乐业	37.3	42.8	46.3	51.7	53.7	67.5	62.4	64.4
公共管理、社会保障和社会组织	12.1	11.4	12.2	12.9	22.6	29.1	10.2	7.5

2-7 各地区按第三产业行业门类分城镇非私营单位就业人员数(2021年底)

单位：万人

地 区	批发和零售业	交通运输、仓储和邮政业	住宿和餐饮业	信息传输、软件和信息技术服务业	金融业	房地产业	租赁和商务服务业
全 国	**797.5**	**798.1**	**265.3**	**519.2**	**818.5**	**529.3**	**680.3**
北 京	52.4	54.9	28.3	101.2	61.1	46.0	68.5
天 津	17.9	14.9	5.7	8.3	15.8	9.8	13.4
河 北	20.7	29.0	4.3	12.2	36.7	12.0	14.2
山 西	13.7	23.2	4.0	5.0	26.3	6.0	12.0
内蒙古	7.9	19.7	2.4	4.6	18.2	5.3	5.2
辽 宁	16.6	30.2	4.6	13.9	27.0	11.4	13.8
吉 林	8.5	15.8	1.9	4.5	20.3	5.0	4.5
黑龙江	10.3	23.4	1.5	5.8	20.8	5.4	13.4
上 海	93.3	46.9	28.2	50.7	32.4	28.2	82.2
江 苏	54.4	44.9	20.6	34.6	43.5	30.8	46.0
浙 江	45.2	37.1	14.4	32.8	46.7	29.9	41.8
安 徽	23.8	20.9	5.4	10.0	22.2	15.1	21.4
福 建	24.5	21.6	9.4	10.7	24.0	16.2	18.7
江 西	17.5	17.9	4.2	5.7	16.8	9.5	8.3
山 东	44.0	45.5	11.9	21.0	65.9	28.5	24.7
河 南	33.7	39.3	7.5	18.2	26.5	27.5	22.9
湖 北	31.2	28.0	9.1	17.3	27.6	19.7	19.9
湖 南	23.0	24.8	6.4	8.9	30.5	15.5	15.9
广 东	109.6	81.1	41.7	80.6	83.7	90.8	119.2
广 西	13.6	18.9	4.5	5.9	19.0	9.4	17.9
海 南	7.3	7.3	4.9	2.8	7.7	9.4	3.6
重 庆	17.7	21.2	4.0	5.7	22.2	15.4	13.2
四 川	35.0	34.4	16.4	25.3	41.8	31.9	30.3
贵 州	12.0	13.0	2.9	4.6	14.2	10.4	7.9
云 南	15.2	15.8	5.0	5.3	12.5	9.5	11.3
西 藏	2.6	2.3	0.7	1.3	2.0	0.8	1.9
陕 西	21.3	26.2	8.7	13.0	22.6	13.2	10.8
甘 肃	9.4	13.2	3.1	3.5	12.6	6.9	4.5
青 海	2.1	5.1	0.4	0.9	2.8	1.6	1.3
宁 夏	2.5	4.0	0.3	1.0	3.9	1.6	1.2
新 疆	10.5	17.6	2.7	4.1	11.3	6.7	10.6

2-7 续表

单位：万人

地区	科学研究和技术服务业	水利、环境和公共设施管理业	居民服务、修理和其他服务业	教育	卫生和社会工作	文化、体育和娱乐业	公共管理、社会保障和社会组织
全国	**450.1**	**252.6**	**85.9**	**1971.9**	**1094.7**	**151.7**	**1985.8**
北京	61.2	12.0	5.8	52.5	32.9	19.2	43.6
天津	11.6	3.1	5.7	21.4	12.4	1.7	20.0
河北	15.6	10.0	2.6	83.5	46.8	5.3	97.4
山西	7.6	8.1	0.8	55.9	27.2	4.4	63.3
内蒙古	5.9	4.7	0.6	37.0	20.3	3.1	56.5
辽宁	10.7	8.4	1.6	54.1	34.6	4.3	64.1
吉林	6.9	6.0	1.5	36.2	22.1	3.0	39.5
黑龙江	6.0	6.8	1.5	40.0	26.4	2.3	49.6
上海	35.8	13.6	10.2	38.5	31.2	6.0	19.3
江苏	27.2	14.0	5.3	112.8	63.2	8.9	93.2
浙江	21.7	10.7	4.8	90.1	55.3	7.4	80.9
安徽	10.7	7.1	2.4	68.2	36.9	3.5	60.2
福建	8.3	7.2	3.7	64.0	27.9	4.0	51.8
江西	7.1	5.9	1.2	62.8	29.5	3.2	63.1
山东	22.6	15.8	3.5	133.5	76.0	8.0	134.9
河南	18.4	16.2	3.3	124.9	68.9	7.3	123.1
湖北	17.3	9.2	2.5	77.5	47.6	6.3	76.4
湖南	13.4	9.4	2.7	91.1	47.6	6.1	89.0
广东	51.5	21.7	12.4	170.2	95.7	13.1	154.2
广西	8.8	7.1	1.2	77.0	38.5	3.3	59.3
海南	3.1	5.1	0.6	16.9	8.3	1.6	15.0
重庆	8.2	3.8	0.9	42.4	22.4	2.7	38.0
四川	22.5	10.8	3.9	112.9	65.6	6.8	110.4
贵州	5.5	5.1	1.7	57.9	29.4	2.5	72.4
云南	9.6	7.0	1.8	66.5	35.7	3.7	70.7
西藏	1.1	0.7	0.3	5.3	2.1	0.7	15.4
陕西	13.5	9.2	1.5	64.0	34.7	5.5	60.7
甘肃	7.6	4.9	0.9	41.6	20.0	3.0	50.5
青海	2.1	1.0	0.3	8.7	5.8	0.8	15.3
宁夏	1.8	1.5	0.1	10.7	5.8	0.9	11.9
新疆	7.0	6.6	0.7	54.0	24.0	3.2	86.1

2-8 各地区按第三产业行业门类分国有单位就业人员数(2021年底)

单位：万人

地区	批发和零售业	交通运输、仓储和邮政业	住宿和餐饮业	信息传输、软件和信息技术服务业	金融业	房地产业	租赁和商务服务业
全国	**47.9**	**104.5**	**18.7**	**27.6**	**65.7**	**21.5**	**94.8**
北京	1.4	0.4	1.6	1.3	1.2	0.9	13.0
天津	0.4	2.8	0.3	0.2	2.7	0.6	2.6
河北	1.5	7.1	1.0	1.2	0.8	0.5	2.6
山西	1.5	2.5	0.8	0.6	2.4	0.6	2.0
内蒙古	0.8	1.6	0.1	0.8	1.5	0.2	1.3
辽宁	1.4	3.5	0.5	1.2	3.6	1.0	2.0
吉林	1.0	2.0	0.5	0.9	1.8	0.3	1.0
黑龙江	1.4	4.9	0.4	0.8	1.7	0.5	2.8
上海	1.1	2.3	0.7	0.8	5.8	0.8	6.2
江苏	2.9	7.0	1.3	1.5	4.9	1.4	8.2
浙江	1.5	2.0	0.8	0.9	0.5	0.7	5.5
安徽	1.6	3.3	0.3	0.6	2.5	0.7	2.2
福建	1.6	1.1	0.4	0.4	0.6	0.6	2.1
江西	1.7	3.2	0.6	0.4	2.3	0.4	2.0
山东	2.0	7.5	2.1	2.0	5.8	1.4	4.4
河南	3.8	8.4	0.9	1.9	0.8	0.8	3.6
湖北	2.7	4.6	0.3	1.4	1.7	0.8	3.3
湖南	2.4	2.7	0.5	0.9	3.1	0.5	2.3
广东	3.2	9.6	1.5	2.3	7.4	4.7	13.5
广西	1.1	1.4	0.2	0.4	0.5	0.4	1.7
海南	0.7	1.2	0.1	0.2	0.7	0.4	0.5
重庆	1.0	3.2	0.1	1.3	0.4	0.2	1.1
四川	2.0	4.3	0.6	1.4	2.6	0.5	2.6
贵州	2.1	0.9	0.2	0.4	0.3	0.3	1.0
云南	2.3	2.6	0.6	0.7	1.6	0.3	1.4
西藏	0.3	1.2	0.1	0.7	0.3	0.1	0.3
陕西	2.1	6.3	0.6	0.8	3.7	0.8	2.4
甘肃	1.0	2.2	0.5	0.7	1.7	0.6	1.3
青海	0.2	0.8	0.1	0.1	0.3		0.2
宁夏	0.3	1.0	0.1	0.2	0.5		0.2
新疆	1.1	2.7	0.8	0.6	1.9	0.3	1.5

2-8 续表　　单位：万人

地区	科学研究和技术服务业	水利、环境和公共设施管理业	居民服务、修理和其他服务业	教育	卫生和社会工作	文化、体育和娱乐业	公共管理、社会保障和社会组织
全国	**150.9**	**121.2**	**13.3**	**1662.8**	**934.4**	**85.6**	**1973.0**
北京	13.8	5.7	1.0	36.7	24.6	8.7	43.1
天津	3.1	2.2	0.3	18.3	10.6	0.9	19.9
河北	4.5	4.7	0.4	78.5	40.7	3.8	97.1
山西	3.8	5.9	0.2	47.9	24.9	3.2	63.3
内蒙古	3.0	2.3	0.3	35.8	19.3	2.8	56.3
辽宁	4.8	4.6	0.5	47.2	29.8	3.1	63.5
吉林	3.9	4.4	0.3	33.0	19.5	2.1	39.4
黑龙江	4.0	5.9	0.6	36.6	23.4	1.8	49.4
上海	4.2	1.3	0.7	28.7	20.6	1.7	18.6
江苏	7.5	6.7	0.8	91.0	46.3	4.3	91.7
浙江	5.7	3.5	0.5	73.5	47.5	3.9	80.9
安徽	4.5	2.8	0.4	59.2	29.3	2.0	60.0
福建	3.3	2.7	0.3	54.6	23.9	2.6	51.6
江西	4.0	1.4	0.2	55.4	25.9	2.0	62.7
山东	7.1	5.4	0.9	111.3	64.6	4.8	133.9
河南	7.8	7.2	1.0	107.6	60.0	4.8	122.4
湖北	6.3	5.8	0.8	64.2	42.8	3.7	76.1
湖南	5.6	6.5	0.4	73.5	40.6	3.1	87.7
广东	11.7	8.8	1.2	111.1	77.7	5.3	151.6
广西	4.6	4.8	0.3	69.7	36.3	2.0	59.3
海南	1.2	1.2	0.1	12.6	6.8	0.5	14.9
重庆	3.4	1.3	0.3	40.0	20.1	1.3	37.8
四川	7.2	5.4	0.5	97.0	56.8	3.9	110.0
贵州	2.8	1.5	0.3	55.1	27.2	1.3	72.4
云南	5.7	3.7	0.3	60.6	32.0	2.3	70.4
西藏	0.7	0.1	0.1	4.9	1.8	0.5	15.3
陕西	5.7	5.7	0.3	50.9	29.3	3.4	60.4
甘肃	4.6	3.1	0.1	37.8	18.1	2.0	50.1
青海	1.2	0.7	0.1	8.5	5.5	0.5	15.3
宁夏	0.9	1.2		10.1	5.3	0.6	11.9
新疆	4.2	4.9	0.3	51.5	22.9	2.8	86.1

2-9 各地区按第三产业行业门类分城镇集体单位就业人员数(2021年底)

单位：人

地 区	批发和零售业	交通运输、仓储和邮政业	住宿和餐饮业	信息传输、软件和信息技术服务业	金融业	房地产业	租赁和商务服务业
全 国	**82694**	**58320**	**24094**	**4404**	**64973**	**87069**	**185808**
北 京	4080	2870	4482	744		17813	17979
天 津	1133	905	221	51		1895	2799
河 北	4302	1489	760	200	1115	2586	9557
山 西	7273	1794	594	110	7477	2700	3187
内蒙古	223	606	162	51	7363	103	1068
辽 宁	2510	1983	487	55	3089	1821	9033
吉 林	215	373	111	6	2526	173	538
黑龙江	899	621	198	107	1678	170	628
上 海	2095	1766	1878	2	4	6235	13653
江 苏	4999	7459	1328	590	236	9724	20067
浙 江	2695	2259	773	603	53	1960	5696
安 徽	947	2015	443	70	191	628	2645
福 建	3611	1123	547	73		2038	1869
江 西	1067	1473	195	337		350	2162
山 东	5954	2482	1249	38	95	5085	4638
河 南	7123	6721	1412	192	4563	1929	3382
湖 北	6812	2383	1263	84		1482	3961
湖 南	3182	3889	730	137	20	1420	2124
广 东	6931	5042	2025	372	491	20228	57364
广 西	1891	1209	322	45	13	1317	617
海 南	324	553	42	127	259	868	181
重 庆	1071	1067	901	16		525	640
四 川	2146	3110	1124	38	8	1187	3930
贵 州	833	908	413	2	2397	734	5412
云 南	2064	1552	1018	270	12021	982	1378
西 藏	56	18	259	36			33
陕 西	3807	2063	588	30	8443	1329	5296
甘 肃	914	249	493	2	5349	1103	1598
青 海	224	119	72		1060	44	282
宁 夏	710	9			265	385	151
新 疆	2602	211	6	16	6259	254	3941

2-9 续表 单位：人

地 区	科学研究和技术服务业	水利、环境和公共设施管理业	居民服务、修理和其他服务业	教 育	卫生和社会工作	文化、体育和娱乐业	公共管理、社会保障和社会组织
全 国	**42417**	**52349**	**35249**	**529985**	**362225**	**17151**	**53444**
北 京	2747	5818	3881	5801	8424	1307	273
天 津	390	588	769	2026	1697	271	1150
河 北	1151	2301	847	22417	29203	856	2369
山 西	407	415	494	2190	1186	577	52
内蒙古	395	412	519	2789	2362	293	820
辽 宁	1265	368	765	8153	8026	416	1183
吉 林	442	179	544	1025	766	71	47
黑龙江	443	96	134	1061	2984	16	274
上 海	1007	3861	4491	9580	16058	598	4918
江 苏	8066	16089	8320	108037	75971	3468	13219
浙 江	1777	1124	1942	14227	3514	541	111
安 徽	1049	359	721	11214	21362	325	1003
福 建	901	671	556	26744	15152	269	782
江 西	728	431	129	9074	4873	234	1209
山 东	2823	1808	1704	43152	26293	1050	3382
河 南	3922	1791	2388	63897	26185	1250	6349
湖 北	1999	2320	681	19163	7093	906	2109
湖 南	1115	1086	306	12279	20231	470	2294
广 东	2739	5202	1815	57878	31778	1020	4635
广 西	952	64	578	2717	965	71	245
海 南	526	24	46	1269	1776	229	16
重 庆	409	74	446	5417	6406	155	1665
四 川	1786	5489	926	19198	14490	791	1508
贵 州	336	187	415	4605	1874	54	153
云 南	2539	693	805	43704	17086	1080	2183
西 藏	48	7		228	201	14	
陕 西	1396	544	759	19672	9520	303	960
甘 肃	575	289	75	8359	4751	388	339
青 海	77	34	146	697	610	91	25
宁 夏	38	5	5	1206	607		66
新 疆	370	19	42	2205	781	39	107

2-10 各地区按第三产业行业门类分城镇非私营单位中其他单位就业人员数(2021年底)

单位：万人

地 区	批发和零售业	交通运输、仓储和邮政业	住宿和餐饮业	信息传输、软件和信息技术服务业	金融业	房地产业	租赁和商务服务业
全 国	**741.3**	**687.8**	**244.1**	**491.1**	**746.3**	**499.1**	**567.0**
北 京	50.5	54.3	26.2	99.8	59.9	43.3	53.7
天 津	17.4	12.0	5.4	8.1	13.1	9.0	10.6
河 北	18.8	21.7	3.3	11.0	35.8	11.3	10.7
山 西	11.5	20.5	3.1	4.3	23.1	5.2	9.7
内蒙古	7.1	18.0	2.3	3.8	16.0	5.1	3.8
辽 宁	15.0	26.4	4.1	12.8	23.1	10.2	10.8
吉 林	7.5	13.7	1.4	3.6	18.2	4.7	3.5
黑龙江	8.8	18.5	1.1	5.0	18.9	4.8	10.6
上 海	92.0	44.5	27.4	49.9	26.6	26.8	74.7
江 苏	50.9	37.2	19.1	33.1	38.5	28.4	35.8
浙 江	43.5	34.8	13.5	31.8	46.2	28.9	35.7
安 徽	22.1	17.3	5.1	9.4	19.7	14.3	18.9
福 建	22.6	20.4	9.0	10.3	23.4	15.3	16.4
江 西	15.7	14.6	3.5	5.3	14.5	9.0	6.1
山 东	41.4	37.8	9.7	18.9	60.2	26.6	19.9
河 南	29.2	30.2	6.4	16.3	25.2	26.5	18.9
湖 北	27.9	23.1	8.6	15.8	25.9	18.8	16.1
湖 南	20.3	21.7	5.8	8.1	27.4	14.9	13.4
广 东	105.7	71.0	40.0	78.2	76.2	84.1	100.0
广 西	12.3	17.3	4.3	5.5	18.5	8.9	16.1
海 南	6.6	6.1	4.8	2.6	7.0	8.9	3.1
重 庆	16.7	17.8	3.8	4.4	21.8	15.1	12.0
四 川	32.7	29.9	15.7	23.9	39.1	31.3	27.3
贵 州	9.9	12.0	2.6	4.2	13.6	10.0	6.3
云 南	12.7	13.0	4.3	4.6	9.7	9.1	9.7
西 藏	2.3	1.1	0.6	0.6	1.7	0.7	1.6
陕 西	18.8	19.7	8.1	12.2	18.0	12.3	7.9
甘 肃	8.3	11.0	2.5	2.8	10.4	6.2	3.0
青 海	1.9	4.3	0.3	0.8	2.4	1.5	1.1
宁 夏	2.2	3.0	0.2	0.8	3.3	1.5	1.0
新 疆	9.1	14.8	2.0	3.5	8.8	6.4	8.7

2-10 续表

单位：万人

地区	科学研究和技术服务业	水利、环境和公共设施管理业	居民服务、修理和其他服务业	教育	卫生和社会工作	文化、体育和娱乐业	公共管理、社会保障和社会组织
全国	**295.0**	**126.2**	**69.0**	**256.1**	**124.1**	**64.4**	**7.5**
北京	47.1	5.8	4.5	15.3	7.4	10.4	0.5
天津	8.4	0.9	5.3	2.9	1.6	0.8	
河北	10.9	5.0	2.1	2.7	3.2	1.5	
山西	3.7	2.2	0.6	7.8	2.2	1.2	
内蒙古	2.9	2.3	0.3	0.9	0.8	0.3	0.1
辽宁	5.8	3.8	1.1	6.1	4.1	1.2	0.5
吉林	2.9	1.6	1.1	3.1	2.4	0.8	0.1
黑龙江	1.9	1.0	0.9	3.3	2.7	0.6	0.2
上海	31.5	11.9	9.1	8.8	9.0	4.2	0.2
江苏	18.9	5.8	3.7	10.9	9.3	4.3	0.2
浙江	15.8	7.1	4.1	15.2	7.5	3.4	
安徽	6.0	4.3	1.9	7.9	5.5	1.5	0.1
福建	4.9	4.5	3.4	6.7	2.5	1.4	
江西	3.1	4.5	0.9	6.5	3.1	1.2	0.3
山东	15.2	10.2	2.4	17.9	8.8	3.1	0.6
河南	10.2	8.8	2.1	10.9	6.3	2.4	0.1
湖北	10.7	3.2	1.7	11.4	4.1	2.5	0.2
湖南	7.7	2.8	2.2	16.4	5.0	2.9	1.1
广东	39.5	12.4	10.9	53.4	14.8	7.7	2.1
广西	4.1	2.2	0.8	7.0	2.0	1.3	
海南	1.8	3.9	0.5	4.2	1.3	1.1	0.1
重庆	4.7	2.5	0.6	1.8	1.6	1.3	
四川	15.1	4.9	3.3	14.0	7.4	2.8	0.2
贵州	2.7	3.6	1.4	2.3	2.0	1.1	
云南	3.7	3.2	1.3	1.5	1.9	1.3	
西藏	0.4	0.6	0.2	0.3	0.2	0.1	
陕西	7.7	3.4	1.1	11.2	4.4	2.1	0.3
甘肃	3.0	1.8	0.8	2.9	1.4	0.9	0.3
青海	0.9	0.3	0.2	0.1	0.2	0.3	
宁夏	0.9	0.3		0.5	0.4	0.4	
新疆	2.7	1.8	0.4	2.3	1.0	0.4	0.1

【主要统计指标解释】

劳动力 指年满16周岁，有劳动能力，参加或要求参加社会经济活动的人口。包括就业人员和失业人员。

就业人员 指年满16周岁，为取得报酬或经营利润，在调查周内从事了1小时（含1小时）以上劳动的人员；或由于在职学习、休假等原因在调查周内暂时未工作的人员；或由于停工、单位不景气等原因临时未工作的人员。

单位就业人员 指报告期末最后一日在本单位工作，并取得工资或其他形式劳动报酬的人员数。该指标为时点指标，不包括最后一日当天及以前已经与单位解除劳动合同关系的人员，是在岗职工、劳务派遣人员及其他就业人员之和。就业人员不包括：

(1) 离开本单位仍保留劳动关系，并定期领取生活费的人员；

(2) 在本单位实习的各类在校学生；

(3) 本单位因劳务外包而使用的人员。

3 第三产业增加值

简要说明

国内生产总值数据是由国家统计局国民经济核算司根据不同产业部门、不同支出项目的特点和资料来源情况采用不同方法计算的。

本年鉴公布的国内生产总值以及与之有关的指标数据，最后一年数据不是最终数，还会在获得更多的财务和行政记录等资料后发生变动。如果遇到普查或者重大核算方法改革，在能够获得更详细的基础资料的情况下，国内生产总值的历史数据还会发生变动。

国内生产总值是一个价值量指标，其价值的变化受价格变化和物量变化两大因素影响。不变价国内生产总值是把按当期价格计算的国内生产总值换算成按某个固定期（基期）价格计算的价值，从而剔除价格变化的影响，以反映物量变化，即生产活动成果的实际变动。国内生产总值指数就是根据两个时期不变价国内生产总值计算得到的。随着经济的不断发展，各行业的价格结构也会不断发生变化，为了更好地反映这种变化对于经济的影响，计算不变价国内生产总值需要每隔若干年调整一次基期。我国自开始核算国内生产总值以来，共有1952年、1957年、1970年、1980年、1990年、2000年、2005年、2010年、2015年、2020年10个不变价基期。2016—2020年的不变价国内生产总值是按照2015年价格计算的，2021年的不变价国内生产总值是按照2020年价格计算的。由于不变价国内生产总值按不同基期分段计算，因此本年鉴中的不变价国内生产总值数据也按分段方式公布。

本篇中的数据分类基于《国民经济行业分类》（GB/T 4754—2017）和2018年修订的《三次产业划分规定》。第一产业是指农、林、牧、渔业（不含农、林、牧、渔专业及辅助性活动）。第二产业是指采矿业（不含开采专业及辅助性活动），制造业（不含金属制品、机械和设备修理业），电力、热力、燃气及水生产和供应业，建筑业。第三产业即服务业，是指除第一产业、第二产业以外的其他行业（剔除国际组织）。

本年鉴所列地区生产总值数据由国家统计局与各省、自治区、直辖市统计局统一核算得到。由于部分活动仅核算在全国不核算在地区，各地区数据相加之和略小于全国。

3-1 三次产业增加值及第三产业增加值占GDP的比重

单位：亿元

年 份	国内生产总值	第一产业	第二产业	第三产业	第三产业增加值占国内生产总值比重(%)
1978	3678.7	1018.5	1755.1	905.1	24.6
1979	4100.5	1259.0	1925.3	916.1	22.3
1980	4587.6	1359.5	2204.7	1023.4	22.3
1981	4935.8	1545.7	2269.0	1121.1	22.7
1982	5373.4	1761.7	2397.6	1214.0	22.6
1983	6020.9	1960.9	2663.0	1397.1	23.2
1984	7278.5	2295.6	3124.7	1858.2	25.5
1985	9098.9	2541.7	3886.4	2670.8	29.4
1986	10376.2	2764.1	4515.1	3097.0	29.8
1987	12174.6	3204.5	5273.8	3696.3	30.4
1988	15180.4	3831.2	6607.2	4742.0	31.2
1989	17179.7	4228.2	7300.7	5650.8	32.9
1990	18872.9	5017.2	7744.1	6111.6	32.4
1991	22005.6	5288.8	9129.6	7587.2	34.5
1992	27194.5	5800.3	11725.0	9669.2	35.6
1993	35673.2	6887.6	16472.7	12313.0	34.5
1994	48637.5	9471.8	22452.5	16713.1	34.4
1995	61339.9	12020.5	28676.7	20642.7	33.7
1996	71813.6	13878.3	33827.3	24108.0	33.6
1997	79715.0	14265.2	37545.0	27904.8	35.0
1998	85195.5	14618.7	39017.5	31559.3	37.0
1999	90564.4	14549.0	41079.9	34935.5	38.6
2000	100280.1	14717.4	45663.7	39899.1	39.8
2001	110863.1	15502.5	49659.4	45701.2	41.2
2002	121717.4	16190.2	54104.1	51423.1	42.2
2003	137422.0	16970.2	62695.8	57756.0	42.0
2004	161840.2	20904.3	74285.0	66650.9	41.2
2005	187318.9	21806.7	88082.2	77430.0	41.3
2006	219438.5	23317.0	104359.2	91762.2	41.8
2007	270092.3	27674.1	126630.5	115787.7	42.9
2008	319244.6	32464.1	149952.9	136827.5	42.9
2009	348517.7	33583.8	160168.8	154765.1	44.4
2010	412119.3	38430.8	191626.5	182061.9	44.2
2011	487940.2	44781.5	227035.1	216123.6	44.3
2012	538580.0	49084.6	244639.1	244856.2	45.5
2013	592963.2	53028.1	261951.6	277983.5	46.9
2014	643563.1	55626.3	277282.8	310654.0	48.3
2015	688858.2	57774.6	281338.9	349744.7	50.8
2016	746395.1	60139.2	295427.8	390828.1	52.4
2017	832035.9	62099.5	331580.5	438355.9	52.7
2018	919281.1	64745.2	364835.2	489700.8	53.3
2019	986515.2	70473.6	380670.6	535371.0	54.3
2020	1013567.0	78030.9	383562.4	551973.7	54.5
2021	1143669.7	83085.5	450904.5	609679.7	53.3

注：本表按当年价格计算。

3-2 第三产业分行业增加值

单位：亿元

年 份	第三产业	#批发和零售业	#交通运输、仓储和邮政业	#住宿和餐饮业	#金融业	#房地产业	#其他
1978	905.1	242.4	182.0	44.6	76.5	79.7	265.6
1979	916.1	200.9	193.7	44.0	75.9	86.2	298.5
1980	1023.4	193.8	213.4	47.4	85.8	96.2	368.2
1981	1121.1	231.2	220.8	54.1	91.7	99.8	403.3
1982	1214.0	171.5	246.9	62.3	130.6	110.6	469.5
1983	1397.1	198.7	275.0	72.5	168.9	121.6	535.2
1984	1858.2	363.6	338.6	96.8	230.6	162.0	637.3
1985	2670.8	802.5	421.8	138.3	293.9	214.8	765.8
1986	3097.0	852.7	499.0	163.2	401.2	297.5	846.1
1987	3696.3	1059.7	568.5	187.1	506.2	381.9	949.8
1988	4742.0	1483.6	685.9	241.4	658.9	472.8	1146.8
1989	5650.8	1536.4	812.9	277.4	1079.9	565.1	1320.7
1990	6111.6	1269.2	1167.2	301.9	1144.1	660.9	1501.7
1991	7587.2	1834.8	1420.5	442.3	1195.2	762.2	1853.1
1992	9669.2	2405.4	1689.2	584.6	1482.1	1099.1	2309.8
1993	12313.0	2817.0	2174.3	712.1	1903.5	1376.9	3207.8
1994	16713.1	3774.0	2788.2	1008.5	2557.9	1905.6	4516.1
1995	20642.7	4779.4	3244.7	1200.1	3211.5	2349.4	5662.8
1996	24108.0	5600.5	3782.6	1336.8	3700.7	2611.9	6844.5
1997	27904.8	6328.4	4149.1	1561.3	4179.2	2914.5	8490.9
1998	31559.3	6914.3	4661.5	1786.9	4318.2	3427.7	10143.7
1999	34935.5	7492.2	5175.9	1941.2	4489.7	3674.5	11827.0
2000	39899.1	8159.8	6161.9	2146.3	4842.2	4140.9	14092.9
2001	45701.2	9120.8	6871.3	2400.1	5202.8	4705.8	16982.6
2002	51423.1	9996.8	7494.3	2724.8	5555.8	5334.5	19818.6
2003	57756.0	11171.2	7914.8	3126.1	6045.7	6157.0	22753.8
2004	66650.9	12455.8	9306.5	3664.8	6600.2	7152.1	26754.6
2005	77430.0	13968.5	10668.8	4195.7	7486.0	8482.7	31742.1
2006	91762.2	16533.4	12186.3	4792.6	9972.3	10320.9	36910.8
2007	115787.7	20941.1	14605.1	5548.1	15200.0	13714.0	44561.5
2008	136827.5	26186.2	16367.6	6616.1	18345.6	14600.3	53169.3
2009	154765.1	29004.6	16522.4	6957.0	21836.8	18760.5	60002.6
2010	182061.9	35907.9	18783.6	7712.0	25733.1	23326.6	68654.7
2011	216123.6	43734.5	21842.0	8565.4	30747.2	27780.7	81082.2
2012	244856.2	49835.5	23763.2	9536.9	35272.2	30751.9	93041.6
2013	277983.5	56288.9	26042.7	10228.3	41293.4	35340.4	105847.3
2014	310654.0	63170.4	28534.4	11228.7	46853.4	38086.4	119618.5
2015	349744.7	67719.6	30519.5	12306.1	56299.8	42573.8	136856.5
2016	390828.1	73724.5	33028.7	13607.8	59964.0	49969.4	156744.3
2017	438355.9	81156.6	37121.9	15056.0	64844.3	57086.0	179086.3
2018	489700.8	88903.7	40337.2	16520.6	70610.3	64623.0	204145.2
2019	535371.0	95650.9	42466.3	17903.1	76250.6	70444.8	227715.8
2020	551973.7	96086.1	40582.9	15285.4	83617.7	73425.3	237825.3
2021	609679.7	110492.7	47061.2	17852.6	91205.6	77560.8	260008.0

注：1.本表按当年价格计算。

2.其他包含信息传输、软件和信息技术服务业，租赁和商务服务业，科学研究和技术服务业，水利、环境和公共设施管理业，居民服务、修理和其他服务业，教育，卫生和社会工作，文化、体育和娱乐业，公共管理、社会保障和社会组织共9个门类行业。下表同。

3-3 第三产业分行业增加值构成

单位：%

年 份	第三产业	#批发和零售业	#交通运输、仓储和邮政业	#住宿和餐饮业	#金融业	#房地产业	#其他
1978	100.0	26.8	20.1	4.9	8.5	8.8	29.3
1979	100.0	21.9	21.1	4.8	8.3	9.4	32.6
1980	100.0	18.9	20.9	4.6	8.4	9.4	36.0
1981	100.0	20.6	19.7	4.8	8.2	8.9	36.0
1982	100.0	14.1	20.3	5.1	10.8	9.1	38.7
1983	100.0	14.2	19.7	5.2	12.1	8.7	38.3
1984	100.0	19.6	18.2	5.2	12.4	8.7	34.3
1985	100.0	30.0	15.8	5.2	11.0	8.0	28.7
1986	100.0	27.5	16.1	5.3	13.0	9.6	27.3
1987	100.0	28.7	15.4	5.1	13.7	10.3	25.7
1988	100.0	31.3	14.5	5.1	13.9	10.0	24.2
1989	100.0	27.2	14.4	4.9	19.1	10.0	23.4
1990	100.0	20.8	19.1	4.9	18.7	10.8	24.6
1991	100.0	24.2	18.7	5.8	15.8	10.0	24.4
1992	100.0	24.9	17.5	6.0	15.3	11.4	23.9
1993	100.0	22.9	17.7	5.8	15.5	11.2	26.1
1994	100.0	22.6	16.7	6.0	15.3	11.4	27.0
1995	100.0	23.2	15.7	5.8	15.6	11.4	27.4
1996	100.0	23.2	15.7	5.5	15.4	10.8	28.4
1997	100.0	22.7	14.9	5.6	15.0	10.4	30.4
1998	100.0	21.9	14.8	5.7	13.7	10.9	32.1
1999	100.0	21.4	14.8	5.6	12.9	10.5	33.9
2000	100.0	20.5	15.4	5.4	12.1	10.4	35.3
2001	100.0	20.0	15.0	5.3	11.4	10.3	37.2
2002	100.0	19.4	14.6	5.3	10.8	10.4	38.5
2003	100.0	19.3	13.7	5.4	10.5	10.7	39.4
2004	100.0	18.7	14.0	5.5	9.9	10.7	40.1
2005	100.0	18.0	13.8	5.4	9.7	11.0	41.0
2006	100.0	18.0	13.3	5.2	10.9	11.2	40.2
2007	100.0	18.1	12.6	4.8	13.1	11.8	38.5
2008	100.0	19.1	12.0	4.8	13.4	10.7	38.9
2009	100.0	18.7	10.7	4.5	14.1	12.1	38.8
2010	100.0	19.7	10.3	4.2	14.1	12.8	37.7
2011	100.0	20.2	10.1	4.0	14.2	12.9	37.5
2012	100.0	20.4	9.7	3.9	14.4	12.6	38.0
2013	100.0	20.2	9.4	3.7	14.9	12.7	38.1
2014	100.0	20.3	9.2	3.6	15.1	12.3	38.5
2015	100.0	19.4	8.7	3.5	16.1	12.2	39.1
2016	100.0	18.9	8.5	3.5	15.3	12.8	40.1
2017	100.0	18.5	8.5	3.4	14.8	13.0	40.9
2018	100.0	18.2	8.2	3.4	14.4	13.2	41.7
2019	100.0	17.9	7.9	3.3	14.2	13.2	42.5
2020	100.0	17.4	7.4	2.8	15.1	13.3	43.1
2021	100.0	18.1	7.7	2.9	15.0	12.7	42.6

注：本表按当年价格计算。

3-4 第三产业不变价增加值

单位：亿元

年 份	第三产业	#批发和零售业	#交通运输、仓储和邮政业	#住宿和餐饮业	#金融业	#房地产业	#其他
			按1970年价格计算				
1978	888.8	253.4	179.7	44.8	77.0	64.8	255.7
1979	958.5	275.5	194.6	49.8	75.5	67.5	281.4
1980	1016.6	270.4	202.9	51.7	81.0	72.8	322.9
			按1980年价格计算				
1980	1023.4	193.8	213.4	47.4	85.8	96.2	368.2
1981	1121.5	251.0	217.4	55.7	89.8	92.8	395.4
1982	1263.4	249.2	242.1	73.3	128.5	101.3	447.9
1983	1448.3	302.1	265.1	87.5	162.7	106.5	501.5
1984	1729.0	376.8	304.6	94.6	212.7	136.0	578.4
1985	2042.2	503.1	346.6	100.6	249.1	170.0	645.0
1986	2293.8	550.6	394.6	116.3	324.4	214.0	664.4
1987	2630.6	631.7	432.6	127.5	397.6	276.7	732.7
1988	2977.0	706.0	486.7	159.5	477.9	311.7	799.7
1989	3150.8	630.4	507.2	175.4	601.3	361.4	838.4
1990	3234.9	597.2	549.5	181.5	614.3	384.0	869.6
			按1990年价格计算				
1990	6111.6	1269.2	1167.2	301.9	1144.1	660.9	1501.7
1991	6674.1	1334.9	1290.4	326.5	1176.5	739.9	1733.6
1992	7515.0	1475.2	1420.2	414.7	1252.6	936.9	1933.3
1993	8429.6	1601.8	1598.2	448.9	1393.9	1037.7	2255.8
1994	9387.9	1733.1	1734.4	570.7	1529.6	1161.8	2540.1
1995	10334.5	1875.7	1924.8	629.1	1664.6	1306.4	2801.4
1996	11286.9	2018.9	2137.3	672.1	1796.3	1358.9	3155.8
1997	12464.2	2195.9	2333.9	745.7	1958.6	1414.9	3652.9
1998	13511.5	2338.9	2581.0	828.2	2058.9	1523.9	4003.9
1999	14761.2	2542.6	2895.2	892.1	2169.3	1614.4	4461.5
2000	16204.3	2782.1	3143.7	975.4	2320.6	1729.1	5045.7
			按2000年价格计算				
2000	39899.1	8159.8	6161.9	2146.3	4842.2	4140.9	14092.9
2001	43992.5	8901.9	6704.6	2310.4	5182.0	4596.0	15904.0
2002	48605.4	9686.2	7182.5	2590.9	5572.0	5050.2	18078.6
2003	53242.3	10648.9	7622.6	2911.0	5986.5	5543.5	20035.5
2004	58630.4	11348.3	8726.1	3270.2	6267.2	5867.4	22581.1
2005	65875.9	12826.5	9703.9	3671.2	7152.7	6578.9	25292.2
			按2005年价格计算				
2005	77430.0	13968.5	10668.8	4195.7	7486.0	8482.7	31742.1
2006	88374.1	16687.2	11732.4	4723.0	9262.6	9786.1	35189.6
2007	102577.2	20060.5	13117.2	5177.3	11652.1	12137.8	39269.5
2008	113323.0	23240.1	14078.2	5674.3	13060.6	12212.1	43673.1
2009	124186.8	26005.6	14552.9	5887.4	15195.1	13610.4	47413.2
2010	136194.4	29801.8	15930.6	6371.4	16555.6	14585.8	51226.4
			按2010年价格计算				
2010	182061.9	35907.9	18783.6	7712.0	25733.1	23326.6	68654.7
2011	199336.2	40383.5	20598.3	8106.2	27710.1	24975.0	75299.4
2012	215311.2	44542.3	21852.4	8629.3	30329.6	26060.7	81482.2
2013	233180.2	49225.9	23294.2	8966.1	33534.6	27844.8	87643.7
2014	252631.7	54275.6	24907.1	9521.6	37059.8	28434.0	95548.8
2015	274804.4	57925.7	26014.1	10146.8	43263.1	29528.0	104817.2
			按2015年价格计算				
2015	349744.7	67719.6	30519.5	12306.1	56299.8	42573.8	136856.5
2016	378060.3	72916.2	32620.3	13256.1	59007.1	46313.9	150244.2
2017	409325.0	78615.8	35737.5	14338.1	61815.6	49534.8	165435.2
2018	442003.5	83869.1	38691.8	15296.5	64771.8	51254.3	183717.5
2019	473744.2	88572.0	41205.0	16136.3	69077.2	52576.4	201523.0
2020	482968.6	87783.9	41545.2	13423.0	73150.0	53246.0	209019.8
			按2020年价格计算				
2020	551973.7	96086.1	40582.9	15285.4	83617.7	73425.3	237825.3
2021	597124.4	106911.8	45507.4	17495.3	87593.4	77216.0	256915.2

3-5 第三产业分行业增加值及占GDP的比重

行业	2020		2019	
	增加值(亿元)	占GDP的比重(%)	增加值(亿元)	占GDP的比重(%)
第三产业	**551973.7**	**54.5**	**535371.0**	**54.3**
#批发和零售业	96086.1	9.5	95650.9	9.7
交通运输、仓储和邮政业	40582.9	4.0	42466.3	4.3
住宿和餐饮业	15285.4	1.5	17903.1	1.8
信息传输、软件和信息技术服务业	38244.1	3.8	33391.8	3.4
金融业	83617.7	8.2	76250.6	7.7
房地产业	73425.3	7.2	70444.8	7.1
租赁和商务服务业	32467.6	3.2	32638.0	3.3
科学研究和技术服务业	24166.2	2.4	22624.3	2.3
水利、环境和公共设施管理业	5863.1	0.6	5861.3	0.6
居民服务、修理和其他服务业	16353.2	1.6	16983.4	1.7
教育	40091.9	4.0	37934.1	3.8
卫生和社会工作	24396.1	2.4	22354.6	2.3
文化、体育和娱乐业	6981.2	0.7	8137.8	0.8
公共管理、社会保障和社会组织	49261.9	4.9	47790.5	4.8

注：本表按当年价格计算。

3-6 第三产业分行业增加值指数

(上年=100)

年 份	第三产业	#批发和零售业	#交通运输、仓储和邮政业	#住宿和餐饮业	#金融业	#房地产业	#其他
1978	113.6	123.1	108.9	118.1	110.1	105.7	111.2
1979	107.8	108.7	108.3	111.1	98.0	104.1	110.1
1980	106.1	98.1	104.3	103.9	107.3	107.9	114.8
1981	109.6	129.5	101.9	117.5	104.7	96.5	107.4
1982	112.7	99.3	111.4	131.6	143.1	109.1	113.3
1983	114.6	121.2	109.5	119.4	126.5	105.2	112.0
1984	119.4	124.7	114.9	108.1	130.7	127.7	115.3
1985	118.1	133.5	113.8	106.3	117.1	125.0	111.5
1986	112.3	109.4	113.9	115.6	130.2	125.9	103.0
1987	114.7	114.7	109.6	109.7	122.6	129.3	110.3
1988	113.2	111.8	112.5	125.1	120.2	112.7	109.1
1989	105.8	89.3	104.2	109.9	125.8	115.9	104.8
1990	102.7	94.7	108.3	103.5	102.2	106.2	103.7
1991	109.2	105.2	110.6	108.2	102.8	112.0	115.4
1992	112.6	110.5	110.1	127.0	106.5	126.6	111.5
1993	112.2	108.6	112.5	108.2	111.3	110.8	116.7
1994	111.4	108.2	108.5	127.1	109.7	112.0	112.6
1995	110.1	108.2	111.0	110.2	108.8	112.4	110.3
1996	109.2	107.6	111.0	106.8	107.9	104.0	112.7
1997	110.4	108.8	109.2	110.9	109.0	104.1	115.8
1998	108.4	106.5	110.6	111.1	105.1	107.7	109.6
1999	109.2	108.7	112.2	107.7	105.4	105.9	111.4
2000	109.8	109.4	108.6	109.3	107.0	107.1	113.1
2001	110.3	109.1	108.8	107.6	107.0	111.0	112.9
2002	110.5	108.8	107.1	112.1	107.5	109.9	113.7
2003	109.5	109.9	106.1	112.4	107.4	109.8	110.8
2004	110.1	106.6	114.5	112.3	104.7	105.8	112.7
2005	112.4	113.0	111.2	112.3	114.1	112.1	112.0
2006	114.1	119.5	110.0	112.6	123.7	115.4	110.9
2007	116.1	120.2	111.8	109.6	125.8	124.0	111.6
2008	110.5	115.9	107.3	109.6	112.1	100.6	111.2
2009	109.6	111.9	103.4	103.8	116.3	111.5	108.6
2010	109.7	114.6	109.5	108.2	109.0	107.2	108.0
2011	109.5	112.5	109.7	105.1	107.7	107.1	109.7
2012	108.0	110.3	106.1	106.5	109.5	104.3	108.2
2013	108.3	110.5	106.6	103.9	110.6	106.8	107.6
2014	108.3	110.3	106.9	106.2	110.5	102.1	109.0
2015	108.8	106.7	104.4	106.6	116.7	103.8	109.7
2016	108.1	107.7	106.9	107.7	104.8	108.8	109.8
2017	108.3	107.8	109.6	108.2	104.8	107.0	110.1
2018	108.0	106.7	108.3	106.7	104.8	103.5	111.1
2019	107.2	105.6	106.5	105.5	106.6	102.6	109.7
2020	101.9	99.1	100.8	83.2	105.9	101.3	103.7
2021	108.2	111.3	112.1	114.5	104.8	105.2	108.0

注：本表按不变价格计算。

3-7 第三产业分行业增加值指数

(1978年＝100)

年 份	第三产业	#批发和零售业	#交通运输、仓储和邮政业	#住宿和餐饮业	#金融业	#房地产业	#其他
1978	100.0	100.0	100.0	100.0	100.0	100.0	100.0
1979	107.8	108.7	108.3	111.1	98.0	104.1	110.1
1980	114.4	106.7	112.9	115.5	105.2	112.3	126.3
1981	125.3	138.2	115.0	135.6	110.2	108.4	135.6
1982	141.2	137.2	128.1	178.5	157.7	118.2	153.6
1983	161.9	166.3	140.2	213.1	199.5	124.3	172.0
1984	193.2	207.4	161.1	230.3	260.8	158.7	198.4
1985	228.3	277.0	183.3	244.8	305.5	198.4	221.2
1986	256.4	303.1	208.8	283.1	397.9	249.7	227.9
1987	294.0	347.7	228.8	310.5	487.8	322.9	251.3
1988	332.7	388.7	257.5	388.5	586.2	363.8	274.3
1989	352.2	347.1	268.3	426.9	737.6	421.8	287.6
1990	361.6	328.8	290.7	441.8	753.5	448.2	298.3
1991	394.8	345.8	321.4	477.9	774.9	501.7	344.3
1992	444.6	382.2	353.7	607.0	825.0	635.3	384.0
1993	498.7	415.0	398.0	657.0	918.1	703.6	448.1
1994	555.4	449.0	432.0	835.3	1007.5	787.8	504.5
1995	611.4	485.9	479.4	920.8	1096.4	885.8	556.4
1996	667.7	523.0	532.3	983.8	1183.2	921.4	626.8
1997	737.4	568.9	581.3	1091.4	1290.1	959.4	725.5
1998	799.3	605.9	642.8	1212.2	1356.1	1033.3	795.3
1999	873.3	658.7	721.1	1305.7	1428.8	1094.7	886.1
2000	958.6	720.7	782.9	1427.7	1528.4	1172.5	1002.2
2001	1057.0	786.3	851.9	1536.8	1635.7	1301.4	1131.0
2002	1167.8	855.5	912.6	1723.4	1758.8	1430.0	1285.6
2003	1279.2	940.6	968.5	1936.4	1889.6	1569.7	1424.8
2004	1408.7	1002.3	1108.8	2175.3	1978.2	1661.4	1605.8
2005	1582.8	1132.9	1233.0	2442.0	2257.7	1862.8	1798.6
2006	1806.5	1353.4	1355.9	2748.9	2793.5	2149.1	1993.9
2007	2096.8	1627.0	1516.0	3013.3	3514.2	2665.5	2225.1
2008	2316.5	1884.9	1627.0	3302.6	3939.0	2681.8	2474.6
2009	2538.5	2109.2	1681.9	3426.6	4582.7	2988.9	2686.5
2010	2784.0	2417.0	1841.1	3708.3	4993.1	3203.1	2902.6
2011	3048.1	2718.3	2019.0	3897.9	5376.7	3429.4	3183.5
2012	3292.4	2998.2	2141.9	4149.4	5884.9	3578.5	3444.9
2013	3565.7	3313.5	2283.2	4311.4	6506.8	3823.5	3705.4
2014	3863.1	3653.4	2441.3	4578.5	7190.8	3904.4	4039.6
2015	4202.2	3899.1	2549.8	4879.1	8394.5	4054.6	4431.5
2016	4542.4	4198.3	2725.3	5255.8	8798.1	4410.8	4864.9
2017	4918.0	4526.5	2985.7	5684.8	9216.9	4717.6	5356.8
2018	5310.7	4829.0	3232.6	6064.8	9657.6	4881.3	5948.8
2019	5692.0	5099.7	3442.5	6397.7	10299.6	5007.2	6525.4
2020	5802.9	5054.4	3471.0	5322.0	10906.8	5071.0	6768.1
2021	6277.5	5623.8	3892.1	6091.4	11425.4	5332.8	7311.4

注：本表按不变价格计算。

3-8 三次产业贡献率和对国内生产总值增长的拉动

年 份	贡献率(%)				对国内生产总值增长的拉动(百分点)			
	国内生产总值	第一产业	第二产业	第三产业	国内生产总值	第一产业	第二产业	第三产业
1978	100.0	9.8	61.8	28.4	11.7	1.1	7.2	3.3
1979	100.0	20.9	53.6	25.6	7.6	1.6	4.1	1.9
1980	100.0	-4.8	85.6	19.2	7.8	-0.4	6.7	1.5
1981	100.0	40.5	17.7	41.8	5.1	2.1	0.9	2.1
1982	100.0	38.6	28.8	32.6	9.0	3.5	2.6	2.9
1983	100.0	23.9	43.5	32.7	10.8	2.6	4.7	3.5
1984	100.0	25.6	42.7	31.7	15.2	3.9	6.5	4.8
1985	100.0	4.1	61.2	34.8	13.4	0.5	8.2	4.7
1986	100.0	9.8	53.2	36.9	8.9	0.9	4.8	3.3
1987	100.0	10.2	55.0	34.8	11.7	1.2	6.4	4.1
1988	100.0	5.4	61.3	33.4	11.2	0.6	6.9	3.7
1989	100.0	15.9	44.0	40.1	4.2	0.7	1.8	1.7
1990	100.0	40.2	39.8	20.0	3.9	1.6	1.6	0.8
1991	100.0	6.8	61.1	32.2	9.3	0.6	5.7	3.0
1992	100.0	8.1	63.2	28.7	14.2	1.2	9.0	4.1
1993	100.0	7.6	64.4	28.0	13.9	1.1	8.9	3.9
1994	100.0	6.3	66.3	27.4	13.0	0.8	8.6	3.6
1995	100.0	8.7	62.8	28.5	11.0	1.0	6.9	3.1
1996	100.0	9.3	62.2	28.5	9.9	0.9	6.2	2.8
1997	100.0	6.5	59.0	34.5	9.2	0.6	5.5	3.2
1998	100.0	7.2	59.7	33.0	7.8	0.6	4.7	2.6
1999	100.0	5.6	56.9	37.4	7.7	0.4	4.4	2.9
2000	100.0	4.1	59.6	36.2	8.5	0.4	5.1	3.1
2001	100.0	4.6	46.4	49.0	8.3	0.4	3.9	4.1
2002	100.0	4.1	49.4	46.5	9.1	0.4	4.5	4.2
2003	100.0	3.1	57.9	39.0	10.0	0.3	5.8	3.9
2004	100.0	7.3	51.8	40.8	10.1	0.7	5.2	4.1
2005	100.0	5.2	50.5	44.3	11.4	0.6	5.8	5.0
2006	100.0	4.4	49.7	45.9	12.7	0.6	6.3	5.8
2007	100.0	2.7	50.1	47.3	14.2	0.4	7.1	6.7
2008	100.0	5.2	48.6	46.2	9.7	0.5	4.7	4.5
2009	100.0	4.0	52.3	43.7	9.4	0.4	4.9	4.1
2010	100.0	3.6	57.4	39.0	10.6	0.4	6.1	4.2
2011	100.0	4.1	52.0	43.9	9.6	0.4	5.0	4.2
2012	100.0	5.0	50.0	45.0	7.9	0.4	3.9	3.5
2013	100.0	4.2	48.5	47.2	7.8	0.3	3.8	3.7
2014	100.0	4.5	45.6	49.9	7.4	0.3	3.4	3.7
2015	100.0	4.4	39.7	55.9	7.0	0.3	2.8	3.9
2016	100.0	4.0	36.0	60.0	6.8	0.3	2.5	4.1
2017	100.0	4.6	34.2	61.1	6.9	0.3	2.4	4.2
2018	100.0	4.1	34.4	61.5	6.7	0.3	2.3	4.2
2019	100.0	3.9	32.6	63.5	6.0	0.2	1.9	3.8
2020	100.0	10.4	43.3	46.3	2.2	0.2	1.0	1.0
2021	100.0	6.7	38.4	54.9	8.1	0.5	3.1	4.5

注：1.产业贡献率指各产业增加值增量与GDP增量之比。
2.产业拉动指GDP增长速度与各产业贡献率之乘积。
3.本表按不变价格计算。

3-9 各地区第三产业分行业增加值(2021年)

单位：亿元

地区	第三产业	批发和零售业	交通运输、仓储和邮政业	住宿和餐饮业	金融业	房地产业	其他
北京	32889.6	3150.6	942.5	421.7	7603.7	2605.5	18165.6
天津	9615.4	1496.1	871.1	137.1	2153.2	1083.8	3874.1
河北	19996.7	3219.9	3104.0	371.2	2724.4	2486.3	8090.9
山西	10090.2	1618.5	1209.4	214.6	1284.0	1231.2	4532.5
内蒙古	8914.8	1541.7	1262.4	332.9	898.4	860.5	4018.9
辽宁	14247.1	2191.3	1293.6	308.7	2103.5	1641.1	6708.9
吉林	6913.4	817.8	650.0	189.1	964.3	798.2	3494.0
黑龙江	7440.9	1299.0	549.8	210.7	1112.9	761.1	3507.4
上海	31665.6	5554.0	1843.5	399.3	7973.3	3564.5	12331.0
江苏	59866.4	13163.4	3466.2	1591.0	9164.0	8943.3	23538.5
浙江	40118.1	8768.3	2252.0	1174.3	6159.1	5303.8	16460.6
安徽	21985.4	4073.9	2056.9	798.5	2779.5	3300.2	8976.4
福建	23046.3	5552.5	1772.7	696.2	3623.1	2813.9	8587.9
江西	14102.2	2536.7	1218.9	506.4	1975.0	2176.5	5688.7
山东	43879.7	11550.0	4166.8	1258.9	4938.6	4524.5	17440.9
河南	28934.9	4468.0	3378.4	1114.2	3101.6	3719.7	13153.0
湖北	26398.4	3434.7	2180.3	1154.6	3432.7	4336.2	11859.9
湖南	23614.1	4563.0	1652.4	913.5	2288.0	2945.4	11251.8
广东	69146.8	12105.5	3957.3	1742.7	11058.1	10804.7	29478.5
广西	12537.5	2062.8	1050.5	379.8	1709.2	1984.2	5351.0
海南	3982.0	955.0	352.8	256.7	422.8	589.0	1405.7
重庆	14787.1	2697.5	1087.3	550.3	2459.8	1658.4	6333.8
四川	28287.6	4929.3	1553.6	1196.2	3618.7	3593.8	13396.0
贵州	9870.8	1562.4	817.7	461.1	1157.9	866.6	5005.1
云南	13687.2	2840.4	1247.8	590.2	1517.9	1630.7	5860.2
西藏	1158.8	112.7	45.4	33.7	213.5	106.9	646.6
陕西	13589.1	2050.1	1245.2	399.8	1986.2	1635.0	6272.8
甘肃	5412.0	763.4	471.5	160.6	911.6	580.8	2524.1
青海	1661.4	194.0	140.8	45.0	275.0	149.9	856.7
宁夏	2136.3	210.7	204.0	54.5	331.4	192.0	1143.7
新疆	7660.2	796.8	703.6	157.7	1141.7	628.6	4231.8

注：本表按当年价格计算。
本表中分行业增加值为初步核算数(下同)。

3-10 各地区第三产业分行业增加值构成(2021年)

(第三产业增加值=100)

地 区	批发和零售业	交通运输、仓储和邮政业	住宿和餐饮业	金融业	房地产业	其他
北 京	9.6	2.9	1.3	23.1	7.9	55.2
天 津	15.6	9.1	1.4	22.4	11.3	40.3
河 北	16.1	15.5	1.9	13.6	12.4	40.5
山 西	16.0	12.0	2.1	12.7	12.2	44.9
内蒙古	17.3	14.2	3.7	10.1	9.7	45.1
辽 宁	15.4	9.1	2.2	14.8	11.5	47.1
吉 林	11.8	9.4	2.7	13.9	11.5	50.5
黑龙江	17.5	7.4	2.8	15.0	10.2	47.1
上 海	17.5	5.8	1.3	25.2	11.3	38.9
江 苏	22.0	5.8	2.7	15.3	14.9	39.3
浙 江	21.9	5.6	2.9	15.4	13.2	41.0
安 徽	18.5	9.4	3.6	12.6	15.0	40.8
福 建	24.1	7.7	3.0	15.7	12.2	37.3
江 西	18.0	8.6	3.6	14.0	15.4	40.3
山 东	26.3	9.5	2.9	11.3	10.3	39.7
河 南	15.4	11.7	3.9	10.7	12.9	45.5
湖 北	13.0	8.3	4.4	13.0	16.4	44.9
湖 南	19.3	7.0	3.9	9.7	12.5	47.6
广 东	17.5	5.7	2.5	16.0	15.6	42.6
广 西	16.5	8.4	3.0	13.6	15.8	42.7
海 南	24.0	8.9	6.4	10.6	14.8	35.3
重 庆	18.2	7.4	3.7	16.6	11.2	42.8
四 川	17.4	5.5	4.2	12.8	12.7	47.4
贵 州	15.8	8.3	4.7	11.7	8.8	50.7
云 南	20.8	9.1	4.3	11.1	11.9	42.8
西 藏	9.7	3.9	2.9	18.4	9.2	55.8
陕 西	15.1	9.2	2.9	14.6	12.0	46.2
甘 肃	14.1	8.7	3.0	16.8	10.7	46.6
青 海	11.7	8.5	2.7	16.6	9.0	51.6
宁 夏	9.9	9.5	2.6	15.5	9.0	53.5
新 疆	10.4	9.2	2.1	14.9	8.2	55.2

注：本表按当年价格计算。

3-11 各地区第三产业分行业增加值指数(2021年)

(上年=100)

地区	第三产业	批发和零售业	交通运输、仓储和邮政业	住宿和餐饮业	金融业	房地产业	其他
北京	105.7	108.4	105.9	113.7	104.5	104.6	105.7
天津	106.7	108.8	108.7	106.7	102.7	106.2	107.9
河北	107.7	107.8	111.6	111.6	104.0	105.6	108.0
山西	108.3	106.1	109.7	117.8	104.9	108.3	109.2
内蒙古	106.7	103.6	109.3	110.9	103.8	102.5	108.3
辽宁	107.0	107.8	105.7	114.8	101.5	102.5	109.6
吉林	107.8	110.0	108.9	114.7	103.2	103.2	109.1
黑龙江	106.3	110.6	108.3	118.0	100.5	101.5	107.1
上海	107.6	108.4	113.5	111.8	107.5	104.8	107.3
江苏	107.7	111.1	105.6	111.9	106.3	105.8	107.2
浙江	107.6	110.7	110.3	115.6	107.2	104.4	106.4
安徽	108.7	110.8	108.2	117.2	105.9	106.4	108.9
福建	108.8	115.4	113.1	114.2	105.2	104.8	106.6
江西	109.5	111.4	114.9	119.5	105.4	105.2	109.9
山东	109.2	112.8	110.2	113.1	105.6	105.9	108.3
河南	108.1	106.1	118.2	106.4	102.6	102.9	109.4
湖北	112.6	118.3	122.9	119.9	104.5	109.3	112.4
湖南	107.9	109.4	108.0	113.3	104.5	102.4	109.1
广东	107.5	110.6	111.8	110.9	105.9	103.2	107.7
广西	107.7	110.0	114.9	114.8	104.2	101.3	108.8
海南	115.3	135.6	129.7	110.8	103.6	109.4	108.6
重庆	109.0	113.4	109.9	114.1	104.0	104.1	110.0
四川	108.9	111.6	109.6	117.8	105.3	103.5	109.6
贵州	107.3	109.3	112.3	118.8	104.0	102.8	106.5
云南	107.7	110.8	114.1	112.7	100.9	101.5	108.1
西藏	111.8	110.8	101.0	105.0	111.7	119.3	112.1
陕西	107.3	105.6	107.6	108.0	106.0	104.6	108.8
甘肃	106.5	109.2	111.4	112.1	100.5	105.8	107.0
青海	105.4	109.5	117.1	107.1	98.8	100.6	105.7
宁夏	107.1	106.7	112.1	110.8	101.3	101.4	108.8
新疆	106.9	109.2	114.5	115.1	101.2	108.5	106.4

注：本表按不变价格计算。

【主要统计指标解释】

国内生产总值（GDP）　指一个国家所有常住单位在一定时期内生产活动的最终成果。国内生产总值有三种表现形态，即价值形态、收入形态和产品形态。从价值形态看，它是所有常住单位在一定时期内生产的全部货物和服务价值与同期投入的全部非固定资产货物和服务价值的差额，即所有常住单位的增加值之和；从收入形态看，它是所有常住单位在一定时期内创造的各项收入之和，包括劳动者报酬、生产税净额、固定资产折旧和营业盈余；从产品形态看，它是所有常住单位在一定时期内最终使用的货物和服务价值与货物和服务净出口价值之和。在实际核算中，国内生产总值有三种计算方法，即生产法、收入法和支出法。三种方法分别从不同的方面反映国内生产总值及其构成。

对于一个地区来说，称为地区生产总值或地区GDP。

4 第三产业固定资产投资

简要说明

一、主要内容

固定资产投资资料通过对一定时期第三产业建造和购置固定资产活动的数量方面的描述，反映报告期内第三产业固定资产投资的速度、结构、资金来源等。

二、统计范围

第三产业固定资产投资统计的范围包括：建设项目投资、房地产开发投资及农户投资。

三、资料来源

跨省（区）项目资料来自国务院有关部门（企业）等；农户固定资产投资资料来自国家统计局住户调查司的住户调查；除此以外的固定资产投资统计资料均来自国家统计局固定资产投资统计司的统计调查。

四、统计调查方法

除农户固定资产投资统计采用抽样调查方法外，其他均为全面调查。

五、统计口径变化

自 1997 年起，除房地产开发投资、非农户投资、农户投资及城镇和工矿区私人建房投资外，固定资产投资的统计起点由 5 万元提高到 50 万元。

自 2006 年起，非农户固定资产投资统计改为按项目统计，调查方法由抽样调查改为全面统计报表，起点为 50 万元。

自 2006 年起，城镇和工矿区私人建房投资改为按项目统计，起点为 50 万元。

自 2011 年起，除房地产开发投资、农村农户投资外，固定资产投资项目统计起点由 50 万元提高到 500 万元。

自 2012 年起，国民经济行业分类使用《国民经济行业分类》（GB/T 4754-2011）标准。

自 2018 年起，国民经济行业分类使用《国民经济行业分类》（GB/T 4754-2017）标准。

为便于比较，增速均按可比口径计算。

六、内容修订

为进一步贯彻新发展理念，更好地反映经济结构和质量的变化，自 2019 年起，本篇资料对第三产业固定资产投资表式进行了改版，内容以各分组固定资产投资比上年增长速度为主，通过速度变化反映固定资产投资形势及政策效应。

4-1 按行业门类分第三产业全社会固定资产投资增长情况

单位：%

行业门类	2007	2008	2009	2010	2011	2012	2013
第三产业合计	**23.8**	**24.8**	**33.8**	**25.2**	**21.1**	**20.7**	**20.4**
农、林、牧、渔专业及辅助性活动							
开采专业及辅助性活动							
金属制品、机械和设备修理业							
批发和零售业	27.1	29.9	37.2	17.5	41.0	31.9	29.7
交通运输、仓储和邮政业	16.6	20.3	46.7	20.4	3.5	11.1	17.0
住宿和餐饮业	38.7	28.9	34.0	28.2	34.0	30.2	17.2
信息传输、软件和信息技术服务业	-1.5	17.0	19.7	-5.2	0.6	23.8	14.6
金融业	29.8	65.4	38.2	35.9	44.4	44.7	34.4
房地产业	32.3	24.7	22.0	31.4	28.3	21.4	19.8
租赁和商务服务业	30.8	42.8	50.2	32.2	40.5	38.9	25.4
科学研究和技术服务业	13.1	39.6	53.6	14.9	41.9	47.4	26.6
水利、环境和公共设施管理业	24.6	33.3	46.8	24.9	14.1	20.8	27.2
居民服务、修理和其他服务业	11.6	20.1	53.6	38.9	46.6	32.0	10.2
教育	4.6	6.2	39.5	14.6	14.0	18.4	17.8
卫生和社会工作	15.1	30.6	60.8	14.0	27.8	12.3	20.0
文化、体育和娱乐业	30.1	27.9	49.9	24.2	21.0	35.1	22.5
公共管理、社会保障和社会组织	5.9	18.4	26.3	19.9	15.7	7.1	-2.9
国际组织							

注：自2013年起，三产划分按《国家统计局关于印发<三次产业划分规定>的通知》（国统字[2012]108号)执行，农林牧渔业、采矿业和制造业仅包括该门类下的第三产业投资。

4-1 续表

单位：%

行业门类	2014	2015	2016	2017	2018	2019	2020	2021
第三产业合计	**16.4**	**10.2**	**10.4**	**9.2**	**5.5**	**6.2**	**3.1**	**2.0**
农、林、牧、渔专业及辅助性活动	23.6	26.3	12.4	-4.0	8.4	1.4	16.3	10.5
开采专业及辅助性活动	-2.2	-16.5	-19.2	-29.8	-0.4	20.1	2.7	45.2
金属制品、机械和设备修理业	-0.3	3.2	-11.0	-3.2	-26.9	38.1	-31.3	43.6
批发和零售业	25.5	19.8	-4.0	-6.1	-19.8	-15.9	-23.3	0.4
交通运输、仓储和邮政业	17.8	13.8	9.5	14.8	4.0	3.3	1.9	1.2
住宿和餐饮业	3.6	5.1	-8.7	4.0	-0.8	-2.7	-6.6	7.7
信息传输、软件和信息技术服务业	36.1	34.4	14.6	12.8	4.1	8.7	18.2	-12.0
金融业	10.7	0.3	-4.2	-13.3	-13.1	10.4	-13.3	1.9
房地产业	10.6	2.2	6.0	3.0	8.0	8.3	4.1	4.6
租赁和商务服务业	35.7	18.6	30.6	14.6	13.9	15.9	4.5	13.7
科学研究和技术服务业	35.1	12.6	17.2	9.4	13.6	17.9	3.4	14.5
水利、环境和公共设施管理业	23.5	20.5	23.3	21.2	3.3	2.9	0.2	-1.2
居民服务、修理和其他服务业	13.7	15.1	0.8	2.0	-12.6	-8.7	-2.8	-9.8
教育	23.8	15.2	20.7	20.4	7.0	18.1	11.9	11.6
卫生和社会工作	27.9	29.7	21.4	18.1	8.4	5.3	26.7	19.5
文化、体育和娱乐业	18.5	8.9	16.4	12.9	21.2	13.9	1.0	1.7
公共管理、社会保障和社会组织	23.0	9.0	4.3	-2.0	-18.0	-15.6	-6.4	-38.2
国际组织								

4-2 各地区按登记注册类型分第三产业固定资产投资(不含农户)增长情况

单位：%

地　区	总　计	内　资	港澳台商投资	外商投资
全　国	**2.1**	**1.8**	**14.1**	**11.5**
北　京	3.0	2.4	33.1	-16.7
天　津	4.9	3.6	30.1	51.0
河　北	4.4	4.0	43.1	48.3
山　西	9.0	9.1	-6.1	-9.3
内蒙古	2.4	2.6	-38.4	-12.0
辽　宁	1.7	2.5	-7.9	-10.5
吉　林	11.0	13.2	-64.7	-38.2
黑龙江	2.2	0.6	-4.4	
上　海	8.0	5.5	29.1	51.0
江　苏	1.5	0.2	25.5	0.8
浙　江	9.0	9.8	4.6	-26.2
安　徽	6.9	7.0	-23.1	86.5
福　建	3.2	3.4	-4.7	6.1
江　西	6.3	5.5	34.5	115.1
山　东	5.0	4.4	18.1	18.7
河　南	2.4	2.5	13.7	-18.8
湖　北	19.9	19.8	20.0	26.3
湖　南	4.3	4.1	26.6	18.2
广　东	2.2	0.8	25.0	42.4
广　西	2.3	2.6	1.9	-26.5
海　南	9.6	8.5	31.8	39.5
重　庆	5.2	6.1	-20.8	1.4
四　川	5.5	5.5	-1.7	10.9
贵　州	-10.7	-10.4	-38.6	2.5
云　南	2.1	2.1	3.3	-18.3
西　藏	-13.1	-12.8	-99.9	275.0
陕　西	-6.1	-6.1	13.9	-17.1
甘　肃	6.1	6.0	-30.2	33.0
青　海	0.6	0.6		
宁　夏	3.2	4.1	-13.5	-53.0
新　疆	14.9	15.0		-88.3

4-3 各行业按构成分第三产业固定资产投资(不含农户)增长情况

单位：%

行　　业	投资额	建筑安装工程投资	设备工器具购置	其他费用
第三产业合计	**2.1**	**5.5**	**-8.2**	**-0.1**
农、林、牧、渔专业及辅助性活动	**10.5**	**14.8**	**-21.4**	**-9.6**
开采专业及辅助性活动	**45.2**	**50.2**	**45.6**	**-10.8**
金属制品、机械和设备修理业	**43.6**	**52.5**	**29.8**	**10.2**
批发和零售业	**-5.9**	**0.2**	**-40.9**	**-17.9**
批发业	-6.2	-0.3	-47.0	-8.8
零售业	-5.7	0.6	-33.9	-21.2
交通运输、仓储和邮政业	**1.6**	**2.2**	**0.3**	**-4.0**
铁路运输业	-1.8	2.8	-1.3	-13.3
道路运输业	-1.2	-0.6	-11.6	-1.8
水上运输业	17.9	22.1	35.3	-20.0
航空运输业	18.8	16.9	23.9	16.7
管道运输业	-1.4	4.5	-32.9	2.1
多式联运和运输代理业	15.5	8.6	86.4	26.6
装卸搬运和仓储业	6.6	17.9	-17.9	-6.2
邮政业	25.2	10.4	78.9	78.4
住宿和餐饮业	**6.6**	**9.0**	**-29.0**	**2.3**
住宿业	6.3	7.9	-31.4	6.3
餐饮业	8.8	17.1	-23.1	-31.5
信息传输、软件和信息技术服务业	**-12.1**	**19.2**	**11.7**	**-11.3**
电信、广播电视和卫星传输服务	-7.0	-5.4	-10.3	10.4
互联网和相关服务	44.6	44.1	53.4	17.1
软件和信息技术服务业	-15.0	27.0	42.6	-29.9
金融业	**1.9**	**-0.3**	**48.5**	**-8.9**
货币金融服务	10.6	2.2	44.2	7.7
资本市场服务	-26.5	-36.7	10.5	-9.3
保险业	-12.3	5.2	28.5	-32.0
其他金融业	18.1	32.4	749.5	-32.7
房地产业	**5.0**	**7.5**	**-13.6**	**0.9**
租赁和商务服务业	**13.6**	**16.7**	**-8.4**	**8.9**
租赁业	6.6	19.3	6.2	-80.8
商务服务业	14.0	16.7	-29.9	9.5
科学研究和技术服务业	**14.5**	**17.5**	**4.9**	**7.6**
研究和试验发展	17.3	14.3	17.3	31.0
专业技术服务业	8.0	12.0	4.6	-13.4
科技推广和应用服务业	15.8	22.9	-11.6	-2.9
水利、环境和公共设施管理业	**-1.2**	**0.4**	**-45.4**	**-2.6**
水利管理业	1.3	3.0	-42.6	-2.0
生态保护和环境治理业	-2.6	-0.6	-27.7	-1.7
公共设施管理业	-1.3	0.2	-51.5	-2.4
土地管理业	-23.5	-18.2	-67.5	-59.9
居民服务、修理和其他服务业	**-10.3**	**-6.0**	**-25.5**	**-37.7**
居民服务业	-11.1	-6.6	-29.7	-38.6
机动车、电子产品和日用产品修理业	-3.3	6.0	-40.8	-49.5
其他服务业	-12.3	-13.7	4.1	-18.0
教育	**11.7**	**11.7**	**16.8**	**8.9**
卫生和社会工作	**19.5**	**22.5**	**9.8**	**7.4**
卫生	24.5	27.6	12.3	19.1
社会工作	-3.1	1.8	-32.9	-28.2
文化、体育和娱乐业	**1.6**	**5.6**	**-29.5**	**-13.1**
新闻和出版业	58.5	39.8	97.9	232.5
广播、电视、电影和影视录音制作业	-27.1	-22.0	-37.4	-40.0
文化艺术业	6.4	11.5	-35.8	-13.8
体育	-9.3	-6.6	-51.7	-16.0
娱乐业	4.7	8.4	-23.8	-8.8
公共管理、社会保障和社会组织	**-38.2**	**-37.5**	**-59.0**	**-6.7**
中国共产党机关	-21.4	-32.5	192.2	73.0
国家机构	-40.8	-40.4	-59.7	-5.7
人民政协、民主党派	81.2	-21.2		
社会保障	-28.2	-23.0	-86.1	-9.7
群众团体、社会团体和其他成员组织	-17.6	-16.8	-48.9	-0.1
基层群众自治组织	-16.9	-13.4	-77.9	-36.9
国际组织				

4-4 按行业门类分第三产业固定资产投资(不含农户)增长情况

单位：%

行业门类	2007	2008	2009	2010	2011	2012	2013
第三产业合计	**23.7**	**25.2**	**33.1**	**25.7**	**21.1**	**21.2**	**20.8**
农、林、牧、渔专业及辅助性活动							
开采专业及辅助性活动							
金属制品、机械和设备修理业							
批发和零售业	29.2	30.3	40.6	16.5	41.2	32.3	29.1
交通运输、仓储和邮政业	15.8	20.8	48.2	19.8	3.7	11.2	17.6
住宿和餐饮业	41.7	30.5	34.2	28.0	34.4	30.3	17.7
信息传输、软件和信息技术服务业	2.7	17.1	19.3	-5.9	1.0	23.8	14.6
金融业	28.0	66.4	37.9	37.0	44.4	44.7	34.4
房地产业	32.6	25.5	20.1	33.6	29.6	22.4	20.2
租赁和商务服务业	29.9	45.8	49.8	32.2	40.6	38.9	25.1
科学研究和技术服务业	12.1	37.7	51.1	17.1	41.9	47.4	26.6
水利、环境和公共设施管理业	23.6	32.4	45.6	24.9	14.1	20.8	27.2
居民服务、修理和其他服务业	28.4	32.6	65.8	46.0	53.1	38.3	18.3
教育	4.3	6.1	37.7	14.7	14.0	18.4	17.2
卫生和社会工作	14.3	31.7	59.3	15.4	28.0	12.3	19.9
文化、体育和娱乐业	31.6	27.1	48.0	22.6	21.6	35.3	22.4
公共管理、社会保障和社会组织	4.2	17.0	24.5	18.0	15.7	7.1	-2.9
国际组织							

4-4 续表

单位：%

行业门类	2014	2015	2016	2017	2018	2019	2020	2021
第三产业合计	**16.9**	**10.6**	**10.9**	**9.5**	**5.5**	**6.6**	**3.6**	**2.1**
农、林、牧、渔专业及辅助性活动	23.6	26.3	12.4	-4.0	8.4	1.4	16.3	10.5
开采专业及辅助性活动	-2.2	-16.5	-19.2	-29.8	-0.4	20.1	2.7	45.2
金属制品、机械和设备修理业	-0.3	3.2	-11.0	-3.2	-26.9	38.1	-31.3	43.6
批发和零售业	24.8	20.1	-4.0	-6.3	-21.5	-15.9	-21.5	-5.9
交通运输、仓储和邮政业	18.4	14.2	9.5	14.8	3.9	3.4	1.4	1.6
住宿和餐饮业	3.4	5.1	-8.6	3.9	-3.4	-1.2	-5.5	6.6
信息传输、软件和信息技术服务业	35.8	34.4	14.5	12.8	4.0	8.6	18.7	-12.1
金融业	10.7	0.3	-4.2	-13.3	-13.1	10.4	-13.3	1.9
房地产业	11.0	2.5	6.8	3.6	8.3	9.2	5.0	5.0
租赁和商务服务业	35.9	18.6	30.5	14.4	14.2	15.8	5.0	13.6
科学研究和技术服务业	35.1	12.6	17.2	9.4	13.6	17.9	3.4	14.5
水利、环境和公共设施管理业	23.5	20.5	23.3	21.2	3.3	2.9	0.2	-1.2
居民服务、修理和其他服务业	14.9	15.5	1.8	2.4	-14.4	-9.1	-2.9	-10.3
教育	24.5	15.2	20.7	20.2	7.2	17.7	12.3	11.7
卫生和社会工作	27.9	29.7	21.4	18.1	8.4	5.3	26.8	19.5
文化、体育和娱乐业	18.6	8.9	16.4	12.9	21.2	13.9	1.0	1.6
公共管理、社会保障和社会组织	22.9	9.1	4.3	-2.0	-18.0	-15.6	-6.4	-38.2
国际组织								

4-5 各行业按登记注册类型和控股情况分第三产业固定资产投资(不含农户)增长情况

单位：%

行　　业	投资额	#内　资	港澳台商投资	外商投资	#国有控股	集体控股	私人控股
第三产业合计	**2.1**	**1.8**	**14.1**	**11.5**	**3.4**	**-1.0**	**8.7**
农、林、牧、渔专业及辅助性活动	**10.5**	**10.5**	**30.7**	**-50.7**	**8.2**	**40.5**	**6.6**
开采专业及辅助性活动	**45.2**	**45.8**	**-87.7**	**151.3**	**55.9**	**127.6**	**82.5**
金属制品、机械和设备修理业	**43.6**	**34.7**	**57.5**	**198.0**	**53.7**	**120.5**	**57.7**
批发和零售业	**-5.9**	**-7.2**	**16.7**	**42.3**	**-15.1**	**-0.7**	**3.0**
批发业	-6.2	-6.8	96.9	-4.3	-9.9	-13.4	0.0
零售业	-5.7	-7.5	-9.9	63.6	-18.3	5.5	5.5
交通运输、仓储和邮政业	**1.6**	**0.6**	**31.1**	**23.5**	**-0.8**	**-33.8**	**28.9**
铁路运输业	-1.8	-2.1		60.7	-1.0	-89.6	47.0
道路运输业	-1.2	-1.3	15.9	113.2	-2.8	-40.8	40.9
水上运输业	17.9	13.3	64.8	145.4	3.6	-53.2	81.2
航空运输业	18.8	18.8	15.2		20.0	190.9	36.5
管道运输业	-1.4	-15.5	173.1		-16.0	-24.3	-6.2
多式联运和运输代理业	15.5	16.0	2.4	24.5	8.8	-68.2	30.3
装卸搬运和仓储业	6.6	12.7	28.4	-15.4	34.2	26.6	12.0
邮政业	25.2	19.0	232.2	-28.7	36.4	-64.5	38.9
住宿和餐饮业	**6.6**	**7.0**	**7.4**	**1.1**	**31.0**	**-17.2**	**5.2**
住宿业	6.3	6.5	20.9	-2.1	32.1	-20.8	4.5
餐饮业	8.8	10.5	-54.1	92.7	18.4	11.3	9.5
信息传输、软件和信息技术服务业	**-12.1**	**13.8**	**20.7**	**-6.3**	**3.4**	**11.0**	**42.5**
电信、广播电视和卫星传输服务	-7.0	-10.5	62.4	-9.0	-17.7	-37.9	27.0
互联网和相关服务	44.6	52.4	19.2	7.2	72.5	15.3	65.4
软件和信息技术服务业	-15.0	20.7	-2.0	-3.8	43.3	28.0	26.8
金融业	**1.9**	**1.8**	**-33.2**	**67.0**	**14.6**	**-12.8**	**-3.6**
货币金融服务	10.6	10.3	-34.1	29.6	13.7	-9.0	62.4
资本市场服务	-26.5	-25.0	-89.7		-8.0		-28.0
保险业	-12.3	-12.2			-10.6	-77.1	7.8
其他金融业	18.1	15.4	117.1		79.8		-37.3
房地产业	**5.0**	**4.6**	**10.7**	**13.5**	**10.8**	**3.5**	**6.2**
租赁和商务服务业	**13.6**	**12.3**	**91.1**	**47.4**	**17.5**	**5.5**	**28.1**
租赁业	6.6	6.2	-71.7	139.9	79.7	101.3	24.2
商务服务业	14.0	12.6	92.7	43.9	14.8	4.8	28.2
科学研究和技术服务业	**14.5**	**14.7**	**-23.5**	**82.6**	**17.5**	**10.4**	**17.6**
研究和试验发展	17.3	16.4	21.9	66.1	10.2	30.0	15.6
专业技术服务业	8.0	7.5	14.8	122.9	9.1	-58.9	15.8
科技推广和应用服务业	15.8	17.4	-53.5	127.1	33.3	19.4	19.7
水利、环境和公共设施管理业	**-1.2**	**-1.2**	**-6.8**	**-17.7**	**-1.1**	**-1.2**	**10.3**
水利管理业	1.3	1.2		-78.3	0.9	25.8	35.4
生态保护和环境治理业	-2.6	-2.2	-29.4	-16.1	-4.0	10.2	19.9
公共设施管理业	-1.3	-1.3	-4.6	-16.8	-1.0	-3.7	8.1
土地管理业	-23.5	-23.5			-18.7	11.3	-49.7
居民服务、修理和其他服务业	**-10.3**	**-9.5**	**-21.0**	**-84.7**	**-7.0**	**-29.5**	**-8.4**
居民服务业	-11.1	-10.3	5.7	-92.2	-7.6	-28.2	-8.9
机动车、电子产品和日用产品修理业	-3.3	-3.3	93.6		14.1	-30.4	-8.8
其他服务业	-12.3	-10.2	-59.1	-46.3	-6.4	-61.6	-5.0
教育	**11.7**	**11.4**	**71.7**	**7.8**	**7.3**	**6.9**	**41.9**
卫生和社会工作	**19.5**	**20.1**	**-43.1**	**-13.4**	**29.6**	**-33.1**	**10.5**
卫生	24.5	25.3	-50.7	-27.0	31.7	-40.3	16.0
社会工作	-3.1	-3.3	-7.0	53.3	10.4	-17.4	2.1
文化、体育和娱乐业	**1.6**	**1.8**	**-14.9**	**-13.5**	**3.5**	**-9.1**	**6.2**
新闻和出版业	58.5	58.5			60.7		93.3
广播、电视、电影和影视录音制作业	-27.1	-25.3	-68.5	-63.9	-13.5	-94.4	-33.2
文化艺术业	6.4	6.1	146.4	-50.1	10.7	-26.6	3.4
体育	-9.3	-8.9	11.1	-41.7	-9.3	89.3	-12.9
娱乐业	4.7	4.9	-31.3	13.1	7.5	-16.0	11.1
公共管理、社会保障和社会组织	**-38.2**	**-38.2**			**-39.8**	**-11.0**	**0.1**
中国共产党机关	-21.4	-21.4			-20.7		
国家机构	-40.8	-40.8			-42.0	-34.3	19.5
人民政协、民主党派	81.2	81.2			67.2		
社会保障	-28.2	-28.2			-21.1	-66.9	-16.2
群众团体、社会团体和其他成员组织	-17.6	-18.0			-4.5	-19.5	-44.1
基层群众自治组织	-16.9	-16.9			-14.5	5.9	-22.6
国际组织							

4-6 按行业分第三产业固定资产投资(不含农户)实际到位资金增长情况

单位：%

行业	本年实际到位资金	国家预算资金	国内贷款	利用外资	自筹资金	其他资金
第三产业合计	**2.2**	**-3.8**	**-6.7**	**-14.4**	**1.6**	**7.6**
农、林、牧、渔专业及辅助性活动	**2.9**	**2.9**	**0.6**	**-83.0**	**3.8**	**3.8**
开采专业及辅助性活动	**57.8**	**1.9**	**1.6**		**54.5**	
金属制品、机械和设备修理业	**75.8**		**172.8**	**170.1**	**69.8**	**-21.0**
批发和零售业	**-13.6**	**-9.2**	**-6.7**	**84.3**	**-14.1**	**-15.8**
批发业	-13.8	22.3	-26.5	15.8	-13.3	-19.6
零售业	-13.4	-27.4	20.2	164.8	-14.8	-13.8
交通运输、仓储和邮政业	**-2.6**	**-2.0**	**6.5**	**-8.2**	**-8.4**	**-4.3**
铁路运输业	-6.1	24.3	47.1	-98.2	-38.1	-31.7
道路运输业	-5.1	-6.0	-4.5	-38.3	-7.4	1.0
水上运输业	16.6	-32.5	72.2		19.5	29.1
航空运输业	19.4	-15.6	54.4	57.9	22.1	0.8
管道运输业	-16.7		-38.5		-13.1	-17.4
多式联运和运输代理业	32.3	125.9	104.2	-14.6	18.7	55.1
装卸搬运和仓储业	7.9	91.7	-9.3	12.0	6.0	19.8
邮政业	21.1		-85.2		39.2	-70.0
住宿和餐饮业	**4.0**	**149.5**	**-10.9**	**53.2**	**3.5**	**-6.8**
住宿业	4.2	149.6	-12.6	31.8	3.8	-5.4
餐饮业	1.4	148.6	24.0		0.2	-20.6
信息传输、软件和信息技术服务业	**14.4**	**28.7**	**55.3**	**21.1**	**10.4**	**40.5**
电信、广播电视和卫星传输服务	-5.3	-65.8	54.4		-4.4	-26.4
互联网和相关服务	47.9	93.1	85.0	27.1	48.7	-21.1
软件和信息技术服务业	19.4	133.3	36.1	19.6	6.5	197.2
金融业	**5.3**	**1.2**	**-42.0**		**5.4**	**70.9**
货币金融服务	7.3	-89.6	-21.4		11.8	64.3
资本市场服务	-21.3	-38.1	-55.1		-22.7	83.0
保险业	-5.4		-49.1		-4.1	-0.8
其他金融业	36.4		-50.5		27.8	159.9
房地产业	**4.3**	**3.3**	**-11.7**	**-40.1**	**3.8**	**9.0**
租赁和商务服务业	**9.2**	**10.3**	**22.0**	**100.1**	**9.7**	**-10.8**
租赁业	-3.7	28.0	225.7	36.4	-31.0	39.4
商务服务业	9.8	10.3	12.3	120.4	11.9	-13.2
科学研究和技术服务业	**15.5**	**66.3**	**12.8**	**-58.0**	**12.4**	**-4.2**
研究和试验发展	13.3	73.7	-12.7	-95.8	14.2	-29.7
专业技术服务业	17.0	52.9	11.8	-9.1	13.2	8.4
科技推广和应用服务业	16.7	65.7	43.2	206.7	10.8	15.5
水利、环境和公共设施管理业	**-6.2**	**-5.2**	**-14.9**	**5.9**	**-5.5**	**-5.6**
水利管理业	-3.4	-5.8	9.0		0.0	-9.1
生态保护和环境治理业	-7.1	-9.4	-16.0	-29.8	-1.5	-17.3
公共设施管理业	-6.3	-4.5	-18.4	20.0	-6.1	-3.2
土地管理业	-33.9	-14.8	-49.7		-38.6	-29.8
居民服务、修理和其他服务业	**-15.3**	**-18.0**	**-24.9**	**-3.8**	**-14.0**	**-15.8**
居民服务业	-15.2	-4.8	-13.9	-19.9	-15.7	-23.3
机动车、电子产品和日用产品修理业	-20.4	9.4	-95.4		-26.2	57.0
其他服务业	-11.3	-81.0	-26.8		8.5	-12.8
教育	**11.1**	**6.6**	**7.2**	**4.3**	**17.0**	**0.0**
卫生和社会工作	**9.1**	**21.1**	**-8.0**	**-40.2**	**5.6**	**5.9**
卫生	12.4	22.2	-8.8	-59.3	10.0	8.9
社会工作	-7.1	-0.4	-3.7	137.3	-7.6	-15.1
文化、体育和娱乐业	**-4.5**	**-12.1**	**-21.3**	**6.0**	**-2.0**	**0.5**
新闻和出版业	74.6	-87.8			84.1	
广播、电视、电影和影视录音制作业	-35.1	-46.3	11.0	-8.3	-45.3	36.8
文化艺术业	-1.3	-3.4	4.1	121.3	1.8	-15.5
体育	-10.5	-19.5	-56.0	-76.8	-0.8	13.1
娱乐业	-2.6	-16.9	-21.0	42.2	-1.3	6.0
公共管理、社会保障和社会组织	**-51.9**	**-70.5**	**-28.1**	**81.3**	**-22.8**	**-25.4**
中国共产党机关	-18.1	-6.2	-88.4		-14.3	-26.6
国家机构	-53.9	-71.3	-16.3	43.6	-23.3	-25.6
人民政协、民主党派						
社会保障	-18.3	-71.7			10.9	-3.7
群众团体、社会团体和其他成员组织	-24.6	19.5	-68.5		-35.2	90.8
基层群众自治组织	-28.1	-34.1	-88.5		-12.9	-52.8
国际组织						

4-7 各地区按行业门类分第三产业固定资产投资(不含农户)增长情况

单位：%

地 区	第三产业合 计	农、林、牧、渔专业及辅助性活动	开采专业及辅助性活动	金属制品、机械和设备修理业	批发和零售业	交通运输、仓储和邮政业	住宿和餐饮业	信息传输、软件和信息技术服务业	金融业	房地产业
全 国	**2.1**	**10.5**	**45.2**	**43.6**	**-5.9**	**1.6**	**6.6**	**-12.1**	**1.9**	**5.0**
北 京	3.0	-70.7		60.6	3.9	-3.5	10.5	20.0	68.2	6.9
天 津	4.9		-37.3	-55.7	-40.3	5.0		74.2	32.8	5.7
河 北	4.4	-21.2		276.9	-15.0	-21.7	3.7	22.8	95.8	17.4
山 西	9.0	-21.4	238.5		8.4	22.2	109.2	39.4	-26.0	5.2
内蒙古	2.4	-39.6	38.4		27.4	-14.3	95.8	26.4	-44.1	4.1
辽 宁	1.7	27.0	99.4		18.6	17.0	-12.8	-11.7	31.8	-2.1
吉 林	11.0	85.4	209.5		-15.6	11.4	47.1	-81.9		6.2
黑龙江	2.2	-42.2	-86.5	-61.0	36.5	2.9	-28.2	18.1	103.7	-5.5
上 海	8.0	-41.0		-78.9	9.4	20.0	-5.4	31.0	-63.5	7.3
江 苏	1.5	12.5		9.3	-12.2	-7.4	-13.1	27.8	9.6	1.6
浙 江	9.0	17.4		-17.9	-30.8	3.8	11.7	6.3	13.0	10.2
安 徽	6.9	6.5	5.2	71.0	2.3	6.6	7.9	46.5	19.4	3.3
福 建	3.2	52.5	115.2	-14.3	0.7	3.6	-21.6	-4.0	-6.1	1.1
江 西	6.3	-33.8	-70.6	-56.0	44.7	1.4	20.1	63.0	-11.7	6.5
山 东	5.0	-14.9	-47.4	216.7	-32.4	-3.2	-1.8	-5.7	-18.8	9.3
河 南	2.4	27.6	37.9	24.7	-15.3	3.4	24.7	-15.9	-25.1	2.1
湖 北	19.9	17.1		-69.5	17.6	12.7	2.5	12.5	-41.7	22.7
湖 南	4.3	-1.6		152.8	-17.7	6.7	5.5	28.5	39.1	7.0
广 东	2.2	-6.3	-95.4	69.4	-4.1	5.0	33.0	5.0	-5.1	3.9
广 西	2.3	89.8	-37.7	68.1	14.5	33.8	-16.3	-14.8	-32.5	-4.4
海 南	9.6	24.5	-14.9	-31.9	17.8	18.4	14.5	37.9		4.8
重 庆	5.2	19.1		113.3	-6.4	2.9	4.3	2.0	-55.4	-0.4
四 川	5.5	-1.9	55.8	-4.3	-22.6	4.4	31.9	7.5	15.7	6.2
贵 州	-10.7	4.1	81.4	-11.7	1.3	-25.0	-4.3	-2.5	4.7	-3.9
云 南	2.1	79.1	-17.4	-32.8	-2.7	1.7	8.8	58.9	-63.3	-6.0
西 藏	-13.1	42.7	9.0		42.8	-27.1	27.6	-1.3	-5.9	-10.4
陕 西	-6.1	19.0	25.1	168.3	4.2	-15.7	-22.1	7.2	-38.0	-3.0
甘 肃	6.1	9.7	30.8		-33.3	-0.4	-32.2	13.2	-18.4	10.2
青 海	0.6	-19.1	70.3		20.1	8.0	12.5	-7.7	122.3	5.2
宁 夏	3.2	103.5		-1.8	9.7	9.6	50.0	-17.0	147.6	7.0
新 疆	14.9	8.5	31.9	-34.9	39.6	18.1	51.2	4.6	206.4	16.2

4-7 续表 单位：%

地　　区	租赁和商　务服务业	科学研究和技术服务业	水利、环境和公共设施管理业	居民服务、修理和其他服务业	教　育	卫生和社会工作	文化、体育和娱乐业	公共管理、社会保障和社会组织	国际组织
全　　国	**13.6**	**14.5**	**-1.2**	**-10.3**	**11.7**	**19.5**	**1.6**	**-38.2**	
北　　京	-8.0	-25.7	-18.2	-93.6	17.4	22.8	-13.7	29.6	
天　　津	-17.4	53.5	-1.2	-14.6	9.0	30.5	-43.9	64.5	
河　　北	-4.3	-0.6	3.9	-41.4	19.3	27.7	-24.7	-67.5	
山　　西	73.9	-16.4	-2.4	16.3	12.5	47.4	-14.2	-16.7	
内 蒙 古	30.2	76.2	9.5	3.4	5.4	42.9	-2.2	-7.3	
辽　　宁	-18.5	19.1	6.5	-28.8	19.2	24.2	4.9	48.8	
吉　　林	236.3	4.9	9.6	-58.4	-10.1	82.2	-0.7	14.2	
黑 龙 江	16.3	46.7	17.6	-9.3	37.5	16.7	31.9	11.1	
上　　海	6.7	68.6	-12.4	75.8	59.9	51.2	8.0	-24.9	
江　　苏	-4.5	24.9	3.4	-33.5	5.6	18.0	-16.0	-17.1	
浙　　江	27.6	19.2	1.0	6.3	32.6	37.0	14.5	15.6	
安　　徽	16.4	31.6	6.8	31.2	27.5	62.4	1.7	-8.8	
福　　建	26.1	122.9	6.1	-12.8	10.3	5.4	-0.1	23.7	
江　　西	1.5	29.9	-0.2	42.2	18.4	24.1	11.3	-14.6	
山　　东	39.9	3.2	-8.8	-25.7	20.8	13.1	-12.8	5.3	
河　　南	6.6	4.2	0.9	-5.2	2.0	4.8	10.2	68.3	
湖　　北	51.2	38.7	8.4	8.3	53.6	63.8	12.9	13.3	
湖　　南	2.2	5.3	1.5	-11.5	1.8	-3.7	7.9	-6.3	
广　　东	16.0	41.4	-17.5	-10.5	38.3	5.0	-3.6	-19.6	
广　　西	-31.3	-1.9	-9.4	22.7	0.2	-0.7	-8.1	-35.8	
海　　南	105.3	27.2	-7.8	-42.7	0.2	42.8	-39.2	49.8	
重　　庆	18.1	-0.5	16.8	-46.3	24.8	24.4	57.8	-8.7	
四　　川	28.6	29.9	-4.5	10.0	7.1	28.2	28.2	4.2	
贵　　州	-10.9	-43.3	-17.3	-20.5	1.6	-15.0	13.1	-24.8	
云　　南	-26.0	-20.6	19.1	7.0	-30.6	34.1	-7.2	0.2	
西　　藏	-34.4	-34.6	4.8	1.2	6.8	60.9	-33.3	10.4	
陕　　西	17.5	-2.6	-9.6	-25.3	-27.2	12.8	3.3	26.0	
甘　　肃	-13.7	-20.1	16.0	-20.9	24.5	35.6	-18.7	-41.3	
青　　海	-46.1	12.1	-0.8	-27.1	-2.7	31.7	-57.6	-34.2	
宁　　夏	-58.4	-33.5	-8.8	-44.6	46.9	-21.2	-3.2	-0.4	
新　　疆	32.3	117.2	17.1	-0.9	-11.8	5.0	-8.0	-8.8	

【主要统计指标解释】

全社会固定资产投资 以货币形式表现的在一定时期内全社会建造和购置固定资产的工作量以及与此有关的费用的总称。该指标是反映固定资产投资规模、结构和发展速度的综合性指标。全社会固定资产投资按登记注册类型可分为国有、集体、个体、联营、股份制、私营和个体、港澳台商、外商、其他等。

固定资产投资（不含农户） 指城镇和农村各种登记注册类型的企业、事业、行政单位，以及城镇个体户进行的计划总投资500万元及以上的建设项目投资和全部房地产开发投资。包含原口径的城镇固定资产投资加上农村企事业组织项目投资，该口径自2011年起开始使用。

固定资产投资的资金来源 根据固定资产投资的资金来源不同，分为国家预算资金、国内贷款、利用外资、自筹资金和其他资金。

（1）国家预算资金：国家预算包括一般预算、政府性基金预算、国有资本经营预算和社保基金预算。各类预算中用于固定资产投资的资金全部作为国家预算资金填报，其中一般预算中用于固定资产投资的部分包括基建投资、车购税、灾后恢复重建基金和其他财政投资。各级政府债券也应归入国家预算资金。

（2）国内贷款：指报告期固定资产投资项目单位向银行及非银行金融机构借入用于固定资产投资的各种国内借款，包括银行利用自有资金及吸收存款发放的贷款、上级拨入的国内贷款、国家专项贷款（包括煤代油贷款、劳改煤矿专项贷款等），地方财政专项资金安排的贷款、国内储备贷款、周转贷款等。

（3）利用外资：指报告期收到的境外（包括外国及港澳台地区）资金(包括设备、材料、技术在内)。包括对外借款(外国政府贷款、国际金融组织贷款、出口信贷、外国银行商业贷款、对外发行债券和股票)、外商直接投资、外商其他投资(包括补偿贸易、加工装配由外商提供的设备价款、国际租赁、外商投资收益的再投资资金)。不包括我国自有外汇资金(国家外汇、地方外汇、留成外汇、调济外汇和国内银行自有资金发放的外汇贷款等)。各类外资按报告期的外汇牌价（中间价）折成人民币计算。

（4）自筹资金：指在报告期内筹集的用于项目建设和购置的资金。包括自有资金、股东投入资金和借入资金，但不包括各类财政性资金、从各类金融机构借入资金和国外资金。

（5）其他资金：在报告期收到的除以上各种资金之外的用于固定资产投资的资金，包括社会集资、个人资金、无偿捐赠的资金及其他单位拨入的资金等。

固定资产投资按国民经济行业分 指根据其从事的社会经济活动性质对各类单位进行的分类。应根据建设项目建成投产后的主要产品种类或主要用途及社会经济活动种类来划分，不能根据项目单位本身的行业类别来划分。如果项目投产后有几种产品，应根据主要产品来确定行业类别。一般情况下，一个建设项目只能属于一种国民经济行业。

固定资产投资按构成分 建设项目的构成一般分为建筑工程、安装工程、设备工器具购置和其他费用。

（1）建筑工程 指各种房屋、建筑物的建造工程。这部分投资额必须兴工动料，通过施工活动才能实现，是固定资产投资额的重要组成部分。

（2）安装工程 指各种设备、装置的安装工程。在安装工程中，不包括被安装设备本身价值。

（3）设备工器具购置 指报告期内购置或自制的，达到固定资产标准的设备、工具、器具的价值。新建单位及扩建单位的新建车间，按照设计或计划要求购置或自制的全部设备、工具、器具，不论是否达到固定资产标准均计入“设备工器具购置”中。

（4）其他费用 指在固定资产建造和购置过程中发生的，除建筑安装工程和设备、工器具购置投资完成额以外的应当分摊计入固定资产投资的费用，不指经营中财务上的其他费用。

5 第三产业双向投资与服务贸易进出口情况

简要说明

一、主要内容

本篇资料主要包括服务贸易、外商直接投资、对外直接投资的分行业统计。

二、资料来源

本篇资料由国家统计局贸易外经统计司负责整理、编辑，资料来源于商务部。

5-1 按行业分对外直接投资

单位：万美元

行业	对外直接投资净额				截至2021年对外直接投资存量
	2018	2019	2020	2021	
总　计	**14303731**	**13690756**	**15371026**	**17881932**	**278514971**
其中：批发和零售业	1223791	1947108	2299764	2815201	36958161
交通运输、仓储和邮政业	516057	387962	623320	1222621	9172268
住宿和餐饮业	135396	60398	11841	26933	491036
信息传输、软件和信息技术服务业	563187	547794	918718	513591	16022746
金融业	2171720	1994929	1966318	2679879	30035025
房地产业	306600	341839	518603	409785	9291631
租赁和商务服务业	5077813	4187508	3872562	4935732	111523784
科学研究和技术服务业	380199	343163	373465	507213	4507518
水利、环境和公共设施管理业	17863	26988	15671	22494	285419
居民服务、修理和其他服务业	222822	167338	216078	180948	1460781
教育	57302	64880	13004	2825	273111
卫生和社会工作	52480	22717	63767	33877	376709
文化、体育和娱乐业	116586	52352	-213383	8773	1201556
公共管理、社会保障和社会组织					

5-2 按行业分外商直接投资

行业	合同项目（个）	实际使用金额（万美元）
总　计	**47643**	**17348331**
其中：批发和零售业	13379	1671581
交通运输、仓储和邮政业	693	532511
住宿和餐饮业	1139	125560
信息传输、软件和信息技术服务业	4053	2010004
金融业	444	454230
房地产业	1125	2360811
租赁和商务服务业	9290	3308620
科学研究和技术服务业	8245	2275455
水利、环境和公共设施管理业	131	132379
居民服务、修理和其他服务业	522	47110
教育	216	1328
卫生和社会工作	150	36526
文化、体育和娱乐业	2107	39711
公共管理、社会保障和社会组织	11	31414

5-3 服务进出口分类金额

单位：亿美元

类别	进出口		出口		进口	
	金额	同比(%)	金额	同比(%)	金额	同比(%)
总额	**8212.5**	**24.1**	**3942.5**	**40.5**	**4270.0**	**12.0**
运输	2607.4	72.4	1271.9	124.7	1335.5	41.1
旅行	1224.1	-17.2	113.7	-31.3	1110.4	-15.4
建筑	402.7	21.0	304.8	21.3	97.9	20.2
保险服务	212.3	19.8	52.0	-3.4	160.4	29.9
金融服务	103.2	40.2	49.7	18.8	53.5	68.4
电信、计算机和信息服务	1195.8	27.6	794.7	30.8	401.1	21.7
知识产权使用费	586.7	26.7	117.8	35.6	468.9	24.6
个人、文化和娱乐服务	51.7	19.6	19.0	44.4	32.7	8.8
维护和维修服务	116.8	6.0	78.7	2.6	38.2	13.7
加工服务	208.3	18.8	201.2	18.1	7.1	42.3
其他商业服务	1455.5	16.2	923.6	23.4	531.9	5.3
政府服务	47.9	-21.1	15.5	-38.2	32.4	-9.1

【主要统计指标解释】

服务进出口 指常住单位与非常住单位之间相互提供的服务。包括运输，旅行，建筑，保险服务，金融服务，电信、计算机和信息服务，知识产权使用费，个人、文化和娱乐服务，维护和维修服务，加工服务，其他商业服务，政府服务。

外商直接投资 是指国外及港澳台地区投资者在非上市公司中的全部投资及在单个外国投资者所占股权比例不低于10%的上市公司中的投资。

对外直接投资 是境内投资者以控制国（境）外企业的经营管理权为核心的经济活动，体现在一经济体通过投资于另一经济体而实现其持久利益的目标。

6 第三产业能源消费情况

简要说明

一、主要内容

本篇包括的主要内容有分行业、分主要能源品种的消费量，居民生活能源消费量等。

二、统计范围

本篇资料的统计范围为全社会。

三、资料来源

数据均来自历年能源平衡表。

四、计算说明

电力折算标准煤系数按平均发电煤耗计算。

6-1 分行业能源消费量

单位：万吨标准煤

项 目	1995	2000	2005	2010	2011	2012	2013
能源消费总量	**131176**	**146964**	**261369**	**360648**	**387043**	**402138**	**416913**
在总量中:							
1. 农、林、牧、渔业	5505	4233	6860	7266	7675	7804	8055
2. 工业	96191	103014	187914	261377	278048	284712	291130
3. 建筑业	1335	2207	3486	5533	6052	6337	7017
4. 交通运输、仓储和邮政业	5863	11447	19136	27102	29694	32561	34819
5. 批发和零售业、住宿和餐饮业	2018	3251	5917	7847	9147	10012	10598
6. 其他	4519	6118	10484	15052	16843	18407	19763
7. 居民生活	15745	16695	27573	36470	39584	42306	45531

6-1 续表

单位：万吨标准煤

项 目	2014	2015	2016	2017	2018	2019	2020
能源消费总量	**428334**	**434113**	**441492**	**455827**	**471925**	**487488**	**498314**
在总量中:							
1. 农、林、牧、渔业	8020	8271	8585	8945	8781	9018	9263
2. 工业	298449	295953	295615	302308	311151	322503	332625
3. 建筑业	7377	7545	7847	8243	8685	9142	9320
4. 交通运输、仓储和邮政业	36343	38510	39883	42140	43617	43909	41309
5. 批发和零售业、住宿和餐饮业	10864	11447	12042	12456	12994	13624	13171
6. 其他	20069	21925	23185	24277	26262	27582	28245
7. 居民生活	47211	50461	54336	57459	60436	61709	64380

6-2 煤炭分行业消费量

单位：万吨

项　　目	1995	2000	2005	2010	2011	2012	2013
消费量	**137677**	**135690**	**243375**	**349008**	**388961**	**411727**	**424426**
在消费量中:							
1. 农、林、牧、渔业	1857	1051	1802	2147	2207	2266	2451
2. 工业	117571	121807	224766	329728	368916	391191	403157
3. 建筑业	440	537	604	731	797	767	811
4. 交通运输、仓储和邮政业	1315	882	811	639	646	614	615
5. 批发和零售业、住宿和餐饮业	977	1461	2627	3192	3572	3752	3966
6. 其他	1987	1495	2727	3412	3612	3883	4136
7. 居民生活	13530	8457	10039	9159	9212	9253	9290

6-2 续表

单位：万吨

项　　目	2014	2015	2016	2017	2018	2019	2020
消费量	**413633**	**399834**	**388820**	**391403**	**397452**	**401915**	**404860**
在消费量中:							
1.农、林、牧、渔业	2479	2625	2778	2834	2363	2202	2254
2.工业	392567	378190	367435	371160	380696	387268	390891
3.建筑业	914	878	805	733	650	640	639
4.交通运输、仓储和邮政业	558	492	404	353	321	283	241
5.批发和零售业、住宿和餐饮业	3767	3864	3826	3461	2686	2378	1981
6.其他	4046	4159	4081	3580	3021	2598	2571
7.居民生活	9303	9627	9492	9283	7714	6547	6283

6-3 焦炭分行业消费量

单位：万吨

项　目	1995	2000	2005	2010	2011	2012	2013
消费量	**10725.3**	**10840.8**	**25105.8**	**38702.8**	**42063.3**	**44805.2**	**45851.9**
在消费量中:							
1. 农、林、牧、渔业	128.6	70.9	63.5	46.8	54.1	57.5	69.2
2. 工业	10412.0	10554.6	24860.9	38598.7	41952.1	44694.8	45694.0
3. 建筑业	10.8	19.0	18.4	5.8	4.8	6.3	7.7
4. 交通运输、仓储和邮政业	10.1	11.2	1.1	0.1	0.1	0.1	2.2
5. 批发和零售业、住宿和餐饮业	25.7	35.7	64.1	5.1	9.2	6.7	35.8
6. 其他	6.4	12.2	7.6	2.8	1.9	1.9	5.0
7. 居民生活	131.6	137.2	90.3	43.5	41.1	37.9	38.0

6-3　续表

单位：万吨

项　目	2014	2015	2016	2017	2018	2019	2020
消费量	**46884.9**	**44058.7**	**45462.4**	**43743.1**	**43716.6**	**46426.0**	**48310.4**
在消费量中:							
1.农、林、牧、渔业	34.9	49.5	53.1	38.4	103.0	59.7	23.2
2.工业	46749.6	43923.0	45324.7	43609.1	43560.9	46320.2	48272.2
3.建筑业	9.7	6.7	7.1	12.6	10.6	9.7	3.6
4.交通运输、仓储和邮政业	2.7	3.0	3.2	6.0	0.4	0.4	
5.批发和零售业、住宿和餐饮业	46.6	40.1	41.3	49.4	19.0	16.9	
6.其他	5.1	5.4	5.6	5.9	6.3	6.3	
7.居民生活	36.4	31.2	27.4	21.8	16.4	12.8	11.4

6-4 石油分行业消费量

单位：万吨

项　　目	1995	2000	2005	2010	2011	2012	2013
消费量	**16064.9**	**22495.9**	**32547.0**	**44101.0**	**45619.5**	**47797.3**	**49970.6**
在消费量中：							
1. 农、林、牧、渔业	1203.2	788.5	1451.7	1382.5	1466.3	1537.9	1650.3
2. 工业	9349.3	11248.5	14030.4	18555.0	17986.0	17753.2	17594.6
3. 建筑业	242.8	840.6	1502.2	2483.1	2581.8	2740.7	3090.6
4. 交通运输、仓储和邮政业	2863.6	6399.0	10928.5	15079.3	16221.1	17863.6	18967.6
5. 批发和零售业、住宿和餐饮业	333.9	247.0	375.6	481.0	500.0	542.4	565.4
6. 其他	1390.3	1635.9	1974.2	2578.2	2880.5	3067.8	3349.7
7. 居民生活	682.0	1336.5	2284.4	3541.9	3983.9	4291.6	4752.4

6-4 续表

单位：万吨

项　　目	2014	2015	2016	2017	2018	2019	2020
消费量	**51859.4**	**55960.2**	**57692.9**	**60395.9**	**62245.1**	**64506.5**	**65369.1**
在消费量中：							
1.农、林、牧、渔业	1717.7	1733.4	1730.3	1786.4	1724.9	1748.2	1773.1
2.工业	18357.5	19718.0	20382.5	21486.7	22460.3	25210.6	27711.1
3.建筑业	3205.3	3384.3	3599.1	3803.5	3935.7	4055.1	4180.3
4.交通运输、仓储和邮政业	19558.5	20663.1	21146.1	22075.8	22738.6	22109.6	20481.4
5.批发和零售业、住宿和餐饮业	563.2	615.7	584.9	601.1	599.0	608.4	583.3
6.其他	3152.0	3683.3	3537.1	3502.7	3458.2	3460.6	3469.9
7.居民生活	5305.2	6162.2	6712.8	7139.7	7328.4	7314.0	7170.1

6-5 原油分行业消费量

单位：万吨

项　　目	1995	2000	2005	2010	2011	2012	2013
消费量	**14886.4**	**21232.0**	**30088.9**	**42874.6**	**43965.8**	**46678.9**	**48652.2**
在消费量中:							
1. 农、林、牧、渔业	10.1						
2. 工业	14716.3	21052.1	29962.1	42716.6	43860.4	46559.5	48503.4
3. 建筑业	2.7	3.3					
4. 交通运输、仓储和邮政业	156.8	175.1	126.9	158.0	105.4	119.4	148.7
5. 批发和零售业、住宿和餐饮业	0.5	0.2					
6. 其他		1.4					
7. 居民生活							

6-5 续表

单位：万吨

项　　目	2014	2015	2016	2017	2018	2019	2020
消费量	**51597.0**	**54788.3**	**57125.9**	**59402.2**	**63004.3**	**67268.3**	**69477.1**
在消费量中:							
1.农、林、牧、渔业							
2.工业	51552.1	54752.4	57103.6	59393.5	62995.5	67259.1	69476.5
3.建筑业							
4.交通运输、仓储和邮政业	44.9	35.9	22.3	8.7	8.8	9.2	0.6
5.批发和零售业、住宿和餐饮业							
6.其他							
7.居民生活							

6-6 燃料油分行业消费量

单位：万吨

项　目	1995	2000	2005	2010	2011	2012	2013
消费量	**3693.7**	**3872.8**	**4244.2**	**3758.0**	**3662.8**	**3683.3**	**3954.0**
在消费量中:							
1. 农、林、牧、渔业	8.4	0.4	0.7	1.1	1.3	2.0	2.0
2. 工业	3406.2	2975.1	2986.9	2377.3	2260.2	2241.7	2421.1
3. 建筑业	14.2	16.7	14.2	30.8	30.6	27.1	59.5
4. 交通运输、仓储和邮政业	227.5	850.0	1201.0	1326.7	1345.2	1383.9	1429.0
5. 批发和零售业、住宿和餐饮业	6.6	11.6	27.5	8.6	9.3	8.7	19.1
6. 其他	30.8	19.0	13.9	13.5	16.2	19.9	23.4
7. 居民生活							

6-6 续表

单位：万吨

项　目	2014	2015	2016	2017	2018	2019	2020
消费量	**4355.5**	**4662.0**	**4631.0**	**4887.3**	**4536.1**	**4690.3**	**5364.6**
在消费量中:							
1.农、林、牧、渔业	1.3	0.9	1.0	1.3	1.3	1.2	1.1
2.工业	2835.7	3133.0	3035.4	3043.7	2688.2	2612.5	3262.3
3.建筑业	44.6	53.5	51.9	43.2	31.8	31.8	40.7
4.交通运输、仓储和邮政业	1441.4	1439.5	1511.4	1771.3	1795.7	2025.3	2042.0
5.批发和零售业、住宿和餐饮业	17.4	19.0	17.2	15.1	10.1	10.2	11.8
6.其他	15.1	16.1	14.1	12.5	9.0	9.2	6.6
7.居民生活							

6-7 汽油分行业消费量

单位：万吨

项　　目	1995	2000	2005	2010	2011	2012	2013
消费量	**2909.6**	**3504.6**	**4854.9**	**6956.2**	**7595.9**	**8165.9**	**9366.4**
在消费量中:							
1. 农、林、牧、渔业	179.7	89.2	159.6	169.1	186.0	192.9	198.7
2. 工业	812.4	682.0	441.7	689.5	604.8	581.1	523.4
3. 建筑业	103.6	115.6	172.1	274.7	282.8	286.9	326.5
4. 交通运输、仓储和邮政业	982.3	1527.8	2430.1	3274.9	3573.5	3778.0	4381.8
5. 批发和零售业、住宿和餐饮业	197.2	69.8	129.4	168.2	177.1	200.1	220.9
6. 其他	570.7	792.7	998.2	1166.2	1313.2	1460.5	1818.7
7. 居民生活	63.7	227.6	523.8	1213.7	1458.6	1666.5	1896.4

6-7　续表　　单位：万吨

项　　目	2014	2015	2016	2017	2018	2019	2020
消费量	**9776.4**	**11368.5**	**11866.0**	**12296.3**	**13055.3**	**13628.0**	**12767.2**
在消费量中:							
1.农、林、牧、渔业	216.6	231.3	224.4	229.6	242.9	253.2	257.3
2.工业	489.0	477.1	436.3	382.1	296.5	262.0	184.0
3.建筑业	331.0	408.6	437.3	452.3	505.0	499.9	508.4
4.交通运输、仓储和邮政业	4665.0	5306.6	5511.1	5698.5	6067.6	6244.9	5573.6
5.批发和零售业、住宿和餐饮业	217.8	243.3	240.9	244.5	275.5	287.9	273.2
6.其他	1738.1	2108.5	2046.4	2075.0	2163.6	2240.9	2253.1
7.居民生活	2118.8	2593.1	2969.7	3214.2	3504.2	3839.1	3717.6

6-8 煤油分行业消费量

单位：万吨

项　　目	1995	2000	2005	2010	2011	2012	2013
消费量	**512.1**	**871.6**	**1076.8**	**1765.2**	**1816.7**	**1956.6**	**2164.1**
在消费量中:							
1. 农、林、牧、渔业	3.6	1.5	1.6	0.9	1.5	1.2	1.2
2. 工业	44.9	84.0	57.5	40.2	34.2	32.0	27.4
3. 建筑业	3.5	4.0		8.8	10.8	7.9	11.4
4. 交通运输、仓储和邮政业	250.0	535.9	952.4	1601.1	1646.4	1787.1	1998.2
5. 批发和零售业、住宿和餐饮业	8.5	14.0	3.7	35.0	32.2	28.6	13.4
6. 其他	137.3	160.1	36.2	58.7	68.2	74.2	84.6
7. 居民生活	64.3	72.2	25.5	20.5	23.5	25.6	27.9

6-8　续表

单位：万吨

项　　目	2014	2015	2016	2017	2018	2019	2020
消费量	**2335.4**	**2663.7**	**2970.7**	**3326.4**	**3653.5**	**3950.2**	**3352.1**
在消费量中:							
1.农、林、牧、渔业	0.8	1.1	2.2	1.5	4.9	11.0	11.0
2.工业	17.4	21.2	20.0	14.5	24.9	11.0	9.4
3.建筑业	10.4	12.5	10.0	9.7	17.3	16.0	10.8
4.交通运输、仓储和邮政业	2216.0	2504.9	2814.9	3173.3	3462.5	3689.2	3110.8
5.批发和零售业、住宿和餐饮业	11.3	11.7	11.2	11.3	15.5	15.5	14.8
6.其他	50.7	83.3	85.9	88.4	103.8	184.2	183.0
7.居民生活	28.9	29.1	26.4	27.6	24.6	23.4	12.4

6-9 柴油分行业消费量

单位：万吨

项　目	1995	2000	2005	2010	2011	2012	2013
消费量	**4321.4**	**6806.2**	**10974.9**	**14699.0**	**15635.1**	**16966.0**	**17150.6**
在消费量中:							
1. 农、林、牧、渔业	1001.4	697.1	1286.3	1206.7	1271.9	1335.5	1441.5
2. 工业	1189.9	1696.5	1710.0	2090.0	1824.3	1747.7	1675.9
3. 建筑业	118.2	205.9	386.6	490.2	518.6	518.0	557.0
4. 交通运输、仓储和邮政业	1246.6	3293.8	6169.4	8657.6	9485.2	10727.0	10920.5
5. 批发和零售业、住宿和餐饮业	103.6	95.9	116.0	196.6	212.3	229.0	233.5
6. 其他	645.7	638.7	900.1	1287.2	1428.1	1444.7	1339.8
7. 居民生活	16.1	178.4	406.4	770.7	894.7	964.1	982.5

6-9 续表

单位：万吨

项　目	2014	2015	2016	2017	2018	2019	2020
消费量	**17165.3**	**17360.3**	**16839.0**	**16916.5**	**16409.6**	**14917.9**	**14282.7**
在消费量中:							
1.农、林、牧、渔业	1492.0	1492.9	1495.9	1546.8	1468.2	1475.1	1497.2
2.工业	1595.3	1516.4	1412.9	1459.9	1259.5	1290.6	1026.1
3.建筑业	552.0	555.7	561.3	596.1	543.4	530.3	503.9
4.交通运输、仓储和邮政业	11042.8	11162.8	11068.5	11173.7	11166.9	9867.3	9532.0
5.批发和零售业、住宿和餐饮业	230.1	257.7	232.0	233.8	211.8	203.9	197.6
6.其他	1268.7	1384.2	1307.2	1233.3	1107.4	954.0	946.2
7.居民生活	984.4	990.7	761.3	673.0	652.3	596.8	579.8

6-10 液化石油气分行业消费量

单位：万吨

项　　目	1995	2000	2005	2010	2011	2012	2013
消费量	**750.6**	**1389.7**	**2046.5**	**2321.9**	**2470.2**	**2482.2**	**2823.4**
在消费量中：							
1. 农、林、牧、渔业	0.1	0.4	3.5	4.7	5.6	6.4	6.8
2. 工业	192.5	426.1	534.4	586.8	661.1	621.0	705.1
3. 建筑业	0.5	8.9	6.3	7.2	7.2	6.8	14.7
4. 交通运输、仓储和邮政业	0.5	16.5	48.7	61.0	65.5	68.1	89.4
5. 批发和零售业、住宿和餐饮业	17.4	55.5	99.0	72.6	69.0	76.0	78.5
6. 其他	5.7	24.0	25.8	52.6	54.8	68.5	83.4
7. 居民生活	534.0	858.3	1328.7	1537.0	1607.2	1635.4	1845.6

6-10　续表　　单位：万吨

项　　目	2014	2015	2016	2017	2018	2019	2020
消费量	**3289.8**	**3961.2**	**5015.1**	**5457.8**	**5673.1**	**6066.4**	**6221.2**
在消费量中：							
1.农、林、牧、渔业	7.1	7.2	6.8	7.1	7.6	7.8	6.5
2.工业	835.0	1113.9	1766.8	1896.3	2215.5	2870.3	3064.8
3.建筑业	16.8	15.1	14.8	15.8	17.0	14.0	11.3
4.交通运输、仓储和邮政业	91.8	100.3	104.2	123.7	125.1	156.5	111.2
5.批发和零售业、住宿和餐饮业	86.6	84.0	83.6	96.4	86.2	90.9	85.9
6.其他	79.4	91.4	83.5	93.5	74.4	72.2	81.1
7.居民生活	2173.1	2549.3	2955.4	3225.0	3147.3	2854.7	2860.4

6-11 天然气分行业消费量

单位：亿立方米

项目	1995	2000	2005	2010	2011	2012	2013
消费量	**177.4**	**245.0**	**466.1**	**1080.2**	**1341.1**	**1497.0**	**1705.4**
在消费量中:							
1. 农、林、牧、渔业				0.5	0.6	0.6	0.7
2. 工业	154.4	199.0	327.2	691.8	875.7	980.7	1129.1
3. 建筑业	0.3	0.8	1.5	1.2	1.3	1.3	2.0
4. 交通运输、仓储和邮政业	1.6	8.8	38.0	106.7	138.3	154.5	175.8
5. 批发和零售业、住宿和餐饮业	0.6	3.4	10.8	27.2	33.6	38.7	39.3
6. 其他	1.2	0.6	9.1	26.0	27.1	32.9	35.6
7. 居民生活	19.4	32.3	79.4	226.9	264.4	288.3	322.9

注：从2010年起包括液化天然气数据。

6-11 续表

单位：亿立方米

项目	2014	2015	2016	2017	2018	2019	2020
消费量	**1870.6**	**1931.8**	**2078.1**	**2393.7**	**2817.1**	**3059.7**	**3339.9**
在消费量中:							
1.农、林、牧、渔业	0.8	0.9	1.1	1.1	1.3	1.2	1.3
2.工业	1223.0	1234.5	1338.6	1575.2	1940.1	2092.1	2304.0
3.建筑业	1.9	2.2	1.9	1.8	2.5	2.8	2.6
4.交通运输、仓储和邮政业	214.4	237.6	254.8	284.7	286.2	341.5	354.3
5.批发和零售业、住宿和餐饮业	46.6	51.3	53.7	57.6	60.8	62.5	62.1
6.其他	41.3	45.4	48.2	52.9	57.9	57.3	55.6
7.居民生活	342.6	359.8	379.7	420.3	468.4	502.3	560.0

6-12 电力分行业消费量

单位：亿千瓦时

项 目	1995	2000	2005	2010	2011	2012	2013
消费量	**10023.4**	**13472.4**	**24940.3**	**41934.5**	**47000.9**	**49762.6**	**54203.4**
在消费量中:							
1. 农、林、牧、渔业	582.4	533.0	776.3	976.5	1012.9	1012.6	1026.9
2. 工业	7659.8	10004.6	18521.7	30871.8	34691.6	36232.2	39236.9
3. 建筑业	159.6	159.8	233.9	483.2	571.8	608.4	675.1
4. 交通运输、仓储和邮政业	182.3	281.2	430.3	734.5	848.4	915.4	1000.9
5. 批发和零售业、住宿和餐饮业	199.5	418.7	752.3	1292.0	1503.1	1691.5	1876.9
6. 其他	234.2	623.2	1340.9	2451.8	2753.1	3083.6	3397.6
7. 居民生活	1005.6	1452.0	2884.8	5124.6	5620.1	6219.0	6989.2

6-12 续表

单位：亿千瓦时

项 目	2014	2015	2016	2017	2018	2019	2020
消费量	**57829.7**	**58020.0**	**61205.1**	**65914.0**	**71508.2**	**74866.1**	**77620.2**
在消费量中:							
1.农、林、牧、渔业	1013.4	1039.8	1091.9	1175.1	1242.5	1336.2	1422.1
2.工业	42248.7	41550.0	42996.9	46052.8	49094.9	50698.3	52353.4
3.建筑业	721.7	698.7	725.6	789.2	887.8	991.2	1011.1
4.交通运输、仓储和邮政业	1059.2	1125.6	1251.5	1418.0	1608.5	1752.3	1751.0
5.批发和零售业、住宿和餐饮业	1995.6	2122.0	2323.8	2526.6	2900.4	3187.1	3169.0
6.其他	3615.0	3918.6	4394.8	4880.6	5716.5	6263.8	6517.0
7.居民生活	7176.1	7565.2	8420.6	9071.6	10057.6	10637.2	11396.5

【主要统计指标解释】

能源消费总量 是指一定地域内，国民经济各行业和居民家庭在一定时间消费的各种能源的总和。包括：原煤、原油、天然气、水能、核能、风能、太阳能、地热能、生物质能等一次能源；一次能源通过加工转换产生的洗煤、焦炭、煤气、电力、热力、成品油等二次能源和同时产生的其他产品。其中水能、风能、太阳能、地热能、生物质能等可再生能源，是指人们通过一定技术手段获得的，并作为商品能源使用的部分。在核算过程中，一次能源、二次能源消费不能重复计算。能源消费总量分为终端能源消费量、能源加工转换损失量和能源损失量三部分。

(1) 终端能源消费量：指一定时期内，用于消费（而非用于加工转换产出其他能源）的各种能源之和。

(2) 能源加工转换损失量：指一定时期内，全国投入加工转换的各种能源数量之和与产出各种能源产品之和的差额。该指标是观察能源在加工转换过程中损失量变化的指标。

(3) 能源损失量：指一定时期内，能源在输送、分配、储存过程中发生的损失和由客观原因造成的各种损失量，不包括各种气体能源放空、放散量。

7 第三产业分行业主要指标

简要说明

一、主要内容

本篇资料主要内容是2021年服务业企业法人单位主要指标，包括规模以上服务业和规模以下服务业，主要分组包括按行业、地区等分组。

二、统计范围

规模以上服务业：年营业收入2000万元及以上服务业法人单位，包括：交通运输、仓储和邮政业，信息传输、软件和信息技术服务业，水利、环境和公共设施管理业三个门类和卫生行业大类；年营业收入1000万元及以上服务业法人单位，包括：租赁和商务服务业，科学研究和技术服务业，教育三个门类，以及物业管理、房地产中介服务、房地产租赁经营和其他房地产业四个行业小类；年营业收入500万元及以上服务业法人单位，包括：居民服务、修理和其他服务业，文化、体育和娱乐业两个门类，以及社会工作行业大类。

规模以下服务业：年营业收入2000万元以下服务业法人单位，包括：交通运输、仓储和邮政业，信息传输、软件和信息技术服务业，水利、环境和公共设施管理业三个门类和卫生行业大类；年营业收入1000万元以下服务业法人单位，包括：租赁和商务服务业，科学研究和技术服务业，教育三个门类，以及物业管理、房地产中介服务、房地产租赁经营和其他房地产业四个行业小类；年营业收入500万元以下服务业法人单位，包括：居民服务、修理和其他服务业，文化、体育和娱乐业两个门类，以及社会工作行业大类。

三、统计调查方法

规模以上服务业企业法人单位为全面调查，规模以下服务业企业法人单位为抽样调查。

四、资料来源

规模以上服务业数据来自《规模以上服务业统计报表制度》调查结果，规模以下服务业数据来自《规模以下服务业抽样调查统计报表制度》推算结果。

五、其他

由于数据四舍五入影响，合计数与各分项之和可能存在细微偏差。

7-1-1 服务业企业法人单位分地区主要指标

地 区	营业收入 (亿元)	资产总计 (亿元)	从业人员 (万人)
全 国	**465747.3**	**2658189.7**	**9133.3**
北 京	65679.5	405628.2	755.8
天 津	11762.2	84285.7	147.6
河 北	9799.4	57655.8	289.3
山 西	4732.4	42086.2	157.9
内蒙古	2333.9	29045.0	77.4
辽 宁	6894.7	58165.2	197.2
吉 林	2634.6	20935.0	75.3
黑龙江	3003.2	14901.2	89.4
上 海	54130.7	185686.8	484.0
江 苏	42790.9	246454.4	816.2
浙 江	41482.8	211054.2	648.1
安 徽	12076.2	79801.9	316.0
福 建	14270.5	59161.7	333.6
江 西	8034.5	39710.2	202.1
山 东	23870.8	109516.9	525.3
河 南	15959.5	50919.3	478.5
湖 北	14432.7	73600.9	371.7
湖 南	11561.9	73107.5	280.9
广 东	58708.7	286511.0	1236.3
广 西	4813.5	41936.4	163.6
海 南	3101.4	27211.9	54.5
重 庆	10877.8	69036.5	272.7
四 川	16905.6	123386.5	441.4
贵 州	4898.9	83211.1	138.7
云 南	4985.9	56548.8	161.9
西 藏	934.8	9994.1	17.0
陕 西	7089.8	47756.7	190.3
甘 肃	1758.5	22100.8	65.6
青 海	512.5	7563.5	27.1
宁 夏	913.1	6480.7	31.6
新 疆	4796.5	34735.6	86.5

注：不含批发和零售业、铁路运输业、住宿和餐饮业、金融业、房地产开发经营。

7-1-2 服务业企业法人单位分行业主要指标

行　　业	营业收入（亿元）	资产总计（亿元）	从业人员（万人）
总　　计	**465747.3**	**2658189.7**	**9133.3**
道路运输业	43042.3	219556.5	735.4
水上运输业	8278.7	24861.7	47.5
航空运输业	5606.8	28097.3	63.1
管道运输业	1257.2	13690.0	3.8
装卸搬运和运输代理业	29236.6	15159.6	120.8
仓储业	9674.9	28974.1	131.5
邮政业	10136.6	6127.9	170.6
电信、广播电视和卫星传输服务	19701.7	64706.2	163.0
互联网和相关服务	31191.2	47840.3	180.1
软件和信息技术服务业	60861.6	100528.9	845.7
物业管理	11391.5	35934.1	725.6
房地产中介服务	4012.1	16853.4	164.2
房地产租赁经营	7397.0	146811.9	103.3
其他房地产业	553.7	15529.1	12.0
租赁业	6468.5	19613.4	138.2
商务服务业	102748.4	1350740.8	2427.9
研究和试验发展	7797.2	26102.3	142.2
专业技术服务业	42093.9	123385.3	747.7
科技推广和应用服务业	13850.3	50978.8	311.9
水利管理业	753.2	16882.4	9.2
生态保护和环境治理业	1886.0	12158.6	25.9
公共设施管理业	6861.8	100881.4	241.5
土地管理业	4377.5	103906.0	7.1
居民服务业	3190.4	6075.6	180.1
机动车、电子产品和日用产品修理业	3709.1	5373.9	132.1
其他服务业	2338.3	3712.7	185.9
教育	7103.7	13298.8	446.1
卫生	7238.8	13039.8	261.0
社会工作	417.8	3160.0	32.1
新闻和出版业	1901.9	6501.7	26.0
广播、电视、电影和影视录音制作业	4006.2	13164.5	56.5
文化艺术业	1693.1	6901.5	76.3
体育	851.7	4198.7	40.3
娱乐业	4117.8	13442.5	178.7

7-1-3 规模以上服务业企业法人单位分地区主要指标

地区	单位数(个)	年初存货(亿元)	流动资产合计(亿元)	应收账款(亿元)	存货(亿元)	固定资产原价(亿元)	累计折旧(亿元)	本年折旧(亿元)
全国	**209781**	**48035.7**	**518229.7**	**64247.6**	**49921.4**	**318583.1**	**101017.9**	**14120.7**
北京	19480	3661.9	115790.1	12939.4	3890.5	32680.8	12303.2	1625.7
天津	5281	2263.9	17271.4	2045.6	2272.9	7089.5	2428.3	363.1
河北	5004	1551.5	8139.5	1123.9	1345.2	9747.1	3102.4	474.6
山西	2659	130.6	4217.1	593.5	137.3	9228.5	2214.9	272.9
内蒙古	1756	281.9	2607.0	385.3	277.8	7852.8	2019.1	239.1
辽宁	4379	731.2	6829.7	726.7	760.0	10800.8	3495.1	424.0
吉林	1497	177.1	2063.0	321.4	174.1	2578.9	967.0	157.8
黑龙江	1317	1299.4	3212.8	233.7	1127.4	4510.1	1386.8	216.3
上海	17876	2104.6	57420.3	9612.7	2186.0	21660.4	8610.0	1209.5
江苏	20808	7004.1	45342.5	5400.6	7456.2	20156.5	5853.2	962.0
浙江	13599	1626.2	30849.8	3670.5	1688.8	14729.1	5853.8	929.0
安徽	5357	620.2	5843.4	841.8	842.0	7083.7	2047.2	319.0
福建	6783	898.4	7591.0	1024.1	1008.1	8025.8	2561.1	294.2
江西	5566	500.5	4858.4	733.8	528.6	7787.0	1785.4	275.2
山东	11353	1332.0	15538.2	2546.0	1420.7	16132.4	5250.7	814.0
河南	8838	2014.3	10944.8	1191.3	1743.2	14292.2	3792.5	519.4
湖北	6797	2137.7	15051.4	1903.8	2214.9	12973.1	3485.7	433.5
湖南	7314	4819.8	14776.8	1327.7	5118.9	9749.2	1775.5	254.8
广东	33493	3169.5	80670.7	9344.1	3758.5	39758.6	14623.8	1872.2
广西	3283	1547.7	8845.1	514.6	1595.7	5433.0	1875.7	245.9
海南	1120	103.6	2075.9	386.6	117.3	2821.7	967.7	140.3
重庆	4201	4884.7	13917.7	1501.2	4885.6	6899.3	1924.0	277.8
四川	8935	2221.3	18579.2	2342.5	2329.9	10946.2	3723.5	522.3
贵州	2434	982.4	5265.1	669.2	1009.1	6533.4	1112.7	175.7
云南	2234	498.0	4967.3	451.9	540.4	7358.2	1753.1	210.1
西藏	201	19.0	366.9	57.2	23.3	366.2	150.1	24.2
陕西	3982	716.0	6523.4	1225.3	718.6	6792.7	2139.1	306.2
甘肃	1095	195.3	2281.9	321.1	177.5	5875.4	1075.8	156.6
青海	365	170.9	863.5	80.0	192.2	1624.3	524.8	68.3
宁夏	453	24.3	314.1	78.9	20.7	683.2	317.6	46.5
新疆	2321	347.5	5211.7	653.2	360.1	6413.1	1898.3	290.4

7-1-3 续表 1

地　区	资产总计（亿元）	负债合计（亿元）	所有者权益合计（亿元）	营业收入（亿元）	营业成本（亿元）
全　国	**1298308.1**	**703610.9**	**594697.2**	**316884.9**	**243488.6**
北　京	289995.9	138351.3	151644.6	55905.4	39323.3
天　津	39022.9	23462.0	15560.9	9536.8	8018.3
河　北	21432.2	13082.9	8349.3	5351.5	4321.3
山　西	17030.7	9714.1	7316.6	4049.2	3406.3
内蒙古	11613.1	7004.2	4608.9	2293.3	1938.2
辽　宁	23536.7	11707.8	11828.9	5282.8	4596.8
吉　林	5341.8	3329.9	2011.9	1436.2	1178.0
黑龙江	9105.5	7021.5	2084.0	2056.6	1971.1
上　海	125816.9	63232.7	62584.3	48137.2	36781.2
江　苏	97709.2	59511.3	38197.9	21332.9	16844.9
浙　江	60480.0	35263.1	25217.0	28929.3	21233.9
安　徽	18079.8	9519.6	8560.2	4998.4	4036.4
福　建	22998.4	12928.1	10070.3	7447.5	6076.9
江　西	16866.5	8003.1	8863.4	4261.8	3509.2
山　东	44450.3	24464.5	19985.8	12753.8	10685.2
河　南	34561.0	19725.1	14835.9	7657.4	6013.1
湖　北	42596.6	23351.7	19244.9	8419.2	6860.8
湖　南	31366.9	18542.7	12824.3	5605.1	4376.7
广　东	182956.2	103752.2	79204.0	44419.9	32352.1
广　西	24544.9	13194.8	11350.1	3645.1	2847.9
海　南	8407.5	6262.0	2145.5	2248.7	2266.9
重　庆	34159.9	17863.2	16296.7	5522.4	4203.6
四　川	49985.7	27176.2	22809.5	10002.7	7784.2
贵　州	16996.0	10255.6	6740.4	2262.9	1757.7
云　南	18760.3	9763.9	8996.4	2530.9	2050.3
西　藏	844.0	487.6	356.3	217.8	184.9
陕　西	16431.2	9354.5	7076.8	5015.0	4175.3
甘　肃	12740.3	6993.1	5747.2	1477.2	1221.1
青　海	3091.4	1406.7	1684.7	367.1	379.6
宁　夏	962.0	595.8	366.2	445.6	366.6
新　疆	16424.3	8289.9	8134.3	3275.3	2727.0

7-1-3 续表 2

地 区	税金及附加(亿元)	销售费用(亿元)	管理费用(亿元)	财务费用(亿元)	利息收入(亿元)	利息支出(亿元)	投资收益(亿元)	营业利润(亿元)
全 国	**1788.7**	**17051.2**	**28560.5**	**7945.1**	**3262.5**	**10081.3**	**17026.3**	**29148.2**
北 京	320.1	4881.2	5815.5	1226.0	1044.4	2186.4	7571.3	8952.8
天 津	56.0	435.0	587.8	224.8	53.7	236.2	322.7	176.9
河 北	36.2	151.0	433.3	279.7	18.1	271.9	74.5	190.3
山 西	22.1	80.6	235.2	243.6	25.6	266.1	163.8	271.7
内蒙古	12.6	52.5	186.1	178.4	6.7	180.2	77.8	42.1
辽 宁	35.3	137.5	440.2	209.9	17.1	198.1	119.5	30.5
吉 林	8.6	66.4	155.6	55.0	8.5	60.2	27.7	6.7
黑龙江	13.7	250.1	150.1	57.0	41.5	95.3	6.6	-208.6
上 海	173.1	2892.6	4369.4	492.5	319.7	690.6	2309.0	4209.6
江 苏	143.9	887.8	1715.5	594.6	98.6	470.6	728.9	1699.6
浙 江	124.8	1552.6	3139.8	209.3	253.2	416.4	406.7	2670.5
安 徽	33.3	169.2	355.8	137.1	20.0	128.6	272.2	473.0
福 建	40.6	340.4	524.3	181.0	36.9	211.2	167.8	436.8
江 西	22.8	179.9	288.5	140.4	13.5	149.8	41.3	218.0
山 东	71.1	360.3	947.2	396.1	88.4	471.4	342.5	703.2
河 南	54.3	242.2	539.4	364.1	48.8	341.4	125.4	593.0
湖 北	43.3	297.6	530.8	214.9	57.9	270.9	159.3	574.9
湖 南	67.5	287.2	433.7	247.7	20.8	231.5	113.4	339.6
广 东	269.9	2440.0	4641.6	1026.2	730.4	1539.3	2982.9	5339.3
广 西	24.5	103.7	383.6	178.7	55.0	162.1	118.8	271.7
海 南	14.0	113.8	158.1	43.0	8.1	54.7	178.9	136.3
重 庆	40.2	194.5	615.6	135.6	33.0	144.3	86.3	469.1
四 川	69.9	412.8	777.0	316.1	143.8	447.2	236.3	877.6
贵 州	13.4	91.4	197.1	193.9	11.8	187.4	39.1	65.9
云 南	14.4	97.1	203.9	173.8	26.2	194.4	115.7	152.9
西 藏	0.9	9.7	21.2	5.0	1.6	5.6	1.9	-3.4
陕 西	29.2	155.9	354.8	141.0	36.4	158.0	129.8	263.7
甘 肃	9.3	44.5	109.1	127.5	8.5	138.4	11.7	-6.2
青 海	1.5	13.1	38.8	8.6	7.7	19.7	0.8	-46.5
宁 夏	2.9	41.4	37.3	8.9	0.8	9.9	2.0	-5.1
新 疆	19.2	69.0	173.9	134.5	25.8	143.4	91.5	252.1

7-1-3 续表 3

地 区	营业外收入（亿元）	营业外支出（亿元）	利润总额（亿元）	所得税费用（亿元）	应付职工薪酬（亿元）	应交增值税（亿元）	平均用工人数（万人）
全 国	**2484.7**	**1427.2**	**30242.2**	**4381.5**	**56208.6**	**6655.9**	**4011.1**
北 京	289.6	280.3	8970.6	860.0	10621.6	1113.3	423.5
天 津	78.9	33.9	221.8	103.1	1096.3	231.0	78.2
河 北	78.4	39.1	229.6	64.2	909.0	119.0	94.1
山 西	34.3	15.1	290.8	70.2	594.0	111.1	54.4
内蒙古	34.1	18.3	57.9	25.3	438.1	51.4	38.7
辽 宁	55.8	33.0	53.4	38.3	1152.0	100.5	99.9
吉 林	33.7	5.6	34.9	10.2	277.0	27.2	32.6
黑龙江	19.7	15.6	-204.5	16.4	576.9	44.9	45.8
上 海	324.5	110.6	4450.4	759.6	7873.6	805.1	361.8
江 苏	203.8	96.2	1807.4	250.7	3613.1	503.5	321.0
浙 江	222.9	97.0	2797.5	494.8	4452.6	533.5	321.7
安 徽	46.7	17.4	502.4	63.7	907.6	137.1	108.6
福 建	59.4	19.7	476.5	76.8	1189.9	177.1	118.6
江 西	33.9	18.2	233.6	37.2	677.9	108.0	73.5
山 东	105.5	52.9	755.8	158.7	2088.3	250.6	197.5
河 南	58.2	30.5	620.6	119.7	1364.8	152.7	154.8
湖 北	117.5	31.4	661.0	117.5	1518.6	186.4	128.4
湖 南	82.6	23.2	399.1	44.0	868.9	114.8	96.6
广 东	259.2	282.2	5316.3	632.7	8898.9	960.1	620.6
广 西	32.0	18.3	285.4	43.9	655.9	93.5	67.5
海 南	47.7	47.4	136.6	23.0	320.3	64.7	24.2
重 庆	56.4	17.9	507.6	75.3	946.3	104.3	94.6
四 川	78.4	54.4	901.6	152.0	2031.1	274.7	177.7
贵 州	19.2	9.3	75.8	24.8	393.0	54.4	41.5
云 南	21.1	13.7	160.3	30.4	546.4	68.3	52.3
西 藏	2.3	1.0	-2.1	-0.1	44.9	4.2	3.1
陕 西	36.7	18.8	281.5	38.3	1072.2	147.8	84.5
甘 肃	31.8	7.7	17.9	8.2	356.7	30.2	32.0
青 海	4.5	2.3	-44.3	0.7	119.5	8.6	10.0
宁 夏	3.0	2.4	-4.5	3.0	80.9	10.6	8.9
新 疆	13.2	14.1	251.2	39.0	522.3	67.1	44.6

7-1-4 规模以上服务业企业法人单位分行业主要指标

行　业	单位数（个）	年初存货（亿元）	流动资产合计（亿元）	应收账款（亿元）	存　货（亿元）	固定资产原价（亿元）	累计折旧（亿元）	本年折旧（亿元）
总　计	**209781**	**48035.7**	**518229.7**	**64247.6**	**49921.4**	**318583.1**	**101017.9**	**14120.7**
铁路运输业	386	290.0	9883.0	2035.0	285.2	59423.8	13466.0	1615.9
道路运输业	22648	1878.1	34542.4	3851.0	2315.8	83149.9	14432.2	2362.5
水上运输业	2547	292.9	6741.2	1098.6	164.8	10815.4	3995.7	459.4
航空运输业	431	78.3	5278.2	532.2	77.5	15518.7	5866.4	555.0
管道运输业	106	21.2	2088.2	75.2	18.7	6304.4	1866.7	229.0
装卸搬运和运输代理业	8974	50.3	7375.3	2624.1	57.8	1099.1	454.1	75.1
仓储业	4940	4493.7	9758.3	762.0	3859.7	7706.8	2535.6	334.8
邮政业	1917	68.2	3315.6	938.4	81.4	2041.5	1030.4	167.0
电信、广播电视和卫星传输服务	2988	178.4	18518.7	2059.7	187.8	44778.4	27736.5	3196.5
互联网和相关服务	4725	202.1	30658.8	4563.4	242.8	4566.7	2331.9	609.7
软件和信息技术服务业	18581	2339.8	50160.0	12464.7	2821.5	6315.4	2835.7	775.0
物业管理	11883	400.4	9933.5	1148.8	396.7	2310.8	838.2	109.8
房地产中介服务	2235	14.4	4268.5	511.3	31.9	151.2	61.6	9.4
房地产租赁经营	8439	4426.7	39415.8	1833.1	4590.6	14227.9	4234.1	516.7
其他房地产业	130	262.1	716.1	35.1	270.6	88.8	58.0	5.5
租赁业	3417	240.7	3542.6	858.7	228.5	3901.0	1478.2	404.4
商务服务业	46682	10675.0	163823.6	11017.7	11393.7	22629.2	6367.8	913.0
研究和试验发展	2587	366.6	5742.9	1166.9	438.6	1913.3	788.4	142.4
专业技术服务业	20575	1908.2	33576.8	7777.4	2015.7	6965.0	3028.1	417.8
科技推广和应用服务业	4375	463.9	6956.3	1301.8	528.6	1429.9	568.2	112.8
水利管理业	170	26.3	774.1	163.7	25.5	3202.7	635.5	76.3
生态保护和环境治理业	1279	124.8	1818.0	458.9	128.9	1062.7	328.0	68.0
公共设施管理业	4013	3264.7	13509.6	1611.7	3328.0	5113.1	1299.9	207.0
土地管理业	389	14259.4	34482.2	2599.7	14592.1	1881.3	327.5	54.0
居民服务业	3316	164.8	1244.1	125.1	203.7	452.3	184.2	27.9
机动车、电子产品和日用产品修理业	3262	61.6	686.0	133.9	68.6	158.1	71.5	13.2
其他服务业	2662	10.6	438.2	161.1	11.9	162.9	76.3	17.2
教育	5311	37.0	2552.8	248.0	28.8	2114.7	712.6	121.3
卫生	6176	167.8	3185.3	772.6	193.0	3030.4	1243.3	226.2
社会工作	839	6.1	242.2	24.7	5.2	177.5	37.9	8.9
新闻和出版业	1452	415.6	3473.9	305.4	441.8	717.7	338.9	29.1
广播、电视、电影和影视录音制作业	4322	509.0	5374.2	627.1	544.4	1166.6	622.2	67.2
文化艺术业	1876	64.1	985.5	67.9	61.0	624.3	162.4	30.1
体育	1210	90.59858	1040.213	84.33413	86.98284	745.3673	305.5654	36.32241
娱乐业	4938	182.3	2127.5	208.2	193.5	2636.2	698.2	126.2

7-1-4 续表 1

行 业	资产总计（亿元）	负债合计（亿元）	所有者权益合计（亿元）	营业收入（亿元）	营业成本（亿元）
总 计	**1298308.1**	**703610.9**	**594697.2**	**316884.9**	**243488.6**
铁路运输业	89827.9	33784.8	56043.1	12877.1	12932.7
道路运输业	169742.0	103679.4	66062.6	28259.0	25448.2
水上运输业	22647.7	10952.5	11695.1	7415.1	5477.3
航空运输业	27130.8	17917.5	9213.3	5417.7	5876.7
管道运输业	13245.0	3200.8	10044.2	1211.8	682.1
装卸搬运和运输代理业	9693.1	6356.0	3337.1	25174.7	23533.3
仓储业	18490.7	12551.3	5939.4	6599.3	5951.5
邮政业	5443.5	4002.0	1441.5	9203.1	8289.2
电信、广播电视和卫星传输服务	61366.3	25444.0	35922.3	18309.9	13012.9
互联网和相关服务	42873.4	28155.6	14717.8	27585.2	16533.8
软件和信息技术服务业	70560.4	35698.8	34861.6	45296.7	27373.2
物业管理	15882.3	10324.8	5557.5	7562.7	5708.7
房地产中介服务	6061.1	5071.0	990.1	1925.8	1414.3
房地产租赁经营	97883.8	58821.2	39062.6	4951.0	2409.8
其他房地产业	1073.6	681.4	392.2	70.0	45.5
租赁业	8450.1	5777.5	2672.6	2147.7	1708.7
商务服务业	418625.9	214695.1	203930.7	54070.0	43385.0
研究和试验发展	10850.7	4888.3	5962.4	3872.3	2648.2
专业技术服务业	54441.9	30504.9	23937.0	26832.5	20790.0
科技推广和应用服务业	12834.2	7099.6	5734.6	4199.1	3005.4
水利管理业	5021.2	1644.1	3377.1	289.2	216.3
生态保护和环境治理业	4121.2	2316.8	1804.4	1039.8	762.4
公共设施管理业	30409.1	18645.1	11764.1	3149.9	2498.8
土地管理业	60316.1	35592.2	24723.9	1867.9	1462.0
居民服务业	1987.1	1398.7	588.4	1068.8	653.0
机动车、电子产品和日用产品修理业	1221.2	757.9	463.4	912.3	693.9
其他服务业	621.9	353.5	268.4	852.9	669.0
教育	5038.1	3897.1	1141.0	3149.4	1920.8
卫生	6418.8	4626.7	1792.1	4861.1	3500.7
社会工作	530.0	379.7	150.3	139.9	100.4
新闻和出版业	5587.8	2136.1	3451.7	1684.0	1083.2
广播、电视、电影和影视录音制作业	8857.1	4195.5	4661.6	2593.7	2032.0
文化艺术业	2719.0	1538.8	1180.1	508.8	377.3
体育	2272.8	2114.5	158.3	426.4	326.0278
娱乐业	6062.4	4407.5	1655.0	1360.0	966.1

7-1-4 续表 2

行业	税金及附加(亿元)	销售费用(亿元)	管理费用(亿元)	财务费用(亿元)	利息收入(亿元)	利息支出(亿元)	投资收益(亿元)	营业利润(亿元)
总计	**1788.7**	**17051.2**	**28560.5**	**7945.1**	**3262.5**	**10081.3**	**17026.3**	**29148.2**
铁路运输业	28.0	14.3	356.7	585.6	28.9	687.2	137.8	-700.1
道路运输业	183.5	422.8	1566.8	2267.2	188.5	2267.5	629.7	765.7
水上运输业	42.3	88.6	404.2	212.7	40.1	205.8	439.4	1643.1
航空运输业	34.7	202.6	284.0	228.5	41.5	329.7	247.6	-1122.7
管道运输业	9.8	3.8	42.7	18.7	38.1	54.6	123.4	587.2
装卸搬运和运输代理业	19.5	242.3	818.1	48.3	17.4	35.6	110.6	642.3
仓储业	43.2	155.9	426.7	156.5	105.1	219.3	45.5	354.9
邮政业	19.9	298.9	554.8	25.9	7.1	16.9	23.2	77.6
电信、广播电视和卫星传输服务	58.9	1483.1	1192.6	60.5	194.7	230.6	1383.4	3725.9
互联网和相关服务	70.3	4346.0	3293.9	-138.2	234.0	154.9	281.0	1776.9
软件和信息技术服务业	174.3	3637.5	4342.7	42.8	238.4	263.8	678.1	5789.7
物业管理	72.6	226.0	1010.2	89.8	37.6	128.0	86.9	561.1
房地产中介服务	11.0	215.5	233.5	9.9	66.1	70.5	60.4	94.4
房地产租赁经营	301.6	228.5	1041.3	883.3	281.4	981.4	806.0	938.1
其他房地产业	1.4	3.0	10.6	6.9	0.6	6.9	2.7	7.1
租赁业	12.0	111.5	175.6	80.0	7.8	67.0	11.1	8.1
商务服务业	357.2	2430.9	6039.2	2515.0	1303.3	3355.3	10509.4	9882.6
研究和试验发展	18.3	170.4	426.2	11.0	25.9	29.1	160.3	322.6
专业技术服务业	122.8	567.6	2548.4	125.6	165.6	227.9	605.2	2309.2
科技推广和应用服务业	20.0	223.1	438.6	38.1	32.2	57.1	155.8	389.2
水利管理业	2.9	1.4	26.9	41.8	6.1	46.6	14.2	15.3
生态保护和环境治理业	7.0	31.3	111.3	32.1	10.5	37.1	21.3	88.4
公共设施管理业	25.9	101.5	355.6	141.3	27.5	138.8	83.6	137.9
土地管理业	57.3	9.4	104.6	227.3	48.7	215.1	96.3	284.7
居民服务业	5.3	154.4	173.2	12.0	2.4	10.0	2.9	72.6
机动车、电子产品和日用产品修理业	5.9	74.4	86.4	16.8	-0.6	18.1	20.8	50.2
其他服务业	4.5	34.7	116.3	3.4	0.6	2.0	1.3	24.9
教育	9.7	551.9	571.9	40.8	10.9	32.4	8.7	-42.5
卫生	8.0	427.9	730.8	69.5	8.5	56.5	30.7	115.5
社会工作	1.0	6.8	34.9	5.3	1.1	4.0	0.1	-6.9
新闻和出版业	12.1	151.4	304.4	-13.2	28.2	13.8	85.5	269.6
广播、电视、电影和影视录音制作业	19.3	178.4	278.8	3.7	47.6	34.5	138.3	243.2
文化艺术业	7.3	37.5	92.5	20.4	4.2	18.8	10.4	9.7
体育	7.5	63.4	108.3	21.7	2.9	18.8	4.0	-93.2
娱乐业	13.9	154.4	258.1	54.0	9.3	45.6	10.7	-74.1

7-1-4 续表 3

行　业	营业外收入(亿元)	营业外支出(亿元)	利润总额(亿元)	所得税费用(亿元)	应付职工薪酬(亿元)	应交增值税(亿元)	平均用工人数(万人)
总　计	**2484.7**	**1427.2**	**30242.2**	**4381.5**	**56208.6**	**6655.9**	**4011.1**
铁路运输业	27.4	57.6	-730.3	151.8	3550.2	352.0	178.9
道路运输业	482.4	118.5	1131.3	302.5	3907.6	781.3	369.9
水上运输业	46.2	27.1	1662.2	329.7	671.9	91.9	32.4
航空运输业	73.2	72.7	-1122.2	-90.1	1403.1	36.1	59.5
管道运输业	4.5	6.2	585.5	124.5	104.1	54.1	3.4
装卸搬运和运输代理业	40.7	14.2	668.9	132.7	871.6	96.6	55.0
仓储业	70.7	19.7	405.9	93.9	624.6	70.7	56.8
邮政业	34.5	17.1	95.1	46.4	1493.5	55.1	121.6
电信、广播电视和卫星传输服务	67.0	107.1	3685.8	446.0	2756.1	418.0	133.5
互联网和相关服务	125.7	78.0	1832.1	318.1	3496.5	470.1	103.2
软件和信息技术服务业	174.7	107.8	5856.6	665.7	9532.6	1154.6	387.7
物业管理	79.7	25.2	615.7	147.9	2593.2	263.0	384.8
房地产中介服务	11.5	5.6	100.3	25.6	589.9	69.8	33.8
房地产租赁经营	155.7	118.7	975.4	233.1	557.9	219.0	33.9
其他房地产业	0.8	0.3	7.7	1.2	12.2	2.3	0.8
租赁业	19.2	17.3	9.9	26.0	195.5	75.0	17.8
商务服务业	494.2	306.4	10096.9	726.5	10805.1	1182.6	1045.5
研究和试验发展	39.6	15.5	346.8	61.2	988.9	75.4	38.1
专业技术服务业	98.2	58.7	2348.8	321.8	5512.6	672.4	307.6
科技推广和应用服务业	26.0	15.4	399.9	57.7	745.1	98.5	35.8
水利管理业	1.4	2.2	14.5	3.3	41.4	9.3	2.1
生态保护和环境治理业	9.1	4.2	93.2	14.0	138.4	24.6	11.0
公共设施管理业	62.6	19.2	181.3	39.3	765.8	75.0	145.8
土地管理业	142.3	27.1	399.8	28.0	52.4	39.2	2.6
居民服务业	8.0	4.3	76.2	22.1	289.7	15.2	38.1
机动车、电子产品和日用	5.1	2.2	53.1	7.1	134.1	28.4	14.7
产品修理业	5.2	2.7	27.4	5.5	403.7	28.7	84.8
其他服务业							
教育	35.7	39.7	-46.5	23.3	1159.0	42.9	90.8
卫生	30.1	35.9	109.7	46.8	1392.1	13.7	121.7
社会工作	2.7	0.8	-5.0	0.6	54.4	0.9	9.1
新闻和出版业	33.1	10.8	292.1	18.1	426.5	48.0	18.3
广播、电视、电影和影视	23.7	46.9	220.0	25.0	409.7	39.0	21.2
录音制作业							
文化艺术业	14.0	13.5	10.2	8.1	103.7	11.8	10.9
体育	10.7	18.0	-100.5	3.1	158.1	10.7	11.4
娱乐业	29.5	10.9	-55.5	15.2	267.3	30.1	28.7

【主要统计指标解释】

存货 指企业在日常活动中持有以备出售的产成品或商品、处在生产过程中的在产品、在生产过程或提供劳务过程中耗用的材料或物料等，通常包括原材料、在产品、半成品、产成品、商品以及周转材料等。根据会计“资产负债表”中“存货”项目的期末余额数填报。其中：“年初存货”根据会计“资产负债表”中“存货”项目的年初余额数填报。注意：“存货”具有实物形态，不属于无形资产，由于企业持有存货的最终目的是为了出售，所以房地产开发企业（单位）购置的土地、尚未销售的商品房等均计入“存货”。

流动资产合计 资产满足以下条件之一应归为流动资产：（1）预计在一个正常营业周期中变现、出售或耗用，主要包括存货、应收账款等；（2）主要为交易目的而持有；（3）预计在资产负债表日起一年内（含一年）变现；（4）自资产负债表日起一年内，交换其他资产或清偿负债的能力不受限制的现金或现金等价物。包括货币资金、应收票据、应收账款、存货等项目。根据会计“资产负债表”中“流动资产合计”项目的期末余额数填报。

应收账款 指资产负债表日以摊余成本计量的、企业因销售商品、提供服务等经营活动应收取的款项。根据会计“资产负债表”中“应收账款”项目的期末余额数填报。

固定资产原价 指固定资产的成本，包括企业在购置、自行建造、安装、改建、扩建、技术改造某项固定资产时所发生的全部支出总额。根据会计“固定资产”科目的期末借方余额填报。

累计折旧 指企业在报告期末提取的历年固定资产折旧累计数。包括房屋、建筑物和机器设备等的折旧费。根据会计“累计折旧”科目的期末贷方余额填报。

本年折旧 指企业在报告期内提取的固定资产折旧合计数。可根据会计“累计折旧”科目的本期贷方累计发生额填报；或者，可根据会计“财务状况变动表”中“固定资产折旧”项的数值填报。若企业执行2001年《企业会计制度》，可以根据会计核算中《资产减值准备、投资及固定资产情况表》内“当年计提的固定资产折旧总额”项本年增加数填报。

资产总计 指企业过去的交易或者事项形成的、由企业拥有或者控制的、预期会给企业带来经济利益的资源。包括企业拥有的土地、办公楼、厂房、机器、运输工具、存货等实物资产和现金、存款、应收账款和预付账款等金融资产。资产一般按流动性（资产的变现或耗用时间长短）分为流动资产和非流动资产。其中流动资产可分为货币资金、交易性金融资产、应收票据、应收账款、预付款项、其他应收款、存货等；非流动资产可分为长期股权投资、固定资产、无形资产及其他非流动资产等。根据会计“资产负债表”中“资产总计”项目的期末余额数填报。

负债合计 指企业过去的交易或者事项形成的，预期会导致经济利益流出企业的现时义务。包括银行贷款、借款、应付账款、应付职工工资、应付职工福利费、应交税金等企业负有偿还责任的债务。根据会计“资产负债表”中“负债合计”项目的期末余额数填报。

负债一般按偿还期长短分为流动负债和非流动负债。根据会计资产负债表中“负债合计”项目的期末余额数填报。执行企业会计准则或《小企业会计准则》的企业：负债合计=流动负债合计+非流动负债合计；执行其他企业会计制度的企业负债包括流动负债和长期负债。

所有者权益合计 指企业资产扣除负债后由所有者享有的剩余权益。公司的所有者权益又称股东权益。包括实收资本、资本公积、盈余公积、未分配利润等。根据会计“资产负债表”中“所有者权益合计”项目的期末余额数填报。

营业收入 指企业从事销售商品、提供劳务和让渡资产使用权等生产经营活动形成的经济利益流入。营业收入包括“主营业务收入”和“其他业务收入”。根据会计“利润表”中“营业收入”项目的本年累计数填报。

营业成本 指企业从事销售商品、提供劳务和让渡资产使用权等生产经营活动发生的实际成本。“营业成本”应当与“营业收入”进行配比。包括“主营业务成本”和“其他业务成本”。根据会计“利润表”中“营业成本”项目的本年累计数填报。

税金及附加 指企业因从事生产经营活动按税法规定应缴纳的消费税、城市维护建设税、资源税、环境保护税、教育费附加及房产税、土地使用税、车船使用税、印花税等相关税费。根据会计“利润表”中“税金及附加”项目的本年累计数填报。

销售费用 指企业在销售商品和材料、提供劳务的过程中发生的各种费用，包括保险费、包装费、展览费和广告费、商品维修费、预计产品质量保证损失、运输费、装卸费等以及为销售本企业商品而专设的销售机构（含销售网点、售后服务网点等）的职工薪酬、业务费、折旧费等经营费用。建筑业企业销售费用指企业从事施工生产活动过程中发生的各项费用，包括应由企业负担的运输费、装卸费、包装费、保险费、维修费、展览费、差旅费、广告费和其他经费。房地产企业销售费用指企业在从事主要经营业务过程中所发生的各项销售费用，包括转让、销售、结算和出租开发产品等。执行企业会计准则或《小企业会计准则》的企业，根据会计“利润表”中“销售费用”项目的本年累计数填报。执行其他企业会计制度的企业，根据会计“利润表”中“营业费用（或经营费用）”项目的本年累计数填报。

管理费用 指企业为组织和管理企业生产经营所发生的费用，包括企业在筹建期间内发生的开办费、董事会和行政管理部门在企业经营管理中发生的，或者应当由企业统一负担的公司经费等。为了与财政部《关于修订印发2019年度一般企业财务报表格式的通知》（财会〔2019〕6号）保持一致，“管理费用”不包含“研发费用”。执行企业会计准则的企业，根据会计“利润表”中“管理费用”项目的本年累计数填报。执行《小企业会计准则》的企业，应将会计“利润表”中“管理费用”项目本年累计数减“研究费用”项目本年累计数后填报。执行其他企业会计制度的企业以及未执行财政部《关于修订印发2019年度一般企业财务报表格式的通知》（财会〔2019〕6号）的企业，在会计“利润表”中“管理费用”项目的本年累计数的基础上，根据会计“管理费用”科目下的“研究费用”相关明细科目，将“研发费用”剔除后填报。

财务费用 指企业为筹集生产经营所需资金等而发生的筹资费用，包括企业生产经营期间发生的利息支出（减利息收入）、汇兑损失（减汇兑收益）以及相关的手续费等。根据会计“利润表”中“财务费用”项目的本年累计数填报。

利息收入 指企业按照相关会计准则确认的应冲减财务费用的利息金额。包括非金融企业存款业务所确认的利息等。执行企业会计准则的企业，根据会计“利润表”中“利息收入”项目的本年累计数填报。执行《小企业会计准则》的企业，填0。执行其他企业会计制度的企业，根据会计“财务费用”科目下“利息收入”明细科目的本期发生额以正数填报，如果未设置该科目，填0。

利息支出 指企业短期借款利息、长期借款利息、应付票据利息、票据贴现利息、应付债券利息、长期应付引进国外设备款利息等利息支出。根据企业“财务费用明细账”中“财务费用——利息支出”科目的本期发生额填报。如果企业没有单独设立“利息收入”科目，应填报利息支出减去银行存款等的利息收入后的净额。

投资收益 指企业确认的投资收益或投资损失，反映企业以各种方式对外投资所取得的收益。根据会计“利润表”中“投资收益”项目的本年累计数填报。如为投资损失以“-”号记。

营业利润 指企业从事生产经营活动所取得的利润。执行企业会计准则或《小企业会计准则》的企业，营业利润为营业收入减去营业成本、税金及附加、销售费用、管理费用、财务费用、资产减值损失，再加上公允价值变动收益、投资收益、资产处置收益和其他收益后的金额，根据会计“利润表”中“营业利润”项目的本年累计数填报；执行其他企业会计制度的企业，营业利润为营业收入减去营业成本、税金及附加、销售费用、管理费用、财务费用，再加上投资收益后的金额，根据会计“损益表”中“营业利润”项目、“投资收益”项目的本年累计数之和填报。

营业外收入 指企业发生的除营业利润以外的收益，主要包括与企业日常活动无关的政府补助、盘盈利得、捐赠利得等。执行企业会计准则或《小企业会计准则》的企业，根据会计“利润表”中“营业外收入”项目的本年累计数填报；执行其他企业会计制度的企业，根据会计“损益表”中“营业外收入”项目、“补贴收入”项目的本年累计数之和填报。

营业外支出 指企业发生的与经营业务无直接关系的各项支出，包括非流动资产处置损失、非货币性资产交换损失、债务重组损失、公益性捐赠支出、非常损失、盘亏损失等。根据会计“利润表”中“营业外支出”项目的本年累计数填报。

利润总额 指企业在一定会计期间的经营成果，是生产经营过程中各种收入扣除各种耗费后的盈余，反映企业在报告期内实现的盈亏总额。利润总额为营业利润加上营业外收入，减去营业外支出后的金额，根据会计“利润表”中“利润总额”项目的本年累计数填报。

所得税费用 所得税费用由两部分组成：当期所得税和递延所得税。当期所得税是指企业按照税法规定计算确定的针对当期发生的交易和事项，应交纳给税务部门的所得税金额，即应交所得税。递延所得税是指按照所得税准则规定应予确认的递延所得税资产和递延所得税负债应有的金额相对于原已确认金额之间的差异。执行企业会计准则或《小企业会计准则》的企业，根据会计“利润表”中“所得税费用”项目的本年累计数填报；执行其他企业会计制度的企业，根据会计“损益表”中“所得税”项目的本年累计数填报。

应付职工薪酬（本年贷方累计发生额） 指企业为获得职工提供的服务或解除劳动关系而给予的各种形式的报酬或补偿。包括职工工资、奖金、津贴和补贴，职工福利费，医疗保险费、养老保险费、失业保险费、工伤保险费和生育保险费等社会保险费，住房公积金，工会经费和职工教育经费，带薪缺勤，利润分享计划，非货币性福利，辞退福利和其他为获得职工提供的服务而给予的报酬或补偿。如果企业财务报告附注中包含“应付职工薪酬”项目，则根据其“应付职工薪酬列示”部分的合计项的本期增加额填报。或者，执行企业会计准则或《小企业会计准则》的企业，根据会计“应付职工薪酬”科目的本年贷方累计发生额填报；执行其他企业会计制度的企业，应将本年上述职工薪酬包含的项目归并填报。

如果企业“应付职工薪酬”会计科目的核算范围不包含“劳务派遣人员薪酬”，则应加“劳务派遣人员薪酬”后填报；如果企业“应付职工薪酬”会计科目的核算范围已包含“劳务派遣人员薪酬”，但不设置明细科目单独核算，则不对“应付职工薪酬”指标作特殊处理，避免“劳务派遣人员薪酬”重复计入。

应交增值税 指按照税法规定，以销售货物、服务、无形资产、不动产或提供加工、修理修配劳务的增值额和货物进口金额为计税依据而课征的一种流转税。填报本指标时，应按权责发生制核算企业本期应负担的增值税，有两种计算方法，可选其一，一旦确定，原则上不得更改。

计算方法一：

根据本期会计科目（1）“销项税额”、“进项税额转出”、“出口退税”年初至期末贷方累计发生额（一般与期末贷方余额相等，因为年初贷方余额为零），（2）“进项税额”年初至期末借方累计发生额，即期末借方余额 - 年初借方余额，（3）“出口抵减内销产品应纳税额”、“减免税款”年初至期末借方累计发生额（一般与期末借方余额相等，因为年初借方余额为零），取值后按照下述公式计算填报：

应交增值税 = 销项税额 － （进项税额 － 进项税额转出） － 出口抵减内销产品应纳税额 － 减免税款 + 出口退税

计算方法二：

根据本期《增值税纳税申报表（一般纳税人适用）》（以“国家税务总局公告2013年32号”版式为例）“销项税额”（第11栏）、“进项税额”（第12栏）、“进项税额转出”（第14栏）、“免、抵、退应退税额”（第15栏）、“简易计税办法计算的应纳税额”（第21栏）、“按简易计税办法计算的纳税检查应补缴税额”（第22栏）、“应纳税额减征额”（第23栏）栏目“一般货物、劳务和应税服务”列中“本年累计”列，按照下述公式计算填报：

应交增值税=销项税额－（进项税额－进项税额转出－免、抵、退应退税额）+简易计税办法计算的应纳税额+按简易计税办法计算的纳税检查应补缴税额－应纳税额减征额

计算方法说明及填报要求：

（1）计算公式均体现权责发生制，本期发生的进项税额全部参与计算，相当于不设置留抵，同时也不抵扣会计账簿或增值税纳税申报表中上年年末留抵的进项税额，公式计算结果可以为负数。

（2）按照公式计算本指标后，不应再计算往年增值税减免及退税返还税额，因为这部分价值不再形成企业缴纳义务。

（3）应交增值税中应包含本单位及下属分公司按简易计税办法计算的应纳税额，按照公式计算时可被进项税额抵减。

（4）符合财政部《关于深化增值税改革有关政策的公告》（财政部 税务总局 海关总署公告2019年第39号）规定，存在进项税额加计抵减的企业，应填报扣除应抵减数额后的应交增值税。

平均用工人数 指报告期内（年度、月度）企业平均拥有的从事服务业活动的人员数。按“谁用工，谁统计”的原则实施统计，包括参加企业服务业活动的正式人员，劳务派遣人员和临时聘用人员。不包括在本企业领取工资、股息、红利、未参加服务业活动的人员。

7 第三产业分行业主要指标

7-2　农林牧渔专业及辅助性活动

简要说明

一、主要内容

2011年以来各地区农林牧渔服务业产值，按照新国民经济行业分类标准，2018年农林牧渔服务业产值改为农林牧渔专业及辅助性活动产值。

二、资料来源

资料来源于《中国农村统计年鉴2022》。

7-2-1 各地区农林牧渔专业及辅助性活动产值

（按当年价格计算） 单位：亿元

地 区	2011年	2012年	2013年	2014年	2015年	2016年	2017年	2018年	2019年	2020年	2021年
全 国	**2873.4**	**3194.3**	**3555.5**	**3940.5**	**4341.3**	**4828.9**	**5353.1**	**5865.4**	**6489.0**	**7029.8**	**7748.1**
北 京	6.6	7.5	8.0	8.4	8.7	8.7	8.7	8.8	9.1	8.8	7.1
天 津	10.0	10.2	10.3	10.7	11.1	12.0	12.1	13.7	14.7	18.4	18.0
河 北	224.2	241.5	266.5	290.2	313.2	342.0	375.5	413.2	467.3	520.9	572.5
山 西	63.8	70.5	76.5	83.6	86.7	89.5	92.6	97.4	103.0	109.9	117.6
内蒙古	31.7	34.7	37.8	40.2	42.2	44.6	47.0	49.0	50.8	52.4	56.4
辽 宁	138.0	154.1	174.7	194.5	200.8	203.1	209.4	188.4	189.7	182.5	180.4
吉 林	60.0	63.5	64.4	67.4	68.2	72.6	75.0	77.4	80.8	83.4	88.2
黑龙江	65.2	77.3	88.6	101.0	114.7	130.4	140.4	154.9	166.6	173.1	183.4
上 海	9.7	10.7	11.7	11.5	11.0	10.6	11.3	19.2	17.6	20.6	22.2
江 苏	252.7	280.8	309.6	352.9	400.0	437.7	478.3	511.0	558.5	587.8	626.1
浙 江	46.7	51.1	54.9	60.0	65.1	70.4	78.1	87.2	98.7	110.2	122.0
安 徽	120.3	132.9	146.9	162.5	173.6	218.4	239.5	264.6	295.2	325.3	356.0
福 建	89.6	95.9	103.9	112.5	122.2	132.1	139.9	150.4	168.4	178.1	188.6
江 西	79.9	85.4	91.2	98.8	106.0	111.3	120.5	133.7	148.8	164.1	203.2
山 东	295.1	325.1	363.4	400.9	432.0	510.7	594.7	678.9	750.1	804.1	876.7
河 南	220.5	237.2	263.6	294.5	327.4	361.6	404.3	464.8	557.8	611.4	716.8
湖 北	132.9	155.2	178.0	209.5	255.4	308.5	386.8	446.4	491.4	544.2	632.2
湖 南	204.1	235.2	259.9	281.5	302.5	345.9	392.0	428.4	477.4	520.0	560.3
广 东	148.8	162.7	178.2	193.0	206.6	225.7	245.3	269.4	308.3	358.6	404.1
广 西	103.8	117.0	131.4	150.2	166.7	189.3	213.9	235.3	257.4	275.1	302.9
海 南	27.0	31.5	35.2	39.7	44.0	49.5	55.9	63.0	71.7	77.2	84.2
重 庆	15.7	17.9	19.9	22.2	26.2	30.3	34.3	38.1	42.4	47.7	65.3
四 川	82.0	93.1	109.3	122.3	140.4	160.4	169.9	189.2	210.7	233.4	252.3
贵 州	61.7	67.8	75.0	80.7	107.3	147.6	162.2	176.5	190.6	203.1	219.6
云 南	72.0	80.1	90.4	100.0	111.8	123.0	131.7	141.9	153.9	169.4	187.3
西 藏	3.0	3.1	3.1	3.3	3.8	4.3	4.3	5.5	5.6	6.0	6.5
陕 西	91.6	105.2	118.7	129.3	137.9	150.5	162.8	177.8	196.3	209.3	225.1
甘 肃	125.6	137.6	154.8	168.9	182.2	138.4	148.4	139.3	145.5	150.8	161.7
青 海	4.2	4.6	4.9	5.3	5.7	6.0	6.3	6.7	7.1	7.6	7.9
宁 夏	13.9	15.8	17.9	19.8	21.7	22.9	24.5	26.1	27.7	28.7	30.1
新 疆	73.0	89.3	106.8	124.9	146.2	171.0	187.3	209.4	226.0	248.0	273.4

注：2011-2017年数据根据第三次全国农业普查结果进行了修订(下同)。

【主要统计指标解释】

农林牧渔专业及辅助性活动（2018年以前为农林牧渔服务业） 指对农、林、牧、渔业生产活动进行的各种支持性服务活动，不包括各种科学技术和专业技术服务活动。具体包括灌溉服务、农产品初级加工服务、其他农业服务、林业服务、兽医服务、其他畜牧服务、渔业服务等。

农林牧渔专业及辅助性活动产值（2018年以前为农林牧渔服务业产值） 指对农林牧渔业生产活动进行的各种支持性服务活动的价值，等于农林牧渔专业及辅助性活动营业收入。

7 第三产业分行业主要指标

7-3 开采专业及辅助性活动和金属制品、机械和设备修理业

简要说明

一、主要内容

本篇资料是反映开采专业及辅助性活动和金属制品、机械和设备修理两个行业的主要经济指标。

二、统计范围与统计口径

本篇所涉及的全国统计数据，均未包括香港特别行政区、澳门特别行政区和台湾省的数据，数据统计口径为年主营业务收入在2000万元及以上的开采专业及辅助性活动业和金属制品、机械和设备修理业法人单位。

三、资料来源

本篇工业统计数据主要根据工业统计年度报表有关资料整理汇总。

7-3-1 开采专业及辅助性活动主要经济指标

年 份	资产总计（亿元）	营业收入（亿元）	平均用工人数（万人）
2012	2543.02	1893.67	
2013	2821.94	2215.33	32.35
2014	2662.36	2118.74	30.97
2015	2760.84	1755.93	29.18
2016	2825.78	1574.66	29.27
2017	2553.60	1600.73	26.80
2018	2847.56	2215.43	30.89
2019	3003.55	2434.63	31.09
2020	3081.12	2106.54	28.99
2021	3123.50	2196.93	27.53

7-3-2 金属制品、机械和设备修理业主要经济指标

年 份	资产总计（亿元）	营业收入（亿元）	平均用工人数（万人）
2012	1170.75	896.44	
2013	1184.10	929.91	16.90
2014	1096.17	853.60	15.35
2015	1303.91	977.77	16.69
2016	2198.00	1194.85	17.04
2017	1734.00	1093.53	15.16
2018	1957.65	1205.97	15.02
2019	2182.27	1452.91	17.62
2020	2389.82	1456.55	20.30
2021	2603.99	1607.84	21.92

7-3-3 按地区分组开采专业及辅助性活动主要经济指标

地　区	资产总计（亿元）	营业收入（亿元）	平均用工人数（万人）
全　国	**3123.50**	**2196.93**	**27.53**
北　京	405.81	161.21	1.53
天　津	415.97	286.67	3.13
河　北			
山　西	10.27	9.19	0.04
内蒙古			
辽　宁	243.07	161.76	4.42
吉　林	92.90	66.47	1.40
黑龙江	425.33	259.90	4.43
上　海			
江　苏			
浙　江			
安　徽	5.30	4.79	0.04
福　建			
江　西			
山　东	119.38	146.39	1.76
河　南	123.84	114.40	0.95
湖　北	39.82	58.58	0.35
湖　南			
广　东	74.47	33.99	0.13
广　西			
海　南			
重　庆			
四　川	379.75	325.49	2.54
贵　州	2.23	0.25	0.02
云　南	0.06	0.22	0.02
西　藏			
陕　西	291.58	219.57	3.17
甘　肃	24.08	19.50	0.25
青　海			
宁　夏			
新　疆	469.63	328.54	3.33

7-3-4 按地区分组金属制品、机械和设备修理业主要经济指标

地 区	资产总计（亿元）	营业收入（亿元）	平均用工人数（万人）
全 国	**2603.99**	**1607.84**	**21.92**
北 京	468.39	108.39	1.47
天 津	43.02	34.73	1.03
河 北	127.32	72.15	1.35
山 西	65.74	42.78	0.90
内蒙古	9.02	5.78	0.14
辽 宁	92.33	65.85	1.05
吉 林	43.95	20.09	0.27
黑龙江	37.76	13.69	0.25
上 海	345.91	281.91	2.86
江 苏	19.38	22.29	0.32
浙 江	219.92	130.76	1.68
安 徽	162.69	59.90	0.65
福 建	140.23	125.97	1.20
江 西	6.99	13.56	0.30
山 东	69.60	44.72	0.85
河 南	59.64	48.31	0.63
湖 北	86.51	119.78	1.99
湖 南	8.59	9.94	0.25
广 东	262.90	203.68	2.31
广 西	49.86	26.50	0.47
海 南	6.33	6.11	0.26
重 庆	9.93	9.86	0.29
四 川	108.05	65.70	0.23
贵 州	10.43	6.94	0.11
云 南	13.32	0.62	0.02
西 藏			
陕 西	87.07	39.43	0.40
甘 肃	37.24	12.99	0.19
青 海	1.92	5.23	0.21
宁 夏	2.59	2.94	0.06
新 疆	7.38	7.24	0.18

【主要统计指标解释】

资产总计 指企业过去的交易或者事项形成的、由企业拥有或者控制的、预期会给企业带来经济利益的资源。资产一般按流动性（资产的变现或耗用时间长短）分为流动资产和非流动资产。其中流动资产可分为货币资金、交易性金融资产、应收票据、应收账款、预付款项、其他应收款、存货等；非流动资产可分为长期股权投资、固定资产、无形资产及其他非流动资产等。根据会计“资产负债表”中“资产总计”项目的期末余额数填报。包括企业拥有的土地、办公楼、厂房、机器、运输工具、存货等实物资产和现金、存款、应收账款和预付账款等金融资产。

营业收入 指企业从事销售商品、提供劳务和让渡资产使用权等生产经营活动形成的经济利益流入。营业收入包括“主营业务收入”和“其他业务收入”。根据会计“利润表”中“营业收入”项目的本年累计数填报。

平均用工人数 指报告期企业平均实际拥有的、参与本企业生产经营活动的人员数。

7 第三产业分行业主要指标

7-4 批发和零售业

简要说明

一、主要内容

批发和零售业法人单位财务状况和经营情况。

二、统计范围

限额以上批发和零售业法人单位。

三、统计调查方法

对限额以上批发和零售业法人单位采用全面调查的方法。

四、限额标准

批发业法人单位，年主营业务收入2000万元及以上。

零售业法人单位，年主营业务收入500万元及以上。

五、资料来源

本部分统计资料由国家统计局贸易外经统计司根据《批发和零售业统计报表制度》搜集的资料加工整理而得。

7-4-1 限额以上批发和零售业企业年末资产负债

单位：亿元

项目	资产总计	#流动资产合计	#固定资产净额	负债合计	所有者权益合计
总计	**471238.5**	**360635.5**	**15938.7**	**340361.3**	**130190.9**
一、批发业	**398640.0**	**311279.7**	**9541.2**	**288157.7**	**109975.3**
#国有控股	146359.1	103417.9	4118.8	97220.1	49017.5
(一)按登记注册类型分					
内资企业	**335983.4**	**261264.9**	**8269.3**	**245722.2**	**89769.0**
国有企业	16104.7	13249.0	810.2	7772.9	8365.4
集体企业	381.6	235.4	26.0	306.2	75.2
股份合作企业	187.8	158.5	8.9	133.0	54.9
联营企业	253.6	167.3	4.9	162.0	91.5
国有联营企业	218.2	136.2	3.8	142.1	76.2
集体联营企业	2.0	1.7		1.2	0.8
国有与集体联营企业	30.9	27.1	1.1	17.9	13.1
其他联营企业	2.3	2.3		0.8	1.5
有限责任公司	152599.6	114802.6	3412.4	111360.3	41077.9
国有独资公司	30943.9	18541.5	834.2	20338.5	10557.5
其他有限责任公司	121655.7	96261.1	2578.3	91021.8	30520.4
股份有限公司	32529.0	19317.5	874.9	20074.8	12367.3
私营企业	133774.9	113209.3	3120.1	105815.2	27683.2
私营独资企业	876.8	812.0	23.2	719.6	156.6
私营合伙企业	118.2	112.0	2.9	98.4	19.8
私营有限责任公司	127392.7	108864.7	2941.3	102079.5	25064.6
私营股份有限公司	5387.3	3420.5	152.6	2917.7	2442.2
其他企业	152.1	125.3	12.0	97.7	53.6
港、澳、台商投资企业	**24863.7**	**19493.6**	**511.4**	**16860.9**	**7992.6**
合资经营企业	3974.0	3064.1	106.1	2609.5	1364.5
合作经营企业	222.5	176.0	0.7	171.0	51.5
独资经营企业	18740.9	14922.7	380.6	13125.8	5604.9
投资股份有限公司	1706.7	1119.6	22.4	825.3	881.4
其他港澳台商投资企业	219.5	211.1	1.6	129.3	90.2
外商投资企业	**37792.9**	**30521.2**	**760.5**	**25574.5**	**12213.6**
中外合资经营企业	6560.9	5479.6	125.6	5366.4	1193.3
中外合作经营企业	69.5	63.7	2.2	61.1	8.4
外资企业	27724.0	22897.8	556.5	18513.6	9204.3
外商投资股份有限公司	3130.3	1788.8	74.0	1402.5	1730.4
其他外商投资企业	308.2	291.4	2.1	230.9	77.3
(二)按国民经济行业分					
农、林、牧、渔产品批发	15876.6	11970.7	692.7	11868.7	4003.8
食品、饮料及烟草制品批发	36897.6	30349.8	1565.5	22328.3	14563.9
#米、面制品及食用油批发	7011.3	5790.9	344.7	5685.9	1323.1
肉、禽、蛋、奶及水产品批发	4028.5	3309.1	187.0	3185.0	843.6
酒、饮料及茶叶批发	9317.0	7907.1	183.3	5935.5	3380.2
烟草制品批发	7957.7	6682.8	503.8	1261.9	6695.7
纺织、服装及家庭用品批发	34916.9	27885.8	826.6	26177.5	8730.7
#服装批发	6159.1	4825.0	226.7	4126.5	2031.8

注：限额以上批发和零售业、住宿和餐饮业企业中，由于包含了部分视同法人单位，因此财务指标数据资产总计≠负债合计+所有者权益合计(下表同)。

7-4-1 续表 1

单位：亿元

项　　目	资产总计	#流动资产合计	#固定资产净额	负债合计	所有者权益合计
鞋帽批发	1512.9	1291.2	50.2	1019.2	493.6
日用家电批发	10621.9	8977.0	115.3	9269.1	1352.8
文化、体育用品及器材批发	9576.4	7684.1	230.5	6416.3	3155.0
#文具用品批发	2529.1	2109.8	52.7	1944.1	582.9
体育用品及器材批发	973.6	867.6	18.4	593.4	378.9
图书批发	1809.1	1229.2	85.3	1036.8	772.3
医药及医疗器材批发	29390.2	24646.1	735.3	21173.3	8190.3
#西药批发	17501.5	14549.3	357.5	12786.9	4691.7
中药批发	3832.6	3295.0	119.5	3000.5	831.7
矿产品、建材及化工产品批发	196639.1	146858.7	4210.8	145063.2	51187.3
#煤炭及制品批发	33516.5	21443.7	596.6	22531.9	10923.4
石油及制品批发	27288.1	19115.0	1775.8	19756.8	7415.1
金属及金属矿批发	76635.8	60850.3	832.1	59053.5	17449.8
建材批发	22260.9	18373.6	432.6	17078.3	5183.0
化肥批发	3905.0	2877.3	78.6	2932.1	971.9
农药批发	852.4	615.1	17.2	587.0	265.3
机械设备、五金产品及电子产品批发	62967.8	51887.1	1039.5	45959.1	16949.7
#汽车及零配件批发	20575.2	16775.6	296.3	15659.1	4908.9
计算机、软件及辅助设备批发	5153.5	4669.2	56.0	3950.2	1203.3
通讯设备批发	5358.7	4583.4	36.2	4134.6	1211.7
贸易经纪与代理	4931.7	4256.8	57.5	3913.5	1016.4
其他批发业	7443.8	5740.8	182.8	5257.7	2178.2
二、零售业	**72598.5**	**49355.8**	**6397.5**	**52203.6**	**20215.6**
#国有控股	14988.9	7938.3	1778.8	8486.2	6533.1
(一)按登记注册类型分					
内资企业	**57665.9**	**39602.3**	**5115.8**	**41125.5**	**16226.1**
国有企业	1153.9	720.8	127.0	595.7	546.4
集体企业	132.7	95.6	14.8	69.1	61.4
股份合作企业	50.0	32.8	6.8	27.0	22.9
联营企业	22.5	11.7	1.6	11.2	11.3
国有联营企业	15.0	5.8	0.8	8.9	6.2
集体联营企业	1.0	0.8	0.1	0.4	0.5
国有与集体联营企业	3.1	2.5	0.5	1.0	2.2
其他联营企业	3.3	2.6	0.3	1.0	2.4
有限责任公司	21028.4	14223.9	1837.2	15539.1	5475.4
国有独资公司	1476.5	895.7	152.1	778.9	691.5
其他有限责任公司	19551.9	13328.2	1685.2	14760.2	4783.9
股份有限公司	7516.1	3741.4	851.2	3966.6	3478.3
私营企业	27716.1	20753.5	2269.3	20894.3	6607.6
私营独资企业	566.7	362.0	78.9	318.5	242.7
私营合伙企业	120.3	44.2	9.2	36.2	82.4
私营有限责任公司	25578.4	19538.9	2071.0	19733.0	5640.7
私营股份有限公司	1450.6	808.4	110.1	806.7	641.8
其他企业	46.3	22.6	7.7	22.6	22.7
港、澳、台商投资企业	**6013.2**	**4048.3**	**489.6**	**4375.1**	**1627.0**
合资经营企业	1347.3	818.5	99.3	898.4	448.9

7-4-1 续表 2

单位：亿元

项目	资产总计	#流动资产合计	#固定资产净额	负债合计	所有者权益合计
合作经营企业	52.3	33.9	4.8	26.4	25.9
独资经营企业	4140.1	2841.2	373.9	3166.0	963.0
投资股份有限公司	396.5	300.2	9.7	231.8	164.7
其他港澳台商投资企业	77.0	54.4	1.8	52.5	24.5
外商投资企业	**8919.4**	**5705.3**	**792.2**	**6703.0**	**2362.5**
中外合资经营企业	2063.6	926.9	251.4	1325.4	745.4
中外合作经营企业	47.0	25.3	4.5	26.2	20.8
外资企业	6158.8	4531.3	393.8	4905.1	1287.0
外商投资股份有限公司	574.5	173.8	135.8	411.3	269.0
其他外商投资企业	75.4	48.0	6.6	34.9	40.4
(二)按国民经济行业分					
综合零售	18425.1	10157.4	2121.5	13771.8	4617.8
#百货零售	11635.7	6238.8	1446.9	7874.9	3730.7
超级市场零售	6125.8	3494.3	620.7	5262.7	850.9
食品、饮料及烟草制品专门零售	3426.3	2416.2	268.2	2098.3	1296.2
#粮油零售	298.3	202.7	31.2	193.0	101.8
肉、禽、蛋、奶及水产品零售	502.6	296.9	43.7	275.4	220.4
酒、饮料及茶叶零售	1041.8	784.0	74.4	638.1	393.9
烟草制品零售	183.4	144.0	7.1	61.7	121.4
纺织、服装及日用品专门零售	4626.3	3378.7	264.0	3395.9	1222.8
#服装零售	2905.3	2052.0	190.9	2165.0	736.5
文化、体育用品及器材专门零售	3812.6	2793.1	293.0	2287.1	1512.7
#体育用品及器材零售	126.3	77.7	15.8	94.7	31.6
图书、报刊零售	1979.8	1400.0	215.3	1102.2	870.9
医药及医疗器材专门零售	3138.7	2309.3	143.6	2308.5	802.4
#西药零售	2783.9	2027.1	128.9	2063.4	694.0
汽车、摩托车、零配件和燃料及其他动力销售	25302.6	16681.8	2684.3	17108.1	8215.0
#汽车新车零售	16296.1	12639.6	1355.7	12471.8	3761.1
机动车燃油零售	8100.7	3421.8	1215.9	4054.8	4136.2
家用电器及电子产品专门零售	5163.1	4469.5	130.6	4120.7	1026.1
#日用家电零售	3230.6	2849.1	68.5	2666.9	556.7
计算机、软件及辅助设备零售	627.9	518.3	15.1	372.4	253.7
通信设备零售	558.3	488.2	8.9	455.7	98.2
五金、家具及室内装饰材料专门零售	1312.0	830.6	171.8	912.3	365.3
货摊、无店铺及其他零售业	7391.8	6319.2	320.6	6201.0	1157.4
#互联网零售	6557.3	5843.9	147.1	5729.2	826.0
(三)按零售业态分					
有店铺零售	64550.1	42325.0	6146.1	45361.0	19030.2
#超市	2289.8	1486.2	216.6	1730.2	545.4
大型超市	6127.0	3375.0	662.7	5223.8	906.2
百货店	9947.0	5572.8	1033.5	6616.1	3304.3
专业店	23509.5	15618.2	2216.4	15591.7	7883.2
专卖店	20255.7	15013.9	1588.7	14261.6	5932.4
无店铺零售	13331.7	10512.3	597.9	10547.3	2767.1

7-4-2 各地区限额以上批发和零售业企业年末资产负债

单位：亿元

地 区	资产总计	#流动资产合计	#固定资产净额	负债合计	所有者权益合 计
全 国	**471238.5**	**360635.5**	**15938.7**	**340361.3**	**130190.9**
北 京	59527.2	40900.9	1101.4	40463.0	19087.3
天 津	14453.9	12371.6	315.7	11822.2	2621.0
河 北	7829.1	6048.5	439.6	5766.0	2023.3
山 西	10781.2	8077.7	386.4	8203.9	2541.1
内蒙古	4538.0	2884.0	266.2	3218.5	1309.4
辽 宁	9540.6	7901.4	425.0	7990.3	1515.4
吉 林	3349.6	2413.5	325.0	2364.2	956.3
黑龙江	4558.5	3566.0	264.4	3539.8	989.0
上 海	56582.9	45397.1	1171.3	39595.8	16942.1
江 苏	42647.5	33922.5	1603.4	31990.0	10624.4
浙 江	41545.7	32343.6	1215.3	30569.6	10834.6
安 徽	8538.9	6746.5	388.5	6085.4	2442.0
福 建	22888.2	16501.1	584.0	15737.9	7083.0
江 西	5528.6	4158.9	302.8	3840.0	1670.2
山 东	28801.1	23262.3	1180.1	23308.1	5520.3
河 南	8997.3	7193.8	433.7	6435.8	2608.8
湖 北	8820.5	6488.2	530.0	6258.2	2546.2
湖 南	6008.7	4007.5	454.6	3771.8	2251.9
广 东	62330.7	48830.7	1528.2	45750.5	16571.7
广 西	6801.3	5245.8	289.3	4938.7	1781.8
海 南	3607.5	2992.4	118.3	2533.4	1067.8
重 庆	7248.4	5710.6	347.3	4857.1	2351.0
四 川	11703.1	8805.8	579.8	8143.4	3544.4
贵 州	5743.4	4526.2	228.2	3640.3	2130.2
云 南	6929.2	4711.1	285.7	4110.1	2812.4
西 藏	427.2	347.1	28.3	259.1	178.2
陕 西	7829.8	6187.6	342.3	5674.1	2073.8
甘 肃	2782.3	1673.2	217.5	1769.6	996.3
青 海	1813.2	836.9	66.6	990.6	820.8
宁 夏	808.3	522.3	73.1	533.2	277.2
新 疆	8276.6	6060.8	446.7	6200.9	2018.9

7-4-3 各地区限额以上批发业企业年末资产负债

单位：亿元

地 区	资产总计	#流动资产合计	#固定资产净额	负债合计	所有者权益合计
全 国	**398640.0**	**311279.7**	**9541.2**	**288157.7**	**109975.3**
北 京	53294.1	35862.9	873.5	35473.9	17835.1
天 津	13362.8	11676.8	208.8	10881.7	2469.2
河 北	5776.9	4707.9	168.4	4188.3	1580.1
山 西	9622.7	7312.0	252.8	7188.8	2399.5
内蒙古	3921.1	2513.9	151.0	2707.4	1207.8
辽 宁	7497.6	6539.9	204.6	6413.6	1059.0
吉 林	2274.5	1752.0	171.1	1608.5	655.8
黑龙江	3664.4	2978.2	140.2	2825.9	813.5
上 海	50522.5	40993.8	818.2	35091.5	15390.6
江 苏	35842.4	29350.1	953.6	27220.6	8599.7
浙 江	36927.3	29283.6	782.8	27211.4	9593.3
安 徽	6373.3	5285.3	180.4	4631.2	1741.3
福 建	20170.4	14773.5	355.1	13897.6	6249.2
江 西	3887.0	3106.2	171.6	2759.7	1130.0
山 东	24512.2	20182.2	773.0	19776.8	4693.0
河 南	6449.3	5425.1	197.2	4605.1	1834.5
湖 北	6088.6	4827.3	238.9	4320.0	1767.5
湖 南	3458.7	2707.7	151.5	2291.6	1224.4
广 东	54270.9	42943.2	1090.3	40374.5	13891.2
广 西	5744.1	4473.3	185.8	4192.0	1476.9
海 南	2917.4	2475.1	67.4	2089.7	827.6
重 庆	5432.8	4561.8	174.1	3792.1	1645.6
四 川	8673.9	6896.9	273.4	6060.2	2605.1
贵 州	4378.3	3659.1	91.1	2672.7	1700.5
云 南	5617.9	3944.4	159.6	3272.9	2344.1
西 藏	306.8	270.8	10.3	158.7	142.0
陕 西	5879.4	4860.2	147.2	4316.1	1512.6
甘 肃	2173.4	1299.4	138.9	1344.2	828.4
青 海	1658.4	732.9	43.4	867.5	790.8
宁 夏	558.5	387.6	43.1	364.4	199.0
新 疆	7382.5	5496.3	323.8	5559.1	1768.2

7-4-4 各地区限额以上零售业企业年末资产负债

单位：亿元

地 区	资产总计	#流动资产合计	#固定资产净额	负债合计	所有者权益合 计
全 国	**72598.5**	**49355.8**	**6397.5**	**52203.6**	**20215.6**
北 京	6233.1	5038.0	227.9	4989.2	1252.3
天 津	1091.1	694.8	106.8	940.5	151.8
河 北	2052.2	1340.5	271.2	1577.7	443.1
山 西	1158.5	765.6	133.5	1015.1	141.6
内蒙古	616.9	370.1	115.2	511.1	101.7
辽 宁	2043.0	1361.5	220.4	1576.7	456.4
吉 林	1075.1	661.5	154.0	755.7	300.5
黑龙江	894.1	587.8	124.2	713.9	175.5
上 海	6060.4	4403.2	353.1	4504.3	1551.6
江 苏	6805.0	4572.4	649.8	4769.4	2024.7
浙 江	4618.4	3059.9	432.5	3358.2	1241.3
安 徽	2165.6	1461.2	208.1	1454.2	700.8
福 建	2717.9	1727.6	228.9	1840.3	833.9
江 西	1641.6	1052.7	131.2	1080.3	540.2
山 东	4288.9	3080.1	407.1	3531.3	827.3
河 南	2548.0	1768.7	236.5	1830.6	774.3
湖 北	2731.9	1660.9	291.2	1938.2	778.7
湖 南	2550.0	1299.8	303.0	1480.2	1027.5
广 东	8059.8	5887.5	437.9	5376.1	2680.6
广 西	1057.2	772.5	103.5	746.7	304.9
海 南	690.1	517.3	50.9	443.7	240.2
重 庆	1815.6	1148.7	173.1	1065.0	705.4
四 川	3029.1	1909.0	306.4	2083.2	939.2
贵 州	1365.1	867.1	137.1	967.6	429.7
云 南	1311.3	766.7	126.1	837.2	468.4
西 藏	120.4	76.3	18.0	100.4	36.2
陕 西	1950.4	1327.4	195.1	1358.0	561.1
甘 肃	608.9	373.8	78.5	425.4	167.9
青 海	154.8	104.0	23.2	123.1	29.9
宁 夏	249.8	134.7	30.0	168.8	78.2
新 疆	894.1	564.5	122.9	641.7	250.6

7-4-5 限额以上批发和零售业企业损益及分配

单位：亿元

项目	营业收入	营业成本	销售费用	管理费用	财务费用	利润总额
总计	**990855.5**	**927336.2**	**29245.3**	**13896.3**	**3040.9**	**19321.9**
一、批发业	**857485.9**	**812029.4**	**18488.5**	**9877.4**	**2372.7**	**16841.5**
#国有控股	292725.8	279375.3	3348.2	2122.5	878.2	6968.7
(一)按登记注册类型分						
内资企业	**739303.5**	**706534.2**	**12396.3**	**7058.5**	**2301.7**	**12206.1**
国有企业	37820.2	32851.6	581.0	767.8	-74.4	1985.6
集体企业	596.6	565.2	14.5	9.2	5.0	4.0
股份合作企业	512.5	493.3	8.5	5.4	1.6	1.0
联营企业	497.2	491.6	1.8	2.3	2.9	5.7
国有联营企业	436.9	433.3	1.2	1.4	2.7	5.0
集体联营企业	14.5	14.1	0.2	0.1		0.2
国有与集体联营企业	17.4	16.0	0.5	0.7	0.1	0.5
其他联营企业	28.5	28.3		0.1		
有限责任公司	305628.2	294472.4	4186.4	1991.0	1128.8	5180.5
国有独资公司	46122.2	44879.9	399.2	316.8	269.2	858.9
其他有限责任公司	259506.1	249592.5	3787.2	1674.3	859.6	4321.6
股份有限公司	46945.6	45319.4	815.1	360.6	224.4	862.2
私营企业	346841.4	331918.5	6778.4	3915.8	1012.6	4150.7
私营独资企业	2765.2	2611.0	55.9	33.5	5.0	51.0
私营合伙企业	349.2	320.0	5.7	6.2	0.6	14.6
私营有限责任公司	338484.6	324223.6	6535.2	3767.6	970.7	3821.3
私营股份有限公司	5242.4	4763.8	181.5	108.6	36.3	263.8
其他企业	461.7	422.2	10.6	6.5	0.7	16.3
港、澳、台商投资企业	**40535.0**	**35988.2**	**2188.3**	**1352.4**	**14.9**	**1480.9**
合资经营企业	5061.9	4791.3	113.5	92.4	8.6	134.2
合作经营企业	313.5	295.8	8.6	3.2	0.9	5.0
独资经营企业	32980.1	29005.6	1921.3	1212.5	0.1	1151.0
投资股份有限公司	1812.6	1565.4	121.8	38.2	4.2	190.7
其他港澳台商投资企业	366.9	330.0	23.1	6.1	1.1	-0.1
外商投资企业	**77647.3**	**69506.9**	**3904.0**	**1466.5**	**56.1**	**3154.4**
中外合资经营企业	19267.5	18204.1	584.5	113.4	13.2	341.0
中外合作经营企业	25.1	19.6	3.4	1.3	0.1	0.4
外资企业	56246.6	49465.0	3118.7	1298.7	31.1	2610.9
外商投资股份有限公司	1442.6	1210.7	158.9	46.7	11.2	186.6
其他外商投资企业	665.6	607.6	38.4	6.4	0.4	15.6
(二)按国民经济行业分						
农、林、牧、渔产品批发	22952.6	22190.4	262.4	228.4	168.6	276.5
食品、饮料及烟草制品批发	65651.1	54846.0	3057.6	1720.4	-10.2	4217.5
#米、面制品及食用油批发	11269.1	10599.4	351.0	138.1	41.0	120.3
肉、禽、蛋、奶及水产品批发	8518.4	7924.5	351.7	164.3	30.6	40.5
酒、饮料及茶叶批发	12018.0	9030.8	1137.9	290.0	-0.7	1695.5
烟草制品批发	18261.7	13203.7	428.5	755.5	-156.2	2027.3
纺织、服装及家庭用品批发	62078.8	55503.9	3741.3	1806.0	126.0	1183.6
#服装批发	10057.7	8546.6	795.2	404.9	25.9	308.4
鞋帽批发	2817.0	2311.4	170.8	209.0	7.5	133.0
日用家电批发	15208.6	14193.7	650.3	526.9	-2.0	-96.7

7-4-5 续表 1

单位：亿元

项目	营业收入	营业成本	销售费用	管理费用	财务费用	利润总额
文化、体育用品及器材批发	15664.6	14308.9	562.0	324.7	34.0	529.0
#文具用品批发	4938.1	4672.2	100.5	65.8	13.5	90.0
体育用品及器材批发	1852.9	1642.6	85.3	56.8	1.1	117.8
图书批发	1104.5	890.4	73.3	67.2	-6.1	97.2
医药及医疗器材批发	38879.0	33601.6	2816.0	1125.6	198.1	1301.0
#西药批发	22863.2	20416.4	1303.2	480.5	136.2	658.9
中药批发	5361.3	4591.5	527.2	131.5	27.0	108.7
矿产品、建材及化工产品批发	518333.9	506873.8	4303.8	2550.0	1578.0	5761.4
#煤炭及制品批发	64510.1	62545.4	706.2	352.5	297.8	1470.8
石油及制品批发	80304.3	77926.0	986.1	382.5	222.2	761.5
金属及金属矿批发	251673.2	248515.0	893.8	715.7	661.3	1572.0
建材批发	31515.5	30064.1	538.1	359.4	174.3	677.2
化肥批发	6486.1	6242.3	99.4	49.8	34.4	96.8
农药批发	965.0	866.0	51.3	22.6	6.4	26.0
机械设备、五金产品及电子产品批发	111693.5	103595.7	3259.8	1853.5	221.4	3145.0
#汽车及零配件批发	37419.2	34888.9	1274.5	346.3	30.1	1082.8
计算机、软件及辅助设备批发	13862.5	12999.4	278.6	146.7	12.7	364.9
通讯设备批发	12008.3	11487.6	234.8	122.0	40.4	145.6
贸易经纪与代理	5621.6	5339.5	80.0	66.8	14.1	152.0
其他批发业	16610.8	15769.6	405.6	202.0	42.7	275.4
二、零售业	**133369.6**	**115306.8**	**10756.7**	**4018.9**	**668.2**	**2480.4**
#国有控股	21636.0	19088.4	1422.4	461.1	84.1	610.1
(一)按登记注册类型分						
内资企业	**105824.7**	**92700.8**	**7564.9**	**3143.4**	**571.1**	**1691.7**
国有企业	1620.8	1444.0	101.5	39.5	5.4	26.7
集体企业	367.9	319.9	16.8	16.8	0.8	9.9
股份合作企业	130.6	112.2	7.1	5.2	0.7	3.9
联营企业	50.7	44.0	2.6	1.1	0.1	3.0
国有联营企业	21.4	18.6	1.1	0.5	0.1	1.0
集体联营企业	4.9	4.2	0.3	0.1		0.3
国有与集体联营企业	14.0	12.1	0.7	0.1		1.0
其他联营企业	10.5	9.0	0.5	0.3		0.6
有限责任公司	36399.6	31969.5	2750.3	929.0	184.5	614.0
国有独资公司	2055.0	1786.2	112.4	58.6	5.2	96.4
其他有限责任公司	34344.7	30183.3	2637.9	870.4	179.3	517.6
股份有限公司	8964.6	7983.2	607.8	196.4	41.8	149.5
私营企业	58206.7	50756.8	4075.8	1952.7	337.3	879.5
私营独资企业	1549.2	1315.7	68.2	63.5	8.1	71.1
私营合伙企业	184.5	156.0	9.3	8.0	0.9	7.7
私营有限责任公司	54912.3	48058.1	3802.5	1823.7	316.4	737.4
私营股份有限公司	1560.8	1227.0	195.8	57.5	11.8	63.3
其他企业	83.8	71.2	3.2	2.7	0.6	5.2
港、澳、台商投资企业	**11162.3**	**8768.5**	**1555.1**	**412.6**	**34.4**	**395.1**
合资经营企业	1739.3	1420.5	207.2	58.4	11.0	49.1

7-4-5 续表 2

单位：亿元

项　目	营业收入	营业成本	销售费用	管理费用	财务费用	利润总额
合作经营企业	84.7	69.7	9.5	1.8	0.3	3.1
独资经营企业	8790.6	6880.5	1223.3	331.6	21.7	332.5
投资股份有限公司	423.4	306.1	89.0	15.2	1.1	9.9
其他港澳台商投资企业	124.4	91.8	26.1	5.6	0.3	0.5
外商投资企业	**16382.7**	**13837.5**	**1636.7**	**462.9**	**62.6**	**393.6**
中外合资经营企业	3410.9	2867.5	358.4	100.8	21.8	81.4
中外合作经营企业	91.2	76.3	10.4	2.8	0.4	1.3
外资企业	11543.3	9712.1	1167.0	332.4	35.5	294.8
外商投资股份有限公司	1212.8	1083.2	80.6	20.4	4.9	16.4
其他外商投资企业	124.6	98.5	20.4	6.5		-0.3
（二）按国民经济行业分						
综合零售	20423.4	16597.3	2321.1	954.2	198.6	378.3
#百货零售	9474.2	7548.9	880.6	542.2	110.7	436.4
超级市场零售	9853.8	8190.8	1271.1	339.9	81.2	-45.7
食品、饮料及烟草制品专门零售	4784.4	3870.9	458.9	213.3	23.2	271.8
#粮油零售	411.5	370.3	17.3	15.4	2.8	8.3
肉、禽、蛋、奶及水产品零售	746.4	634.1	61.1	30.2	3.1	19.6
酒、饮料及茶叶零售	1395.6	1111.9	94.7	51.1	9.0	166.6
烟草制品零售	212.8	177.2	16.2	11.5	-0.6	15.0
纺织、服装及日用品专门零售	6941.1	4420.4	1562.6	426.8	33.8	510.4
#服装零售	3916.0	2476.2	863.8	275.1	21.1	272.8
文化、体育用品及器材专门零售	3547.5	2700.9	409.5	228.6	12.7	185.4
#体育用品及器材零售	184.3	130.2	38.9	12.8	1.8	-0.9
图书、报刊零售	1391.7	1036.5	148.9	114.8	-3.2	109.2
医药及医疗器材专门零售	4797.7	3754.2	709.2	223.5	28.5	81.4
#西药零售	4346.8	3404.7	650.1	197.5	25.3	68.3
汽车、摩托车、零配件和燃料及其他动力销售	60076.4	55199.8	2396.4	1153.0	288.8	922.7
#汽车新车零售	41442.9	38214.5	1497.8	892.5	216.6	586.3
机动车燃油零售	16995.4	15521.2	822.0	214.0	65.0	299.1
家用电器及电子产品专门零售	8046.6	7278.1	457.2	212.9	35.9	31.8
#日用家电零售	3233.2	2974.3	208.3	84.8	16.5	-53.5
计算机、软件及辅助设备零售	1967.6	1754.9	82.5	45.3	2.3	70.2
通信设备零售	1552.5	1404.0	92.2	41.1	5.7	5.8
五金、家具及室内装饰材料专门零售	1968.5	1591.4	161.5	113.3	16.4	61.7
货摊、无店铺及其他零售业	22784.1	19893.8	2280.4	493.3	30.3	36.9
#互联网零售	21668.2	18983.1	2184.9	437.3	25.7	-7.2
（三）按零售业态分						
有店铺零售	109708.0	94688.5	8349.4	3473.9	629.0	2462.5
#超市	4158.4	3498.5	419.7	186.2	25.3	28.6
大型超市	8700.6	7134.9	1175.1	309.8	79.6	-19.0
百货店	8476.8	6562.7	920.9	477.9	90.3	458.7
专业店	40611.3	35852.7	2572.0	1118.5	193.0	767.3
专卖店	45202.1	39513.7	3018.1	1242.9	215.3	1209.9
无店铺零售	32578.0	27881.6	3438.9	838.0	75.9	273.0

7-4-6 各地区限额以上批发和零售业企业损益及分配

单位：亿元

地 区	营业收入	营业成本	销售费用	管理费用	财务费用	利润总额
全 国	**990855.5**	**927336.2**	**29245.3**	**13896.3**	**3040.9**	**19321.9**
北 京	76731.1	71139.7	2566.7	1614.2	242.3	2383.0
天 津	38978.9	37558.0	726.0	290.1	95.5	311.4
河 北	16587.4	15565.6	419.4	228.2	76.9	202.4
山 西	18850.1	17986.0	363.8	221.2	71.3	179.4
内蒙古	6690.9	6223.4	205.7	104.8	41.7	179.6
辽 宁	20372.1	19428.7	394.6	220.6	121.0	172.8
吉 林	4627.6	4865.0	187.8	103.5	33.7	57.7
黑龙江	7319.2	6867.0	258.1	109.1	31.7	81.0
上 海	143105.9	131331.2	6117.5	2355.2	206.5	3665.9
江 苏	95063.8	89497.3	2303.8	1293.6	300.6	1421.0
浙 江	106421.1	101419.5	2377.7	1078.6	313.0	1663.9
安 徽	17658.3	16241.8	760.5	264.6	45.0	319.9
福 建	54927.8	52110.6	1178.3	540.0	174.6	982.3
江 西	10299.3	9275.8	460.8	208.5	34.7	283.4
山 东	60844.6	58022.3	1392.4	680.3	238.9	661.9
河 南	19072.7	17425.6	582.8	357.8	88.0	429.6
湖 北	18985.2	17235.9	742.6	341.4	63.2	513.1
湖 南	13159.9	11642.9	568.3	292.7	62.3	396.4
广 东	127273.8	119349.8	3985.3	1932.9	349.0	1876.0
广 西	14333.9	13632.9	289.7	166.3	52.1	146.1
海 南	11452.6	10837.4	190.9	95.7	15.1	329.4
重 庆	16563.0	15130.6	533.1	228.0	45.4	479.7
四 川	23770.6	21736.6	887.4	352.8	84.5	545.7
贵 州	8256.9	6693.7	314.5	160.4	16.3	1034.0
云 南	13076.5	12109.9	360.4	153.8	45.9	377.6
西 藏	903.6	759.1	84.6	19.9	1.0	30.9
陕 西	20129.7	19024.1	499.0	232.5	59.7	264.5
甘 肃	8487.3	8131.2	156.4	74.3	31.2	97.8
青 海	2135.5	2035.6	44.4	19.7	19.1	9.3
宁 夏	1600.8	1490.9	50.0	22.8	5.9	20.9
新 疆	13175.1	12567.8	242.8	132.9	74.8	205.2

7-4-7 各地区限额以上批发业企业损益及分配

单位：亿元

地 区	营业收入	营业成本	销售费用	管理费用	财务费用	利润总额
全 国	**857485.9**	**812029.4**	**18488.6**	**9877.4**	**2372.7**	**16841.5**
北 京	66712.7	62319.3	1769.2	1365.4	216.6	2266.0
天 津	36977.4	35800.6	555.0	236.7	78.4	309.3
河 北	12853.2	12236.0	182.2	116.0	50.5	166.2
山 西	16864.0	16169.8	246.5	157.9	58.0	205.3
内蒙古	5440.0	5109.8	121.4	69.9	34.8	170.8
辽 宁	17558.4	16939.6	208.3	127.6	102.2	137.1
吉 林	3346.6	3751.0	106.3	47.8	18.8	41.1
黑龙江	5900.9	5582.9	168.6	64.4	18.8	67.3
上 海	132074.3	123143.6	4275.1	1833.9	166.8	3197.7
江 苏	82912.7	78798.9	1485.6	956.5	236.7	1178.6
浙 江	97348.1	93606.5	1561.6	803.1	273.0	1518.0
安 徽	13367.9	12469.4	474.9	149.0	24.6	247.1
福 建	48218.0	46287.5	691.2	360.6	148.4	820.5
江 西	7382.2	6722.4	287.9	131.4	21.7	208.0
山 东	53823.2	51819.5	881.7	459.8	197.1	602.7
河 南	13952.7	12985.8	290.5	196.9	53.6	279.2
湖 北	13509.2	12485.0	364.3	190.6	38.1	349.8
湖 南	8128.0	7314.7	255.6	139.4	28.6	258.9
广 东	112369.1	106508.1	2540.1	1462.2	283.4	1785.3
广 西	12403.5	11921.8	162.1	106.4	43.2	126.5
海 南	10093.8	9691.3	111.7	61.6	8.4	254.3
重 庆	13274.1	12291.9	302.5	135.4	30.0	395.2
四 川	16703.5	15406.6	429.0	200.9	56.7	446.9
贵 州	6010.7	4701.3	198.7	103.4	3.1	945.3
云 南	10610.8	9915.5	194.8	100.1	34.0	337.6
西 藏	693.8	568.3	74.0	14.8	0.4	28.5
陕 西	16367.8	15733.3	245.8	114.4	38.0	207.4
甘 肃	7449.0	7204.9	89.2	49.4	25.1	80.0
青 海	1920.8	1847.2	30.8	13.1	16.7	7.1
宁 夏	1285.1	1217.2	25.8	13.2	1.7	18.0
新 疆	11934.3	11479.5	158.4	95.4	65.4	186.0

7-4-8 各地区限额以上零售业企业损益及分配

单位：亿元

地区	营业收入	营业成本	销售费用	管理费用	财务费用	利润总额
全国	**133369.6**	**115306.8**	**10756.7**	**4018.9**	**668.2**	**2480.4**
北京	10018.4	8820.4	797.5	248.8	25.7	117.0
天津	2001.5	1757.4	171.0	53.4	17.1	2.1
河北	3734.3	3329.7	237.2	112.2	26.5	36.2
山西	1986.1	1816.2	117.2	63.2	13.4	-25.9
内蒙古	1250.9	1113.7	84.3	34.9	6.9	8.8
辽宁	2813.7	2489.1	186.4	93.0	18.7	35.7
吉林	1281.0	1114.0	81.5	55.6	14.8	16.6
黑龙江	1418.3	1284.2	89.5	44.7	12.8	13.7
上海	11031.6	8187.6	1842.4	521.2	39.7	468.2
江苏	12151.2	10698.3	818.1	337.1	63.9	242.4
浙江	9073.0	7813.0	816.1	275.5	40.0	145.9
安徽	4290.4	3772.4	285.6	115.6	20.4	72.8
福建	6709.8	5823.1	487.1	179.3	26.1	161.8
江西	2917.1	2553.4	172.9	77.2	13.1	75.4
山东	7021.5	6202.8	510.7	220.5	41.8	59.2
河南	5120.0	4439.7	292.3	160.9	34.4	150.4
湖北	5476.0	4750.9	378.3	150.7	25.1	163.3
湖南	5032.0	4328.1	312.7	153.3	33.7	137.5
广东	14904.7	12841.6	1445.2	470.6	65.6	90.7
广西	1930.4	1711.1	127.6	59.8	9.0	19.6
海南	1358.8	1146.2	79.2	34.1	6.7	75.1
重庆	3288.9	2838.7	230.6	92.6	15.4	84.6
四川	7067.0	6329.9	458.4	152.0	27.8	98.8
贵州	2246.2	1992.4	115.8	56.9	13.3	88.7
云南	2465.8	2194.4	165.7	53.7	11.9	40.0
西藏	209.8	190.9	10.6	5.1	0.7	2.4
陕西	3761.9	3290.8	253.3	118.1	21.7	57.2
甘肃	1038.3	926.3	67.2	24.9	6.1	17.8
青海	214.7	188.4	13.7	6.6	2.4	2.2
宁夏	315.7	273.7	24.3	9.6	4.2	3.0
新疆	1240.8	1088.3	84.4	37.5	9.4	19.1

7-4-9 限额以上批发和零售业企业商品购、销、存情况（按登记注册类型分）

单位：亿元

项目	商品购进额	#进口	商品销售额	#出口	期末商品库存额
总计	**1037966.3**	**68022.2**	**1107727.2**	**33537.3**	**54539.4**
一、批发业	**911849.7**	**64339.2**	**959635.2**	**33460.1**	**43152.6**
#国有控股	320203.9	22382.0	331539.8	6203.7	14533.3
内资企业	**793087.0**	**38588.4**	**828491.5**	**26424.7**	**34993.4**
国有企业	36150.2	874.2	42176.6	488.0	2174.5
集体企业	601.5	57.9	644.5	9.3	36.4
股份合作企业	521.8	8.7	579.3	2.3	20.1
联营企业	522.4	1.1	560.9	12.1	17.6
国有联营企业	454.5	0.7	494.0	12.0	14.6
集体联营企业	15.8	0.4	16.2	0.1	
国有与集体联营企业	19.1		18.1		2.8
其他联营企业	33.0		32.6	0.1	0.2
有限责任公司	333408.5	23850.8	344859.7	7878.1	14900.6
国有独资公司	51398.2	3853.8	52882.6	690.4	2374.1
其他有限责任公司	282010.4	19997.1	291977.1	7187.7	12526.4
股份有限公司	53133.4	2078.5	52712.3	1507.9	2112.5
私营企业	368308.2	11716.8	386467.7	16525.9	15717.0
私营独资企业	2878.0	66.6	3052.7	85.4	146.9
私营合伙企业	352.9	8.0	389.0	4.5	21.2
私营有限责任公司	359821.7	11216.8	377285.8	16142.9	15146.8
私营股份有限公司	5255.6	425.5	5740.2	293.1	402.1
其他企业	440.8	0.2	490.6	1.2	14.7
港、澳、台商投资企业	**40872.1**	**5360.7**	**45637.8**	**961.2**	**3176.2**
合资经营企业	5437.3	466.5	5708.9	166.3	393.5
合作经营企业	318.2	2.1	347.9	5.2	7.3
独资经营企业	33020.7	4474.3	37184.5	755.5	2587.1
投资股份有限公司	1725.4	357.6	1994.1	21.2	171.1
其他港澳台商投资企业	370.5	60.1	402.3	13.0	17.1
外商投资企业	**77890.6**	**20390.1**	**85505.9**	**6074.2**	**4983.0**
中外合资经营企业	22336.3	727.8	22150.7	332.0	494.2
中外合作经营企业	22.3	1.0	26.7	2.1	2.2
外资企业	53931.4	19509.0	61025.2	5680.6	4334.2
外商投资股份有限公司	1113.7	101.5	1575.9	42.2	129.7
其他外商投资企业	486.9	50.7	727.5	17.3	22.7

7-4-9 续表 单位：亿元

项　目	商品购进额	#进口	商品销售额	#出口	期末商品库存额
二、零售业	**126116.6**	**3683.0**	**148091.9**	**77.2**	**11386.7**
#国有控股	19172.4	662.2	24785.6	8.7	1879.4
内资企业	**101897.8**	**2408.5**	**117134.9**	**72.0**	**9430.3**
国有企业	1434.4	60.1	1828.9	0.1	155.0
集体企业	359.2		411.5	2.7	18.2
股份合作企业	137.0	0.2	146.2		11.9
联营企业	50.3		58.8		1.9
国有联营企业	22.9		25.9		1.2
集体联营企业	4.6		5.4		0.1
国有与集体联营企业	13.2		15.7		0.5
其他联营企业	9.5		11.8		0.2
有限责任公司	35263.0	1186.0	40274.7	35.6	3287.9
国有独资公司	1865.9	313.8	2252.6	4.7	261.2
其他有限责任公司	33397.1	872.2	38022.1	30.8	3026.7
股份有限公司	7901.5	17.9	10647.0	0.2	474.5
私营企业	56680.5	1144.4	63678.1	33.4	5477.2
私营独资企业	1485.4	10.2	1680.3	0.1	95.9
私营合伙企业	176.0	0.4	202.2		11.3
私营有限责任公司	53636.9	1127.1	59984.1	32.9	5223.3
私营股份有限公司	1382.1	6.8	1811.4	0.4	146.6
其他企业	72.0		89.8		3.7
港、澳、台商投资企业	**9734.1**	**496.5**	**12100.2**	**1.8**	**917.4**
合资经营企业	1581.8	71.6	1938.7	0.1	110.2
合作经营企业	77.2		91.6		3.9
独资经营企业	7568.6	382.4	9496.0	1.6	748.8
投资股份有限公司	394.0	37.4	438.8	0.1	45.2
其他港澳台商投资企业	112.7	5.1	135.1		9.3
外商投资企业	**14484.6**	**778.0**	**18856.8**	**3.4**	**1039.0**
中外合资经营企业	3104.7	181.5	3842.5	3.1	219.7
中外合作经营企业	83.6	17.0	100.4		7.9
外资企业	10360.9	562.8	13441.4	0.3	750.9
外商投资股份有限公司	814.1	4.2	1341.9		46.8
其他外商投资企业	121.3	12.6	130.7		13.6

7-4-10 限额以上批发和零售业企业商品购、销、存情况（按国民经济行业分）

单位：亿元

项　　目	商品购进额	#进口	商品销售额	#出口	期末商品库存额
总　　计	**1037966.3**	**68022.2**	**1107727.2**	**33537.3**	**54539.4**
一、批发业	**911849.7**	**64339.2**	**959635.2**	**33460.1**	**43152.6**
农、林、牧、渔产品批发	24495.5	3061.5	24997.5	221.6	3220.1
食品、饮料及烟草制品批发	60349.6	4119.4	72217.0	1079.5	5563.4
#米、面制品及食用油批发	11792.3	1347.9	12287.2	134.9	1752.9
肉、禽、蛋、奶及水产品批发	8270.0	1516.0	9012.2	185.5	670.3
酒、饮料及茶叶批发	10353.7	172.9	13454.4	55.7	1192.3
烟草制品批发	14329.3	29.7	20503.8	155.9	1002.0
纺织、服装及家庭用品批发	61337.9	3411.4	67734.6	9721.6	4572.5
#服装批发	9426.8	610.7	10862.4	3131.8	1014.5
鞋帽批发	2483.9	208.6	3047.3	833.9	301.0
日用家电批发	3764.9	160.7	3924.3	183.8	231.3
文化、体育用品及器材批发	15872.1	713.0	17296.7	1038.7	1643.3
#文具用品批发	5193.7	190.4	5524.7	180.6	257.3
体育用品及器材批发	1821.0	37.5	2047.2	252.2	117.1
图书批发	1075.6	6.1	1148.3	4.5	253.5
医药及医疗器材批发	37452.3	2677.6	42889.2	658.5	4145.0
#西药批发	23032.4	1013.2	25320.0	377.7	2396.3
中药批发	4975.9	85.3	5935.4	21.0	510.1
矿产品、建材及化工产品批发	573622.3	28380.9	584658.9	7113.7	15607.6
#煤炭及制品批发	70102.3	2540.6	72782.1	137.3	1739.5
石油及制品批发	89953.8	6658.7	88128.3	708.2	3253.4
金属及金属矿批发	283403.6	12128.4	288213.9	2642.8	6306.1
建材批发	33027.9	1046.8	34889.0	816.9	1283.4
化肥批发	6916.9	445.1	7096.2	303.7	536.1
农药批发	905.7	23.3	979.6	185.2	93.5
机械设备、五金产品及电子产品批发	115221.6	18925.5	124675.6	11586.3	7243.5
#汽车及零配件批发	37944.5	4797.2	41652.8	1602.2	2180.6
计算机、软件及辅助设备批发	14094.9	240.6	14456.9	1061.1	666.5
通讯设备批发	968.2	49.5	1167.8	42.5	40.0
贸易经纪与代理	6354.0	1989.2	6610.6	1043.9	226.5
其他批发业	17144.5	1060.6	18555.2	996.3	930.8

7-4-10 续表 单位：亿元

项　　目	商品购进额	#进口	商品销售额	#出口	期末商品库存额
二、零售业	**126116.6**	**3683.0**	**148091.9**	**77.2**	**11386.7**
(一)按国民经济行业分					
综合零售	19657.9	467.2	23568.1	30.5	1753.4
#百货零售	8983.7	454.0	11782.3	4.0	771.5
超级市场零售	9703.9	11.7	10605.9	23.7	907.7
食品、饮料及烟草制品专门零售	4173.6	30.7	5069.6	1.9	403.7
#粮油零售	402.7	2.6	438.8	0.2	49.4
肉、禽、蛋、奶及水产品零售	660.9	5.1	797.0	0.2	34.7
酒、饮料及茶叶零售	1267.0	10.2	1524.7	0.3	181.0
烟草制品零售	184.4	2.5	224.3		44.3
纺织、服装及日用品专门零售	5062.8	473.8	7738.6	8.4	1129.9
#服装零售	2844.3	370.9	4385.3	3.7	706.7
文化、体育用品及器材专门零售	3124.2	134.2	3771.5	7.7	799.1
#体育用品及器材零售	145.1	1.4	203.7	0.4	30.2
图书、报刊零售	1240.6	55.8	1410.3	1.2	246.3
医药及医疗器材专门零售	4185.9	22.9	5193.9	0.8	654.1
#西药零售	3833.9	10.1	4702.0	0.2	598.0
汽车、摩托车、零配件和燃料及其他动力销售	58119.2	2277.9	66675.3	3.2	4703.0
#汽车新车零售	42608.1	2235.3	44960.5	1.9	4087.0
机动车燃油零售	13930.4	3.1	19929.2	0.1	483.8
家用电器及电子产品专门零售	8218.5	22.1	9064.1	1.5	627.8
#日用家电零售	3391.1	8.5	3648.2	0.3	259.1
计算机、软件及辅助设备零售	1923.7	3.6	2238.8	0.2	93.1
通信设备零售	1554.8	0.5	1685.0		154.0
五金、家具及室内装饰材料专门零售	1788.2	25.8	2166.5	2.4	192.8
货摊、无店铺及其他零售业	21786.2	228.5	24844.3	20.8	1123.1
#互联网零售	41.6	0.3	63.4		1.8
(二)按零售业态分					
有店铺零售	103562.0	3414.2	122319.3	49.3	10129.5
#超市	3931.9	4.3	4518.5	0.1	389.3
大型超市	8411.5	7.9	9613.6	23.7	807.4
百货店	7994.5	487.8	10542.6	6.8	761.6
专业店	37487.9	684.4	45481.7	11.0	3383.8
专卖店	43524.7	2200.0	49492.9	4.4	4763.2
无店铺零售	30749.6	710.9	35816.4	53.1	2081.3

7-4-11 各地区限额以上批发和零售业企业商品购、销、存情况

单位：亿元

地区	商品购进额	#进口	商品销售额	#出口	期末商品库存额
全国	**1037966.3**	**68022.2**	**1107727.2**	**33537.3**	**54539.4**
北京	83199.6	13467.5	88239.4	1875.5	6936.7
天津	42277.9	1110.1	44023.0	733.5	1529.6
河北	17370.1	159.0	18433.8	176.7	979.6
山西	19900.3	181.8	21009.4	72.0	745.6
内蒙古	6799.5	191.2	7416.2	133.7	515.5
辽宁	20929.9	749.0	22487.5	260.4	1141.1
吉林	4552.4	87.1	5117.7	11.5	409.2
黑龙江	7208.8	1309.9	8111.1	48.4	791.1
上海	149738.1	19408.7	161973.5	5623.6	7995.4
江苏	99990.9	5087.4	105439.7	4804.9	4447.7
浙江	112570.8	5039.1	118352.9	6855.5	4455.0
安徽	17656.8	998.1	19717.2	295.5	973.7
福建	59347.9	4197.5	61964.2	3024.6	2473.8
江西	9735.6	148.7	11304.6	237.7	520.6
山东	64663.7	2423.8	67903.9	1787.7	3203.8
河南	19059.8	274.5	21119.7	180.9	1159.1
湖北	19891.8	299.6	21420.3	208.7	1047.7
湖南	12934.6	442.1	14454.4	201.3	761.0
广东	132942.9	7615.5	140344.4	5403.7	6958.2
广西	15277.3	459.7	16054.9	160.1	664.9
海南	12343.7	1071.0	12763.6	113.4	536.8
重庆	16918.9	506.6	18599.1	402.2	821.9
四川	24312.7	407.5	26317.2	143.1	1439.3
贵州	7253.6	100.1	9173.1	30.1	531.0
云南	12832.5	428.3	14501.2	353.0	786.9
西藏	798.2		1031.6		56.2
陕西	21105.1	600.2	22767.4	290.2	860.5
甘肃	8572.9	45.4	9087.8	10.8	315.8
青海	2086.6	20.2	2294.4	9.5	72.1
宁夏	1758.9	9.8	1784.9	3.8	88.3
新疆	13934.4	1182.7	14519.2	85.2	1321.1

7-4-12 各地区限额以上批发业企业商品购、销、存情况

单位：亿元

地区	商品购进额	#进口	商品销售额	#出口	期末商品库存额
全国	**911849.7**	**64339.2**	**959635.2**	**33460.1**	**43152.6**
北京	73122.0	13237.1	77272.6	1874.0	6191.7
天津	40327.4	1089.8	41856.0	733.5	1390.2
河北	13677.1	101.7	14309.1	176.2	600.3
山西	17943.9	152.1	18731.5	67.5	535.0
内蒙古	5629.5	175.3	6043.6	133.7	395.9
辽宁	18158.7	679.3	19190.4	260.4	923.6
吉林	3463.8	52.7	3695.9	11.5	293.0
黑龙江	5676.4	1292.8	6461.2	48.4	372.1
上海	140245.9	18632.6	149862.6	5618.8	6786.2
江苏	88254.1	4838.0	92056.4	4799.8	3508.9
浙江	103835.3	4696.2	107727.5	6849.7	3628.8
安徽	13577.9	933.9	14849.7	294.9	642.1
福建	53047.5	4055.6	54693.3	3021.8	2060.1
江西	7076.2	88.1	8070.9	234.6	304.6
山东	57681.4	2295.6	59982.6	1785.7	2470.4
河南	14223.2	192.1	15440.3	180.3	740.0
湖北	14610.0	202.6	15259.5	207.1	636.9
湖南	8633.4	364.4	8895.9	199.6	469.3
广东	119251.7	7239.6	124112.3	5391.3	5823.0
广西	13360.7	425.3	13930.4	159.0	479.7
海南	10986.1	727.4	11302.5	113.4	324.1
重庆	13610.9	415.1	14750.0	400.7	596.7
四川	17325.6	252.9	18573.6	142.8	967.8
贵州	5305.3	57.9	6675.8	30.0	357.5
云南	10687.3	373.4	11791.4	326.2	561.2
西藏	634.4		796.8		40.6
陕西	17841.7	538.7	18697.6	290.0	563.8
甘肃	7578.5	32.0	7938.2	10.8	215.3
青海	1885.1	14.9	2057.3	9.4	50.8
宁夏	1456.9	8.4	1444.1	3.7	51.1
新疆	12742.0	1173.8	13166.2	85.1	1171.8

7-4-13 各地区限额以上零售业企业商品购、销、存情况

单位：亿元

地区	商品购进额	#进口	商品销售额	#出口	期末商品库存额
全国	**126116.6**	**3683.0**	**148091.9**	**77.2**	**11386.7**
北京	10077.6	230.4	10966.8	1.5	745.0
天津	1950.5	20.3	2167.0		139.4
河北	3692.9	57.3	4124.6	0.5	379.3
山西	1956.3	29.8	2277.9	4.5	210.6
内蒙古	1170.0	15.9	1372.7		119.6
辽宁	2771.2	69.7	3297.1		217.5
吉林	1088.7	34.4	1421.8		116.2
黑龙江	1532.4	17.1	1650.0		418.9
上海	9492.2	776.1	12110.8	4.8	1209.2
江苏	11736.8	249.4	13383.3	5.1	938.8
浙江	8735.5	342.9	10625.3	5.8	826.3
安徽	4078.9	64.2	4867.5	0.6	331.6
福建	6300.4	141.8	7270.9	2.8	413.7
江西	2659.5	60.6	3233.7	3.1	215.9
山东	6982.3	128.2	7921.3	2.0	733.4
河南	4836.6	82.4	5679.5	0.6	419.1
湖北	5281.9	97.0	6160.8	1.6	410.8
湖南	4301.2	77.8	5558.5	1.6	291.7
广东	13691.2	376.0	16232.1	12.4	1135.2
广西	1916.6	34.3	2124.6	1.1	185.3
海南	1357.6	343.6	1461.1		212.7
重庆	3308.0	91.6	3849.1	1.6	225.2
四川	6987.1	154.7	7743.6	0.4	471.5
贵州	1948.4	42.2	2497.3	0.1	173.5
云南	2145.2	54.9	2709.8	26.7	225.7
西藏	163.8		234.8		15.6
陕西	3263.4	61.5	4069.8	0.2	296.7
甘肃	994.4	13.4	1149.5		100.5
青海	201.5	5.3	237.1	0.1	21.3
宁夏	302.0	1.4	340.7	0.1	37.2
新疆	1192.4	8.9	1353.1	0.1	149.2

【主要统计指标解释】

资产总计 指企业过去的交易或者事项形成的、由企业拥有或者控制的、预期会给企业带来经济利益的资源。资产一般按流动性（资产的变现或耗用时间长短）分为流动资产和非流动资产。其中流动资产可分为货币资金、变易性金融资产、应收票据、应收账款、预付款项、其他应收款、存货等；非流动资产可分为长期股权投资、固定资产、无形资产及其他非流动资产等。

流动资产合计 资产满足以下条件之一应归为流动资产：（1）预计在一个正常营业周期中变现、出售或耗用，主要包括存货、应收账款等；（2）主要为交易目的而持有；（3）预计在资产负债表日起一年内（含一年）变现；（4）自资产负债表日起一年内，交换其他资产或清偿负债的能力不受限制的现金或现金等价物。包括货币资金、应收票据、应收账款、存货等项目。

固定资产净额 指固定资产原价减去累计折旧、固定资产减值准备等后的金额。

负债合计 指企业过去的交易或者事项形成的，预期会导致经济利益流出企业的现时义务。负债一般按偿还期长短分为流动负债和非流动负债。

所有者权益合计 指企业资产扣除负债后由所有者享有的剩余权益。公司的所有者权益又称股东权益。包括实收资本、资本公积、盈余公积、未分配利润等。

营业收入 指企业从事销售商品、提供劳务和让渡资产使用权等生产经营活动形成的经济利益流入。包括“主营业务收入”和“其他业务收入”。

营业成本 指企业从事销售商品、提供劳务和让渡资产使用权等生产经营活动发生的实际成本。包括“主营业务成本”和“其他业务成本”。

销售费用 指企业在销售商品和材料、提供劳务的过程中发生的各种费用，包括保险费、包装费、展览费和广告费、商品维修费、预计产品质量保证损失、运输费、装卸费等以及为销售本企业商品而专设的销售机构（含销售网点、售后服务网点等）的职工薪酬、业务费、折旧费等经营费用。

管理费用 指企业为组织和管理企业生产经营所发生的费用，包括企业在筹建期间内发生的开办费、董事会和行政管理部门在企业经营管理中发生的，或者应当由企业统一负担的公司经费等。

财务费用 指企业为筹集生产经营所需资金等而发生的筹资费用，包括企业生产经营期间发生的利息支出（减利息收入）、汇兑损失（减汇兑收益）以及相关的手续费等。

利润总额 指企业在一定会计期间的经营成果，是生产经营过程中各种收入扣除各种耗费后的盈余，反映企业在报告期内实现的盈亏总额。

商品购进额 指从本企业以外的单位和个人购进（包括从国外直接进口）作为转卖或加工后转卖的商品金额（含增值税）。本指标反映批发和零售业从国内外市场上购进商品的总价。

进口 指直接从国外进口或委托外贸企业代理进口的商品金额，不包括从国内有关单位购进的进口商品。对外贸易企业只统计自主经营进口的商品，不统计受托代理进口的商品。

商品销售额 指对本单位以外的单位和个人出售的商品金额（包括售给本单位消费用的商品，含增值税），在批发和零售业中，本指标反映在国内市场上销售商品以及出口商品的总价。

出口 指直接向国（境）外出口商品和委托外贸企业代理出口的商品金额，商品出口不包括售给外贸企业出口或加工后出口的商品，以及在国内市场以外币销售的商品。外贸企业只统计自主经营出口的商品，不包括受托代理出口的商品。

期末商品库存额 对于批发和零售业法人单位和个体经营户，是指报告期末取得所有权的全部商品金额（含增值税）；对于批发和零售业产业活动单位，是指报告期末实际在库且归属法人具有所有权的全部商品金额（含增值税）。这个指标反映批发和零售业的商品库存情况，以及对市场商品供应的保证程度。

7 第三产业分行业主要指标

7-5 交通运输、仓储和邮政业

简要说明

一、主要内容

1. 交通运输、仓储和邮政业企业法人单位分地区主要指标。

2. 交通运输业资料主要包括：主要运输方式的线路里程、运输设备拥有量、技术质量情况，各种运输方式完成的货物运输量和旅客运输量，全国港口码头长度、泊位数量及货物吞吐量，城市公共交通运营线路总长度、运营车（船）数量及客运量等资料。

3. 邮政业资料主要包括：全国邮政主要业务量、营业网点及邮政邮路情况、邮政通信服务水平等。

二、调查范围及统计单位

1. 铁路资料：包括国家铁路（含控股合资）、地方铁路和非控股合资铁路运营情况，不含军用铁路及由厂矿企事业单位自建的铁路专用线和专用铁路。国家铁路（含控股合资）和非控股合资铁路运营资料来源于各铁路局及所属运输企业（公司）。地方铁路运营资料来源于各省地方铁路管理部门。

2. 公路、水路、港口资料：（1）公路和水路线路里程为年末通车和通航里程数，不含未正式投入使用的公路和航道里程；（2）民用汽车拥有量及机动车和汽车驾驶员人数，根据公安部交通管理局所属各省（自治区、直辖市）车管部门登记注册的车辆资料和驾驶员资料整理，不含军用车辆；（3）公路营运汽车拥有量，根据各省（自治区、直辖市）道路运输主管部门登记注册的从事公路运输的营业性运输车辆资料整理，属于民用汽车的一部分；（4）营业性民用运输船舶拥有量，根据各省（自治区、直辖市）交通运输主管部门登记注册的从事水上客、货运输的营业性船舶资料整理，不含非运输船舶及农业、渔业生产船舶；（5）公路、水路客货运输量资料，由交通运输部负责收集整理；（6）公路、水路运输量统计包括全面调查和非全面调查两种方式，统计范围是在各省交通运输主管部门登记注册的从事公路、水路客、货运输的营业性的车辆和船舶所完成的运输量；（7）港口的统计范围为所有取得港口经营许可的业户。

3. 管道运输资料：包括输原油、输成品油、输天然气及输其他气体的管道长度和完成的运输量。统计范围包括：油气田企业直接通向炼油厂、化工厂、电站等用户及装车站、油码头的管道，炼油厂通向用户（包括商业石油公司油库）的成品油管道，独立核算的管道运输企业通向用户及装车（站）栈桥、油码头的管道。管道运输资料主要来源于中国石油天然气集团有限公司、中国石油化工集团公司和中国海洋石油集团有限公司所属的管道运输企业，由三家集团公司分别负责收集审核本部门资料。

4. 民航运输资料：统计对象为在我国境内注册从事民用航空运输飞行和通用航空飞行的航空运输企业和民用航空机场，不包括在我国境内运输飞行的外国航空公司。统计内容为各航空公司从事国内运输、港澳台运输、国际运输的定期航班航线条数及里程、运输量及飞机构成和运营情况、通用航空飞行完成情况等。

5. 城市公共交通资料：统计范围为全国所有设市城市的城市公共交通情况。

6. 邮政业资料：包括全国邮政企业和获得快递业务经营许可的快递企业，为社会公众提供的各类邮政及快递服务。

三、资料来源

本篇资料由国家统计局服务业统计司负责整理、编辑。有关交通运输、仓储和邮政业企业法人单位分地区主要指标来源于《规模以上服务业统计报表制度》和《"四下"单位抽样调查统计报表制度》，从业人员指标来源于《劳动工资统计报表制度》。有关交通运输业资料分别来源于公安部交通管理局所属各省车管部门、交通运输部、中国民用航空局、国家铁路局、中国国家铁路集团有限公司、中国石油天然气集团公司、中国石油化工集团公司和中国海洋石油集团有限公司。有关邮政业资料来源于国家邮政局。

7-5-1 交通运输、仓储和邮政业企业法人单位分地区主要指标

地区	营业收入（亿元）	资产总计（亿元）	从业人员（万人）
全国	**107233.1**	**336467.1**	**1272.7**
北京	7813.1	45744.2	63.6
天津	4639.7	10039.2	19.7
河北	2793.0	8306.2	47.4
山西	2265.0	9565.7	35.0
内蒙古	1169.0	4925.0	18.5
辽宁	2717.1	13991.5	37.8
吉林	1070.3	3825.0	17.1
黑龙江	1408.0	5523.4	24.8
上海	14119.0	19371.3	64.6
江苏	10366.9	18873.6	101.2
浙江	7141.0	13166.5	77.3
安徽	3209.3	7297.9	48.9
福建	3695.6	10658.5	45.4
江西	2686.1	7353.7	45.0
山东	7258.6	14865.5	92.4
河南	3532.7	10338.7	66.2
湖北	3178.9	13308.7	51.3
湖南	1760.8	9764.1	36.0
广东	11538.2	31953.9	138.3
广西	1372.8	8788.0	27.2
海南	1207.9	4098.4	7.8
重庆	2127.9	8119.7	39.3
四川	3105.9	13593.9	54.4
贵州	887.7	8591.9	17.3
云南	1682.4	11082.5	23.3
西藏	120.5	272.9	1.9
陕西	1740.3	9724.8	29.6
甘肃	600.7	7337.0	13.5
青海	131.7	1052.3	4.7
宁夏	305.0	584.7	6.0
新疆	1587.8	4348.8	17.1

7-5-2 交通运输业基本情况

指　　标	2009	2010	2011	2012	2013	2014
运输线路长度　　（万公里）						
铁路营业里程	8.55	9.12	9.32	9.76	10.31	11.18
#高速铁路	0.27	0.51	0.66	0.94	1.10	1.65
公路里程	386.08	400.82	410.64	423.75	435.62	446.39
#高速公路	6.51	7.41	8.49	9.62	10.44	11.19
内河航道里程	12.37	12.42	12.46	12.50	12.59	12.63
#等级航道	6.15	6.23	6.26	6.37	6.49	6.54
定期航班航线里程	234.51	276.51	349.06	328.01	410.60	463.72
国际航线	91.99	107.02	149.44	128.47	150.32	176.72
国内航线	142.52	169.50	199.62	199.54	260.29	287.00
管道输油(气)里程	6.91	7.85	8.33	9.01	9.85	10.57
输油管	3.55	3.85	3.95	4.13	4.32	4.52
输气管	3.35	4.00	4.38	4.88	5.52	6.05
客运量总计　　（万人）	**2976898**	**3269508**	**3526319**	**3804035**	**2122992**	**2032218**
铁路	152451	167609	186226	189337	210597	230460
公路	2779081	3052738	3286220	3557010	1853463	1736270
水运	22314	22392	24556	25752	23535	26293
民航	23052	26769	29317	31936	35397	39195
旅客周转量总计　（亿人公里）	**24834.9**	**27894.3**	**30984.0**	**33383.1**	**27571.7**	**28647.1**
铁路	7878.9	8762.2	9612.3	9812.3	10595.6	11241.9
公路	13511.4	15020.8	16760.2	18467.5	11250.9	10996.8
水运	69.4	72.3	74.5	77.5	68.3	74.3
民航	3375.2	4039.0	4537.0	5025.7	5656.8	6334.2
货运量总计　　（万吨）	**2825222**	**3241807**	**3696961**	**4099400**	**4098900**	**4167296**
铁路	333348	364271	393263	390438	396697	381334
公路	2127834	2448052	2820100	3188475	3076648	3113334
水运	318996	378949	425968	458705	559785	598283
民航	445.5	563.0	557.5	545.0	561.3	594.1
管道	44598	49972	57073	61238	65209	73752

注：1.从2005年起，公路里程包括村道，与以前年度数据不可比(下同)。
2.2008年，公路、水路客货运输量和周转量统计口径发生变化，不宜进行历史对比(下同)。
3.2011年起民航航线里程改为定期航班航线里程(下同)。
4.2013年公路水路客货运输数据，源自2013年交通运输业经济统计专项调查，统计范围口径有所调整(下同)。
5.从2013年起,管道运输由中国石油天然气集团公司、中国石油化工集团公司和中国海洋石油集团有限公司提供(下同)。
6.2019年铁路货运量和货物周转量数据来自国家铁路局，同2018年相比统计范围增加部分地方铁路。
7.2019年公路货运量及货物周转量统计口径，根据2019年道路货物运输量专项调查进行调整，与以前年度数据不可比(下同)。
8.2018年及以前港口统计范围为规模以上港口，从2019年起调整为全国所有获得港口经营许可的业户(下同)。

7-5-2 续表 1

指　　标	2009	2010	2011	2012	2013	2014
货物周转量总计　（亿吨公里）	**122133.3**	**141837.4**	**159323.6**	**173770.7**	**168013.8**	**181667.7**
铁路	25239.2	27644.1	29465.8	29187.1	29173.9	27530.2
公路	37188.8	43389.7	51374.7	59534.9	55738.1	56846.9
水运	57556.7	68427.5	75423.8	81707.6	79435.7	92774.6
民航	126.2	178.9	173.9	163.9	170.3	187.8
管道	2022.4	2197.2	2885.4	3177.3	3495.9	4328.3
港口货物吞吐量　（万吨）	**697159**	**810180**	**911814**	**977473**	**1064891**	**1118803**
沿海港口	475481	548358	616292	665245	728098	769557
#外贸	197922	226938	252318	276221	302431	320839
内河港口	221678	261822	295522	312228	336793	349246
#外贸	18296	21025	23967	26831	29961	32091
民用汽车拥有量　（万辆）	**6280.61**	**7801.83**	**9356.32**	**10933.09**	**12670.14**	**14598.11**
#载客汽车	4845.09	6124.13	7478.37	8943.01	10561.78	12326.70
载货汽车	1368.60	1597.55	1787.99	1894.75	2010.62	2125.46
#私人汽车拥有量	4574.91	5938.71	7326.79	8838.60	10501.68	12339.36
#载客汽车	3808.33	4989.50	6237.46	7637.87	9198.23	10945.39
载货汽车	753.40	931.52	1067.43	1175.63	1275.49	1352.78
民用运输船舶拥有量　（艘）	**176932**	**178407**	**179242**	**178591**	**172554**	**171977**
机动船	149367	155624	157950	158309	155340	154974
驳船	27565	22783	21292	20282	17214	17003
港口码头泊位　（个）	**20091**	**20333**	**20524**	**20450**	**20379**	**20516**
沿海港口	5372	5529	5612	5715	5761	5923
#万吨级	1214	1293	1366	1453	1524	1633
内河港口	14719	14804	14912	14735	14618	14593
#万吨级	293	318	340	369	394	406
民用飞机　（架）	**2181**	**2405**	**3191**	**3589**	**4004**	**4168**
#运输飞机	1417	1597	1764	1941	2145	2370
通用航空飞机	555	606	1124	1320	1519	1798

7-5-2 续表 2

指　　标	2015	2016	2017	2018	2019	2020	2021
运输线路长度　　（万公里）							
铁路营业里程	12.10	12.40	12.70	13.17	13.99	14.63	15.07
#高速铁路	1.98	2.30	2.52	2.99	3.54	3.79	4.01
公路里程	457.73	469.63	477.35	484.65	501.25	519.81	528.07
#高速公路	12.35	13.10	13.64	14.26	14.96	16.10	16.91
内河航道里程	12.70	12.71	12.70	12.71	12.73	12.77	12.76
#等级航道	6.63	6.64	6.62	6.64	6.67	6.73	6.72
定期航班航线里程	531.72	634.81	748.30	837.98	948.22	942.63	689.78
国际航线	239.44	282.80	324.59	359.89	401.47	382.87	131.96
国内航线	292.28	352.01	423.72	478.09	546.75	559.76	557.82
管道输油(气)里程	10.87	11.34	11.93	12.23	12.66	12.87	13.12
输油管	4.66	4.99	5.37	5.50	5.74	5.73	5.75
输气管	6.21	6.34	6.56	6.73	6.93	7.68	7.37
客运量总计　　（万人）	**1943271**	**1900194**	**1848620**	**1793820**	**1760436**	**966540**	**830257**
铁路	253484	281405	308379	337495	366002	220350	261171
公路	1619097	1542759	1456784	1367170	1301173	689425	508693
水运	27072	27234	28300	27981	27267	14987	16337
民航	43618	48796	55156	61174	65993	41778	44056
旅客周转量总计　（亿人公里）	**30058.9**	**31258.5**	**32812.8**	**34218.2**	**35349.2**	**19251.5**	**19758.2**
铁路	11960.6	12579.3	13456.9	14146.6	14706.6	8266.2	9567.8
公路	10742.7	10228.7	9765.2	9279.7	8857.1	4641.0	3627.5
水运	73.1	72.3	77.7	79.6	80.2	33.0	33.1
民航	7282.6	8378.1	9513.0	10712.3	11705.3	6311.3	6529.7
货运量总计　　（万吨）	**4175886**	**4386763**	**4804850**	**5152732**	**4713624**	**4725863**	**5298499**
铁路	335801	333186	368865	402631	438904	455236	477372
公路	3150019	3341259	3686858	3956871	3435480	3426413	3913889
水运	613567	638238	667846	702684	747225	761630	823973
民航	629	668	706	739	753	677	732
管道	75870	73411	80576	89807	91261	81907	82534

7-5-2 续表 3

指　　标	2015	2016	2017	2018	2019	2020	2021
货物周转量总计　（亿吨公里）	**178355.9**	**186629.5**	**197372.6**	**204686.2**	**199394.3**	**201945.7**	**223600.4**
铁路	23754.3	23792.3	26962.2	28821.0	30182.0	30514.5	33238.0
公路	57955.7	61080.1	66771.5	71249.2	59636.4	60171.8	69087.7
水运	91772.5	97338.8	98611.2	99052.8	103963.0	105834.4	115577.5
民航	208.1	222.4	243.6	262.5	263.2	240.2	278.2
管道	4665.4	4195.9	4784.1	5300.7	5349.7	5184.8	5419.1
全国港口货物吞吐量　（万吨）	**1146382**	**1188872**	**1267173**	**1334499**	**1395083**	**1454991**	**1554534**
沿海港口	784578	810933	865464	922392	918774	948002	997259
#外贸	325326	339026	358817	372129	385525	400457	418806
内河港口	361804	377939	401710	412107	476309	506989	557275
#外贸	36046	39558	43482	44165	46544	49096	50930
民用汽车拥有量　（万辆）	**16284.45**	**18574.54**	**20906.67**	**23231.23**	**25376.38**	**27340.92**	**29418.59**
#载客汽车	14095.88	16278.24	18469.54	20555.40	22474.27	24166.18	26015.84
载货汽车	2065.62	2171.89	2338.85	2567.82	2782.84	3042.64	3258.47
#私人汽车拥有量	14099.10	16330.22	18515.11	20574.93	22508.99	24291.19	26152
#载客汽车	12737.23	14896.27	17001.51	18930.29	20710.58	22333.81	24074.19
载货汽车	1330.65	1401.16	1478.40	1605.10	1753.66	1907.28	2022.34
民用运输船舶拥有量　（艘）	**165905**	**160144**	**144924**	**136975**	**131555**	**126805**	**125890**
机动船	149659	144568	131746	125754	121440	117931	118025
驳船	16246	15576	13178	11221	10115	8874	7865
全国港口码头泊位　（个）	**20363**	**19712**	**18329**	**17298**	**24458**	**23744**	**22213**
沿海港口	6115	6096	6209	6150	6426	6447	6386
#万吨级	1750	1814	1913	2019	2076	2138	2207
内河港口	14248	13616	12120	11148	18032	17297	15827
#万吨级	416	423	418	451	444	454	452
民用飞机　（架）	**4554**	**5046**	**5593**	**6134**	**6525**	**6795**	**7072**
#运输飞机	2650	2950	3296	3639	3818	3903	4054
通用航空飞机	1904	2096	2297	2495	2707	2892	3018

7-5-3 各地区城镇非私营单位交通运输业从业人员(2021年底)

单位：人

地 区	铁 路 运输业	道 路 运输业	水 上 运输业	航 空 运输业	管 道 运输业
全 国	**1893458**	**3465529**	**283592**	**598428**	**40128**
北 京	99786	223219	246	77872	9315
天 津	26806	58906	9219	8661	645
河 北	76056	131343	18016	6101	8332
山 西	102206	95603	25	5928	129
内蒙古	106195	60767		6717	185
辽 宁	104491	110678	18158	12626	193
吉 林	57445	64088	32	762	80
黑龙江	133989	47394	669	8140	
上 海	33257	156388	23910	79599	1524
江 苏	50434	208989	35252	17030	7505
浙 江	34230	188420	27862	14314	106
安 徽	42521	117623	6560	3604	28
福 建	32743	82168	14217	24936	116
江 西	54198	88135	2823	4104	570
山 东	87678	201822	42489	20792	2289
河 南	106417	201812	1423	10684	610
湖 北	78691	139770	11008	6921	707
湖 南	74078	118485	2995	8144	636
广 东	87129	368250	40662	119560	2126
广 西	63243	66681	6553	2621	91
海 南	6320	18778	5817	24511	21
重 庆	27956	117551	13895	14663	68
四 川	71739	178117	1096	40536	226
贵 州	33078	55969	281	12040	143
云 南	41049	69642	135	25936	250
西 藏	1757	9501	6	8188	
陕 西	93448	124303	36	13490	825
甘 肃	61743	43699	53	4127	259
青 海	24166	18293		2798	
宁 夏	19014	14755	111	2473	
新 疆	61595	84379	43	10552	3150

注：本篇资料数据来源为国家统计局《劳动工资统计报表制度》，统计范围为城镇非私营单位。

7-5-4 运输线路长度

单位：万公里

年 份	铁路营业里程	#国家铁路电气化里程	公路里程	#高速公路	内河航道里程	定期航班航线里程	#国际航线	管道输油(气)里程
1978	5.17	0.10	89.02		13.60	14.89	5.53	0.83
1980	5.33	0.17	88.83		10.85	19.53	8.12	0.87
1981	5.39	0.17	89.75		10.87	21.82	8.28	0.97
1982	5.33	0.18	90.70		10.86	23.27	9.99	1.04
1983	5.46	0.23	91.51		10.89	22.91	9.99	1.08
1984	5.48	0.30	92.67		10.93	26.02	10.74	1.10
1985	5.52	0.41	94.24		10.91	27.72	10.60	1.17
1986	5.58	0.44	96.28		10.94	32.31	10.76	1.30
1987	5.60	0.46	98.22		10.98	38.91	14.89	1.38
1988	5.62	0.57	99.96	0.01	10.94	37.38	12.83	1.43
1989	5.70	0.64	101.43	0.03	10.90	47.19	16.64	1.51
1990	5.79	0.69	102.83	0.05	10.92	50.68	16.64	1.59
1991	5.78	0.78	104.11	0.06	10.97	55.91	17.74	1.62
1992	5.81	0.84	105.67	0.07	10.97	83.66	30.30	1.59
1993	5.86	0.89	108.35	0.11	11.02	96.08	27.87	1.64
1994	5.90	0.90	111.78	0.16	11.02	104.56	35.19	1.68
1995	6.24	0.97	115.70	0.21	11.06	112.90	34.82	1.72
1996	6.49	1.01	118.58	0.34	11.08	116.65	38.63	1.93
1997	6.60	1.20	122.64	0.48	10.98	142.50	50.44	2.04
1998	6.64	1.30	127.85	0.87	11.03	150.58	50.44	2.31
1999	6.74	1.40	135.17	1.16	11.65	152.22	52.33	2.49
2000	6.87	1.49	167.98	1.63	11.93	150.29	50.84	2.47
2001	7.01	1.69	169.80	1.94	12.15	155.36	51.69	2.76
2002	7.19	1.74	176.52	2.51	12.16	163.77	57.45	2.98
2003	7.30	1.81	180.98	2.97	12.40	174.95	71.53	3.26
2004	7.44	1.86	187.07	3.43	12.33	204.94	89.42	3.82
2005	7.54	1.94	334.52	4.10	12.33	199.85	85.59	4.40
2006	7.71	2.34	345.70	4.53	12.34	211.35	96.62	4.81
2007	7.80	2.40	358.37	5.39	12.35	234.30	104.74	5.45
2008	7.97	2.50	373.02	6.03	12.28	246.18	112.02	5.83
2009	8.55	3.02	386.08	6.51	12.37	234.51	91.99	6.91
2010	9.12	3.27	400.82	7.41	12.42	276.51	107.02	7.85
2011	9.32	3.43	410.64	8.49	12.46	349.06	149.44	8.33
2012	9.76	3.55	423.75	9.62	12.50	328.01	128.47	9.01
2013	10.31	3.60	435.62	10.44	12.59	410.60	150.32	9.85
2014	11.18	3.69	446.39	11.19	12.63	463.72	176.72	10.57
2015	12.10	7.47	457.73	12.35	12.70	531.72	239.44	10.87
2016	12.40	8.03	469.63	13.10	12.71	634.81	282.80	11.34
2017	12.70	8.66	477.35	13.64	12.70	748.30	324.59	11.93
2018	13.17	9.22	484.65	14.26	12.71	837.98	359.89	12.23
2019	13.99	10.04	501.25	14.96	12.73	948.22	401.47	12.66
2020	14.63	10.63	519.81	16.10	12.77	942.63	382.87	13.41
2021	15.07	11.08	528.07	16.91	12.76	689.78	131.96	13.12

7-5-5 客运量

单位：万人

年 份	总计	铁路	公路	水运	民航
1952	24518	16352	4559	3605	2
1957	63821	31262	23772	8780	7
1962	122154	75003	30737	16397	17
1965	96334	41245	43693	11369	27
1970	130056	52455	61812	15767	22
1975	192969	70465	101350	21015	139
1978	253993	81491	149229	23042	231
1980	341785	92204	222799	26439	343
1985	620206	112110	476486	30863	747
1986	688211	108579	544259	34377	996
1987	746422	112479	593682	38951	1310
1988	809592	122645	650473	35032	1442
1989	791374	113805	644508	31778	1283
1990	772682	95712	648085	27225	1660
1991	806048	95080	682681	26109	2178
1992	860855	99693	731774	26502	2886
1993	996634	105458	860719	27074	3383
1994	1092882	108738	953940	26165	4039
1995	1172596	102745	1040810	23924	5117
1996	1245357	94797	1122110	22895	5555
1997	1326094	93308	1204583	22573	5630
1998	1378717	95085	1257332	20545	5755
1999	1394413	100164	1269004	19151	6094
2000	1478573	105073	1347392	19386	6722
2001	1534122	105155	1402798	18645	7524
2002	1608150	105606	1475257	18693	8594
2003	1587497	97260	1464335	17142	8759
2004	1767453	111764	1624526	19040	12123
2005	1847018	115583	1697381	20227	13827
2006	2024158	125656	1860487	22047	15968
2007	2227761	135670	2050680	22835	18576
2008	2867892	146193	2682114	20334	19251
2009	2976898	152451	2779081	22314	23052
2010	3269508	167609	3052738	22392	26769
2011	3526319	186226	3286220	24556	29317
2012	3804035	189337	3557010	25752	31936
2013	2122992	210597	1853463	23535	35397
2014	2032218	230460	1736270	26293	39195
2015	1943271	253484	1619097	27072	43618
2016	1900194	281405	1542759	27234	48796
2017	1848620	308379	1456784	28300	55156
2018	1793820	337495	1367170	27981	61174
2019	1760436	366002	1301173	27267	65993
2020	966540	220350	689425	14987	41778
2021	830257	261171	508693	16337	44056

7-5-6 客运量构成

单位：%

年 份	总计	铁路	公路	水运	民航
1952	100.0	66.7	18.6	14.7	0.01
1957	100.0	49.0	37.2	13.8	0.01
1962	100.0	61.4	25.2	13.4	0.01
1965	100.0	42.8	45.4	11.8	0.03
1970	100.0	40.3	47.5	12.1	0.02
1975	100.0	36.5	52.5	10.9	0.07
1978	100.0	32.1	58.8	9.1	0.09
1980	100.0	27.0	65.2	7.7	0.10
1985	100.0	18.1	76.8	5.0	0.12
1986	100.0	15.8	79.1	5.0	0.14
1987	100.0	15.1	79.5	5.2	0.18
1988	100.0	15.1	80.3	4.3	0.18
1989	100.0	14.4	81.4	4.0	0.16
1990	100.0	12.4	83.9	3.5	0.21
1991	100.0	11.8	84.7	3.2	0.27
1992	100.0	11.6	85.0	3.1	0.34
1993	100.0	10.6	86.4	2.7	0.34
1994	100.0	9.9	87.3	2.4	0.37
1995	100.0	8.8	88.8	2.0	0.44
1996	100.0	7.6	90.1	1.8	0.45
1997	100.0	7.0	90.8	1.7	0.42
1998	100.0	6.9	91.2	1.5	0.42
1999	100.0	7.2	91.0	1.4	0.44
2000	100.0	7.1	91.1	1.3	0.45
2001	100.0	6.9	91.4	1.2	0.49
2002	100.0	6.6	91.7	1.2	0.53
2003	100.0	6.1	92.2	1.1	0.55
2004	100.0	6.3	91.9	1.1	0.69
2005	100.0	6.3	91.9	1.1	0.75
2006	100.0	6.2	91.9	1.1	0.79
2007	100.0	6.1	92.1	1.0	0.83
2008	100.0	5.1	93.5	0.7	0.67
2009	100.0	5.1	93.4	0.7	0.77
2010	100.0	5.1	93.4	0.7	0.82
2011	100.0	5.3	93.2	0.7	0.83
2012	100.0	5.0	93.5	0.7	0.84
2013	100.0	9.9	87.3	1.1	1.67
2014	100.0	11.3	85.4	1.3	1.90
2015	100.0	13.0	83.3	1.4	2.24
2016	100.0	14.8	81.2	1.4	2.57
2017	100.0	16.7	78.8	1.5	2.98
2018	100.0	18.8	76.2	1.6	3.41
2019	100.0	20.8	73.9	1.5	3.75
2020	100.0	22.8	71.3	1.6	4.32
2021	100.0	31.5	61.3	2.0	5.31

7-5-7 旅客周转量

单位：亿人公里

年 份	总计	铁路	公路	水运	民航
1952	248.02	200.64	22.64	24.50	0.24
1957	496.55	361.30	88.07	46.38	0.80
1962	1085.56	859.01	141.46	83.92	1.17
1965	697.04	478.99	168.20	47.37	2.48
1970	1031.05	718.19	240.06	71.01	1.79
1975	1434.55	954.09	374.48	90.59	15.39
1978	1743.07	1093.22	521.30	100.63	27.91
1980	2281.34	1383.16	729.50	129.12	39.56
1985	4436.39	2416.14	1724.88	178.65	115.72
1986	4896.51	2586.71	1981.74	182.06	146.00
1987	5418.18	2843.06	2190.43	195.92	186.06
1988	6208.91	3260.31	2528.24	203.92	216.91
1989	6074.56	3037.41	2662.11	188.27	186.77
1990	5628.35	2612.64	2620.32	164.91	230.48
1991	6178.32	2828.05	2871.74	177.21	301.32
1992	6949.38	3152.24	3192.64	198.38	406.12
1993	7858.00	3483.30	3700.70	196.40	477.60
1994	8591.42	3636.04	4220.30	183.50	551.58
1995	9001.90	3545.70	4603.10	171.80	681.30
1996	9164.80	3347.60	4908.79	160.57	747.84
1997	10055.48	3584.86	5541.40	155.70	773.52
1998	10636.74	3773.42	5942.81	120.27	800.24
1999	11299.74	4135.94	6199.20	107.30	857.30
2000	12261.05	4532.59	6657.42	100.50	970.54
2001	13155.13	4766.82	7207.08	89.88	1091.35
2002	14125.63	4969.38	7805.77	81.78	1268.70
2003	13810.50	4788.61	7695.60	63.10	1263.19
2004	16309.08	5712.17	8748.38	66.25	1782.28
2005	17466.74	6061.96	9292.08	67.77	2044.93
2006	19197.21	6622.12	10130.85	73.58	2370.66
2007	21592.58	7216.31	11506.77	77.78	2791.73
2008	23196.70	7778.60	12476.11	59.18	2882.80
2009	24834.94	7878.89	13511.44	69.38	3375.24
2010	27894.26	8762.18	15020.81	72.27	4039.00
2011	30984.03	9612.29	16760.25	74.53	4536.96
2012	33383.09	9812.33	18467.55	77.48	5025.74
2013	27571.65	10595.62	11250.94	68.33	5656.76
2014	28647.13	11241.85	10996.75	74.34	6334.19
2015	30058.90	11960.60	10742.66	73.08	7282.55
2016	31258.46	12579.29	10228.71	72.33	8378.13
2017	32812.80	13456.92	9765.18	77.66	9513.04
2018	34218.15	14146.58	9279.68	79.57	10712.32
2019	35349.24	14706.64	8857.08	80.22	11705.30
2020	19251.46	8266.19	4641.01	32.99	6311.28
2021	19758.15	9567.81	3627.54	33.11	6529.69

7-5-8 旅客周转量构成

单位：%

年 份	总计	铁路	公路	水运	民航
1952	100.0	80.9	9.1	9.9	0.1
1957	100.0	72.8	17.7	9.3	0.2
1962	100.0	79.1	13.0	7.7	0.1
1965	100.0	68.7	24.1	6.8	0.4
1970	100.0	69.7	23.3	6.9	0.2
1975	100.0	66.5	26.1	6.3	1.1
1978	100.0	62.7	29.9	5.8	1.6
1980	100.0	60.6	32.0	5.7	1.7
1985	100.0	54.5	38.9	4.0	2.6
1986	100.0	52.8	40.5	3.7	3.0
1987	100.0	52.5	40.4	3.6	3.4
1988	100.0	52.5	40.7	3.3	3.5
1989	100.0	50.0	43.8	3.1	3.1
1990	100.0	46.4	46.6	2.9	4.1
1991	100.0	45.8	46.5	2.9	4.9
1992	100.0	45.4	45.9	2.9	5.8
1993	100.0	44.3	47.1	2.5	6.1
1994	100.0	42.3	49.1	2.1	6.4
1995	100.0	39.4	51.1	1.9	7.6
1996	100.0	36.5	53.6	1.8	8.2
1997	100.0	35.7	55.1	1.5	7.7
1998	100.0	35.5	55.9	1.1	7.5
1999	100.0	36.6	54.9	0.9	7.6
2000	100.0	37.0	54.3	0.8	7.9
2001	100.0	36.2	54.8	0.7	8.3
2002	100.0	35.2	55.3	0.6	9.0
2003	100.0	34.7	55.7	0.5	9.1
2004	100.0	35.0	53.6	0.4	10.9
2005	100.0	34.7	53.2	0.4	11.7
2006	100.0	34.5	52.8	0.4	12.3
2007	100.0	33.4	53.3	0.4	12.9
2008	100.0	33.5	53.8	0.3	12.4
2009	100.0	31.7	54.4	0.3	13.6
2010	100.0	31.4	53.8	0.3	14.5
2011	100.0	31.0	54.1	0.2	14.6
2012	100.0	29.4	55.3	0.2	15.1
2013	100.0	38.4	40.8	0.2	20.5
2014	100.0	39.2	38.4	0.3	22.1
2015	100.0	39.8	35.7	0.2	24.2
2016	100.0	40.2	32.7	0.2	26.8
2017	100.0	41.0	29.8	0.2	29.0
2018	100.0	41.3	27.1	0.2	31.3
2019	100.0	41.6	25.1	0.2	33.1
2020	100.0	42.9	24.1	0.2	32.8
2021	100.0	48.4	18.4	0.2	33.0

7-5-9 旅客运输平均运距

单位：公里

年 份	总计	铁路	公路	水运	民航
1952	101	123	50	68	1200
1957	78	116	37	53	1143
1962	89	115	46	51	688
1965	72	116	38	42	919
1970	79	137	39	45	814
1975	74	135	37	43	1107
1978	69	134	35	44	1208
1980	67	150	33	49	1153
1985	72	216	36	58	1563
1986	71	238	36	53	1466
1987	73	253	37	50	1441
1988	77	266	39	58	1501
1989	77	267	41	59	1456
1990	73	273	40	61	1388
1991	77	297	42	68	1383
1992	81	316	44	75	1407
1993	79	330	43	73	1412
1994	79	334	44	70	1366
1995	77	345	44	72	1331
1996	74	353	44	70	1346
1997	76	384	46	69	1374
1998	77	397	47	59	1391
1999	81	413	49	56	1407
2000	83	431	49	52	1444
2001	86	453	51	48	1450
2002	88	471	53	44	1476
2003	87	492	53	37	1442
2004	92	511	54	35	1470
2005	95	524	55	34	1479
2006	95	527	54	33	1485
2007	97	532	56	34	1503
2008	81	532	47	29	1497
2009	83	517	49	31	1464
2010	85	523	49	32	1509
2011	88	516	51	30	1548
2012	88	518	52	30	1574
2013	130	503	61	29	1598
2014	141	488	63	28	1616
2015	155	472	66	27	1670
2016	165	447	66	27	1717
2017	177	436	67	27	1725
2018	191	419	68	28	1751
2019	201	402	68	29	1774
2020	199	375	67	22	1511
2021	238	366	71	20	1482

7-5-10 货运量

单位：万吨

年 份	总计	铁路	公路	水运	民航	管道
1952	35605	13217	17247	5141	0.2	
1957	89990	27421	46762	15806	0.8	
1962	92185	35261	38909	18013	1.8	
1965	133253	49100	59995	24155	2.5	
1970	167913	68132	72929	26848	3.7	
1975	251593	88955	117633	38968	4.7	6032
1978	319431	110119	151602	47357	6.4	10347
1980	310841	111279	142195	46833	8.9	10525
1985	745763	130709	538062	63322	19.5	13650
1986	853557	135635	620113	82962	22.4	14825
1987	948229	140653	711424	80979	29.9	15143
1988	982195	144948	732315	89281	32.7	15618
1989	988435	151489	733781	87493	31.0	15641
1990	970602	150681	724040	80094	37.0	15750
1991	985793	152893	733907	83370	45.2	15578
1992	1045899	157627	780941	92490	57.5	14783
1993	1115902	162794	840256	97938	69.4	14845
1994	1180396	163216	894914	107091	82.9	15092
1995	1234938	165982	940387	113194	101.1	15274
1996	1298421	171024	983860	127430	115.0	15992
1997	1278218	172149	976536	113406	124.7	16002
1998	1267427	164309	976004	109555	140.1	17419
1999	1293008	167554	990444	114608	170.4	20232
2000	1358682	178581	1038813	122391	196.7	18700
2001	1401786	193189	1056312	132675	171.0	19439
2002	1483447	204956	1116324	141832	202.1	20133
2003	1564492	224248	1159957	158070	219.0	21998
2004	1706412	249017	1244990	187394	276.7	24734
2005	1862066	269296	1341778	219648	306.7	31037
2006	2037060	288224	1466347	248703	349.4	33436
2007	2275822	314237	1639432	281199	401.8	40552
2008	2585937	330354	1916759	294510	407.6	43906
2009	2825222	333348	2127834	318996	445.5	44598
2010	3241807	364271	2448052	378949	563.0	49972
2011	3696961	393263	2820100	425968	557.5	57073
2012	4099400	390438	3188475	458705	545.0	61238
2013	4098900	396697	3076648	559785	561.3	65209
2014	4167296	381334	3113334	598283	594.1	73752
2015	4175886	335801	3150019	613567	629.3	75870
2016	4386763	333186	3341259	638238	668.0	73411
2017	4804850	368865	3686858	667846	705.9	80576
2018	5152732	402631	3956871	702684	738.5	89807
2019	4713624	438904	3435480	747225	753.1	91261
2020	4729579	455236	3426413	761630	676.6	81907
2021	5298499	477372	3913889	823973	731.8	82534

注：1.从1979年起，公路运输包括社会车辆完成数量；从1984年起，还包括私营运输完成的数量(后相同)，从2008年起公路运输量统计原则上为营运车辆。水路运输量统计范围为在交通运输主管部门审批、备案、从事营业性货物运输生产的船舶。

2.1993年及以后年份，铁路货物运输指标口径有调整，增加了行包运量(后相同)。

3.本资料从2012年开始，将1980年以前的公路、水路货运历史数据按部门口径进行了调整(以下各表同)。

7-5-11 货运量构成

单位：%

年 份	总计	铁路	公路	水运	民航	管道
1952	100.0	37.1	48.4	14.4		
1957	100.0	30.5	52.0	17.6		
1962	100.0	38.3	42.2	19.5		
1965	100.0	36.8	45.0	18.1		
1970	100.0	40.6	43.4	16.0		
1975	100.0	35.4	46.8	15.5		2.4
1978	100.0	34.5	47.5	14.8		3.2
1980	100.0	35.8	45.7	15.1		3.4
1985	100.0	17.5	72.1	8.5		1.6
1986	100.0	15.9	72.7	9.7		1.7
1987	100.0	14.8	75.0	8.5		1.6
1988	100.0	14.7	74.6	9.1		1.6
1989	100.0	15.4	74.2	8.9		1.6
1990	100.0	15.6	74.6	8.3		1.6
1991	100.0	15.5	74.4	8.5		1.6
1992	100.0	15.1	74.7	8.8		1.4
1993	100.0	14.6	75.3	8.8	0.01	1.3
1994	100.0	13.8	75.8	9.1	0.01	1.3
1995	100.0	13.4	76.1	9.2	0.01	1.2
1996	100.0	13.2	75.8	9.8	0.01	1.2
1997	100.0	13.5	76.4	8.9	0.01	1.3
1998	100.0	13.0	77.0	8.6	0.01	1.4
1999	100.0	13.0	76.6	8.9	0.01	1.6
2000	100.0	13.1	76.5	9.0	0.01	1.4
2001	100.0	13.8	75.4	9.5	0.01	1.4
2002	100.0	13.8	75.3	9.6	0.01	1.4
2003	100.0	14.3	74.1	10.1	0.01	1.4
2004	100.0	14.6	73.0	11.0	0.02	1.4
2005	100.0	14.5	72.1	11.8	0.02	1.7
2006	100.0	14.1	72.0	12.2	0.02	1.6
2007	100.0	13.8	72.0	12.4	0.02	1.8
2008	100.0	12.8	74.1	11.4	0.02	1.7
2009	100.0	11.8	75.3	11.3	0.02	1.6
2010	100.0	11.2	75.5	11.7	0.02	1.5
2011	100.0	10.6	76.3	11.5	0.02	1.5
2012	100.0	9.5	77.8	11.2	0.01	1.5
2013	100.0	9.7	75.1	13.7	0.01	1.6
2014	100.0	9.2	74.7	14.4	0.01	1.8
2015	100.0	8.0	75.4	14.7	0.02	1.8
2016	100.0	7.6	76.2	14.5	0.02	1.7
2017	100.0	7.7	76.7	13.9	0.01	1.7
2018	100.0	7.8	76.8	13.6	0.01	1.7
2019	100.0	9.3	72.9	15.9	0.02	1.9
2020	100.0	9.6	72.4	16.1	0.01	1.8
2021	100.0	9.0	73.9	15.6	0.01	1.6

7-5-12 货物周转量

单位：亿吨公里

年 份	总计	铁路	公路	水运	民航	管道
1952	767	601.6	19.6	145.8	0.02	
1957	1826	1345.9	62.4	417.4	0.08	
1962	2252	1721.1	75.1	456.0	0.15	
1965	3485	2698.7	110.0	676.4	0.25	
1970	4590	3496.0	154.0	939.9	0.35	
1975	7594	4255.6	248.1	2827.8	0.60	262
1978	9928	5345.2	350.3	3801.8	0.97	430
1980	11629	5717.5	342.9	5076.5	1.41	491
1985	18365	8125.7	1903.0	7729.3	4.15	603
1986	20147	8764.8	2118.0	8647.9	4.76	612
1987	22229	9471.5	2660.4	9465.1	6.52	625
1988	23826	9877.6	3220.4	10070.4	7.32	650
1989	25592	10394.2	3374.8	11186.8	6.93	629
1990	26208	10622.4	3358.1	11591.9	8.18	627
1991	27987	10972.0	3428.0	12955.4	10.10	621
1992	29218	11575.6	3755.4	13256.2	13.42	617
1993	30647	12090.9	4070.5	13860.8	16.61	608
1994	33435	12632.0	4486.3	15686.6	18.58	612
1995	35909	13049.5	4694.9	17552.2	22.30	590
1996	36590	13106.2	5011.2	17862.5	24.93	585
1997	38385	13269.9	5271.5	19235.0	29.10	579
1998	38089	12560.1	5483.4	19405.8	33.45	606
1999	40568	12910.3	5724.3	21262.8	42.34	628
2000	44321	13770.5	6129.4	23734.2	50.27	636
2001	47710	14694.1	6330.4	25988.9	43.72	653
2002	50686	15658.4	6782.5	27510.6	51.55	683
2003	53859	17246.7	7099.5	28715.8	57.90	739
2004	69445	19288.8	7840.9	41428.7	71.80	815
2005	80258	20726.0	8693.2	49672.3	78.90	1088
2006	88840	21954.4	9754.2	55485.7	94.28	1551
2007	101419	23797.0	11354.7	64284.8	116.39	1866
2008	110300	25106.3	32868.2	50262.7	119.60	1944
2009	122133	25239.2	37188.8	57556.7	126.23	2022
2010	141837	27644.1	43389.7	68427.5	178.90	2197
2011	159324	29465.8	51374.7	75423.8	173.91	2885
2012	173771	29187.1	59534.9	81707.6	163.89	3177
2013	168014	29173.9	55738.1	79435.7	170.29	3496
2014	181668	27530.2	56846.9	92774.6	187.77	4328
2015	178356	23754.3	57955.7	91772.5	208.07	4665
2016	186629	23792.3	61080.1	97338.8	222.45	4196
2017	197373	26962.2	66771.5	98611.2	243.55	4784
2018	204686	28821.0	71249.2	99052.8	262.50	5301
2019	199394	30182.0	59636.4	103963.0	263.20	5350
2020	201946	30514.5	60171.8	105834.4	240.20	5185
2021	223600	33238.0	69087.7	115577.5	278.15	5419

7-5-13 货物周转量构成

单位：%

年　份	总计	铁路	公路	水运	民航	管道
1952	100.0	78.4	2.6	19.0		
1957	100.0	73.7	3.4	22.9		
1962	100.0	76.4	3.3	20.2	0.01	
1965	100.0	77.4	3.2	19.4	0.01	
1970	100.0	76.2	3.4	20.5	0.01	
1975	100.0	56.0	3.3	37.2	0.01	3.5
1978	100.0	53.8	3.5	38.3	0.01	4.3
1980	100.0	49.2	2.9	43.7	0.01	4.2
1985	100.0	44.2	10.4	42.1	0.02	3.3
1986	100.0	43.5	10.5	42.9	0.02	3.0
1987	100.0	42.6	12.0	42.6	0.03	2.8
1988	100.0	41.5	13.5	42.3	0.03	2.7
1989	100.0	40.6	13.2	43.7	0.03	2.5
1990	100.0	40.5	12.8	44.2	0.03	2.4
1991	100.0	39.2	12.2	46.3	0.04	2.2
1992	100.0	39.6	12.9	45.4	0.05	2.1
1993	100.0	39.5	13.3	45.2	0.05	2.0
1994	100.0	37.8	13.4	46.9	0.06	1.8
1995	100.0	36.3	13.1	48.9	0.06	1.6
1996	100.0	35.8	13.7	48.8	0.07	1.6
1997	100.0	34.6	13.7	50.1	0.08	1.5
1998	100.0	33.0	14.4	50.9	0.09	1.6
1999	100.0	31.8	14.1	52.4	0.10	1.5
2000	100.0	31.1	13.8	53.6	0.11	1.4
2001	100.0	30.8	13.3	54.5	0.09	1.4
2002	100.0	30.9	13.4	54.3	0.10	1.3
2003	100.0	32.0	13.2	53.3	0.11	1.4
2004	100.0	27.8	11.3	59.7	0.10	1.2
2005	100.0	25.8	10.8	61.9	0.10	1.4
2006	100.0	24.7	11.0	62.5	0.11	1.7
2007	100.0	23.5	11.2	63.4	0.11	1.8
2008	100.0	22.8	29.8	45.6	0.11	1.8
2009	100.0	20.7	30.4	47.1	0.10	1.7
2010	100.0	19.5	30.6	48.2	0.13	1.5
2011	100.0	18.5	32.2	47.3	0.11	1.8
2012	100.0	16.8	34.3	47.0	0.09	1.8
2013	100.0	17.4	33.2	47.3	0.10	2.1
2014	100.0	15.2	31.3	51.1	0.10	2.4
2015	100.0	13.3	32.5	51.5	0.12	2.6
2016	100.0	12.7	32.7	52.2	0.12	2.2
2017	100.0	13.7	33.8	50.0	0.12	2.4
2018	100.0	14.1	34.8	48.4	0.13	2.6
2019	100.0	15.1	29.9	52.1	0.13	2.7
2020	100.0	15.1	29.8	52.3	0.12	2.7
2021	100.0	14.9	30.9	51.7	0.12	2.4

7-5-14 货物运输平均运距

单位：公里

年 份	总计	铁路	公路	水运	民航	管道
1952	215	455	11	284	1000	
1957	203	491	13	264	1000	
1962	244	488	19	253	833	
1965	262	550	18	280	1003	
1970	273	513	21	350	951	
1975	302	478	21	726	1280	434
1978	311	485	23	803	1516	416
1980	374	514	24	1084	1580	467
1985	246	622	35	1221	2129	442
1986	236	646	34	1042	2146	413
1987	234	673	37	1169	2182	413
1988	243	681	44	1128	2231	416
1989	259	686	46	1279	2237	402
1990	270	705	46	1447	2211	398
1991	284	718	47	1554	2234	399
1992	279	734	48	1433	2335	417
1993	275	743	48	1415	2394	410
1994	283	774	50	1465	2241	406
1995	291	786	50	1551	2206	386
1996	282	766	51	1402	2168	366
1997	300	771	54	1696	2334	362
1998	301	764	56	1771	2388	348
1999	314	771	58	1855	2485	310
2000	326	771	59	1939	2555	340
2001	340	761	60	1959	2556	336
2002	342	764	61	1940	2551	339
2003	344	769	61	1817	2643	336
2004	407	775	63	2211	2595	329
2005	431	770	65	2261	2572	350
2006	436	762	67	2231	2698	464
2007	446	757	69	2286	2896	460
2008	427	760	171	1707	2934	443
2009	432	757	175	1804	2833	453
2010	438	759	177	1806	3177	440
2011	431	749	182	1771	3120	506
2012	424	748	187	1781	3007	519
2013	410	735	181	1419	3034	536
2014	436	722	183	1551	3161	587
2015	427	707	184	1496	3306	615
2016	425	714	183	1525	3330	572
2017	411	731	181	1477	3450	594
2018	397	716	180	1410	3554	590
2019	423	688	174	1391	3495	586
2020	428	670	176	1390	3550	637
2021	422	696	177	1403	2415	657

7-5-15 各地区客运量

单位：万人

地 区	总计	铁路	公路	水运
全 国	**830257**	**261171**	**508693**	**16337**
北 京	36666	8607	28059	
天 津	12391	3406	8916	70
河 北	15009	7931	7079	
山 西	11810	6454	5280	76
内蒙古	6283	3597	2686	
辽 宁	27408	7778	19362	268
吉 林	13470	4216	9155	98
黑龙江	13480	4867	8477	135
上 海	11125	9284	1480	361
江 苏	67295	21367	43789	2140
浙 江	46355	18263	24246	3846
安 徽	27563	11118	16284	161
福 建	19614	8350	10522	742
江 西	24304	9167	14978	159
山 东	29975	13790	15139	1047
河 南	50717	13126	37388	203
湖 北	33040	11627	21098	314
湖 南	50660	12865	37031	764
广 东	53599	24452	27567	1580
广 西	27918	9088	18326	504
海 南	8944	2771	4856	1317
重 庆	32754	6497	25647	610
四 川	60287	14073	45349	865
贵 州	25855	6481	19004	370
云 南	20582	5253	14973	357
西 藏	939	327	612	
陕 西	20587	7728	12794	66
甘 肃	15494	4601	10813	79
青 海	2474	821	1590	63
宁 夏	3575	720	2713	141
新 疆	16026	2543	13483	
不分地区	44056			

注：不分地区合计数为民航完成客运量。

7-5-16 各地区旅客周转量

单位：亿人公里

地 区	总计	铁路	公路	水运
全 国	**19758.15**	**9567.81**	**3627.54**	**33.11**
北 京	149.59	95.48	54.11	
天 津	171.01	116.61	54.30	0.11
河 北	682.13	615.67	66.46	
山 西	221.32	165.44	55.85	0.03
内蒙古	164.82	130.61	34.20	
辽 宁	431.43	333.45	96.09	1.89
吉 林	208.72	135.73	72.90	0.09
黑龙江	190.24	133.48	56.62	0.14
上 海	134.65	84.27	49.68	0.71
江 苏	991.53	689.12	301.58	0.83
浙 江	713.62	531.81	176.87	4.94
安 徽	753.60	605.57	147.82	0.21
福 建	313.97	238.64	74.52	0.82
江 西	603.91	505.96	97.71	0.24
山 东	706.81	525.13	177.83	3.85
河 南	985.32	691.16	293.73	0.43
湖 北	620.77	490.28	128.61	1.88
湖 南	857.69	660.62	195.38	1.69
广 东	940.86	670.39	265.96	4.51
广 西	521.94	335.64	184.22	2.08
海 南	89.94	44.70	42.43	2.82
重 庆	281.17	157.80	120.39	2.98
四 川	596.57	325.32	270.27	0.98
贵 州	410.16	255.39	153.89	0.89
云 南	283.36	144.70	138.03	0.63
西 藏	30.16	15.38	14.77	
陕 西	435.53	333.42	101.97	0.14
甘 肃	335.90	269.11	66.70	0.09
青 海	85.01	57.23	27.72	0.06
宁 夏	55.92	29.03	26.81	0.08
新 疆	260.78	180.66	80.12	
不分地区	6529.68			

注：不分地区合计数为民航完成旅客周转量。

7-5-17 各地区货运量

单位：万吨

地 区	总计	铁路	公路	水运
全 国	**5298499**	**477372**	**3913889**	**823973**
北 京	23425	350	23075	
天 津	56435	11750	34527	10159
河 北	261208	29205	227203	4800
山 西	217623	102909	114698	16
内蒙古	215975	83128	132847	
辽 宁	179238	23151	152596	3491
吉 林	53587	5912	47675	
黑龙江	55116	12512	42086	519
上 海	154793	513	52899	101380
江 苏	294678	9738	186708	98232
浙 江	328041	5177	213653	109210
安 徽	401415	7791	259044	134580
福 建	166113	5112	110777	50224
江 西	198685	4818	181024	12843
山 东	342728	32203	291196	19329
河 南	255551	11563	226447	17541
湖 北	214762	5828	161310	47625
湖 南	224465	4771	198423	21272
广 东	386540	11844	267489	107206
广 西	216168	9119	169019	38030
海 南	27991	1100	7608	19282
重 庆	144593	1946	121185	21462
四 川	184312	7535	171377	5400
贵 州	96989	7276	89154	560
云 南	135007	5342	129090	576
西 藏	4583	81	4502	
陕 西	160695	37894	122716	85
甘 肃	76109	6444	69665	
青 海	17817	3735	14083	
宁 夏	46929	9423	37506	
新 疆	73508	19199	54309	
不分地区	83418			152

7-5-18 各地区货物周转量

单位：亿吨公里

地 区	总计	铁路	公路	水运
全 国	**223600**	**33238**	**69088**	**115578**
北 京	1077	803	274	
天 津	2678	554	673	1451
河 北	14769	5395	8650	724
山 西	6445	3219	3226	
内蒙古	4934	2715	2219	
辽 宁	4525	1246	2720	559
吉 林	2069	545	1524	
黑龙江	1745	883	816	46
上 海	34075	19	1037	33018
江 苏	11789	358	3688	7743
浙 江	12938	271	2637	10030
安 徽	11068	827	3728	6513
福 建	10159	201	1233	8725
江 西	4885	570	3960	354
山 东	12050	1730	7518	2802
河 南	10675	2385	7026	1264
湖 北	6743	1100	2196	3446
湖 南	2898	987	1461	450
广 东	28032	363	2980	24689
广 西	4882	773	1873	2236
海 南	8772	16	45	8711
重 庆	3846	255	1156	2436
四 川	3079	1024	1790	265
贵 州	1436	686	726	24
云 南	1868	483	1378	8
西 藏	150	31	119	
陕 西	3945	2126	1819	
甘 肃	2887	1690	1197	
青 海	592	431	160	
宁 夏	812	235	578	
新 疆	2000	1319	681	
不分地区	5781			84

7-5-19 全国铁路基本情况

指　　标	2010	2011	2012	2013	2014	2015
运输线路里程　（公里）						
营业里程	91178.5	93249.6	97625.5	103144.6	111821.1	120970.4
#高速铁路	5133.4	6601.0	9356.0	11028.0	16456.0	19838.0
复线里程	37487.2	39499.7	43654.6	48192.3	56725.0	64687.1
电气化铁路里程	42464.4	46064.0	50867.2	55649.1	65055.5	74746.6
正线延展里程	129438.8	133839.0	142338.3	152320.8	169806.7	186521.9
运输设备						
机车拥有量　（台）	19431	20721	20797	20835	21096	21366
客车拥有量　（辆）	52275	54731	57721	58965	60629	67706
货车拥有量　（辆）	625110	651175	670801	721850	716578	768516
客货运输						
客运量　（万人）	167609	186226	189337	210597	230460	253484
旅客周转量　（亿人公里）	8762.18	9612.29	9812.33	10595.62	11241.85	11960.60
货运量　（万吨）	364271	393263	390438	396697	381334	335801
货物周转量　（亿吨公里）	27644.13	29465.79	29187.09	29173.89	27530.19	23754.31

7-5-19　续表

指　　标	2016	2017	2018	2019	2020	2021
运输线路里程　（公里）						
营业里程	123991.9	126969.9	131651.3	139926.4	146330.4	150739.3
#高速铁路	22980.0	25163.8	29903.8	35388.3	37929.0	40139.3
复线里程	68072.6	71760.5	76346.3	83043.9	86586.8	89581.4
电气化铁路里程	80310.0	86553.4	92185.0	100446.5	106283.5	110761.7
正线延展里程	193443.6	200049.2	212986.8	224147.3	234902.1	246159.0
运输设备						
机车拥有量　（台）	21453	21420	21482	21733	21865	21741
客车拥有量　（辆）	70872	72262	73199	74848	76033	77572
货车拥有量　（辆）	764783	808736	839213	877134	912735	966361
客货运输						
客运量　（万人）	281405	308379	337495	366002	220350	261171
旅客周转量　（亿人公里）	12579.29	13456.92	14146.58	14706.64	8266.19	9567.81
货运量　（万吨）	333186	368865	402631	438904	455236	477372
货物周转量　（亿吨公里）	23792	26962	28821	30182	30514	33238

7-5-20 各地区铁路线路年末里程

（按地区分） 单位：公里

地 区	正线延展里程	营业里程	正式营业里程
总 计	**246159.0**	**150739.3**	**150739.3**
北 京	2561.6	1501.7	1501.7
天 津	2303.1	1190.6	1190.6
河 北	14341.8	8121.6	8121.6
山 西	11060.1	6251.9	6251.9
内蒙古	20331.4	14209.5	14209.5
辽 宁	11314.4	6733.6	6733.6
吉 林	7396.5	5151.7	5151.7
黑龙江	10758.8	7152.9	7152.9
上 海	890.1	490.9	490.9
江 苏	7930.8	4398.1	4398.1
浙 江	5777.3	3345.2	3345.2
安 徽	9740.6	5409.7	5409.7
福 建	6027.8	3987.6	3987.6
江 西	8798.5	5196.7	5196.7
山 东	12510.4	7198.3	7198.3
河 南	12295.5	6519.4	6519.4
湖 北	9417.4	5226.9	5226.9
湖 南	9898.9	5908.7	5908.7
广 东	9458.4	5278.4	5278.4
广 西	7905.8	5216.1	5216.1
海 南	1701.1	1033.4	1033.4
重 庆	3991.4	2359.0	2359.0
四 川	8890.9	5600.9	5600.9
贵 州	6283.1	3873.1	3873.1
云 南	6772.4	4744.4	4744.4
西 藏	1184.4	1187.8	1187.8
陕 西	10185.9	5630.2	5630.2
甘 肃	9006.0	5338.5	5338.5
青 海	4060.6	2974.8	2974.8
宁 夏	2539.9	1677.8	1677.8
新 疆	10824.0	7829.9	7829.9

7-5-21 国家铁路货物发送量及到达量

(按地区分) 单位：万吨

地 区	2021年		2020年		2021年比2020年增减	
	发送量	到达量	发送量	到达量	发送量	到达量
总 计	**371713**	**371713**	**357627**	**357627**	**14085**	**14085**
北 京	311	1656	360	1559	-50	97
天 津	10813	13692	11124	12810	-310	882
河 北	20971	75975	22198	72936	-1228	3039
山 西	90279	12723	85094	12396	5185	328
内蒙古	43546	17248	40197	16922	3349	326
辽 宁	21081	26138	21953	28495	-871	-2356
吉 林	5619	11184	6259	11421	-641	-236
黑龙江	11957	13187	12086	13050	-129	137
上 海	496	839	478	641	18	198
江 苏	6710	8562	6720	7825	-11	736
浙 江	4398	6170	3988	5089	410	1082
安 徽	7790	11368	7734	10778	56	590
福 建	4131	3760	3749	3696	382	64
江 西	4769	8728	4489	8002	280	725
山 东	22879	31190	23189	29293	-310	1896
河 南	10409	16727	10111	16987	299	-260
湖 北	5073	11741	4685	9740	388	2001
湖 南	4624	10096	4450	8821	174	1276
广 东	9061	9114	7736	7045	1325	2069
广 西	9118	8938	9267	8749	-149	189
海 南	1100	1153	1135	1183	-35	-30
重 庆	1593	7565	1878	6426	-286	1139
四 川	5734	16202	6033	14426	-298	1776
贵 州	7093	6183	5800	6192	1293	-9
云 南	5024	8855	4634	9742	390	-886
西 藏	80	573	51	763	29	-191
陕 西	25547	7738	22249	7832	3298	-94
甘 肃	6331	7810	5854	7471	477	339
青 海	3474	2504	3455	2411	19	93
宁 夏	3195	1463	3267	1313	-72	150
新 疆	18507	12630	17404	13615	1104	-984

7-5-22 全国铁路机、客、货车拥有量

车类名称	2009	2010	2011	2012	2013	2014	2015	2016	2017	2018	2019	2020	2021
机车 （台）	**18922**	**19431**	**20721**	**20797**	**20835**	**21096**	**21366**	**21453**	**21420**	**21482**	**21733**	**21865**	**21741**
内燃机车	11805	10990	11081	10602	9961	9485	9132	8974	8568	8296	8048	8013	7805
电力机车	7010	8369	9625	10180	10859	11596	12219	12464	12837	13166	13665	13841	13916
客车 （辆）	**49354**	**52275**	**54731**	**57721**	**58965**	**60629**	**67706**	**70872**	**72262**	**73199**	**74848**	**76033**	**77572**
货车 （辆）	**601412**	**625110**	**651175**	**670801**	**721850**	**716578**	**768516**	**764783**	**808736**	**839213**	**877134**	**912735**	**966361**

7-5-23 国家铁路主要工农业产品运输量

指　标	2021年	2020年	2021年比2020年	
			增减数	增减(%)
煤运量 (亿吨)	181745.91	169691.83	12054.08	7.10
石油运量 (万吨)	10564	10980	-416.15	-3.79
钢铁运量 (万吨)	22512	22649	-137.32	-0.61
木材运量 (万吨)	1393	1468	-74.90	-5.10
粮食运量 (万吨)	6475	7573	-1098.18	-14.50

7-5-24 全国铁路客货运输量

(按地区分)

地 区	客运量(万人)	旅客周转量(亿人公里)	货运量(万吨)	货物周转量(亿吨公里)
总 计	**261171**	**9568**	**477372**	**33238**
北 京	8607	95	350	803
天 津	3406	117	11750	554
河 北	7931	616	29205	5395
山 西	6454	165	102909	3219
内蒙古	3597	131	83128	2715
辽 宁	7778	333	23151	1246
吉 林	4216	136	5912	545
黑龙江	4867	133	12512	883
上 海	9284	84	513	19
江 苏	21367	689	9738	358
浙 江	18263	532	5177	271
安 徽	11118	606	7791	827
福 建	8350	239	5112	201
江 西	9167	506	4818	570
山 东	13790	525	32203	1730
河 南	13126	691	11563	2385
湖 北	11627	490	5828	1100
湖 南	12865	661	4771	987
广 东	24452	670	11844	363
广 西	9088	336	9119	773
海 南	2771	45	1100	16
重 庆	6497	158	1946	255
四 川	14073	325	7535	1024
贵 州	6481	255	7276	686
云 南	5253	145	5342	483
西 藏	327	15	81	31
陕 西	7728	333	37894	2126
甘 肃	4601	269	6444	1690
青 海	821	57	3735	431
宁 夏	720	29	9423	235
新 疆	2543	181	19199	1319

7-5-25 国家铁路分货类货物运输量

货类品名	2021年			2020年		
	货物发送量（万吨）	货物周转量（百万吨公里）	平均运程（公里）	货物发送量（万吨）	货物周转量（百万吨公里）	平均运程（公里）
总　计	**372450**	**299302470**	**804**	**358003**	**2738042**	**765**
煤	181746	127392152	701	169692	1113155	656
石油	10980	82295	749	7754	7863581	1014
焦碳	10564	7738168	733	8956	88815	992
金属矿石	46907	24043660	513	49081	246080	501
钢铁及有色金属	22512	18837878	837	22649	182474	806
非金属矿石	7599	4034173	531	8330	44511	534
磷矿石	1445	1209559	837	1401	11438	816
矿物性建筑材料	10518	3598083	342	12545	41082	327
水泥	1821	553680	304	2052	7358	359
木材	1393	868380	624	1468	9514	648
粮食	6475	13460635	2079	7573	139153	1837
零担	1	245	482	2	13	882
集装箱	56204	57145398	1017	45693	455867	998

7-5-26 公路线路年末里程

单位：万公里

指标	2009	2010	2011	2012	2013	2014	2015	2016	2017	2018	2019	2020	2021
公路线路里程	**386.08**	**400.82**	**410.64**	**423.75**	**435.62**	**446.39**	**457.73**	**469.63**	**477.35**	**484.65**	**501.25**	**519.81**	**528.07**
按技术等级分													
等级公路	305.63	330.47	345.36	360.96	375.56	390.08	404.63	422.65	433.86	446.59	469.87	494.45	506.19
高速公路	6.51	7.41	8.49	9.62	10.44	11.19	12.35	13.10	13.64	14.26	14.96	16.10	16.91
一级公路	5.95	6.44	6.81	7.43	7.95	8.54	9.10	9.92	10.52	11.17	11.71	12.31	12.82
二级公路	30.07	30.87	32.05	33.15	34.05	34.84	36.04	37.11	38.05	39.35	40.53	41.83	42.64
三级公路	37.90	38.80	39.36	40.19	40.70	41.42	41.82	42.44	42.90	43.71	44.61	45.74	46.71
四级公路	225.20	246.95	258.64	270.58	282.41	294.10	305.32	320.09	328.74	338.10	358.06	378.47	387.11
等外公路	80.46	70.35	65.28	62.79	60.07	56.31	53.10	46.97	43.49	38.07	31.38	25.36	21.88
按路面类型分													
有铺装路面里程	172.00	191.80	210.34	229.51	246.54	263.62	283.64	313.74	338.52	361.86	394.04	431.56	449.67
简易铺装路面里程	53.25	52.42	51.23	50.35	49.22	48.13	46.55	42.70	40.96	37.58	34.77	30.00	27.76
未铺装路面里程	160.83	156.60	149.07	143.89	139.87	134.64	127.53	113.19	97.86	85.21	72.44	58.25	50.64
按行政等级分													
国道	15.85	16.40	16.94	17.34	17.68	17.92	18.53	35.48	35.84	36.30	36.61	37.07	37.54
省道	26.60	26.98	30.40	31.21	31.79	32.28	32.97	31.33	33.38	37.22	37.48	38.27	38.75
县道	51.95	55.40	53.36	53.95	54.68	55.20	55.43	56.21	55.07	54.97	58.03	66.14	67.95
乡道	101.96	105.48	106.60	107.67	109.05	110.51	111.32	114.72	115.77	117.38	119.82	123.85	122.30
专用公路	6.72	6.77	6.90	7.37	7.68	8.03	8.17	6.83	7.20	7.17	7.11	6.23	5.18
村道	183.00	189.77	196.44	206.22	214.74	222.45	231.31	225.05	230.08	231.62	242.20	248.24	256.35
公路晴雨通车里程	**329.64**	**353.24**											
公路养护里程	**368.83**	**387.59**	**398.04**	**411.68**	**425.14**	**435.38**	**446.56**	**459.00**	**467.46**	**475.78**	**495.31**	**514.40**	**525.16**
公路绿化里程	**177.29**	**194.34**	**204.45**	**220.21**	**230.75**	**238.78**	**248.96**	**259.45**	**267.83**	**275.52**	**295.10**	**313.32**	**334.88**

注：统计指标“公路晴雨通车里程”、“公路养护里程”和“公路绿化里程”2005年及以前年份数据不包括村道上的该类基础设施，因统计范围不同，故2006年及以后年份数据与历史数据不可比；“公路晴雨通车里程”2011年起已不纳入统计。

7-5-27 各地区公路线路年末里程

单位：公里

年份	总计	等级公路	高速	一级	二级	三级	四级	等外公路
1980	888250	521134		196	12587	108291	400060	367116
1985	942395	606443		422	21194	128541	456286	335952
1990	1028348	741104	522	2617	43376	169756	524833	287244
1995	1157009	910754	2141	9580	84910	207282	606841	246255
1996	1185789	946418	3422	11779	96990	216619	617608	239371
1997	1226405	997496	4771	14637	111564	230787	635737	228909
1998	1278474	1069243	8733	15277	125245	257947	662041	209231
1999	1351691	1156736	11605	17716	139957	269078	718380	194955
2000	1679848	1315931	16285	25219	177787	305435	791206	363916
2001	1698012	1336044	19437	25214	182102	308626	800665	361968
2002	1765222	1382926	25130	27468	197143	315141	818044	382296
2003	1809828	1438738	29745	29903	211929	324788	842373	371090
2004	1870661	1515826	34288	33522	231715	335347	880954	354835
2005	3345187	2139887	41005	41687	248199	347160	1461835	1205299
2006	3456999	2282872	45339	45289	262678	354734	1574833	1174128
2007	3583715	2535383	53913	50093	276413	363922	1791042	1048332
2008	3730164	2778521	60302	54216	285226	374215	2004563	951642
2009	3860823	3056265	65055	59462	300686	379023	2252038	804558
2010	4008229	3304709	74113	64430	308743	387967	2469456	703520
2011	4106387	3453590	84946	68119	320536	393613	2586377	652796
2012	4237508	3609600	96200	74271	331455	401865	2705809	627908
2013	4356218	3755567	104438	79491	340466	407033	2824138	600652
2014	4463913	3900834	111936	85362	348351	414199	2940986	563079
2015	4577296	4046290	123523	90964	360410	418237	3053157	531005
2016	4696263	4226543	130973	99152	371102	424443	3200874	469719
2017	4773469	4338560	136449	105224	380481	429035	3287372	434909
2018	4846532	4465864	142593	111703	393471	437060	3381036	380667
2019	5012496	4698725	149571	117061	405345	446107	3580640	313771
2020	5198120	4944489	160980	123101	418300	457375	3784732	253632
2021	5280708	5061899	169071	128162	426417	467100	3871149	218809

注：以《1949-2010年全国交通运输统计摘要》为准，1996年和2000年的数据有所调整。

7-5-27 续表

单位：公里

年份	总计	等级公路	高速	一级	二级	三级	四级	等外公路
全国	**5280708**	**5061899**	**169071**	**128162**	**426417**	**467100**	**3871149**	**218809**
北京	22320	22320	1177	1400	4012	4104	11627	
天津	15307	15302	1325	1431	2031	1069	9446	5
河北	207170	207112	8084	7450	22130	22514	146934	58
山西	144617	143667	5763	2841	16020	21329	97715	950
内蒙古	212603	208632	6985	8984	20817	31187	140659	3972
辽宁	131588	127173	4348	4245	18940	29405	70235	4415
吉林	108691	104783	4315	2233	9767	9725	78742	3909
黑龙江	168354	145455	4520	3291	12573	33434	91637	22899
上海	13082	13082	851	480	3893	2562	5297	
江苏	158036	158036	5023	16038	24161	17264	95549	
浙江	123885	123885	5200	8105	10860	10590	89131	
安徽	237411	237388	5146	6171	13874	21606	190590	23
福建	111031	97876	5810	1504	11742	9656	69164	13155
江西	211101	205655	6309	3186	12612	18213	165335	5446
山东	288143	288123	7477	12521	26638	36659	204828	21
河南	271570	264606	7190	4862	30086	21177	201291	6963
湖北	296922	292721	7378	7569	25015	8923	243836	4201
湖南	241940	231019	7083	3054	16386	6324	198172	10921
广东	222987	222779	11042	12421	19374	23945	155997	208
广西	160637	153292	7348	1890	15634	9683	118737	7345
海南	41046	40891	1265	501	2065	1919	35140	155
重庆	184106	171559	3839	1209	9553	6661	150297	12548
四川	398899	384891	8608	4617	17534	15879	338252	14008
贵州	207190	188797	8010	1459	10670	6350	162308	18392
云南	300890	281614	9947	1715	13209	10915	245827	19276
西藏	120132	100820	407	587	1089	14565	84172	19312
陕西	183414	173045	6484	2180	10359	15371	138652	10370
甘肃	156583	152434	5540	1166	11035	14532	120162	4148
青海	86152	74669	3503	598	9116	5211	56241	11483
宁夏	37577	37568	2079	2003	4263	5501	23722	9
新疆	217326	192708	7014	2450	20961	30827	131456	24618

7-5-28 民用汽车拥有量

年 份	民用汽车总计（万辆）	载客汽车（万辆）	大型	中型	小型	微型	载货汽车（万辆）
1980	178.29	35.08					129.90
1985	321.12	79.45					223.20
1990	551.36	162.19					368.48
1995	1040.00	417.90					585.43
2000	1608.91	853.73					716.32
2001	1802.04	993.96					765.24
2002	2053.17	1202.37	75.48	104.80	789.74	232.34	812.22
2003	2382.93	1478.81	75.76	115.96	1017.21	269.88	853.51
2004	2693.71	1735.91	78.06	124.54	1248.89	284.42	893.00
2005	3159.66	2132.46	82.13	131.65	1618.35	300.32	955.55
2006	3697.35	2619.57	87.34	137.00	2083.40	311.83	986.30
2007	4358.36	3195.99	93.82	140.52	2646.47	315.18	1054.06
2008	5099.61	3838.92	100.39	143.19	3271.14	324.19	1126.07
2009	6280.61	4845.09	107.95	145.80	4246.90	344.44	1368.60
2010	7801.83	6124.13	116.44	146.07	5498.36	363.25	1597.55
2011	9356.32	7478.37	126.54	147.41	6827.54	376.88	1787.99
2012	10933.09	8943.01	128.13	131.78	8302.63	380.47	1894.75
2013	12670.14	10561.78	131.38	117.06	9951.46	361.87	2010.62
2014	14598.11	12326.70	139.61	112.06	11748.19	326.84	2125.46
2015	16284.45	14095.88	140.07	89.66	13580.48	285.66	2065.62
2016	18574.54	16278.24	146.03	83.82	15813.84	234.55	2171.89
2017	20906.67	18469.54	152.94	78.95	18038.69	198.96	2338.85
2018	23231.23	20555.40	158.33	75.40	20135.22	186.46	2567.82
2019	25376.38	22474.27	160.58	72.08	22069.74	171.88	2782.84
2020	27340.92	24166.18	157.01	68.29	23782.77	158.12	3042.64
2021	29418.59	26015.84	153.00	65.45	25651.99	145.40	3258.47

注：1.小轿车包括在载客汽车中（下表同）。
2.从2002年起，载客汽车和载货汽车的分项、其他汽车统计口径有调整，与以前年份不可比（下表同）。

7-5-28 续表

年 份	重型	中型	轻型	微型	其他汽车（万辆）	机动车驾驶员（万人）	#汽车驾驶员
1980							245.23
1985							462.44
1990						1635.85	790.96
1995						3501.52	1673.39
2000						7655.56	3746.51
2001						8455.04	4462.68
2002	148.28	218.69	360.58	84.66	38.58	9362.03	4827.08
2003	136.79	243.70	390.79	82.22	50.61	10611.04	5368.07
2004	153.90	233.94	425.74	79.43	64.80	11769.04	7101.64
2005	168.07	236.66	484.51	66.31	71.66	13069.52	8017.76
2006	174.01	235.39	532.13	44.76	91.49	14213.87	9317.24
2007	186.74	243.46	587.22	36.63	108.31	15363.88	10567.15
2008	200.84	249.73	644.96	30.54	134.62	17336.56	12276.80
2009	315.08	262.21	765.33	25.97	66.92	19167.58	13740.73
2010	394.80	269.75	911.88	21.12	80.14	20068.47	15129.89
2011	460.58	267.80	1042.07	17.54	89.96	22817.62	17416.76
2012	472.51	229.20	1179.65	13.40	95.33	25250.83	20028.52
2013	501.97	196.40	1300.02	12.23	97.75	26955.93	21742.70
2014	533.67	188.09	1385.77	17.93	145.95	29892.32	24812.07
2015	530.05	148.87	1375.79	10.90	122.95	32853.05	28012.99
2016	569.48	138.69	1455.29	8.43	124.41	35876.98	30328.77
2017	635.41	130.68	1566.30	6.46	98.28	36016.94	31658.20
2018	709.53	124.39	1728.53	5.37	108.00	41030.16	36923.42
2019	761.70	116.27	1900.76	4.11	119.27	43636.74	39752.86
2020	840.64	106.19	2092.72	3.09	132.09	45702.49	41794.89
2021	907.09	95.88	2253.26	2.25	144.28	48113.64	44379.72

7-5-29 各地区民用汽车拥有量

地 区	民用汽车总计（万辆）	载客汽车（万辆）	大型	中型	小型	微型	载货汽车（万辆）
全 国	**29418.59**	**26015.84**	**153.00**	**65.45**	**25651.99**	**145.40**	**3258.47**
北 京	616.68	554.71	5.86	8.13	538.44	2.28	56.84
天 津	360.09	318.54	2.77	1.11	312.80	1.86	39.25
河 北	1843.35	1593.30	6.50	1.95	1563.45	21.40	241.22
山 西	820.09	725.43	3.60	1.10	709.36	11.37	90.88
内蒙古	661.90	578.34	2.98	1.14	569.42	4.80	80.02
辽 宁	1001.01	881.69	7.27	3.44	866.51	4.47	114.69
吉 林	515.52	459.00	3.52	1.22	451.76	2.49	54.00
黑龙江	592.32	509.66	4.74	2.02	500.63	2.25	79.34
上 海	465.50	429.39	4.47	2.07	422.18	0.68	33.58
江 苏	2176.49	2012.75	10.93	3.45	1991.32	7.05	152.49
浙 江	1923.62	1744.44	7.11	2.98	1726.16	8.19	172.66
安 徽	1062.67	916.98	5.51	2.14	906.83	2.50	140.16
福 建	780.97	687.55	3.43	1.90	679.63	2.58	90.22
江 西	712.69	617.17	2.98	1.22	611.34	1.63	91.64
山 东	2740.07	2409.10	12.94	3.76	2365.48	26.92	318.13
河 南	1884.31	1682.88	7.25	3.22	1660.64	11.78	193.19
湖 北	1006.35	892.75	5.98	2.43	882.85	1.49	107.22
湖 南	1031.62	931.63	5.96	3.75	919.58	2.34	95.39
广 东	2702.17	2410.46	15.72	4.37	2384.04	6.34	281.75
广 西	831.12	725.92	3.82	1.50	717.18	3.43	101.56
海 南	168.72	147.58	1.52	0.53	145.11	0.42	20.27
重 庆	544.50	488.48	3.04	0.97	483.97	0.51	53.56
四 川	1382.13	1239.90	7.33	1.97	1224.55	6.05	136.21
贵 州	621.49	544.04	2.97	1.62	538.20	1.25	74.76
云 南	860.83	731.34	3.06	1.85	722.60	3.83	125.47
西 藏	67.34	45.73	0.46	0.27	44.83	0.16	21.04
陕 西	797.06	714.28	4.10	1.48	704.33	4.37	77.21
甘 肃	406.35	334.50	2.33	0.98	330.26	0.93	69.17
青 海	138.45	114.28	0.95	0.56	112.32	0.45	23.00
宁 夏	184.96	143.93	0.93	0.34	142.03	0.64	39.62
新 疆	518.22	430.08	2.98	1.99	424.19	0.92	83.93

注：1.小轿车包括在载客汽车中（下表同）。
2.从2002年起，载客汽车和载货汽车的分项、其他汽车统计口径有调整，与以前年份不可比（下表同）。

7-5-29 续表

地区					其他汽车	机动车	
	重型	中型	轻型	微型	(万辆)	驾驶员(万人)	#汽车驾驶员
全国	**907.09**	**95.88**	**2253.26**	**2.25**	**144.28**	**48113.64**	**44379.72**
北京	9.93	1.58	45.14	0.19	5.13	1187.36	1180.37
天津	9.10	0.63	29.46	0.07	2.29	520.59	519.87
河北	76.45	2.78	161.92	0.07	8.83	2560.50	2523.83
山西	36.67	0.99	53.18	0.03	3.78	1172.28	1155.46
内蒙古	24.48	1.37	54.14	0.03	3.54	864.24	827.84
辽宁	38.81	4.21	71.66	0.01	4.63	1450.47	1386.34
吉林	18.17	1.60	34.21	0.01	2.52	828.19	771.17
黑龙江	24.43	3.80	51.10	0.01	3.33	985.55	953.65
上海	21.73	3.23	8.62		2.53	894.99	881.19
江苏	61.62	10.13	80.72	0.02	11.25	3229.62	3076.51
浙江	33.75	3.50	135.27	0.13	6.52	2569.78	2470.07
安徽	48.60	3.12	88.42	0.02	5.53	1783.75	1711.36
福建	16.86	1.67	71.66	0.03	3.20	1481.24	1242.21
江西	32.23	3.11	56.29	0.01	3.88	1540.83	1293.75
山东	99.59	5.66	212.75	0.13	12.84	3464.25	3389.75
河南	56.79	2.03	134.33	0.04	8.24	3324.47	3221.93
湖北	29.40	4.95	72.84	0.02	6.38	1911.74	1753.17
湖南	21.76	4.19	69.41	0.02	4.60	1825.98	1629.88
广东	56.56	10.13	213.75	1.31	9.96	4718.16	4251.79
广西	28.29	4.05	69.20	0.02	3.64	1657.29	1350.61
海南	2.30	0.97	16.99		0.87	295.63	246.49
重庆	17.53	2.01	34.02		2.46	1014.01	901.21
四川	35.58	5.37	95.25	0.01	6.02	2667.93	2301.72
贵州	10.70	2.09	61.97		2.69	1187.76	988.77
云南	19.49	3.43	102.55	0.01	4.01	1669.62	1270.44
西藏	4.43	1.88	14.72		0.58	70.02	68.27
陕西	22.55	1.40	53.23	0.02	5.57	1313.84	1247.80
甘肃	12.49	2.16	54.51		2.67	733.43	639.14
青海	4.10	0.69	18.20		1.17	173.33	172.23
宁夏	10.32	0.71	28.58		1.41	247.48	240.24
新疆	22.35	2.43	59.15	0.01	4.20	769.31	712.67

7-5-30 私人汽车拥有量

单位：万辆

年 份	私人汽车总 计	载客汽车	大型	中型	小型	微型	载货汽车	重型	中型	轻型	微型	其他汽车
1985	28.49	1.93					26.48					
1990	81.62	24.07					57.48					
1995	249.96	114.15					131.83					
2000	625.33	365.09					259.09					
2001	770.78	469.85					298.95					
2002	968.98	623.76	9.89	35.87	408.49	169.51	341.29	48.27	84.40	158.67	49.95	3.94
2003	1219.23	845.87	7.36	42.51	586.90	209.10	367.35	44.47	95.20	176.58	51.09	6.00
2004	1481.66	1069.69	7.20	46.95	786.63	228.91	402.82	53.40	94.69	203.85	50.87	9.15
2005	1848.07	1383.93	7.61	50.88	1079.78	245.66	452.11	62.50	100.34	243.29	45.98	12.04
2006	2333.32	1823.57	11.19	56.20	1491.18	265.00	494.91	64.23	108.64	288.94	33.09	14.84
2007	2876.22	2316.91	7.91	55.73	1984.29	268.98	539.45	68.89	110.44	332.69	27.43	19.86
2008	3501.39	2880.50	8.57	57.97	2533.28	280.68	596.39	73.28	115.68	384.12	23.31	24.50
2009	4574.91	3808.33	8.72	59.96	3436.26	303.39	753.40	108.73	129.59	494.97	20.12	13.17
2010	5938.71	4989.50	9.34	61.00	4593.46	325.70	931.52	141.44	140.52	632.77	16.78	17.69
2011	7326.79	6237.46	9.99	62.34	5823.62	341.52	1067.43	164.28	144.52	744.39	14.24	21.90
2012	8838.60	7637.87	8.26	55.43	7226.48	347.71	1175.63	168.13	128.51	867.64	11.35	25.09
2013	10501.68	9198.23	6.95	46.95	8810.51	333.83	1275.49	174.39	111.85	978.73	10.52	27.95
2014	12339.36	10945.39	7.70	42.10	10590.75	304.83	1352.78	182.68	104.90	1050.60	14.59	41.20
2015	14099.10	12737.23	8.27	28.89	12432.26	267.81	1330.65	173.86	86.62	1060.70	9.47	31.22
2016	16330.22	14896.27	4.99	24.84	14645.61	220.83	1401.16	184.82	79.77	1129.13	7.45	32.79
2017	18515.11	17001.51	4.58	22.17	16788.42	186.35	1478.40	193.98	73.22	1205.66	5.54	35.19
2018	20574.93	18930.29	4.48	20.39	18731.80	173.62	1605.10	208.78	68.59	1323.25	4.48	39.55
2019	22508.99	20710.58	4.21	18.99	20527.27	160.11	1753.66	218.11	63.07	1469.04	3.44	44.76
2020	24291.19	22333.81	3.82	17.65	22165.13	147.21	1907.28	222.62	55.58	1626.49	2.60	50.10
2021	26152.02	24074.19	3.24	16.66	23919.16	135.14	2022.34	227.97	47.48	1745.07	1.82	55.49

7-5-31 各地区私人汽车拥有量

单位：万辆

年 份	私人汽车总 计	载客汽车					载货汽车					其他汽车
			大型	中型	小型	微型		重型	中型	轻型	微型	
全 国	**26152.02**	**24074.19**	**3.24**	**16.66**	**23919.16**	**135.14**	**2022.34**	**227.97**	**47.48**	**1745.07**	**1.82**	**1098.80**
北 京	523.52	491.81	0.36	5.12	484.11	2.22	29.59	0.44	0.11	28.90	0.13	13.42
天 津	309.54	288.25	0.10	0.39	285.99	1.77	20.51	0.58	0.10	19.81	0.03	8.63
河 北	1686.89	1516.22	0.43	0.57	1494.82	20.39	166.85	31.26	1.59	133.94	0.06	93.37
山 西	734.21	681.94	0.06	0.19	670.69	11.00	50.77	9.22	0.31	41.22	0.03	27.69
内蒙古	610.49	549.33	0.10	0.39	544.13	4.71	59.56	12.91	0.67	45.95	0.02	34.57
辽 宁	887.00	819.02	0.54	1.41	812.76	4.31	66.24	10.57	2.46	53.20	0.01	36.13
吉 林	464.84	427.07	0.31	0.38	423.96	2.42	36.86	8.09	1.07	27.69	0.01	20.44
黑龙江	537.03	478.93	0.44	0.73	475.57	2.19	57.08	11.43	2.67	42.96	0.01	34.12
上 海	362.91	362.07	0.05	0.51	360.88	0.62	0.56	0.16	0.06	0.34		0.22
江 苏	1853.37	1781.91	0.02	0.59	1775.03	6.27	67.70	19.09	4.04	44.56	0.01	34.33
浙 江	1697.84	1593.87	0.05	0.50	1586.55	6.77	102.28	3.20	0.99	97.98	0.12	65.97
安 徽	937.34	862.58	0.04	0.40	859.73	2.41	72.61	3.98	1.23	67.38	0.01	49.32
福 建	675.27	618.77	0.02	0.25	616.08	2.41	55.64	2.39	0.71	52.51	0.02	30.47
江 西	640.06	587.94	0.01	0.11	586.27	1.55	50.89	3.85	1.64	45.40	0.01	27.19
山 东	2442.78	2245.77	0.24	1.38	2219.56	24.59	190.82	10.63	2.26	177.86	0.07	119.84
河 南	1731.02	1604.64	0.04	0.27	1592.84	11.49	122.51	6.44	0.89	115.15	0.03	79.80
湖 北	907.30	835.16	0.03	0.26	833.45	1.42	69.78	10.16	3.06	56.55	0.02	36.33
湖 南	960.30	882.21	0.04	0.39	879.59	2.18	75.94	12.94	3.26	59.73	0.02	31.41
广 东	2366.16	2213.50	0.14	1.16	2206.60	5.61	149.45	9.11	4.18	135.04	1.13	46.52
广 西	764.02	690.83	0.03	0.30	687.12	3.38	71.48	10.51	2.79	58.16	0.02	32.02
海 南	146.80	132.69	0.01	0.10	132.30	0.28	13.83	0.82	0.71	12.31		6.31
重 庆	481.58	451.67	0.02	0.11	451.11	0.44	29.09	1.40	0.88	26.81		12.21
四 川	1218.23	1134.16	0.03	0.17	1129.09	4.87	81.78	6.78	2.44	72.56	0.01	46.73
贵 州	574.29	511.79	0.02	0.12	510.44	1.21	61.21	4.76	1.28	55.17		31.94
云 南	796.36	687.73	0.03	0.14	683.86	3.70	106.69	11.02	2.64	93.03		38.79
西 藏	57.81	40.04		0.03	39.85	0.15	17.57	3.75	1.68	12.14		10.60
陕 西	720.40	665.15	0.02	0.06	660.83	4.23	53.25	9.57	0.75	42.90	0.02	25.34
甘 肃	347.72	298.55	0.01	0.12	297.69	0.73	48.07	4.62	1.39	42.06		36.17
青 海	116.82	99.95		0.08	99.57	0.29	16.34	1.27	0.43	14.64		12.81
宁 夏	167.69	135.32	0.01	0.11	134.57	0.63	31.62	5.59	0.53	25.50		21.77
新 疆	432.44	385.34	0.02	0.34	384.11	0.88	45.75	1.44	0.66	43.64	0.01	34.33

7-5-32 进口汽车拥有量

单位：辆

年份	汽车总计	载客汽车	大型	中型	小型	微型
2004	1360832	1129985	19009	66065	1029846	15065
2005	1697266	1454215	18754	79698	1337564	18199
2006	1780998	1590420	16159	69930	1487474	16857
2007	1964763	1799331	15628	67223	1701016	15464
2008	2225960	2098630	14896	63790	2005820	14124
2009	2527684	2449870	14700	61961	2357902	15307
2010	3162537	3098870	15062	59691	3005826	18291
2011	3982087	3925188	15799	57520	3825373	26496
2012	4935806	4887568	15152	48960	4783708	39748
2013	5967943	5922756	13616	36486	5820386	52268
2014	7015557	6958216	12004	27554	6852228	66430
2015	7794809	7752665	11965	22023	7643189	75488
2016	8835108	8788953	9567	20049	8670133	89204
2017	9925636	9871584	8753	18171	9742044	102616
2018	11017447	10956140	8293	16933	10815127	115787
2019	12116195	12044208	8129	16185	11897513	122381
2020	13068982	12989995	7866	15340	12844430	122359
2021	13952573	13870760	7330	14672	13726403	122355

7-5-32 续表

单位：辆

年 份	载货汽车	重型	中型	轻型	微型	其他汽车
2004	207798	49963	22836	129021	5978	23049
2005	213621	48905	22078	139741	2897	29430
2006	160552	33594	9808	116610	540	30026
2007	134672	28896	7452	98032	292	30760
2008	96597	20698	5318	70335	246	30733
2009	57515	22788	3534	31009	184	20299
2010	41073	19921	2532	18459	161	22594
2011	34567	18134	1991	14329	113	22332
2012	27090	13660	802	12543	85	21148
2013	26159	12432	838	12858	31	19028
2014	34780	15760	1177	17109	734	22561
2015	30107	12277	512	17290	28	12724
2016	35182	13988	523	20646	25	10973
2017	45844	19173	454	26191	26	8208
2018	53281	22194	453	30612	22	8026
2019	63383	25328	449	37584	22	8604
2020	71370	28496	450	42398	26	7617
2021	77145	32385	427	44309	24	4668

7-5-33 各地区进口汽车拥有量

单位：辆

地区	汽车总计	载客汽车	大型	中型	小型	微型	载货汽车	重型	中型	轻型	微型	其他汽车
全国	**13952573**	**13870760**	**7330**	**14672**	**13726403**	**122355**	**77145**	**32385**	**427**	**44309**	**24**	**4668**
北京	822438	813485	622	682	807339	4842	8740	1812	31	6896	1	213
天津	196623	194957	118	322	192180	2337	1590	844	10	736		76
河北	403787	400134	234	308	394185	5407	3291	541	16	2729	5	362
山西	228903	227777	423	409	222602	4343	1061	75	12	974		65
内蒙古	328049	325311	296	434	321381	3200	2610	66	20	2524		128
辽宁	546435	541078	623	514	536918	3023	5124	679	82	4362	1	233
吉林	202162	200705	155	256	199133	1161	1355	115	13	1225	2	102
黑龙江	242628	239449	302	441	237627	1079	2974	1012	41	1921		205
上海	581522	577990	286	513	575141	2050	3388	3095	16	277		144
江苏	1192276	1188595	435	1375	1167991	18794	3441	2193	9	1239		240
浙江	1484109	1476611	306	1090	1458213	17002	7352	5436	10	1903	3	146
安徽	303868	301882	124	254	298198	3306	1880	1234	4	642		106
福建	512740	510458	152	553	503062	6691	2205	1562	6	637		77
江西	214280	211594	116	174	210017	1287	2511	1955	2	554		175
山东	862701	857422	649	1447	841997	13329	5015	1340	27	3644	4	264
河南	467187	465334	366	648	460790	3530	1759	502	8	1248	1	94
湖北	375013	373327	181	512	370693	1941	1589	648	4	937		97
湖南	426059	424496	167	357	421459	2513	1298	463	6	829		265
广东	1921687	1914055	451	972	1903222	9410	7423	5276	32	2115		209
广西	260102	259288	88	402	256610	2188	700	280	3	417		114
海南	79426	79156	97	149	78423	487	260	13	1	246		10
重庆	278733	277827	48	161	276708	910	861	278	3	580		45
四川	646959	644051	190	413	639192	4256	2725	911	15	1798	1	183
贵州	187490	186794	85	175	185339	1195	598	105	4	489		98
云南	327122	324765	119	504	320123	4019	2200	835	5	1360		157
西藏	38513	38176	37	108	37996	35	318	1	1	311	5	19
陕西	359683	357843	155	421	354529	2738	1706	395	7	1303	1	134
甘肃	116318	115783	140	248	114884	511	405	39	1	365		130
青海	51232	50693	82	201	50316	94	406	10	4	392		133
宁夏	78404	77450	79	126	76865	380	884	276	7	601		70
新疆	216124	214274	204	503	213270	297	1476	394	27	1055		374

7-5-34 新注册民用汽车数量

单位：辆

年份	新注册民用汽车	载客汽车	大型	中型	小型	微型
2004	4511823	3332297	96462	138357	2841668	255810
2005	5286287	4157504	99489	105314	3712056	240645
2006	5730432	4678667	95428	82758	4382206	118275
2007	6079209	5000042	91087	72059	4772468	64428
2008	7631839	6226814	112811	64024	5928095	121884
2009	12459452	10248554	114984	69548	9794452	269570
2010	15288186	12546891	148234	76519	12086273	235865
2011	16242474	13694540	163258	76472	13244774	210036
2012	17725011	15248801	163517	71013	14875884	138387
2013	20309394	17522965	168946	81160	17173792	99067
2014	22051905	19366787	151405	79646	19050695	85041
2015	23317507	21202815	191034	67080	20862002	82699
2016	25665383	23209669	187487	57112	22914036	51034
2017	28003955	24802416	171474	46657	24507374	76911
2018	26521129	23139385	155760	39514	22876458	67653
2019	25445941	21845871	133357	35844	21648138	28532
2020	24001366	19724444	86902	23424	19608897	5221
2021	26179642	21961429	81366	28291	21850635	1137

7-5-34 续表

单位：辆

年 份	载货汽车	重型	中型	轻型	微型	其他汽车
2004	1029497	228523	194438	564061	42475	150029
2005	1024034	162859	175576	639557	46042	104749
2006	925294	139120	147689	616910	21575	126471
2007	917603	155155	157867	591014	13567	161564
2008	1168226	236749	185338	733343	12796	236799
2009	2148355	500593	242679	1391249	13834	62543
2010	2637605	769644	238595	1614803	14563	103690
2011	2442601	726854	173140	1535590	7017	105333
2012	2386173	560063	139793	1681908	4409	90037
2013	2689898	739027	133402	1814385	3084	96531
2014	2542287	630588	104425	1805471	1803	142831
2015	2043257	454979	72274	1513773	2231	71435
2016	2371909	627015	73429	1670295	1170	83805
2017	3087575	980068	66974	2037906	2627	113964
2018	3238847	967089	49591	2220492	1675	142897
2019	3434877	1041421	55776	2337472	208	165193
2020	4102293	1436723	58835	2606241	494	174629
2021	4038153	1370833	68424	2598107	789	180060

7-5-35 各地区新注册民用汽车数量

单位：辆

地区	新注册民用汽车	载客汽车					载货汽车					其他汽车
			大型	中型	小型	微型		重型	中型	轻型	微型	
全国	**26179642**	**21961429**	**81366**	**28291**	**21850635**	**1137**	**4038153**	**1370833**	**68424**	**2598107**	**789**	**180060**
北京	542093	472489	2296	7979	462214		62085	13875	1128	47075	7	7519
天津	404881	353312	2551	398	350363		49434	16108	588	32735	3	2135
河北	1510437	1140509	2772	998	1136718	21	357485	137131	3765	216503	86	12443
山西	608869	475870	2106	446	473315	3	127528	65301	1147	61063	17	5471
内蒙古	412349	329520	752	277	328483	8	79795	19378	739	59677	1	3034
辽宁	635632	540226	3466	525	536234	1	92217	38203	1518	52495	1	3189
吉林	357982	306874	2066	514	304294		48309	15645	813	31849	2	2799
黑龙江	379215	311950	1468	334	310148		64836	20958	1276	42602		2429
上海	646244	597154	2911	778	593402	63	46804	28005	1838	16961		2286
江苏	2093904	1841530	7432	1612	1832485	1	236498	97043	8736	130671	48	15876
浙江	1902090	1668361	5192	2155	1660936	78	225618	53515	2851	169230	22	8111
安徽	1028975	845002	3603	512	840843	44	176428	72043	2392	101976	17	7545
福建	655395	545357	2062	883	542412		106152	26804	1467	77860	21	3886
江西	693784	580013	1888	441	577674	10	108911	49899	1267	57732	13	4860
山东	2156364	1696737	5153	827	1690711	46	441004	175329	8745	256623	307	18623
河南	1695577	1430598	3302	930	1426347	19	254933	96783	2893	155230	27	10046
湖北	934075	807247	4980	626	801620	21	118890	41774	3121	73981	14	7938
湖南	959761	848392	3108	1239	844034	11	106097	27146	1608	77322	21	5272
广东	2599146	2250013	5948	1769	2241921	375	334926	98094	6042	230701	89	14207
广西	691842	575297	1346	415	573489	47	112582	41654	996	69921	11	3963
海南	228363	200294	777	129	199368	20	26690	4411	259	22016	4	1379
重庆	564696	485674	1199	413	484059	3	76071	27829	1788	46427	27	2951
四川	1281244	1087405	4585	974	1081825	21	185205	53391	4837	126962	15	8634
贵州	590693	512629	1718	611	510015	285	75726	14883	1190	59646	7	2338
云南	729848	585630	1392	568	583615	55	138771	25233	1247	112283	8	5447
西藏	63837	44123	244	126	43753		19161	2201	1252	15708		553
陕西	752425	637219	2794	445	633979	1	108471	37524	1648	69298	1	6735
甘肃	334151	260128	1266	365	258496	1	71288	13845	672	56770	1	2735
青海	102934	74832	625	181	74026		26963	5054	539	21370		1139
宁夏	135373	94680	284	79	94315	2	39035	13979	236	24820		1658
新疆	487463	362364	2080	742	359541	1	120240	37795	1826	80600	19	4859

7-5-36 公路营运汽车拥有量

年 份	汽车总计（万辆）	载客汽车		载货汽车			
		辆数（万辆）	客位（万客位）	辆数（万辆）	#普通载货汽车	吨位（万吨）	#普通载货汽车
1990	31.30	10.76	468.92	20.22	19.82	131.61	127.06
1995	27.49	13.73	480.61	13.75	13.12	103.13	94.56
2000	702.82	216.81	2524.45	486.02	475.24	1667.70	1573.73
2001	764.39	255.12	2701.68	509.27	496.65	1733.58	1621.40
2002	826.34	289.55	2972.32	536.78	520.27	1808.45	1674.79
2003	924.64	352.19	3430.64	572.45	553.23	1941.52	1788.86
2004	1067.18	439.09	3872.21	628.09	604.93	2338.61	2119.64
2005	733.22	128.40	1859.28	604.82	580.28	2537.75	2282.15
2006	802.58	161.92	2312.41	640.66	598.43	2822.69	2343.13
2007	849.22	164.73	2428.81	684.49	648.01	3135.69	2643.74
2008	930.61	169.64	2560.36	760.97	720.18	3686.20	3139.76
2009	1087.35	180.79	2799.71	906.56	859.27	4655.23	4002.80
2010	1133.32	83.13	2017.09	1050.19	996.43	5999.82	5223.23
2011	1263.75	84.34	2086.66	1179.41	1116.36	7261.20	6273.51
2012	1339.89	86.71	2166.55	1253.19	1184.58	8062.14	6963.29
2013	1504.73	85.26	2170.26	1419.48	1080.75	9613.91	5008.34
2014	1537.93	84.58	2189.55	1453.36	1091.32	10292.47	5241.45
2015	1473.12	83.93	2148.58	1389.19	1011.87	10366.50	4982.50
2016	1435.77	84.00	2140.26	1351.77	946.03	10826.78	4843.83
2017	1450.22	81.61	2099.18	1368.62	902.90	11774.81	4868.40
2018	1435.48	79.66	2048.11	1355.82	816.76	12872.97	4791.21
2019	1165.49	77.67	2002.53	1087.82	489.77	13587.00	4479.25
2020	1171.54	61.26	1840.89	1110.28	414.14	15784.17	4660.76
2021	1231.96	58.70	1751.03	1173.26	406.94	17099.50	4923.43

注：1.小轿车包括在载客汽车中。
2.1999年以前数据仅为公路部门营运汽车，1999年为全国营运汽车。2000年起为全国运输汽车(含营运和非营运汽车)。2005年起为全国营运汽车（不含非营运汽车）。
3.从2010年起，公路营运载客汽车不包括在公路运输管理部门管理并注册登记的公共汽车和出租汽车。

7-5-37 各地区公路营运汽车拥有量

地区	汽车总计（万辆）	载客汽车		载货汽车			
		辆数（万辆）	客位（万客位）	辆数（万辆）	#普通载货汽车	吨位（万吨）	#普通载货汽车
全　国	**1231.96**	**58.70**	**1751.03**	**1173.26**	**406.94**	**17099.50**	**4923.43**
北　京	12.63	1.27	56.14	11.37	6.05	106.04	60.07
天　津	12.78	0.91	38.33	11.87	2.14	167.50	23.87
河　北	119.23	1.81	57.24	117.42	19.19	1965.50	271.91
山　西	57.32	0.97	30.42	56.35	8.91	906.24	124.36
内蒙古	24.82	1.06	35.83	23.76	6.97	311.08	85.05
辽　宁	55.27	2.07	76.16	53.20	17.15	790.65	187.96
吉　林	25.17	1.20	40.07	23.97	9.56	285.56	104.39
黑龙江	35.35	1.55	50.22	33.80	14.40	490.00	193.23
上　海	25.35	0.90	38.62	24.45	7.57	356.10	82.61
江　苏	82.50	3.18	133.06	79.32	36.81	1103.81	419.89
浙　江	39.92	1.72	61.52	38.21	14.05	555.21	178.25
安　徽	67.09	1.72	56.98	65.36	14.19	946.80	196.93
福　建	24.74	1.36	41.95	23.38	8.16	372.56	102.68
江　西	37.08	1.17	36.33	35.91	14.87	458.39	168.58
山　东	139.22	1.80	66.63	137.42	34.14	2135.07	435.72
河　南	82.76	2.98	93.67	79.79	21.20	1204.77	281.20
湖　北	36.17	2.72	70.24	33.46	15.33	472.82	187.02
湖　南	30.90	3.20	80.97	27.69	13.58	389.34	153.67
广　东	62.72	3.37	136.92	59.36	21.86	892.28	284.06
广　西	38.55	2.28	75.39	36.27	17.96	505.24	216.09
海　南	3.73	0.54	18.21	3.19	1.52	42.38	14.99
重　庆	27.53	1.50	38.81	26.03	15.23	310.21	153.21
四　川	49.89	4.76	113.35	45.13	25.07	614.26	298.77
贵　州	11.51	2.36	56.60	9.15	5.92	110.28	65.39
云　南	30.98	3.95	70.70	27.04	18.65	321.52	191.88
西　藏	5.15	0.45	8.52	4.70	3.67	57.55	42.02
陕　西	28.41	1.71	51.44	26.70	9.75	381.17	115.72
甘　肃	14.19	1.62	35.74	12.57	6.83	162.25	79.79
青　海	5.07	0.43	11.93	4.63	2.28	64.09	28.80
宁　夏	12.96	0.45	14.31	12.51	2.48	166.60	32.61
新　疆	32.96	3.69	54.73	29.27	11.47	454.24	142.73

注：1.小轿车包括在载客汽车中。
2.1999年以前数据仅为公路部门营运汽车，1999年为全国营运汽车。2000年起为全国运输汽车(含营运和非营运汽车)。2005年起为全国营运汽车（不含非营运汽车)。
3.从2010年起，公路营运载客汽车不包括在公路运输管理部门管理并注册登记的公共汽车和出租汽车。

7-5-38 内河航道年末里程

单位：公里

地区	2014	#等级航道	2015	#等级航道	2016	#等级航道	2017	#等级航道
全国	**126280**	**65362**	**127001**	**66257**	**127099**	**66409**	**127019**	**66160**
北京								
天津	88	88	88	88	88	88	88	88
河北								
山西	467	139	467	139	467	139	467	139
内蒙古	2403	2380	2403	2380	2403	2380	2403	2380
辽宁	413	413	413	413	413	413	413	413
吉林	1456	1381	1456	1381	1456	1381	1456	1381
黑龙江	5098	4723	5098	4723	5098	4723	5098	4723
上海	2191	916	2176	983	2176	998	2142	1004
江苏	24360	8547	24389	8731	24383	8733	24383	8740
浙江	9765	4974	9765	4985	9765	4985	9761	4981
安徽	5642	5060	5641	5064	5641	5064	5641	5064
福建	3245	1269	3245	1269	3245	1269	3245	1269
江西	5638	2349	5638	2349	5638	2349	5638	2349
山东	1117	1030	1117	1030	1117	1030	1117	1029
河南	1267	1150	1403	1286	1403	1286	1403	1286
湖北	8433	5980	8433	5980	8433	5980	8433	5980
湖南	11496	4127	11496	4127	11496	4127	11496	4127
广东	12151	4668	12151	4668	12151	4668	12109	4411
广西	5704	3483	5707	3487	5707	3487	5707	3487
海南	343	76	343	76	343	76	343	76
重庆	4331	1801	4331	1801	4352	1852	4352	1852
四川	10720	3848	10818	3945	10818	3945	10818	3945
贵州	3661	2399	3664	2402	3664	2402	3664	2402
云南	3551	2816	3939	3203	3979	3244	3979	3244
西藏								
陕西	1066	558	1146	558	1146	558	1146	558
甘肃	914	456	914	456	911	456	911	456
青海	629	618	629	618	674	663	674	663
宁夏	130	115	130	115	130	115	130	115
新疆								

注：1.从2003年起，长江干流通航里程由各省分别统计，不再单列。
2.从2003年起，内河航道里程为内河航道通航里程数。

7-5-38 续表

单位：公里

地 区	2018	#等级航道	2019	#等级航道	2020	#等级航道	2021	#等级航道
全 国	**127126**	**66442**	**127298**	**66749**	**127686**	**67269**	**127642**	**67204**
北 京								
天 津	88	88	88	88	88	88	52	52
河 北							22	22
山 西	467	139	467	139	467	139	467	139
内蒙古	2403	2380	2403	2380	2403	2380	2403	2380
辽 宁	413	413	413	413	413	413	413	413
吉 林	1456	1381	1456	1381	1456	1381	1456	1381
黑龙江	5098	4723	5098	4723	5098	4723	5098	4723
上 海	2091	1003	2028	1002	1654	986	1662	918
江 苏	24380	8752	24372	8764	24372	8776	24386	8816
浙 江	9761	5023	9767	5029	9758	5023	9763	5034
安 徽	5641	5064	5651	5073	5651	5073	5645	5068
福 建	3245	1269	3245	1269	3245	1269	3245	1269
江 西	5638	2349	5638	2349	5638	2349	5638	2349
山 东	1117	1029	1117	1029	1117	1029	1117	1029
河 南	1403	1286	1403	1334	1403	1334	1403	1334
湖 北	8470	6008	8488	6031	8488	6031	8488	6031
湖 南	11496	4131	11496	4131	11496	4131	11496	4131
广 东	12112	4414	12112	4414	12251	4428	12265	4442
广 西	5707	3487	5707	3487	5707	3487	5707	3487
海 南	343	76	343	76	343	76	343	76
重 庆	4352	1863	4352	1863	4352	1882	4352	1882
四 川	10818	3965	10818	3965	10881	4028	10817	3984
贵 州	3740	2519	3751	2530	3954	2781	3954	2781
云 南	4024	3289	4223	3488	4589	3671	4590	3671
西 藏								
陕 西	1146	558	1146	558	1146	558	1146	558
甘 肃	911	456	911	456	911	456	911	456
青 海	674	663	674	663	674	663	674	663
宁 夏	130	115	130	115	130	115	130	115
新 疆								

7-5-39 民用运输船舶拥有量

年 份	机动船					驳 船		
	艘数（艘）	净载重量（吨）	载客量（客位）	总功率（千瓦）	#拖船功率	艘数（艘）	净载重量（吨）	载客量（客位）
2001	169329	45526726	1048915	20884813	1370221	41457	8968670	27902
2002	165936	48372587	945387	21995838	1433547	37041	8683075	33405
2003	163813	60745234	971514	26156815	1269607	40457	9871079	30631
2004	166854	75114059	961562	30527287	1197191	43846	11058522	34666
2005	165900	90756392	977846	36399287	1480381	41394	11030057	33496
2006	157805	98241489	1025861	39068361	1538957	36555	12015595	33355
2007	157544	106441173	1004546	39366720	1520924	34227	12373412	22316
2008	152247	111047702	994495	43550959	1564439	31943	13121439	14050
2009	149367	133384848	979384	46209122	1120381	27565	12702991	2166
2010	155624	168985654	1001395	53304379	1410719	22783	11422911	2260
2011	157950	202602789	1004622	59496603	1600896	21292	10040453	3768
2012	158309	218793742	1021260	63894591	1531873	20282	9692502	3798
2013	155340	234317614	1031711	64846571	1235661	17214	9692720	1287
2014	154974	247399826	1030973	70598481	1424950	17003	10452402	1334
2015	149659	261434867	1015939	72596807	1424426	16246	11007996	1391
2016	144568	255170820	999008	67018157	1445786	15576	11056320	3124
2017	131746	246750827	964377	66181982	1532698	13178	9765519	3122
2018	125754	242447129	960245	66799892	1465403	11221	8705726	3044
2019	121440	248626381	882764	68491250	1422199	10115	8223366	3044
2020	117931	263138418	857098	71746221	1586411	8874	7463162	2846
2021	118025	276926929	856146	73068425	1888557	7865	7399347	1622

7-5-40 各地区民用运输船舶拥有量

年 份	机动船					驳 船		
	艘数(艘)	净载重量(吨)	载客量(客位)	总功率(千瓦)	#拖船功率	艘数(艘)	净载重量(吨)	载客量(客位)
全 国	**118025**	**276926929**	**856146**	**73068425**	**1888557**	**7865**	**7399347**	**1622**
北 京								
天 津	299	4020397	3780	1212543	376314	13	193627	
河 北	768	2423039	16909	503484	1940			
山 西	216	7241	3925	16430				
内蒙古								
辽 宁	331	1275184	31929	619170	18826	8	36530	
吉 林	194		8597	27099	440	10	5260	
黑龙江	985	53974	24286	122967	28350	260	171265	
上 海	1421	28009498	33181	13376197	224450	9	46544	
江 苏	25842	35998178	39389	9329748	394981	2156	2422575	
浙 江	13362	32520592	92822	7649421	200702			
安 徽	24128	53891149	14583	11197223	25386	693	390135	
福 建	1885	16452426	31706	4116816	21390	1	52	
江 西	2400	5438999	13958	1287105	12962	3	3030	
山 东	6852	12060833	75945	3602484	374907	3321	3455876	
河 南	5095	10583338	18383	2294515	3374	314	302979	
湖 北	3101	7676344	36058	1935024	43494	76	186069	
湖 南	4250	4873057	56419	1564958	2398	84	29054	700
广 东	6625	23669067	80060	6177114	119185	9	35147	
广 西	7627	15734975	33030	2667201				
海 南	590	11457861	41717	2033070	2942			
重 庆	2587	8985519	37932	2239862	18866	29	53758	
四 川	3806	1282555	37314	545218	15263	689	62694	
贵 州	1997	134965	52287	171172	202	4	3278	
云 南	1363	189504	29452	183511	676	3	230	
西 藏								
陕 西	1039	31347	16237	61455	495	183	1244	922
甘 肃	447	903	9947	49703				
青 海	147		3639	23872				
宁 夏	665		12661	36851	1014			
新 疆								
不分地区	3	155984		24212				

7-5-41 沿海港口码头泊位数(2021年底)

港口	总计			生产用			非生产用	
	码头长度(米)	泊位个数(个)	#万吨级	码头长度(米)	泊位个数(个)	#万吨级	码头长度(米)	泊位个数(个)
总计	**957244**	**6386**	**2207**	**895190**	**5419**	**2207**	**62054**	**967**
#大连	47145	254	109	43268	229	109	3877	25
营口	19609	92	61	18875	85	61	734	7
秦皇岛	17246	93	44	16013	73	44	1233	20
天津	45853	212	127	40973	160	127	4880	52
烟台	39981	223	110	38851	213	110	1130	10
威海	13786	84	37	12916	79	37	870	5
青岛	31967	124	93	30846	118	93	1121	6
日照	24004	89	77	23698	88	77	306	1
上海	109151	1037	185	76480	567	185	32671	470
连云港	20400	97	68	20103	95	68	297	2
宁波-舟山	102924	712	198	98307	619	198	4617	93
台州	15149	180	11	15149	180	11		
温州	15546	170	20	15408	169	20	138	1
福州	26964	163	69	26620	157	69	344	6
厦门	32603	180	81	31579	161	81	1024	19
汕头	6029	37	14	6029	37	14		
深圳	33736	164	74	32195	152	74	1541	12
广州	40283	497	80	38069	324	80	2214	173
湛江	23577	162	44	22542	149	44	1035	13
北海	7672	62	15	7612	61	15	60	1
防城	18326	134	49	18266	129	49	60	5
海口	9867	70	34	9676	69	34	191	1
八所	2488	12	9	2488	12	9		

注：1.从2006年起，宁波－舟山港统计范围包括原宁波港和舟山港。
2.从2007年起，烟台港统计范围包括原烟台港和龙口港。
3.从2011年起，厦门港统计范围包括原厦门港和漳州港。

7-5-42 内河港口码头泊位数(2021年底)

港 口	总计			生产用			非生产用	
	码头长度(米)	泊位个数(个)	#万吨级	码头长度(米)	泊位个数(个)	#万吨级	码头长度(米)	泊位个数(个)
总 计	**1113835**	**15827**	**452**	**1089212**	**15448**	**452**	**24623**	**379**
#重 庆	54918	591		48370	478		6548	113
宜 昌	22609	182		22609	182			
武 汉	21575	190		19695	177		1880	13
黄 石	6310	45		6310	45			
九 江	16263	145		16022	143		241	2
安 庆	4307	40		3865	36		442	4
池 州	8990	85		8990	85			
铜 陵	7192	70	3	7147	69	3	45	1
芜 湖	12741	117	12	12741	117	12		
马鞍山	9206	110	1	9206	110	1		
南 京	24521	187	58	24521	187	58		
镇 江	24643	222	49	24523	220	49	120	2
泰 州	21949	154	64	21949	154	64		
扬 州	9370	49	29	9370	49	29		
江 阴	17111	112	40	17111	112	40		
常 州	3746	27	9	3746	27	9		
南 通	25651	144	60	25096	138	60	555	6
上 海	36206	771		35856	766		350	5

注：从2009年起，重庆港统计范围发生变化，包括原重庆、涪陵、万州、重庆航管处四个港区，与历史数据不可比。

7-5-43 沿海港口货物吞吐量

单位：万吨

港 口	1995	2000	2005	2010	2015	2016	2017	2018	2019	2020	2021
总 计	**80166**	**125603**	**292777**	**548358**	**784578**	**810933**	**865464**	**922392**	**918774**	**948002**	**997259**
#大 连	6417	9084	17085	31399	41482	43660	45517	46784	36641	33401	31553
营 口	1156	2268	7537	22579	33849	35217	36267	37001	23818	23821	22997
秦皇岛	8382	9743	16900	26297	25309	18682	24520	23119	21880	20061	20053
天 津	5787	9566	24069	41325	54051	55056	50056	50774	49220	50290	52954
烟 台	1361	1774	4506	15033	25163	26537	28816	44308	38632	39935	42337
威 海	379	669	1015	2407	4213	4340	4468	5570	3730	3863	4273
青 岛	5103	8636	18678	35012	48453	50036	51031	54250	57736	60459	63029
日 照	1452	2674	8421	22597	33707	35007	36136	43763	46377	49615	54117
上 海	16567	20440	44317	56320	64906	64482	70542	68392	66351	65105	69827
连云港	1716	2708	6016	12739	19756	20082	20605	21443	23456	24182	26918
宁波-舟山	6853	11547	26881	63300	88929	92209	100933	108439	112009	117240	122405
台 州		950	2067	4706	6237	6771	7057	7167	4901	5091	5938
温 州	601	859	3097	6408	8490	8406	8926	8239	7541	7401	7976
福 州	1032	2426	7443	7125	13967	14516	14838	17876	21255	24897	27352
厦 门	1314	1965	4771	12728	21023	20911	21116	21720	21344	20750	22756
汕 头	716	1284	1736	3509	5181	4985	4890	3963	3155	3351	4138
深 圳		5697	15351	22098	21706	21410	24136	25127	25785	26506	27838
广 州	7299	11128	25036	41095	50053	52254	57003	59396	60616	61239	62367
湛 江	1885	2038	4647	13638	22036	25612	28209	30185	21570	23391	25555
北 海	201	265	437	1251	2468	2750	3169	3387	3496	3736	4323
防 城				7650	11504	10688	10355	10448	10141	12182	14800
海 口	468	808	2118	5700	9204	9952	11297	11883	12447	11781	12159
八 所	275	378	486	893	1767	1516	1605	1396	1507	1501	1652

注：1.从2006年起，宁波-舟山港统计范围包括原宁波港和舟山港，以往年度数据为原宁波港数据。
2.从2007年起，烟台港统计范围包括原烟台港和龙口港，以往年度数据为原烟台港数据。
3.从2011年起，厦门港统计范围包括原厦门港和漳州港。

7-5-44 内河港口货物吞吐量

单位：万吨

港 口	2004	2005	2006	2007	2008	2009	2010	2011	2012
总 计	**86414**	**101418**	**117510**	**138208**	**159481**	**221678**	**261822**	**295522**	**312228**
#上 海	10575	10749	6709	6918	7362	9738	9019	10326	9819
南 京	9589	10686	10091	10859	11125	12146	14719	17333	19197
江 阴	2683	4278	5739	7218	8740	10103	12522	12934	13248
常 州	540	805	2347	2029	2282	2724	3156	2769	2667
苏 州	9059	11919	15085	18377	20348	24634			
南 通	7218	8327	10386	12339	13214	13641	15070	17331	18526
扬 州	889	1179	1398	1591	1938	2938	3642	4370	4841
泰 州	1285	1581	2787	2128	2592	7467	9890	12038	13210
镇 江	4839	5847	6318	7824	8705	8713	10634	11806	13460
芜 湖	1831	1850	3934	4681	5514	5710	6609	7473	8260
马鞍山	1713	2011	2393	3684	4697	4191	4826	5306	6809
铜 陵	380	352	2405	2860	2872	3157	3914	4729	5507
安 庆	1479	1835	2839	2852	2800	2554	2813	3010	3225
池 州	1073	1752	1952	2101	2250	2244	2576	3137	3488
九 江	842	928	760	733	596	2852	3291	3907	4827
武 汉	4281	4939	5034	5278	5592	5409	6620	7602	7632
黄 石	675	1003	1195	962	1032	1520	1605	1781	1874
宜 昌	305	226	518	734	715	653	818	770	682
重 庆	820	950	1073	1317	1470	8612	9668	11606	12502

注：从2009年起,重庆港统计范围发生变化，包括原重庆、涪陵、万州、重庆航管处四个港区，与历史数据不可比。

7-5-44 续表

单位：万吨

港 口	2013	2014	2015	2016	2017	2018	2019	2020	2021
总 计	**336793**	**349246**	**361804**	**377939**	**401710**	**412107**	**476309**	**506989**	**557275**
#上 海	9301	8575	6834	5695	4509	4656	5326	5999	7143
南 京	20201	21001	21454	21973	23637	25199	25689	25112	26855
江 阴	12590	12462	12228	13197	15971	17560	22393	24705	33757
常 州	3067	3314	3619	4031	4714	4863	5353	5442	5202
苏 州			53990	57937	60456	53227	52275	55408	17668
南 通	20494	21599	21827	22614	23572	26702	33620	31014	30851
扬 州	6189	7866	7345	8163	9424	10129	9475	9759	10144
泰 州	15425	15822	16803	17000	19942	24509	28243	30111	35291
镇 江	14098	14061	13010	13137	14203	15331	32916	35064	23706
芜 湖	9313	10847	12009	13101	12806	12016	12778	13537	13475
马鞍山	7489	8101	9205	10571	11014	10355	10093	10226	11046
铜 陵	5905	7045	8011	11004	11095	10008	9621	8430	8498
安 庆	3006	3137	4002	2278	2401	2983	2511	2066	2438
池 州	3914	4279	4137	4548	4783	6723	9751	10139	12602
九 江	6030	8036	10425	11328	11717	11689	11358	12047	15175
武 汉	7701	8150	8455	9000	10018	10318	9166	10539	11679
黄 石	2098	2454	3643	3804	4039	4219	4509	4713	4992
宜 昌	554	639	719	763	1010	6868	7971	8119	11470
重 庆	13676	14665	15750	17372	19722	20444	17127	16498	19804

7-5-45 沿海港口分货类吞吐量

单位：万吨

货类名称	2018			2019		
	合计	出港	进港	合计	出港	进港
总　计	**922392**	**403883**	**518509**	**918774**	**399808**	**518966**
煤炭	163896	93200	70696	166171	92282	73889
石油、天然气及制品	91356	23538	67817	106444	28934	77510
#原油	54062	7877	46185	61995	9078	52917
金属矿石	149176	26954	122221	154788	26573	128215
钢铁	32167	20911	11256	34206	21062	13144
矿建材料	73480	29005	44475	79243	39893	39351
水泥	8300	2643	5657	10597	3244	7353
木材	6202	725	5476	6149	704	5445
非金属矿石	20353	8563	11791	25028	9280	15748
化肥和农药	2544	1555	989	3243	1943	1300
盐	1162	168	994	1150	221	929
粮食	21138	7090	14048	20035	6415	13620
机械、设备、电器	21816	11770	10046	11824	6866	4958
化工原料及制品	15581	6651	8930	16540	7325	9215
有色金属	778	312	466	1055	487	569
轻工、医药产品	10938	5864	5074	11647	6204	5443
农林牧渔业产品	4393	1675	2718	3908	1181	2727
其他	299112	163259	135853	266745	147194	119551

7-5-45　续表

单位：万吨

货类名称	2020			2021		
	合计	出港	进港	合计	出港	进港
总　计	**948002**	**407023**	**540980**	**997259**	**443570**	**553689**
煤炭	164638	90369	74269	183178	98882	84296
石油、天然气及制品	116956	31643	85312	116986	31495	85491
#原油	67533	9128	58404	66727	9433	57294
金属矿石	159214	25712	133502	160718	27712	133006
钢铁	37989	22460	15529	37945	23659	14286
矿建材料	84443	45732	38711	94826	56070	38756
水泥	12522	4240	8281	12150	4320	7830
木材	6178	993	5184	8123	1487	6636
非金属矿石	27524	9807	17717	26146	10384	15762
化肥和农药	3276	2133	1144	3484	2530	953
盐	984	229	755	1167	393	774
粮食	21946	6267	15679	24379	6709	17670
机械、设备、电器	12267	7007	5260	15420	9412	6008
化工原料及制品	18689	8433	10257	20401	9421	10980
有色金属	1188	400	787	1197	398	799
轻工、医药产品	11312	5181	6131	12918	6032	6886
农林牧渔业产品	4045	1197	2848	4154	1182	2972
其他	264833	145220	119613	274067	153484	120583

7-5-46 内河港口分货类吞吐量

单位：万吨

货类名称	2018			2019		
	合计	出港	进港	合计	出港	进港
总　计	**412107**	**170756**	**241351**	**476309**	**200679**	**275630**
煤炭	81066	24233	56833	96405	31353	65052
石油、天然气及制品	15231	5642	9589	14970	5276	9694
#原油	3218	610	2608	3255	602	2654
金属矿石	63051	21198	41853	67223	21863	45360
钢铁	20422	10278	10144	23154	10530	12624
矿建材料	112163	44228	67935	140900	58922	81979
水泥	26534	20440	6094	29117	23055	6062
木材	4361	1130	3232	4675	1237	3438
非金属矿石	14804	8296	6508	21433	10930	10503
化肥和农药	2749	1494	1255	3254	1877	1377
盐	1164	482	683	1392	735	657
粮食	10382	3115	7268	10042	2935	7108
机械、设备、电器	1675	1406	269	1625	1355	270
化工原料及制品	12173	4795	7378	13092	4843	8249
有色金属	266	66	200	180	52	128
轻工、医药产品	2243	978	1265	1975	832	1143
农林牧渔业产品	1356	571	785	1673	773	899
其他	42465	22404	20061	45199	24112	21087

注：2018年统计口径为内河规模以上港口，从2019年起统计口径为全国内河港口。

7-5-46　续表

单位：万吨

货类名称	2020			2021		
	合计	出港	进港	合计	出港	进港
总　计	**506989**	**212243**	**294746**	**557275**	**238914**	**318362**
煤炭	90956	28604	62352	99931	29919	70011
石油、天然气及制品	14050	4516	9534	14630	4894	9735
#原油	1942	78	1864	1701	82	1619
金属矿石	74900	23643	51256	79213	24790	54423
钢铁	28819	13012	15806	30656	14445	16211
矿建材料	160816	67066	93750	177720	79407	98313
水泥	31689	25141	6548	35974	27304	8669
木材	4171	1103	3068	4341	1156	3185
非金属矿石	23227	11835	11392	27419	14138	13281
化肥和农药	2992	1758	1234	3518	2162	1356
盐	1261	787	474	1604	979	624
粮食	10817	2976	7841	14474	4454	10020
机械、设备、电器	1722	1398	323	2034	1776	259
化工原料及制品	12709	4495	8214	13366	5162	8204
有色金属	152	50	102	254	109	145
轻工、医药产品	1917	829	1088	1910	876	1034
农林牧渔业产品	1449	518	931	1692	636	1056
其他	45344	24511	20833	48541	26706	21835

7-5-47 民用航空航线及飞机年末数

指　　标	2010	2011	2012	2013	2014	2015
定期航班航线条数　（条）	**1880**	**2290**	**2457**	**2876**	**3142**	**3326**
国际航线	302	443	381	427	490	660
国内航线	1578	1847	2076	2449	2652	2666
#港澳台地区航线	85	91	99	107	114	109
定期航班航线里程（公里）	**2765147**	**3490571**	**3280114**	**4106000**	**4637214**	**5317230**
国际航线	1070167	1494387	1284712	1503150	1767210	2394434
国内航线	1694980	1996184	1995402	2602850	2870004	2922796
#港澳台地区航线	121437	135103	133333	168363	179320	171621
定期航班通航机场　（个）	**175**	**178**	**180**	**190**	**200**	**206**
民用飞机期末架数　（架）	**2405**	**3191**	**3589**	**4004**	**4168**	**4554**
运输飞机	1597	1764	1941	2145	2370	2650
大中型飞机	1453	1601	1769	1985	2218	2499
#B737	650	700	756	854	958	1104
B747	40	40	40	29	24	26
B757	48	51	46	45	41	35
B767	18	15	13	11	9	9
A320	281	357	432	503	579	645
小型飞机	144	163	172	160	152	151
通用航空飞机	606	1124	1320	1519	1798	1904

注：2011年起民用航空航线条数改为定期航班航线条数,民航通航机场改为定期航班通航机场。

7-5-47　续表

指　　标	2016	2017	2018	2019	2020	2021
定期航班航线条数　（条）	**3794**	**4418**	**4945**	**5521**	**5581**	**4864**
国际航线	739	803	849	953	895	279
国内航线	3055	3615	4096	4568	4686	4585
#港澳台地区航线	109	96	100	111	94	25
定期航班航线里程（公里）	**6348144**	**7483033**	**8379833**	**9482204**	**9426313**	**6897750**
国际航线	2828015	3245859	3598911	4014686	3828748	1319643
国内航线	3520129	4237174	4780922	5467518	5597565	5578107
#港澳台地区航线	166812	147537	153105	167104	136783	29426
定期航班通航机场　（个）	**216**	**228**	**233**	**237**	**240**	**248**
民用飞机期末架数　（架）	**5046**	**5593**	**6134**	**6525**	**6795**	**7072**
运输飞机	2950	3296	3639	3818	3903	4054
大中型飞机	2789	3120	3452	3626	3701	3840
#B737	1216	1357	1513	1509	1500	1506
B747	26	27	24	25	23	23
B757	33	35	46	49	54	58
B767	13	12	5	8	8	13
A320	728	814	892	996	1045	1129
小型飞机	161	176	187	192	202	214
通用航空飞机	2096	2297	2495	2707	2892	3018

7-5-48 民用航空运输量及通用航空飞行时间

指 标	2010	2011	2012	2013	2014	2015
客运量 （万人）	**26769**	**29317**	**31936**	**35397**	**39195**	**43618**
国际航线	1931	2118	2336	2655	3155	4207
国内航线	24838	27199	29600	32742	36040	39411
#港澳台地区航线	672	760	834	904	1005	1020
旅客周转量 （万人公里）	**40389960**	**45369629**	**50257366**	**56567596**	**63341903**	**72825513**
国际航线	7589325	8780512	9919798	11457554	13168010	17168359
国内航线	32800635	36589118	40337568	45110042	50173893	55657154
#港澳台地区航线	981817	1116167	1238849	1317488	1496639	1517768
货(邮)运量 （吨）	**5630371**	**5574779**	**5450342**	**5612526**	**5940988**	**6292942**
国际航线	1926315	1780427	1565170	1545310	1684272	1868444
国内航线	3704056	3794352	3885173	4067216	4256716	4424498
#港澳台地区航线	216603	210028	207678	198561	223332	221014
货邮周转量 （万吨公里）	**1788982**	**1739131**	**1638894**	**1702918**	**1877715**	**2080683**
国际航线	1253028	1187527	1064527	1091742	1237182	1411425
国内航线	535954	551604	574366	611176	640533	669258
#港澳台地区航线	28700	27607	27120	26156	29931	28465
运输总周转量（万吨公里）	**5384490**	**5774427**	**6103217**	**6717231**	**7481156**	**8516516**
国际航线	1929689	1968352	1944881	2106757	2401117	2926107
国内航线	3454801	3806075	4158336	4610474	5080039	5590410
#港澳台地区航线	115895	126425	136648	142276	161733	162201
通用航空飞行时间（小时）	**391135**	**502731**	**517037**	**590890**	**674944**	**778408**
#载客类作业						
作业类作业						
培训类作业						

7-5-48 续表

指 标	2016	2017	2018	2019	2020	2021
客运量 （万人）	**48796**	**55156**	**61174**	**65993**	**41778**	**44056**
国际航线	5162	5545	6367	7425	957	148
国内航线	43634	49611	54807	58568	40821	43908
#港澳台地区航线	985	1027	1127	1108	96	59
旅客周转量 （万人公里）	**83781348**	**95130358**	**107123166**	**117052971**	**63112770**	**65296813**
国际航线	21603850	24765095	28226135	31850815	4424091	905627
国内航线	62177498	70365262	78897031	85202156	58688680	64391186
#港澳台地区航线	1441033	1482485	1650525	1604613	128296	81928
货(邮)运量 （吨）	**6680105**	**7058921**	**7385098**	**7531426**	**6766070**	**7318402**
国际航线	1931921	2220776	2427234	2419050	2230742	2667008
国内航线	4748184	4838144	4957864	5112376	4535328	4651394
#港澳台地区航线	219608	241502	234807	222169	175781	189891
货邮周转量 （万吨公里）	**2224493**	**2435523**	**2624991**	**2631990**	**2402014**	**2781579**
国际航线	1503386	1705867	1870290	1846110	1723269	2075723
国内航线	721108	729656	754701	785881	678745	705856
#港澳台地区航线	27505	30512	30150	28057	20662	22901
运输总周转量（万吨公里）	**9625107**	**10830751**	**12065276**	**12932530**	**7985060**	**8567493**
国际航线	3405834	3884753	4350189	4637426	2108328	2156119
国内航线	6219274	6945998	7715087	8295104	5876731	6411375
#港澳台地区航线	154316	160960	175130	168954	31866	30129
通用航空飞行时间（小时）	**764685**	**837496**	**937149**	**1065011**	**983988**	**1178412**

7-5-49 民用航空主要机型运输生产情况

机型	期末飞机架数(架)	运输飞行小时(小时)	运输飞行里程(万公里)	平均每可用机年生产飞行小时(小时/架)	平均每可用机日生产飞行小时(小时/架/日)	正班平均载运率(%)
总计	**4054**	**9379404**	**578368.0**	**2718**	**7.4**	**66.9**
#B737-700	134	334534	19222.1	2668	7.3	65.7
B737-800	1190	3084142	186305.1	2787	7.6	69.4
B737F	74	105165	5970.4	1793	4.9	64.4
B757-200F	58	93087	5782.6	2144	5.9	61.8
B777-300ER	63	133595	10309.9	2199	6.0	45.0
B777F	30	155211	12791.6	5493	15.0	80.9
B787-9	83	195009	14740.0	3138	8.6	49.5
A319	174	404354	24911.8	2630	7.2	59.5
A320	788	2002140	122796.8	2832	7.7	70.6
A320NEO	341	786238	48499.8	2878	7.9	67.7
A321	334	803921	48455.9	2625	7.2	63.8
A321NEO	109	232291	14206.6	2662	7.3	61.5
A330-200	104	210465	14433.5	2446	6.7	50.4
A330-300	129	275068	18270.1	2660	7.3	53.1
A350-900	45	100317	7391.7	2848	7.8	44.7
ARJ21-700	58	72613	3790.9	1689	4.6	74.9

注：期末飞机架数不含通用航空飞机数量。

7-5-50　各地区城市公共交通运营里程(2021年底)

单位：公里

地　区	公共汽车、无轨电车	公交专用车道	轨道交通	地铁	轻轨	有轨电车
全　国	**1593829**	**18264**	**8736**	**7664**	**263**	**421**
北　京	28580	1005	783	752		21
天　津	27713	194	272	212	52	8
河　北	82017	493	74	74		
山　西	48766	615	23	23		
内蒙古	47334	354	49	49		
辽　宁	41253	1345	407	168	147	92
吉　林	31657	471	124	43	64	18
黑龙江	47324	175	78	78		
上　海	25180	485	831	796		
江　苏	113079	1717	947	866		81
浙　江	149165	967	649	517		11
安　徽	73315	612	200	154		
福　建	43403	279	157	157		
江　西	51781	512	129	129		
山　东	187331	1273	377	368		9
河　南	57246	1547	249	249		
湖　北	38513	619	479	430		49
湖　南	52634	549	162	143		
广　东	131583	1631	1138	1021		59
广　西	36351	380	128	128		
海　南	12838	41	8			8
重　庆	29159	241	370	271		
四　川	57156	1126	558	519		39
贵　州	27611	221	74	74		
云　南	55040	226	153	139		13
西　藏	3253	46				
陕　西	27747	565	253	253		
甘　肃	21828	129	38	26		13
青　海	15041	75				
宁　夏	10341	168				
新　疆	19593	205	27	27		

注：上海市轨道交通合计中包括磁悬浮运营线路总长度29公里；含江苏(昆山)境内约6公里。

7-5-51 各地区城市公共交通运营车(船)拥有量(2021年底)

单位：辆

地区	公共汽电车、轨道交通配属车辆合计	公共汽电车	#天然气车	无轨电车	轨道交通	地铁	轻轨	有轨电车	巡游出租汽车	轮渡运营船数(艘)
全国	**766729**	**709443**	**111641**	**2596**	**57286**	**53060**	**980**	**1653**	**1391315**	**196**
北京	30177	23079	7549	1276	7098	6988		50	79600	
天津	14706	13258	614		1448	1272	152	24	31779	
河北	32374	31888	5823	35	486	486			71265	
山西	17107	16963	1732	78	144	144			42041	
内蒙古	12545	12233	2832		312	312			67967	
辽宁	25765	24112	6935	65	1653	1074	288	291	92706	
吉林	12872	11979	2966		893	306	540	47	68569	
黑龙江	20499	19977	731		522	522			98998	24
上海	24864	17637	111	354	7227	7166			35317	35
江苏	57992	53365	8243		4627	4216		411	54504	12
浙江	49298	45683	4543	52	3615	3336		13	43838	3
安徽	29591	28301	3496		1290	1086			55298	
福建	21713	20633	1439		1080	1080			22015	22
江西	16420	15604	1119		816	816			17482	
山东	68754	67125	12364	251	1629	1622		7	70263	
河南	38567	36929	2570	173	1638	1638			63511	
湖北	28034	24910	5214	39	3124	2830		294	43589	25
湖南	33797	32903	982		894	870			35043	6
广东	74994	67683	1130	273	7311	6890		245	58031	57
广西	15198	14322	1540		876	876			20665	
海南	4963	4949	375		14			14	6333	
重庆	17271	15023	6281		2248	1446			24478	12
四川	38090	33468	14278		4622	4442		180	45976	
贵州	12084	11586	2545		498	498			45310	
云南	17589	16797	1126		792	732		60	31163	
西藏	874	874							2357	
陕西	20711	18617	3676		2094	2094			38592	
甘肃	10471	10298	2503		173	156		17	39281	
青海	3969	3969	1480						14092	
宁夏	3837	3837	1851						16653	
新疆	11603	11441	5593		162	162			54599	

注：1.轨道交通车辆中包括上海磁悬浮车辆17辆。
2.2014年起，公共汽电车、轨道交通车辆数为经过折算后的标准营运台数，与往年数据不可比，下表同。
3.2018年起，不再统计轨道交通标准营运台数。

7-5-52 各地区城市公共交通客运量

单位：万人次

地 区	客运总量	公共汽电车	城市轨道交通	巡游出租汽车	轮渡
全 国	**9938363**	**4891570**	**2372692**	**2669048**	**5053**
北 京	557707	229634	306621	21451	
天 津	121441	67323	46379	7740	
河 北	200766	110051	9202	81514	
山 西	194715	117448	3919	73348	
内蒙古	213441	72412	5377	135652	
辽 宁	496214	238302	56058	201855	
吉 林	302597	114855	20553	167188	
黑龙江	368574	135430	7239	225765	139
上 海	541030	146693	356997	36115	1225
江 苏	541049	307542	155748	77469	289
浙 江	421704	238410	117476	65790	29
安 徽	293561	148263	27371	117927	
福 建	236963	159501	28862	47148	1451
江 西	160758	94061	25602	41094	
山 东	435483	308625	30389	96469	
河 南	341575	172793	44949	123833	
湖 北	427816	217860	101270	108162	525
湖 南	397634	227396	58790	111446	3
广 东	1020346	410330	508358	100383	1276
广 西	127752	76692	28876	22185	
海 南	29719	19737	107	9875	
重 庆	404408	221052	109709	73532	116
四 川	645341	310246	180098	154997	
贵 州	320253	163917	8974	147362	
云 南	196280	110337	21906	64038	
西 藏	17729	8482		9247	
陕 西	356160	161773	102303	92084	
甘 肃	205230	123341	6500	75390	
青 海	65477	38320		27157	
宁 夏	67606	29072		38533	
新 疆	229035	111675	3062	114299	

注：上海城市轨道交通客运量含江苏(昆山)境内约1843万人次。

7-5-53 邮政主要业务量

指标		2012	2013	2014	2015	2016
邮政行业业务总量	(亿元)	2036.8	2725.1	3696.1	5078.7	7397.2
函件	(万件)	707405.0	634148.8	560955.7	458142.2	361948.3
包裹	(万件)	6875.5	6924.8	6024.2	4243.4	2794.0
快递	(万件)	568548.0	918674.9	1395925.3	2066636.8	3128315.1
汇兑	(万笔)	22913.4	18520.6	12527.4	8241.7	5804.4
订销报纸累计份数	(万份)	1892652.5	1942934.7	1912277.3	1880361.3	1786989.7
订销杂志累计份数	(万份)	112009.7	113720.0	107618.1	99977.1	84415.0
报刊期发数	(万份)	15401.6	15140.9	14936.8	15539.5	13617.5
纪特邮票	(万枚)	118276.0	118335.3	138990.4	157000.8	154320.6

注：1.邮政业务总量、快递的统计口径2006年及以前为中国邮政集团，2007年起为规模以上(年业务收入200万元以上)邮政业法人企业数据，2013年起为全国邮政企业和获得快递业务经营许可的快递服务企业(下表同)。
2.邮政业务总量2000年及以前按1990年不变价格计算；2001-2010年按2000年不变价格计算，2011-2020年按2010年不变价格计算，2021年起，按2020年不变价格计算。

7-5-53 续表

指标		2017	2018	2019	2020	2021
邮政行业业务总量	(亿元)	9763.7	12345.2	16229.6	21053.2	13698.3
函件	(万件)	314841.0	267100.8	216721.5	141836.8	108800.00
包裹	(万件)	2657.2	2407.6	2155.0	2030.6	1822.9
快递	(万件)	4005591.9	5071042.8	6352291.0	8335789.4	10829641.3
汇兑	(万笔)	3743.4	2520.0	1639.7	960.7	646.0
订销报纸累计份数	(万份)	1766328.4	1727899.1	1680708.2	1654230.4	1638906.5
订销杂志累计份数	(万份)	79261.4	77496.9	72997.1	71321.3	68740.3
报刊期发数	(万份)	12572.8	12458.2	11429.0	11210.4	10907.7
纪特邮票	(万枚)	140219.4	118076.4	91800.9	71371.8	58335.0

7-5-54 各地区邮政主要业务量

地 区	邮政行业业务总量(2010年不变价格)(亿元)	函 件(亿件)	包 裹(万件)	汇 兑(万笔)	订销报纸累计份数(万份)	订销杂志累计份数(万份)	报刊期发 数(万份)	纪特邮票(万枚)
全 国	**13698.3**	**10.9**	**1822.9**	**646.0**	**1638906.5**	**68740.3**	**10907.7**	**58335.0**
北 京	283.0	1.3	126.0	37.0	64943.7	2208.1	410.7	3857.2
天 津	138.8	0.2	25.9	6.8	14632.1	670.4	93.2	1610.0
河 北	528.1	0.2	132.0	16.1	67885.7	2999.6	472.3	2366.4
山 西	130.8	0.1	10.4	14.1	56735.5	1729.9	320.3	1815.4
内蒙古	62.9	0.1	17.0	3.9	30791.9	1098.6	182.6	1382.6
辽 宁	220.0	0.1	43.0	29.5	46422.0	2763.9	363.8	2425.9
吉 林	108.6	0.1	12.7	4.4	26325.0	1200.3	168.3	1367.0
黑龙江	133.4	0.1	18.9	6.6	31322.2	1959.0	224.9	2947.1
上 海	1691.9	2.1	204.7	106.6	66387.2	1679.6	389.0	2663.2
江 苏	972.7	1.2	117.4	70.0	139868.2	4667.8	781.5	3465.3
浙 江	2231.5	1.1	161.8	40.1	110579.3	3570.0	683.6	2454.1
安 徽	393.6	0.4	42.4	9.3	59271.0	3112.0	429.7	2012.8
福 建	474.8	0.3	63.4	17.6	64544.6	2166.4	414.2	1716.8
江 西	210.7	0.1	33.6	12.8	51053.0	1832.8	358.3	1748.5
山 东	642.8	0.4	153.4	22.7	102829.3	5760.0	726.7	2820.4
河 南	545.2	0.3	103.4	43.5	99852.0	3550.7	794.3	3031.8
湖 北	366.6	0.3	26.4	9.7	61335.8	2311.7	362.1	2604.9
湖 南	295.8	0.2	12.4	7.8	62588.5	3634.7	474.7	2522.1
广 东	3021.1	1.3	224.1	22.2	65427.4	4483.2	530.9	3496.6
广 西	162.0	0.1	24.6	18.2	32623.4	1950.3	263.0	1043.7
海 南	31.0		13.5	2.5	15310.8	443.0	79.3	321.9
重 庆	163.2	0.2	21.2	11.2	24664.9	2808.2	312.5	1093.4
四 川	374.2	0.2	69.0	30.2	102563.1	3362.9	661.1	1689.0
贵 州	87.8	0.3	6.5	11.3	35465.3	1730.4	192.2	1289.4
云 南	125.2	0.1	18.2	34.0	43404.4	1474.4	238.0	1116.4
西 藏	5.2		20.7	8.5	15771.9	535.4	88.5	230.0
陕 西	168.5	0.1	39.1	14.4	44688.1	1569.8	284.3	1907.5
甘 肃	49.8	0.1	33.5	9.6	29508.0	1145.5	181.6	1009.1
青 海	10.9		14.0	5.3	10781.0	316.7	59.5	390.6
宁 夏	22.5		5.5	1.8	7562.9	317.8	50.1	676.5
新 疆	46.2	0.1	28.3	18.6	53768.6	1687.6	316.4	1259.6

7-5-55 邮政业营业网点及邮路

指 标		2011	2012	2013	2014	2015
邮政业营业网点	(处)	78667	95572	125115	137562	188637
信筒信箱	(个)	148206	150271	147351	142330	129572
邮路总长度(单程)	(公里)	5140272	5855107	5897229	6305556	6376429
#航空邮路	(公里)	2718292	3160292	3334949	3622873	3558821
铁路邮路	(公里)	309027	320144	395809	232976	218014
汽车邮路	(公里)	2017483	2289077	2070847	2361997	2486461
城市投递路线(单程)	(公里)	1171464	1327674	1282319	1435111	1371041
农村投递路线(单程)	(公里)	3632579	3731657	3744733	3775875	3756043

注：营业网点1998年及以前为邮电局所，1999-2006年为邮政局所，统计口径从2002年起为邮政局所和邮政代办点，2007年邮政业营业网点数据包括邮政企业和年业务收入200万元以上快递企业，2013年起为全国邮政企业和获得快递业务经营许可的快递服务企业。

7-5-55 续表

指 标		2016	2017	2018	2019	2020	2021
邮政业营业网点	(处)	216708	278025	274635	318516	349075	412522
信筒信箱	(个)	127678	125409	122060	119234	99582	95186
邮路总长度(单程)	(公里)	6585049	9384668	9851315	12227021	11874423	11927443
#航空邮路	(公里)	3712222	5996105	6544859	8724542	8257969	7522916
铁路邮路	(公里)	203729	215205	220980	207900	240879	359307
汽车邮路	(公里)	2644714	3156199	3072496	3282155	3364561	4040569
城市投递路线(单程)	(公里)	1474841	1628446	1711862	2209984	2193834	2338233
农村投递路线(单程)	(公里)	3767660	3805332	4030582	4198813	4104128	4155496

7-5-56 分地区邮政营业网点及邮路

地区	邮政业营业网点(处)	信筒信箱(个)	邮路总长度(单程)(公里)				城市投递路线(单程)(公里)	农村投递路线(单程)(公里)
				#航空邮路	#铁路邮路	#汽车邮路		
全国	**412522**	**95186**	**11927443**	**7522916**	**359307**	**4040569**	**2338233**	**4155496**
北京	5562	3834	1504754	1368384	19718	116652	80754	27653
天津	6665	2502	101099	69633		28619	37103	22155
河北	17730	2709	152052	857		151135	100999	214150
山西	9667	1761	136812	60963	505	75344	53074	98449
内蒙古	7475	1538	205388	100026	654	104708	83047	152126
辽宁	10769	2167	226502	102011	3758	120201	97551	107278
吉林	6979	1337	147936	82673		65263	49107	92505
黑龙江	8584	1902	226764	70698	66264	89802	57563	95094
上海	6554	2555	186242	47595	41651	96996	93520	36541
江苏	29172	4802	431271	121101		310170	149380	269292
浙江	27428	13139	601399	271631	31478	298244	115045	255806
安徽	18024	2152	233971		4297	229670	83058	136168
福建	11965	7291	404389	160533	7070	236543	72378	117553
江西	12642	2092	208135	69203	14852	124080	49255	89568
山东	23794	3343	416064	159735	14607	241353	176621	288481
河南	23026	3009	620636	452820	9454	158342	161714	204378
湖北	17483	2187	280077	140100	740	139237	82720	174019
湖南	15825	2791	375716	242927	5556	127233	98353	210939
广东	41032	4219	3068782	2680566	44013	344203	221662	321640
广西	12782	2273	291416	162234		129084	47958	116786
海南	2415	2933	184361	148970	10946	24021	19612	32155
重庆	10644	1963	123013	49465	2684	70864	45170	59852
四川	29649	7137	284352	94602	2771	186970	79001	226372
贵州	13270	1912	161501	60540	1922	99039	47939	136763
云南	13177	1875	379352	220675	29667	129010	50946	194296
西藏	1180	5399	58716	13210	1972	43534	10888	89404
陕西	14644	2105	183185	96289	2890	84006	48491	116782
甘肃	6441	1770	174223	81854	3889	88480	49191	131918
青海	1971	480	109931	57544	10621	41766	11408	47129
宁夏	1981	473	76421	63051		13370	22096	22017
新疆	3992	1536	372985	273027	27328	72630	42629	68227

7-5-57 邮政通信服务水平

指 标		2011	2012	2013	2014	2015
已通邮的行政村比重	(%)	98.0	99.1	99.2	99.4	99.8
城区每日平均投递次数	(次)	2.1	2.0	2.0	2.1	1.9
农村每周平均投递次数	(次)	5.0	5.0	5.0	4.8	4.9
平均每一营业网点服务面积	(平方公里)	122.0	100.4	76.7	69.8	50.9
平均每一营业网点服务人口	(万人)	1.7	1.4	1.1	1.0	0.7
平均每人每年发函件数	(件)	5.5	5.2	4.7	4.1	3.3
平均每百人每年订报刊数	(份)	11.1	11.4	11.1	10.9	11.3

7-5-57 续表

指 标		2016	2017	2018	2019	2020	2021
已通邮的行政村比重	(%)	99.4	100.0	100.0	100.0	100.0	100.0
城区每日平均投递次数	(次)	2.0	2.0	2.0	2.0	2.0	2.0
农村每周平均投递次数	(次)	5.0	5.1	5.2	5.0	5.0	5.0
平均每一营业网点服务面积	(平方公里)	44.3	34.5	35.0	30.1	27.5	23.3
平均每一营业网点服务人口	(万人)	0.6	0.5	0.5	0.4	0.4	0.3
平均每人每年发函件数	(件)	2.7	2.3	1.9	1.6	1.0	0.8
平均每百人每年订报刊数	(份)	9.9	9.0	8.9	8.2	7.9	7.8

7-5-58 各地区邮政通信服务水平

地 区	平均每一营业网点服务面积（平方公里）	平均每一营业网点服务人口（万人）	城区每日平均投递次数（次）	农村每周平均投递次数（次）
全 国	**23.27**	**0.34**	**2.0**	**5.0**
北 京	3.02	0.39	2.0	8.0
天 津	1.65	0.21	2.0	7.0
河 北	10.72	0.42	2.0	6.0
山 西	15.52	0.36	2.0	6.0
内蒙古	147.16	0.32	2.0	4.0
辽 宁	13.93	0.39	2.0	5.0
吉 林	25.79	0.34	2.0	4.0
黑龙江	53.59	0.36	2.0	5.0
上 海	0.88	0.38	2.0	12.0
江 苏	3.43	0.29	2.0	8.0
浙 江	3.65	0.24	2.0	9.0
安 徽	7.21	0.34	2.0	6.0
福 建	10.03	0.35	2.0	5.0
江 西	12.66	0.36	2.0	5.0
山 东	6.30	0.43	2.0	6.0
河 南	6.95	0.43	2.0	7.0
湖 北	10.30	0.33	2.0	5.0
湖 南	13.27	0.42	2.0	4.0
广 东	4.39	0.31	2.0	9.0
广 西	17.99	0.39	2.0	4.0
海 南	14.08	0.42	2.0	6.0
重 庆	7.73	0.30	2.0	4.0
四 川	16.19	0.28	2.0	4.0
贵 州	12.81	0.29	2.0	5.0
云 南	28.84	0.36	2.0	4.0
西 藏	1016.95	0.31	2.0	4.0
陕 西	12.97	0.27	2.0	5.0
甘 肃	60.55	0.39	2.0	4.0
青 海	365.30	0.30	2.0	4.0
宁 夏	33.32	0.37	2.0	6.0
新 疆	400.80	0.65	2.0	4.0

7-5-59 快递业务量

年 份	快 递 (万件)	快递业务收入 (万元)	年 份	快 递 (万件)	快递业务收入 (万元)
1991	566.7		2006	26988.0	
1992	959.2		2007	120189.6	3425851.6
1993	2156.2		2008	151329.3	4084274.6
1994	4019.5		2009	185785.8	4790030.7
1995	5562.7		2010	233892.0	5746029.8
1996	7096.6		2011	367311.1	7579878.2
1997	6878.9		2012	568548.0	10553324.2
1998	7667.7		2013	918674.9	14416815.3
1999	9091.3		2014	1395925.3	20453586.2
2000	11031.4		2015	2066636.8	27696465.9
2001	12652.7		2016	3128315.1	39743601.3
2002	14036.2		2017	4005591.9	49571088.8
2003	17237.8		2018	5071042.8	60384253.8
2004	19771.9		2019	6352291.0	74978235.2
2005	22880.3		2020	8335789.4	87954342.4
			2021	10829641.3	103323162.0

注：快递业务量2006年及以前为邮政特快专递，2007年起为规模以上(年业务收入200万元以上)。
快递服务企业业务量，2013年起为获得快递业务经营许可的快递服务企业业务量。

7-5-59 续表

地 区	快 递 (万件)	快递业务收入 (万元)	地 区	快 递 (万件)	快递业务收入 (万元)
北 京	221030.0	3134341.1	河 南	435552.7	3191669.0
天 津	123390.0	1401165.0	湖 北	269341.6	2413143.4
河 北	506015.0	4036331.4	湖 南	197803.1	1625079.7
山 西	78131.4	901584.2	广 东	2945749.4	24543385.4
内蒙古	26086.0	519290.1	广 西	102758.6	1127596.8
			海 南	14503.9	290023.2
辽 宁	164328.1	1677022.7			
吉 林	62197.8	769227.2	重 庆	97936.0	1034335.2
黑龙江	60491.0	833873.7	四 川	278269.8	2680665.3
			贵 州	39787.1	666807.3
上 海	374137.9	17158198.9	云 南	84190.5	908387.2
江 苏	860653.7	7883840.7	西 藏	1485.2	49492.7
浙 江	2278148.1	12646992.4			
安 徽	312664.8	2168052.1	陕 西	111806.6	1209914.7
福 建	415012.3	3512665.6	甘 肃	18457.8	369628.5
江 西	160091.5	1443098.3	青 海	3686.8	100922.4
山 东	559785.8	4496076.7	宁 夏	9963.0	154100.6
			新 疆	16185.8	376250.7

注：快递业务量2006年及以前为邮政特快专递，2007年起为规模以上(年业务收入200万元以上)。
快递服务企业业务量，2013年起为获得快递业务经营许可的快递服务企业业务量。

【主要统计指标解释】

铁路营业里程 又称营业长度（包括正式营业里程和临时营业里程），指办理客货运输业务的铁路正线总长度。凡是全线或部分建成双线及以上的线路，以第一线的实际长度计算；复线、站线、段管线、岔线和特殊用途线以及不计算运费的联络线都不计算营业里程。

电气化铁路里程 指在全部铁路营业里程中已安装了供电线路及设备，可以供电力机车牵引列车运行的区段的总里程。

公路里程 指报告期末公路的实际长度。统计范围：包括城间、城乡间、乡（村）间能行驶汽车的公共道路，公路通过城镇街道的里程，公路桥梁长度、隧道长度、渡口宽度。不包括城市街道里程，断头路里程，农（林）业生产用道路里程，工（矿）企业等内部道路里程。统计原则：按已竣工验收或交付使用的实际里程计算；两条或多条公路共同经由同一路段的重复里程，只计算一次。

内河航道里程 指报告期末在江河、湖泊、水库、渠道和运河水域内，船舶、排筏在不同水位期可以通航的实际航道里程数。内河航道里程按主航道中心线实际长度计算。两省以河为界的航道里程，双方均按一半计算。

定期航班航线里程 指定期航班营运里程的总长度，以万公里为计算单位。航线里程的统计分为按重复距离计算和按不重复距离计算两种形式。“按重复距离计算”是指不同航线的相同航段距离可以重复累加；“按不重复距离计算”则不同航线相同航段只统计一次。

输油（气）管道长度 也称输油（气）里程，指油品（或天然气）的实际输送距离，一般按输油（气）管道的单线长度计算。若包括复线和备用线长度则称为输油（气）管道延展长度，是指管道铺设的实际长度。通常使用的是不包括复线的“输油（气）管道里程”。

货（客）运量 指在一定时期内，各种运输工具实际运送的货物（旅客）数量。货运按吨计算，客运按人计算。货物不论运输距离长短、货物类别，均按实际重量统计。旅客不论行程远近或票价多少，均按一人一次客运量统计；半价票、小孩票也按一人统计。

货物（旅客）周转量 指在一定时期内，由各种运输工具运送的货物（旅客）数量与其相应运输距离的乘积之总和。计算货物（旅客）周转量通常按发出站与到达站之间的最短距离，也就是计费距离计算。计算公式：货物（旅客）周转量=Σ（货物（旅客）运输量×运输距离）。

货（客）运密度 指报告期内某种运输方式在营运线路的某一区段平均每公里线路通过的货物（旅客）运输周转量。计算公式：货（客）运密度=货物（旅客）周转量/营业线路长度。

旅客运输平均运距 指报告期内平均每一位旅客的旅行距离。计算公式：旅客运输平均运距=旅客周转量/客运量。

货物运输平均运距 指报告期内平均每一吨货物的运输距离。计算公式：货物运输平均运距=货物周转量/货运量。

民用汽车拥有量 指报告期末，在公安交通管理部门按照《机动车注册登记工作规范》，已注册登记领有民用车辆牌照的全部汽车数量。汽车拥有量统计的主要分类：根据汽车结构分为载客汽车、载货汽车及其他汽车；根据汽车所有者不同分为个人（私人）汽车、单位汽车；根据汽车的使用性质分为营运汽车、非营运汽车；根据汽车大小规格不同，载客汽车分为大型、中型、小型和微型，载货汽车分为重型、中型、轻型和微型。

机动船 又称自航船，指装有各种发动机推进装置，以机械动力行驶的船舶。

驳船 指本身无动力装置，或只设简易动力装置，依靠拖船或推船带动的平底船。

拖船 指专门拖带其它船舶、船队、木排的船舶。

船舶净载重量 指报告期末所拥有船舶的总载重量减去燃（物）料、淡水、粮食及供应品、人员及其行李等的重量及船舶常数后，能够装载货物的实际重量。

沿海港口 指位于海沿岸，具有一定设施和条件，供船舶停靠、旅客上下、货物装卸、生活物料供应等作业的港口。

内河港口 指位于江、河、湖沿岸，具有一定设施和条件，供船舶停靠、旅客上下、货物装卸、生活物料供应等作业的港口。

港口货物吞吐量 指经由水路进出港区范围，并经过装卸的货物数量。按货物流向分为进港吞吐量和出港吞吐量；按货物贸易性质分为内贸货物吞吐量和外贸货物吞吐量；按货物的类别分，可根据现行的交通行业标准《运输货物分类和代码》分类。

定期航班航线条数 指定期航班营运的航线条数。按国内航线（其中：港澳台航线）、国际航线分类统计。

国际航线 指航线中任一航段的起讫点（技术经停点除外）在外国领土上的航线。

国内航线 指航线中各航段的起讫点（技术经停点除外）都在国内的航线。

港澳台地区航线 指航线中任一航段的起讫点在香港、澳门或台湾的航线（经香港、澳门、台湾飞往外国的航线统计为国际航线）。

飞机架数 指报告期末实有在册飞机数量，包括停场待修、在厂检修的飞机和租借飞机。

运输飞机 从事公共航空运输的民用飞机。分为大中型飞机和小型飞机，大中型飞机指100座及以上的运输飞机，小型飞机指100座以下的运输飞机。

正班平均载运率 指报告期内正班飞行所完成的运输总周转量与可提供周转量之比。

城市公共交通 指城市中供公众乘用的、经济方便的各种交通方式的总称。包括公共汽车、电车、轨道交通（地铁、轻轨、有轨电车、磁悬浮、索道、缆车等）、出租汽车、公共轮渡等客运交通设施。

运营线路总长度 指全部运营线路长度之和。计算公式：运营线路长度=Σ各条运营线路长度=Σ〔1/2（上行起点至终点里程+下行起点至终点里程+上下行终点掉头里程〕。

单向行驶的环行线路长度等于起点至终点里程与终点下客站至起点里程之和的一半，不包括折返、试车、联络线等非运营线路。

公交专用车道 指为了调整公共交通车辆与其他社会车辆的路权使用分配关系，提高公共交通车辆运营速度和道路资源利用率，而科学、合理设置的公共交通优先车道、专用车道（路）、路口专用线（道）、专用街道、单向优先专用线（道）等。

运营车数 指城市中用于公共交通运营业务的全部车辆数。地铁和轻轨在统计时一自然节为一辆。出租汽车指已经领取出租汽车专用牌照的运营车辆，包括技术完好的、在修的、长期行驶的以及拟报废尚未经上级机关批准的车辆。

轮渡运营船数 指用于城市客渡运营业务的全部船舶数。不含旅游客轮（长途旅游、市内供游人游览江、河、湖泊的船只）。

城市公共交通客运总量 指报告期内城市公共交通各种运输方式运送乘客的总人次。

邮政行业业务总量 指以货币形式表示的邮政行业企业为社会提供各类邮政服务或其他服务的总数量，是用于观察邮政业务发展变化总趋势的综合性总量指标。邮政业务总量是以各类业务的实物量分别乘以相应的不变单价，求出各类业务的货币量加总求得。

营业网点 指拥有固定地址、直接对外营业，可收寄邮件和快件的营业场所和服务机构数量。

邮政局所 指经邮政部门审批许可，有固定的局所地址、领有上级发给的日戳或戳记，直接对外营业，至少办理出售邮票和收寄挂号信函两种业务的服务机构。按级别可分为邮政支局、自办邮政所、代办邮政所和其他局所。

邮路 指各邮政局所之间，邮政局所与车站、码头、机场、转运站、邮件处理中心、报刊社之间，邮区中心局与邮政局所及各邮区中心局之间由自办或委办人员按固定班期规定路线交换邮件（包括机要文件，下同）、报刊的路线。包括农村地区运邮兼投递的路线，不包括城市、农村地区纯投递路线。按运输方式可分为航空邮路、铁路邮路、汽车邮路、水路邮路和其他邮路等。

农村投递路线 指农村邮政支局所自办或委办人员按固定班期、规定路线至农村乡（镇）、行政村等收件单位投递邮件、报刊所走的路线。

营业网点服务面积 指报告期行政区域平均每一营业网点服务的面积。计算公式:

$$每一营业网点服务面积=\frac{行政区域土地面积（平方公里）}{营业网点总数（处）}$$

营业网点服务人口 指报告期行政区域平均每一营业网点服务的人口数。计算公式:

$$每一营业网点服务人口=\frac{行政区域总人口数（万人）}{营业网点总数（处）}$$

7 第三产业分行业主要指标

7-6　住宿和餐饮业

简要说明

一、主要内容

住宿和餐饮业法人单位财务状况和经营情况。

二、统计范围

限额以上住宿和餐饮业法人单位。

三、统计调查方法

对限额以上住宿和餐饮业法人单位采用全面调查的方法。

四、限额标准

住宿业法人单位，年主营业务收入200万元及以上。

餐饮业法人单位，年主营业务收入200万元及以上。

五、资料来源

本部分统计资料由国家统计局贸易外经统计司根据《住宿和餐饮业统计报表制度》搜集的资料加工整理而得。

7-6-1 限额以上住宿和餐饮业企业年末资产负债

单位：亿元

项目	资产总计	#流动资产合计	#固定资产净额	负债合计	所有者权益合计
总计	**23163.6**	**10062.2**	**5917.5**	**18033.8**	**5028.1**
一、住宿业	**16213.2**	**6567.8**	**4686.3**	**12814.9**	**3306.9**
#国有控股	4845.3	1506.2	1736.9	2997.7	1797.6
(一)按登记注册类型分					
内资企业	**13234.4**	**5314.7**	**3807.8**	**10610.2**	**2533.3**
国有企业	914.8	278.0	369.9	486.9	426.6
集体企业	50.4	19.1	20.8	39.8	10.2
股份合作企业	14.4	5.7	2.5	11.6	2.8
联营企业	8.6	1.5	5.0	5.5	3.1
#国有联营企业	5.0	0.6	3.4	2.0	3.0
有限责任公司	6315.7	2471.8	1913.6	4901.8	1404.5
国有独资公司	990.9	304.4	313.5	602.5	381.2
其他有限责任公司	5324.8	2167.4	1600.1	4299.3	1023.3
股份有限公司	420.1	142.1	94.4	231.6	146.2
私营企业	5509.7	2396.0	1401.2	4932.1	540.0
私营独资企业	142.7	50.1	35.5	92.4	47.6
私营合伙企业	24.7	10.0	7.5	12.6	11.7
私营有限责任公司	5264.2	2309.8	1329.3	4763.7	466.2
私营股份有限公司	78.1	26.2	28.9	63.4	14.6
其他企业	0.7	0.4	0.3	0.8	-0.1
港、澳、台商投资企业	**1718.6**	**662.9**	**565.4**	**1396.8**	**327.3**
合资经营企业	724.6	304.3	186.3	659.4	68.9
合作经营企业	90.4	40.3	32.9	63.8	28.3
独资经营企业	866.2	297.6	343.5	655.5	210.8
投资股份有限公司	29.5	17.5	2.0	11.1	18.4
其他港澳台商投资企业	7.9	3.3	0.8	6.9	0.9
外商投资企业	**1260.2**	**590.2**	**313.2**	**807.9**	**446.3**
中外合资经营企业	634.7	276.7	124.0	356.9	276.9
中外合作经营企业	77.0	29.5	34.4	42.6	34.3
外资企业	506.5	267.8	143.9	377.2	124.3
外商投资股份有限公司	9.6	1.3	3.1	6.9	2.7
其他外商投资企业	32.3	14.9	7.7	24.3	8.0
(二)按国民经济行业分					
旅游饭店	12995.9	5161.9	3931.8	10268.6	2679.3
一般旅馆	2734.9	1231.4	632.4	2181.2	538.6
民宿服务	62.0	28.9	11.7	30.2	32.1
露营地服务	13.6	4.0	4.0	8.3	5.2
其他住宿业	406.8	141.6	106.4	326.5	51.6

7-6-1 续表 单位：亿元

项目	资产总计	#流动资产合计	#固定资产净额	负债合计	所有者权益合计
二、餐饮业	**6950.5**	**3494.4**	**1231.2**	**5218.9**	**1721.2**
#国有控股	773.8	351.8	167.8	524.9	248.1
(一)按登记注册类型分					
内资企业	**5296.9**	**2752.4**	**1026.5**	**4078.0**	**1206.1**
国有企业	131.9	49.5	36.0	80.4	51.2
集体企业	16.9	7.4	3.6	8.7	8.3
股份合作企业	12.4	7.6	2.9	9.1	3.3
联营企业	8.9	2.5	3.7	6.7	2.3
有限责任公司	1378.1	706.7	325.6	1125.6	254.4
国有独资公司	164.5	61.8	52.0	97.2	67.3
其他有限责任公司	1213.6	644.9	273.7	1028.4	187.1
股份有限公司	182.6	74.8	19.9	88.7	93.8
私营企业	3563.4	1902.8	633.7	2757.8	791.4
私营独资企业	157.6	68.1	36.4	80.1	74.8
私营合伙企业	23.5	12.6	5.7	14.7	8.5
私营有限责任公司	3255.0	1763.0	581.1	2594.8	649.0
私营股份有限公司	127.4	59.1	10.6	68.1	59.0
其他企业	2.5	1.1	1.0	1.1	1.3
港、澳、台商投资企业	**855.3**	**418.9**	**115.7**	**575.7**	**281.7**
合资经营企业	140.8	48.2	25.5	96.7	43.8
合作经营企业	9.6	6.3	1.1	9.2	0.5
独资经营企业	659.8	326.6	87.7	456.8	205.5
投资股份有限公司	9.9	7.8	1.0	9.2	0.7
其他港澳台商投资企业	35.1	30.0	0.5	3.9	31.2
外商投资企业	**798.3**	**323.2**	**89.0**	**565.2**	**233.4**
中外合资经营企业	134.9	30.0	22.7	90.7	44.2
中外合作经营企业	15.7	2.3	1.3	9.9	5.8
外资企业	519.3	205.7	64.1	387.7	131.8
外商投资股份有限公司	4.1	2.0	0.4	2.8	1.3
其他外商投资企业	124.3	83.1	0.5	74.1	50.3
(二)按国民经济行业分					
正餐服务	5023.1	2503.7	1020.9	3886.4	1125.9
快餐服务	988.8	314.9	146.3	727.2	261.7
饮料及冷饮服务	441.4	334.2	26.8	256.3	185.6
餐饮配送及外卖送餐服务	210.8	163.4	22.3	142.3	68.0
其他餐饮业	286.4	178.2	15.0	206.8	79.9

7-6-2 各地区限额以上住宿和餐饮业企业年末资产负债

单位：亿元

地 区	资产总计	#流动资产合计	#固定资产净额	负债合计	所有者权益合计
全 国	**23163.6**	**10062.2**	**5917.5**	**18033.8**	**5028.1**
北 京	2080.8	982.9	487.7	1681.1	401.1
天 津	385.7	188.7	97.8	334.0	52.2
河 北	536.5	227.8	154.1	497.5	37.5
山 西	346.2	137.6	105.5	319.0	27.3
内蒙古	201.5	67.5	82.8	178.9	21.0
辽 宁	430.2	164.8	115.0	374.6	26.2
吉 林	179.2	71.8	63.5	154.2	27.1
黑龙江	126.3	38.3	60.3	94.6	31.5
上 海	2118.2	1044.3	443.0	1535.9	587.3
江 苏	1818.2	772.7	535.4	1362.6	448.7
浙 江	1886.6	743.8	565.7	1560.2	326.9
安 徽	537.1	202.8	142.9	385.6	149.4
福 建	1084.2	468.0	240.7	675.8	402.1
江 西	427.9	156.9	125.8	296.9	129.2
山 东	942.9	392.3	286.9	779.2	166.0
河 南	553.2	233.5	131.0	379.1	162.3
湖 北	580.7	215.1	155.5	404.5	169.6
湖 南	594.2	187.4	143.3	420.5	140.6
广 东	3042.6	1651.8	530.4	2620.3	426.4
广 西	439.7	184.9	128.9	332.4	107.6
海 南	803.1	284.8	258.4	682.9	121.3
重 庆	442.9	193.1	105.3	335.8	105.3
四 川	1223.3	527.5	276.1	940.0	280.1
贵 州	465.1	224.2	85.0	319.7	137.4
云 南	490.3	179.1	148.4	341.9	146.3
西 藏	70.9	15.4	28.5	21.6	49.3
陕 西	711.5	263.0	214.0	570.3	139.4
甘 肃	250.7	101.2	68.8	165.5	84.2
青 海	63.6	29.0	21.4	41.4	21.6
宁 夏	42.3	15.3	19.6	36.2	6.9
新 疆	288.0	96.8	96.2	191.4	96.5

7-6-3 各地区限额以上住宿业企业年末资产负债

单位：亿元

地　区	资产总计	#流动资产合计	#固定资产净额	负债合计	所有者权益合　　计
全　国	**16213.2**	**6567.8**	**4686.3**	**12814.9**	**3306.9**
北　京	1473.5	612.6	441.3	1176.1	297.7
天　津	268.7	134.3	74.7	240.0	29.5
河　北	396.5	153.8	126.7	368.6	26.5
山　西	206.3	73.5	74.7	187.3	18.9
内蒙古	118.6	35.1	53.2	109.1	8.3
辽　宁	301.9	117.5	92.2	254.0	18.8
吉　林	150.4	58.2	56.5	127.4	25.0
黑龙江	107.3	28.1	55.3	79.4	27.8
上　海	1373.0	563.5	383.7	991.1	384.1
江　苏	1026.8	375.3	335.3	760.3	259.6
浙　江	1370.9	516.7	453.0	1123.2	248.2
安　徽	292.1	98.0	93.3	236.6	55.2
福　建	913.7	381.1	215.3	557.7	351.4
江　西	311.0	106.3	93.6	222.0	88.6
山　东	548.6	233.7	174.6	465.4	85.3
河　南	431.9	179.8	107.2	305.4	116.6
湖　北	325.3	110.1	100.5	241.3	78.5
湖　南	423.8	126.0	107.7	308.5	85.1
广　东	2116.3	1135.4	420.6	1912.7	203.8
广　西	364.9	146.1	113.0	278.6	86.9
海　南	784.6	273.6	256.0	667.9	117.7
重　庆	296.8	128.9	76.9	252.0	44.5
四　川	748.2	301.1	202.3	601.4	144.3
贵　州	400.5	181.1	78.3	273.4	119.7
云　南	406.4	131.6	131.2	298.0	106.8
西　藏	64.7	13.2	27.3	19.3	45.4
陕　西	531.8	185.1	184.0	451.3	81.8
甘　肃	186.5	75.3	51.3	120.5	65.1
青　海	47.2	22.3	15.7	29.7	17.3
宁　夏	29.7	9.2	15.7	23.8	6.5
新　疆	195.1	61.5	75.5	132.9	62.2

7-6-4 各地区限额以上餐饮业企业年末资产负债

单位：亿元

地 区	资产总计	#流动资产合计	#固定资产净额	负债合计	所有者权益合计
全 国	**6950.5**	**3494.4**	**1231.2**	**5218.9**	**1721.2**
北 京	607.2	370.2	46.4	505.0	103.5
天 津	116.9	54.4	23.1	94.0	22.7
河 北	140.0	74.0	27.4	128.9	11.0
山 西	139.9	64.1	30.8	131.8	8.4
内蒙古	82.9	32.3	29.6	69.8	12.7
辽 宁	128.3	47.3	22.8	120.6	7.5
吉 林	28.8	13.6	7.0	26.9	2.1
黑龙江	18.9	10.3	5.1	15.2	3.7
上 海	745.2	480.9	59.3	544.8	203.3
江 苏	791.5	397.4	200.1	602.3	189.1
浙 江	515.7	227.1	112.6	437.0	78.7
安 徽	245.0	104.7	49.5	149.0	94.2
福 建	170.6	86.9	25.4	118.1	50.7
江 西	116.9	50.6	32.3	74.9	40.6
山 东	394.3	158.6	112.3	313.8	80.7
河 南	121.3	53.7	23.7	73.7	45.7
湖 北	255.4	105.0	55.0	163.3	91.1
湖 南	170.3	61.4	35.6	112.0	55.6
广 东	926.3	516.4	109.8	707.6	222.6
广 西	74.8	38.9	15.9	53.8	20.7
海 南	18.5	11.3	2.5	15.0	3.5
重 庆	146.1	64.2	28.4	83.8	60.8
四 川	475.1	226.4	73.8	338.5	135.8
贵 州	64.6	43.0	6.7	46.2	17.7
云 南	83.9	47.5	17.2	43.9	39.5
西 藏	6.2	2.2	1.2	2.4	3.8
陕 西	179.7	77.8	29.9	119.0	57.6
甘 肃	64.3	25.9	17.5	45.0	19.1
青 海	16.4	6.7	5.6	11.7	4.3
宁 夏	12.5	6.1	3.9	12.3	0.4
新 疆	92.9	35.3	20.7	58.5	34.3

7-6-5 限额以上住宿和餐饮业企业损益及分配

单位：亿元

项目	营业收入	营业成本	销售费用	管理费用	财务费用	利润总额
总计	**11595.2**	**6088.3**	**3337.5**	**2155.3**	**295.1**	**-295.4**
一、住宿业	**3978.2**	**1871.0**	**1058.5**	**1248.7**	**212.4**	**-419.1**
#国有控股	933.9	448.9	259.4	339.8	34.0	-127.0
(一)按登记注册类型分						
内资企业	**3540.4**	**1702.3**	**941.2**	**1090.4**	**171.0**	**-370.5**
国有企业	226.7	89.2	80.7	91.5	2.5	-31.7
集体企业	21.9	8.3	7.6	5.7	0.3	-0.1
股份合作企业	6.7	3.9	1.5	1.6	0.1	-0.4
联营企业	2.4	1.2	0.7	0.7		-0.2
有限责任公司	1261.7	593.3	348.7	430.4	76.8	-210.6
国有独资公司	188.0	96.5	49.6	67.9	7.5	-29.2
其他有限责任公司	1073.7	496.8	299.1	362.5	69.3	-181.4
股份有限公司	61.2	27.0	13.3	17.7	3.6	-1.9
私营企业	1959.3	979.0	488.5	542.4	87.6	-125.3
私营独资企业	93.6	56.4	14.3	15.0	2.0	4.2
私营合伙企业	18.3	10.5	3.1	3.0	0.2	0.9
私营有限责任公司	1821.9	899.1	466.0	515.9	83.6	-127.6
私营股份有限公司	25.5	12.9	5.1	8.6	1.7	-2.8
其他企业	0.6	0.3	0.1	0.3		-0.1
港、澳、台商投资企业	**271.1**	**102.2**	**79.1**	**97.4**	**29.7**	**-36.3**
合资经营企业	102.9	36.3	27.4	37.8	15.5	-11.7
合作经营企业	20.4	9.3	5.8	6.5	0.4	-0.7
独资经营企业	136.4	53.6	39.9	50.1	13.9	-24.0
投资股份有限公司	9.4	2.2	5.2	2.1	-0.3	0.5
其他港澳台商投资企业	2.0	0.9	0.7	0.8		-0.4
外商投资企业	**166.8**	**66.5**	**38.2**	**61.0**	**11.8**	**-12.3**
中外合资经营企业	59.5	20.0	15.5	22.1	6.5	-6.8
中外合作经营企业	20.8	11.8	2.3	5.4	1.6	1.3
外资企业	81.0	32.9	18.2	31.4	3.7	-5.8
外商投资股份有限公司	2.6	0.6	1.5	1.0	0.1	-0.9
其他外商投资企业	2.9	1.2	0.8	1.0	-0.2	-0.2
(二)按国民经济行业分						
旅游饭店	2762.9	1244.8	773.3	910.6	176.6	-352.7
一般旅馆	1091.2	557.1	258.4	304.7	31.1	-58.3
民宿服务	16.4	10.5	2.4	4.3	0.1	-0.8
露营地服务	1.7	1.1	0.2	0.3	0.1	
其他住宿业	106.0	57.5	24.2	28.7	4.6	-7.3

7-6-5 续表 单位：亿元

项 目	营业收入	营业成本	销售费用	管理费用	财务费用	利润总额
二、餐饮业	**7616.9**	**4217.2**	**2279.1**	**906.5**	**82.6**	**123.7**
#国有控股	321.0	226.9	60.9	54.7	4.2	-5.1
(一)按登记注册类型分						
内资企业	**5644.8**	**3321.1**	**1477.1**	**734.5**	**63.6**	**29.9**
国有企业	45.6	27.6	11.0	10.3	0.6	-2.8
集体企业	13.8	8.7	2.9	1.9	0.1	0.2
股份合作企业	14.1	7.5	4.7	2.1	0.1	-0.2
联营企业	1.8	1.2	0.2	0.3	0.1	0.1
有限责任公司	1162.9	645.9	359.2	162.4	13.8	-19.7
国有独资公司	71.3	53.6	12.5	12.3	0.9	-3.5
其他有限责任公司	1091.5	592.3	346.7	150.1	12.9	-16.2
股份有限公司	62.4	39.4	18.1	8.5	0.7	5.0
私营企业	4341.6	2589.1	1080.4	548.9	48.3	47.3
私营独资企业	265.0	182.1	32.1	25.3	2.3	17.2
私营合伙企业	41.0	23.3	10.5	4.6	0.3	1.7
私营有限责任公司	3890.6	2285.6	1005.6	509.7	45.0	22.5
私营股份有限公司	144.9	98.1	32.3	9.3	0.7	6.0
其他企业	2.6	1.7	0.6	0.2		0.1
港、澳、台商投资企业	**898.8**	**360.7**	**431.8**	**77.9**	**9.6**	**23.9**
合资经营企业	140.0	60.4	59.6	13.2	2.5	5.2
合作经营企业	11.2	5.9	4.3	1.6		-0.5
独资经营企业	738.4	291.2	363.0	61.8	6.6	19.5
投资股份有限公司	4.0	1.4	1.9	0.3	0.5	-0.1
其他港澳台商投资企业	5.1	1.8	3.0	1.1		-0.2
外商投资企业	**1073.4**	**535.4**	**370.2**	**94.1**	**9.5**	**69.9**
中外合资经营企业	208.6	103.8	65.2	17.2	2.4	20.0
中外合作经营企业	6.8	3.7	2.6	0.8	0.2	3.9
外资企业	828.5	415.6	288.5	72.2	7.1	45.8
外商投资股份有限公司	4.4	2.4	1.6	0.3		0.1
其他外商投资企业	25.1	10.0	12.2	3.6	-0.2	0.1
(二)按国民经济行业分						
正餐服务	4784.4	2683.3	1360.0	649.4	62.7	22.7
快餐服务	1496.8	785.7	505.0	134.6	16.6	55.4
饮料及冷饮服务	520.6	203.7	235.8	43.8	-0.5	46.7
餐饮配送及外卖送餐服务	412.0	321.1	38.6	46.2	1.2	3.6
其他餐饮业	403.1	223.5	139.7	32.6	2.6	-4.6

7-6-6 各地区限额以上住宿和餐饮业企业损益及分配

单位：亿元

地区	营业收入	营业成本	销售费用	管理费用	财务费用	利润总额
全国	**11595.2**	**6088.3**	**3337.5**	**2155.3**	**295.1**	**-295.4**
北京	1155.5	535.9	413.4	215.5	21.2	-62.1
天津	185.1	94.7	56.4	36.5	4.7	-6.2
河北	137.2	69.1	44.2	35.5	10.5	-21.2
山西	138.7	71.6	43.2	32.2	4.1	-12.3
内蒙古	70.4	32.0	24.4	21.2	1.6	-8.4
辽宁	160.2	80.4	48.8	37.0	6.4	-10.7
吉林	52.3	28.9	13.7	14.2	3.1	-7.4
黑龙江	32.4	13.9	11.3	12.3	1.3	-6.5
上海	1404.4	647.0	515.4	230.3	23.8	1.6
江苏	944.2	497.4	272.6	180.9	21.0	-19.1
浙江	851.8	409.3	272.8	182.5	28.3	-32.3
安徽	332.7	194.5	78.4	49.8	5.7	2.9
福建	591.9	368.7	114.8	89.3	11.6	7.3
江西	202.7	120.9	34.9	36.8	5.9	1.6
山东	461.7	240.3	134.5	102.5	11.5	-24.4
河南	256.1	139.2	60.0	50.3	7.9	-2.5
湖北	424.1	234.7	103.3	54.3	9.0	18.0
湖南	371.7	233.6	59.7	55.6	8.7	9.0
广东	1700.7	879.9	530.0	330.5	39.8	-49.3
广西	180.8	94.7	51.1	43.1	6.2	-12.7
海南	139.3	51.1	38.1	46.6	13.6	-22.1
重庆	279.0	187.3	39.6	38.6	5.2	6.1
四川	644.3	332.3	198.4	85.8	16.4	-2.9
贵州	141.2	87.0	21.7	31.3	4.6	-4.8
云南	160.7	99.2	29.1	36.9	5.3	-9.8
西藏	12.6	5.6	2.8	4.6	0.2	-0.3
陕西	375.6	229.5	78.9	59.2	11.0	-11.5
甘肃	83.8	47.1	21.1	17.5	3.4	-5.0
青海	14.2	7.3	4.0	3.8	0.6	-1.5
宁夏	11.8	6.3	3.6	3.0	0.2	-1.2
新疆	78.3	48.9	17.4	17.6	2.3	-7.9

7-6-7 各地区限额以上住宿业企业损益及分配

单位：亿元

地 区	营业收入	营业成本	销售费用	管理费用	财务费用	利润总额
全 国	**3978.2**	**1871.0**	**1058.5**	**1248.7**	**212.4**	**-419.1**
北 京	318.1	126.0	92.5	116.2	15.7	-67.5
天 津	39.6	13.9	13.8	17.9	3.1	-7.9
河 北	72.2	32.5	25.7	24.3	8.8	-17.4
山 西	52.8	22.6	17.0	19.8	2.1	-8.3
内蒙古	31.5	12.0	11.5	11.8	0.9	-4.6
辽 宁	57.0	25.4	17.5	22.4	3.4	-9.5
吉 林	25.4	11.4	8.0	10.6	2.7	-7.0
黑龙江	19.3	6.8	6.7	10.3	1.0	-5.7
上 海	311.2	133.9	78.2	105.4	17.4	-18.5
江 苏	243.0	107.9	72.4	88.2	12.3	-32.4
浙 江	343.5	132.5	119.2	114.9	20.4	-40.5
安 徽	86.5	43.1	23.1	22.0	3.5	-5.4
福 建	246.5	133.2	55.1	58.6	9.4	-8.3
江 西	99.0	52.9	19.8	25.0	4.4	-4.1
山 东	177.3	77.4	59.8	56.0	6.3	-20.2
河 南	133.8	68.4	29.8	35.7	6.2	-6.8
湖 北	116.6	56.6	27.2	28.3	4.9	-1.4
湖 南	157.6	93.8	23.6	35.5	5.8	-3.1
广 东	523.5	257.4	142.4	169.8	29.7	-52.2
广 西	89.7	38.7	28.3	32.4	5.0	-13.7
海 南	120.5	42.6	30.5	44.0	13.3	-22.3
重 庆	91.9	50.3	18.5	23.9	3.7	-4.2
四 川	203.9	103.7	44.6	51.3	10.2	-7.5
贵 州	81.6	44.6	14.6	23.5	4.0	-5.9
云 南	82.3	45.7	16.3	28.5	4.9	-13.1
西 藏	10.2	4.3	2.5	4.3	0.1	-0.8
陕 西	143.6	77.5	34.7	39.6	8.9	-17.7
甘 肃	42.1	22.7	10.3	10.9	2.5	-3.9
青 海	9.3	4.7	2.7	2.9	0.2	-1.1
宁 夏	6.4	3.4	1.9	2.2	0.2	-1.0
新 疆	42.3	25.0	10.3	12.6	1.6	-7.2

7-6-8 各地区限额以上餐饮业企业损益及分配

单位：亿元

地 区	营业收入	营业成本	销售费用	管理费用	财务费用	利润总额
全 国	**7616.9**	**4217.2**	**2279.1**	**906.5**	**82.6**	**123.7**
北 京	837.5	409.9	320.9	99.3	5.5	5.4
天 津	145.5	80.8	42.6	18.6	1.6	1.8
河 北	65.0	36.6	18.5	11.2	1.7	-3.8
山 西	85.9	49.0	26.2	12.5	2.0	-4.0
内蒙古	38.9	19.9	12.9	9.5	0.8	-3.8
辽 宁	103.1	55.0	31.4	14.6	3.0	-1.2
吉 林	26.9	17.5	5.7	3.6	0.4	-0.4
黑龙江	13.1	7.1	4.6	2.0	0.3	-0.8
上 海	1093.2	513.1	437.2	124.9	6.4	20.1
江 苏	701.1	389.5	200.2	92.8	8.7	13.3
浙 江	508.2	276.8	153.7	67.5	7.9	8.1
安 徽	246.2	151.4	55.2	27.9	2.2	8.3
福 建	345.4	235.5	59.6	30.8	2.2	15.5
江 西	103.7	68.0	15.1	11.7	1.5	5.7
山 东	284.4	162.9	74.7	46.5	5.2	-4.2
河 南	122.2	70.8	30.2	14.6	1.7	4.3
湖 北	307.4	178.1	76.1	26.0	4.1	19.4
湖 南	214.1	139.8	36.2	20.0	2.9	12.1
广 东	1177.2	622.5	387.6	160.7	10.1	2.9
广 西	91.1	56.0	22.8	10.7	1.2	1.0
海 南	18.7	8.5	7.5	2.6	0.2	0.2
重 庆	187.1	137.0	21.1	14.7	1.5	10.3
四 川	440.4	228.6	153.8	34.4	6.1	4.7
贵 州	59.6	42.4	7.1	7.8	0.6	1.1
云 南	78.4	53.5	12.8	8.4	0.5	3.3
西 藏	2.4	1.3	0.3	0.3		0.5
陕 西	232.1	152.0	44.2	19.6	2.1	6.2
甘 肃	41.7	24.4	10.8	6.6	0.9	-1.1
青 海	4.9	2.5	1.4	0.9	0.4	-0.5
宁 夏	5.3	2.9	1.7	0.9	0.1	-0.2
新 疆	36.0	23.9	7.1	5.0	0.7	-0.7

7-6-9 限额以上住宿和餐饮业企业经营情况

单位：亿元

项 目	营业额	#客房收入	#餐费收入
总 计	**12044.0**	**2498.2**	**8498.4**
一、住宿业	**4071.6**	**2236.9**	**1290.1**
#国有控股	950.8	399.9	323.4
(一)按登记注册类型分			
内资企业	**3629.0**	**2030.4**	**1151.5**
国有企业	232.8	89.4	88.8
集体企业	23.1	10.5	7.2
股份合作企业	7.4	3.0	3.2
联营企业	2.5	1.3	0.9
有限责任公司	1277.8	637.8	422.0
国有独资公司	186.2	75.1	65.3
其他有限责任公司	1091.6	562.7	356.7
股份有限公司	57.3	28.3	17.4
私营企业	2027.6	1259.7	611.7
私营独资企业	97.8	58.5	32.6
私营合伙企业	19.0	10.5	7.3
私营有限责任公司	1884.3	1176.6	563.4
私营股份有限公司	26.5	14.1	8.5
其他企业	0.6	0.4	0.2
港、澳、台商投资企业	**280.6**	**129.9**	**94.2**
合资经营企业	106.4	48.8	34.4
合作经营企业	21.5	8.7	8.8
独资经营企业	140.7	68.0	47.2
投资股份有限公司	10.0	3.8	2.7
其他港澳台商投资企业	2.1	0.7	1.2
外商投资企业	**161.9**	**76.5**	**44.5**
中外合资经营企业	61.3	26.4	19.2
中外合作经营企业	18.8	8.1	2.4
外资企业	76.2	38.8	21.6
外商投资股份有限公司	2.7	1.4	0.4
其他外商投资企业	3.0	1.8	0.8
(二)按国民经济行业分			
旅游饭店	2814.4	1357.3	1028.2
一般旅馆	1128.3	801.8	226.8
民宿服务	17.7	12.4	4.3
露营地服务	1.8	0.6	0.3
其他住宿业	109.4	64.8	30.5

7-6-9 续表 单位：亿元

项　　目	营业额	#客房收入	#餐费收入
二、餐饮业	**7972.4**	**261.4**	**7208.3**
#国有控股	319.0	29.8	228.7
(一)按登记注册类型分			
内资企业	**5884.0**	**255.9**	**5262.4**
国有企业	46.3	9.7	30.9
集体企业	14.5	1.4	11.8
股份合作企业	15.4	0.4	12.9
联营企业	2.2	0.1	1.4
有限责任公司	1204.5	56.0	1046.0
国有独资公司	67.5	5.9	48.2
其他有限责任公司	1137.1	50.1	997.8
股份有限公司	64.4	2.2	48.5
私营企业	4534.1	186.0	4108.8
私营独资企业	278.1	12.4	254.3
私营合伙企业	43.0	1.7	40.1
私营有限责任公司	4060.1	170.2	3680.0
私营股份有限公司	152.9	1.6	134.3
其他企业	2.6	0.1	2.1
港、澳、台商投资企业	**956.0**	**3.3**	**876.8**
合资经营企业	147.9	1.2	138.4
合作经营企业	11.9	0.4	10.2
独资经营企业	786.1	1.7	718.5
投资股份有限公司	4.2		4.0
其他投资企业	6.0		5.7
外商投资企业	**1132.4**	**2.2**	**1069.2**
中外合资经营企业	220.3	1.1	213.4
中外合作经营企业	7.3		6.8
外资企业	875.2	1.1	822.7
外商投资股份有限公司	4.7		4.1
其他外商投资企业	24.9		22.2
(二)按国民经济行业分			
正餐服务	4992.7	259.1	4477.7
快餐服务	1586.6	0.7	1504.5
饮料及冷饮服务	543.1	0.1	476.3
餐饮配送及外卖送餐服务	427.1	0.3	359.8
其他餐饮业	422.8	1.2	390.0

7-6-10 各地区限额以上住宿和餐饮业企业经营情况

单位：亿元

地区	合计			住宿业			餐饮业		
	营业额	#客房收入	#餐费收入	营业额	#客房收入	#餐费收入	营业额	#客房收入	#餐费收入
全 国	**12044.0**	**2498.2**	**8498.4**	**4071.6**	**2236.9**	**1290.1**	**7972.4**	**261.4**	**7208.3**
北 京	1221.6	174.0	889.9	332.8	170.7	70.4	888.7	3.3	819.4
天 津	192.0	29.9	144.2	39.6	26.0	8.4	152.4	4.0	135.8
河 北	141.5	40.8	85.1	74.7	34.4	30.4	66.7	6.4	54.6
山 西	145.0	35.5	99.3	53.7	27.4	20.4	91.3	8.0	78.9
内蒙古	73.7	23.8	44.5	32.9	18.7	11.5	40.8	5.1	33.0
辽 宁	165.1	32.6	115.9	57.0	29.7	16.9	108.1	2.9	99.0
吉 林	53.3	15.7	31.3	26.1	14.4	8.3	27.2	1.3	23.0
黑龙江	32.8	12.8	16.7	19.6	12.2	4.8	13.2	0.6	11.9
上 海	1440.3	182.5	1137.8	309.1	180.6	68.1	1131.2	1.9	1069.8
江 苏	985.4	172.4	751.7	250.3	127.5	97.1	735.2	44.8	654.7
浙 江	901.8	203.7	623.6	354.5	179.8	130.8	547.4	23.8	492.8
安 徽	345.5	55.3	260.3	87.8	41.7	34.6	257.7	13.6	225.7
福 建	612.7	119.4	440.5	252.0	113.3	117.8	360.7	6.0	322.7
江 西	207.1	67.2	128.5	101.3	58.1	36.1	105.7	9.1	92.4
山 东	480.3	121.9	317.9	184.7	96.3	67.5	295.6	25.6	250.4
河 南	264.4	80.2	164.8	138.1	74.9	49.3	126.4	5.3	115.5
湖 北	445.8	92.7	326.0	122.2	73.4	38.2	323.6	19.3	287.8
湖 南	387.3	104.7	256.7	163.2	90.9	57.4	224.1	13.9	199.3
广 东	1756.2	315.9	1255.0	526.1	300.7	136.1	1230.1	15.2	1118.9
广 西	187.4	60.1	106.8	93.0	57.6	24.3	94.4	2.5	82.4
海 南	135.7	76.2	45.4	116.4	75.8	27.8	19.3	0.4	17.6
重 庆	288.2	66.1	202.5	97.3	56.6	31.5	190.9	9.5	171.0
四 川	672.4	134.3	500.3	212.1	118.1	73.3	460.3	16.2	427.0
贵 州	147.7	59.3	73.5	85.3	58.0	17.9	62.4	1.3	55.7
云 南	166.2	56.9	93.2	85.8	54.8	20.2	80.4	2.1	73.1
西 藏	12.9	7.2	4.0	10.4	7.1	2.2	2.5	0.1	1.8
陕 西	391.3	87.3	276.7	145.9	75.1	60.4	245.4	12.2	216.3
甘 肃	84.9	30.1	50.8	42.2	26.2	13.1	42.7	3.9	37.7
青 海	14.1	7.6	5.8	9.1	6.8	1.8	5.0	0.8	4.0
宁 夏	12.2	4.8	6.0	6.7	3.9	2.1	5.6	0.8	3.9
新 疆	79.1	27.7	43.6	41.7	26.2	11.5	37.4	1.4	32.1

【主要统计指标解释】

营业额 指住宿和餐饮业单位在经营活动中，因提供服务或销售商品等取得的全部收入（含增值税），收入主要来源于提供客房、餐费服务、商品销售和其他服务，如商务服务。

客房收入 指住宿和餐饮业单位在经营活动中因提供住宿服务取得的收入（含增值税）。

餐费收入 指本单位为顾客提供就餐服务取得的收入（含增值税）。

7 第三产业分行业主要指标

7-7 信息传输、软件和信息技术服务业

简要说明

一、主要内容

1.信息传输、软件和信息技术服务业企业法人单位分地区主要指标。

2.电信主要财务情况，主要包括电信运营企业的资产、营业收入和利润等指标。

3.软件和信息技术服务业主要经济指标，主要包括软件业务收入等指标。

4.电信资料主要包括：电信主要电路及设备拥有量、电信主要业务量、电信主要通信能力、电信通信服务水平等。

二、统计范围

1.电信业包括从事电信运营的中国电信、中国移动、中国联通三家基础电信企业，不含专用网业务资料。

2.软件和信息技术服务业包括：（1）主营业务收入500万元以上的软件和信息技术服务业等企业。（2）主营业务收入1000万元以上，并有软件研发、系统集成及相关信息技术服务业务收入，且该收入占本企业主营业务30%以上的独立法人单位。（3）主要从事集成电路设计的企业或其集成电路设计和测试的收入占本企业主营业务60%以上，且主营业务收入500万元以上的独立法人单位。

三、资料来源

本篇资料由国家统计局服务业统计司负责整理、编辑，信息传输、软件和信息技术服务业企业法人单位分地区主要指标来源于《规模以上服务业统计报表制度》和《“四下”单位抽样调查统计报表制度》调查结果。其他资料来源于工业和信息化部。

7-7-1 电信主要财务情况

单位：亿元

指　　标	2012	2013	2014	2015	2016
主营业务收入	10758.29	11668.67	11907.97	11665.16	12001.49
固定通信业务收入	2802.46	2984.17	3314.00	3455.76	3417.95
移动通信业务收入	7955.83	8684.49	8593.98	8209.39	8583.54
主营业务成本	5240.34	5780.65	6554.85	7698.89	8612.91
利润总额	1797.31	1774.14	1663.06	1657.46	1544.86
资产总额	25177.34	26519.94	28228.35	30641.19	31803.87

7-7-1 续表

单位：亿元

指　　标	2017	2018	2019	2020	2021
电信业务收入	12636.94	13005.66	13096.10	13600.00	14701.12
固定通信业务收入	3545.12	3798.80	4152.10	4691.56	
移动通信业务收入	9091.82	9206.87	8944.00	8908.44	
电信业务成本	8632.24	8744.04	8941.28	9312.40	10200.85
电信利润总额	1658.14	1794.01	1860.96	1932.61	2049.00
资产总额	31654.68	31751.72	33575.28	35106.76	37633.05

7-7-2 各地区电信主要财务情况

单位：亿元

地 区	电信业务收入	电信业务成本	电信利润总额	资产总额
全 国	**14701.12**	**10200.85**	**2049.00**	**37633.05**
北 京	682.62	448.90	165.27	1361.44
天 津	153.33	129.48	2.33	301.21
河 北	522.03	380.36	43.61	955.33
山 西	268.32	214.49	5.88	511.97
内蒙古	224.98	195.64	-15.62	460.06
辽 宁	387.75	287.62	33.76	724.68
吉 林	174.14	155.80	-15.69	349.11
黑龙江	232.72	201.98	-10.54	482.28
上 海	633.56	420.79	101.59	1562.00
江 苏	1135.51	696.17	224.27	2177.53
浙 江	967.50	634.76	195.93	2055.01
安 徽	460.10	296.31	77.74	831.13
福 建	474.34	330.23	65.16	996.05
江 西	338.55	223.60	47.04	583.04
山 东	761.59	500.86	133.21	1340.13
河 南	722.08	499.71	102.76	1268.78
湖 北	492.68	318.02	94.39	890.55
湖 南	517.19	339.20	66.52	857.06
广 东	1846.95	1173.36	483.57	5144.62
广 西	386.73	286.17	34.70	696.49
海 南	115.91	84.88	11.82	205.57
重 庆	292.21	226.48	17.28	521.59
四 川	703.38	499.31	92.71	1203.81
贵 州	336.93	231.75	48.98	544.47
云 南	412.94	278.50	62.60	734.97
西 藏	57.66	57.11	-21.24	165.23
陕 西	386.53	283.09	31.49	632.44
甘 肃	206.42	164.75	-6.34	381.25
青 海	59.76	52.52	-9.58	130.88
宁 夏	66.23	57.87	-7.26	131.98
新 疆	260.07	215.15	-15.35	469.24
不分地区	420.42	316.00	8.02	8963.13

7-7-3 软件和信息技术服务业主要经济指标

年 份 地 区	软件业务收 入（万元）	#软件产品收 入	#信息技术服务收入	#信息安全收 入	#嵌入式系统软件收入	#软件业务出口（万美元）
2011	188489906.0	61921545.6	95830650.1		30737710.2	3461947.0
2012	247937523.5	78572418.6	129448959.2		39916145.7	3942380.0
2013	305874743.1	98768380.6	160305341.0		46801021.5	4691377.0
2014	370264197.3	121984961.7	187110900.5		61168335.2	4867057.8
2015	428479158.8	136561431.9	222109513.9		69808213.0	4948702.5
2016	482322235.0	150278252.4	260904232.5		71139750.1	4994607.7
2017	551031186.6	169835724.7	306037090.4		75158371.5	5411643.3
2018	619087337.7	173785598.1	375630759.6	11629202.6	58041777.4	5106629.0
2019	720718724.7	208572000.8	435803399.9	13017845.8	63325478.2	5693938.1
2020	815859101.5	210450057.4	525880061.2	12937782.0	66591200.9	6201679.3
2021	955019881.2	229703618.2	626910430.1	13970427.3	84435405.6	6299082.2
北 京	203821040.5	52264329.0	145222309.0	5503077.0	831325.5	711272.3
天 津	26583570.7	3497522.5	22422999.5	18827.4	644221.3	20119.5
河 北	4429647.1	652917.6	3570801.2	34070.0	171858.3	10480.1
山 西	709445.2	156705.9	463844.9	30022.6	58871.7	
内蒙古	2778377.4	31697.1	2745608.6	98.6	973.1	
辽 宁	18389339.5	9707692.8	7038013.3	490837.7	1152795.7	272358.5
吉 林	5056161.3	989874.9	3088617.3	241839.5	735829.6	11221.9
黑龙江	554032.3	205077.3	313925.8	8848.1	26181.0	214.5
上 海	80379115.5	17167237.7	62335451.1	793950.4	82476.4	520589.4
江 苏	113861586.9	29443227.4	66871617.8	1465596.6	16081145.2	1099188.3
浙 江	76362432.9	17469845.5	54635671.9	237421.9	4019493.5	343875.2
安 徽	8725342.2	4324015.3	3555253.9	101466.9	744606.1	30955.4
福 建	24805575.6	5743824.8	16086489.7	116764.3	2858496.8	97684.3
江 西	2184199.4	1182655.0	926345.8	24828.9	50369.6	9186.5
山 东	77675723.3	20753549.1	32655447.0	1964908.8	22301818.4	136841.9
河 南	4524669.9	1119492.7	3013923.5	124807.0	266446.6	6987.1
湖 北	21326164.0	5771499.8	14785027.9	264410.9	505225.5	31442.3
湖 南	11207962.1	2943171.1	6700466.4	67361.8	1496962.8	54727.3
广 东	157358149.2	32486764.6	102232380.1	848560.5	21790444.1	2598702.8
广 西	6957219.0	725637.2	6197610.9	9776.8	24194.1	1213.3
海 南	1042951.5	125846.4	906598.1	10507.0		899.7
重 庆	24814165.9	6288755.2	15089992.5	484928.1	2950490.1	28733.8
四 川	43411282.8	11250193.4	28261914.0	997069.4	2902106.0	120068.9
贵 州	4080426.4	292050.8	3683071.8	44036.1	61267.8	4659.7
云 南	879149.6	95937.3	765188.1	9223.3	8801.0	
西 藏						
陕 西	31487602.6	4562363.4	22235331.5	34100.7	4655807.0	187659.6
甘 肃	462383.1	170803.4	280244.0	7826.4	3509.4	
青 海	24852.3		23097.2	818.7	936.4	
宁 夏	396551.9	149905.2	241608.4	3413.2	1625.2	
新 疆	730761.2	131026.1	561578.9	31028.8	7127.4	

注：本表统计口径为主营业务收入500万元以上的软件和信息技术服务业等企业。

7-7-4 电信主要业务量

指　　　　标		2012	2013	2014	2015	2016
电信业务总量	（亿元）	12982.4	15707.2	18138.3	23346.3	15617.0
固定电话用户合计	（万户）	27815.3	26698.5	24943.0	23099.6	20662.4
#住宅电话用户		11013.2	10474.3	9896.1	9240.8	8012.3
移动电话用户合计	（万户）	111215.5	122911.3	128609.3	127139.7	132193.4
#3G移动电话用户		23280.3	40161.1	48525.5	27573.0	17080.5
4G移动电话用户				9728.4	43038.1	76994.9
互联网宽带接入用户	（万户）	17518.3	18890.9	20048.3	25946.6	29720.7
固定电话主叫通话时长	（亿分钟）					
移动电话通话时长合计	（亿分钟）	55444.9	58229.7	59012.7	57648.9	56599.0
#去话通话时长		27603.5	28987.7	29270.1	28499.9	28072.8
移动短信业务量	（亿条）	8973.1	8921.0	7674.2	6991.8	6670.9

注：1. 电信业务总量2000年及以前按1990年不变价格计算，2001—2010年按2000年不变价格计算，2011—2015年按2010年不变价格计算，2016—2020年按2015年不变价格计算，2021年起按上年不变价格计算。
2. 从2018年起，不再统计"固定本地电话通话时长"和"固定长途电话通话时长"，增设"固定电话主叫通话时长"。

7-7-4 续表

指　　　　标		2017	2018	2019	2020	2021
电信业务总量	（亿元）	27596.7	65633.9	106810.7	136763.3	17197.5
固定电话用户合计	（万户）	19375.7	19208.5	19103.3	18190.8	18070.1
#住宅电话用户		7358.8	9901.1	2439.3	3979.8	
移动电话用户合计	（万户）	141748.7	156609.8	160134.5	159407.0	164282.5
#3G移动电话用户		13463.2	14018.3	5876.3	3357.0	
4G移动电话用户		99688.9	116546.4	128197.5	128876.4	106862.9
5移动电话用户						35484.6
互联网宽带接入用户	（万户）	34854.0	40738.2	44927.9	48355.0	53578.7
固定电话主叫通话时长	（亿分钟）		1499.5	1206.5	1026.0	933.4
移动电话通话时长合计	（亿分钟）	54004.7	51125.2	47826.2	44964.5	45592.0
#去话通话时长		26904.2	25441.5	23929.2	22448.5	22691.1
移动短信业务量	（亿条）	6641.4	11398.6	15066.4	17795.7	17619.5

7-7-5 各地区电信主要业务量

地 区	固定电话主叫通话时长（亿分钟）	移动电话通话时长（亿分钟）	移动短信业务量（亿条）	电信业务总量（上年不变价格）（亿元）	固定电话用户（万户）	住宅电话用户	移动电话用户（万户）
全 国	**933.4**	**45592.0**	**17619.5**	**17197.5**	**18070.1**		**164282.5**
北 京	42.8	906.2	1144.1	513.0	485.2		3972.0
天 津	11.7	517.6	150.9	207.7	331.1		1745.1
河 北	49.0	1966.9	892.9	756.6	671.1		8643.5
山 西	9.8	1270.7	482.0	374.6	262.7		4126.0
内蒙古	9.4	880.5	183.3	296.9	203.7		3016.9
辽 宁	30.9	1440.2	337.5	414.1	568.0		4975.2
吉 林	17.0	794.6	185.6	244.1	376.1		2966.5
黑龙江	12.2	971.2	248.2	246.8	316.9		3759.5
上 海	82.8	830.8	819.6	574.6	642.0		4398.8
江 苏	63.8	2680.3	979.3	1328.8	1205.5		10179.5
浙 江	59.4	2413.1	893.0	1105.4	1152.3		8859.6
安 徽	26.3	1451.1	615.1	602.4	541.0		6192.6
福 建	33.7	1483.0	1075.8	530.5	707.2		4824.3
江 西	15.7	1107.6	272.8	428.0	474.0		4496.8
山 东	69.6	3749.7	1414.3	1016.1	1107.5		11248.5
河 南	33.3	2849.0	1214.7	994.7	677.5		10352.6
湖 北	17.7	1495.4	486.7	528.9	445.9		5871.1
湖 南	38.2	2095.8	555.2	636.5	568.3		6942.3
广 东	139.7	3945.9	1804.2	1932.4	2072.2		16267.8
广 西	24.8	1150.2	328.4	536.3	422.9		5511.4
海 南	4.3	348.5	114.6	135.8	173.7		1158.9
重 庆	20.2	1233.5	383.0	374.2	608.0		3751.1
四 川	49.3	2860.3	1214.1	947.4	1918.6		9338.9
贵 州	8.4	1477.6	260.6	437.5	239.5		4269.9
云 南	16.1	1762.7	358.0	523.7	268.8		5045.7
西 藏	1.1	131.7	16.5	61.9	80.3		333.4
陕 西	19.3	1293.5	615.3	442.8	661.0		4777.8
甘 肃	6.4	754.7	190.2	300.6	301.2		2744.7
青 海	1.6	163.5	66.8	86.1	136.3		680.5
宁 夏	2.2	213.4	82.4	104.6	48.0		866.1
新 疆	16.6	1352.7	234.4	371.4	403.8		2965.4
不分地区							

7-7-6 各地区固定电话用户情况

单位：万户

地 区	2012	2013	2014	2015	2016	2017	2018	2019	2020	2021
全 国	**27815.3**	**26698.5**	**24943.0**	**23099.6**	**20662.4**	**19375.7**	**19208.5**	**19103.3**	**18190.8**	**18070.1**
北 京	883.2	867.6	831.3	784.6	695.0	649.4	577.4	543.1	480.6	485.2
天 津	353.7	352.8	360.6	343.8	311.3	295.9	337.1	349.1	325.8	331.1
河 北	1207.7	1152.4	1085.1	978.2	850.6	763.8	698.0	705.2	652.1	671.1
山 西	685.2	584.4	554.2	444.6	343.7	302.3	276.6	266.2	244.4	262.7
内蒙古	368.3	377.2	359.1	324.5	268.1	232.3	213.5	214.4	198.7	203.7
辽 宁	1285.1	1222.4	1151.2	1036.2	890.6	777.2	690.2	628.6	540.5	568.0
吉 林	578.8	579.0	574.8	572.3	520.3	497.6	477.9	457.4	417.8	376.1
黑龙江	776.1	747.8	640.5	596.0	497.4	430.3	360.2	339.9	298.8	316.9
上 海	902.9	869.2	840.2	797.3	731.6	690.9	663.2	643.4	636.5	642.0
江 苏	2387.2	2289.8	2133.6	1973.0	1708.3	1512.1	1418.3	1329.1	1265.3	1205.5
浙 江	1882.5	1781.3	1641.9	1471.0	1287.2	1211.1	1260.9	1309.8	1264.8	1152.3
安 徽	1091.4	976.7	839.8	739.4	613.9	551.4	576.3	570.9	559.5	541.0
福 建	1017.3	983.5	933.3	888.5	815.7	776.9	785.4	763.7	733.1	707.2
江 西	644.2	622.4	577.4	568.4	517.5	477.0	465.4	457.5	482.4	474.0
山 东	1854.2	1707.6	1418.3	1118.0	970.4	883.5	1031.6	1185.2	1125.2	1107.5
河 南	1288.7	1224.4	1143.0	1009.7	798.6	735.0	777.2	757.8	667.2	677.5
湖 北	1003.6	984.0	907.4	872.5	731.7	658.8	602.8	518.9	481.6	445.9
湖 南	953.9	914.4	844.1	787.0	682.7	674.4	646.8	623.1	592.4	568.3
广 东	3135.8	3099.9	2950.6	2807.1	2609.7	2406.1	2211.4	2303.3	2131.9	2072.2
广 西	599.3	546.3	499.9	439.7	348.9	307.7	331.1	330.7	333.6	422.9
海 南	173.0	173.6	170.0	171.0	169.2	160.5	171.7	171.1	166.4	173.7
重 庆	575.7	580.3	579.5	559.6	541.6	566.8	593.1	604.2	600.1	608.0
四 川	1347.1	1313.7	1294.2	1353.4	1490.1	1636.0	1833.0	1871.8	1885.0	1918.6
贵 州	380.4	363.0	339.1	312.5	258.7	247.9	244.1	229.7	223.1	239.5
云 南	524.3	485.4	429.8	377.5	335.0	301.1	303.6	287.8	274.6	268.8
西 藏	40.5	40.4	35.9	34.9	38.9	47.3	61.9	71.7	75.7	80.3
陕 西	772.1	769.3	750.8	723.3	679.9	622.8	650.7	641.7	637.0	661.0
甘 肃	377.8	364.3	341.3	326.0	312.3	326.8	332.8	331.8	309.8	301.2
青 海	102.5	101.8	100.2	104.2	102.1	106.7	119.9	125.4	132.1	136.3
宁 夏	105.0	104.7	102.7	84.4	70.5	62.2	56.0	53.9	51.4	48.0
新 疆	517.9	518.7	513.3	501.2	471.0	464.0	440.7	416.9	403.3	403.8
不分地区										

7-7-7 各地区移动电话用户情况

单位：万户

地 区	2012	2013	2014	2015	2016	2017	2018	2019	2020	2021
全 国	**111215.5**	**122911.3**	**128609.3**	**127139.7**	**132193.4**	**141748.7**	**156609.8**	**160134.5**	**159407.0**	**164282.5**
北 京	3168.0	3373.8	4076.4	3944.4	3869.0	3752.1	4009.2	4019.8	3906.4	3972.0
天 津	1325.2	1323.2	1351.8	1369.7	1499.8	1580.1	1648.5	1704.7	1711.0	1745.1
河 北	5513.1	6006.2	6229.1	6135.6	7121.0	7581.8	8195.6	8315.6	8336.0	8643.5
山 西	2764.6	3105.5	3332.3	3241.4	3365.7	3647.9	3961.5	3987.2	4022.8	4126.0
内蒙古	2550.1	2690.6	2634.6	2377.1	2470.8	2841.2	3044.4	3011.7	2962.2	3016.9
辽 宁	4291.3	4583.6	4535.6	4289.8	4427.1	4755.7	4880.7	4883.6	4873.8	4975.2
吉 林	2257.0	2372.1	2612.3	2511.5	2654.8	2868.8	3001.1	2897.6	2870.1	2966.5
黑龙江	2663.9	3020.4	3457.8	3329.8	3445.6	3657.1	3833.6	3929.0	3844.4	3759.5
上 海	3008.3	3200.7	3292.7	3132.4	3156.1	3298.7	3722.3	4007.9	4277.6	4398.8
江 苏	7471.4	7942.0	8070.4	7993.1	8198.8	8807.7	9794.0	10165.9	9897.1	10179.5
浙 江	6442.6	7071.8	7370.6	7283.7	7225.9	7590.6	8308.8	8736.4	8585.2	8859.6
安 徽	3609.8	3958.9	4215.9	4188.3	4343.0	4884.3	5535.8	5844.2	6025.6	6192.6
福 建	4049.2	4303.3	4276.7	4154.0	4159.0	4295.0	4553.5	4720.3	4739.3	4824.3
江 西	2573.4	2806.9	2938.5	3030.4	3140.7	3449.2	4043.5	4157.1	4249.4	4496.8
山 东	7588.9	8333.4	8664.1	9088.8	9594.5	9943.9	10569.6	10785.5	10907.1	11248.5
河 南	5787.6	7200.2	7712.9	7537.4	7889.0	8553.4	9354.1	9841.1	10051.4	10352.6
湖 北	4554.1	4416.8	4606.8	4530.5	4683.8	4994.1	5569.8	5688.0	5681.1	5871.1
湖 南	4262.0	4570.0	4726.1	4692.0	4993.6	5683.4	6302.9	6648.1	6719.4	6942.3
广 东	12468.0	14706.1	14943.4	14479.7	14349.0	14796.2	16823.3	16533.0	15536.9	16267.8
广 西	2884.1	3285.6	3553.8	3594.9	3774.2	4385.1	5045.3	5127.5	5332.9	5511.4
海 南	775.6	858.3	907.4	894.1	942.3	1007.5	1085.3	1135.6	1135.2	1158.9
重 庆	2069.6	2380.8	2589.9	2737.7	2880.1	3274.9	3650.7	3678.8	3640.1	3751.1
四 川	5498.2	6283.3	6608.5	6798.3	7294.5	7693.6	9068.6	9443.5	9124.6	9338.9
贵 州	2321.4	2662.6	2885.3	2941.5	3082.7	3485.6	3940.4	4049.7	4093.5	4269.9
云 南	2895.8	3395.8	3748.5	3740.1	3942.8	4228.4	4659.1	4863.0	4953.4	5045.7
西 藏	235.5	265.6	291.8	268.7	284.4	290.3	312.3	321.4	321.9	333.4
陕 西	3264.8	3512.5	3607.2	3567.1	3813.3	4220.6	4688.6	4640.5	4589.7	4777.8
甘 肃	1763.5	1976.2	2058.6	2105.3	2203.8	2526.4	2736.0	2751.2	2673.8	2744.7
青 海	537.2	542.4	544.0	517.1	539.8	610.9	686.4	673.1	659.4	680.5
宁 夏	591.0	627.2	688.3	636.6	716.4	792.0	881.0	828.3	839.2	866.1
新 疆	2010.6	2133.9	2077.4	2028.4	2132.1	2252.3	2703.8	2745.0	2846.6	2965.4
不分地区	19.8	1.6		0.5						

7-7-8 电信主要通信能力

指 标		2012	2013	2014	2015	2016
光缆线路						
光缆线路长度	(公里)	14793300	17453709	20612529	24863348	30420755
#长途光缆线路长度	(公里)	868175	890018	928398	965283	994092
长途通信						
长途电话交换机容量	(万路端)	1579.7	1280.5	982.9	811.1	681.1
本地网通信						
局用交换机容量	(万门)	43749.3	41089.3	40517.1	26446.5	22441.6
互联网及其他数据通信						
互联网宽带接入端口	(万个)	32108.4	35945.3	40546.1	57709.4	71276.9
移动通信						
移动电话交换机容量	(万户)	184023.8	196557.3	205024.9	218150.0	218540.0

注：2005-2011年长途电话业务电路采用将固定及移动长途电话业务电路、数据通信网长途电路和长途传输出租电路加总统计。

7-7-8 续表

指 标		2017	2018	2019	2020	2021
光缆线路						
光缆线路长度	(公里)	37801073	43167888	47412442	51692051	54808233
#长途光缆线路长度	(公里)	1044998	994130	1084937	1117923	1120837
长途通信						
长途电话交换机容量	(万路端)	603.5	392.4	119.4		
本地网通信						
局用交换机容量	(万门)	18398.7	11440.4	7189.7	6923.8	
互联网及其他数据通信						
互联网宽带接入端口	(万个)	77599.1	86752.3	91578.0	94604.7	101784.7
移动通信						
移动电话交换机容量	(万户)	242185.8	259453.1	272523.7	274567.1	275690.8

7-7-9 各地区电信主要通信能力

地区	固定长途电话交换机容量(万路端)	局用交换机容量(万门)	移动电话交换机容量(万户)	长途光缆线路长度(公里)
全国			**275690.8**	**1120837**
北京			10750.0	4097
天津			3036.0	3990
河北			15549.7	37449
山西			7699.2	32693
内蒙古			6049.7	68051
辽宁			6795.2	23525
吉林			5143.0	26617
黑龙江			8661.8	51044
上海			7099.0	4765
江苏			22838.1	39572
浙江			15413.7	27983
安徽			8224.3	39245
福建			8861.6	26218
江西			6718.0	33532
山东			14692.4	33452
河南			15761.8	39280
湖北			8690.0	34051
湖南			10695.0	40977
广东			23803.8	57870
广西			11187.0	43676
海南			1964.0	2893
重庆			5285.0	5997
四川			16727.6	125361
贵州			6702.0	34001
云南			6194.0	60200
西藏			2390.0	46358
陕西			5071.3	40996
甘肃			4802.7	40480
青海			927.0	36281
宁夏			1503.0	10928
新疆			6455.2	49256
不分地区				

注：电话交换机容量中不包括用户交换机容量。

7-7-10 电信通信服务水平

指标		2012	2013	2014	2015	2016
电话普及率	(部/百人)	103.1	109.9	112.3	109.3	110.5
固定电话普及率	(部/百人)	20.6	19.6208	18.2	16.8	14.9
移动电话普及率	(部/百人)	82.5	90.3	94.0	92.5	95.6
互联网普及率	(%)	42.1	45.8	47.9	50.3	53.2
移动电话漫游国家和地区	(个)	258	258	258	255	258
互联网上网人数	(万人)	56400	61758	64875	68826	73125

注：2019年互联网上网人数、互联网普及率数据截止时点(间)为2020年3月30日。

7-7-10 续表

指标		2017	2018	2019	2020	2021
电话普及率	(部/百人)	115.9	126.0	128.0	125.8	129.1
固定电话普及率	(部/百人)	13.9	13.8	13.6	12.9	12.8
移动电话普及率	(部/百人)	102.0	112.2	114.4	112.9	116.3
互联网普及率	(%)	55.8	59.6	64.5	70.4	73.0
移动电话漫游国家和地区	(个)	262	260	261	264	264
互联网上网人数	(万人)	77198	82851	90359	98899	103195

7-7-11 各地区电信通信服务水平

地 区	电话普及率(部/百人)	固定电话普及率(部/百人)	移动电话普及率(部/百人)
全 国	**129.09**	**12.79**	**116.30**
北 京	203.66	22.17	181.49
天 津	151.21	24.11	127.10
河 北	125.06	9.01	116.05
山 西	126.09	7.55	118.55
内蒙古	134.19	8.49	125.71
辽 宁	131.06	13.43	117.63
吉 林	140.72	15.83	124.88
黑龙江	130.45	10.14	120.30
上 海	202.49	25.79	176.70
江 苏	133.86	14.17	119.68
浙 江	153.09	17.62	135.47
安 徽	110.15	8.85	101.30
福 建	132.11	16.89	115.22
江 西	110.04	10.49	99.54
山 东	121.49	10.89	110.60
河 南	111.61	6.86	104.75
湖 北	108.35	7.65	100.70
湖 南	113.42	8.58	104.84
广 东	144.59	16.34	128.25
广 西	117.81	8.40	109.42
海 南	130.59	17.02	113.56
重 庆	135.70	18.93	116.77
四 川	134.47	22.92	111.55
贵 州	117.07	6.22	110.85
云 南	113.32	5.73	107.58
西 藏	113.05	21.95	91.10
陕 西	137.55	16.72	120.83
甘 肃	122.32	12.09	110.23
青 海	137.50	22.94	114.56
宁 夏	126.08	6.62	119.46
新 疆	130.13	15.60	114.54

7-7-12 互联网主要指标

年份 地区	域名数 (万个)	网页数 (万个)	互联网宽带 接入端口 (万个)	移动互联网 用户 (万户)	移动互联网 接入流量 (万GB)
2005	259.2		4874.7		
2006	410.9	447257.8	6486.4		
2007	1193.1	847108.5	8539.3		
2008	1682.6	1608637.0	10890.4		
2009	1681.8	3360173.2	13835.7		
2010	865.6	6000806.0	18781.1		
2011	774.8	8658229.8	23239.4		
2012	1341.2	12274681.7	32108.4		
2013	1843.6	15004076.3	35945.3		
2014	2059.6	18991864.9	40546.1	87522.1	206193.6
2015	3101.4	21229622.4	57709.4	96447.2	418753.3
2016	4227.6	23599758.4	71276.9	109395.0	937863.5
2017	3848.0	26039903.0	77599.1	127153.7	2459380.3
2018	3792.8	28162240.6	86752.3	127481.5	7090039.3
2019	5094.2	29782991.5	91578.0	131852.6	12199200.6
2020	4197.8	31550109.8	94604.7	134851.9	16556817.2
2021	3593.1	33496371.3	101784.7	141564.9	22163224.3
北京	566.0	12321699.2	2030.8	3379.4	509995.6
天津	30.3	555770.5	1352.5	1536.8	264964.3
河北	81.3	1277345.5	5012.5	7512.5	942519.9
山西	34.9	358371.0	2478.7	3325.8	486348.0
内蒙古	12.4	20150.3	1750.1	2665.2	405069.2
辽宁	42.5	302076.0	3274.0	3994.1	539901.4
吉林	21.6	195089.3	1743.1	2454.6	347825.4
黑龙江	25.1	168148.9	2260.4	3093.9	316292.9
上海	148.4	2380356.1	2340.4	3616.6	421262.1
江苏	172.5	1491443.6	7464.3	8753.6	1460513.3
浙江	130.8	3991027.3	6237.8	7483.4	1360931.7
安徽	133.4	289242.5	3889.0	5276.7	822893.4
福建	433.1	945975.9	3546.6	4146.6	606821.9
江西	57.3	267565.5	2642.3	3855.9	581623.7
山东	193.4	645152.4	7037.0	9368.0	1256955.9
河南	130.1	2009360.2	5631.0	9136.6	1378722.0
湖北	85.9	305096.9	3667.8	5041.1	712007.8
湖南	99.4	188204.2	3513.0	6026.2	953748.2
广东	496.7	4369014.0	9333.7	15070.3	2466758.8
广西	66.3	245321.3	3579.2	5011.4	793748.0
海南	17.5	151407.6	1096.0	989.4	183155.8
重庆	54.5	54932.2	2612.1	3288.5	543353.6
四川	126.2	573811.6	6708.5	7990.8	1256513.9
贵州	230.3	12663.8	2045.1	3811.0	739174.8
云南	42.6	177664.5	2431.9	4063.2	899984.9
西藏	1.3	379.4	254.2	299.8	77993.9
陕西	59.3	167413.9	2943.8	4115.2	619301.9
甘肃	14.6	17658.7	1622.6	2434.2	420575.6
青海	2.3	3463.7	438.3	609.1	136049.8
宁夏	4.7	1889.9	596.6	750.8	149178.0
新疆	11.7	8675.3	2251.6	2464.3	509038.6
不分地区	66.7				

注：1.域名数含港、澳、台地区。

2.网页数指域名注册者在中国境内的网站，不包含“.EDU.CN”下网站。

7-7-12 续表

年 份 地 区	互联网宽带接入用户（万户）	#城市宽带接入用户	#农村宽带接入用户	#家庭宽带接入用户	#政企宽带接入用户
2003	1115.1				
2004	2487.5				
2006	5085.3				
2007	6641.4				
2008	8287.9				
2009	10397.8				
2010	12629.1	9963.5	2475.7		
2011	15000.1	11691.4	3308.8		
2012	17518.3	13442.4	4075.9		
2013	18890.9	14153.6	4737.3		
2014	20048.3	15174.6	4873.7	16333.6	3714.8
2015	25946.6	19547.2	6398.4	21716.4	4230.2
2016	29720.7	22266.6	7454.0	24926.8	4793.9
2017	34854.0	25476.7	9377.3	29552.2	5301.8
2018	40738.2	28996.5	11741.7	35351.6	5386.6
2019	44927.9	31450.5	13477.3	38857.8	6070.1
2020	48355.0	34165.3	14189.7	41833.9	6521.1
2021	53578.7	37808.2	15770.5	46368.7	7210.0
北 京	806.3	713.2	93.0	730.3	76.0
天 津	584.5	524.8	59.8	530.2	54.4
河 北	2796.9	1664.1	1132.8	2511.5	285.4
山 西	1350.4	1098.4	252.0	1208.6	141.7
内蒙古	796.2	701.5	94.7	701.3	95.0
辽 宁	1464.9	1295.9	169.1	1334.3	130.7
吉 林	734.2	615.1	119.1	669.1	65.1
黑龙江	1013.5	830.8	182.7	918.8	94.7
上 海	995.4	988.6	6.9	889.5	106.0
江 苏	4071.6	2510.9	1560.7	3447.8	623.9
浙 江	3117.0	2191.8	925.3	2486.6	630.5
安 徽	2335.8	1409.0	926.8	1904.7	431.1
福 建	1985.1	1383.8	601.4	1712.6	272.6
江 西	1700.2	1143.4	556.8	1424.0	276.2
山 东	3863.7	2736.1	1127.6	3431.1	432.7
河 南	3505.8	2508.0	997.8	3100.4	405.4
湖 北	2081.3	1435.1	646.3	1758.3	323.1
湖 南	2323.0	1546.3	776.7	2048.6	274.4
广 东	4277.7	3243.7	1034.1	3662.2	615.5
广 西	1827.4	1043.9	783.6	1631.5	195.9
海 南	450.2	307.8	142.4	379.9	70.3
重 庆	1338.5	984.3	354.3	1178.1	160.4
四 川	3220.9	2013.9	1207.0	2783.9	437.0
贵 州	1187.4	815.2	372.2	1043.4	144.0
云 南	1451.9	989.4	462.6	1193.4	258.5
西 藏	115.3	78.2	37.2	93.7	21.7
陕 西	1567.4	1213.6	353.8	1410.3	157.1
甘 肃	1025.2	661.3	364.0	804.2	221.0
青 海	209.4	152.1	57.2	172.6	36.8
宁 夏	317.1	246.9	70.2	282.3	34.8
新 疆	1064.2	761.4	302.8	925.7	138.5
不分地区					

【主要统计指标解释】

主营业务收入 指电信企业经营的基础电信业务和增值电信业务所取得的资费收入，以及电信企业之间网间互联电信业务的结算收入。

主营业务成本 指电信企业在通信生产过程中实际发生的与通信生产直接有关的各项费用支出。

利润总额 指电信企业在生产经营过程中，通过销售过程将商品卖给购买方，实现收入，收入扣除当初的投入成本以及其他一系列费用，再加减非经营性质的收支及投资收益。

资产总额 指过去的交易或事项形成并由电信企业拥有或控制的所有资源，该资源预期会给企业带来经济利益，按其流动性分为流动资产和非流动资产。

软件业务收入 指企业在报告期从事软件产品、信息技术服务、信息安全、嵌入式系统软件四项业务收入的合计。

电信业务总量 指以货币形式表示的电信企业为社会提供各类电信服务的总数量，是用于观察电信业务发展变化总趋势的综合性总量指标。电信业务总量是以各类业务的实物量分别乘以相应的不变单价，求出各类业务的货币量加总求得。

移动短信业务量 指移动电话用户通过移动通信网络短信平台使用短信业务的通信量。

移动电话用户 指在电信企业营业网点办理开户登记手续，通过移动电话交换机进入移动电话网，占用移动电话号码的各类电话用户。包括各类签约用户、智能网预付费用户、无线上网卡用户。

固定电话用户 指在电信企业营业网点办理开户登记手续并已接入固定电话网上的全部电话用户。包括普通电话用户、无线市话用户、公共电话用户、窄带综合业务数字网（N-ISDN）用户、智能网专用接入终端用户等。

住宅电话用户 指私人付费或安装在居民住宅并按照私人或住宅电话用户登记注册和收费的各类电话用户。

局用交换机容量 指安装在电信企业内用于接续本地固定电话的电话交换机容量。包括接入网设备容量（安装在电信运营企业用于连接话音用户的远端节点的设备容量）。

移动电话交换机容量 指移动电话交换机根据一定话务模型和交换机处理能力计算出来的最大同时服务用户的数量。按报告期末已割接入网正式投入使用的设备实际容量统计。

互联网宽带接入端口 指用于接入互联网用户的各类实际安装运行的接入端口的数量，包括xDSL用户接入端口、LAN接入端口、其他类型接入端口等，不包括窄带拨号接入端口。

电话普及率 指报告期行政区域总人口中，平均每百人拥有的话机数。计算公式：

$$\text{电话普及率}=\frac{\text{电话机总数(包括移动电话)（部）}}{\text{行政区域总人口数（人）}}\times 100$$

互联网上网人数 指过去半年内使用过互联网的6周岁及以上中国居民人数。

7 第三产业分行业主要指标

7-8 金融业

简要说明

一、主要内容

本篇反映我国金融、证券和保险业发展情况。有以下四个部分：一是金融机构金融活动情况；二是存贷款利率调整情况；三是直接融资情况；四是保险业务情况。

二、资料来源

1. 反映金融机构活动情况的资料包括："金融机构人民币信贷收支表（年底余额）""货币供应量（年底余额）""黄金和外汇储备""外资银行资产负债表（年底余额）""社会融资规模增量及构成""社会融资规模存量及增长率"。金融机构信贷收支表统计范围包括中国人民银行、银行业存款类金融机构、银行业非存款类金融机构。银行业存款类金融机构包括银行、信用社和财务公司；银行业非存款类金融机构包括信托投资公司、金融租赁公司、汽车金融公司和贷款公司。中国人民银行总行根据金融机构的基层单位全面填报、并按各自系统汇总的资料，进行归并和汇总，最后得到金融机构的信贷收支表。

2. 反映存贷款利率调整情况的"金融机构人民币存款基准利率""金融机构人民币贷款基准利率"，数据由中国人民银行提供。

3. 反映直接融资情况的"证券市场基本情况""上市公司数量""上市公司地区分布""证券市场发行情况""股票交易情况""全国期货交易所市场概况""全国交易所上市基金成交概况"，资料由中国证券监督管理委员会提供。

4. 反映保险业务情况的"保险公司业务经济技术指标""保险公司资产情况""保险公司资金运用情况""各地区原保险保费收入和赔付支出情况"，数据由中国银行保险监督管理委员会提供。

7-8-1 金融机构人民币信贷收支表(年底余额)

单位：亿元

项 目	2020	2021	项 目	2020	2021
资金来源合计	**2574701**	**2831289**	**资金运用合计**	**2574701**	**2831289**
各项存款	2125721	2322500	各项贷款	1727452	1926903
境内存款	2112783	2307172	境内贷款	1721356	1919855
住户存款	925986	1025012	住户贷款	631847	711043
非金融企业存款	660180	696695	企(事)业单位贷款	1084388	1204537
机关团体存款	298738	311530	非银行业金融机构贷款	5121	4275
财政性存款	44771	50389	境外贷款	6096	7048
非银行业金融机构存款	183108	223546	债券投资	450125	503154
境外存款	12938	15329	股权及其他投资	181428	181387
金融债券	106117	122954	黄金占款	2856	2856
流通中货币	84315	90825	中央银行外汇占款	211308	212867
对国际金融机构负债	6	5	在国际金融机构资产	1532	4123
其他	258543	295005			

注：1.本表机构包括中国人民银行、银行业存款类金融机构、银行业非存款类金融机构(以下相关表同)。
2.银行业存款类金融机构包括银行、信用社和财务公司。银行业非存款类金融机构包括信托投资公司、金融租赁公司、汽车金融公司和贷款公司等银行业非存款类金融机构(以下相关表同)。
3.自2015年起，“各项存款”含非银行业金融机构存放款项，“各项贷款”含拆放给非银行业金融机构款项(以下相关表同)。

7-8-2 货币供应量(年底余额)

单位：亿元

年份	货币和准货币(M_2)	货币(M_1)	流通中货币(M_0)	单位活期存款	准货币	单位定期存款	个人存款	其他存款
1993	34879.8	16280.4	5864.7	10415.7	18599.4	1247.9	15203.5	2148.0
1994	46923.5	20540.7	7288.6	13252.1	26382.8	1943.1	21518.8	2920.9
1995	60750.5	23987.1	7885.3	16101.8	36763.4	3324.2	29662.2	3777.0
1996	76094.9	28514.8	8802.0	19712.8	47580.1	5041.9	38520.8	4017.4
1997	90995.3	34826.3	10177.6	24648.7	56169.1	6738.5	46279.8	3150.7
1998	104498.5	38953.7	11204.2	27749.5	65544.9	8301.9	53407.5	3835.5
1999	119897.9	45837.3	13455.5	32381.8	74060.6	9476.8	59621.8	4962.0
2000	134610.3	53147.2	14652.7	38494.5	81463.1	11261.1	64332.4	5869.7
2001	158301.9	59871.6	15688.8	44182.8	98430.3	14180.1	73762.4	10487.8
2002	185007.0	70881.8	17278.0	53603.8	114125.2	16433.8	86910.7	10780.7
2003	221222.8	84118.6	19745.9	64372.6	137104.3	20940.4	103617.7	12546.2
2004	254107.0	95969.7	21468.3	74501.4	158137.2	25382.2	119555.4	13199.7
2005	298755.7	107278.8	24031.7	83247.1	191476.9	33100.0	141051.0	17325.9
2006	345577.9	126028.1	27072.6	98955.4	219549.9	38715.9	161587.3	19246.7
2007	403442.2	152560.1	30375.2	122184.9	250882.1	46932.5	172534.2	31415.4
2008	475166.6	166217.1	34219.0	131998.2	308949.5	60103.1	217885.4	30961.1
2009	610224.5	221445.8	38247.0	183198.8	388778.7	84819.5	260752.7	43206.5
2010	725851.8	266621.5	44628.2	221993.4	459230.3	105858.7	303302.5	50069.1
2011	851590.9	289847.7	50748.5	239099.2	561743.2	166616.0	352797.5	42329.7
2012	974148.8	308664.2	54659.8	254004.5	665484.6	195940.1	411362.6	58181.9
2013	1106525.0	337291.1	58574.4	278716.6	769233.9	232696.6	467031.1	69506.2
2014	1228374.8	348056.4	60259.5	287796.9	880318.4	264055.7	508878.1	107384.6
2015	1392278.1	400953.4	63216.6	337736.9	991324.7	288240.7	552073.5	151010.5
2016	1550066.7	486557.2	68303.9	418253.4	1063509.4	307989.6	603504.2	152015.6
2017	1690235.3	543790.1	70645.6	473144.5	1146445.2	320196.2	649341.5	176907.4
2018	1826744.2	551685.9	73208.4	478477.5	1275058.3	340178.9	721688.6	213190.8
2019	1986488.8	576009.2	77189.5	498819.7	1410479.7	363486.0	819161.8	227831.8
2020	2186795.9	625581.0	84314.5	541266.5	1561214.9	383837.3	932966.3	244411.2
2021	2382899.6	647443.4	90825.2	556618.2	1735456.2	412951.6	1032441.2	290063.5

注：1. 1997年初，中国人民银行对金融统计制度进行了调整，因此自1997年起的数据与历史数据不完全可比。
2. 2001年6月起，将证券公司客户保证金计入货币供应量(M_2)，含在其他存款项内。
3. 2010年金融机构会计科目变动，因此对2009年末数据进行了相应调整。
4. 自2011年10月起，货币供应量已包含住房公积金中心存款和非存款类金融机构在存款类金融机构的存款。
5. 2018年1月，人民银行完善货币供应量中货币市场基金部分的统计方法，用非存款机构部门持有的货币市场基金取代货币市场基金存款(含存单)。表中2017年以来的M_2数据均为统计方法完善后的可比数据。

7-8-3 金融机构人民币存款基准利率

单位：年利率%

调整时间	活期	定期					
		三个月	半年	一年	二年	三年	五年
1990. 04. 15	2.88	6.30	7.74	10.08	10.98	11.88	13.68
1990. 08. 21	2.16	4.32	6.48	8.64	9.36	10.08	11.52
1991. 04. 21	1.80	3.24	5.40	7.56	7.92	8.28	9.00
1993. 05. 15	2.16	4.86	7.20	9.18	9.90	10.80	12.06
1993. 07. 11	3.15	6.66	9.00	10.98	11.70	12.24	13.86
1996. 05. 01	2.97	4.86	7.20	9.18	9.90	10.80	12.06
1996. 08. 23	1.98	3.33	5.40	7.47	7.92	8.28	9.00
1997. 10. 23	1.71	2.88	4.14	5.67	5.94	6.21	6.66
1998. 03. 25	1.71	2.88	4.14	5.22	5.58	6.21	6.66
1998. 07. 01	1.44	2.79	3.96	4.77	4.86	4.95	5.22
1998. 12. 07	1.44	2.79	3.33	3.78	3.96	4.14	4.50
1999. 06. 10	0.99	1.98	2.16	2.25	2.43	2.70	2.88
2002. 02. 21	0.72	1.71	1.89	1.98	2.25	2.52	2.79
2004. 10. 29	0.72	1.71	2.07	2.25	2.70	3.24	3.60
2006. 08. 19	0.72	1.80	2.25	2.52	3.06	3.69	4.14
2007. 03. 18	0.72	1.98	2.43	2.79	3.33	3.96	4.41
2007. 05. 19	0.72	2.07	2.61	3.06	3.69	4.41	4.95
2007. 07. 21	0.81	2.34	2.88	3.33	3.96	4.68	5.22
2007. 08. 22	0.81	2.61	3.15	3.60	4.23	4.95	5.49
2007. 09. 15	0.81	2.88	3.42	3.87	4.50	5.22	5.76
2007. 12. 21	0.72	3.33	3.78	4.14	4.68	5.40	5.85
2008. 10. 09	0.72	3.15	3.51	3.87	4.41	5.13	5.58
2008. 10. 30	0.72	2.88	3.24	3.60	4.14	4.77	5.13
2008. 11. 27	0.36	1.98	2.25	2.52	3.06	3.60	3.87
2008. 12. 23	0.36	1.71	1.98	2.25	2.79	3.33	3.60
2010. 10. 20	0.36	1.91	2.20	2.50	3.25	3.85	4.20
2010. 12. 26	0.36	2.25	2.50	2.75	3.55	4.15	4.55
2011. 02. 09	0.40	2.60	2.80	3.00	3.90	4.50	5.00
2011. 04. 06	0.50	2.85	3.05	3.25	4.15	4.75	5.25
2011. 07. 07	0.50	3.10	3.30	3.50	4.40	5.00	5.50
2012. 06. 08	0.40	2.85	3.05	3.25	4.10	4.65	5.10
2012. 07. 06	0.35	2.60	2.80	3.00	3.75	4.25	4.75
2014. 11. 22	0.35	2.35	2.55	2.75	3.35	4.00	
2015. 03. 01	0.35	2.10	2.30	2.50	3.10	3.75	
2015. 05. 11	0.35	1.85	2.05	2.25	2.85	3.50	
2015. 06. 28	0.35	1.60	1.80	2.00	2.60	3.25	
2015. 08. 26	0.35	1.35	1.55	1.75	2.35	3.00	
2015. 10. 24	0.35	1.10	1.30	1.50	2.10	2.75	

注：自2014年11月22日起，人民银行不再公布金融机构人民币五年期定期存款基准利率。

7-8-4 金融机构人民币贷款基准利率

单位：年利率%

调整时间	短期贷款		中长期贷款		
	六个月以内（含六个月）	六个月至一年（含一年）	一年至三年（含三年）	三年至五年（含五年）	五年以上
1991. 04. 21	8.10	8.64	9.00	9.54	9.72
1993. 05. 15	8.82	9.36	10.80	12.06	12.24
1993. 07. 11	9.00	10.98	12.24	13.86	14.04
1995. 01. 01	9.00	10.98	12.96	14.58	14.76
1995. 07. 01	10.08	12.06	13.50	15.12	15.30
1996. 05. 01	9.72	10.98	13.14	14.94	15.12
1996. 08. 23	9.18	10.08	10.98	11.70	12.42
1997. 10. 23	7.65	8.64	9.36	9.90	10.53
1998. 03. 25	7.02	7.92	9.00	9.72	10.35
1998. 07. 01	6.57	6.93	7.11	7.65	8.01
1998. 12. 07	6.12	6.39	6.66	7.20	7.56
1999. 06. 10	5.58	5.85	5.94	6.03	6.21
2002. 02. 21	5.04	5.31	5.49	5.58	5.76
2004. 10. 29	5.22	5.58	5.76	5.85	6.12
2006. 04. 28	5.40	5.85	6.03	6.12	6.39
2006. 08. 19	5.58	6.12	6.30	6.48	6.84
2007. 03. 18	5.67	6.39	6.57	6.75	7.11
2007. 05. 19	5.85	6.57	6.75	6.93	7.20
2007. 07. 21	6.03	6.84	7.02	7.20	7.38
2007. 08. 22	6.21	7.02	7.20	7.38	7.56
2007. 09. 15	6.48	7.29	7.47	7.65	7.83
2007. 12. 21	6.57	7.47	7.56	7.74	7.83
2008. 09. 16	6.21	7.20	7.29	7.56	7.74
2008. 10. 09	6.12	6.93	7.02	7.29	7.47
2008. 10. 30	6.03	6.66	6.75	7.02	7.20
2008. 11. 27	5.04	5.58	5.67	5.94	6.12
2008. 12. 23	4.86	5.31	5.40	5.76	5.94
2010. 10. 20	5.10	5.56	5.60	5.96	6.14
2010. 12. 26	5.35	5.81	5.85	6.22	6.40
2011. 02. 09	5.60	6.06	6.10	6.45	6.60
2011. 04. 06	5.85	6.31	6.40	6.65	6.80
2011. 07. 07	6.10	6.56	6.65	6.90	7.05
2012. 06. 08	5.85	6.31	6.40	6.65	6.80
2012. 07. 06	5.60	6.00	6.15	6.40	6.55
2014. 11. 22	5.60	5.60	6.00	6.00	6.15
2015. 03. 01	5.35	5.35	5.75	5.75	5.90
2015. 05. 11	5.10	5.10	5.50	5.50	5.65
2015. 06. 28	4.85	4.85	5.25	5.25	5.40
2015. 08. 26	4.60	4.60	5.00	5.00	5.15
2015. 10. 24	4.35	4.35	4.75	4.75	4.90

注：自2014年11月22日起，贷款基准利率期限档次简并为一年期以内(含一年)、一至五年(含五年)和五年以上三个档次。

7-8-5 黄金和外汇储备

年 份	黄金储备（万盎司）	外汇储备（亿美元）	年 份	黄金储备（万盎司）	外汇储备（亿美元）
1980	1280	-12.96	2001	1608	2121.65
1981	1267	27.08	2002	1929	2864.07
1982	1267	69.86	2003	1929	4032.51
1983	1267	89.01	2004	1929	6099.32
1984	1267	82.20	2005	1929	8188.72
1985	1267	26.44	2006	1929	10663.44
1986	1267	20.72	2007	1929	15282.49
1987	1267	29.23	2008	1929	19460.30
1988	1267	33.72	2009	3389	23991.52
1989	1267	55.50	2010	3389	28473.38
1990	1267	110.93	2011	3389	31811.48
1991	1267	217.12	2012	3389	33115.89
1992	1267	194.43	2013	3389	38213.15
1993	1267	211.99	2014	3389	38430.18
1994	1267	516.20	2015	5666	33303.62
1995	1267	735.97	2016	5924	30105.17
1996	1267	1050.29	2017	5924	31399.49
1997	1267	1398.90	2018	5956	30727.12
1998	1267	1449.59	2019	6264	31079.24
1999	1267	1546.75	2020	6264	32165.22
2000	1267	1655.74	2021	6264	32501.66

7-8-6 外资银行资产负债表(年底余额)

单位：亿元

项 目	2017	2018	2019	2020	2021
总资产	**42483**	**44177**	**45071**	**47858**	**48091**
国外资产	2222	2452	2950	3091	3767
储备资产	3766	3287	3252	3203	2578
准备金	3758	3281	3247	3199	2575
库存现金	7	6	5	3	3
对政府债权	2230	2681	3388	4806	4421
对中央银行债权					6
对其他存款性公司债权	6505	5844	5186	4739	4540
对其他金融性公司债权	3694	3745	3662	4395	4781
对非金融性公司债权	11020	11649	12266	13299	13267
对其他居民部门债权	1234	1452	1683	1873	2212
其他资产	11812	13066	12684	12452	12519
总负债	**42483**	**44177**	**45071**	**47858**	**48091**
对非金融机构及住户负债	18357	18386	19486	22026	21225
纳入广义货币的存款	13802	13700	14390	15505	15681
单位活期存款	4886	4837	5347	5744	5516
单位定期存款	7645	7565	7706	8362	8781
个人存款	1270	1298	1338	1399	1383
不纳入广义货币的存款	3373	3461	3953	4084	4192
可转让存款	1761	1876	1946	2325	2649
其他存款	1612	1586	2007	1759	1544
其他负债	1182	1225	1143	2437	1352
对中央银行负债	284	144	183	422	331
对其他存款性公司负债	2612	2342	2663	2257	2735
对其他金融性公司负债	941	1116	1264	1403	2067
#计入广义货币的存款	772	1004	1140	1205	1859
国外负债	4884	4904	4041	4342	4066
债券发行	226	549	859	845	884
实收资本	1835	1878	1979	1999	2019
其他负债	13344	14858	14597	14564	14765

7-8-7 社会融资规模增量及构成

单位：亿元

年 份	社会融资规模增量	#人民币贷款	#外币贷款(折合人民币)	#委托贷款	#信托贷款	#未贴现银行承兑汇票	#企业债券	#政府债券	#非金融企业境内股票融资
2004	28629	22673	1381	3118		-290	467		673
2005	30008	23544	1415	1961		24	2010		339
2006	42696	31523	1459	2695	825	1500	2310		1536
2007	59663	36323	3864	3371	1702	6701	2284		4333
2008	69802	49041	1947	4262	3144	1064	5523		3324
2009	139104	95942	9265	6780	4364	4606	12367		3350
2010	140191	79451	4855	8748	3865	23346	11063		5786
2011	128286	74715	5712	12962	2034	10271	13658		4377
2012	157631	82038	9163	12838	12845	10499	22551		2508
2013	173169	88916	5848	25466	18404	7756	18111		2219
2014	158761	97452	1235	21740	5174	-1198	24329		4350
2015	154063	112693	-6427	15911	434	-10567	29388		7590
2016	177999	124372	-5640	21854	8593	-19514	29865		12416
2017	261536	138432	18	7994	22232	5364	6244	55804	8759
2018	224920	156712	-4201	-16062	-6975	-6343	26318	48531	3606
2019	256735	168835	-1275	-9396	-3467	-4757	33384	47204	3479
2020	347917	200310	1450	-3954	-11020	1746	43748	83217	8923
2021	313407	199403	1715	-1696	-20074	-4916	32866	70154	12133

注：1. 社会融资规模增量是指一定时期内实体经济从金融体系获得的资金额。数据来源于中国人民银行、中国银行保险监督管理委员会、中国证券监督管理委员会、中央国债登记结算有限责任公司和银行间市场交易商协会等部门。

2. 2019年12月起，人民银行进一步完善社会融资规模统计，将“国债”和“地方政府一般债券”纳入社会融资规模统计，与原有“地方政府专项债券”合并为“政府债券”指标。指标数值为托管机构的托管面值。2019年9月起，人民银行完善“社会融资规模”中的“企业债券”统计，将“交易所企业资产支持证券”纳入“企业债券”指标。2018年9月起，人民银行将“地方政府专项债券”纳入社会融资规模统计。2018年7月起，人民银行完善社会融资规模统计方法，将“存款类金融机构资产支持证券”和“贷款核销”纳入社会融资规模统计，在“其他融资”项下单独列示。

7-8-8 社会融资规模存量及增长率

年 份	社会融资规模存量(亿元)	社会融资规模存量同比增速(%)	#人民币贷款(%)	#外币贷款(折合人民币)(%)	#委托贷款(%)	#信托贷款(%)	#未贴现银行承兑汇票(%)	#企业债券(%)	#政府债券(%)	#非金融企业境内股票融资(%)
2004	204143	14.9	14.3	16.8	61.6		-8.0	4.0		8.5
2005	224265	13.5	13.3	11.0	11.8		0.7	129.1		4.2
2006	264500	18.1	16.3	9.0	20.0		44.9	68.7		12.5
2007	321326	21.5	16.4	21.9	29.9	84.0	138.4	41.0		45.8
2008	379765	20.5	18.7	5.1	29.1	84.3	9.2	78.7		17.7
2009	511835	34.8	31.3	55.5	35.8	63.4	36.5	86.2		18.3
2010	649869	27.0	19.9	15.9	44.2	34.4	135.5	42.3		30.9
2011	767791	18.3	16.1	13.1	21.2	13.5	25.6	36.2		17.7
2012	914675	19.1	15.0	27.2	17.1	75.0	21.0	44.4		8.6
2013	1075217	17.6	14.2	7.2	39.7	61.1	12.7	24.2		6.7
2014	1229386	14.3	13.6	4.1	29.2	10.8	-1.1	25.8		11.8
2015	1382824	12.5	13.9	-13.0	18.0	2.0	-14.8	25.1		20.2
2016	1559884	12.8	13.4	-12.9	19.8	15.8	-33.3	22.4		27.6
2017	2059098	14.1	13.2	-5.8	5.9	35.9	13.7	3.9	24.7	15.2
2018	2270356	10.3	13.2	-10.7	-11.5	-8.0	-14.3	9.8	17.2	5.4
2019	2514071	10.7	12.5	-4.6	-7.6	-4.4	-12.5	13.8	14.3	5.0
2020	2847526	13.3	13.2	-0.6	-3.4	-14.8	5.3	16.9	22.1	12.1
2021	3141163	10.3	11.6	6.3	-1.6	-31.3	-14.0	8.6	15.2	14.7

注：1. 社会融资规模存量是指一定时期末(月末、季末或年末)实体经济从金融体系获得的资金余额。数据来源于中国人民银行、中国银行保险监督管理委员会、中国证券监督管理委员会、中央国债登记结算有限责任公司和银行间市场交易商协会等部门。

2. 2019年12月起，人民银行进一步完善社会融资规模统计，将“国债”和“地方政府一般债券”纳入社会融资规模统计，与原有“地方政府专项债券”合并为“政府债券”指标。指标数值为托管机构的托管面值。2019年9月起，人民银行完善“社会融资规模”中的“企业债券”统计，将“交易所企业资产支持证券”纳入“企业债券”指标。2018年9月起，人民银行将“地方政府专项债券”纳入社会融资规模统计。2018年7月起，人民银行完善社会融资规模统计方法，将“存款类金融机构资产支持证券”和“贷款核销”纳入社会融资规模统计，在“其他融资”项下单独列示。2017年起，同比增速为可比口径计算。

7-8-9 证券市场基本情况

项　目	2020	2021
沪深股市上市公司数(A、B股)(家)	4154	4615
沪深股市上市外资股公司数(B股)(家)	93	90
北交所市场上市公司数(家)		82
境外上市公司数(H股)(家)	291	323
沪深股市股票总发行股本(亿股)	65479.19	70694.39
#流通股本(亿股)	56353.50	60755.13
北交所市场股票总发行股本(亿股)		122.69
#流通股本(亿股)		57.27
沪深股市股票市价总值(亿元)	797238.17	916088.18
#股票流通市值(亿元)	643605.29	751556.13
北交所市场股票市价总值(亿元)		2722.75
#股票流通市值(亿元)		1073.82
沪深股市股票成交量(亿股)	167451.86	187425.90
北交所市场股票成交量(亿股)		37.45
沪深股市股票成交金额(亿元)	2068252.52	2579734.10
北交所市场股票成交金额(亿元)		667.17
上证综合指数(收盘)	3473.07	3639.78
深证综合指数(收盘)	2329.37	2530.14
期末投资者数(万个)	17777	19741
静态市盈率(平均市盈率)		
上海	16.10	20.85
深圳	33.50	33.03
北京		46.66
年换手率(平均换手率)(%)		
上海	258.80	280.71
深圳	555.80	506.08
北京		62.55
债券发行金额(亿元)	569397.31	613838.51
银行间市场债券成交金额(亿元)	11925194.88	12595637.53
银行间市场债券现货成交金额(亿元)	2327679.17	2143702.29
银行间市场债券回购成交金额(亿元)	9597515.72	10451935.24
交易所市场债券成交金额(亿元)	3075974.26	3791201.79
交易所市场债券现货成交金额(亿元)	201785.82	289275.35
交易所市场债券回购成交金额(亿元)	2874188.44	3501926.44
证券投资基金只数(只)	7258	9152
证券投资基金规模(亿份)	169974.29	218244.61
证券投资基金成交金额(亿元)	136238.63	183234.05
期货总成交量(万手)	602735.00	726880.86
期货总成交额(亿元)	4373005.25	5806874.44

注：1.银行间市场债券指银行间市场交易的各类债券。包括记账式国债、地方政府债券、政策性银行债券、商业银行债券、非银行金融机构债券、资产支持证券、同业存单、政府支持机构债、企业债券、非金融企业债务融资工具、国际机构债券。

2.交易所债券包含由中国证监会审批或备案的公司债、可转债、可交换债、可分离债、企业资产支持证券，以及交易所招标发行的地方政府债、政策性金融债。

3.期末投资者数量指持有未注销、未休眠的A股、B股、信用账户、衍生品合约账户的一码通账户数量。

4.期货成交数据按单边口径统计，包括商品期货和金融期货。

7-8-10 上市公司数量

单位：个

年　份	全国合计	上交所	深交所	北交所	发A股公司	发B股公司	同时发A股、B股公司
1993	183	106	77		177	41	35
1994	291	171	120		287	58	54
1995	323	188	135		311	70	58
1996	530	293	237		514	85	69
1997	745	383	362		720	101	76
1998	852	438	414		826	106	80
1999	949	484	465		922	108	81
2000	1088	572	516		1060	114	86
2001	1160	646	514		1140	112	92
2002	1224	715	509		1213	111	100
2003	1287	780	507		1277	111	101
2004	1377	837	540		1363	110	96
2005	1381	834	547		1358	109	86
2006	1434	842	592		1411	109	86
2007	1550	860	690		1527	109	86
2008	1625	864	761		1602	109	86
2009	1718	870	848		1696	108	86
2010	2063	894	1169		2041	108	86
2011	2342	931	1411		2320	108	86
2012	2494	954	1540		2472	107	85
2013	2489	953	1536		2468	106	85
2014	2613	995	1618		2592	104	83
2015	2827	1081	1746		2808	101	82
2016	3052	1182	1870		3034	100	82
2017	3485	1396	2089		3467	100	82
2018	3584	1450	2134		3567	99	82
2019	3777	1572	2205		3760	97	80
2020	4154	1800	2354		4140	96	82
2021	4697	2037	2578	82	4603	90	79

注：发A股公司包括既发A股又发B股的公司，发B股公司包括既发A股又发B股的公司。

7-8-11　上市公司地区分布(2021年)

单位：个

地　区	上市公司家数	上交所	深交所	北交所
全　国	**4697**	**2037**	**2578**	**82**
北　京	424	209	204	11
天　津	63	33	30	
河　北	69	26	40	3
山　西	41	21	19	1
内蒙古	29	17	11	1
辽　宁	81	36	43	2
吉　林	48	18	28	2
黑龙江	38	26	12	
上　海	390	287	100	3
江　苏	571	273	285	13
浙　江	606	297	306	3
安　徽	149	67	77	5
福　建	162	68	93	1
江　西	66	28	37	1
山　东	269	105	157	7
河　南	98	34	61	3
湖　北	128	52	73	3
湖　南	132	43	87	2
广　东	762	143	609	10
广　西	39	17	21	1
海　南	34	13	21	
重　庆	63	31	30	2
四　川	156	58	94	4
贵　州	33	17	16	
云　南	41	17	23	1
西　藏	21	9	12	
陕　西	66	33	31	2
甘　肃	33	15	18	
青　海	11	7	4	
宁　夏	16	6	9	1
新　疆	58	31	27	

注：1.上市公司数量按上市日口径统计。
　　2.上市公司辖区按上市公司注册地划分。

7-8-12 证券市场发行情况

单位：亿元

年份	境内发行金额				境外股票发行金额	新三板股票发行金额	合计
	小计	沪深股市股票发行金额	北交所市场股票发行金额	交易所市场债券发行金额			
1994	213.63	213.63			188.75		402.38
1995	99.78	99.78			31.53		131.31
1996	308.04	308.04			100.57		408.61
1997	859.98	859.98			387.91		1247.89
1998	787.44	787.44			37.83		825.27
1999	873.63	873.63			47.11		920.74
2000	1515.82	1515.82			562.08		2077.90
2001	1238.14	1238.14			73.00		1311.14
2002	720.05	720.05			192.28		912.33
2003	665.51	665.51			537.32		1202.83
2004	650.53	650.53			647.72		1298.25
2005	339.03	339.03			1666.25		2005.28
2006	2374.50	2374.50			3072.57		5447.07
2007	8222.02	7814.74		407.28	927.46		9149.48
2008	4310.44	3312.39		998.05	311.38		4621.82
2009	5645.85	4834.34		811.51	1067.66		6713.51
2010	11120.10	9799.80		1320.30	2343.11		13463.21
2011	8884.13	7154.43		1729.70	732.41	6.48	9623.02
2012	7313.28	4542.40		2770.88	997.83	8.59	8319.70
2013	8086.40	4131.46		3954.94	1060.24	10.02	9156.66
2014	12671.90	8498.26		4173.64	2253.40	132.09	15057.39
2015	37983.36	16361.62		21621.74	7090.12	1216.17	46289.65
2016	56965.75	20297.39		36668.36	1271.48	1390.89	59628.12
2017	54681.89	15534.98		39146.91	1829.19	1336.25	57847.33
2018	68255.59	11377.88		56877.71	1387.61	604.43	70247.63
2019	84525.53	12538.82		71986.71	781.65	264.63	85571.81
2020	98998.96	14221.61		84777.35	1513.64	338.50	100851.10
2021	101974.58	15400.13	21.32	86553.13	1035.33	259.67	103269.58

注：1. 境内股票发行金额包括首发筹资金额和再筹资金额，均按股份上市日统计，再筹资包含公开增发、定向增发、配股、权证和优先股，其中权证为2008年之后开展的业务，优先股为2014年之后开展的业务。
2. 境外股票发行金额指在港交所上市的H股的筹资金额，不含可转债。
3. 新三板股票发行金额中不含优先股。

7-8-13 股票交易情况

项　　目		2014	2015	2016	2017	2018	2019	2020	2021
沪深股市上市公司数	**（家）**	**2613**	**2827**	**3052**	**3485**	**3584**	**3777**	**4154**	**4615**
北交所市场上市公司数	**（家）**								**82**
沪深股市上市股票数	**（只）**	**2696**	**2909**	**3134**	**3567**	**3666**	**3857**	**4233**	**4693**
A股		2592	2808	3034	3467	3567	3760	4140	4603
B股		104	101	100	100	99	97	93	90
北交所市场上市股票数	**（只）**								**82**
沪深股市股票总发行股本	**（亿股）**	**36795**	**43024**	**48750**	**53747**	**57581**	**61720**	**65479**	**70694**
A股		36518	42753	48468	53462	57290	61428	65174	70390
B股		277	271	282	285	291	292	305	304
#流通股本		32289	37043	41136	45045	49048	52488	56354	60755
A股		32013	36774	40855	44761	48758	52197	56073	60475
B股		276	270	281	283	289	291	281	281
北交所市场股票总发行股本	**（亿股）**								**123**
#流通股本									57
沪深股市股票市价总值	**（亿元）**	**372547**	**531463**	**507686**	**567086**	**434924**	**592935**	**797238**	**916088**
A股		370823	529252	505773	565255	433548	591623	796024	914671
B股		1724	2211	1913	1831	1376	1311	1214	1418
#股票流通市值		315624	417881	393402	449298	353794	483461	643605	751556
A股		313910	415681	391499	447476	352428	482158	642396	750255
B股		1714	2200	1903	1822	1366	1304	1209	1301
北交所市场股票市价总值	**（亿元）**								**2723**
#股票流通市值									1074
沪深股市股票成交金额	**（亿元）**	**742385**	**2550541**	**1277680**	**1124625**	**901739**	**1274159**	**2068253**	**2579734**
A股		741378	2546838	1276194	1123648	901103	1273572	2067632	2579050
B股		1007	3704	1486	977	636	587	621	684
北交所市场股票成交金额	**（亿元）**								**667**
沪深股市总成交股数	**（亿股）**	**73383**	**171039**	**95525**	**87781**	**82037**	**126624**	**167452**	**187426**
A股		73188	170541	94481	87629	81927	126509	167324	187280
B股		195	498	210	152	110	116	128	146
北交所市场总成交股数	**（亿股）**								**37**
上证综合指数									
最高		3239.36	5178.19	3538.69	3450.50	3587.03	3288.45	3474.92	3731.69
最低		1974.38	2850.71	2638.30	3016.53	2449.20	2440.91	2646.80	3312.72
收盘		3234.68	3539.18	3103.64	3307.17	2493.90	3050.12	3473.07	3639.78
深证综合指数									
最高		1504.48	3156.96	2304.49	2054.02	1966.15	1799.10	2340.89	2571.27
最低		1004.93	1408.99	1618.12	1753.53	1212.23	1231.83	1552.96	2130.09
收盘		1415.19	2308.91	1969.11	1899.34	1267.87	1722.95	2329.37	2530.14

注：1.股票总成交金额中包含约定购回式证券成交金额，故总成交金额大于A股B股成交金额之和。
2.指数最高、最低点为盘中最高、最低点。

7-8-14 全国期货交易所市场概况

年 份	全年总成交额 (亿元)	全年总成交量 (万手)	全年总实物交割额 (亿元)	全年总实物交割量 (万手)
1993	2761.00	445.35		
1994	15800.71	6055.36		
1995	50282.65	31806.04	181.52	83.09
1996	42059.58	17128.39	174.13	78.33
1997	30585.33	7938.16	93.75	38.18
1998	18483.62	5222.79	48.04	20.56
1999	11171.51	3681.96	109.41	16.12
2000	8041.14	2730.54	65.16	8.40
2001	15071.76	6022.54	59.63	16.34
2002	19745.30	6971.50	100.99	23.32
2003	54194.67	13993.32	130.94	32.10
2004	73465.27	15283.27	183.21	32.70
2005	67224.19	16142.38	213.37	30.71
2006	105023.16	22473.70	225.47	30.66
2007	204861.23	36421.34	283.73	42.76
2008	359570.98	68194.36	339.26	54.94
2009	652553.80	107871.49	284.72	50.34
2010	1134883.54	152089.14	516.89	73.25
2011	937475.68	100367.68	490.15	64.93
2012	952824.54	134540.06	528.04	58.96
2013	1264673.31	186822.39	465.25	56.79
2014	1279712.53	228827.45	451.58	63.50
2015	1364707.05	323704.12	641.76	115.36
2016	1774124.99	411943.25	783.34	129.19
2017	1633003.86	304642.57	881.94	124.51
2018	1846750.81	298334.65	1018.52	136.52
2019	2209542.00	385507.22	1055.55	148.44
2020	3219785.23	592837.15	1515.04	224.90
2021	4627708.97	717701.69	1646.19	239.35

注：1. 本表数据仅反映商品期货市场情况。
2. 表中数据均按单边口径统计。
3. 交割金额、交割量中包含期转现。

7-8-15 全国交易所上市基金成交概况

项　　目		2020	2021	增减(%)
交易日数	(天)	243	243	
基金成交金额	(亿元)	136239	183234	34.49
基金日均成交金额	(亿元)	561	754	34.49
基金成交股数	(亿份)	51089	67387	31.90
上证基金指数开市		6447	7490	16.18
上证基金指数最高		7471	7832	4.84
上证基金指数最低		5860	7066	20.57
上证基金指数收市		7467	7572	1.41
深证基金指数开市		6368	8323	30.69
深证基金指数最高		8313	9263	11.43
深证基金指数最低		5852	7749	32.41
深证基金指数收市		8312	8867	6.67

注：基金成交数据包括证券投资基金、交易型货币基金、ETF和LOF。ETF是交易所交易基金的简称，LOF是一种可以在交易所挂牌交易的开放式基金。

7-8-16 保险公司业务经济技术指标(2021年)

单位：亿元

项　　目	保　费	赔款及给付
合　　计	**44900.2**	**15608.6**
财产保险公司	**13676.5**	**8848.0**
企业财产保险	519.8	290.6
家庭财产保险	98.2	39.4
机动车辆保险	7772.7	5343.8
工程保险	143.7	81.4
责任保险	1018.4	460.3
信用保险	203.9	131.2
保证保险	521.2	397.4
船舶保险	57.8	38.7
货物运输保险	167.7	74.6
特殊风险保险	72.7	21.2
农业保险	975.8	720.2
健康险	1378.1	959.8
意外伤害保险	627.3	200.7
其他险	119.3	88.4
人寿保险公司	**31223.7**	**6760.6**
寿险	23571.8	3540.3
健康险	7068.9	3068.7
人身意外伤害险	582.9	151.7

注：1.本表人寿保险公司中包括中华控股寿险业务。
　　2.2021年数据不包含风险处置机构(以下相关表同)。

7-8-17 保险公司资产情况

单位：亿元

年 份	总资产	#财产险公司	#寿险公司	#再保险公司	#中资公司	#外资公司
2002	6320.00	948.00	5161.00	211.00		
2003	9088.00	1176.00	7657.00	255.00		
2004	11953.68	1411.38	8352.90	262.37	11540.63	413.05
2005	15286.44	1718.81	13458.27	292.70	14630.97	665.64
2006	19704.19	2340.45	17446.26	311.31	18862.60	862.66
2007	28912.78	3880.51	23249.16	877.26	27656.26	1256.51
2008	33418.83	4687.03	27138.45	994.45	31893.93	1524.91
2009	40634.75	4892.62	33655.05	1162.01	38582.37	2052.39
2010	50481.61	5833.52	42642.66	1151.79	47860.49	2621.12
2011	59828.94	7919.95	49798.19	1579.11	56822.12	3006.83
2012	73545.73	9477.47	60991.22	1845.25	70080.33	3465.40
2013	82886.95	10941.45	68250.07	2103.93	78551.67	4335.28
2014	101591.47	14061.48	82487.20	3513.56	94950.98	6640.49
2015	123597.76	18481.13	99324.83	5187.38	115057.96	6539.80
2016	153764.66	23849.82	126557.51	2765.61	144646.59	9118.07
2017	169377.32	24901.04	131885.05	3150.32	158956.86	10420.46
2018	183305.24	23502.73	146032.48	3633.48	171695.83	11609.41
2019	205644.90	22939.60	169575.17	4261.12	192052.69	13592.21
2020	232984.30	23422.59	199789.74	4956.29	216367.12	17076.79
2021	248874.05	24512.74	213894.93	6057.45	228766.77	20107.28

7-8-18 保险公司资金运用情况

单位：亿元

年 份	资金运用余 额	#银行存款	#国 债	#金融债券	#企业债券	#证券投资基金
2006	17785.40	5989.11	3647.01	2754.25	2121.56	912.08
2007	26647.81	6503.44	3956.56	4897.84	2799.76	2519.41
2008	30552.83	8087.49	4208.26	8754.06	4598.46	1646.46
2009	37417.12	10519.68	4053.82	8746.10	6074.56	2758.78
2010	46046.62	13909.97	4815.78	10038.75	7935.69	2620.73
2011	55192.98	17692.69	4741.90	12418.80	8755.86	2909.92
2012	68542.58	23446.00	4795.02	14832.57	10899.98	3625.58
2013	76873.41	22640.98	4776.73	14811.84	13727.75	3575.52
2014	93314.43	25310.73	5009.88	15067.12	15465.13	4714.28
2015	111795.49	24349.67	5831.12	15215.31	17307.38	8856.50
2016	133910.67	24844.21	7796.24	16260.35	18627.99	8554.46
2017	149206.21	19274.07	10167.99	19153.05	19436.76	7524.77
2018	164088.38	24363.50	14027.62	20215.82	21011.68	8650.55
2019	185270.58	25227.42	20672.01	20658.19	21462.84	9423.29
2020	216801.13	25973.45	32069.60	20940.95	23654.17	11040.41
2021	232280.06	26178.59	43054.84	20627.14	22639.22	12248.02

7-8-19 各地区原保险保费收入和赔付支出情况(2021年)

单位：亿元

地区	原保险保费收入			赔付支出		
	小计	财产险业务	人身险业务	小计	财产险业务	人身险业务
全　国	**44900.2**	**11671.1**	**33229.1**	**15608.6**	**7687.5**	**7921.1**
北　京	2526.9	443.5	2083.4	838.5	270.7	567.8
天　津	660.5	154.1	506.4	187.3	96.2	91.1
山　西	1994.5	544.8	1449.7	636.9	344.6	292.4
河　北	997.5	230.5	767.0	337.0	150.9	186.1
内蒙古	645.6	205.4	440.2	231.1	133.9	97.2
辽　宁	1358.2	372.6	985.6	527.0	265.5	261.5
吉　林	691.3	170.5	520.8	242.8	112.7	130.1
黑龙江	995.5	198.5	797.0	339.3	137.1	202.2
上　海	1970.9	523.9	1447.0	738.0	286.6	451.4
江　苏	4051.1	1002.2	3048.9	1254.8	625.8	629.0
浙　江	2859.8	920.7	1939.0	1029.6	619.4	410.2
安　徽	1379.7	436.8	942.9	519.3	293.6	225.7
福　建	1294.5	328.0	966.4	429.0	216.1	212.9
江　西	909.6	264.8	644.8	334.1	177.3	156.9
山　东	3278.3	812.2	2466.1	1140.3	549.4	590.9
河　南	2360.0	549.7	1810.3	890.6	494.2	396.4
湖　北	1878.1	379.8	1498.3	577.3	247.3	330.0
湖　南	1508.8	391.2	1117.5	528.9	258.5	270.4
广　东	5579.7	1395.9	4183.8	1881.0	810.0	1071.0
广　西	780.6	241.2	539.4	293.5	159.4	134.1
海　南	198.3	74.0	124.3	74.6	46.8	27.8
重　庆	965.5	213.7	751.8	302.2	147.7	154.5
四　川	2204.9	557.3	1647.6	793.0	367.0	425.9
贵　州	496.3	214.7	281.6	207.0	140.4	66.6
云　南	690.2	262.1	428.1	286.0	160.9	125.1
西　藏	40.0	27.4	12.5	29.3	24.5	4.8
陕　西	1052.4	254.7	797.7	338.6	169.7	168.9
甘　肃	490.3	131.0	359.3	174.6	95.0	79.6
青　海	106.9	44.9	62.0	38.8	25.8	13.0
宁　夏	211.1	65.3	145.8	73.0	45.8	27.2
新　疆	685.7	228.8	456.9	287.3	165.7	121.6
集团、总公司本级	37.4	30.5	6.9	48.1	49.3	-1.2

注：1.本表数据为各公司上报中国保险统计信息系统年报数据，未经审计。
2.集团、总公司本级是指集团、总公司直接开展的业务，不计入任何地区。

【主要统计指标解释】

各项存款 金融机构资金来源的主要项目，包括住户存款、非金融企业存款、机关团体存款、财政性存款、非银行业金融机构存款和境外存款。

各项贷款 金融机构资金运用的主要项目，包括住户贷款、企（事）业单位贷款、非银行业金融机构贷款和境外贷款。

保险公司 指在中国境内的、经过保险监督管理部门批准设立，并依法登记注册的各类商业保险公司。

保险金额 指保险人承担赔偿或者给付保险金责任的最高限额。

保费 指投保人为取得保险人在约定范围内所承担赔偿责任而支付给保险人的费用。

赔款 指保险人根据保险合同的规定，向被保险人支付的赔偿保险责任损失的金额。

给付 包括死伤医疗给付和满期给付。死伤医疗给付是指保险人根据人寿保险及长期健康保险合同的规定，因被保险人在保险期内发生保险责任范围内的保险事故支付给被保险人（或受益人）的金额。满期给付是指被保险人生存期满，保险人按人寿保险合同规定支付给被保险人的满期保险金额。

社会融资规模增量 指一定时期内实体经济从金融体系获得的资金额。主要包括：人民币贷款、外币贷款（折合人民币）、委托贷款、信托贷款、未贴现的银行承兑汇票、企业债券、政府债券、非金融企业境内股票融资、投资性房地产、保险公司赔偿等。

社会融资规模存量 指一定时期末（月末、季末或年末）实体经济从金融体系获得的资金余额。主要包括：人民币贷款、外币贷款（折合人民币）、委托贷款、信托贷款、未贴现的银行承兑汇票、企业债券、政府债券、非金融企业境内股票融资、投资性房地产等。

沪深股市上市公司数 指在统计期末其发行的股票在上交所、深交所上市的股份有限公司的数量。以股票上市日进行统计，同时发行A、B股的上市公司，按一家计算。

北交所市场上市公司数 指在统计期末其发行的股票在北交所上市的股份有限公司的数量。以股票上市日进行统计。

沪深股市股票总发行股本 指统计期末上市公司在沪、深股市发行的全部股份数量合计，包括A股股本、B股股本和其他不流通的境内股本。

北交所市场股票总发行股本 指统计期末北交所上市公司发行的全部股份数量合计。

沪深股市股票市价总值 指统计期末根据沪、深股市上市公司股票价格和对应股票数量计算的股权价值合计。具体统计口径和计算方法如下：如当日无交易价格，采用最后交易日的收盘价；暂停上市股票的价格以零计算；未股改公司的非流通股以流通A股价格计算市值；仅发行B股的上市公司，其非流通股不进行股票市值计算；对当日除权股票进行市值计算时需要包含在途股份（已登记未上市）的市值。

北交所市场股票市价总值 指统计期末根据北交所上市公司发行的股票价格和对应股票数量计算的股权价值合计。

债券发行金额 报告期各类债券发行金额的合计。包括国债、地方政府债券、中央银行票据、金融债券、公司信用类债券、国际机构债券。

证券投资基金只数 指统计期末基金市场上基金产品的只数。自基金合同生效日（基金成立日）纳入统计，自基金合同终止日从统计中剔除。一般根据证监会主代码（基金主合同）口径统计。

7 第三产业分行业主要指标

7-9 房地产业

简要说明

一、主要内容

本篇资料主要包括：房地产开发企业主要财务情况，房屋开竣工情况、商品房销售情况，土地购置情况等。还包括房地产业（不含房地产开发经营）企业法人单位分地区主要指标。

二、统计范围

本篇资料除了包含房地产业中的房地产开发行业资料外，还包括不含房地产开发经营的房地产企业法人单位主要情况。

三、统计调查方法

调查方法为全面调查和抽样调查。

四、统计口径变化

2004年，除财务指标、平均销售价格、住宅竣工与销售套数为经济普查数据外，其他指标均为快报数据。

商品房销售面积和销售额：2004年及以前的销售数据仅包括现房；2005年及以后的销售数据包括期房和现房。

2018年为第四次全国经济普查数据。

五、数据来源

本篇资料由国家统计局固定资产投资司根据联网直报房地产开发企业上报的基层数据整理。房地产企业法人单位分地区主要指标来源于《规模以上服务业统计报表制度》和《规模以下服务业抽样调查统计报表制度》调查结果。

7-9-1 房地产开发企业经营情况

单位：亿元

年份 地区	主营业务收入	土地转让收入	商品房销售收入	房屋出租收入	其他收入	税金及附加	营业利润
1997	2218.46	103.28	1755.21	38.79	321.18		-10.35
1998	2951.21	132.25	2408.41	49.32	361.23		-10.66
1999	3026.01	103.25	2555.02	62.74	305.00		-35.09
2000	4515.71	129.61	3896.82	95.32	393.96		73.28
2001	5471.66	188.99	4729.42	117.35	435.90		125.47
2002	7077.85	225.13	6145.80	144.57	562.34		252.91
2003	9137.27	279.72	8153.69	164.33	539.53		430.37
2004	13314.46	410.09	11752.20	305.58	846.59		857.97
2005	14769.35	341.43	13316.77	290.29	820.86		1109.19
2006	18046.76	300.65	16621.36	316.79	807.96		1669.89
2007	23397.13	427.92	21604.21	386.81	978.19		2436.61
2008	26696.84	466.85	24394.12	521.47	1314.40		3432.23
2009	34606.23	498.05	32507.83	544.27	1056.08		4728.58
2010	42996.48	519.19	40585.33	742.92	1149.04		6111.48
2011	44491.28	664.66	41697.91	904.28	1224.43	3959.67	5798.58
2012	51028.41	819.39	47463.49	1151.55	1593.98	4731.04	6001.33
2013	70706.67	671.42	66697.99	1364.01	1973.25	6322.76	9562.67
2014	66463.80	571.95	62535.06	1464.10	1892.69	6239.00	6143.13
2015	70174.34	600.54	65861.30	1600.42	2112.08	6412.80	6165.54
2016	90091.51	666.32	85163.32	1786.97	2474.89	6875.67	8673.23
2017	95896.90	838.42	90609.15	1568.32	2881.01	6307.36	11728.11
2018	112924.68	1207.38	106688.38	1484.30	3544.62	7299.72	18543.71
2019	110239.78	874.14	104126.42	1539.29	3699.94	7420.57	15439.35
2020	118582.08	747.84	112267.54	1504.88	4061.83	6925.34	14022.99
2021	134342.24	769.29	127444.89	1651.80	4476.26	6723.74	11834.02
北　京	4640.42	57.50	3806.93	167.49	608.50	211.19	226.22
天　津	2680.25	51.81	2547.72	32.94	47.78	132.82	-68.89
河　北	2628.00	14.30	2513.43	10.65	89.62	189.56	-40.60
山　西	1846.87	10.64	1782.51	10.31	43.41	67.15	114.46
内蒙古	1035.81	1.55	1020.32	5.06	8.88	46.95	18.93
辽　宁	2620.73	26.43	2544.63	20.96	28.71	133.80	49.15
吉　林	1129.85	5.60	1094.00	4.14	26.11	35.47	46.23
黑龙江	794.09	0.54	748.51	6.47	38.57	45.51	34.10
上　海	5458.05	29.21	4582.83	440.50	405.51	483.30	1074.29
江　苏	16817.55	121.05	16281.09	94.19	321.23	542.60	1684.65
浙　江	13067.90	61.58	12574.80	77.38	354.15	475.68	1154.06
安　徽	5956.24	12.71	5768.52	19.38	155.63	147.92	372.85
福　建	4421.26	26.39	4099.85	43.24	251.79	222.80	461.79
江　西	3305.35	8.61	3185.76	12.53	98.45	103.36	372.84
山　东	10010.66	67.37	9527.27	56.17	359.85	481.67	786.40
河　南	5380.82	9.07	5070.20	40.79	260.76	214.82	437.84
湖　北	6127.14	94.02	5793.73	44.91	194.48	356.69	737.18
湖　南	4035.01	32.55	3902.71	23.52	76.23	176.87	92.52
广　东	17118.97	28.72	16397.92	317.30	375.03	1467.65	2488.84
广　西	2815.06	20.90	2713.13	26.17	54.85	98.77	174.92
海　南	1373.18	0.89	1327.48	4.08	40.73	216.90	135.45
重　庆	4027.33	17.86	3823.88	54.57	131.01	113.92	439.71
四　川	6872.79	26.47	6691.91	46.26	108.15	312.96	540.30
贵　州	1865.26	9.11	1747.97	9.81	98.37	73.13	53.66
云　南	2472.28	22.70	2344.88	35.31	69.38	148.71	93.74
西　藏	115.89		108.53	1.49	5.86	2.54	17.53
陕　西	2719.84	3.12	2526.48	16.69	173.55	120.65	235.96
甘　肃	994.04	5.67	960.17	8.67	19.53	28.43	21.54
青　海	354.88	0.39	349.76	1.88	2.84	9.49	30.11
宁　夏	625.68	1.51	603.70	6.39	14.08	22.49	54.71
新　疆	1031.03	0.99	1004.28	12.55	13.21	39.91	-6.48

7-9-2 按登记注册类型分的房地产开发企业资产情况

单位：亿元

地 区	总 计	内 资								
			国 有	集 体	股份合作	国有联营	集体联营	国有与集体联营	其他联营	国有独资公司
全 国	**1133856.73**	**1039685.72**	**25716.45**	**1109.68**	**597.01**	**252.20**	**0.14**	**129.46**	**295.01**	**122736.77**
北 京	58979.98	53564.40	51.44	46.85	73.32					3090.83
天 津	31680.67	29433.00	1856.09	13.10						5420.36
河 北	32584.39	31897.17	114.52							643.26
山 西	16708.68	16556.53	225.03	6.23						1813.47
内蒙古	9354.25	9343.93	9.35							376.81
辽 宁	23526.55	20248.00	384.10	0.28						981.09
吉 林	8923.36	8662.62	110.71							501.29
黑龙江	9840.93	9530.72	34.74	0.36	15.45					785.02
上 海	74537.37	64317.30	2383.45	94.84	19.34	14.61				13854.46
江 苏	105055.00	92323.04	4554.09	77.12	104.52	132.85		113.95	12.12	10910.51
浙 江	89311.91	82031.69	274.23	3.90	3.00					8895.63
安 徽	36961.47	36203.24	477.33	0.48	0.49				11.66	4853.23
福 建	45129.42	38409.62	94.35	7.64	27.64					5755.99
江 西	20256.36	19280.98	222.52	1.64	6.24	3.21		5.53	23.47	2478.58
山 东	79374.35	75261.80	2167.17	400.82	73.56	10.01			0.95	11900.95
河 南	47025.53	45607.73	234.60	0.24	2.46	13.95				2498.97
湖 北	43124.12	40919.86	2610.66	46.73	66.43	35.26	0.14			4210.61
湖 南	26058.31	25016.07	247.76	2.85	11.76					3061.76
广 东	157979.36	134625.53	5611.79	360.80	147.92	19.91			246.81	10134.34
广 西	25692.29	24563.40	12.56	1.93	1.15					5129.86
海 南	14004.71	12723.48	329.53	6.73		17.04				2141.20
重 庆	32889.80	28988.55	397.07		0.78	1.09		9.98		5680.80
四 川	46238.03	44505.97	859.53	0.40	25.48					6393.23
贵 州	20822.58	20460.85	111.48	1.49						2985.97
云 南	25762.27	24327.07	407.83	1.92	5.86					2134.94
西 藏	1227.62	1227.62	25.78							808.11
陕 西	26926.38	26234.50	1167.87	7.52	11.02	4.27				2921.48
甘 肃	9382.29	9347.01	497.67	25.57						782.23
青 海	2120.58	2118.75	30.87		0.61					119.17
宁 夏	3405.88	3279.62	2.59							200.18
新 疆	8972.29	8675.70	209.76	0.23						1272.44

7-9-2 续表 1

单位：亿元

地 区								港澳台商投资		
	其他有限责任公司	股份有限公司	私营独资	私营合伙	私营有限责任公司	私营股份有限公司	其他内资企业		合资经营	合作经营
全 国	**526673.87**	**32669.14**	**3627.80**	**318.02**	**320600.13**	**4612.81**	**347.23**	**60101.93**	**21580.82**	**2601.20**
北 京	44655.26	4476.38			970.03	200.29		3544.10	580.06	270.81
天 津	14922.50	748.98	195.92		6209.61	40.98	25.45	1694.59	621.31	121.46
河 北	14819.04	1316.25	3.30		14977.70	23.10		405.51	238.39	
山 西	8072.05	0.35	0.38		6407.81	31.22		54.54	20.17	0.89
内蒙古	3918.27	8.05			4945.65	85.80				
辽 宁	9332.03	421.63	463.44	5.91	8485.07	131.30	43.17	2120.96	918.45	11.49
吉 林	3960.44	177.67	40.84	0.01	3807.72	51.97	11.96	132.60	19.98	36.72
黑龙江	6421.62	185.17	21.08		2035.27	20.74	11.28	199.68	36.68	
上 海	32695.39	2794.38	33.14		11857.76	569.92		7054.72	3164.82	130.18
江 苏	34855.82	2187.72	612.00	113.39	38167.83	441.08	40.05	9170.80	4959.17	166.98
浙 江	38877.24	1210.20	216.42	19.24	32319.37	212.45		2715.55	1157.89	4.00
安 徽	23298.58	253.49	46.84	38.76	7078.09	144.28		591.64	224.83	
福 建	15275.00	88.10	5.35	6.17	17136.80	12.57		3265.49	1721.15	17.31
江 西	8934.91	245.07	60.70	5.63	7170.91	122.57		735.95	316.71	
山 东	37685.75	1440.72	189.51	20.38	20941.25	399.71	31.02	3181.29	1776.71	69.20
河 南	28561.49	499.94	44.50		13613.00	138.60		1120.04	61.95	146.55
湖 北	20605.00	1750.01	100.63	35.23	11143.33	294.31	21.54	1271.82	521.12	84.58
湖 南	10709.51	278.68	31.05	18.41	10505.67	118.13	30.49	690.28	155.43	14.05
广 东	66462.47	11511.24	1151.90	41.34	38356.65	563.88	16.48	14144.55	2600.75	1063.18
广 西	13331.78	99.11	2.90		5963.16	20.95		579.15	157.26	26.32
海 南	7988.94	158.80	14.07		1959.91	107.26		1116.08	118.43	18.70
重 庆	8590.60	551.41	71.57		13537.28	147.97		3075.75	1313.13	341.55
四 川	24612.45	1355.03	73.41	2.44	11029.92	123.04	31.03	1056.35	269.98	77.23
贵 州	11403.34	47.19	12.62		5856.12	42.64		341.54	53.98	
云 南	13722.76	592.87	9.32	8.50	7126.07	316.99		1165.60	113.33	
西 藏	218.91	1.63	0.13		173.07					
陕 西	13350.64	88.15	116.04		8455.10	28.13	84.27	258.95	95.76	
甘 肃	4126.09	129.80	63.89	2.61	3623.78	95.35		30.39	30.39	
青 海	1038.16	13.55	8.93		903.25	4.21				
宁 夏	1096.76	1.28	4.95		1867.36	106.51		87.43	77.50	
新 疆	3131.06	36.29	32.96		3975.60	16.85	0.51	296.59	255.50	

7-9-2 续表 2 单位：亿元

地区				外商投资					
	独资	股份有限	其他		合资经营	合作经营	独资	股份有限	其他
全国	**33346.88**	**1704.74**	**868.29**	**34069.08**	**13338.09**	**1707.09**	**17873.95**	**312.07**	**837.88**
北京	2572.18		121.06	1871.48	797.36	403.92	670.20		
天津	951.81			553.08	57.48		332.92	152.21	10.47
河北	157.61	5.76	3.75	281.71	39.33	13.91	228.47		
山西	33.49			97.60	2.82		94.78		
内蒙古				10.32			10.32		
辽宁	1181.19	9.83		1157.59	600.34		557.25		
吉林	75.90			128.13	43.34		80.17		4.63
黑龙江	163.00			110.52	102.23		8.29		
上海	3635.06	45.45	79.21	3165.36	1193.51	500.18	1354.67	4.24	112.75
江苏	3494.57	191.14	358.94	3561.16	1798.41	108.12	1576.91	37.01	40.70
浙江	1489.67	47.27	16.71	4564.67	1354.11		3199.65		10.92
安徽	366.80			166.60	45.60		121.00		
福建	1031.98	441.80	53.26	3454.31	622.85		2813.86	17.61	
江西	375.23	0.51	43.50	239.43	117.17		92.12		30.14
山东	1125.12	145.92	64.34	931.26	624.85	26.47	229.03	17.58	33.32
河南	911.54			297.76	79.38		211.37	7.01	
湖北	613.84	51.68	0.60	932.45	247.47		556.33		128.65
湖南	520.81			351.96	183.49	18.33	143.56	0.63	5.96
广东	10231.74	146.79	102.09	9209.28	4296.02	464.93	4055.13	17.02	376.18
广西	395.57			549.74	230.85		318.90		
海南	425.21	553.34	0.39	165.16	55.49	34.81	6.59		68.26
重庆	1350.94	46.54	23.59	825.51	278.46	52.86	435.44	58.75	
四川	709.14			675.71	250.92	36.27	388.52		
贵州	287.57			20.19	13.56	3.30	3.34		
云南	1051.44		0.83	269.60	161.79		107.80		
西藏									
陕西	144.46	18.73		432.93	125.98	44.00	253.31		9.64
甘肃				4.89	3.95		0.94		
青海				1.83	1.83				
宁夏	9.93			38.84	9.49		23.09		6.25
新疆	41.09								

7-9-3 按资质等级分的房地产开发企业资产情况

单位：亿元

地 区	总 计	一 级	二 级	三 级	四 级	暂 定	其 他
全 国	**1133856.73**	**111351.01**	**176387.53**	**131625.62**	**113710.04**	**478041.55**	**122740.98**
北 京	58979.98	12130.10	6650.79	3523.32	21345.93	13525.88	1803.96
天 津	31680.67	4099.55	4534.66	1287.09	14737.40	3958.14	3063.83
河 北	32584.39	3504.81	4293.75	3847.41	6880.38	13021.63	1036.42
山 西	16708.68	521.96	3137.44	1199.71	5702.42	6035.94	111.21
内蒙古	9354.25	644.77	1886.39	1514.73	3274.86	1541.48	492.02
辽 宁	23526.55	858.24	2747.98	4417.61	749.45	9903.73	4849.53
吉 林	8923.36	208.85	1758.84	948.52	693.51	5176.41	137.22
黑龙江	9840.93	214.64	1822.39	3825.74	100.02	2080.01	1798.13
上 海	74537.37	14802.15	11163.02	3927.62	10.65	38488.57	6145.36
江 苏	105055.00	5196.01	29563.06	1464.64	45.53	57528.38	11257.37
浙 江	89311.91	6276.55	5714.19	9442.43	3303.67	39996.05	24579.02
安 徽	36961.47	2321.17	3802.09	5424.72	695.34	20532.99	4185.17
福 建	45129.42	6294.45	7905.05	6292.27	2861.90	18471.61	3304.14
江 西	20256.36	391.88	1670.99	2965.75	1391.08	12140.41	1696.25
山 东	79374.35	6452.94	9230.96	8836.75	7161.94	39183.88	8507.87
河 南	47025.53	4722.83	5907.57	4354.25	1069.60	25895.72	5075.56
湖 北	43124.12	5430.15	6678.00	2808.60	2291.99	23129.42	2785.96
湖 南	26058.31	1320.56	2715.29	5933.10	5209.77	10039.65	839.94
广 东	157979.36	21220.40	10591.37	21259.60	17856.05	60306.67	26745.27
广 西	25692.29	978.45	3864.98	4551.70	1112.00	14174.49	1010.67
海 南	14004.71	585.25	2040.19	1436.48	778.59	7970.55	1193.65
重 庆	32889.80	4735.74	14126.00	1736.86	23.54	11586.30	681.36
四 川	46238.03	2589.10	15058.12	20216.50	180.08	6207.66	1986.58
贵 州	20822.58	262.94	4872.18	2905.63	1138.12	10741.50	902.21
云 南	25762.27	2649.10	4361.78	1114.21	5108.02	9882.05	2647.11
西 藏	1227.62	3.77	757.35	128.61	169.58	150.08	18.24
陕 西	26926.38	1553.60	4393.37	2655.43	5360.61	7722.63	5240.74
甘 肃	9382.29	422.88	1511.53	1822.70	2328.52	3148.42	148.23
青 海	2120.58	92.43	584.85	374.26	261.85	700.14	107.06
宁 夏	3405.88	320.99	1157.42	539.26	405.50	916.41	66.31
新 疆	8972.29	544.74	1885.95	870.14	1462.12	3884.76	324.58

7-9-4 按登记注册类型分的房地产开发企业负债情况

单位：亿元

地区	总计	内资								
			国有	集体	股份合作	国有联营	集体联营	国有与集体联营	其他联营	国有独资公司
全国	**910483.55**	**844506.39**	**18909.67**	**984.46**	**465.19**	**197.74**		**122.17**	**255.31**	**82216.29**
北京	47659.45	43300.81	12.26	43.01	44.26					1605.20
天津	25615.92	23988.98	1463.35	12.52						4154.42
河北	29229.65	28681.75	109.51							541.30
山西	15012.88	14899.42	207.00	6.29						1376.74
内蒙古	8443.80	8436.34	9.32							312.81
辽宁	19213.02	17173.46	296.49	0.24						765.39
吉林	7719.24	7529.64	92.56							383.24
黑龙江	6805.41	6524.78	28.90	0.19	14.06					422.39
上海	51288.93	45596.00	1679.91	60.74	4.19	7.88				7528.33
江苏	81482.40	73174.11	3538.42	66.89	78.61	90.91		110.31	11.37	7514.38
浙江	72023.88	66976.86	220.35	2.69	3.03					6492.99
安徽	29148.97	28619.94	267.11	0.42	0.39				11.00	3167.45
福建	34495.59	29355.28	83.55	6.69	9.84					3426.00
江西	16236.18	15587.09	178.22	2.13	3.17	3.40		5.01	17.94	1642.85
山东	66450.27	63727.27	1617.84	408.14	68.70	13.02			1.00	8416.05
河南	40193.06	39223.12	170.51	0.01	2.45	12.32				1641.34
湖北	34109.96	32684.02	2031.69	33.62	62.94	33.80				2751.02
湖南	21864.40	21167.29	216.07	2.58	11.71					2383.00
广东	124781.69	106834.84	3496.97	295.12	125.15	11.99			214.01	6352.81
广西	20267.60	19446.84	12.55	1.76	1.12					3335.39
海南	11451.71	10467.64	268.76	6.06		19.25				1338.93
重庆	24843.01	22365.16	331.53		0.19	0.96		6.85		3429.72
四川	38290.58	37200.69	716.00	0.09	19.53					4955.06
贵州	17275.99	16993.73	103.94	1.38						2236.99
云南	21783.04	20623.64	286.50	2.12	5.88					1407.41
西藏	845.75	845.75	13.01							502.02
陕西	23312.90	22775.04	969.21	6.83	9.50	4.20				2196.15
甘肃	8186.53	8153.88	364.67	24.83						644.22
青海	1895.52	1894.11	30.49		0.48					93.53
宁夏	2942.41	2851.23	1.89							165.29
新疆	7613.77	7407.69	91.09	0.11						1033.86

7-9-4 续表 1

单位：亿元

地 区	其他有限责任公司	股份有限公 司	私营独资	私营合伙	私营有限责任公司	私营股份有限公司	其他内资企 业	港澳台商投 资	合资经营	合作经营
全 国	**431888.97**	**25668.61**	**3150.97**	**300.93**	**276283.36**	**3747.85**	**314.86**	**40435.62**	**13902.56**	**1760.70**
北 京	37127.99	3503.63			854.91	109.56		2884.55	419.82	186.91
天 津	12119.81	594.53	143.57		5440.70	34.96	25.12	1268.93	457.29	108.18
河 北	13448.46	1204.92	2.83		13356.21	18.52		303.95	195.02	
山 西	7233.65	0.33	0.35		6041.32	33.74		30.55	9.76	1.02
内蒙古	3416.60	6.28			4606.90	84.44				
辽 宁	7671.33	366.36	390.94	5.58	7518.56	116.89	41.68	1336.36	675.07	6.25
吉 林	3469.28	123.49	34.37		3365.31	48.36	13.03	72.81	11.22	19.74
黑龙江	4144.80	194.26	17.26		1675.57	15.53	11.80	173.81	26.79	
上 海	24652.19	1948.48	31.31		9287.55	395.42		3817.23	1490.89	72.76
江 苏	27523.53	1641.88	495.27	105.99	31594.48	371.27	30.82	5869.64	3092.02	119.10
浙 江	32299.07	858.38	177.57	19.78	26742.61	160.41		1386.26	606.45	2.20
安 徽	18763.73	172.37	28.05	34.82	6068.45	106.15		412.86	140.49	
福 建	11781.40	52.73	5.44	5.65	13975.15	8.84		2327.76	1256.84	11.60
江 西	7135.12	214.14	57.17	5.51	6236.72	85.72		526.09	237.92	
山 东	32573.53	1172.37	167.54	20.32	18887.25	361.44	20.07	2053.13	1150.54	62.21
河 南	24596.27	433.96	42.53		12176.83	146.89		721.17	24.36	18.16
湖 北	16858.81	1112.11	93.37	35.45	9374.18	275.50	21.52	711.75	352.09	48.61
湖 南	9035.92	226.66	26.75	17.14	9110.62	107.32	29.53	426.64	137.34	6.17
广 东	52807.11	9493.19	1049.26	37.98	32516.07	419.05	16.14	10630.05	1908.46	776.10
广 西	10676.18	52.36	2.60		5349.97	14.91		400.60	108.16	24.80
海 南	6966.04	120.30	13.88		1702.66	31.76		858.75	97.88	12.73
重 庆	6582.02	414.16	68.81		11407.52	123.41		1917.65	909.73	275.58
四 川	20801.41	981.80	70.11	2.29	9506.98	118.22	29.19	622.32	137.72	8.56
贵 州	9079.68	42.69	13.03		5483.25	32.77		271.10	51.03	
云 南	11359.21	495.93	9.38	8.12	6732.11	316.98		953.64	97.23	
西 藏	189.04	1.13	0.05		140.51					
陕 西	11497.30	82.13	108.53		7804.81	20.88	75.51	159.23	59.41	
甘 肃	3610.09	115.54	56.02	2.30	3253.96	82.25		29.75	29.75	
青 海	901.08	13.61	7.98		843.29	3.66				
宁 夏	912.84	0.19	4.94		1680.19	85.90		62.95	58.42	
新 疆	2655.49	28.73	32.08		3548.72	17.14	0.46	206.08	160.86	

7-9-4 续表 2　　　　单位：亿元

地 区									
	独　资	股份有限	其　他	外商投资	合资经营	合作经营	独　资	股份有限	其　他
全　国	**22910.10**	**1267.51**	**594.75**	**25541.54**	**10055.32**	**1181.76**	**13472.41**	**196.98**	**635.07**
北　京	2251.07		26.75	1474.09	601.70	344.73	527.67		
天　津	703.46			358.01	26.34		237.28	83.75	10.65
河　北	101.13	4.55	3.26	243.95	31.03	13.96	198.95		
山　西	19.78			82.91	2.56		80.35		
内蒙古				7.46			7.46		
辽　宁	648.62	6.41		703.21	404.76		298.44		
吉　林	41.84			116.80	51.69		61.83		3.28
黑龙江	147.02			106.82	103.22		3.60		
上　海	2148.86	36.99	67.72	1875.70	681.15	304.26	821.82	2.51	65.96
江　苏	2266.10	132.30	260.13	2438.64	1214.99	43.90	1130.78	30.36	18.62
浙　江	723.21	40.62	13.78	3660.75	1127.79		2529.58		3.38
安　徽	272.37			116.17	25.72		90.46		
福　建	700.43	319.43	39.46	2812.55	525.67		2282.88	4.00	
江　西	257.36	0.31	30.50	123.00	77.84		29.17		15.98
山　东	669.22	122.66	48.50	669.87	442.70	11.63	176.02	16.74	22.77
河　南	678.64			248.78	72.70		171.39	4.69	
湖　北	278.85	32.11	0.08	714.19	172.95		413.27		127.96
湖　南	283.12			270.47	121.43	16.37	126.98	0.55	5.13
广　东	7774.81	79.01	91.67	7316.80	3484.32	358.19	3182.44	6.27	285.59
广　西	267.64			420.16	178.24		241.92		
海　南	293.10	454.71	0.34	125.32	48.36	12.88	4.29		59.78
重　庆	684.52	35.88	11.94	560.20	200.87	1.95	309.26	48.12	
四　川	476.04			467.57	199.91	29.12	238.54		
贵　州	220.07			11.17	8.78	0.92	1.47		
云　南	855.78		0.63	205.76	128.75		77.01		
西　藏									
陕　西	97.30	2.52		378.63	114.17	43.84	210.99		9.63
甘　肃				2.91	2.04		0.87		
青　海				1.41	1.41				
宁　夏	4.53			28.23	4.22		17.68		6.33
新　疆	45.23								

7-9-5 按资质等级分的房地产开发企业负债情况

单位：亿元

地 区	总 计	一 级	二 级	三 级	四 级	暂 定	其 他
全 国	**910483.55**	**85295.84**	**136758.18**	**103060.08**	**93891.13**	**393972.44**	**97505.87**
北 京	47659.45	9814.90	4655.61	3016.28	17412.56	11384.85	1375.25
天 津	25615.92	3866.35	2979.99	983.59	12222.42	3113.95	2449.62
河 北	29229.65	2979.40	3738.70	3294.42	6211.21	12065.65	940.26
山 西	15012.88	453.25	2659.32	1108.03	5207.94	5485.38	98.97
内蒙古	8443.80	546.87	1604.36	1392.36	3029.83	1419.92	450.48
辽 宁	19213.02	740.02	2031.52	3607.78	497.53	8197.37	4138.81
吉 林	7719.24	133.32	1492.67	796.42	564.67	4611.55	120.63
黑龙江	6805.41	186.36	1317.21	2404.39	83.25	1639.88	1174.32
上 海	51288.93	10074.16	7537.39	2637.87	5.45	27088.41	3945.65
江 苏	81482.40	3929.52	22212.23	995.25	42.23	45620.65	8682.52
浙 江	72023.88	4568.80	4364.68	7434.38	2510.08	33186.07	19959.87
安 徽	29148.97	1712.56	2864.69	3818.94	494.90	17015.97	3241.91
福 建	34495.59	4659.90	5746.85	4610.64	2003.83	15203.35	2271.02
江 西	16236.18	308.47	1138.51	2279.58	986.69	10078.04	1444.90
山 东	66450.27	5040.20	7717.02	7206.22	6056.81	32971.16	7458.85
河 南	40193.06	3809.72	4926.15	3530.45	942.80	22873.66	4110.29
湖 北	34109.96	3704.09	5163.25	2140.78	1874.82	18868.58	2358.44
湖 南	21864.40	1105.09	2233.91	4769.09	4312.83	8777.08	666.39
广 东	124781.69	16418.28	8854.87	15266.35	13657.13	49829.00	20756.04
广 西	20267.60	829.07	2701.16	3342.62	850.33	11885.88	658.55
海 南	11451.71	471.05	1505.78	1095.38	661.38	6675.74	1042.38
重 庆	24843.01	3293.08	10556.73	1425.16	19.87	9008.93	539.23
四 川	38290.58	1975.14	12488.02	16980.57	130.27	5084.86	1631.73
贵 州	17275.99	243.83	3834.34	2413.69	1063.31	8985.80	735.03
云 南	21783.04	2075.35	3677.10	974.57	4557.40	8370.14	2128.48
西 藏	845.75	3.57	516.62	107.45	80.91	129.74	7.46
陕 西	23312.90	1317.55	3935.48	2292.77	4500.32	6711.03	4555.74
甘 肃	8186.53	297.55	1319.58	1571.39	2030.83	2863.02	104.17
青 海	1895.52	87.29	479.79	332.04	248.81	647.92	99.66
宁 夏	2942.41	251.77	1018.49	457.37	354.20	810.48	50.10
新 疆	7613.77	399.32	1486.13	774.26	1276.55	3368.40	309.11

7-9-6 按登记注册类型分的房地产开发企业所有者权益

单位：亿元

地区	总计	内资								
			国有	集体	股份合作	国有联营	集体联营	国有与集体联营	其他联营	国有独资公司
全国	**223373.18**	**195179.33**	**6806.78**	**125.22**	**131.82**	**54.46**	**0.14**	**7.30**	**39.70**	**40520.48**
北京	11320.53	10263.60	39.18	3.84	29.06					1485.64
天津	6064.74	5444.02	392.74	0.59						1265.94
河北	3354.74	3215.42	5.00							101.96
山西	1695.79	1657.12	18.02	-0.06						436.72
内蒙古	910.44	907.59	0.04							64.00
辽宁	4313.52	3074.54	87.61	0.03						215.70
吉林	1204.11	1132.98	18.14							118.05
黑龙江	3035.52	3005.94	5.83	0.17	1.38					362.63
上海	23248.44	18721.30	703.54	34.10	15.15	6.73				6326.13
江苏	23572.60	19148.93	1015.67	10.23	25.91	41.93		3.65	0.75	3396.13
浙江	17288.04	15054.83	53.88	1.20	-0.03					2402.64
安徽	7812.50	7583.30	210.23	0.07	0.10				0.66	1685.78
福建	10633.83	9054.34	10.80	0.95	17.80					2329.99
江西	4020.17	3693.88	44.30	-0.49	3.07	-0.19		0.52	5.53	835.73
山东	12924.08	11534.53	549.33	-7.32	4.86	-3.02			-0.05	3484.90
河南	6832.47	6384.61	64.09	0.23	0.01	1.62				857.63
湖北	9014.17	8235.84	578.97	13.11	3.49	1.46	0.14			1459.59
湖南	4193.92	3848.78	31.69	0.27	0.06					678.75
广东	33197.67	27790.70	2114.82	65.69	22.76	7.92			32.80	3781.53
广西	5424.69	5116.55	0.01	0.16	0.02					1794.47
海南	2553.00	2255.84	60.76	0.67		-2.21				802.27
重庆	8046.79	6623.39	65.53		0.59	0.13		3.13		2251.08
四川	7947.45	7305.28	143.53	0.31	5.95					1438.17
贵州	3546.59	3467.12	7.54	0.11						748.98
云南	3979.23	3703.43	121.34	-0.20	-0.02					727.52
西藏	381.87	381.87	12.77							306.08
陕西	3613.47	3459.45	198.66	0.69	1.52	0.08				725.33
甘肃	1195.76	1193.13	133.00	0.75						138.01
青海	225.06	224.64	0.38		0.13					25.63
宁夏	463.48	428.39	0.70							34.89
新疆	1358.52	1268.01	118.66	0.12						238.58

7-9-6 续表 1　　　　单位：亿元

地　区	其他有限责任公司	股份有限公　司	私营独资	私营合伙	私营有限责任公司	私营股份有限公司	其他内资企　业	港澳台商投　资	合资经营	合作经营
全　国	**94784.90**	**7000.53**	**476.83**	**17.08**	**44316.78**	**864.95**	**32.37**	**19666.31**	**7678.26**	**840.50**
北　京	7527.28	972.75			115.12	90.73		659.55	160.24	83.89
天　津	2802.69	154.44	52.35		768.91	6.02	0.33	425.65	164.03	13.28
河　北	1370.58	111.33	0.47		1621.49	4.58		101.55	43.37	
山　西	838.40	0.02	0.03		366.49	-2.52		23.99	10.41	-0.12
内蒙古	501.67	1.77			338.75	1.36				
辽　宁	1660.69	55.26	72.50	0.33	966.51	14.41	1.48	784.60	243.38	5.23
吉　林	491.16	54.19	6.47	0.01	442.40	3.61	-1.07	59.80	8.76	16.98
黑龙江	2276.82	-9.09	3.82		359.69	5.21	-0.52	25.87	9.89	
上　海	8043.21	845.90	1.83		2570.21	174.50		3237.49	1673.93	57.41
江　苏	7332.29	545.84	116.73	7.39	6573.35	69.81	9.23	3301.16	1867.15	47.88
浙　江	6578.18	351.83	38.86	-0.55	5576.77	52.05		1329.29	551.44	1.80
安　徽	4534.85	81.12	18.79	3.94	1009.64	38.13		178.77	84.34	
福　建	3493.60	35.37	-0.09	0.52	3161.65	3.73		937.73	464.31	5.71
江　西	1799.79	30.93	3.53	0.12	934.19	36.86		209.86	78.80	
山　东	5112.22	268.35	21.97	0.06	2054.00	38.27	10.95	1128.15	626.17	6.99
河　南	3965.22	65.97	1.97		1436.17	-8.29		398.87	37.58	128.39
湖　北	3746.19	637.90	7.26	-0.22	1769.15	18.80	0.02	560.07	169.03	35.97
湖　南	1673.59	52.02	4.31	1.27	1395.05	10.81	0.96	263.65	18.09	7.87
广　东	13655.36	2018.05	102.63	3.36	5840.58	144.83	0.34	3514.50	692.30	287.08
广　西	2655.60	46.75	0.31		613.19	6.04		178.55	49.10	1.52
海　南	1022.90	38.50	0.19		257.25	75.51		257.33	20.55	5.97
重　庆	2008.58	137.26	2.76		2129.76	24.56		1158.09	403.40	65.98
四　川	3811.04	373.24	3.30	0.15	1522.93	4.81	1.84	434.03	132.26	68.67
贵　州	2323.66	4.50	-0.41		372.87	9.87		70.44	2.94	
云　南	2363.55	96.94	-0.06	0.38	393.96	0.01		211.96	16.10	
西　藏	29.87	0.50	0.09		32.56					
陕　西	1853.34	6.02	7.51		650.29	7.25	8.76	99.72	36.35	
甘　肃	516.00	14.27	7.88	0.31	369.82	13.10		0.64	0.64	
青　海	137.08	-0.05	0.95		59.97	0.55				
宁　夏	183.92	1.09	0.02		187.17	20.61		24.47	19.08	
新　疆	475.57	7.56	0.87		426.88	-0.29	0.05	90.51	94.64	

7-9-6 续表 2

单位：亿元

地 区	独 资	股份有限	其 他	外商投资	合资经营	合作经营	独 资	股份有限	其 他
全 国	**10436.77**	**437.23**	**273.54**	**8527.55**	**3282.77**	**525.33**	**4401.54**	**115.09**	**202.81**
北 京	321.11		94.31	397.38	195.66	59.19	142.54		
天 津	248.35			195.07	31.14		95.64	68.47	-0.18
河 北	56.48	1.21	0.50	37.77	8.30	-0.05	29.52		
山 西	13.71			14.68	0.26		14.43		
内蒙古				2.86			2.86		
辽 宁	532.57	3.42		454.38	195.58		258.80		
吉 林	34.06			11.34	-8.35		18.34		1.35
黑龙江	15.98			3.70	-0.99		4.69		
上 海	1486.20	8.46	11.49	1289.66	512.36	195.92	532.85	1.73	46.79
江 苏	1228.48	58.84	98.81	1122.52	583.42	64.22	446.13	6.66	22.09
浙 江	766.46	6.65	2.93	903.92	226.32		670.07		7.53
安 徽	94.43			50.43	19.88		30.55		
福 建	331.55	122.37	13.80	641.76	97.18		530.98	13.61	
江 西	117.87	0.19	13.00	116.44	39.33		62.95		14.16
山 东	455.91	23.25	15.84	261.39	182.15	14.84	53.00	0.85	10.55
河 南	232.90			48.98	6.67		39.99	2.32	
湖 北	334.99	19.56	0.53	218.26	74.51		143.05		0.69
湖 南	237.68			81.49	62.06	1.95	16.57	0.08	0.83
广 东	2456.92	67.77	10.43	1892.47	811.69	106.74	872.70	10.75	90.59
广 西	127.93			129.58	52.60		76.98		
海 南	132.12	98.62	0.06	39.83	7.13	21.93	2.30		8.48
重 庆	666.42	10.66	11.65	265.31	77.60	50.91	126.18	10.63	
四 川	233.10			208.14	51.02	7.15	149.98		
贵 州	67.50			9.02	4.78	2.38	1.87		
云 南	195.65		0.21	63.84	33.04		30.80		
西 藏									
陕 西	47.16	16.21		54.30	11.81	0.16	42.32		0.01
甘 肃				1.99	1.91		0.08		
青 海				0.43	0.43				
宁 夏	5.40			10.61	5.27		5.41		-0.08
新 疆	-4.13								

7-9-7 按资质等级分的房地产开发企业所有者权益

单位：亿元

地　区	总　计	一　级	二　级	三　级	四　级	暂　定	其　他
全　国	**223373.18**	**26055.17**	**39629.35**	**28565.54**	**19818.90**	**84069.12**	**25235.11**
北　京	11320.53	2315.21	1995.17	507.04	3933.37	2141.03	428.71
天　津	6064.74	233.19	1554.67	303.50	2514.98	844.19	614.21
河　北	3354.74	525.41	555.04	552.99	669.16	955.98	96.16
山　西	1695.79	68.71	478.12	91.69	494.48	550.56	12.24
内蒙古	910.44	97.90	282.03	122.37	245.04	121.56	41.54
辽　宁	4313.52	118.23	716.47	809.83	251.92	1706.37	710.72
吉　林	1204.11	75.53	266.17	152.11	128.85	564.87	16.59
黑龙江	3035.52	28.28	505.17	1421.35	16.77	440.13	623.80
上　海	23248.44	4727.99	3625.63	1289.75	5.20	11400.16	2199.71
江　苏	23572.60	1266.49	7350.83	469.40	3.30	11907.73	2574.85
浙　江	17288.04	1707.75	1349.51	2008.05	793.60	6809.99	4619.14
安　徽	7812.50	608.61	937.40	1605.77	200.44	3517.02	943.26
福　建	10633.83	1634.55	2158.20	1681.63	858.07	3268.26	1033.12
江　西	4020.17	83.41	532.48	686.17	404.39	2062.37	251.36
山　东	12924.08	1412.74	1513.94	1630.52	1105.13	6212.72	1049.03
河　南	6832.47	913.12	981.41	823.80	126.80	3022.06	965.27
湖　北	9014.17	1726.06	1514.75	667.82	417.18	4260.84	427.52
湖　南	4193.92	215.47	481.38	1164.01	896.93	1262.57	173.55
广　东	33197.67	4802.11	1736.49	5993.25	4198.92	10477.67	5989.23
广　西	5424.69	149.37	1163.83	1209.08	261.67	2288.61	352.12
海　南	2553.00	114.20	534.40	341.10	117.21	1294.81	151.27
重　庆	8046.79	1442.66	3569.26	311.69	3.67	2577.37	142.13
四　川	7947.45	613.96	2570.10	3235.93	49.81	1122.80	354.85
贵　州	3546.59	19.11	1037.85	491.94	74.82	1755.70	167.17
云　南	3979.23	573.75	684.68	139.64	550.62	1511.91	518.63
西　藏	381.87	0.19	240.73	21.15	88.68	20.34	10.77
陕　西	3613.47	236.05	457.89	362.66	860.29	1011.59	685.00
甘　肃	1195.76	125.33	191.95	251.32	297.70	285.40	44.06
青　海	225.06	5.14	105.06	42.22	13.03	52.21	7.40
宁　夏	463.48	69.22	138.92	81.89	51.30	105.93	16.22
新　疆	1358.52	145.42	399.81	95.88	185.57	516.37	15.47

7-9-8 按登记注册类型分的房地产开发企业营业利润

单位：亿元

地 区	总 计	内 资								
			国 有	集 体	股份合作	国有联营	集体联营	国有与集体联营	其他联营	国有独资公司
全 国	**11834.02**	**10010.08**	**212.49**	**-0.75**	**6.64**	**1.10**		**0.08**	**1.28**	**717.41**
北 京	226.22	180.76	0.97	1.36	0.25					8.16
天 津	-68.89	-98.43	1.70	-0.06						-35.76
河 北	-40.60	-45.05	3.28							-1.28
山 西	114.46	114.67	0.25	-0.02						5.00
内蒙古	18.93	14.31	0.16							2.96
辽 宁	49.15	-13.03	-2.74	0.04						1.63
吉 林	46.23	39.73	4.55							6.20
黑龙江	34.10	32.12	1.21		-0.31					13.28
上 海	1074.29	803.98	26.25	0.41	0.35	0.01				149.99
江 苏	1684.65	1425.96	33.10	-0.71	3.58	3.46		-0.44	-0.23	77.65
浙 江	1154.06	1048.78	4.24	-0.09	-0.06					32.79
安 徽	372.85	362.18	8.02	-0.01	0.01				-0.31	5.99
福 建	461.79	385.57	-1.10	-0.03	0.01					85.37
江 西	372.84	348.11	0.45	-0.28	2.27	-0.28		0.54	-0.45	4.02
山 东	786.40	735.96	21.90	-4.36	-0.61	-3.08			-0.01	31.89
河 南	437.84	427.74	-4.87		-0.05	-0.26				11.03
湖 北	737.18	664.57	42.95	-0.19	0.80	0.22				21.55
湖 南	92.52	89.39	0.34	0.10	-0.15					-11.41
广 东	2488.84	2043.15	51.96	3.43	-0.55	-0.10			2.29	166.49
广 西	174.92	134.63	-0.25	-0.06	-0.04					9.65
海 南	135.45	102.29	1.47	-0.18		1.15				13.10
重 庆	439.71	243.96	0.42					-0.02		39.97
四 川	540.30	498.83	18.88	0.01	1.21					33.94
贵 州	53.66	50.77	-1.12	-0.13						20.85
云 南	93.74	101.13	0.47	-0.03	-0.12					2.65
西 藏	17.53	17.53	0.06							6.59
陕 西	235.96	213.13	0.39	0.05	0.05	-0.02				17.77
甘 肃	21.54	20.51	-0.12							-5.44
青 海	30.11	30.08	0.11		0.01					1.25
宁 夏	54.71	39.16	-0.01							0.21
新 疆	-6.48	-2.40	-0.43							1.33

7-9-8 续表 1 单位：亿元

地 区	其他有限责任公司	股份有限公司	私营独资	私营合伙	私营有限责任公司	私营股份有限公司	其他内资企业	港澳台商投资	合资经营	合作经营
全 国	**5036.05**	**542.47**	**15.99**	**0.72**	**3427.93**	**47.52**	**1.15**	**1246.85**	**631.48**	**69.24**
北 京	122.93	49.57			-0.19	-2.31		13.42	1.15	0.66
天 津	-52.56	44.64	-2.97		-53.26	-0.13	-0.02	23.25	21.19	-1.39
河 北	-38.35	-2.22	0.11		-7.58	0.99		5.51	6.58	
山 西	94.86	-0.01			14.85	-0.27		-0.88	-0.82	
内蒙古	7.10	-0.06			4.23	-0.07				
辽 宁	-13.68	5.16	13.69	-0.24	-27.27	4.14	6.24	39.73	21.18	0.06
吉 林	11.31	1.74	-0.08		17.52	-0.45	-1.07	2.09	1.30	-2.01
黑龙江	25.04	-3.13	-0.85		-2.59	0.11	-0.63	2.39	0.48	
上 海	476.85	65.67	-0.57		80.00	5.04		199.19	149.03	4.40
江 苏	521.96	50.53	12.17	1.22	722.40	3.72	-2.46	240.27	133.66	1.84
浙 江	334.49	-0.43	-0.66	0.20	676.18	2.12		43.39	18.14	
安 徽	281.52	4.49	3.60	-0.77	57.37	2.27		4.98	3.39	
福 建	94.84	2.71	-0.16	-0.03	203.82	0.14		43.84	26.77	-0.03
江 西	187.61	2.79	1.07	-0.13	149.10	1.41		20.87	2.57	
山 东	449.95	23.44	-2.72	-0.29	206.81	12.19	0.83	44.57	25.04	-0.52
河 南	177.01	6.87	0.11		235.26	2.64		9.38	4.35	2.22
湖 北	405.15	20.37	-0.06	-0.36	170.81	3.33	-0.01	26.96	4.67	-0.66
湖 南	51.91	1.17	0.49	0.11	48.76	-1.81	-0.10	-9.23	3.81	1.61
广 东	1082.75	214.56	-9.92	-0.22	521.27	11.44	-0.24	236.68	33.33	60.41
广 西	105.54	-0.26	-0.01		19.19	0.87		22.18	1.21	-0.67
海 南	56.45	5.69	0.27		23.38	0.97		33.81	0.48	0.08
重 庆	77.34	6.69	0.18		119.70	-0.32		211.98	166.27	2.21
四 川	188.18	44.03	-1.48	-0.05	215.26	0.25	-1.42	27.26	4.02	1.03
贵 州	47.60	1.85	-0.09		-17.96	-0.23		2.77	-0.15	
云 南	83.82	-13.69	-0.13	1.20	28.62	-1.68		-9.59	-5.29	
西 藏	2.53	0.07	0.03		8.25					
陕 西	184.02	-0.78	4.39		7.21	-0.01	0.06	2.94	3.02	
甘 肃	16.50	10.03	-0.11	0.09	0.14	-0.57		-0.35	-0.35	
青 海	27.15	-0.13	-0.26		1.95	0.01				
宁 夏	14.98	0.12	-0.01		20.11	3.77		13.51	8.85	
新 疆	11.26	1.00	-0.05		-15.41	-0.06	-0.04	-4.07	-2.39	

7-9-8 续表 2 单位：亿元

地 区	独 资	股份有限	其 他	外商投资	合资经营	合作经营	独 资	股份有限	其 他
全 国	**524.70**	**22.27**	**-0.84**	**577.09**	**214.63**	**40.51**	**314.77**	**9.62**	**-2.44**
北 京	11.77		-0.17	32.04	23.12	0.58	8.33		
天 津	3.45			6.29			-1.99	9.07	-0.79
河 北	-0.97	-0.10		-1.07	-3.47	-0.06	2.46		
山 西	-0.06			0.68	-0.02		0.70		
内蒙古				4.62			4.62		
辽 宁	18.19	0.29		22.45	5.57		16.88		
吉 林	2.80			4.41	-0.39		4.85		-0.05
黑龙江	1.91			-0.41	-0.16		-0.25		
上 海	46.58	0.81	-1.63	71.12	7.00	36.81	27.63	-0.02	-0.30
江 苏	103.34	-0.09	1.52	18.43	23.33	4.24	-10.11	1.13	-0.17
浙 江	25.49		-0.24	61.89	15.66		46.45		-0.22
安 徽	1.59			5.70	-0.12		5.82		
福 建	19.70	-2.33	-0.27	32.38	-6.45		38.40	0.43	
江 西	16.30		2.01	3.86	3.62		0.51		-0.28
山 东	25.43	-3.89	-1.49	5.88	7.32	2.75	-2.85	-0.53	-0.81
河 南	2.82			0.72	-0.48		1.20		
湖 北	22.89	0.06		45.65	23.48		23.17		-0.99
湖 南	-14.66			12.36	6.81	-0.51	5.36		0.70
广 东	127.78	15.62	-0.45	209.01	101.51	-2.65	108.26	0.77	1.12
广 西	21.63			18.11	7.93		10.17		
海 南	24.72	8.52		-0.65	-0.78	0.32	-0.08		-0.11
重 庆	40.18	3.44	-0.12	-16.23	-6.01	-0.20	-8.79	-1.23	
四 川	22.21			14.21	2.23	-0.77	12.76		
贵 州	2.93			0.11	-0.01	0.18	-0.06		
云 南	-4.29			2.20	-1.97		4.17		
西 藏									
陕 西		-0.07		19.88	3.74	-0.20	16.85		-0.50
甘 肃				1.39	1.34		0.04		
青 海				0.02	0.02				
宁 夏	4.66			2.04	1.79		0.29		-0.04
新 疆	-1.68								

7-9-9 按资质等级分的房地产开发企业营业利润

单位：亿元

地 区	总 计	一 级	二 级	三 级	四 级	暂 定	其 他
全 国	**11834.02**	**1745.90**	**2194.19**	**1636.04**	**793.29**	**4344.34**	**1120.25**
北 京	226.22	114.47	35.46	0.82	-43.32	100.07	18.71
天 津	-68.89	-42.47	36.52	20.04	-33.40	-18.41	-31.17
河 北	-40.60	-10.40	26.01	27.83	21.41	-93.71	-11.75
山 西	114.46	13.95	29.77	7.40	24.18	34.93	4.23
内蒙古	18.93	6.32	8.79	-1.67	3.46	-10.93	12.96
辽 宁	49.15	8.48	-3.42	-13.56	3.29	25.05	29.31
吉 林	46.23	5.51	28.67	8.70	8.50	-7.82	2.66
黑龙江	34.10	-3.01	13.94	17.48	-1.09	-3.71	10.50
上 海	1074.29	167.15	177.90	71.02	0.21	569.93	88.08
江 苏	1684.65	97.94	577.41	35.92	-0.11	824.45	149.05
浙 江	1154.06	168.12	86.29	151.43	77.09	470.29	200.83
安 徽	372.85	74.72	52.00	62.01	1.20	164.18	18.74
福 建	461.79	41.28	109.61	98.63	32.18	193.09	-13.01
江 西	372.84	10.62	27.59	41.87	26.39	220.93	45.45
山 东	786.40	155.25	74.53	136.11	65.85	314.55	40.12
河 南	437.84	47.76	31.03	28.49	12.60	248.85	69.11
湖 北	737.18	94.13	154.34	64.98	50.83	322.72	50.18
湖 南	92.52	14.42	13.67	47.34	37.30	-26.64	6.43
广 东	2488.84	479.89	197.49	495.92	408.94	611.12	295.48
广 西	174.92	14.57	20.53	18.74	7.71	106.51	6.87
海 南	135.45	29.10	20.19	1.79	14.13	52.20	18.03
重 庆	439.71	190.40	157.43	7.52	-0.19	82.54	2.01
四 川	540.30	48.53	126.93	250.19	0.58	94.78	19.29
贵 州	53.66	0.23	65.84	1.25	-7.60	-10.36	4.31
云 南	93.74	-12.99	26.51	14.34	17.27	19.54	29.06
西 藏	17.53		9.93	2.57	4.19	0.80	0.03
陕 西	235.96	13.89	51.68	21.54	31.74	62.65	54.45
甘 肃	21.54	5.46	3.68	9.89	19.51	-16.57	-0.43
青 海	30.11	1.41	3.86	4.45	2.17	16.17	2.05
宁 夏	54.71	10.17	24.57	2.84	-2.01	13.70	5.44
新 疆	-6.48	1.00	5.45	0.12	10.29	-16.58	-6.76

7-9-10 按登记注册类型分的房地产开发企业主营业务收入

单位：亿元

地 区	总 计	内 资								
			国 有	集 体	股份合作	国有联营	集体联营	国有与集体联营	其他联营	国有独资公司
全 国	**134342.24**	**124765.51**	**1680.55**	**114.68**	**82.32**	**52.45**		**6.74**	**5.82**	**6288.81**
北 京	4640.42	4441.56	2.80	3.30	2.88					249.66
天 津	2680.25	2440.26	48.76							149.25
河 北	2628.00	2568.68	16.74							34.61
山 西	1846.87	1833.74	10.91	0.01						93.04
内蒙古	1035.81	1014.54	1.92							38.84
辽 宁	2620.73	2268.34	6.43	0.66						61.16
吉 林	1129.85	1071.95	26.25							75.48
黑龙江	794.09	784.15	6.58		0.05					35.21
上 海	5458.05	4404.99	111.33	5.56	0.34	0.18				550.83
江 苏	16817.55	14829.55	347.01	11.65	53.14	38.60		4.52	0.27	625.68
浙 江	13067.90	12437.24	16.31	0.07	0.03					436.56
安 徽	5956.24	5858.19	34.87	0.01	0.05					215.44
福 建	4421.26	3874.63	5.16	0.12	0.29					318.81
江 西	3305.35	3152.77	14.99		9.34			2.21		88.71
山 东	10010.66	9413.45	184.79	19.34	0.01	5.82				535.14
河 南	5380.82	5312.51	5.55			0.03				131.85
湖 北	6127.14	5779.24	217.69	4.00	4.47	3.76				173.22
湖 南	4035.01	3915.19	25.65	2.11	0.04					155.53
广 东	17118.97	15328.56	292.64	62.39	2.99	0.01			5.55	609.50
广 西	2815.06	2606.48	0.77	0.25	0.01					136.88
海 南	1373.18	1230.50	25.56	0.04		4.04				50.82
重 庆	4027.33	3642.33	21.44		0.01					316.75
四 川	6872.79	6663.00	168.31	3.90	7.63					576.37
贵 州	1865.26	1828.66	17.66	0.09						131.43
云 南	2472.28	2403.34	13.23							85.16
西 藏	115.89	115.89	0.56							37.70
陕 西	2719.84	2608.47	31.37	1.07	1.04	0.01				184.26
甘 肃	994.04	989.71	9.20	0.01						95.42
青 海	354.88	354.82	4.08							12.73
宁 夏	625.68	562.16	0.15							39.72
新 疆	1031.03	1030.61	11.83	0.10						43.05

7-9-10 续表 1 单位：亿元

地 区	其他有限责任公司	股份有限公司	私营独资	私营合伙	私营有限责任公司	私营股份有限公司	其他内资企业	港澳台商投资	合资经营	合作经营
全 国	**63356.27**	**2116.21**	**318.93**	**49.62**	**50163.76**	**491.84**	**37.51**	**6266.28**	**2713.90**	**317.07**
北 京	4046.32	61.69			68.27	6.64		86.69	12.50	12.67
天 津	1516.81	71.02			654.39	0.02	0.01	149.76	74.06	1.84
河 北	1091.65	0.90	0.19		1416.77	7.83		38.02	29.86	
山 西	898.10				823.51	8.17		6.66	0.01	
内蒙古	431.80	0.24			541.05	0.68				
辽 宁	1022.59	67.76	104.93	0.78	943.00	32.86	28.16	208.91	69.96	1.69
吉 林	466.80	11.92	0.69		484.82	6.00		17.05	5.07	4.14
黑龙江	430.02	26.58	1.94		278.02	5.75		6.62	2.75	
上 海	2618.78	133.98			947.02	36.95		748.75	431.88	19.93
江 苏	5512.30	411.57	78.76	25.94	7664.56	55.23	0.33	1465.81	877.62	11.76
浙 江	4867.36	12.06		0.01	7099.47	5.36		311.89	198.06	
安 徽	4188.94	51.66	20.00	0.01	1326.23	20.98		70.82	35.82	
福 建	1387.53	15.63			2145.43	1.66		269.03	169.17	1.53
江 西	1500.29	35.11	4.48		1483.10	14.52		131.99	36.86	
山 东	4968.89	154.54	5.08		3486.01	51.06	2.77	507.29	281.96	0.98
河 南	2798.00	49.59	6.22		2308.04	13.22		47.81	16.53	5.80
湖 北	3161.59	164.36	6.76	0.04	2003.48	39.87		178.66	61.98	2.98
湖 南	1716.22	49.16	7.24	5.55	1940.47	13.21	0.01	66.60	2.19	11.37
广 东	8451.88	491.18	29.22	0.32	5342.07	35.37	5.46	1164.74	251.73	200.92
广 西	1669.27	0.95			791.81	6.54		89.13	16.40	0.01
海 南	834.57	26.01	2.99		283.54	2.92		139.98	9.95	0.35
重 庆	1145.18	92.94	6.60		2037.44	21.97		322.33	29.74	30.35
四 川	3494.41	81.32	3.23		2291.55	36.28		101.90	31.98	10.75
贵 州	980.05	11.27	0.84		683.10	4.23		32.37	5.84	
云 南	1449.81	38.59	0.08	16.14	779.79	20.55		35.69	10.09	
西 藏	38.02	0.43	0.04		39.14					
陕 西	1460.55	3.47	33.67		891.60	0.64	0.78	19.61	15.92	
甘 肃	364.40	35.20	4.16	0.84	477.14	3.34		0.45	0.45	
青 海	199.72	0.80	0.35		135.73	1.41				
宁 夏	203.31	2.21			281.47	35.31		47.29	35.11	
新 疆	441.12	14.08	1.45		515.74	3.25		0.42	0.42	

7-9-10 续表 2

单位：亿元

地区				外商投资					
	独资	股份有限	其他		合资经营	合作经营	独资	股份有限	其他
全国	**3036.76**	**153.31**	**45.25**	**3310.45**	**1236.71**	**282.81**	**1678.40**	**88.56**	**23.97**
北京	61.52			112.16	50.84	35.67	25.65		
天津	73.86			90.23	1.77		24.37	64.09	
河北	7.70	0.47		21.30	0.36		20.94		
山西	6.65			6.47	0.04		6.44		
内蒙古				21.27			21.27		
辽宁	133.39	3.88		143.48	79.49		63.99		
吉林	7.84			40.85	0.08		40.70		0.06
黑龙江	3.87			3.32	2.90		0.43		
上海	290.22	6.72		304.32	55.20	148.46	100.43	0.11	0.12
江苏	541.09	19.39	15.96	522.18	229.08	58.69	231.36	2.96	0.09
浙江	113.83			318.77	148.96		169.82		
安徽	35.00			27.23	0.31		26.92		
福建	97.59	0.74		277.61	51.51		226.09	0.01	
江西	80.37	0.17	14.60	20.59	14.94		4.91		0.73
山东	224.36			89.91	63.00	8.72	18.18		
河南	25.48			20.50	3.14		17.10	0.26	
湖北	112.58	1.12		169.25	84.61		84.50		0.14
湖南	53.05			53.21	38.59		11.10	0.50	3.03
广东	657.92	39.92	14.26	625.67	255.77	24.67	309.90	16.99	18.35
广西	72.72			119.45	59.24		60.21		
海南	65.85	63.82		2.70	0.02	1.16	0.08		1.43
重庆	244.80	17.00	0.43	62.68	18.53	3.74	36.78	3.63	
四川	59.16			107.89	36.34		71.55		
贵州	26.53			4.23	3.12	1.11			
云南	25.60			33.24	3.37		29.87		
西藏									
陕西	3.61	0.07		91.76	18.22	0.59	72.95		
甘肃				3.88	3.11		0.77		
青海				0.06	0.06				
宁夏	12.18			16.23	14.14		2.09		
新疆	0.01								

7-9-11 按资质等级分的房地产开发企业主营业务收入

单位：亿元

地区	总计	一级	二级	三级	四级	暂定	其他
全国	**134342.24**	**6046.88**	**18423.74**	**16263.75**	**14228.82**	**64975.14**	**14403.91**
北京	4640.42	305.54	417.25	120.07	1766.58	1967.28	63.69
天津	2680.25	16.55	254.79	161.03	1803.67	328.85	115.36
河北	2628.00	147.39	348.96	474.67	719.73	820.20	117.04
山西	1846.87	89.12	326.91	165.36	702.44	536.46	26.58
内蒙古	1035.81	51.86	151.14	141.97	466.46	134.56	89.82
辽宁	2620.73	81.93	231.05	416.11	6.33	1140.85	744.45
吉林	1129.85	32.62	157.66	108.99	164.94	631.56	34.09
黑龙江	794.09	19.71	125.58	341.52	16.79	207.94	82.54
上海	5458.05	136.26	483.89	323.23	0.70	4151.64	362.33
江苏	16817.55	527.51	4603.65	202.76	6.64	9814.99	1662.01
浙江	13067.90	361.72	627.92	1291.10	660.39	6848.67	3278.11
安徽	5956.24	303.87	512.78	685.37	98.73	3801.86	553.62
福建	4421.26	291.61	420.03	793.51	283.83	2309.72	322.57
江西	3305.35	53.99	143.69	341.84	221.92	2194.46	349.45
山东	10010.66	931.25	1039.14	1221.82	957.48	4848.68	1012.28
河南	5380.82	267.19	603.68	417.33	126.16	3304.49	661.96
湖北	6127.14	416.97	868.54	442.93	438.29	3484.74	475.68
湖南	4035.01	226.00	361.13	879.07	917.06	1558.15	93.60
广东	17118.97	596.71	954.37	2376.51	2876.98	7560.30	2754.11
广西	2815.06	113.25	240.52	390.05	113.49	1884.82	72.93
海南	1373.18	63.53	144.56	136.45	94.95	746.04	187.65
重庆	4027.33	313.46	1639.94	261.36	3.47	1743.64	65.45
四川	6872.79	320.15	1740.58	3364.60	14.19	1087.34	345.94
贵州	1865.26	23.54	460.42	215.31	160.93	927.25	77.82
云南	2472.28	56.04	390.03	166.92	520.67	1064.24	274.37
西藏	115.89		60.80	19.87	19.95	14.72	0.55
陕西	2719.84	83.08	536.91	318.49	486.53	809.36	485.48
甘肃	994.04	40.88	150.57	261.18	295.70	242.05	3.67
青海	354.88	35.65	74.65	56.07	32.10	126.64	29.77
宁夏	625.68	97.53	204.23	69.05	68.60	162.24	24.05
新疆	1031.03	41.98	148.37	99.23	183.11	521.38	36.96

7-9-12 房地产开发企业土地开发及购置

年 份 地 区	待开发土地面积 （万平方米）	本年土地购置面积 （万平方米）	土地成交价款 （亿元）
1999	13505.17	11958.90	
2000	14754.77	16905.24	
2001	14582.13	23408.99	
2002	19178.65	31356.78	
2003	21782.58	35696.48	
2004	39635.30	39784.66	2888.57
2005	27522.00	38253.73	3269.32
2006	37523.65	36573.57	3318.04
2007	41483.97	40245.85	4573.18
2008	48161.07	39353.43	4831.68
2009	32816.54	31909.45	5150.14
2010	31457.95	39953.10	8206.71
2011	40220.76	44327.44	8894.03
2012	40195.99	35666.80	7409.64
2013	42280.47	38814.38	9918.29
2014	42136.28	33383.03	10019.88
2015	36638.48	22810.79	7621.61
2016	35121.01	22025.25	9129.31
2017	35747.29	25508.29	13643.39
2018	45804.02	29320.65	16154.08
2019	48976.94	25822.29	14709.28
2020	43514.51	25536.28	17268.83
2021	47490.09	21589.86	17756.28
北 京	631.06	230.60	1257.80
天 津	664.04	389.32	587.11
河 北	2025.47	505.27	208.88
山 西	813.03	316.23	94.79
内蒙古	745.49	268.21	67.89
辽 宁	1509.24	699.01	332.51
吉 林	606.41	849.61	270.57
黑龙江	297.82	201.85	89.87
上 海	318.48	376.51	614.94
江 苏	4087.52	1984.35	2831.21
浙 江	1262.07	1913.10	2927.53
安 徽	2522.57	2401.88	1249.07
福 建	832.17	346.74	625.90
江 西	978.86	391.93	181.50
山 东	4463.95	1906.34	1030.62
河 南	2553.39	631.20	417.40
湖 北	2283.88	818.61	493.17
湖 南	2662.78	817.19	335.31
广 东	4787.06	1637.98	2201.21
广 西	1474.06	811.19	323.36
海 南	398.14	101.13	48.33
重 庆	2161.65	694.50	454.77
四 川	1901.64	543.63	322.46
贵 州	1734.90	362.96	219.71
云 南	2139.17	525.73	167.31
西 藏	31.06	81.10	5.94
陕 西	825.13	260.14	91.26
甘 肃	316.73	145.05	65.97
青 海	109.03	140.27	67.49
宁 夏	571.48	275.96	63.14
新 疆	1781.78	962.27	109.24

7-9-13 按资质等级分房地产开发企业土地购置面积

单位：万平方米

地 区	总 计	一 级	二 级	三 级	四 级	暂 定	其 他
全 国	**21589.86**	**460.66**	**2108.50**	**1058.79**	**887.76**	**12750.99**	**4323.16**
北 京	230.60	17.84			6.21	177.70	28.85
天 津	389.32	3.24	24.12	5.72	32.20	142.20	181.83
河 北	505.27	43.54	14.32	39.86	29.80	365.19	12.56
山 西	316.23		0.16	7.80	53.05	241.64	13.57
内蒙古	268.21	3.84		16.65	59.08	142.99	45.65
辽 宁	699.01	13.06	150.21	52.51	1.50	266.19	215.55
吉 林	849.61	1.26	22.48	27.54	43.66	731.13	23.54
黑龙江	201.85		20.23	24.69	5.32	121.28	30.32
上 海	376.51		19.16	31.36		264.27	61.72
江 苏	1984.35	23.33	560.37	11.05		967.77	421.82
浙 江	1913.10	19.18	92.91	39.80	18.81	765.00	977.40
安 徽	2401.88	37.84	76.10	103.48	16.29	1655.10	513.07
福 建	346.74	12.96	88.20		2.81	166.07	76.70
江 西	391.93		1.10	6.27	0.77	325.09	58.70
山 东	1906.34	76.27	168.93	101.01	160.66	1116.96	282.51
河 南	631.20	12.30	45.56	15.81		476.07	81.45
湖 北	818.61		52.07	19.90	78.50	541.74	126.40
湖 南	817.19	28.91	8.87	39.46	71.02	638.51	30.43
广 东	1637.98	24.13	23.89	58.96	62.40	875.95	592.64
广 西	811.19	46.09	128.15	21.83	14.18	514.02	86.91
海 南	101.13	9.71		6.05	2.41	61.33	21.63
重 庆	694.50	7.56	104.79	56.44		479.98	45.73
四 川	543.63	12.55	190.28	199.91		92.89	48.00
贵 州	362.96	29.04	17.38	2.18	8.78	232.74	72.83
云 南	525.73	3.48	44.84	7.98	56.79	340.50	72.15
西 藏	81.10		80.48			0.63	
陕 西	260.14		54.11	19.15	26.74	60.72	99.42
甘 肃	145.05	10.05		9.90	13.37	111.73	
青 海	140.27		9.42	2.59	7.75	120.50	
宁 夏	275.96	21.47	78.15	19.73	8.56	106.97	41.08
新 疆	962.27	2.99	32.19	111.17	107.10	648.13	60.69

7-9-14 房地产开发企业房屋建筑面积和造价

年份 地区	房屋施工面积（万平方米）	房屋竣工面积（万平方米）	房屋竣工价值（亿元）	房屋竣工造价（元/平方米）
1999	56857.63	21410.83	2467.58	1152
2000	65896.92	25104.86	2859.35	1139
2001	79411.68	29867.36	3369.45	1128
2002	94104.01	34975.75	4141.69	1184
2003	117525.99	41464.06	5279.95	1273
2004	140451.39	42464.87	5952.48	1402
2005	166053.26	53417.04	7752.24	1451
2006	194786.42	55830.92	8729.35	1564
2007	236318.24	60606.68	10039.89	1657
2008	283266.18	66544.77	11947.57	1795
2009	320368.16	72677.43	14689.37	2021
2010	405356.40	78743.88	17542.73	2228
2011	506775.48	92619.94	21975.91	2373
2012	573417.52	99424.96	24836.62	2498
2013	665571.89	101434.99	26805.38	2643
2014	726482.34	107459.05	30261.99	2816
2015	735693.37	100039.10	30552.38	3054
2016	758974.80	106127.71	32252.13	3039
2017	781483.73	101486.41	31512.46	3105
2018	822299.56	94421.15	30309.07	3210
2019	893820.89	95941.53	34045.90	3549
2020	926759.19	91218.23	34493.83	3781
2021	975386.51	101411.94	39458.15	3891
北京	14055.32	1983.86	881.27	4442
天津	12627.78	1892.82	768.39	4059
河北	35681.38	2522.55	812.62	3221
山西	24930.37	2639.30	854.03	3236
内蒙古	16394.65	1052.25	303.16	2881
辽宁	25423.54	2339.06	999.02	4271
吉林	13061.62	845.45	250.68	2965
黑龙江	10740.95	968.12	257.73	2662
上海	16627.90	2739.55	1794.16	6549
江苏	68479.63	9140.70	4621.81	5056
浙江	58818.94	6387.14	3257.46	5100
安徽	46812.59	7012.89	2483.52	3541
福建	34667.18	4041.68	1507.07	3729
江西	25219.87	2517.44	712.55	2830
山东	82771.67	11373.68	3560.82	3131
河南	62688.17	6841.90	1803.30	2636
湖北	37741.37	3398.36	1232.38	3626
湖南	42660.89	4604.23	1569.40	3409
广东	94247.53	8043.47	4291.48	5335
广西	34175.70	2433.25	805.84	3312
海南	8938.51	474.68	295.92	6234
重庆	26893.17	4196.21	1865.01	4445
四川	54248.70	4379.25	1626.26	3714
贵州	28749.89	916.35	257.87	2814
云南	29148.14	2540.97	781.05	3074
西藏	945.37	87.97	42.90	4877
陕西	29978.08	1769.88	572.61	3235
甘肃	13197.55	1463.07	482.47	3298
青海	3398.79	159.71	49.35	3090
宁夏	5606.88	1144.42	329.63	2880
新疆	16454.39	1501.74	388.39	2586

7-9-15 房地产开发企业住宅建筑面积和造价

年份 地区	住宅施工面积（万平方米）	住宅竣工面积（万平方米）	住宅竣工价值（亿元）	住宅竣工造价（元/平方米）
1999	42590.34	17640.67	1831.35	1038
2000	50498.25	20603.32	2173.60	1055
2001	61582.99	24625.40	2622.41	1065
2002	73208.65	28524.70	3190.99	1119
2003	91390.49	33374.61	4128.94	1222
2004	108196.54	34677.18	4688.36	1352
2005	129078.38	43682.85	6060.13	1387
2006	151742.72	45471.75	6717.23	1477
2007	186788.43	49831.35	7853.07	1576
2008	222891.80	54334.10	9295.26	1711
2009	251328.78	59628.71	11500.24	1929
2010	314760.12	63443.10	13527.53	2132
2011	387705.98	74319.05	16947.74	2280
2012	428964.05	79043.20	19147.45	2422
2013	486347.33	78740.62	20039.42	2545
2014	515096.45	80868.26	22079.17	2730
2015	511569.52	73777.36	21569.13	2924
2016	521310.22	77185.19	22827.22	2957
2017	536443.96	71815.12	21402.64	2980
2018	569879.39	66556.68	20764.09	3120
2019	627673.42	68011.11	23579.22	3467
2020	655557.72	65910.03	25119.36	3811
2021	690319.37	73016.20	28992.69	3971
北京	6895.64	981.05	444.51	4531
天津	8781.75	1445.60	612.42	4236
河北	27646.06	1950.42	637.43	3268
山西	18600.48	2020.82	656.49	3249
内蒙古	11693.85	789.82	237.64	3009
辽宁	18823.30	1909.42	802.19	4201
吉林	9157.73	635.44	173.95	2738
黑龙江	7831.15	731.64	187.81	2567
上海	7603.14	1421.43	853.33	6003
江苏	51068.75	6693.68	3644.16	5444
浙江	36911.51	4015.48	2277.05	5671
安徽	35151.05	5349.76	1990.03	3720
福建	23458.10	2699.13	1027.60	3807
江西	19284.34	1926.35	540.75	2807
山东	60712.62	8596.69	2744.21	3192
河南	48580.05	5374.78	1407.39	2619
湖北	28451.25	2712.36	1012.90	3734
湖南	31803.29	3536.99	1175.00	3322
广东	63828.96	5587.55	3094.66	5538
广西	25219.48	1887.69	635.50	3367
海南	5904.07	309.05	205.89	6662
重庆	17709.78	2724.39	1362.48	5001
四川	36153.61	2965.13	1175.38	3964
贵州	20033.09	626.36	183.35	2927
云南	19720.94	1681.30	534.35	3178
西藏	658.42	44.97	21.66	4816
陕西	21923.15	1344.00	434.24	3231
甘肃	9337.42	1074.64	370.79	3450
青海	2418.69	118.54	38.37	3237
宁夏	3760.32	762.80	219.41	2876
新疆	11197.38	1098.92	291.71	2655

7-9-16 按用途分房地产开发企业房屋施工面积

单位：万平方米

年份 地区	房屋 施工面积	住宅	办公楼	商业营业用房	其他
1999	56857.63	42590.34	4383.17	6812.69	3071.43
2000	65896.92	50498.25	4058.51	7825.67	3514.48
2001	79411.68	61582.99	4120.00	9573.81	4134.88
2002	94104.01	73208.65	4392.30	11501.45	5001.61
2003	117525.99	91390.49	5088.41	14708.90	6338.19
2004	140451.39	108196.54	5982.43	18293.23	7979.20
2005	166053.26	129078.38	6618.80	20926.59	9429.49
2006	194786.42	151742.72	7395.39	23712.76	11935.55
2007	236318.24	186788.43	8321.51	25941.12	15267.18
2008	283266.18	222891.80	9582.06	30465.05	20329.71
2009	320368.16	251328.78	9996.19	34543.72	24499.46
2010	405356.40	314760.12	12144.40	44631.92	33819.96
2011	506775.48	387705.98	15991.01	55949.59	47128.90
2012	573417.52	428964.05	19434.17	65813.91	59205.39
2013	665571.89	486347.33	24577.41	80626.76	74020.40
2014	726482.34	515096.45	29927.54	94320.05	87138.30
2015	735693.37	511569.52	33044.37	100111.38	90968.10
2016	758974.80	521310.22	35029.37	104571.86	98063.36
2017	781483.73	536443.96	36014.62	105232.50	103792.65
2018	822299.56	569879.39	35839.17	102539.37	114041.63
2019	893820.89	627673.42	37251.82	100389.49	128506.16
2020	926759.19	655557.72	37083.58	93197.68	140920.20
2021	975386.51	690319.37	37729.60	90676.74	156660.79
北京	14055.32	6895.64	1461.39	1006.65	4691.65
天津	12627.78	8781.75	516.61	1171.01	2158.40
河北	35681.38	27646.06	685.35	2376.69	4973.28
山西	24930.37	18600.48	575.70	1972.27	3781.92
内蒙古	16394.65	11693.85	209.62	2241.08	2250.09
辽宁	25423.54	18823.30	516.54	3239.17	2844.53
吉林	13061.62	9157.73	625.87	1585.46	1692.56
黑龙江	10740.95	7831.15	210.54	1466.57	1232.68
上海	16627.90	7603.14	2615.02	1866.67	4543.07
江苏	68479.63	51068.75	2327.19	5490.81	9592.89
浙江	58818.94	36911.51	2895.91	4799.69	14211.82
安徽	46812.59	35151.05	1236.31	4477.86	5947.37
福建	34667.18	23458.10	1525.72	2746.59	6936.77
江西	25219.87	19284.34	654.26	2757.86	2523.42
山东	82771.67	60712.62	2959.61	6458.29	12641.15
河南	62688.17	48580.05	1856.89	5260.70	6990.54
湖北	37741.37	28451.25	1576.18	3057.72	4656.22
湖南	42660.89	31803.29	955.60	4563.60	5338.41
广东	94247.53	63828.96	6103.22	7828.19	16487.16
广西	34175.70	25219.48	813.58	2745.10	5397.53
海南	8938.51	5904.07	474.77	1274.33	1285.35
重庆	26893.17	17709.78	738.76	2900.18	5544.45
四川	54248.70	36153.61	2162.03	4918.26	11014.81
贵州	28749.89	20033.09	568.14	3370.84	4777.82
云南	29148.14	19720.94	1007.27	2894.32	5525.61
西藏	945.37	658.42	47.28	126.10	113.57
陕西	29978.08	21923.15	1373.08	2737.62	3944.23
甘肃	13197.55	9337.42	316.00	1363.32	2180.81
青海	3398.79	2418.69	73.32	412.04	494.74
宁夏	5606.88	3760.32	151.13	762.70	932.73
新疆	16454.39	11197.38	496.71	2805.08	1955.22

7-9-17 按用途分房地产开发企业房屋新开工面积

单位：万平方米

年 份 地 区	本年房屋 新开工面积	住 宅	办公楼	商业营业用房	其 他
1999	22579.41	18797.94	690.29	2198.56	892.62
2000	29582.64	24401.15	898.81	3034.77	1247.91
2001	37394.18	30532.72	1072.98	4105.40	1683.08
2002	42800.52	34719.35	1254.24	4926.48	1900.45
2003	54707.53	43853.88	1466.89	6706.80	2679.96
2004	60413.86	47949.01	1704.19	7790.81	2969.85
2005	68064.44	55185.07	1671.10	7675.47	3532.79
2006	79252.83	64403.80	2134.94	8473.23	4240.86
2007	95401.53	78795.51	2141.44	9093.89	5370.70
2008	102553.37	83642.12	2471.95	10040.69	6398.62
2009	116422.05	93298.41	2860.76	12415.03	7847.84
2010	163646.87	129359.31	3668.07	17472.58	13146.91
2011	191236.87	147163.11	5399.20	20730.78	17943.77
2012	177333.62	130695.42	5986.46	22006.85	18644.89
2013	201207.84	145844.80	6887.24	25902.00	22573.80
2014	179592.49	124877.00	7349.10	25047.73	22318.66
2015	154453.68	106651.30	6569.12	22530.29	18702.96
2016	166928.13	115910.60	6415.29	22316.63	22285.61
2017	178653.77	128097.78	6139.66	20483.93	23932.41
2018	209537.16	153485.36	6101.51	19995.39	29954.91
2019	227153.58	167463.43	7083.59	18936.28	33670.29
2020	224433.13	164328.53	6603.71	18012.32	35488.57
2021	198895.05	146378.56	5223.89	14105.53	33187.08
北 京	1895.93	1025.91	74.58	107.63	687.80
天 津	1885.36	1324.17	30.15	145.18	385.86
河 北	9069.19	7146.19	140.78	428.55	1353.66
山 西	4347.74	3392.09	68.61	246.28	640.76
内蒙古	2911.77	2261.80	10.89	199.86	439.22
辽 宁	4598.19	3457.72	64.31	423.27	652.89
吉 林	3120.87	2409.22	95.15	221.96	394.54
黑龙江	1738.31	1360.34	21.34	175.36	181.27
上 海	3845.97	1682.49	629.45	347.73	1186.30
江 苏	16873.29	12794.45	413.57	1039.60	2625.67
浙 江	12305.31	7663.61	548.53	890.25	3202.92
安 徽	10434.89	8140.41	219.04	651.98	1423.45
福 建	6439.20	4587.40	126.36	382.51	1342.93
江 西	5282.04	4196.73	131.99	414.40	538.92
山 东	16572.10	12500.82	429.17	1027.85	2614.26
河 南	13652.89	11297.67	148.62	895.23	1311.38
湖 北	7843.69	6115.22	201.69	453.92	1072.86
湖 南	10168.21	7992.24	146.60	851.45	1177.93
广 东	16097.26	11392.51	584.57	1009.17	3111.00
广 西	5329.29	4016.51	86.96	315.69	910.12
海 南	1341.14	812.03	121.41	216.89	190.81
重 庆	4873.36	3231.19	104.52	470.78	1066.88
四 川	11493.57	7959.91	290.90	868.07	2374.69
贵 州	4528.09	3311.51	29.49	402.68	784.40
云 南	6462.21	4578.33	161.84	439.61	1282.43
西 藏	222.34	147.23	17.18	31.02	26.90
陕 西	5970.37	4484.90	189.98	391.29	904.20
甘 肃	3369.78	2553.45	45.40	246.14	524.78
青 海	790.89	630.65	6.93	56.08	97.22
宁 夏	1396.73	1015.07	8.15	106.79	266.72
新 疆	4035.07	2896.77	75.74	648.26	414.30

7-9-18 按用途分房地产开发企业房屋竣工面积

单位：万平方米

年份 地区	本年房屋竣工面积	住宅	办公楼	商业营业用房	其他
1999	21410.83	17640.67	979.19	2011.84	779.13
2000	25104.86	20603.32	952.01	2561.97	987.57
2001	29867.36	24625.40	974.03	3111.66	1156.27
2002	34975.75	28524.70	1013.65	3939.75	1497.65
2003	41464.06	33774.61	1077.14	4825.06	1787.25
2004	42464.87	34677.18	1034.60	4945.95	1807.14
2005	53417.04	43682.85	1416.70	5888.03	2429.46
2006	55830.92	45471.75	1393.71	6285.75	2679.72
2007	60606.68	49831.35	1545.02	6096.49	3133.82
2008	66544.77	54334.10	1824.64	6410.65	3975.38
2009	72677.43	59628.71	1652.55	6823.72	4572.46
2010	78743.88	63443.10	1815.85	8282.63	5202.30
2011	92619.94	74319.05	2266.79	9472.65	6561.45
2012	99424.96	79043.20	2315.36	10226.45	7839.94
2013	101434.99	78740.62	2789.40	10852.42	9052.56
2014	107459.05	80868.26	3144.18	12084.08	11362.54
2015	100039.10	73777.36	3419.49	12026.67	10815.59
2016	106127.71	77185.19	3629.27	12518.08	12795.18
2017	101486.41	71815.12	4006.54	12670.26	12994.49
2018	94421.15	66556.68	3928.18	11335.09	12601.20
2019	95941.53	68011.11	3923.39	10814.18	13192.86
2020	91218.23	65910.03	3041.59	8620.62	13645.98
2021	101411.94	73016.20	3375.76	8717.91	16302.07
北　京	1983.86	981.05	142.91	191.61	668.29
天　津	1892.82	1445.60	29.79	65.00	352.44
河　北	2522.55	1950.42	37.74	178.67	355.71
山　西	2639.30	2020.82	72.73	196.98	348.78
内蒙古	1052.25	789.82	11.17	109.58	141.69
辽　宁	2339.06	1909.42	20.05	192.47	217.12
吉　林	845.45	635.44	44.03	81.20	84.77
黑龙江	968.12	731.64	3.89	144.28	88.31
上　海	2739.55	1421.43	342.11	294.05	681.96
江　苏	9140.70	6693.68	322.68	763.27	1361.08
浙　江	6387.14	4015.48	326.11	551.85	1493.70
安　徽	7012.89	5349.76	178.64	592.19	892.30
福　建	4041.68	2699.13	199.47	299.16	843.92
江　西	2517.44	1926.35	69.02	242.04	280.02
山　东	11373.68	8596.69	268.08	779.55	1729.36
河　南	6841.90	5374.78	171.65	593.83	701.65
湖　北	3398.36	2712.36	54.26	270.97	360.78
湖　南	4604.23	3536.99	79.01	476.48	511.75
广　东	8043.47	5587.55	419.80	627.82	1408.30
广　西	2433.25	1887.69	31.15	174.40	340.01
海　南	474.68	309.05	26.51	72.53	66.58
重　庆	4196.21	2724.39	141.53	398.93	931.35
四　川	4379.25	2965.13	158.91	321.76	933.45
贵　州	916.35	626.36	26.86	94.58	168.55
云　南	2540.97	1681.30	96.04	258.26	505.36
西　藏	87.97	44.97	3.96	31.30	7.74
陕　西	1769.88	1344.00	30.98	152.57	242.32
甘　肃	1463.07	1074.64	20.03	163.95	204.44
青　海	159.71	118.54		17.20	23.96
宁　夏	1144.42	762.80	17.00	181.58	183.04
新　疆	1501.74	1098.92	29.63	199.85	173.33

7-9-19 按用途分房地产开发企业房屋竣工价值

单位：亿元

年份 地区	房屋 竣工价值	住宅	办公楼	商业营业用房	其他
1999	2467.58	1831.35	230.75	282.18	123.30
2000	2859.35	2173.60	188.75	343.56	153.43
2001	3369.45	2622.41	179.47	397.29	170.28
2002	4141.69	3190.99	182.11	542.18	226.42
2003	5279.95	4128.94	217.98	670.79	262.24
2004	5952.48	4688.37	233.41	744.32	286.38
2005	7752.24	6060.13	333.07	944.22	414.81
2006	8729.35	6717.23	381.28	1152.33	478.51
2007	10039.89	7853.07	411.75	1199.65	575.43
2008	11947.57	9295.26	499.63	1365.19	787.49
2009	14689.37	11500.24	523.32	1669.02	996.79
2010	17542.73	13527.53	603.91	2243.35	1167.95
2011	21975.91	16947.74	831.90	2617.65	1578.63
2012	24836.62	19147.45	855.46	2899.27	1934.44
2013	26805.38	20039.42	1095.72	3275.66	2394.58
2014	30261.99	22079.17	1187.41	3927.74	3067.67
2015	30552.38	21569.13	1554.10	4414.16	3014.98
2016	32252.13	22827.22	1463.76	4336.63	3624.53
2017	31512.46	21402.64	1866.01	4502.72	3741.08
2018	30309.07	20764.09	1826.17	4142.51	3576.31
2019	34045.90	23579.22	2106.12	4380.68	3979.88
2020	34493.83	25119.36	1587.87	3616.76	4169.84
2021	39458.15	28992.69	1838.77	3603.89	5022.81
北京	881.27	444.51	70.05	85.84	280.87
天津	768.39	612.42	18.18	26.26	111.53
河北	812.62	637.43	12.93	63.93	98.33
山西	854.03	656.49	31.17	77.74	88.63
内蒙古	303.16	237.64	2.57	33.41	29.54
辽宁	999.02	802.19	17.78	95.44	83.60
吉林	250.68	173.95	22.42	32.03	22.27
黑龙江	257.73	187.81	0.40	43.45	26.07
上海	1794.16	853.33	328.83	240.87	371.13
江苏	4621.81	3644.16	191.40	352.15	434.11
浙江	3257.46	2277.05	177.70	278.98	523.73
安徽	2483.52	1990.03	56.57	196.50	240.42
福建	1507.07	1027.60	94.46	111.62	273.40
江西	712.55	540.75	26.55	72.67	72.57
山东	3560.82	2744.21	101.81	269.12	445.68
河南	1803.30	1407.39	49.22	166.18	180.52
湖北	1232.38	1012.90	29.10	95.15	95.23
湖南	1569.40	1175.00	55.84	195.17	143.39
广东	4291.48	3094.66	320.52	371.91	504.38
广西	805.84	635.50	14.32	65.33	90.69
海南	295.92	205.89	20.45	35.96	33.62
重庆	1865.01	1362.48	60.42	204.14	237.97
四川	1626.26	1175.38	58.01	140.37	252.50
贵州	257.87	183.35	5.32	29.76	39.43
云南	781.05	534.35	36.33	85.44	124.94
西藏	42.90	21.66	2.30	14.35	4.60
陕西	572.61	434.24	13.56	45.35	79.46
甘肃	482.47	370.79	6.45	54.64	50.59
青海	49.35	38.37		5.56	5.42
宁夏	329.63	219.41	6.11	62.02	42.10
新疆	388.39	291.71	8.02	52.56	36.10

7-9-20 房地产开发企业商品房销售情况

年 份 地 区	商品房销售面积 (万平方米)	#住 宅	商品房销售额 (亿元)	#住 宅
1999	14556.53	12997.87	2987.87	2413.73
2000	18637.13	16570.28	3935.44	3228.60
2001	22411.90	19938.75	4862.75	4021.15
2002	26808.29	23702.31	6032.34	4957.85
2003	33717.63	29778.85	7955.66	6543.45
2004	38231.64	33819.89	10375.71	8619.37
2005	55486.22	49587.83	17576.13	14563.76
2006	61857.07	55422.95	20825.96	17287.81
2007	77354.72	70135.88	29889.12	25565.81
2008	65969.83	59280.35	25068.18	21196.00
2009	94755.00	86184.89	44355.17	38432.90
2010	104764.65	93376.60	52721.24	44120.65
2011	109366.75	96528.41	58588.86	48198.32
2012	111303.65	98467.51	64455.79	53467.18
2013	130550.59	115722.69	81428.28	67694.94
2014	120648.54	105187.79	76292.41	62410.95
2015	128494.97	112412.29	87280.84	72769.82
2016	157348.53	137539.93	117627.05	99064.17
2017	169407.82	144788.77	133701.31	110239.51
2018	171464.60	147759.59	149614.42	126374.08
2019	171557.87	150144.32	159725.12	139439.97
2020	176086.22	154878.47	173612.66	154566.96
2021	179433.41	156532.17	181929.95	162729.90
北 京	1107.07	877.10	4486.47	4117.23
天 津	1435.42	1333.97	2322.76	2183.74
河 北	6133.15	5779.60	5052.90	4814.32
山 西	3204.41	3034.92	2170.91	2030.10
内蒙古	1858.95	1713.36	1214.77	1116.38
辽 宁	3433.87	3148.63	3066.38	2849.28
吉 林	1836.32	1672.77	1290.99	1179.29
黑龙江	1348.09	1204.55	858.08	751.89
上 海	1880.45	1489.95	6788.73	6104.95
江 苏	16551.82	14361.50	21361.32	19626.09
浙 江	9990.65	8423.68	19052.24	17172.79
安 徽	10460.90	9507.67	8143.19	7514.62
福 建	6976.44	5597.61	8217.26	7082.59
江 西	7676.21	6681.26	5894.13	5109.97
山 东	14272.85	12632.05	12155.62	11044.14
河 南	13277.19	12258.83	8657.71	7892.03
湖 北	7940.78	7331.61	7250.26	6671.93
湖 南	9188.79	8316.71	6040.51	5390.44
广 东	14011.26	11826.26	22320.27	19457.63
广 西	6178.26	5281.50	3672.49	3164.41
海 南	888.92	672.14	1559.24	1179.59
重 庆	6197.71	4945.42	5391.26	4786.06
四 川	13692.91	10912.14	10796.73	9061.34
贵 州	5585.99	4825.53	3243.93	2713.37
云 南	3880.84	3208.60	2962.52	2524.74
西 藏	140.81	115.50	121.73	97.51
陕 西	4260.06	3886.63	4146.26	3762.14
甘 肃	2224.09	2118.38	1344.89	1267.78
青 海	386.16	329.06	294.37	258.35
宁 夏	1014.45	845.77	675.13	584.93
新 疆	2398.61	2199.49	1376.91	1220.27

7-9-21 房地产开发企业成套住宅竣工与销售情况

单位：套

年 份 地 区	住宅竣工套数 合 计	住宅销售套数 合 计
2000	2139702	
2001	2414392	
2002	2629616	
2003	3021134	
2004	4042219	
2005	3682523	4235372
2006	4005305	5049094
2007	4401203	6251263
2008	4939189	5565827
2009	5548897	8040470
2010	6019767	8817526
2011	7219163	9139672
2012	7642379	9446424
2013	7493133	11046279
2014	7659418	10104351
2015	7050109	10578898
2016	7455409	12822565
2017	6770598	13361411
2018	6229216	13285469
2019	6452838	13216466
2020	5976595	13555925
2021	6468266	13690713
北 京	97830	78423
天 津	134435	126656
河 北	177856	514668
山 西	171508	255450
内蒙古	64966	142302
辽 宁	212279	302092
吉 林	61845	161515
黑龙江	73754	117957
上 海	155789	149010
江 苏	560241	1211487
浙 江	332493	726441
安 徽	467192	840451
福 建	247572	525671
江 西	162992	578776
山 东	709801	1019878
河 南	468147	1040934
湖 北	230773	631742
湖 南	281294	662990
广 东	587425	1085027
广 西	164119	474525
海 南	32701	62992
重 庆	254762	469809
四 川	271925	1049442
贵 州	49867	406454
云 南	127515	257765
西 藏	4233	9616
陕 西	111025	320167
甘 肃	92097	185193
青 海	9377	28361
宁 夏	59794	67459
新 疆	92659	187460

7-9-22 按用途分房地产开发企业商品房销售面积

单位：万平方米

年份 地区	商品房销售面积	住宅	办公楼	商业营业用房	其他
1999	14556.53	12997.87	403.43	1003.17	152.06
2000	18637.13	16570.28	436.98	1399.31	230.56
2001	22411.90	19938.75	502.57	1696.15	274.44
2002	26808.29	23702.31	538.92	2218.58	348.47
2003	33717.63	29778.85	630.49	2833.10	475.19
2004	38231.64	33819.89	692.84	3100.29	618.62
2005	55486.22	49587.83	1096.23	4081.38	720.78
2006	61857.07	55422.95	1231.04	4337.79	865.29
2007	77354.72	70135.88	1465.23	4644.61	1109.01
2008	65969.83	59280.35	1157.05	4206.06	1326.37
2009	94755.00	86184.89	1544.43	5328.03	1697.65
2010	104764.65	93376.60	1889.97	6994.84	2503.24
2011	109366.75	96528.41	2004.97	7868.65	2964.71
2012	111303.65	98467.51	2253.65	7759.28	2823.21
2013	130550.59	115722.69	2883.35	8469.22	3475.33
2014	120648.54	105187.79	2505.45	9076.93	3878.37
2015	128494.97	112412.29	2912.59	9254.79	3915.29
2016	157348.53	137539.93	3826.22	10811.96	5170.43
2017	169407.82	144788.77	4756.21	12838.14	7024.70
2018	171464.60	147759.59	4365.95	11932.95	7406.11
2019	171557.87	150144.32	3722.76	10172.87	7517.92
2020	176086.22	154878.47	3334.33	9288.46	8584.97
2021	179433.41	156532.17	3374.66	9045.55	10481.02
北京	1107.07	877.10	55.30	27.11	147.56
天津	1435.42	1333.97	28.20	50.64	22.61
河北	6133.15	5779.60	34.50	160.54	158.50
山西	3204.41	3034.92	34.52	71.69	63.29
内蒙古	1858.95	1713.36	5.53	106.00	34.06
辽宁	3433.87	3148.63	29.09	162.39	93.77
吉林	1836.32	1672.77	15.67	86.54	61.34
黑龙江	1348.09	1204.55	10.18	90.53	42.83
上海	1880.45	1489.95	90.89	79.87	219.75
江苏	16551.82	14361.50	371.03	818.75	1000.54
浙江	9990.65	8423.68	301.92	432.47	832.58
安徽	10460.90	9507.67	108.51	431.64	413.08
福建	6976.44	5597.61	192.76	348.80	837.27
江西	7676.21	6681.26	192.49	545.20	257.25
山东	14272.85	12632.05	240.69	540.38	859.73
河南	13277.19	12258.83	92.20	690.37	235.78
湖北	7940.78	7331.61	106.87	277.95	224.35
湖南	9188.79	8316.71	101.72	523.23	247.14
广东	14011.26	11826.26	457.52	725.69	1001.79
广西	6178.26	5281.50	62.72	324.54	509.50
海南	888.92	672.14	65.75	86.62	64.41
重庆	6197.71	4945.42	110.45	371.87	769.97
四川	13692.91	10912.14	368.91	902.37	1509.50
贵州	5585.99	4825.53	61.27	442.32	256.87
云南	3880.84	3208.60	90.79	265.35	316.09
西藏	140.81	115.50	7.03	15.50	2.79
陕西	4260.06	3886.63	80.46	132.62	160.36
甘肃	2224.09	2118.38	15.53	66.21	23.96
青海	386.16	329.06	6.61	31.69	18.79
宁夏	1014.45	845.77	14.39	85.85	68.44
新疆	2398.61	2199.49	21.16	150.84	27.13

7-9-23 按用途分房地产开发企业商品房平均销售价格

单位：元/平方米

年份 地区	商品房平均 销售价格	住宅	办公楼	商业营业用房	其他
1999	2053	1857	5265	3333	1804
2000	2112	1948	4751	3260	1864
2001	2170	2017	4588	3274	2033
2002	2250	2092	4336	3489	1919
2003	2359	2197	4196	3675	2241
2004	2778	2608	5744	3884	2235
2005	3168	2937	6923	5022	2829
2006	3367	3119	8053	5247	3131
2007	3864	3645	8667	5774	3351
2008	3800	3576	8378	5886	3219
2009	4681	4459	10608	6871	3671
2010	5032	4725	11406	7747	4099
2011	5357	4993	12327	8488	4182
2012	5791	5430	12306	9021	4306
2013	6237	5850	12997	9777	4907
2014	6324	5933	11826	9817	5177
2015	6793	6473	12914	9566	4845
2016	7476	7203	14332	9786	4832
2017	7892	7614	13543	10323	5364
2018	8726	8553	14379	10903	5336
2019	9310	9287	14315	10952	5074
2020	9860	9980	15138	10646	4787
2021	10139	10396	13932	10715	4586
北京	40526	46941	26973	32438	8955
天津	16182	16370	16803	14150	8834
河北	8239	8330	7211	8875	4493
山西	6775	6689	8854	10492	5535
内蒙古	6535	6516	5751	7502	4606
辽宁	8930	9049	8893	8862	5047
吉林	7030	7050	9178	8256	4218
黑龙江	6365	6242	9620	8197	5182
上海	36102	40974	37289	26830	5942
江苏	12906	13666	10367	11154	4371
浙江	19070	20386	19393	16853	6787
安徽	7784	7904	8332	9283	3328
福建	11779	12653	11076	12409	5832
江西	7678	7648	8669	8533	5912
山东	8517	8743	10773	9680	3828
河南	6521	6438	10416	7939	5157
湖北	9130	9100	14305	11332	4925
湖南	6574	6481	10524	8493	3991
广东	15930	16453	23536	15764	6407
广西	5944	5992	8616	8959	3205
海南	17541	17550	17405	21827	11822
重庆	8699	9678	8299	8211	2704
四川	7885	8304	10004	10259	2919
贵州	5807	5623	7226	8956	3509
云南	7634	7869	8068	9198	3811
西藏	8645	8443	8286	10943	5140
陕西	9733	9680	15099	13449	5256
甘肃	6047	5985	11585	7829	3037
青海	7623	7851	9474	7820	2651
宁夏	6655	6916	6454	7270	2704
新疆	5740	5548	7899	8685	3290

【主要统计指标解释】

主营业务收入 指企业经营主要业务所实现的收入。如果会计“利润表”列示“主营业务收入”项目，则根据其本年累计数填报；或者，根据会计“主营业务收入”科目的本年各月贷方余额（结转前）之和填报，如未设置该科目，以“营业收入”代替填报。

土地转让收入 指房地产开发企业按国家规定在报告期转让已经开发的土地和未经开发的土地所得到的收入。根据会计“利润表”和相关核算资料计算填报。

商品房销售收入 指房地产开发企业在报告期售出商品房屋的收入，一次收款的，一次性全部计入销售收入，按合同规定分期收款的，可按合同规定的时间分次计入收入。根据会计“利润表”和相关核算资料计算填报。

房屋出租收入 指房地产开发企业在报告期内，在不改变现有财产所有权关系的条件下，将企业的全部或部分房屋出租给其他单位或个人使用所得到的租金收入。根据会计“利润表”和相关核算资料计算填报。

其他收入 指房地产开发企业在报告期内从事除以上收入外的其他业务活动所得到的收入，包括配套设施销售收入、代建工程结算收入等。根据会计“利润表”和相关核算资料计算填报。

营业利润 指企业从事生产经营活动所取得的利润。执行企业会计准则或《小企业会计准则》的企业，根据会计“利润表”中“营业利润”项目的本年累计数填报；执行其他企业会计制度的企业，根据会计“损益表”中“营业利润”项目、“投资收益”项目的本年累计数之和填报。

房屋施工面积 指报告期内施工的全部房屋建筑面积。包括本期新开工的房屋建筑面积、上期跨入本期继续施工的房屋建筑面积、上期停缓建在本期恢复施工的房屋建筑面积、本期竣工的房屋建筑面积以及本期施工后又停缓建的房屋建筑面积。多层建筑应填各层建筑面积之和。

房屋新开工面积 指报告期内新开工建设的房屋面积，以单位工程为核算对象，即整栋房屋的全部建筑面积，不能分割计算。不包括在上期开工跨入报告期继续施工的房屋建筑面积和上期停缓建而在本期复工的建筑面积。房屋的开工应以房屋正式开始破土刨槽（地基处理或打永久桩）的日期为准。

房屋竣工面积 指报告期内房屋建筑按照设计要求已全部完工，达到住人和使用条件，经验收鉴定合格或达到竣工验收标准，可正式移交使用的各栋房屋建筑面积的总和。竣工面积以房屋单位工程（栋）为核算对象，在整栋房屋符合竣工条件后按其全部建筑面积一次性计算，而不是按各栋施工房屋中已完成的部分或层次分割计算。

商品房销售面积 指报告期内出售商品房屋的合同总面积（即双方签署的正式买卖合同中所确定的建筑面积）。商品房销售面积由现房销售面积和期房销售面积两部分组成。

商品房销售额 指报告期内出售商品房屋的合同总价款（即双方签署的正式买卖合同中所确定的合同总价）。该指标与商品房销售面积同口径，由现房销售额和期房销售额两部分组成。

住宅竣工套数 指报告期内按照设计要求已全部完工，经验收合格，达到住人或使用条件的正式交给开发公司的成套住宅数量（以设计图纸为准）。

商品住宅销售套数 指报告期内出售商品房屋合同中总的成套住宅数量（即双方签署的正式买卖合同中所确定的成套住宅数量）。由现房销售套数和期房销售套数两部分组成。

房屋竣工价值 指报告期内按规定已经上报竣工的房屋本身的建造价值。一般按房屋设计和预算规定的内容计算。包括竣工房屋本身的基础、结构、屋面、装修以及水、电、卫等附属工程的建筑价值；也包括作为房屋建筑组成部分而列入房屋建筑工程预算内的设备（如电梯、通风设备等）的购置和安装费用。不包括厂房内的工艺设备、工艺管线的购置和安装，工艺设备基础的建造；室外的水、暖、电、卫、道路工程、挡土墙等环境工程的费用；办公和生活用家具的购置等费用；购置土地的费用；迁移补偿费和场地平整的费用及城市建设配套投资。

房屋竣工价值不仅包括该竣工房屋在报告期内完成的价值，也包括跨年施工的房屋在本期以前完成的价值。未竣工而转让给其他单位的房屋建筑工程，出让单位不计算竣工价值，待接受单位继续施工并符合竣工条件后，由接受单位计算其竣工价值，包括出让单位在出让前所完成的价值。房屋竣工价值一般按结算价格（或中标价）计算。

待开发土地面积 指经有关部门批准，通过各种方式获得土地使用权，但尚未开工建设的土地面积。

本年土地购置面积 指在本年内通过各种方式获得土地使用权的土地面积。

7 第三产业分行业主要指标

7-10　租赁和商务服务业

简要说明

一、主要内容

本篇资料主要包括租赁和商务服务业企业法人单位分地区主要指标和律师、公证、调解等情况。

二、资料来源

租赁和商务服务业企业法人单位分地区主要指标来源于《规模以上服务业统计报表制度》和《规模以下服务业抽样调查统计报表制度》调查结果。

律师、公证、调解等情况资料由司法部提供。

7-10-1 租赁和商务服务业企业法人单位分地区主要指标

地 区	营业收入 (亿元)	资产总计 (亿元)	从业人员 (万人)
全 国	**109216.8**	**1370354.1**	**2566.1**
北 京	15302.8	199260.6	202.4
天 津	2078.4	40514.6	46.6
河 北	2634.1	33157.7	72.0
山 西	800.8	23833.3	37.8
内蒙古	405.4	18412.3	19.7
辽 宁	1123.6	26801.7	49.9
吉 林	391.2	12699.3	15.0
黑龙江	397.1	5129.7	19.2
上 海	17093.2	97709.9	156.1
江 苏	9942.5	138852.7	252.3
浙 江	8672.4	121210.4	210.1
安 徽	3274.3	54755.0	92.4
福 建	3322.2	29472.0	95.9
江 西	1654.7	12536.1	52.8
山 东	4796.1	56340.4	131.7
河 南	3364.3	21724.6	115.4
湖 北	3217.5	28476.7	98.5
湖 南	2837.9	34529.0	70.1
广 东	13114.1	142056.1	363.5
广 西	1335.2	19752.0	52.2
海 南	482.8	14196.0	10.6
重 庆	2949.4	24676.1	77.6
四 川	4181.8	63174.3	130.3
贵 州	1478.6	53635.2	39.0
云 南	1099.3	32039.4	45.7
西 藏	354.9	7093.3	6.7
陕 西	1236.9	19530.0	45.9
甘 肃	328.2	7992.2	13.5
青 海	139.2	4279.2	8.3
宁 夏	187.7	3825.7	8.7
新 疆	1020.2	22688.8	26.3

7-10-2 律师、公证和调解工作基本情况

项目		2012	2013	2014	2015	2016	2017	2018	2019	2020	2021
律师工作											
律师事务所	(个)	19361	20609	22166	24425	26150	28382	30647	32621	34441	36504
律师人数	(人)	232384	248623	271452	297175	325540	357193	423758	473036	522510	574042
#专职律师		208356	225000	244000	267536	293586	316771	364345	397329	424475	457378
兼职律师		10108	10550	10545	11199	11567	12369	12002	12589	13515	14400
担任法律顾问	(家)	447993	456847	507289	548260	579360	629742	700027	736917	779760	846336
民事案件代理	(件)	1779118	1887156	2100102	2476112	2744896	3872852	3969240	4792176	5327052	6601598
刑事案件辩护及代理	(件)	576050	592486	667391	717283	704447	705213	814570	1094423	1049632	1228117
行政案件代理	(件)	43312	57659	64545	86455	98989	156971	165840	189342	208030	262246
非诉讼法律事务	(件)	585358	817703	673080	784264	844414	848806	1058594	1336860	1233002	1679879
咨询和代书	(万人次)	436.9	452.3	464.3	508.2	530.2	452.4	322.6	309.8	253.7	249.2
公证工作											
公证机构	(家)	3007	2987	3006	3001	3002	2952	2956	2956	2942	2947
公证员	(人)	12333	12725	12960	13147	13175	13231	13335	13428	13620	14600
办理公证(出证)总数	(万件)	1120.8	1258.9	1221.6	1246.8	1399.7	1448.7	1337.3	1374.3	1173.8	1210.0
人民调解工作											
人民调解委员会	(万个)	81.7	82.0	80.3	79.8	78.4	75.9	75.2	73.5	70.8	68.9
调解人员	(万人)	428.1	422.9	394.1	391.1	385.2	362.9	349.7	337.8	320.9	316.2
调解案件总数	(万件)	926.6	943.9	933.0	933.1	901.9	874.1	953.2	931.5	819.6	874.4

7-10-3 公证业务分类情况

分　类	办证件数 (件)	比 重 (%)
合　计	**12099545**	**100.00**
合同(协议)	661760	5.47
继承	1509158	12.47
其中：小额继承	318967	2.64
委托	2947383	24.36
声明	1167493	9.65
赠与	40558	0.34
遗嘱	158263	1.31
现场监督	195491	1.62
婚姻状况、亲属关系、收养关系	244297	2.02
出生、生存、死亡	206223	1.70
身份、经历、学历、学位、职务、职称	94841	0.78
有无违法犯罪记录	344681	2.85
公司章程	2311	0.02
保全证据	696994	5.76
证书、执照	792145	6.55
签名、印鉴	292434	2.42
文本相符	761188	6.29
赋予强制执行效力	1501674	12.41
执行证书	38699	0.32
抵押登记	20038	0.17
提存	9821	0.08
保管	4065	0.03
其他	410028	3.39

7-10-4 调解民间纠纷分类

项　目	调解纠纷 (万件)		各类纠纷所占比重 (%)	
	2020	2021	2020	2021
合　计	**819.6**	**874.4**	**100.0**	**100.0**
#婚姻家庭	129.9	121.8	15.9	13.9
房屋、宅基地	36.3	32.4	4.4	3.7
邻　里	204.0	210.4	24.9	24.1
损害赔偿	65.6	70.9	8.0	8.1
医　疗	6.1	6.3	0.7	0.7
道路交通事故	63.0	72.8	7.7	8.3

【主要统计指标解释】

公证（出证） 指公证处根据当事人申请，依照事实和法律，按照法定程序制作的，具有法律效力的司法证明文书。

调解人员 指在人民调解委员会担负调解民间纠纷工作的人员，包括调解委员会的委员和调解小组的调解员。

调解民间纠纷 指调解委员会按照法律规定，根据自愿原则，用说服教育的方法调解民间发生的有关民事权利和义务争执的件数，包括调解成功数和调解未成功数。

7 第三产业分行业主要指标

7-11 科学研究和技术服务业

简要说明

一、主要内容

科技活动基本情况，包括 R&D 人员、R&D 经费、科技成果和专利情况；气象、地震、测绘、质量监督等综合技术服务部门业务活动情况；全国技术市场成交合同额情况以及科学研究与技术服务业企业法人单位分地区主要指标等。

二、统计范围

科技活动统计资料范围为全社会有研究与试验发展（R&D）活动的企事业单位，具体包括地级及以上独立核算的政府属科学研究与技术开发机构及科技信息与文献机构、全日制普通高等学校及附属医院研究与试验发展（R&D）活动相对密集行业（包括农、林、牧、渔业，采矿业，制造业，电力、热力、燃气及水生产和供应业，建筑业，交通运输、仓储和邮政业，信息传输、软件和信息技术服务业，金融业，租赁和商务服务业，科学研究和技术服务业，水利、环境和公共设施管理业，卫生和社会工作，文化、体育和娱乐业等）中从事研究与试验发展（R&D）活动的企事业单位。

三、资料来源

科技活动基本情况资料由国家统计局、科技部、国防科工局、教育部、国家知识产权局等部门提供；高等学校资料由教育部调查提供；财政、气象、地震、测绘、产品质量监督等资料，分别由财政部、中国气象局、中国地震局、自然资源部、国家市场监督管理总局等部门提供；技术市场资料由科技部提供。

科学研究和技术服务业企业法人单位分地区主要指标来源于《规模以上服务业统计报表制度》和《规模以下服务业抽样调查统计报表制度》调查结果。

四、统计调查方法

研究与试验发展（R&D）活动情况采用全面调查和抽样调查等方法取得；科协、测绘、气象、地震、产品质量监督和专利资料采用抽样等多种调查方法取得。

五、科技活动统计资料口径变动说明

2000 年以前研究与试验发展（R&D）活动统计资料只包括大中型工业企业、政府属研究机构、普通高等学校，2000 年及以后年份扩大到了全社会范围。

7-11-1 科技活动基本情况

指　标	2006	2007	2008	2009	2010	2011	2012	2013
研究与试验发展(R&D)投入情况								
R&D人员全时当量 (万人年)	150.2	173.6	196.5	229.1	255.4	288.3	324.7	353.3
#基础研究	13.1	13.8	15.4	16.5	17.4	19.3	21.2	22.3
应用研究	30.0	28.6	28.9	31.5	33.6	35.3	38.4	39.6
试验发展	107.1	131.2	152.2	181.1	204.5	233.7	265.1	291.4
R&D经费支出 (亿元)	3003.1	3710.2	4616.0	5802.1	7062.6	8687.0	10298.4	11846.6
#基础研究	155.8	174.5	220.8	270.3	324.5	411.8	498.8	555.0
应用研究	489.0	492.9	575.2	730.8	893.8	1028.4	1162.0	1269.1
试验发展	2358.4	3042.8	3820.0	4801.0	5844.3	7246.8	8637.6	10022.5
#政府资金	742.1	913.5	1088.9	1358.3	1696.3	1883.0	2221.4	2500.6
企业资金	2073.7	2611.0	3311.5	4162.7	5063.1	6420.6	7625.0	8837.7
R&D经费支出	1.37	1.37	1.45	1.66	1.71	1.78	1.91	2.00
与国内生产总值之比 (%)								
科技成果及获奖数 (项)								
科技成果登记数	33644	34170	35971	38688	42108	44208	51723	52477
国家技术发明奖	56	51	55	55	46	55	77	71
国家科学技术进步奖	241	255	254	282	273	283	212	188
技术市场成交额 (亿元)	1818	2227	2665	3039	3907	4764	6437	7469
专利申请数 (件)	573178	693917	828328	976686	1222286	1633347	2050649	2377061
#发明	210490	245161	289838	314573	391177	526412	652777	825136
实用新型	161366	181324	225586	310771	409836	585467	740290	892362
外观设计	201322	267432	312904	351342	421273	521468	657582	659563
专利授权数 (件)	268002	351782	411982	581992	814825	960513	1255138	1313000
#发明	57786	67948	93706	128489	135110	172113	217105	207688
实用新型	107655	150036	176675	203802	344472	408110	571175	692845
外观设计	102561	133798	141601	249701	335243	380290	466858	412467

注：1.2017年起专利申请受理数改为专利申请数(以下相关表同)。
2.全国R&D经费支出与国内生产总值之比已根据国内生产总值最新数据进行了修订。下同。

7-11-1 续表

指 标	2014	2015	2016	2017	2018	2019	2020	2021
研究与试验发展(R&D)投入情况								
R&D人员全时当量 (万人年)	371.1	375.9	387.8	403.4	438.1	480.1	523.5	571.6
#基础研究	23.5	25.3	27.5	29.0	30.5	39.2	42.7	47.2
应用研究	40.7	43.0	43.9	49.0	53.9	61.5	64.3	69.1
试验发展	306.8	307.5	316.4	325.4	353.8	379.4	416.5	455.3
R&D经费支出 (亿元)	13015.6	14169.9	15676.7	17606.1	19677.9	22143.6	24393.1	27956.3
#基础研究	613.5	716.1	822.9	975.5	1090.4	1335.6	1467.0	1817.0
应用研究	1398.5	1528.6	1610.5	1849.2	2190.9	2498.5	2757.2	3145.4
试验发展	11003.6	11925.1	13243.4	14781.4	16396.7	18309.5	20168.9	22995.9
#政府资金	2636.1	3013.2	3140.8	3487.4	3978.6	4537.3	4825.6	5299.7
企业资金	9816.5	10588.6	11923.5	13464.9	15079.3	16887.2	18895.0	21808.8
R&D经费支出	2.02	2.06	2.10	2.12	2.14	2.24	2.41	2.43
与国内生产总值之比 (%)								
科技成果及获奖数 (项)								
科技成果登记数	53140	55284	58779	59792	65720	68562	76521	78655
国家技术发明奖	70	66	66	66	67	65	61	
国家科学技术进步奖	202	187	171	170	173	185	157	
技术市场成交额 (亿元)	8577	9836	11407	13424	17697	22398	28252	37294
专利申请数 (件)	2361243	2798500	3464824	3697845	4323112	4380468	5194154	5243592
#发明	928177	1101864	1338503	1381594	1542002	1400661	1497159	1585663
实用新型	868511	1127577	1475977	1687593	2072311	2268190	2926633	2852219
外观设计	564555	569059	650344	628658	708799	711617	770362	805710
专利授权数 (件)	1302687	1718192	1753763	1836434	2447460	2591607	3639268	4601457
#发明	233228	359316	404208	420144	432147	452804	530127	695946
实用新型	707883	876217	903420	973294	1479062	1582274	2377223	3119990
外观设计	361576	482659	446135	442996	536251	556529	731918	785521

7-11-2 全国研究与试验发展(R&D)经费支出

单位：亿元，%

年 份	R&D经费支 出	基础研究	应用研究	试验发展	与国内生产总值之比	R&D经费支出现价增长
1996	404.5	20.2	99.1	285.1	0.56	16.0
1997	509.2	27.4	132.5	349.3	0.64	25.9
1998	551.1	29.0	124.6	397.5	0.65	8.2
1999	678.9	33.9	151.6	493.5	0.75	23.2
2000	895.7	46.7	151.9	697.0	0.89	31.9
2001	1042.5	55.6	184.9	802.0	0.94	16.4
2002	1287.6	73.8	246.7	967.2	1.06	23.5
2003	1539.6	87.7	311.4	1140.5	1.12	19.6
2004	1966.3	117.2	400.5	1448.7	1.21	27.7
2005	2450.0	131.2	433.5	1885.2	1.31	24.6
2006	3003.1	155.8	489.0	2358.4	1.37	22.6
2007	3710.2	174.5	492.9	3042.8	1.37	23.5
2008	4616.0	220.8	575.2	3820.0	1.45	24.4
2009	5802.1	270.3	730.8	4801.0	1.66	25.7
2010	7062.6	324.5	893.8	5844.3	1.71	21.7
2011	8687.0	411.8	1028.4	7246.8	1.78	23.0
2012	10298.4	498.8	1162.0	8637.6	1.91	18.5
2013	11846.6	555.0	1269.1	10022.5	2.00	15.0
2014	13015.6	613.5	1398.5	11003.6	2.02	9.9
2015	14169.9	716.1	1528.6	11925.1	2.06	8.9
2016	15676.7	822.9	1610.5	13243.4	2.10	10.6
2017	17606.1	975.5	1849.2	14781.4	2.12	12.3
2018	19677.9	1090.4	2190.9	16396.7	2.14	11.8
2019	22143.6	1335.6	2498.5	18309.5	2.24	12.5
2020	24393.1	1467.0	2757.2	20168.9	2.41	10.2
2021	27956.3	1817.0	3145.4	22995.9	2.43	14.6

7-11-3 全国研究与试验发展(R&D)人员全时当量

单位：万人年，%

年 份	R&D人员全时当量	基础研究	比重	应用研究	比重	试验发展	比重
1996	80.40	6.96	8.65	23.65	29.42	49.79	61.93
1997	83.12	7.17	8.63	25.27	30.40	50.68	60.97
1998	75.52	7.87	10.42	24.97	33.06	42.68	56.51
1999	82.17	7.60	9.25	24.15	29.39	50.42	61.36
2000	92.21	7.96	8.63	21.96	23.82	62.28	67.54
2001	95.65	7.88	8.24	22.60	23.63	65.17	68.13
2002	103.51	8.40	8.12	24.73	23.89	70.39	68.00
2003	109.48	8.97	8.19	26.03	23.77	74.49	68.03
2004	115.26	11.07	9.61	27.86	24.17	76.33	66.22
2005	136.48	11.54	8.46	29.71	21.77	95.23	69.78
2006	150.25	13.13	8.74	29.97	19.95	107.14	71.31
2007	173.62	13.81	7.95	28.60	16.47	131.21	75.57
2008	196.54	15.40	7.83	28.94	14.72	152.20	77.44
2009	229.13	16.46	7.18	31.53	13.76	181.14	79.06
2010	255.38	17.37	6.80	33.56	13.14	204.46	80.06
2011	288.29	19.32	6.70	35.28	12.24	233.73	81.07
2012	324.68	21.22	6.53	38.38	11.82	265.09	81.65
2013	353.28	22.32	6.32	39.56	11.20	291.40	82.49
2014	371.06	23.54	6.34	40.70	10.97	306.82	82.69
2015	375.88	25.32	6.73	43.04	11.45	307.53	81.81
2016	387.81	27.47	7.08	43.89	11.32	316.44	81.60
2017	403.36	29.01	7.19	48.96	12.14	325.39	80.67
2018	438.14	30.50	6.96	53.88	12.30	353.77	80.74
2019	480.08	39.20	8.16	61.54	12.82	379.37	79.02
2020	523.45	42.68	8.15	64.31	12.29	416.46	79.56
2021	571.60	47.19	8.26	69.10	12.09	455.35	79.66

7-11-4 各地区研究与试验发展(R&D)经费支出

单位：万元，%

地 区	R&D经费支 出	基础研究	应用研究	试验发展	R&D经费支出与国内(地区)生产总值之比
全 国	**279563073**	**18170273**	**31453707**	**229958765**	**2.43**
北 京	26293208	4225134	6570210	15497865	6.53
天 津	5743282	588112	768659	4386511	3.66
河 北	7454936	168938	600563	6685436	1.85
山 西	2518889	120411	338220	2060258	1.12
内蒙古	1900595	54360	184707	1661528	0.93
辽 宁	6004236	411117	872408	4720711	2.18
吉 林	1836516	276842	388706	1170969	1.39
黑龙江	1945827	217485	595340	1133002	1.31
上 海	18197705	1777325	1900886	14539165	4.21
江 苏	34385572	1356698	1793603	31235271	2.95
浙 江	21576904	643462	1384119	19549323	2.94
安 徽	10061245	741132	842153	8477960	2.34
福 建	9687292	279200	700612	8707480	1.98
江 西	5021718	209894	425771	4386053	1.70
山 东	19446588	737455	1193994	17515140	2.34
河 南	10188408	245491	880108	9062809	1.73
湖 北	11602178	526904	1808407	9266866	2.32
湖 南	10289088	516438	1134250	8638400	2.23
广 东	40021795	2742692	3567249	33711855	3.22
广 西	1994572	156119	198661	1639792	0.81
海 南	469840	118722	82796	268323	0.73
重 庆	6038410	297396	749547	4991467	2.16
四 川	12145209	581239	2115078	9448892	2.26
贵 州	1803506	158706	254831	1389969	0.92
云 南	2819392	297409	329100	2192883	1.04
西 藏	59989	15116	8010	36863	0.29
陕 西	7006207	383640	1173088	5449479	2.35
甘 肃	1294694	170711	261844	862139	1.26
青 海	267745	25451	48239	194055	0.80
宁 夏	704410	34101	65065	605244	1.56
新 疆	783118	92574	217485	473058	0.49

7-11-5 各地区研究与试验发展(R&D)人员全时当量

单位：人年

地区	R&D人员全时当量	#研究人员	基础研究	应用研究	试验发展
全国	**5716330**	**2405509**	**471920**	**690956**	**4553469**
北京	338297	228860	75525	97159	165615
天津	102986	54614	10203	17827	74956
河北	125609	54856	7965	19360	98285
山西	57228	26899	7755	11298	38176
内蒙古	26427	13141	3119	5331	17977
辽宁	116505	62035	14958	19660	81889
吉林	50818	33597	14679	16119	20020
黑龙江	48639	34220	12562	14129	21948
上海	235518	130431	35347	36346	163827
江苏	755899	277105	33958	39795	682147
浙江	575284	165221	16622	32858	525804
安徽	235292	94302	17459	25311	192522
福建	235412	78980	7090	20997	207326
江西	124785	41440	7171	10420	107194
山东	447642	164273	29228	38192	380222
河南	222433	82126	7769	20944	193722
湖北	230668	102831	14099	34611	181958
湖南	209329	93781	14648	26498	168184
广东	885248	303103	50137	71940	763171
广西	55821	28250	9595	11323	34903
海南	13457	6937	3100	2993	7364
重庆	123446	53792	8781	17960	96706
四川	197143	103746	18631	37735	140778
贵州	43084	19965	6161	8791	28132
云南	58880	30723	12052	9485	37344
西藏	1568	1186	608	391	569
陕西	125281	78128	18373	25605	81304
甘肃	33255	20615	7430	9053	16771
青海	5204	2839	862	1194	3149
宁夏	15930	6651	1436	1878	12616
新疆	19244	10862	4597	5754	8892

7-11-6 国家财政科技支出

单位：亿元，%

年 份	国家公共财政支出	国家财政科技拨款			科技拨款与公共财政支出之比
			中 央	地 方	
1986	2204.9	112.6			5.11
1987	2262.2	113.8			5.03
1988	2491.2	121.1			4.86
1989	2823.8	127.9			4.53
1990	3083.6	139.1	97.6	41.6	4.51
1991	3386.6	160.7	115.4	45.3	4.74
1992	3742.2	189.3	133.6	55.7	5.06
1993	4642.3	225.6	167.6	58.0	4.86
1994	5792.6	268.3	199.0	69.3	4.63
1995	6823.7	302.4	215.6	86.8	4.43
1996	7937.6	348.6	242.8	105.8	4.39
1997	9233.6	408.9	273.9	134.0	4.43
1998	10798.2	438.6	289.7	148.9	4.06
1999	13187.7	543.9	355.6	188.3	4.12
2000	15886.5	575.6	349.6	226.0	3.62
2001	18902.6	703.3	444.3	258.9	3.72
2002	22053.2	816.2	511.2	305.0	3.70
2003	24650.0	944.6	609.9	335.6	3.83
2004	28486.9	1095.3	692.4	402.9	3.84
2005	33930.3	1334.9	807.8	527.1	3.93
2006	40422.7	1688.5	1009.7	678.8	4.18
2007	49781.4	2135.7	1044.1	1091.6	4.29
2008	62592.7	2611.0	1287.2	1323.8	4.17
2009	76299.9	3276.8	1653.3	1623.5	4.29
2010	89874.2	4196.7	2052.5	2144.2	4.67
2011	109247.8	4797.0	2343.3	2453.7	4.39
2012	125953.0	5600.1	2613.6	2986.5	4.45
2013	140212.1	6184.9	2728.5	3456.4	4.41
2014	151785.6	6454.5	2899.2	3555.4	4.25
2015	175877.8	7005.8	3012.1	3993.7	3.98
2016	187755.2	7760.7	3269.3	4491.4	4.13
2017	203085.5	8383.6	3421.4	4962.1	4.13
2018	220904.1	9518.2	3738.5	5779.7	4.31
2019	238858.4	10717.4	4173.2	6544.2	4.49
2020	245679.0	10095.0	3758.2	6336.8	4.11
2021	245673.0	10766.7	3794.9	6971.8	4.38

7-11-7 科学研究和技术服务业企业法人单位分地区主要指标

地 区	营业收入 (亿元)	资产总计 (亿元)	从业人员 (万人)
全 国	**63741.4**	**200466.4**	**1201.8**
北 京	12280.4	43620.9	137.8
天 津	1895.6	6469.9	22.3
河 北	1380.3	3707.0	43.8
山 西	448.9	2282.5	16.8
内蒙古	187.0	1821.2	8.1
辽 宁	729.2	2630.9	18.9
吉 林	281.7	842.9	8.6
黑龙江	352.3	1015.4	7.8
上 海	5954.2	15659.6	61.4
江 苏	6789.7	19744.7	131.1
浙 江	4011.9	9771.5	75.2
安 徽	1488.0	3620.2	37.5
福 建	1340.0	3101.1	34.4
江 西	848.5	7206.0	18.1
山 东	3501.0	10407.5	75.6
河 南	2631.2	3820.4	72.5
湖 北	2577.5	6483.8	53.6
湖 南	1916.8	4261.4	42.3
广 东	7074.3	17627.3	158.7
广 西	452.4	2262.0	17.2
海 南	220.5	2406.2	4.7
重 庆	1178.6	2799.8	25.2
四 川	2965.2	10768.1	50.7
贵 州	538.2	4270.0	12.0
云 南	537.3	3312.8	16.9
西 藏	71.4	1598.9	1.8
陕 西	1218.8	4298.3	24.6
甘 肃	256.4	1435.3	8.2
青 海	70.2	808.0	3.1
宁 夏	108.5	490.3	3.2
新 疆	435.2	1922.6	9.6

7-11-8 研究与开发机构科技活动情况

指　　标	2006	2007	2008	2009	2010	2011	2012	2013
机构基本情况								
机构数　　　　（个）	3803	3775	3727	3707	3696	3673	3674	3651
#中央属	673	674	678	691	686	686	710	711
地方属	3130	3101	3049	3016	3010	2987	2964	2940
研究与试验发展(R&D)								
投入情况								
R&D人员　　　（万人）	25.7	29.0	30.4	32.3	34.2	36.2	38.8	40.9
R&D人员全时当量（万人年）	23.1	25.5	26.0	27.7	29.3	31.6	34.4	36.4
#基础研究	3.2	3.6	3.8	4.1	4.2	5.0	5.7	6.1
应用研究	8.9	9.3	9.7	10.3	10.9	11.3	12.1	13.0
试验发展	11.0	12.6	12.5	13.4	14.2	15.2	16.5	17.3
R&D经费支出　（亿元）	567.3	687.9	811.3	996.0	1186.4	1306.7	1548.9	1781.4
#基础研究	67.9	74.7	92.7	110.6	129.9	160.2	197.9	221.6
应用研究	196.2	227.1	271.3	350.9	387.6	417.2	469.3	525.8
试验发展	303.2	386.1	447.2	534.4	668.9	729.3	881.7	1034.0
#政府资金	481.2	592.9	699.7	849.5	1036.5	1106.1	1292.7	1481.2
企业资金	17.3	26.2	28.2	29.8	34.2	39.9	47.4	60.9
国外资金	2.6	3.4	4.0	4.2	3.4	4.9	5.1	5.7
其他资金	66.1	65.3	79.3	112.4	112.2	155.8	203.8	233.5
研究与试验发展(R&D)								
项目(课题)情况								
R&D项目(课题)数　（项）	42262	49453	54900	61135	67050	70967	79343	85069
R&D项目(课题)人员全时当量（万人年）	20.2	22.2	22.9	23.7	25.4	27.3	31.1	32.7
R&D项目(课题)经费支出（亿元）	365.4	451.7	537.7	579.8	681.5	807.1	1078.3	1221.7
科技产出及成果情况								
发表科技论文　　（篇）	118211	126527	132072	138119	140818	148039	158647	164440
#国外发表	17597	19596	21498	25882	26862	31598	35173	41072
出版科技著作　　（种）	3791	4134	4691	4788	3922	4292	4458	4619
专利申请数　　　（件）	8026	9802	12536	15773	19192	24059	30418	37040
#发明专利	6200	7782	9864	12361	14979	18227	23406	28628
专利授权数　　　（件）	3499	4036	5048	6391	8698	12126	16551	20095
#发明专利	2191	2467	3102	4077	5249	7862	10935	12542

7-11-8 续表

指　　标	2014	2015	2016	2017	2018	2019	2020	2021
机构基本情况								
机构数 （个）	3677	3650	3611	3547	3306	3217	3109	2962
#中央属	720	715	734	728	717	726	731	746
地方属	2957	2935	2877	2819	2589	2491	2378	2216
研究与试验发展(R&D)								
投入情况								
R&D人员 （万人）	42.3	43.6	45.0	46.2	46.4	48.5	51.9	52.9
R&D人员全时当量 （万人年）	37.4	38.4	39.0	40.6	41.3	42.5	45.4	46.1
#基础研究	6.6	7.1	8.4	8.4	8.5	9.2	10.3	10.9
应用研究	12.8	13.1	12.7	14.3	14.8	14.8	15.5	16.1
试验发展	18.0	18.1	17.9	17.8	18.0	18.4	19.6	19.1
R&D经费支出 （亿元）	1926.2	2136.5	2260.2	2435.7	2698.4	3080.8	3408.8	3717.9
#基础研究	258.9	295.3	337.4	384.4	423.8	510.3	573.9	646.1
应用研究	552.9	618.4	642.1	699.4	797.6	933.6	1084.5	1196.3
试验发展	1114.4	1222.8	1280.7	1351.9	1476.9	1636.9	1750.4	1877.4
#政府资金	1581.0	1802.7	1851.6	2025.9	2284.9	2582.4	2847.4	3007.1
企业资金	62.9	65.4	90.4	91.9	102.6	118.7	135.1	203.9
国外资金	9.1	5.0	3.9	4.4	5.2	5.0	3.7	4.3
其他资金	273.8	263.4	314.2	313.6	305.6	374.7	422.6	502.6
研究与试验发展(R&D)								
项目(课题)情况								
R&D项目(课题)数 （项）	91465	99559	100925	112472	117872	125642	130089	135867
R&D项目(课题)人员全时当量 （万人年）	34.0	34.9	34.4	35.9	36.8	37.8	39.6	40.7
R&D项目(课题)经费支出 （亿元）	1272.7	1513.8	1592.5	1720.8	1930.2	2119.5	2420.4	2577.0
科技产出及成果情况								
发表科技论文 （篇）	171928	169989	175169	177572	176003	185978	193947	195668
#国外发表	47032	47301	50010	54500	58440	68776	77414	81106
出版科技著作 （种）	5023	5662	5714	5459	5722	5469	5706	5619
专利申请数 （件）	41966	46559	52331	56267	61404	67302	74601	81879
#发明专利	32265	35092	39854	43426	47740	52185	57477	64132
专利授权数 （件）	24870	30104	32442	35350	36778	38476	47029	55387
#发明专利	15786	19720	21816	24283	23098	24486	29205	35838

7-11-9 高等学校科技活动情况

指 标		2006	2007	2008	2009	2010	2011	2012	2013
高等学校基本情况									
学校数	(个)	1867	1908	2263	2305	2358	2409	2442	2491
#理工农医		800	786	827	1003	970	975	1039	1070
人文社科		843	840	869	954	963	997	1090	1150
R&D机构	(个)	4154	4502	5159	5784	7833	8630	9225	9842
研究与试验发展(R&D)投入情况									
R&D人员	(万人)	42.1	44.8	47.8	50.9	59.4	63.2	67.8	71.5
R&D人员全时当量	(万人年)	24.2	25.4	26.6	27.5	29.0	29.9	31.4	32.5
#基础研究		9.0	9.4	10.9	11.3	12.0	12.9	14.0	14.7
应用研究		11.3	12.0	13.7	14.1	14.8	15.0	15.4	15.9
试验发展		3.9	4.0	2.0	2.1	2.1	2.0	1.9	1.9
R&D经费支出	(亿元)	276.8	314.7	390.2	468.2	597.3	688.8	780.6	856.7
#基础研究		71.4	86.8	114.8	145.5	179.9	226.7	275.7	307.6
应用研究		137.3	161.8	208.9	250.0	337.0	372.4	402.7	441.3
试验发展		68.2	66.1	66.5	72.6	80.3	89.8	102.2	107.8
#政府资金		151.5	177.7	225.5	262.2	358.8	405.1	474.1	516.9
企业资金		101.2	110.3	134.9	171.7	198.5	242.9	260.5	289.3
研究与试验发展(R&D)项目(课题)情况									
R&D项目(课题)数	(项)	365294	375425	429096	476708	547717	604107	657027	711010
R&D项目(课题)人员全时当量	(万人年)	26.8	25.2	26.6	27.4	28.9	29.9	31.3	32.4
R&D项目(课题)经费支出	(亿元)	287.0	258.2	323.2	363.5	467.0	535.3	607.3	662.7
科技产出及成果情况									
发表科技论文	(篇)	830948	905985	964877	1016354	1062512	1109965	1117742	1127210
#国外发表		90722	108727	134058	156750	182247	218301	226097	249637
出版科技著作	(种)	34633	35733	37541	40919	38101	37472	38760	37866
专利申请数	(件)	24490	29860	40610	56641	72744	95592	113430	133865
#发明专利		18059	21864	29337	36241	44132	54362	66755	81251
专利授权数	(件)	12043	14111	19248	25570	37490	53055	74550	84930
#发明专利		6650	8251	10216	14408	18055	25064	34441	35873

7-11-9 续表

指 标		2014	2015	2016	2017	2018	2019	2020	2021
高等学校基本情况									
学校数	（个）	2529	2560	2596	2631	2663	2688	2738	2756
#理工农医		1356	1713	2021	2162	2211	2294	2342	2381
人文社科		1540	1814	2199	2325	2346	2376	2447	2546
R&D机构	（个）	10632	11732	13062	14971	16280	18379	19988	22859
研究与试验发展(R&D)投入情况									
R&D人员	（万人）	76.3	83.9	85.2	91.4	98.4	123.3	127.4	140.8
R&D人员全时当量	（万人年）	33.5	35.5	36.0	38.2	41.1	56.5	61.5	67.2
#基础研究		15.5	16.4	16.7	18.1	19.1	26.7	28.5	31.9
应用研究		16.1	17.2	17.3	18.3	19.7	25.8	28.9	30.7
试验发展		1.9	1.9	2.0	1.9	2.3	4.1	4.1	4.6
R&D经费支出	（亿元）	898.1	998.6	1072.2	1266.0	1457.9	1796.6	1882.5	2180.5
#基础研究		328.6	391.0	432.5	531.1	589.9	722.2	724.8	904.5
应用研究		476.4	516.3	528.4	623.1	711.5	879.3	964.2	1054.1
试验发展		93.1	91.3	111.4	111.8	156.5	195.1	193.5	221.9
#政府资金		536.5	637.3	687.8	804.5	972.3	1048.5	1128.0	1249.2
企业资金		302.7	301.5	310.5	360.4	387.2	471.0	666.0	710.4
研究与试验发展(R&D)项目(课题)情况									
R&D项目(课题)数	（项）	766731	841520	894279	966780	1076903	1188769	1288633	1436251
R&D项目(课题)人员全时当量	（万人年）	33.5	35.4	36.0	38.2	41.1	56.5	61.5	67.2
R&D项目(课题)经费支出	（亿元）	701.8	765.6	777.2	877.0	988.8	1154.0	1202.2	1343.6
科技产出及成果情况									
发表科技论文	（篇）	1152147	1220467	1267881	1308110	1389912	1447336	1503531	1577932
#国外发表		278599	313698	355483	390235	459492	542557	595080	683991
出版科技著作	（种）	39326	43136	44518	45591	44794	43331	42970	44039
专利申请数	（件）	149961	190351	236665	277524	320790	340685	340360	381565
#发明专利		93415	109911	137755	157131	191964	210885	194612	220640
专利授权数	（件）	85006	127329	149524	169679	193027	213163	278016	319514
#发明专利		39468	55021	66419	78254	79773	92394	116633	145352

7-11-10 高等学校研究与试验发展(R&D)课题学科分组情况

学科	R&D课题数(个)	R&D课题参加人员全时当量(人年)	R&D项目(课题)经费支出(万元)
全国			
数学	16732	10245	151475
信息科学与系统科学	16994	9639	297592
力学	6730	4783	192106
物理学	21978	15629	450517
化学	32361	21270	414748
天文学	781	641	15621
地球科学	23698	15263	399271
生物学	33681	22965	575065
心理学	1250	809	10705
农学	25466	15926	319935
林学	6323	3880	69288
畜牧、兽医科学	10230	6572	133379
水产学	3443	1881	51460
基础医学	38851	28568	446326
临床医学	102285	84308	877855
预防医学与公共卫生学	5904	4367	77165
军事医学与特种医学	300	214	6483
药学	12933	8056	166297
中医学与中药学	28265	20255	186676
工程与技术科学基础学科	10436	6328	221702
信息与系统科学相关工程与技术	15031	8975	310211
自然科学相关工程与技术	7136	4422	167423
测绘科学技术	3674	2566	59307
材料科学	45600	28330	757387
矿山工程技术	10592	6256	164785
冶金工程技术	4077	2823	111215
机械工程	47860	28472	792277
动力与电气工程	22960	15777	514121
能源科学技术	10421	6382	212258
核科学技术	1749	1385	61506
电子与通信技术	38710	24799	849731
计算机科学技术	47311	28834	681301
化学工程	17779	10318	274178
产品应用相关工程与技术	2859	1159	23567
纺织科学技术	3314	1759	43178
食品科学技术	12332	6733	132791
土木建筑工程	33926	19125	509874
水利工程	5603	4010	104062
交通运输工程	16771	10088	286215
航空、航天科学技术	9557	7094	373136
环境科学技术及资源科学技术	24741	14913	389094
安全科学技术	3980	2277	58046
管理学	11059	6563	94906
马克思主义	38477	9145	48783
哲学	8025	1862	14778
宗教学	1217	287	2351
语言学	32947	8129	45908
文学	26383	6282	43268
艺术学	60832	14353	161027
历史学	14198	3296	34575
考古学	4643	633	47910
经济学	70946	15802	175510
政治学	13307	2902	19917
法学	34188	7225	73705
军事学			
社会学	29196	6497	59640
民族学与文化学	9832	2503	18249
新闻学与传播学	16569	3449	37247
图书馆、情报与文献学	7658	1961	12742
教育学	107998	24997	136385
体育科学	20573	5443	41678
统计学	4720	1137	14024
其他	4088	962	18280

7-11-11 全国气象部门基本情况

项 目	2007	2008	2009	2010	2011	2012	2013	2014
气象观测业务台站 （个）								
地面观测	2431	2438	2416	2418	2419	2423	2424	2423
高空探测	123	121	118	120	120	120	120	120
自动气象站	23130	28235	31553	30693	33259	45926	53184	55488
天气雷达观测	304	313	330	342	259	230	212	224
大气成分观测	31	35	35	28	28	28	28	28
太阳辐射观测	103	142	157	100	100	100	100	100
农业气象观测	739	635	653	653	653	653	653	653
生态与农业气象观测试验	69	67	68	68	68	68	68	68
卫星云图接收	496	621	311	361	363	363	364	364
大气本底站	7	7	7	7	7	7	7	7
闪电定位监测	354	387	417	425	319	334	334	391
沙尘暴监测	31	194	182	29	29	29	29	29
紫外线观测	174	203	149	164	160	153	157	168
风廓线雷达观测								61
空间天气观测								17
酸雨观测	334	330	337	342	342	365	365	365
臭氧观测	4	20	17	22	36	36	41	48
气象科学数据共享服务数据量 （GB）	**11250858**	**5198905**	**245739555**	**3583171**	**398134**	**4409824**	**505077**	**348736**
装备								
拥有计算机数 （台）	63350	72133	79349	90040	98101	108370	113208	108521
#高性能计算机	65	61	72	106	108	143	96	100
服务器及工作站	1046	1196	1751	2428	3124	4249	5005	6169
个人计算机（含个人服务器）	59610	67853	73750	82744	89530	97250	100368	102252
云图接收机数 （台）	438	453	407	421	453	453	542	698
人工影响天气作业								
设备高炮 （门）	6969	6311	6973	6902	6636	6654	6761	6593
火箭发射系统 （部）	5039	4862	6355	7034	7109	7213	7632	7507
人员 （人）								
全国气象部门职工总数	53321	53265	53180	53606	53665	53956	54426	54155

注：1.2006年起气象科学数据共享服务数据量是全国气象部门利用网络向社会提供气象资料的数据量，2005年以前是国家气象信息中心气象科学数据共享服务网的数据量。
2.2018年地面观测站变动较大，系将部分省级气象观测站纳入国家级气象观测站统计范围所致，下同。

7-11-11 续表

项 目	2015	2016	2017	2018	2019	2020	2021
气象观测业务台站 （个）							
地面观测	2422	2423	2425	10602	10701	10648	10955
高空探测	120	120	120	120	123	124	120
省级常规气象观测站	57405	57435	57435	53395	54534	53064	55719
天气雷达观测	233	242	242	275	294	296	303
大气成分观测	28	28	28	166	261	270	315
太阳辐射观测	100	100	100	103	137	138	140
农业气象观测	653	653	653	653	653	653	653
生态与农业气象观测试验	70	70	70	69	69	72	72
卫星云图接收	364	380	380	329	330	309	300
大气本底站	7	7	7	7	7	7	7
闪电定位监测	490	490	490	476	489	499	499
沙尘暴监测	29	29	29	29	29	28	26
紫外线观测	158	164	155	111	108	108	108
风廓线雷达观测	31	31	69	123	145	156	156
空间天气观测	44	84	87	56	56	55	57
酸雨观测	376	376	376	398	399	345	339
臭氧观测	71	53	68	53	60	60	59
气象科学数据共享服务数据量 （GB）	**901068**	**274157**	**339876**	**1213193**	**545609**	**1893058**	**10802175**
装备							
拥有计算机数 （台）	126982	136952	143876	144715	148640	154234	152990
#高性能计算机	233	341	274	251	276	331	493
服务器及工作站	7584	15862	16945	18270	18816	19093	20123
个人计算机（含个人服务器）	119165	120749	126657	126194	129548	134810	132374
云图接收机数 （台）	812	747	840	1000	984	572	421
人工影响天气作业(次)					20307	34316	22442
设备高炮 （门）	6542	6320	6183	5909	5858	5562	5207
火箭发射系统 （部）	8209	7950	8311	7358	7411	7122	7814
人员 （人）							
全国气象部门职工总数	53587	53153	52495	65460	64657	64039	57867

7-11-12 各地区气象业务站点及观测项目情况

单位：个

地 区 和单位	地面观 测业务	高空探 测业务	省级常规 气象观测站	天气雷达 观测业务	农业气象 观测站	环境气象 观测站	闪电定位 监测业务	卫星云图 接收业务
全 国	**10955**	**120**	**55719**	**303**	**725**	**1207**	**499**	**300**
北 京	54	1	500	7	7	44	1	1
天 津	36		252	4	5	23	4	3
河 北	412	3	2780	11	30	71	11	8
山 西	262	1	1609	7	34	52	7	17
内蒙古	708	12	1727	10	35	31	52	11
辽 宁	299	2	1359	6	28	51	9	3
吉 林	388	3	1066	7	25	38	7	8
黑龙江	486	4	721	9	39	37	29	9
上 海	46	1	248	2	1	23		5
江 苏	265	3	1640	11	22	150	25	8
浙 江	262	3	4194	17	14	46	11	21
安 徽	295	2	3314	10	25	18	7	2
福 建	301	3	1855	15	26	35	9	9
江 西	380	2	2167	11	19	33	12	11
山 东	427	3	1465	16	20	49	13	10
河 南	370	3	2296	10	39	76	19	22
湖 北	326	3	2180	10	32	71	32	18
湖 南	422	3	3124	11	26	11	10	10
广 东	435	4	815	26	28	76	9	11
广 西	519	6	2484	13	29	21	11	12
海 南	123	3	456	5	7	39	6	6
重 庆	159	1	1805	5	14	22	5	5
四 川	505	7	5472	13	47	32	25	7
贵 州	364	2	2722	11	19	16	12	11
云 南	571	5	2711	11	26	14	22	11
西 藏	503	5	421	4	5	17	27	11
陕 西	393	4	1952	7	22	31	21	13
甘 肃	343	9	1478	9	27	20	19	11
青 海	233	7	549	5	19	15	33	3
宁 夏	112	1	861	3	10	12	5	7
新 疆	712	14	1455	10	44	33	46	10
其 他	244		41	7	1			6

注：农业气象观测站包括生态与农业气象观测试验站；环境气象站包括大气成分观测站、大气本底站、沙尘暴监测站、紫外线观测站、酸雨观测站和臭氧观测站。

7-11-13 地震台、网基本情况

单位：个

地 区	地震台数总数	全国地震监测台站				市、县地震台		宏观观测点
		国家地震台	省地震台	中心站	一般监测站	市、县级台	企业台	
全 国	**6503**	**1**	**31**	**140**	**4280**	**1707**	**344**	**35878**
北 京	299	1	1	1	278	18		129
天 津	162		1	2	159			188
河 北	381		1	7	297	74	2	6439
山 西	251		1	5	141	98	6	1562
内蒙古	148		1	7	95	45		1029
辽 宁	186		1	6	129	49	1	620
吉 林	123		1	3	74	45		1133
黑龙江	117		1	5	66	43	2	2887
上 海	93		1	1	84	7		
江 苏	245		1	5	101	136	2	598
浙 江	255		1	3	135	103	13	463
安 徽	144		1	5	47	91		776
福 建	294		1	5	254	22	12	274
江 西	48		1	3	41	3		843
山 东	421		1	7	218	190	5	1661
河 南	170		1	5	58	89	17	2351
湖 北	101		1	4	59	12	25	750
湖 南	68		1	2	34	29	2	312
广 东	231		1	5	125	95	5	168
广 西	135		1	4	48	42	40	955
海 南	65		1	3	50	11		315
重 庆	57		1	1	47	1	7	3292
四 川	417		1	7	324	80	5	2897
贵 州	28		1	1	21	5		7
云 南	798		1	8	453	173	163	1929
西 藏	32		1	3	28			55
陕 西	245		1	5	146	86	7	1377
甘 肃	460		1	8	367	77	7	1857
青 海	119		1	5	81	12	20	83
宁 夏	89		1	3	72	13		308
新 疆	321		1	11	248	58	3	620

注：由于地震台网改革，重新定义了统计口径。

7-11-14 各地区测绘生产完成和资料提供情况

地区 和单位	大地测量		地形图 提供合计 (张)			提供测绘 基准成果 (点)	提供航摄 成果 (平方千米)
	GNSS大地 控制点测量 (点)	水准测量 (公里)		1:10000	1:50000		
全国	**6336**	**56385**	**230060**	**20041**	**8766**	**289980**	**1307370**
北京			1167	28		4888	
天津	144	7000				3419	
河北	68	823	1282	1184	98	1964	
山西	187	609				2240	
内蒙古	220	4346	357	112	245	5463	134149
辽宁	51	357	1478	40		1399	
吉林	43	324	372		372	2276	
黑龙江	57		1371	1134	237	24411	
上海			184018			8981	
江苏	257	3873	194	176	8	708	5731
浙江	1430	2611	62		62	4411	29488
安徽	26	69	668	320	346	3711	1276
福建	78	124				1201	5818
江西	148	238	945	693	231	730	
山东	8	102	313		313	1099	
河南	140		419	297	122	1178	
湖北	136	3087	6		6	558	440
湖南						276	204761
广东	35	2067	4583	4208	367	8588	
广西	39		147	53	94	16074	5222
海南	100	4				446	
重庆	471	3419	746	82	21	3875	
四川	524	885	191	1	190	8176	8
贵州	44	10				6640	
云南	542	20955	3563	3132	230	7080	464
西藏			797		797	11718	
陕西	258	2292	311	30	281	11719	
甘肃	162	82	6693	5311	1364	29085	1600
青海			60		60	818	88840
宁夏			855	732	123	287	
新疆	1168	3106	4985	2508	677	25054	760
青岛			3358			67	11282
大连							
宁波			1121			315	14638
深圳			1742			240	
厦门			5652			135	
国家基础地理信息中心			2604		2522	90750	802894

7-11-15 产品质量国家监督抽查情况

项目	抽查企业(家)	检验产品(批次)	不合格产品(批)
合计	**273044**	**461338**	**31919**
食品相关产品	34661	73844	2995
工业品	238383	387494	28924

7-11-16 各地区产品质量情况

单位：%

地区	制造业产品质量合格率	
	2020	2021
全国	**93.42**	**93.08**
北京	96.03	96.92
天津	97.07	94.41
河北	91.90	91.95
山西	95.09	92.11
内蒙古	94.72	93.14
辽宁	95.66	93.88
吉林	96.69	91.28
黑龙江	95.47	92.19
上海	95.12	96.39
江苏	94.62	93.93
浙江	94.49	93.18
安徽	95.17	95.10
福建	93.96	95.56
江西	90.55	93.30
山东	92.80	93.35
河南	95.72	93.04
湖北	92.27	93.26
湖南	90.84	93.48
广东	92.49	94.85
广西	94.26	91.02
海南	93.99	90.85
重庆	95.39	93.91
四川	92.64	92.80
贵州	94.93	91.36
云南	95.50	92.93
西藏	92.78	88.89
陕西	91.34	92.69
甘肃	96.49	90.46
青海	96.48	89.19
宁夏	95.85	90.60
新疆	91.07	89.87

注：本资料由75个重点工业城市抽样数据汇总而成。

7-11-17 各地区技术市场成交额

单位：万元

地 区	2008	2009	2010	2011	2012	2013	2014
全 国	**26652288**	**30390024**	**39065753**	**47635589**	**64370683**	**74691254**	**85771790**
北 京	10272173	12362450	15795367	18902752	24585034	28517239	31371854
天 津	866122	1054611	1193390	1693819	2323275	2761575	3885631
河 北	165906	172112	192931	262471	378178	315581	292228
山 西	128425	162068	184911	224825	306088	527681	484595
内蒙古	94423	147651	271464	226719	1060962	387390	139393
辽 宁	997290	1197095	1306811	1596633	2306648	1733775	2174648
吉 林	196066	197598	188090	262614	251180	347167	285756
黑龙江	412565	488550	529123	620682	1004473	1017747	1202776
上 海	3861695	4354108	4314374	4807491	5187473	5316804	5924481
江 苏	940246	1082184	2493406	3334316	4009141	5275020	5431585
浙 江	589189	564581	603478	718968	813079	814958	872527
安 徽	324865	356174	461470	650337	861592	1308253	1698313
福 建	179690	232594	356569	345712	500920	446885	391913
江 西	77641	97893	230479	341861	397796	430552	507593
山 东	660126	719391	1006769	1263778	1400153	1793981	2492942
河 南	254425	263046	272002	387602	399435	402406	407919
湖 北	628971	770329	907218	1256876	1963922	3976158	5806801
湖 南	477024	440432	400940	353901	422420	772098	979342
广 东	2016319	1709850	2358949	2750647	3649384	5293936	4132478
广 西	26996	17662	41362	56377	25238	73449	115833
海 南	35602	5556	32651	34584	5666	38693	6525
重 庆	621884	383158	794410	681453	540188	902760	1562007
四 川	435313	545977	547393	678330	1112438	1485752	1990506
贵 州	20356	17806	77191	136483	96743	183972	200392
云 南	50547	102469	108827	117144	454779	420003	479233
西 藏							
陕 西	438300	698074	1024140	2153664	3348153	5332787	6400198
甘 肃	297560	356287	430845	526386	730619	999936	1145162
青 海	77033	84967	114051	168443	192989	268863	291001
宁 夏	8898	8982	9972	39447	29135	14289	31823
新 疆	73963	12078	45188	43783	53853	29953	28223
港澳台	49309	124063	126750	249756	353197	67307	91608
国 外	1373366	1660227	2645234	2747738	5606534	3434284	4946503

7-11-17 续表

单位：万元

地 区	2015	2016	2017	2018	2019	2020	2021
全 国	**98357896**	**114069816**	**134242245**	**176974213**	**223983882**	**282515092**	**372943030**
北 京	34538855	39409752	44868872	49578246	56952843	63161622	70056517
天 津	5034369	5526361	5514411	6855875	9092549	10895598	12568262
河 北	395438	589959	889245	2759840	3811904	5549646	7473182
山 西	512007	425622	941471	1507567	1095227	449791	1344737
内蒙古	153872	120492	196087	198398	224793	359540	411478
辽 宁	2674927	3232180	3858317	4744910	5575904	6328126	7551240
吉 林	264697	1164198	2199199	3419460	4741327	4621541	1081468
黑龙江	1272637	1258091	1467121	1659200	2328823	2652015	3501428
上 海	6637838	7809858	8106177	12251857	14223539	15832248	25454910
江 苏	5729178	6356425	7784223	9914475	14715193	20878468	26061663
浙 江	980966	1983716	3247310	5906641	8880078	14033228	18557774
安 徽	1904669	2173748	2495697	3213131	4496068	6595728	17877084
福 建	521448	432204	754634	845235	1395883	1635367	1967976
江 西	648484	790077	962096	1158231	1486137	2334099	4093849
山 东	3075545	3959453	5116448	8199520	11100178	19038906	24777895
河 南	450442	587075	768528	1492840	2318885	3797786	6073260
湖 北	7893407	9038371	10330773	12040937	14298358	16658080	20907763
湖 南	1050578	1056287	2031915	2816126	4906932	7359497	12612640
广 东	6625775	7581650	9370755	13654186	22230844	32672142	40996121
广 西	73132	339922	394228	614077	775572	916691	9405765
海 南	21861	34431	41079	69407	91077	201902	284162
重 庆	572366	1471870	513581	1883529	566518	1177865	1845180
四 川	2823202	2993006	4058307	9967010	12119539	12445928	13886947
贵 州	259626	204437	807409	1710975	2271758	2491150	2892651
云 南	518364	582559	847625	894879	827040	499498	1060953
西 藏			440	394	9577	7783	17269
陕 西	7218211	8027887	9209395	11252908	14673473	17587198	23434411
甘 肃	1296958	1506615	1629587	1808778	1964171	2331559	2803921
青 海	468849	569190	677186	793553	90969	105626	141042
宁 夏	35202	40526	66679	121058	149033	168054	250947
新 疆	30322	42755	57554	39215	78214	151123	188537
港澳台	158797	678396	604530	174241	864897	271843	599483
国 外	4515877	4082703	4431367	5427512	5626577	9305442	12762515

【主要统计指标解释】

研究与试验发展（R&D） 指为增加知识存量（也包括有关人类、文化和社会的知识）以及设计已有知识的新应用而进行的创造性、系统性工作，包括基础研究、应用研究和试验发展三种类型。国际上通常采用R&D活动的规模和强度指标反映一国的科技实力和核心竞争力。

基础研究 指一种不预设任何特定应用或使用目的的实验性或理论性工作，其主要目的是为获得（已发生）现象和可观察事实的基本原理、规律和新知识。其成果通常表现为提出一般原理、理论或规律，并以论文、著作、研究报告等形式为主。

应用研究 指为获取新知识，达到某一特定的实际目的或目标而开展的初始性研究。应用研究是为了确定基础研究成果的可能用途，或确定实现特定和预定目标的新方法。其研究成果以论文、著作、研究报告、原理性模型或发明专利等形式为主。

试验发展 指利用从科学研究、实际经验中获取的知识和研究过程中产生的其他知识，开发新的产品、工艺或改进现有产品、工艺而进行的系统性研究。其研究成果以专利、专有技术，以及具有新颖性的产品原型、原始样机及装置等形式为主。

R&D人员 指报告期R&D活动单位中从事基础研究、应用研究和试验发展活动的人员。包括直接参加上述三类R&D活动的人员，以及与上述三类R&D活动相关的管理人员和直接服务人员，即直接为R&D活动提供资料文献、材料供应、设备维护等服务的人员。不包括为R&D活动提供间接服务的人员，如餐饮服务、安保人员等。

R&D人员全时当量 指报告期R&D人员按实际从事R&D活动时间计算的工作量，以“人年”为计量单位。为国际上比较科技人力投入而制定的可比指标。

R&D经费支出 指报告期调查单位内部为实施R&D活动而实际发生的全部经费，按支出性质分为日常性支出和资产性支出。不包括调查单位委托其他单位或与其他单位合作开展R&D活动而转拨给其他单位的全部经费。

政府资金 指R&D经费支出中来自各级政府财政的各类资金，包括财政科学技术支出、和财政其他功能支出的资金用于R&D活动的实际支出。

企业资金 指R&D经费支出中来自企业的各类资金。对企业而言，企业资金指企业自有资金、接受其他企业委托开展R&D活动而获得的资金，以及从金融机构贷款获得的开展R&D活动的资金；对科研院所、高校等事业单位而言，企业资金是指因接受从企业委托开展R&D活动而获得的各类资金。

专利 是专利权的简称，是对发明人的发明创造经审查合格后，由国家知识产权局依据专利法授予发明人和设计人对该项发明创造享有的专有权。包括发明、实用新型和外观设计。反映拥有自主知识产权的科技和设计成果情况。

发明专利 指对产品、方法或者其改进所提出的新的技术方案。是国际通行的反映拥有自主知识产权技术的核心指标。

实用新型专利 指对产品的形状、构造或者其结合所提出的适于实用的新的技术方案。

反映具有一定技术含量的技术成果情况。

外观设计专利 指对产品的形状、图案、色彩或者其结合所作出的富有美感并适于工业上应用的新设计。反映拥有自主知识产权的外观设计成果情况。

7 第三产业分行业主要指标

7-12　水利、环境和公共设施管理业

简要说明

一、主要内容

本篇主要反映我国水环境、大气环境、工业固体废物、生态环境、自然灾害和突发环境事件、环境污染治理投资、城市环境、农村环境等情况。水利、环境和公共设施管理业企业法人单位分地区主要指标。

二、资料来源

水资源、供水和用水情况由水利部提供；“三废”排放及处理、空气质量、噪声监测、海水水质和突发环境事件等情况由生态环境部提供；地质灾害和海洋灾害情况由自然资源部提供；自然保护区和森林有害生物防治情况由国家林业和草原局提供；森林火灾、地震灾害情况由应急管理部提供；城市市政设施、垃圾、污水、园林绿地情况由住房和城乡建设部提供。

水利、环境和公共设施管理业企业法人单位分地区主要指标来源于《规模以上服务业统计报表制度》和《规模以下服务业抽样调查统计报表制度》调查结果。

7-12-1 水利、环境和公共设施管理业企业法人单位分地区主要指标

地　区	营业收入（亿元）	资产总计（亿元）	从业人员（万人）
全　国	**13878.5**	**233828.4**	**283.7**
北　京	1047.7	6346.1	14.6
天　津	289.9	10629.2	2.9
河　北	244.0	5184.0	13.9
山　西	110.7	2052.6	6.9
内蒙古	58.4	1490.9	3.3
辽　宁	121.1	4536.3	7.2
吉　林	39.8	1175.0	2.2
黑龙江	27.7	858.3	2.0
上　海	789.4	8292.7	12.0
江　苏	1657.4	29777.5	23.2
浙　江	1613.0	24615.8	22.0
安　徽	429.9	6391.0	10.5
福　建	343.1	4563.6	10.8
江　西	253.4	6537.1	6.8
山　东	883.4	10487.3	25.1
河　南	571.8	5320.7	19.3
湖　北	635.0	12734.1	10.5
湖　南	891.2	15972.4	7.5
广　东	862.4	8764.7	22.6
广　西	159.7	4029.4	3.7
海　南	121.8	1747.4	5.1
重　庆	1030.7	24874.5	9.4
四　川	767.9	13788.4	13.2
贵　州	283.8	8693.7	6.8
云　南	142.5	4532.5	6.5
西　藏	15.0	48.5	0.8
陕　西	324.7	5319.2	7.4
甘　肃	37.7	2815.3	2.2
青　海	16.5	734.1	1.1
宁　夏	25.8	411.1	0.9
新　疆	83.3	1104.9	3.4

7-12-2 环境保护基本情况

指　　标		2006	2007	2008	2009	2010	2011	2012	2013
水环境									
水资源总量	(亿立方米)	25330	25255	27434	24180	30906	23257	29529	27958
地表水		24358	24242	26377	23125	29798	22214	28373	26839
地下水		7643	7617	8122	7267	8417	7215	8296	8081
地表水与地下水资源重复量		6671	6604	7065	6212	7308	6171	7141	6963
人均水资源量	(立方米/人)	1932	1916	2071	1816	2310	1729	2181	2051
供水总量	(亿立方米)	5795	5819	5910	5965	6022	6107	6131	6183
#地表水		4707	4724	4796	4839	4882	4953	4953	5007
地下水		1066	1069	1085	1095	1107	1109	1134	1126
用水总量	(亿立方米)	5795	5819	5910	5965	6022	6107	6131	6183
#农业		3664	3600	3663	3723	3689	3744	3903	3922
工业		1344	1403	1397	1391	1447	1462	1381	1406
生活		694	710	729	748	766	790	740	750
废水排放总量	(亿吨)	537	557	572	589	617	659	685	695
#工业废水排放量		240	247	242	234	237	231	222	210
生活污水排放量		297	310	330	355	380	428	463	485
化学需氧量排放量	(万吨)	1428	1382	1321	1278	1238	2500	2424	2353
#工业		542	511	458	440	435	355	338	319
生活		887	871	863	838	803	939	913	890
农业							1186	1154	1126
氨氮排放量	(万吨)	141	132	127	123	120	260	254	246
#工业		42	34	30	27	27	28	26	25
生活		99	98	97	95	93	148	145	141
农业							83	81	78
大气环境									
工业废气排放量	(亿立方米)	330990	388169	403866	436064	519168	674509	635519	669361
二氧化硫排放量	(万吨)	2589	2468	2321	2214	2185	2218	2118	2044
#工业		2235	2140	1991	1866	1864	2017	1912	1835
生活		354	328	330	348	321	200	206	209
氮氧化物排放量	(万吨)						2404	2338	2227
#工业							1730	1658	1546
生活							37	39	41
机动车							638	640	641
颗粒物排放总量	(万吨)						1279	1236	1278
#工业							1101	1029	1095
生活							115	143	124
机动车							63	64	59
固体废物									
一般工业固体废物产生量	(万吨)						322772	329044	327702
危险废物产生量	(万吨)						3431	3465	3157

7-12-2 续表 1

指 标		2006	2007	2008	2009	2010	2011	2012	2013
一般工业固体废物综合利用量	(万吨)						195215	202462	205916.3
危险废物综合利用量	(万吨)						1773	2005	1700
一般工业固体废物综合利用率	(%)						60.5	61.5	62.8
危险废物综合利用率	(%)						51.7	57.8	53.9
一般工业固体废物处置量	(万吨)						70465	70745	82969
危险废物处置量	(万吨)						916	698	701
一般工业固体废物贮存量	(万吨)						60424	59786	42634
危险废物贮存量	(万吨)						824	847	811
一般工业固体废物倾倒丢弃量	(万吨)						433	144	129
生态环境									
森林面积	(万公顷)	19545	19545	19545	20769	20769	20769	20769	20769
森林覆盖率	(%)	20.36	20.36	20.36	21.63	21.63	21.63	21.63	21.63
当年造林面积	(万公顷)	384	391	535	626	591	600	560	610
自然保护区数	(个)	2395	2531	2538	2541	2588	2640	2669	2697
#国家级		265	303	303	319	319	335	363	407
自然保护区面积	(万公顷)	15154	15188	14894	14775	14944	14971	14979	14631
湿地面积	(万公顷)	3848.6	3848.6	3848.6	5360.3	5360.3	5360.3	5360.3	5360.3
湿地面积占国土面积比重	(%)	4.0	4.0	4.0	5.6	5.6	5.6	5.6	5.6
自然灾害									
发生地质灾害次数	(处)	102804	25364	26580	10580	30670	15804	14675	15374
#滑坡		88523	15478	13450	6310	22250	11504	11112	9832
崩塌		13160	7722	8080	2378	5688	2445	2152	3288
泥石流		417	1215	843	1442	1981	1358	952	1547
发生地震灾害次数	(次)	10	3	17	8	12	18	12	14
#5.0级以上		9	2	12	7	5	14	11	14
森林火灾次数	(次)	8170	9260	14144	8859	7723	5550	3966	3929
#重大		7	4	13	35	22	9	1	
特大		5			1	4			
森林火灾受害森林面积	(万公顷)	40.8	2.9	5.3	4.6	4.6	2.7	1.4	1.4
森林有害生物发生面积	(万公顷)	1100.7	1209.7	1141.8	1142.0	1164.2	1168.1	1176.9	1223.0
森林有害生物防治面积	(万公顷)	735.5	801.2	784.0	819.4	812.4	728.5	782.6	766.8
森林有害生物防治率	(%)	66.8	66.2	68.7	71.8	69.8	62.4	66.5	62.7
环境污染									
突发环境事件次数	(次)	842	462	474	418	420	542	542	712
环境污染治理投资									
环境污染治理投资	(亿元)	2779.5	3668.8	4937.0	5258.4	7612.2	7114.0	8253.5	9037.2
环境污染治理投资占国内生产总值比重	(%)	1.27	1.36	1.55	1.51	1.85	1.46	1.53	1.52
城镇环境基础设施建设投资	(亿元)	1528.4	1749.0	2247.7	3245.1	5182.2	4557.2	5062.7	5223.0
#燃气		179.2	187.0	199.2	219.2	357.9	444.1	551.8	607.9

7-12-2 续表 2

指　　标	2006	2007	2008	2009	2010	2011	2012	2013
集中供热	252.5	272.4	328.2	441.5	557.5	593.3	798.1	819.5
排水	403.6	517.1	637.2	1035.5	1172.7	971.6	934.1	1055.0
园林绿化	475.2	601.6	823.9	1137.6	2670.6	1991.9	2380.0	2234.9
市容环境卫生	217.9	171.0	259.2	411.2	423.5	556.2	398.6	505.7
工业污染治理投资 (亿元)	483.9	552.4	542.6	442.6	397.0	444.4	500.5	849.7
#治理废水	151.1	196.1	194.6	149.5	129.6	157.7	140.3	124.9
治理废气	233.3	275.3	265.7	232.5	188.2	211.7	257.7	640.9
治理固体废物	18.3	18.3	19.7	21.9	14.3	31.4	24.7	14.0
治理噪声	3.0	1.8	2.8	1.4	1.4	2.2	1.2	1.8
治理其他	78.3	60.7	59.8	37.4	62.0	41.4	76.5	68.1
当年完成环保验收项目环保投资 (亿元)	767.2	1367.4	2146.7	1570.7	2033.0	2112.4	2690.4	2964.5
城市环境情况								
城区面积 (万平方公里)	16.7	17.6	17.8	17.5	17.9	18.4	18.3	18.3
城市污水处理率 (%)	55.7	62.9	70.2	75.3	82.3	83.6	87.3	89.3
城市燃气普及率 (%)	79.1	87.4	89.6	91.4	92.0	92.4	93.2	94.3
城市生活垃圾清运量 (万吨)	14841	15215	15438	15734	15805	16395	17081	17239
城市生活垃圾无害化处理率 (%)	52.2	62.0	66.8	71.4	77.9	79.7	84.8	89.3
城市人均公园绿地面积 (平方米)	8.30	8.98	9.71	10.66	11.18	11.80	12.26	12.64
城市公园个数 (个)	6908	7913	8557	9050	9955	10780	11604	12401
农村环境情况								
农村累计使用卫生厕所户数(万户)	13873	14442	15166	16056	17138	18019	18628	19401
农村卫生厕所普及率 (%)	55.0	57.0	59.7	63.2	67.4	69.2	71.7	74.1
农村累计使用卫生公厕户数(万户)	2126.3	2049.0	2739.5	2970.7	2827.7	2972.8	2896.6	3165.1
农村沼气池产气量 (亿立方米)	83.6	101.7	118.4	130.8	139.6	152.8	157.6	157.8
农村太阳能热水器 (万平方米)	3941.0	4286.4	4758.7	4997.1	5488.9	6231.9	6801.8	7294.6
农村太阳灶数 (万台)	86.5	111.9	135.7	148.4	161.7	213.9	220.7	226.4

7-12-2 续表 3

指　　标	2014	2015	2016	2017	2018	2019	2020	2021
水环境								
水资源总量（亿立方米）	27267	27963	32466	28761	27463	29041	31605	29638
地表水	26264	26901	31274	27746	26323	27993	30407	28311
地下水	7745	7797	8855	8310	8247	8192	8554	8196
地表水与地下水资源重复量	6742	6735	7662	7295	7107	7144	7355	6868
人均水资源量（立方米/人）	1988	2026	2339	2060	1958	2063	2240	2098
供水总量（亿立方米）	6095	6103	6040	6043	6016	6021	5813	5920
#地表水	4920	4970	4912	4946	4953	4983	4792	4928
地下水	1117	1069	1057	1017	976	934	893	854
用水总量（亿立方米）	6095	6103	6040	6043	6016	6021	5813	5920
#农业	3869	3852	3768	3766	3693	3682	3612	3644
工业	1356	1335	1308	1277	1262	1218	1030	1050
生活	767	794	822	838	860	872	863	909
废水排放总量（亿吨）	716	735						
#工业废水排放量	205	199						
生活污水排放量	510	535						
化学需氧量排放量（万吨）	2295	2224	658	609	584	567	2565	2531
#工业	311	293	123	91	81	77	50	42
生活	864	847	474	484	477	470	919	812
农业	1102	1069	57	32	25	19	1593	1676
氨氮排放量（万吨）	239	230	57	51	49	46	98	87
#工业	23	22	6	4	4	3	2	2
生活	138	134	48	45	45	42	71	58
农业	76	73	1	1			25	27
大气环境								
工业废气排放量（亿立方米）	694190	685190						
二氧化硫排放量（万吨）	1974	1859	855	611	516	457	318	275
#工业	1740	1557	770	530	447	395	253	210
生活	234	297	84	81	69	61	65	65
氮氧化物排放量（万吨）	2078	1851	1503	1348	1288	1234	1182	988
#工业	1405	1181	809	646	589	548	417	369
生活	45	65	62	59	53	50	33	36
机动车	628	585	632	641	645	634	729	582
颗粒物排放总量（万吨）	1741	1538	1608	1285	1132	1088	613	537
#工业	1456	1233	1376	1067	949	926	401	325
生活	227	250	219	206	173	155	202	205
机动车	57	56	12	11	10	7	10	7
固体废物								
一般工业固体废物产生量（万吨）	325620	327079	371237	386707	407799	440810	367546	397006
危险废物产生量（万吨）	3634	3976	5220	6581	7470	8126	7282	8654

7-12-2 续表 4

指 标		2014	2015	2016	2017	2018	2019	2020	2021
一般工业固体废物综合利用量	(万吨)	204330	198807	210995	206159	216860	232079	203798	226659
危险废物综合利用量	(万吨)	2062	2050	4317	5973	6788	7539	8074	8461
一般工业固体废物综合利用率	(%)	62.1	60.3						
危险废物综合利用率	(%)	56.4	51.2						
一般工业固体废物处置量	(万吨)	80388	73034	85232	94314	103283	110359	91749	88876
危险废物处置量	(万吨)	929	1174						
一般工业固体废物贮存量	(万吨)	45033	58365					80798	89412
危险废物贮存量	(万吨)	691	810					11900	11949
一般工业固体废物倾倒丢弃量	(万吨)	59	56					113	26
生态环境									
森林面积	(万公顷)	22045	22045	22045	22045	22045			
森林覆盖率	(%)	22.96	22.96	22.96	22.96	22.96			
当年造林面积	(万公顷)	555	768	720	768	730	739	693	375
自然保护区数	(个)	2729	2740	2750	2750				
#国家级		428	428			474	474	474	474
自然保护区面积	(万公顷)	14699	14703	14733	14717				
湿地面积	(万公顷)								
湿地面积占国土面积比重	(%)								
自然灾害									
发生地质灾害次数	(处)	10937	8355	10997	7521	2966	6181	7840	4761
#滑坡		8149	5668	8194	5524	1631	4220	4810	2335
崩塌		1860	1870	1905	1356	858	1238	1797	1746
泥石流		554	483	652	387	339	599	899	374
发生地震灾害次数	(次)	20	14	16	12	11	16	5	
#5.0级以上		19	14	12	8	7	11	5	19
森林火灾次数	(次)	3703	2936	2034	3223	2478	2345	1153	616
#重大		2	6	1	4	3	8	7	
特大		1			3	2	1		
森林火灾受害森林面积	(万公顷)	1.9	1.3	0.6	2.5	1.6	1.4	0.9	
森林有害生物发生面积	(万公顷)	1206.4	1218.4	1211.3	1253.1	1219.5	1236.8	1278.4	1255.4
森林有害生物防治面积	(万公顷)	787.4	877.8	833.8	962.2	948.9	1015.3	1009.2	1008.8
森林有害生物防治率	(%)	65.3	72.0	68.8	76.8	77.8	82.1	78.9	80.4
环境污染									
突发环境事件次数	(次)	471	334	304	302	286	261	208	199
环境污染治理投资									
环境污染治理投资	(亿元)	9575.5	8806.3	9219.836	9539.0	8911.5	9258.5	9690.0	9491.8
环境污染治理投资占国内生产总值比重	(%)	1.49	1.28	1.24	1.15	0.97	0.94	0.96	0.83
城镇环境基础设施建设投资	(亿元)	5463.9	4946.8	5412.0	6085.7	5893.2	6017.8	6842.2	6578.3
#燃气		574.0	463.1	532.0	566.7	398.6	376.5	318.3	305.2

7-12-2 续表 5

指标	2014	2015	2016	2017	2018	2019	2020	2021
集中供热	763.0	687.8	662.5	778.3	578.6	699.6	523.6	558.3
排水	1196.1	1248.5	1485.5	1727.5	1897.5	1930.0	2675.7	2714.7
园林绿化	2338.5	2075.4	2170.9	2390.2	2413.4	2327.3	2194.5	2003.1
市容环境卫生	592.2	472.0	561.1	623.0	605.1	684.4	1130.0	997.0
工业污染治理投资 (亿元)	997.7	773.7	819.0	681.5	621.3	615.2	454.3	335.2
#治理废水	115.2	118.4	108.2	76.4	64.0	69.9	57.4	36.1
治理废气	789.4	521.8	561.5	446.3	393.1	367.7	242.4	222.1
治理固体废物	15.1	16.1	46.7	12.7	18.4	17.1	17.3	7.9
治理噪声	1.1	2.8	0.6	1.3	1.5	1.4	0.7	0.5
治理其他	76.9	114.5	102.0	144.9	144.2	159.1	136.5	68.5
当年完成环保验收项目环保投资 (亿元)	3113.9	3085.8	2988.8	2771.7	2397.0	2750.1	3342.5	2578.3
城市环境情况								
城区面积 (万平方公里)	18.4	19.2	19.8	19.8	20.1	20.1	18.7	18.8
城市污水处理率 (%)	90.2	91.9	93.4	94.5	95.5	96.8	97.5	97.9
城市燃气普及率 (%)	94.6	95.3	95.8	96.3	96.7	97.3	97.9	98.0
城市生活垃圾清运量 (万吨)	17860	19142	20362	21521	22802	24206	23512	24869
城市生活垃圾无害化处理率 (%)	91.8	94.1	96.6	97.7	99.0	99.2	99.7	99.9
城市人均公园绿地面积 (平方米)	13.08	13.35	13.70	14.01	14.11	14.36	14.78	14.87
城市公园个数 (个)	13037	13834	15370	15633	16735	18038	19823	22062
农村环境情况								
农村累计使用卫生厕所户数(万户)	19939	20684	21460	21701				
农村卫生厕所普及率 (%)	76.1	78.4	80.3	81.7				
农村累计使用卫生公厕户数(万户)	3990.9	3879.5	3502.6	2997.7				
农村沼气池产气量 (亿立方米)	155.0	153.9	144.9	123.8	112.2			
农村太阳能热水器 (万平方米)	7782.9	8232.6	8623.7	8723.5	8805.4	8476.7	8420.7	
农村太阳灶数 (万台)	230	232.6	227.9	222.3	213.6	183.6	170.6	

注：1. 2011年生态环境部对统计制度中的指标体系、调查方法及相关技术规定等进行了修订，统计范围扩展为工业源、农业源、城镇生活源、机动车、集中式污染治理设施5个部分。
2. 以第二次全国污染源普查成果为基准，生态环境部依法组织对2016-2019年污染源统计初步数据进行了更新，2016年之后数据与以前年份不可比。统计调查对象为全国排放污染物的工业源、农业源、生活源、集中式污染治理设施、机动车。其中，农业源包括大型畜禽养殖场，生活源包括第三产业以及城镇居民生活源；此外，生活源废气污染物排放还包括农村生活源；危险废物综合利用量和处置量指标合并为危险废物利用处置量；烟(粉)尘指标改为颗粒物。
3. 自2020年起，生态环境部对排放源统计调查的部分调查范围、指标及方式方法进行了修订。其中工业源大气污染物非重点调查单位排放量统计调整至生活及其他大气污染物排放量统计中，生活源名称相应改为生活及其他；农业源由大型畜禽养殖场扩展至种植业、畜禽养殖业(含规模养殖场及规模以下养殖户)和水产养殖业；生活源由第三产业以及城镇居民生活源扩展至第三产业以及城镇、农村居民生活源。危险废物贮存量改为危险废物本年末贮存量。
4. 2012年起，生活用水量中的牲畜用水量调整至农业用水量中。
5. 森林面积和森林覆盖率2014-2020年为第九次全国森林资源清查数(2014-2018年)；2009-2013年为第八次全国森林资源清查数(2009-2013年)；2005-2008年为第七次清查数(2004-2008年)。包括香港、澳门特别行政区和台湾省数据。
6. 2007年起，造林总面积中增加无林地和疏林地新封山育林面积；2015年起，造林面积包括人工造林、飞播造林、新封山育林、退化林修复和人工更新。
7. 湿地面积和湿地面积占国土面积比重2009-2013年为第二次全国湿地资源调查(2009-2013)资料，包括台湾省和香港、澳门特别行政区数据；2005-2008年为全国首次湿地调查(1995-2003)资料，不包括台湾省和香港、澳门特别行政区数据。

7-12-3 水资源情况

地区	水资源总量（亿立方米）				人均水资源量（立方米/人）
		地表水资源量	地下水资源量	地表水与地下水资源重复量	
全国	**29638.2**	**28310.5**	**8195.7**	**6868.0**	**2098.5**
北京	61.3	31.6	47.5	17.8	280.0
天津	39.8	30.5	11.0	1.7	288.4
河北	376.6	227.6	220.2	71.2	505.1
山西	207.9	155.9	113.7	61.7	596.6
内蒙古	942.9	788.8	238.6	84.5	3926.3
辽宁	511.7	460.0	150.8	99.1	1206.3
吉林	459.2	380.0	166.2	87.0	1923.8
黑龙江	1196.3	1020.5	346.7	170.9	3800.2
上海	53.9	45.6	11.2	2.9	216.6
江苏	500.8	442.5	135.3	77.0	589.8
浙江	1344.7	1323.3	261.8	240.4	2067.5
安徽	883.3	798.0	211.7	126.4	1445.9
福建	758.7	757.3	238.7	237.3	1817.7
江西	1419.7	1400.6	332.0	312.9	3142.3
山东	525.3	381.8	237.7	94.2	516.6
河南	689.2	556.9	257.0	124.7	695.3
湖北	1188.8	1170.4	326.2	307.8	2054.1
湖南	1790.6	1783.6	437.4	430.4	2699.3
广东	1221.2	1211.3	301.3	291.4	965.1
广西	1541.2	1540.5	349.2	348.5	3065.2
海南	341.6	334.9	92.9	86.2	3362.2
重庆	750.8	750.8	129.4	129.4	2338.6
四川	2924.5	2923.4	625.9	624.8	3493.4
贵州	1091.4	1091.4	263.7	263.7	2831.1
云南	1615.8	1615.8	562.9	562.9	3433.5
西藏	4408.9	4408.9	993.5	993.5	120461.7
陕西	852.5	810.9	200.0	158.4	2155.8
甘肃	279.0	268.2	120.0	109.2	1118.0
青海	842.2	824.4	362.5	344.7	14190.4
宁夏	9.3	7.5	16.4	14.6	128.6
新疆	809.0	767.8	434.2	393.0	3124.2

7-12-4 供水用水情况

地 区	供水总量(亿立方米)	地表水	地下水	其 他	用水总量(亿立方米)	农 业	工 业	生 活	人工生态环境补水	人均用水量(立方米/人)
全 国	**5920.2**	**4928.1**	**853.8**	**138.3**	**5920.2**	**3644.3**	**1049.6**	**909.4**	**316.9**	**419.2**
北 京	40.8	21.6	13.6	5.5	40.8	2.8	2.9	19.4	15.7	186.4
天 津	32.3	23.8	2.7	5.8	32.3	9.3	4.8	7.0	11.3	234.1
河 北	181.9	96.2	73.2	12.5	181.9	97.1	17.7	27.8	39.3	244.0
山 西	72.6	38.5	28.2	6.0	72.6	40.8	12.3	15.1	4.5	208.3
内蒙古	191.7	105.7	79.0	7.0	191.7	137.5	13.4	11.7	29.1	798.3
辽 宁	129.0	76.7	46.5	5.8	129.0	77.2	16.5	26.6	8.7	304.1
吉 林	110.2	74.3	33.8	2.1	110.2	79.9	9.2	13.1	8.1	461.7
黑龙江	324.5	200.2	122.0	2.2	324.5	289.2	17.8	15.9	1.6	1030.8
上 海	105.8	105.5		0.2	105.8	15.3	65.0	24.7	0.9	425.2
江 苏	567.5	552.4	3.2	11.9	567.5	246.2	250.2	66.1	5.1	668.4
浙 江	166.4	161.7	0.2	4.5	166.4	73.3	35.8	50.6	6.8	255.8
安 徽	271.7	239.5	25.8	6.3	271.7	144.1	82.1	36.5	9.0	444.8
福 建	182.6	175.3	3.3	4.0	182.6	99.8	35.4	32.4	14.9	437.5
江 西	249.4	241.9	5.0	2.5	249.4	167.3	48.7	28.8	4.6	552.0
山 东	210.1	128.9	66.8	14.4	210.1	115.8	32.6	40.3	21.4	206.6
河 南	222.9	115.6	96.9	10.3	222.9	115.0	28.0	45.1	34.8	224.9
湖 北	336.1	330.5	5.4	0.3	336.1	177.7	85.6	51.9	21.0	580.7
湖 南	322.4	312.1	6.7	3.6	322.4	199.9	62.1	48.4	11.9	486.0
广 东	407.0	394.0	8.6	4.4	407.0	204.2	78.2	117.9	6.7	321.6
广 西	268.5	258.2	7.1	3.2	268.5	189.6	36.5	36.1	6.3	534.0
海 南	45.0	43.3	1.3	0.4	45.0	34.0	1.5	8.5	1.0	442.9
重 庆	72.1	66.2	0.5	5.4	72.1	28.7	19.3	22.5	1.6	224.6
四 川	244.3	236.4	6.5	1.4	244.3	158.6	21.8	57.0	6.9	291.8
贵 州	104.1	100.6	2.1	1.4	104.1	62.1	20.0	20.0	2.0	270.0
云 南	160.3	153.2	3.9	3.2	160.3	112.1	15.7	27.5	5.0	340.6
西 藏	32.4	29.0	3.3	0.1	32.4	27.3	1.1	3.5	0.4	885.2
陕 西	91.8	57.7	29.2	4.9	91.8	54.6	10.9	20.3	5.9	232.1
甘 肃	110.1	83.9	23.5	2.7	110.1	82.6	6.5	9.7	11.3	441.2
青 海	24.5	19.1	5.0	0.5	24.5	17.5	2.5	2.9	1.7	412.8
宁 夏	68.1	61.9	5.2	1.0	68.1	56.9	4.2	3.7	3.3	941.9
新 疆	573.9	424.1	145.0	4.8	573.9	527.9	11.2	18.7	16.2	2216.3

7-12-5 各地区废水中主要污染物排放情况

地 区	废水中主要污染物排放量											
	COD (万吨)	氨氮 (万吨)	总氮 (万吨)	总磷 (万吨)	石油类 (吨)	挥发酚 (吨)	总铅 (千克)	总汞 (千克)	总镉 (千克)	六价铬 (千克)	总铬 (千克)	总砷 (千克)
全 国	**2531.0**	**86.8**	**316.7**	**33.8**	**2217.5**	**51.8**	**19588**	**638**	**3270**	**3946**	**17796**	**9223**
北 京	4.9	0.2	1.0		6.9		11		1	2	9	1
天 津	15.5	0.2	1.7	0.2	10.2		27	7	5	17	71	17
河 北	153.5	3.7	13.3	1.5	160.7	5.0	182	7	14	114	570	98
山 西	61.6	1.4	5.4	0.6	34.0	0.9	51	2	32	2	5	259
内蒙古	76.7	1.6	6.1	0.4	17.0	0.1	188	9	17	14	85	86
辽 宁	119.9	1.6	10.1	1.4	190.5	9.2	100	15	28	20	318	104
吉 林	76.3	1.1	6.0	0.6	20.5	0.3	229	1	61	33	299	66
黑龙江	85.1	1.5	8.3	0.7	37.3	1.2	29	2	5	60	73	286
上 海	7.5	0.3	2.6	0.1	172.4	0.7	60	3	14	55	194	37
江 苏	119.5	4.3	17.5	1.7	169.2	3.7	339	24	12	414	1938	72
浙 江	49.9	3.5	12.7	1.0	157.4	0.8	445	5	68	758	2623	48
安 徽	120.0	4.3	15.6	1.9	101.2	0.8	667	14	129	144	1393	444
福 建	55.7	3.8	11.6	1.3	58.4	1.0	479	5	90	104	1161	896
江 西	109.6	4.7	13.9	1.7	112.7	11.5	2043	18	624	236	559	1154
山 东	156.3	4.6	16.4	1.5	207.0	5.1	793	36	133	320	2652	502
河 南	151.8	4.3	17.6	1.8	34.3	0.4	671	7	45	28	757	83
湖 北	156.8	5.5	19.6	2.5	103.7	1.1	709	32	395	126	462	948
湖 南	151.8	5.8	19.5	2.5	61.6	1.5	4427	156	431	204	818	533
广 东	158.1	7.7	28.8	3.0	182.2	0.7	2306	17	350	900	2322	827
广 西	95.8	5.3	19.4	2.3	28.5	0.3	458	28	70	33	328	341
海 南	17.2	0.7	2.9	0.4	1.4	0.2	14	1	4	14	41	14
重 庆	33.8	2.0	5.9	0.5	108.4	3.1	47	2	4	74	182	18
四 川	135.8	6.5	19.2	1.8	73.2	0.4	226	47	27	88	359	212
贵 州	118.4	2.6	10.2	1.5	21.8	0.3	160	4	29	20	79	241
云 南	69.4	2.6	11.1	1.0	26.0	0.1	1888	39	269	21	53	908
西 藏	13.7	0.4	1.0	0.1	0.1		11		2	1	3	3
陕 西	50.7	2.7	7.2	0.5	37.0	0.6	219	22	47	22	103	485
甘 肃	66.1	0.6	3.5	0.5	21.8	0.4	552	44	46	89	196	202
青 海	7.9	0.6	1.1	0.1	6.4	0.5	1964	43	221	2	11	60
宁 夏	24.5	0.3	1.5	0.2	4.8	0.1	2	42	1	2	8	1
新 疆	67.0	2.3	6.0	0.5	51.0	2.1	293	5	95	30	125	277

7-12-6 管辖海域未达到第一类海水水质标准的海域面积

单位：平方公里

海 区	第二类水质海域面积	第三类水质海域面积	第四类水质海域面积	劣于第四类水质海域面积
全 国	**30540**	**10960**	**7150**	**21350**
渤 海	7710	2720	820	1600
黄 海	6310	1830	720	660
东 海	11450	3490	4720	16310
南 海	5070	2920	890	2780

7-12-7 主要城市空气质量情况

单位：微克/立方米

城市	二氧化硫年平均浓度	二氧化氮年平均浓度	可吸入颗粒物(PM_{10})年平均浓度	一氧化碳日均值第95百分位浓度（毫克/立方米）	臭氧日最大8小时第90百分位浓度	细颗粒物($PM_{2.5}$)年平均浓度	空气质量优良天数比例(%)
北京	3	26	55	1.1	149	33	78.9
天津	8	37	69	1.4	160	39	72.3
石家庄	9	32	84	1.4	173	46	65.8
太原	14	39	83	1.5	192	44	61.4
呼和浩特	11	28	60	1.4	144	28	87.1
沈阳	15	33	65	1.5	135	38	86.3
长春	9	31	54	1.0	116	31	90.4
哈尔滨	16	31	57	1.2	128	37	84.9
上海	6	35	43	0.9	145	27	91.8
南京	6	33	56	1.0	168	29	82.2
杭州	6	34	55	0.9	162	28	87.9
合肥	7	36	63	1.0	143	32	86.0
福州	4	18	39	0.8	113	21	100.0
南昌	8	27	61	1.1	134	31	91.5
济南	11	33	78	1.3	181	40	62.7
郑州	8	32	76	1.2	177	42	64.9
武汉	8	40	59	1.3	155	37	79.2
长沙	7	29	52	1.1	144	43	83.3
广州	8	34	46	1.0	160	24	88.5
南宁	8	25	47	1.0	129	28	97.0
海口	4	10	28	0.7	124	14	98.4
重庆	9	32	54	1.0	127	35	89.3
成都	6	35	61	1.0	151	40	81.9
贵阳	10	20	42	0.9	114	23	98.9
昆明	9	23	41	0.9	134	24	98.4
拉萨	6	16	24	0.8	121	10	100.0
西安	8	40	82	1.3	154	41	72.6
兰州	15	46	72	2.0	145	32	81.1
西宁	18	36	58	2.0	142	32	90.4
银川	14	30	63	1.5	152	27	84.1
乌鲁木齐	7	38	65	1.8	134	39	80.8

7-12-8 各地区废气中主要污染物排放情况

地 区	废气中主要污染物排放量		
	二氧化硫（万吨）	氮氧化物（万吨）	颗粒物（万吨）
全 国	**274.78**	**988.38**	**537.38**
北 京	0.14	8.21	0.54
天 津	0.85	10.72	1.28
河 北	17.07	82.24	34.98
山 西	14.70	42.83	29.59
内蒙古	22.48	43.35	96.12
辽 宁	16.33	54.48	27.31
吉 林	6.23	22.26	16.95
黑龙江	11.03	27.85	35.08
上 海	0.58	13.57	0.98
江 苏	8.86	52.89	12.65
浙 江	4.33	38.05	7.16
安 徽	8.55	44.58	11.73
福 建	6.51	24.51	9.31
江 西	8.75	32.42	10.97
山 东	16.53	81.68	21.69
河 南	6.00	49.81	7.27
湖 北	9.21	35.76	13.47
湖 南	8.49	26.18	15.02
广 东	9.79	62.96	13.47
广 西	7.43	30.12	8.78
海 南	0.43	3.83	0.93
重 庆	5.06	15.76	5.80
四 川	13.58	34.97	19.21
贵 州	14.31	22.37	11.59
云 南	17.31	32.01	24.81
西 藏	0.22	4.43	0.83
陕 西	8.11	24.97	23.15
甘 肃	8.47	18.46	13.12
青 海	4.08	6.57	5.67
宁 夏	6.03	12.29	6.53
新 疆	13.33	28.25	51.37

7-12-9 各地区工业固体废物产生及利用情况

单位：万吨

地 区	一般工业固体废物产生量	一般工业固体废物综合利用量	一般工业固体废物处置量	危险废物产生量	危险废物利用处置量
全 国	**397006**	**226659**	**88876**	**8654**	**8461**
北 京	194	114	80	26	26
天 津	1927	1921	5	72	72
河 北	40899	22320	6365	481	480
山 西	45901	18585	21664	377	376
内蒙古	41211	13814	16118	609	608
辽 宁	24610	13139	7539	213	203
吉 林	5022	2639	1540	245	245
黑龙江	8316	3609	1388	118	115
上 海	2073	1947	126	140	140
江 苏	13051	12350	699	573	575
浙 江	5315	5336	22	505	507
安 徽	14508	13594	813	237	234
福 建	6665	5588	784	173	172
江 西	11533	5586	657	187	185
山 东	25233	20027	1625	967	1008
河 南	16647	13061	1376	272	283
湖 北	10217	6843	2013	145	142
湖 南	4846	3748	526	208	212
广 东	7905	6652	938	504	505
广 西	9386	4296	1367	378	407
海 南	658	441	217	19	19
重 庆	2267	1884	271	97	98
四 川	14435	6151	2351	483	498
贵 州	10911	7828	1624	74	74
云 南	17845	9196	4861	304	302
西 藏	1930	172	15		
陕 西	13050	6463	5010	214	226
甘 肃	6262	2990	1986	197	178
青 海	15753	8379	173	344	120
宁 夏	7857	3555	4243	112	115
新 疆	10581	4430	2481	376	335

7-12-10 各地区城市生活垃圾清运和处理情况

地区	生活垃圾清运量（万吨）	无害化处理厂数（座）	卫生填埋	焚烧	其他	无害化处理能力（吨/日）	卫生填埋
全国	**24869.2**	**1407**	**542**	**583**	**282**	**1057064**	**261555**
北京	784.2	42	9	11	22	33861	7491
天津	335.7	19	1	13	5	19750	400
河北	788.1	62	27	28	7	42704	9704
山西	488.7	26	15	10	1	11611	5675
内蒙古	365.3	30	25	5		13247	8697
辽宁	1029.8	48	27	13	8	37760	18657
吉林	469.1	38	23	12	3	21025	9195
黑龙江	521.9	46	30	12	4	22629	12187
上海	955.1	24	1	13	10	33880	5000
江苏	1903.6	82	21	49	12	83304	10978
浙江	1531.1	77	1	51	25	80078	1000
安徽	714.9	52	12	25	15	35959	7296
福建	905.3	37	6	23	8	31746	2767
江西	567.5	31	8	17	6	22240	2745
山东	1769.0	104	29	56	19	73601	14639
河南	1107.8	52	27	21	4	42213	14028
湖北	1075.7	60	27	21	12	36144	11474
湖南	868.5	46	26	11	9	35346	14906
广东	3288.6	182	41	73	68	176736	40830
广西	583.5	35	19	15	1	21724	7714
海南	265.3	13	1	10	2	10785	500
重庆	670.3	26	13	8	5	23070	5170
四川	1267.6	58	18	31	9	44133	6414
贵州	393.6	42	15	18	9	21926	6567
云南	546.9	37	21	15	1	18660	4543
西藏	69.2	9	8	1		2355	1655
陕西	669.4	41	28	6	7	28418	14918
甘肃	285.8	27	16	7	4	10567	3957
青海	120.5	12	10		2	2296	2126
宁夏	126.9	11	6	3	2	5410	2403
新疆	400.3	38	31	5	2	13886	7920

7-12-10 续表

地 区			无害化处理量(万吨)				生活垃圾无害化处理率(%)
	焚烧	其他		卫生填埋	焚烧	其他	
全 国	**719533**	**75976**	**24839.3**	**5208.5**	**18019.7**	**1611.1**	**99.9**
北 京	16950	9420	784.2	57.3	476.1	250.9	100.0
天 津	18200	1150	335.7	0.1	309.8	25.8	100.0
河 北	30750	2250	788.1	175.8	572.6	39.6	100.0
山 西	5836	100	488.7	184.1	291.9	12.7	100.0
内蒙古	4550		364.9	213.8	151.1		99.9
辽 宁	17281	1822	1028.0	505.6	467.2	55.2	99.8
吉 林	11150	680	469.1	160.3	298.6	10.2	100.0
黑龙江	9642	800	521.9	249.5	259.6	12.8	100.0
上 海	22500	6380	955.1	80.6	734.9	139.5	100.0
江 苏	67560	4766	1903.6	90.9	1704.9	107.8	100.0
浙 江	72090	6988	1531.1	12.0	1374.0	145.1	100.0
安 徽	26360	2303	714.9	32.1	638.4	44.3	100.0
福 建	25859	3120	905.3	23.5	839.5	42.3	100.0
江 西	18550	945	567.5	30.3	524.8	12.4	100.0
山 东	55412	3550	1769.0	76.2	1605.3	87.5	100.0
河 南	28100	85	1107.8	418.8	685.0	4.0	100.0
湖 北	19886	4784	1075.7	342.1	602.9	130.7	100.0
湖 南	17850	2590	868.5	333.1	483.2	52.2	100.0
广 东	122701	13205	3288.6	529.6	2554.1	204.8	100.0
广 西	13900	110	583.5	270.3	312.6	0.6	100.0
海 南	9785	500	265.3	2.8	243.7	18.8	100.0
重 庆	14100	3800	647.7	108.8	458.7	80.2	96.6
四 川	36247	1472	1267.5	150.5	1079.6	37.4	100.0
贵 州	14150	1209	389.7	151.9	220.5	17.2	99.0
云 南	13917	200	546.9	167.9	371.8	7.2	100.0
西 藏	700		69.0	47.9	21.1		99.7
陕 西	11550	1950	669.4	267.1	383.4	18.9	100.0
甘 肃	5700	910	285.8	113.3	154.5	18.0	100.0
青 海		170	119.8	110.1		9.7	99.4
宁 夏	2507	500	126.9	32.4	76.9	17.7	100.0
新 疆	5750	217	400.3	269.8	123.0	7.5	100.0

7-12-11 主要城市噪声监测情况

城市	道路交通噪声 等效声级 dB(A)	区域环境噪声 等效声级 dB(A)
北京	69.0	53.7
天津	66.8	54.0
石家庄	68.0	52.2
太原	66.2	52.0
呼和浩特	67.5	51.7
沈阳	69.9	54.1
长春	69.6	54.9
哈尔滨	67.4	56.6
上海	68.4	54.0
南京	67.0	53.5
杭州	66.5	55.8
合肥	67.0	58.9
福州	68.1	56.7
南昌	65.9	54.7
济南	68.8	54.9
郑州	68.7	55.1
武汉	71.0	57.7
长沙	68.6	54.3
广州	69.2	56.2
南宁	68.0	56.1
海口	68.0	59.6
重庆	66.0	52.2
成都	68.3	57.0
贵阳	69.8	55.3
昆明	64.9	52.0
拉萨	68.5	60.5
西安	68.7	56.2
兰州	66.7	52.5
西宁	68.5	53.1
银川	66.7	52.4
乌鲁木齐	64.9	54.5

7-12-12 各地区自然保护基本情况

地 区	国家级自然保护区数(个)	国家级自然保护区面积(万公顷)
全 国	**474**	**9821.3**
北 京	2	2.9
天 津	3	3.1
河 北	14	27.1
山 西	8	14.1
内蒙古	29	434.9
辽 宁	19	90.5
吉 林	24	122.8
黑龙江	49	389.4
上 海	2	6.5
江 苏	3	30.2
浙 江	11	14.8
安 徽	8	14.4
福 建	17	22.7
江 西	16	26.1
山 东	7	22.1
河 南	13	44.2
湖 北	22	54.6
湖 南	23	60.6
广 东	15	33.9
广 西	23	37.2
海 南	10	16.3
重 庆	7	25.5
四 川	32	304.9
贵 州	11	29.0
云 南	21	152.2
西 藏	11	3712.3
陕 西	26	62.8
甘 肃	21	671.7
青 海	7	2116.2
宁 夏	9	46.6
新 疆	15	1232.0

7-12-13 地质灾害及防治情况

地区	发生地质灾害数量（处）	#滑坡	#崩塌	#泥石流	#地面塌陷	人员伤亡（人）	#死亡人数	直接经济损失（万元）
全国	**4761**	**2335**	**1746**	**374**	**285**	**129**	**80**	**320025**
北京	104	5	99					429
天津	15		14	1				30
河北	23	8	11	4				1081
山西	442	126	270	3	29			28521
内蒙古	1			1				10
辽宁								
吉林	11		11					108
黑龙江								
上海								
江苏	8	8						22
浙江	246	97	72	76	1	6	5	4669
安徽	80	30	48	2				381
福建	35	8	24	1	2	4	3	134
江西	167	127	32	2	6			632
山东	1				1			1
河南	769	228	452	14	74	13	12	32557
湖北	138	102	30	3	3	4	4	2251
湖南	536	422	79	10	22	5	4	11120
广东	3	1	1		1			12
广西	452	92	250		109	7	3	2056
海南	5	1	4					61
重庆	289	182	87	11	9	9	9	8004
四川	403	239	76	85	3	13	7	42064
贵州	28	23	5			7	4	4590
云南	170	89	15	46	19	19	7	86863
西藏	94	11	15	67	1	18	4	1638
陕西	507	403	65	37	2	22	16	79934
甘肃	162	109	51	1				11215
青海	60	23	31	6		2	2	1492
宁夏	4	1	2		1			32
新疆	8		2	4	2			118

7-12-14 各地区森林火灾情况

地区	森林火灾次数（次）	一般火灾	较大火灾	重大火灾	特别重大火灾	火场总面积（公顷）	受害森林面积（公顷）	公益林	商品林	伤亡人数（人）	#死亡人数	其他损失折款（万元）
全国	**616**	**295**	**321**			**14124**	**4457**	**2087**	**1966**	**28**	**16**	**3324**
北京												
天津												
河北	5	4	1			290	24	24	1			28
山西	8	4	4			1219	244					
内蒙古	15	7	8			108	58	43	15			443
辽宁	13	9	4			138	39	20	19			
吉林	11	10	1			18	6	4	2			8
黑龙江	3	3					1					
上海												
江苏	2	2				1						
浙江	21	8	13			198	88	25	62	1		119
安徽	5	5				7	1					
福建	44	15	29			516	307	100	207			216
江西	50	19	31			677	303	53	250	2	2	193
山东	2	2				5	1	1				
河南	7	6	1			21	3	3				97
湖北	30	20	10			178	76	37	39			4
湖南	58	33	25			708	277	136	141	2	2	70
广东	99	31	68			2337	1024	503	521	1		491
广西	97	32	65			1181	495	58	437			157
海南	15	8	7			76	46	2	44			2
重庆	8	7	1			15	12	11				8
四川	22	13	9			1736	239	232	7			618
贵州	9	5	4			130	49	30	19			314
云南	45	22	23			3028	836	655	181	13	10	514
西藏	6		6			848	159					
陕西	17	11	6			100	45	24	21	1		12
甘肃	11	7	4			77	23	22				14
青海	2	1	1			228	94	94				1
宁夏	6	6				285	8	8	1	8	2	10
新疆	5	5										6

7-12-15 森林有害生物防治情况

地区	合计			森林病害		森林虫害		森林鼠(兔)害		有害植物	
	发生面积(公顷)	防治面积(公顷)	防治率(%)	发生面积(公顷)	防治面积(公顷)	发生面积(公顷)	防治面积(公顷)	发生面积(公顷)	防治面积(公顷)	发生面积(公顷)	防治面积(公顷)
全国	**12553676**	**10088125**	**80.4**	**2847363**	**2250505**	**7766511**	**6394060**	**1746653**	**1303798**	**193149**	**139762**
北京	30642	30642	100.0	1072	1072	29570	29570				
天津	55178	45178	81.9	4915	4915	50263	40263				
河北	472367	445489	94.3	14489	13409	430438	410188	27440	21892		
山西	236006	210275	89.1	14728	12728	158191	142669	61920	53711	1167	1167
内蒙古	968442	594806	61.4	174964	85166	596123	391303	197355	118337		
辽宁	506358	460383	90.9	36082	30688	464425	424333	5851	5362		
吉林	309875	304258	98.2	16177	16109	255232	249683	38466	38466		
黑龙江	497445	427877	86.0	32129	20667	298405	264727	166911	142483		
上海	13412	13405	100.0	1215	1214	12197	12191				
江苏	111319	108258	97.3	12939	12938	97104	94047			1276	1273
浙江	516192	489898	94.9	469032	444453	47160	45445				
安徽	417962	350551	83.9	127207	91873	290755	258678				
福建	265149	257332	97.1	80904	80845	184245	176487				
江西	593496	499935	84.2	310493	272180	282976	227755			27	
山东	505033	442835	87.7	122191	82543	382842	360292				
河南	481772	427334	88.7	97584	85436	384188	341898				
湖北	457438	400816	87.6	117070	107018	265821	232770	4623	4349	69924	56679
湖南	361680	196858	54.4	93263	19852	268417	177006				
广东	519562	351993	67.8	298688	211250	166952	99841			53922	40902
广西	352076	110494	31.4	76553	45631	259966	54768	223	223	15334	9872
海南	26983	7484	27.7	103	8	8407	4840			18473	2636
重庆	360856	360856	100.0	125633	125633	223854	223854	10089	10089	1280	1280
四川	624797	454135	72.7	131431	100117	464143	333637	29055	20213	168	168
贵州	180101	167381	92.9	23030	18584	151009	142753	3157	3156	2905	2888
云南	372466	367405	98.6	66955	66347	276033	271764	11207	11133	18271	18161
西藏	253327	104949	41.4	60313	24729	138107	56624	50373	21320	4534	2276
陕西	377422	311570	82.6	78740	61150	215442	181822	83213	68571	27	27
甘肃	391488	293288	74.9	74757	59145	185449	129795	131282	104348		
青海	258916	191951	74.1	29344	23618	116526	94761	107205	71139	5841	2433
宁夏	274088	117986	43.1	1128	866	105030	50653	167930	66467		
新疆	1611678	1519639	94.3	132801	129194	926237	861893	552640	528552		
大兴安岭	150150	22864	15.2	21433	1127	31004	7750	97713	13987		

7-12-16 地震灾害情况

年 份 地 区	地震灾害次数 (次)				人员伤亡 (人)		直接经济损失 (亿元)
		5.0-5.9级	6.0-6.9级	7.0级以上		#死亡人数	
2001	12	8	2	1	750	9	14.84
2002	5	4			362	2	1.48
2003	21	10	6	1	7465	319	46.60
2004	11	8	1		696	8	9.50
2005	13	9	2		882	15	26.28
2006	10	9			229	25	8.00
2007	3	1	1		422	3	20.19
2008	17	6	4	2	446293	69283	8594.96
2009	8	5	2		407	3	27.38
2010	12	4		1	13795	2705	236.11
2011	18	11	2	1	540	32	602.09
2012	12	8	3		1279	86	82.88
2013	14	10	3	1	15965	294	995.36
2014	20	14	4	1	3666	623	332.61
2015	14	13	1		1192	30	179.19
2016	16	8	4		104	1	66.87
2017	12	4	3	1	676	38	147.66
2018	11	7			85		30.27
2019	16	9	2		428	17	91.00
2020	5	3	2		35	5	20.54
2021	19	16	2	1		9	106.52
内蒙古							0.04
江 苏	1	1					
河 南							0.01
湖 北							0.04
广 西							0.22
重 庆							0.15
四 川						3	25.17
贵 州							0.21
云 南	6	5	1			3	34.15
西 藏	3	2	1				4.76
甘 肃	1	1					
青 海	5	4		1			41
宁 夏							0.05
新 疆	3	3				3	0.72

注：2021年数据为全国5.0级以上地震情况。

7-12-17 主要海洋灾害情况

灾害类型	发生次数 (次)	死亡、失踪人数 (人)	直接经济损失 (亿元)
合 计	**79**	**28**	**30.71**
风暴潮	9	2	24.68
赤 潮	58		
海 浪	9	26	1.05
海 冰	1		4.98
海 啸			
大型藻类	2		

7-12-18 各地区突发环境事件情况

地区	突发环境事件次数（次）	特别重大环境事件	重大环境事件	较大环境事件	一般环境事件
全国	**199**		**2**	**9**	**188**
北京	2				2
天津					
河北					
山西	24			1	23
内蒙古	6				6
辽宁	4			1	3
吉林	2				2
黑龙江	3				3
上海	1				1
江苏	12				12
浙江	6				6
安徽	2			1	1
福建	4			1	3
江西	3				3
山东	3			1	2
河南	13		1		12
湖北	21				21
湖南	3			2	1
广东	24				24
广西	8				8
海南	2				2
重庆	5				5
四川	8				8
贵州	4				4
云南	5				5
西藏					
陕西	9		1	1	7
甘肃	5		1	1	3
青海	5				5
宁夏	9				9
新疆	7				7

7-12-19 各地区城市市政设施情况

地 区	道路长度（公里）	道路面积（万平方米）	城市桥梁（座）	城市道路照明灯（千盏）	排水管道长度（公里）
全 国	**532476**	**1053655**	**83673**	**32459**	**872283**
北 京	8432	14800	2401	313	18926
天 津	9387	18000	1247	419	23402
河 北	19358	41978	2483	1104	22470
山 西	9796	22696	600	536	12671
内蒙古	11348	23057	528	622	14806
辽 宁	24052	44707	1940	1350	24142
吉 林	11014	19691	1002	612	14114
黑龙江	14441	23003	1242	752	13797
上 海	5844	11977	3045	686	23696
江 苏	53304	92965	14330	3849	92127
浙 江	30781	58313	14110	1890	60698
安 徽	19433	46184	2281	1206	36505
福 建	16064	31039	2494	949	22880
江 西	14103	29896	1192	975	21577
山 东	53058	108259	5956	2199	72793
河 南	17956	44850	1775	1143	31369
湖 北	23522	46273	2496	1020	36069
湖 南	18070	38758	1445	918	25364
广 东	57664	100564	9826	3656	134422
广 西	15637	32100	1472	831	20468
海 南	5337	8517	248	184	7275
重 庆	12246	26320	2506	899	24604
四 川	28269	56342	3859	2166	46437
贵 州	10417	20027	962	821	12605
云 南	9032	18536	1399	762	18953
西 藏	1048	2089	63	32	866
陕 西	10495	24556	861	853	13946
甘 肃	7036	15074	712	435	8499
青 海	1659	4133	239	153	3601
宁 夏	2981	8193	225	248	2427
新 疆	10691	20757	734	876	10774

7-12-20 各地区城市污水处理情况

地区	污水处理厂（座）	污水处理厂处理能力（万立方米/日）	污水处理厂处理量（万立方米）	污水处理装置处理能力（万立方米/日）	污水处理装置处理量（万立方米）	市政再生水利用量（万立方米）	城市污水处理率（%）	
								#污水处理厂集中处理率
全　国	**2827**	**20767.2**	**6015749**	**978.5**	**103207**	**1610515**	**97.9**	**96.2**
北　京	75	707.9	202581	19.9	3391	55159	97.2	95.6
天　津	44	342.5	114038	3.4	934	38772	96.8	96.0
河　北	96	690.6	152425			75969	99.1	99.1
山　西	49	355.1	105739	2.0	333	24536	98.4	98.1
内蒙古	40	246.1	62830	1.5	1	27709	97.9	97.9
辽　宁	137	1029.5	318013	11.5	1775	65136	98.5	97.9
吉　林	51	457.2	134478	0.2	6	22809	97.6	97.6
黑龙江	73	432.4	121636	36.9	4764	18217	96.8	93.2
上　海	42	857.3	225939				96.9	96.9
江　苏	215	1596.2	472710	219.5	27010	140598	97.0	91.7
浙　江	115	1317.3	375015	21.5	3806	39752	97.9	96.9
安　徽	96	772.3	219407	37.4	2348	99882	97.1	96.1
福　建	63	525.8	154056	42.4	5892	35149	98.3	94.7
江　西	79	439.9	122516	6.8	1239	2965	98.1	97.1
山　东	229	1444.0	358254	5.7	515	170528	98.4	98.3
河　南	121	1008.8	252084	2.0	1	107241	99.2	99.2
湖　北	110	930.1	292767	71.3	22880	56188	97.8	90.7
湖　南	99	789.4	255239	15.0	393	31478	98.6	98.5
广　东	343	2889.2	904176	40.5	4598	373256	98.4	97.9
广　西	73	505.6	152008	369.4	14009	30070	99.1	90.8
海　南	27	125.5	40862	0.5	123	2942	99.6	99.3
重　庆	85	448.9	148151	2.9	460	1595	98.9	98.6
四　川	196	930.0	272219	40.7	7072	50811	96.4	94.0
贵　州	103	347.9	100160	11.0	170	4457	98.5	98.3
云　南	71	365.7	118415	8.6	1489	39446	98.1	96.9
西　藏	10	30.7	9106				83.5	83.5
陕　西	67	535.8	162417			39728	97.1	97.1
甘　肃	30	170.4	47418	8.0		7328	97.3	97.3
青　海	14	62.4	17315			4041	95.7	95.7
宁　夏	23	120.6	28829			9018	98.2	98.2
新　疆	51	292.6	74946			35740	97.3	97.3

7-12-21 各地区城市绿地和园林

地 区	城市绿地面积（公顷）	#公园绿地	公 园（个）	公园面积（公顷）	建成区绿化覆盖率（%）
全 国	**3479788**	**835659**	**22062**	**647962**	**42.4**
北 京	93127	36397	360	36397	49.3
天 津	46072	11353	166	3310	38.3
河 北	101483	30274	893	22118	42.9
山 西	56597	16951	395	13404	43.7
内蒙古	70793	18032	400	15248	42.0
辽 宁	147670	30356	674	22136	41.7
吉 林	94452	16481	423	12702	41.1
黑龙江	73045	18914	444	12631	37.4
上 海	171215	22463	434	3651	37.7
江 苏	314448	56620	1243	34943	43.7
浙 江	183218	41603	1699	23619	41.5
安 徽	127602	28190	619	20547	44.1
福 建	80850	22219	776	16955	44.3
江 西	79564	20338	782	16059	46.9
山 东	272462	73314	1420	50067	43.0
河 南	128190	41318	633	19939	41.6
湖 北	113284	36124	651	21092	42.8
湖 南	97624	24263	656	17507	42.2
广 东	532886	115853	4657	164065	42.9
广 西	76105	18529	414	15937	40.2
海 南	18443	4251	132	2590	40.8
重 庆	73383	27504	536	16192	42.6
四 川	139518	43252	879	26629	43.0
贵 州	99356	14509	401	14977	41.8
云 南	53238	13250	1031	11005	42.5
西 藏	6372	1296	156	1061	38.2
陕 西	76176	17998	410	11798	41.8
甘 肃	31168	10102	206	6819	36.3
青 海	8721	2797	65	1773	34.8
宁 夏	27111	6397	113	3649	42.0
新 疆	85614	14709	394	9143	41.0

7-12-22 各地区城市设施水平

地区	城市供水普及率(%)	城市燃气普及率(%)	每万人拥有公共汽电车数(标台)	人均城市道路面积(平方米)	人均公园绿地面积(平方米)	每万人拥有公共厕所(座)
全国	**99.38**	**98.04**	**11.25**	**18.84**	**14.87**	**3.29**
北京	98.80	100.00	16.45	7.72	16.62	3.31
天津	100.00	100.00	12.51	15.44	9.74	3.73
河北	100.00	99.79	11.34	20.99	15.14	3.71
山西	99.53	97.90	10.32	18.29	13.66	3.38
内蒙古	99.58	97.86	9.87	25.52	19.96	7.58
辽宁	99.66	97.86	11.95	19.80	13.44	2.40
吉林	95.91	94.85	9.57	16.19	13.55	3.88
黑龙江	99.17	92.23	13.11	16.54	13.60	4.31
上海	100.00	100.00	8.98	4.81	9.02	2.53
江苏	100.00	99.92	14.67	25.62	15.60	4.21
浙江	100.00	100.00	13.22	18.03	12.87	2.98
安徽	99.81	99.48	11.23	23.74	14.49	3.44
福建	99.92	99.34	11.54	20.97	15.01	4.65
江西	99.17	98.76	8.29	23.85	16.22	4.33
山东	99.88	99.33	14.41	26.50	17.94	2.23
河南	99.32	97.65	9.67	16.37	15.08	4.48
湖北	99.87	98.86	9.85	18.74	14.63	2.61
湖南	98.99	97.45	11.97	20.15	12.61	2.61
广东	100.00	98.26	10.88	15.40	17.74	2.08
广西	99.81	99.47	8.41	23.92	13.80	1.48
海南	95.73	99.42	13.13	25.96	12.96	2.85
重庆	96.26	98.19	9.38	15.95	16.67	2.98
四川	98.66	98.12	9.03	17.89	13.73	3.05
贵州	98.44	90.19	8.43	22.10	16.01	4.38
云南	99.02	78.53	10.28	18.10	12.94	5.72
西藏	98.90	68.09	5.63	21.48	13.33	9.00
陕西	98.16	98.77	11.35	17.60	12.90	4.64
甘肃	99.46	96.87	10.63	22.20	14.88	4.40
青海	98.83	94.48	12.78	18.93	12.81	3.54
宁夏	99.66	97.75	10.75	26.23	20.48	3.04
新疆	99.43	98.80	10.33	21.73	15.40	2.91

注：每万人拥有公共汽电车数统计范围为城市和县城。

【主要统计指标解释】

水资源总量 指当地降水形成的地表和地下产水量，即地表产流量与降水入渗补给地下水量之和。

地表水资源量 指河流、湖泊、冰川等地表水体逐年更新的动态水量，即当地天然河川径流量。

地下水资源量 指地下饱和含水层逐年更新的动态水量，即降水和地表水入渗对地下水的补给量。

地表水与地下水资源重复量 指地表水和地下水相互转化的部分，即天然河川径流量中的地下水排泄量和地下水补给量中来源于地表水的入渗补给量。

供水总量 指各种水源提供的包括输水损失在内的水量之和。

地表水源供水量 指地表水工程的取水量，按蓄水工程、引水工程、提水工程、调水工程四种形式统计。

地下水源供水量 指水井工程的开采量，按浅层淡水、深层承压水和微咸水分别统计。

其他水源供水量 包括再生水厂、集雨工程、海水淡化设施供水量及矿坑水利用量。

用水总量 指各类河道外用水户取用的包括输水损失在内的毛水量之和。不包括海水直接利用量以及水力发电、航运等河道内用水量。

农业用水 包括耕地和林地、园地、牧草地灌溉，鱼塘补水及牲畜用水。

工业用水 指工矿企业在生产过程中用于制造、加工、冷却、空调、净化、洗涤等方面的用水，按新水取用量计，不包括企业内部的重复利用水量。

生活用水 包括城镇生活用水和农村生活用水。城镇生活用水由城镇居民生活用水和公共用水（含第三产业及建筑业等用水）组成；农村生活用水指农村居民生活用水。

人工生态环境补水 仅包括人为措施供给的城镇环境用水和部分河湖、湿地补水，而不包括降水、径流自然满足的水量。

一般工业固体废物产生量 指当年全年调查对象实际产生的一般工业固体废物的量。一般工业固体废物指企业在工业生产过程中产生且不属于危险废物的工业固体废物。

一般工业固体废物综合利用量 指调查年度企业通过回收、加工、循环、交换等方式，从固体废物中提取或者使其转化为可以利用的资源、能源和其他原材料的固体废物量（包括当年利用的往年工业固体废物累计贮存量）。如用作农业肥料、生产建筑材料、筑路、用作充填回填材料等。综合利用量由原产生固体废物的单位统计。

一般工业固体废物处置量 指调查年度企业将工业固体废物焚烧和用其他改变工业固体废物的物理、化学、生物特性的方法，达到减少或者消除其危险成分的活动，或者将工业固体废物最终置于符合环境保护规定要求的填埋场的活动中，所消纳固体废物的量（包括当年处置的往年工业固体废物累计贮存量）。

一般工业固体废物贮存量 指调查年度企业以综合利用或处置为目的，将固体废物暂时贮存或堆存在专设的贮存设施或专设的集中堆存场所内的量。专设的固体废物贮存场所或贮存设施必须有防扩散、防流失、防渗漏、防止污染大气、水体的措施。

一般工业固体废物倾倒丢弃量 指调查年度企业将所产生的固体废物倾倒或者丢弃到固体废物污染防治设施、场所以外的量。

危险废物产生量 指调查年度调查对象实际产生的危险废物的量，包括利用处置危险废物过程中二次产生的危险废物的量。危险废物指列入国家危险废物名录或者根据国家规定的危险废物鉴别标准和鉴别方法认定的具有危险特性的废物。按《国家危险废物名录》（2016）填报。

危险废物利用处置量 指调查年度调查对象从危险废物中提取物质作为原材料或者燃料的活动中消纳危险废物的量，以及将危险废物焚烧和用其他改变危险废物物理、化学、生物特性的方法，达到减少或者消除其危险成分的活动，或者将危险废物最终置于符合环境保护规定要求的填埋场的活动中，所消纳危险废物的量。包括本单位自行处置利用的本单位产生和接收外单位危险废物量。

危险废物本年末贮存量 指截至调查年度年末，调查对象将危险废物以一定包装方式暂时存放在专设的贮存设施内的量。专设的贮存设施应符合《危险废物贮存污染控制标准》（GB18597-2001）等相关环保法律法规要求，具有防扩散、防流失、防渗漏、防止污染大气和水体措施的设施。包括本单位自行贮存的本单位产生的和接收外单位的危险废物量。

自然保护区 指保护典型的自然生态系统、珍稀濒危野生动植物种的天然集中分布区、有特殊意义的自然遗迹的区域。具有较大面积，确保主要保护对象安全，维持和恢复珍稀濒危野生动植物种群数量及赖以生存的栖息环境。

突发环境事件 指突然发生，造成或者可能造成重大人员伤亡、重大财产损失和对全国或者某一地区的经济社会稳定、政治安定构成重大威胁和损害，有重大社会影响的涉及公共安全的环境事件。

燃气普及率 指报告期末使用燃气的城市人口数与城市人口总数的比率。其中燃气包括人工煤气、天然气、液化石油气三种。计算公式为：

$$\text{燃气普及率}=\frac{\text{城区用气人口数（含暂住人口）}}{\text{城区人口+城区暂住人口}}\times 100\%$$

生活垃圾清运量 指报告期内收集和运送到垃圾处理厂（场）和生活垃圾最终消纳点的生活垃圾数量。生活垃圾指城市日常生活或为城市日常生活提供服务的活动中产生的固体废物以及法律行政规定的视为城市生活垃圾的固体废物。包括：居民生活垃圾、商业垃圾、集市贸易市场垃圾、街道清扫垃圾、公共场所垃圾和机关、学校、厂矿等单位的生活垃圾。

生活垃圾无害化处理率 指报告期生活垃圾无害化处理量与生活垃圾产生量的比率。在统计上，由于生活垃圾产生量不易取得，可用清运量代替。计算公式为：

$$\text{生活垃圾无害化处理率}=\frac{\text{生活垃圾无害化处理量}}{\text{生活垃圾产生量}}\times 100\%$$

公园绿地 向公众开放，以游憩为主要功能，兼具生态、景观、文教和应急避险等功能，有一定游憩和服务设施的绿地。

7 第三产业分行业主要指标

7-13 居民服务、修理和其他服务业

简要说明

一、主要内容

本篇资料主要包括居民服务、修理和其他服务业企业法人单位分地区主要指标和婚姻登记情况等。

二、资料来源

婚姻登记情况资料由民政部提供。

居民服务、修理和其他服务业企业法人单位分地区主要指标来源于国家统计局服务业统计司《规模以上服务业统计报表制度》和《规模以下服务业抽样调查统计报表制度》调查结果。

7-13-1 居民服务、修理和其他服务业企业法人单位分地区主要指标

地　区	营业收入（亿元）	资产总计（亿元）	从业人员（万人）
全　国	**9237.7**	**15162.2**	**498.1**
北　京	697.9	1287.4	35.0
天　津	199.7	441.0	10.7
河　北	170.2	329.1	15.1
山　西	85.9	244.8	7.6
内蒙古	39.0	107.3	4.0
辽　宁	129.3	495.9	8.7
吉　林	50.8	132.7	4.0
黑龙江	52.1	113.3	2.7
上　海	734.3	1069.3	26.5
江　苏	764.0	1107.6	37.2
浙　江	692.6	723.9	32.3
安　徽	324.9	548.3	17.2
福　建	519.7	584.3	25.6
江　西	193.3	272.0	9.7
山　东	567.6	813.0	27.8
河　南	590.0	639.5	27.1
湖　北	402.4	519.4	19.2
湖　南	365.0	443.4	16.3
广　东	1120.6	1305.6	71.8
广　西	114.3	892.3	8.3
海　南	32.1	131.7	2.3
重　庆	361.8	426.1	19.1
四　川	380.2	685.0	23.3
贵　州	198.1	510.7	12.5
云　南	169.8	634.4	13.6
西　藏	18.5	35.7	1.2
陕　西	136.4	336.3	9.9
甘　肃	33.6	119.4	3.4
青　海	8.5	31.5	1.4
宁　夏	22.5	54.8	1.5
新　疆	62.7	126.6	3.1

7-13-2 婚姻登记情况

年份 地区	结婚登记 (万对)	内地居民 登记结婚	涉外及港澳台 居民登记结婚	初婚 (万人)	再婚 (万人)	离婚 (万对)	离婚率 (‰)
1990	951.10	948.69	2.38	1819.13	78.24	80.00	0.69
1995	934.10	929.71	4.40	1776.07	83.35	105.60	0.88
2000	848.50	842.00	6.49	1581.39	102.62	121.29	0.96
2005	823.10	816.60	6.43	1483.00	163.10	178.50	1.37
2006	945.00	938.20	6.82	1705.60	184.40	191.30	1.46
2007	991.40	986.30	5.11	1779.70	203.10	209.80	1.59
2008	1098.30	1093.20	5.10	1972.50	224.10	226.90	1.71
2009	1212.40	1207.50	4.92	2168.80	256.00	246.80	1.85
2010	1241.00	1236.10	4.90	2200.90	281.10	267.80	2.00
2011	1302.36	1297.48	4.88	2309.88	294.85	287.40	2.13
2012	1323.59	1318.27	5.33	2361.17	286.02	310.38	2.29
2013	1346.93	1341.43	5.50	2385.96	307.89	350.01	2.57
2014	1306.74	1302.04	4.70	2286.81	326.68	363.68	2.67
2015	1224.71	1220.59	4.12	2108.97	340.44	384.14	2.79
2016	1142.82	1138.61	4.22	1913.26	372.39	415.82	3.02
2017	1063.10	1059.04	4.05	1746.33	379.86	437.40	3.15
2018	1013.94	1009.11	4.84	1598.67	429.22	446.08	3.20
2019	927.33	922.39	4.94	1398.71	455.94	470.06	3.36
2020	814.33	812.60	1.74	1228.60	400.07	433.90	3.09
2021	764.30	762.70	1.60	1157.80	370.80	283.93	2.01
北京	10.34	10.29	0.04	13.63	7.04	5.04	2.30
天津	8.04	8.03	0.01	9.10	6.98	4.14	3.00
河北	33.71	33.69	0.02	45.80	21.63	13.40	1.80
山西	22.33	22.32	0.01	37.29	7.37	5.86	1.68
内蒙古	13.21	13.20	0.01	17.59	8.83	5.49	2.29
辽宁	21.44	21.41	0.03	33.40	9.49	9.60	2.26
吉林	13.89	13.87	0.02	17.32	10.46	6.40	2.68
黑龙江	17.22	17.20	0.03	24.64	9.81	8.51	2.70
上海	8.98	8.90	0.08	11.40	6.57	3.62	1.46
江苏	46.70	46.63	0.07	77.74	15.65	17.98	2.12
浙江	26.32	26.26	0.05	40.10	12.54	9.50	1.46
安徽	42.05	42.02	0.03	62.52	21.59	14.65	2.40
福建	18.48	18.39	0.09	29.20	7.77	6.94	1.66
江西	24.38	24.36	0.02	38.31	10.45	7.99	1.77
山东	46.25	46.21	0.04	64.16	28.34	18.72	1.84
河南	59.65	59.62	0.03	92.12	27.18	19.99	2.02
湖北	31.56	31.53	0.04	49.86	13.26	12.63	2.18
湖南	30.17	30.12	0.05	45.42	14.92	12.94	1.95
广东	59.11	58.62	0.49	98.74	19.49	16.72	1.32
广西	27.28	27.02	0.26	43.81	10.75	9.51	1.89
海南	6.01	5.99	0.02	10.06	1.96	1.53	1.51
重庆	19.68	19.66	0.02	25.37	14.00	9.04	2.82
四川	51.16	51.11	0.05	72.90	29.42	19.82	2.37
贵州	29.28	29.26	0.02	44.57	13.98	10.70	2.78
云南	29.98	29.92	0.05	45.43	14.53	9.86	2.10
西藏	3.48	3.48		6.51	0.46	0.54	1.48
陕西	22.10	22.09	0.02	33.01	11.20	8.17	2.07
甘肃	16.41	16.41		27.57	5.25	4.25	1.70
青海	4.57	4.57		7.35	1.78	1.35	2.28
宁夏	4.87	4.87		7.66	2.08	1.67	2.31
新疆	15.63	15.63		25.23	6.03	7.34	2.83

【主要统计指标解释】

离婚率　指当年离婚对数占年平均人口的比重，计算公式为:

$$离婚率=\frac{当年离婚对数}{年平均人口数}\times 1000‰$$

7 第三产业分行业主要指标

7-14 教 育

简要说明

一、主要内容

教育事业统计资料包括高等教育(研究生教育、普通高等教育和成人高等教育)、中等教育(高中阶段教育和初中阶段教育)、初等教育(小学)、学前教育、特殊教育等资料。主要指标包括学校数、在校学生数、招生数、毕业生数、教职工数和专任教师数等。

教育经费资料主要反映国家教育经费投入情况，主要指标包括教育经费总投入及国家财政性教育经费。

教育企业法人单位分地区主要指标、15 岁及以上人口受教育程度分地区、分性别主要指标。

二、资料来源

教育事业统计资料由教育部提供，详细资料见《中国教育统计年鉴》(教育部发展规划司编)；技工学校资料由人力资源和社会保障部提供。

教育经费资料由教育部提供，详细资料见《中国教育经费统计年鉴》(教育部财务司编)。

教育企业法人单位分地区数据来源于国家统计局服务业统计司《规模以上服务业统计报表制度》和《规模以下服务业抽样调查统计报表制度》调查结果。

15 岁及以上人口受教育程度数据由国家统计局人口和就业统计司提供。

7-14-1 教育经费情况

单位：万元

年份 地区	合　计	国家财政性教育经费	#一般公共预算教育经费	民办学校中举办者投入	社会捐赠经费	事业收入	#学杂费	其他教育经费
1995	18779501	14115233	10929473	203672	1628414		2012423	
2000	38490806	25626056	21917652	858537	1139557	9382717	5948304	1483939
2001	46376626	30570100	27056548	1280895	1128852	11575137	7456014	1821643
2002	54800278	34914048	32549425	1725549	1272791	14609169	9227792	2278722
2003	62082653	38506237	36190977	2590148	1045927	17218399	11214985	2721943
2004	72425989	44658575	42444209	3478529	934204	20114268	13465517	3240414
2005	84188391	51610759	49460379	4522185	931613	23399991	15530545	3723842
2006	98153087	63483648	61353481	5490583	899078	24073042	15523301	4206736
2007	121480663	82802142	80943369	809337	930584	31772357	21309082	5166242
2008	145007374	104496296	102129675	698479	1026663	33670711	23492983	5115225
2009	165027065	122310935	119749753	749829	1254991	35275939	25155983	5435371
2010	195618471	146700670	141639029	1054254	1078839	41060664	30155593	5724045
2011	238692936	185867009	178217380	1119320	1118675	44246927	33169742	6341005
2012	286553052	231475698	203141685	1281753	956919	46198404	35048301	6640278
2013	303647182	244882177	214056715	1474089	855445	49262087	37376869	7173384
2014	328064609	264205820	225760099	1313476	796700	54271581	40530393	7477031
2015	361291927	292214511	258618740	1876620	869960	58097239	43173611	8233597
2016	388883850	313962519	277006325	2032733	810447	62768292	47709339	9309860
2017	425620069	342077546	299197838	2250061	849974	69575734	52932815	10866754
2018	461429980	369957704	319927298	2406210	947574	77382499	58958343	10735993
2019	501781166	400465452	346485685	2201304	1013752	87235021	66863024	10865637
2020	530338681	429081543	363104728	2292516	1172355	87041177	67614302	10751091
中　央	40674106	27096199	16072091		457242	10298509	3551783	2822157
地　方	489664575	401985344	347032637	2292516	715113	76742668	64062520	7928935
北　京	15085043	13130881	11279953	11903	5732	1531203	1251681	405325
天　津	6031844	5035674	4405334	28487	4761	873020	753273	89901
河　北	21282804	17793662	15817361	43298	8014	3353440	2883392	84389
山　西	10071575	8316903	7304837	37454	2418	1637828	1362299	76972
内蒙古	8510492	7758612	6353943	9909	6227	666788	564898	68956
辽　宁	10988599	8945697	7405621	18694	7637	1925442	1568615	91130
吉　林	7204781	6020483	5225820	31916	2509	1059975	913359	89899
黑龙江	8422728	7354052	6236095	8956	2860	986589	869954	70271
上　海	14427631	11844027	9729315	17344	11721	2328016	1939391	226522
江　苏	33717331	27497926	24192277	87825	70608	5164768	4215615	896205
浙　江	28846115	22022327	18797024	251880	107429	5304608	4250407	1159871
安　徽	17478565	14462349	12601055	103860	9025	2648784	2161249	254547
福　建	14160989	11593784	10260538	64427	48068	2190788	1836406	263921
江　西	15772884	13129954	12204760	78148	18427	2351980	1859757	194375
山　东	31022594	25265110	22818214	203662	19011	5145069	4398938	389741
河　南	28022275	21897805	18453074	271095	11219	5549569	4751256	292587
湖　北	16783125	13529514	11906234	48910	31863	2970656	2520318	202181
湖　南	18852587	14497135	13566662	251568	31163	3815213	3093013	257507
广　东	53869558	41803232	35378186	293126	103610	11181133	9828304	488458
广　西	15418302	12835127	10512199	39943	11456	2324977	1872691	206798
海　南	4632077	3952895	3022021	29142	781	612333	504375	36927
重　庆	11823943	9765616	7588120	18849	27409	1787153	1414128	224916
四　川	24660021	19761599	16824264	188006	50635	4078472	3376605	581309
贵　州	14479368	12443314	10740086	52162	24213	1578278	1284096	381402
云　南	16571342	14307642	11565799	59506	31360	1987172	1680079	185661
西　藏	3164861	3120455	2933721	60	13154	21661	14264	9531
陕　西	13169806	10700777	9930278	22279	11632	2256258	1781043	178859
甘　肃	8440554	7711029	6629911	8959	6213	649554	525294	64798
青　海	2931351	2718155	2180121	859	7418	135153	94320	69766
宁　夏	2791933	2461993	2072175	5830	4259	251064	201830	68787
新　疆	11029496	10307613	9097642	4459	24279	375722	291666	317423

注：1.“民办学校中举办者投入”1993-2006年数据为社会团体和公民个人办学总经费。

2. 从2017年起，“公共财政教育经费”改为“一般公共预算教育经费”。“一般公共预算教育经费”数据1991-2011年包括教育事业费、基本建设经费、教育费附加、科研经费和其他经费，2012年起仅包括教育事业费、基本建设经费和教育费附加，2015年起教育事业费包含地方教育附加和土地出让收益计提的教育资金。

3.“其他教育经费”数据1991-1997年包含扣除“学费”后的事业收入。

7-14-2 教育企业法人单位分地区主要指标

地　区	营业收入（亿元）	资产总计（亿元）	从业人员（万人）
全　国	**7103.7**	**13298.8**	**446.1**
北　京	809.8	1275.7	26.4
天　津	48.9	131.4	2.8
河　北	99.4	322.6	13.1
山　西	46.8	191.2	7.9
内蒙古	15.5	49.9	2.8
辽　宁	77.0	242.5	7.5
吉　林	34.8	104.8	3.5
黑龙江	25.9	69.5	3.7
上　海	361.3	611.3	10.6
江　苏	518.7	734.7	27.8
浙　江	426.9	562.6	30.0
安　徽	280.3	487.2	20.1
福　建	319.5	365.4	17.1
江　西	208.1	302.4	14.1
山　东	362.6	725.2	23.1
河　南	632.9	830.4	37.3
湖　北	299.4	539.3	18.6
湖　南	403.3	700.8	23.8
广　东	1000.6	1724.1	63.0
广　西	76.3	155.4	10.6
海　南	33.8	184.6	2.7
重　庆	247.4	509.9	14.8
四　川	366.5	1157.9	26.0
贵　州	136.9	439.0	11.4
云　南	110.6	417.6	9.3
西　藏	3.7	23.6	0.3
陕　西	85.3	195.7	8.2
甘　肃	24.2	106.0	3.6
青　海	4.1	16.9	0.8
宁　夏	16.4	46.3	2.2
新　疆	26.7	75.0	3.0

7-14-3 各级各类学校和教职工情况

项　　目	学校数(所)	教职工数(人)
高等教育学校	**3012**	**2785592**
普通本科学校	1238	1931463
#独立学院	164	82566
本科层次职业学校	32	32202
高职(专科)学校	1486	787355
成人高等学校	256	34363
其他普通高教机构	(21)	209
高中阶段学校	**21879**	**3947581**
普通高中	14585	3119854
完全中学	5384	1163066
高级中学	7407	1483279
十二年一贯制学校	1794	473509
中等职业教育	7294	827727
中等职业学校	7294	816327
其他中职机构	(297)	11400
义务教育阶段学校	**207150**	**10907695**
初中学校	52871	4685682
初级中学	34629	2914044
九年一贯制学校	18233	1771403
职业初中	9	235
普通小学	154279	6222013
小学	154279	5846493
小学教学点	(83623)	375520
特殊教育学校	**2288**	**82529**
幼儿园	**294832**	**5646384**
专门学校	**104**	**3149**

注：1. 完全中学的学校数和教职工数计入高中阶段教育，九年一贯制学校的校数和教职工数计入初中阶段教育，十二年一贯制学校的校数和教职工数计入高中阶段教育(以下相关表同)。
2. 2021年起，中等职业教育数据不含人社部管理的技工学校(以下相关表同)。
3. “()”内数据为不计校数(以下相关表同)。

7-14-4 各级各类学历教育学生情况

单位：人

项　　目	毕业生数	招生数	在校生数
高等教育			
研究生	772761	1176526	3332373
博　士	72019	125823	509453
硕　士	700742	1050703	2822920
普通本科	4280970	4445969	18931044
职业本专科	3984094	5567182	16030263
本　科		41381	129297
专　科	3984094	5525801	15900966
成人本专科	2779485	3785288	8326521
本　科	1420887	2042982	4591098
专　科	1358598	1742306	3735423
网络本专科生	2590593	2839192	8739006
本　科	898773	1186772	3328548
专　科	1691820	1652420	5410458
高中阶段教育	**11957266**	**14552751**	**39764220**
#普通高中	7802267	9049538	26050291
完全中学	2397452	2749108	7965364
高级中学	4998715	5689530	16464641
十二年一贯制学校	382330	578148	1532731
附设普通高中班	23770	32752	87555
#中等职业教育	3753709	4889890	13118146
中等职业学校	3407194	4543445	12111730
附设中职班	346515	346445	1006416
义务教育阶段教育	**33051790**	**34880187**	**157983722**
初中阶段	15871485	17054376	50184373
初级中学	10807177	11277586	33434886
九年一贯制学校	2624001	3100495	8869279
十二年一贯制学校	499971	578829	1695322
完全中学	1895733	2062584	6071342
职业初中	770	238	724
附设普通初中班	43767	34625	112724
附设职业初中班	66	19	96
小学阶段	17180305	17825811	107799349
小学	14377087	14743480	89820477
九年一贯制学校	2119817	2147139	13028261
十二年一贯制学校	281751	273160	1712099
小学教学点	311632	642486	3034528
附设小学班	90018	19546	203984
特殊教育	**145899**	**149062**	**919767**
#特殊教育学校	47799	48509	330375
学前教育	**17147905**	**15262381**	**48052063**
幼儿园	15617234	14176978	45391336
附设幼儿班	1530671	1085403	2660727
专门学校	**4244**	**5746**	**7160**

注：1.完全中学、九年一贯制学校、十二年一贯制学校和附设教学班的学生数按教育层次分别计入对应教育阶段的学生数中(以下相关表同)。
2.特殊教育涵盖特殊教育学校、附设特教班、随班就读和送教上门等各类形式(以下相关表同)。
3.2019年起，学前教育招生数仅包括首次入园的适龄儿童，不再包括复学、转入等情况(以下相关表同)。
4.2017年起，研究生招生数包含全日制和非全日制研究生，在校生数包含全日制、非全日制研究生和在职人员攻读硕士学位学生(以下相关表同)。
5.高中阶段教育学生数含国家开放大学中职部(以下相关表同)。

7-14-5 各级各类民办教育学生情况

项　目	毕业生数(人)	招生数(人)	在校生数(人)
高等教育			
研究生	752	1369	3162
普通本科	1045627	1033370	4736848
职业本专科	801184	1271105	3720542
本 科		30810	115467
专 科	801184	1240295	3605075
成人本专科	206287	421983	774904
本 科	30294	73708	141449
专 科	175993	348275	633455
高中阶段教育	**1850860**	**2743954**	**7179759**
普通高中	1131454	1689282	4503430
完全中学	375740	480748	1345905
高级中学	451909	726685	1886479
十二年一贯制学校	303805	481849	1271046
中等职业教育	719406	1054672	2676329
义务教育阶段教育	**3906741**	**3791173**	**16741010**
初中阶段	2211286	2434498	7212729
初级中学	527725	504943	1602401
九年一贯制学校	865814	1063478	3011817
十二年一贯制学校	423859	474955	1410006
完全中学	393886	391122	1188505
职业初中	2		
小学阶段	1695455	1356675	9528281
小学	714228	570839	4055609
九年一贯制学校	744440	585595	4118308
十二年一贯制学校	236787	200241	1354364
特殊教育	**1267**	**1847**	**10190**
学前教育	**8162542**	**6992403**	**23120312**
专门学校	**41**	**319**	**922**

7-14-6 各级各类学校情况

单位：所

年 份	普通、职业高等学校	#高职(专科)院校	普通高中	中等职业教育	初中学校	普通小学	特殊教育学校	幼儿园
1980	675		31300	3459	87077	917316	292	170419
1985	1016		17318	14190	77529	832309	375	172262
1990	1075		15678	20763	73462	766072	746	172322
1995	1054		13991	22072	68564	668685	1379	180438
2000	1041	442	14564	19727	63898	553622	1539	175836
2001	1225	628	14907	17580	66590	491273	1531	111706
2002	1396	767	15406	15919	65645	456903	1540	111752
2003	1552	908	15779	14682	64730	425846	1551	116390
2004	1731	1047	15998	14454	63757	394183	1560	117899
2005	1792	1091	16092	14466	62486	366213	1593	124402
2006	1867	1147	16153	14693	60885	341639	1605	130495
2007	1908	1168	15681	14832	59384	320061	1618	129086
2008	2263	1184	15206	14847	57914	300854	1640	133722
2009	2305	1215	14607	14388	56320	280184	1672	138209
2010	2358	1246	14058	13862	54890	257410	1706	150420
2011	2409	1280	13688	13083	54117	241249	1767	166750
2012	2442	1297	13509	12654	53216	228585	1853	181251
2013	2491	1321	13352	12262	52804	213529	1933	198553
2014	2529	1327	13253	11878	52623	201377	2000	209881
2015	2560	1341	13240	11202	52405	190525	2053	223683
2016	2596	1359	13383	10893	52118	177633	2080	239812
2017	2631	1388	13555	10671	51894	167009	2107	254950
2018	2663	1418	13737	10229	51982	161811	2152	266677
2019	2688	1423	13964	10078	52415	160148	2192	281174
2020	2738	1468	14235	9896	52805	157979	2244	291715
2021	2756	1486	14585	7294	52871	154279	2288	294832

7-14-7 各级各类学校专任教师情况

单位：万人

年 份	普通、职业高等学校	#高职(专科)	普通高中	中等职业	初中阶段	小学阶段	特殊教育	学前教育
1980	24.7		57.1	13.3	244.9	549.9	0.5	41.1
1985	34.4		49.2	35.5	216.0	537.7	0.7	55.0
1990	39.5		56.2	66.3	249.9	558.2	1.4	75.0
1995	40.1		55.1	74.0	282.1	566.4	2.5	87.5
2000	46.3	8.7	75.7	79.7	328.7	586.0	3.2	85.6
2001	53.2	12.4	84.0	73.8	338.6	579.8	2.9	54.6
2002	61.8	15.6	94.6	69.1	346.8	577.9	3.0	57.1
2003	72.5	19.7	107.1	71.3	349.8	570.3	3.0	61.3
2004	85.8	23.8	119.1	73.6	350.0	562.9	3.1	65.6
2005	96.6	26.8	129.9	75.0	349.2	559.2	3.2	72.2
2006	107.6	31.6	138.7	79.9	347.5	558.8	3.3	77.6
2007	116.8	35.5	144.3	85.9	347.3	561.3	3.5	82.7
2008	123.7	37.7	147.6	89.5	347.6	562.2	3.6	89.9
2009	129.5	39.5	149.3	86.7	351.8	563.3	3.8	98.6
2010	134.3	40.4	151.8	87.1	352.5	561.7	4.0	114.4
2011	139.3	41.3	155.7	88.1	352.5	560.5	4.1	131.6
2012	144.0	41.3	159.5	88.0	350.4	558.5	4.4	147.9
2013	149.7	43.7	162.9	86.8	348.1	558.5	4.6	166.3
2014	153.5	43.8	166.3	85.8	348.8	563.4	4.8	184.4
2015	157.3	45.5	169.5	84.4	347.6	568.5	5.0	205.1
2016	160.2	46.7	173.3	84.0	348.8	578.9	5.3	223.2
2017	163.3	48.2	177.4	83.9	354.9	594.5	5.6	243.2
2018	167.3	49.8	181.3	83.4	363.9	609.2	5.9	258.1
2019	174.0	51.4	185.9	84.3	374.7	626.9	6.2	276.3
2020	183.3	55.6	193.3	85.7	386.1	643.4	6.6	291.3
2021	186.6	57.0	202.8	69.5	397.1	660.1	6.9	319.1

7-14-8 各级各类学校招生情况

单位：万人

年 份	研究生	普通、职业本专科	#专科	普通高中	中等职业教育	初中阶段	小学阶段	特殊教育	学前教育
1980	0.4	28.1	7.7	383.4	58.3	1557.6	2942.3	0.6	
1985	4.7	61.9	30.2	257.5	234.2	1367.0	2298.2	0.9	
1990	3.0	60.9	29.2	249.8	286.1	1389.3	2064.0	1.6	
1995	5.1	92.6	47.8	273.6	498.6	1781.1	2531.8	5.6	1972.4
2000	12.8	220.6	48.7	472.7	408.3	2295.6	1946.5	5.3	1531.1
2001	16.5	268.3	66.6	558.0	399.9	2287.9	1944.2	5.6	1398.2
2002	20.3	320.5	89.1	676.7	473.6	2281.8	1952.8	5.3	1373.6
2003	26.9	382.2	199.6	752.1	515.8	2220.1	1829.4	4.9	1316.8
2004	32.6	447.3	237.4	821.5	566.2	2094.6	1747.0	5.1	1350.3
2005	36.5	504.5	268.1	877.7	655.7	1987.6	1671.7	4.9	1356.2
2006	39.8	546.1	293.0	871.2	747.8	1929.5	1729.4	5.0	1391.3
2007	41.9	565.9	283.8	840.2	810.0	1868.5	1736.1	6.3	1433.6
2008	44.6	607.7	310.6	837.0	812.1	1859.6	1695.7	6.2	1482.7
2009	51.1	639.5	313.4	830.3	868.2	1788.5	1637.8	6.4	1546.9
2010	53.8	661.8	310.5	836.2	870.4	1716.6	1691.7	6.5	1700.4
2011	56.0	681.5	324.9	850.8	813.9	1634.7	1736.8	6.4	1827.3
2012	59.0	688.8	314.8	844.6	754.1	1570.8	1714.7	6.6	1911.9
2013	61.1	699.8	318.4	822.7	674.8	1496.1	1695.4	6.6	1970.0
2014	62.1	721.4	338.0	796.6	619.8	1447.8	1658.4	7.1	1987.8
2015	64.5	737.8	348.4	796.6	601.2	1411.0	1729.0	8.3	2008.8
2016	66.7	748.6	343.2	802.9	593.3	1487.2	1752.5	9.2	1922.1
2017	80.6	761.5	350.7	800.1	582.4	1547.2	1766.6	11.1	1938.0
2018	85.8	791.0	368.8	792.7	557.0	1602.6	1867.3	12.4	1863.9
2019	91.7	914.9	483.6	839.5	600.4	1638.8	1869.0	14.4	1688.2
2020	110.7	967.5	524.3	876.4	644.7	1632.1	1808.1	14.9	1791.4
2021	117.7	1001.3	552.6	905.0	489.0	1705.4	1782.6	14.9	1526.2

7-14-9 各级各类学校在校学生情况

单位：万人

年 份	研究生	普通、职业本专科	#专科	普通高中	中等职业教育	初中阶段	小学阶段	特殊教育	学前教育
1980	2.2	114.4	28.2	969.8	586.3	4551.8	14627.0	3.3	1150.8
1985	8.7	170.3	58.0	741.1	476.1	4010.1	13370.2	4.2	1479.7
1990	9.3	206.3	74.3	717.3	763.5	3916.6	12241.4	7.2	1972.2
1995	14.5	290.6	126.8	713.2	1230.2	4727.5	13195.2	29.6	2711.2
2000	30.1	556.1	100.9	1201.3	1284.5	6256.3	13013.3	37.8	2244.2
2001	39.3	719.1	146.8	1405.0	1164.9	6514.4	12543.5	38.6	2021.8
2002	50.1	903.4	193.4	1683.8	1190.8	6687.4	12156.7	37.5	2036.0
2003	65.1	1108.6	479.4	1964.8	1256.7	6690.8	11689.7	36.5	2003.9
2004	82.0	1333.5	595.7	2220.4	1409.2	6527.5	11246.2	37.2	2089.4
2005	97.9	1561.8	713.0	2409.1	1600.0	6214.9	10864.1	36.4	2179.0
2006	110.5	1738.8	795.5	2514.5	1809.9	5957.9	10711.5	36.3	2263.9
2007	119.5	1884.9	860.6	2522.4	1987.0	5736.2	10564.0	41.9	2348.8
2008	128.3	2021.0	916.8	2476.3	2087.1	5585.0	10331.5	41.7	2475.0
2009	140.5	2144.7	964.8	2434.3	2195.2	5440.9	10071.5	42.8	2657.8
2010	153.8	2231.8	966.2	2427.3	2238.5	5279.3	9940.7	42.6	2976.7
2011	164.6	2308.5	958.9	2454.8	2205.3	5066.8	9926.4	39.9	3424.5
2012	172.0	2391.3	964.2	2467.2	2113.7	4763.1	9695.9	37.9	3685.8
2013	179.4	2468.1	973.6	2435.9	1923.0	4440.1	9360.5	36.8	3894.7
2014	184.8	2547.7	1006.6	2400.5	1755.3	4384.6	9451.1	39.5	4050.7
2015	191.1	2625.3	1048.6	2374.4	1656.7	4312.0	9692.2	44.2	4264.8
2016	198.1	2695.8	1082.9	2366.6	1599.0	4329.4	9913.0	49.2	4413.9
2017	264.0	2753.6	1105.0	2374.5	1592.5	4442.1	10093.7	57.9	4600.1
2018	273.1	2831.0	1133.7	2375.4	1555.3	4652.6	10339.3	66.6	4656.4
2019	286.4	3031.5	1280.7	2414.3	1576.5	4827.1	10561.2	79.5	4713.9
2020	314.0	3285.3	1459.5	2494.5	1663.4	4914.1	10725.4	88.1	4818.3
2021	333.2	3496.1	1590.1	2605.0	1311.8	5018.4	10779.9	92.0	4805.2

7-14-10 各级各类学校毕业生情况

单位：万人

年 份	研究生	普通、职业本专科	#专科	普通高中	中等职业教育	初中阶段	小学阶段	特殊教育	学前教育
1980	0.0	14.7		616.2	73.3	964.8	2053.3	0.4	
1985	1.7	31.6	14.4	196.6	92.5	1007.2	1999.9	0.4	
1990	3.5	61.4	30.6	233.0	240.6	1123.0	1863.1	0.5	
1995	3.2	80.5	48.0	201.6	348.4	1244.4	1961.5	1.9	
2000	5.9	95.0	17.9	301.5	476.7	1633.5	2419.2	4.3	
2001	6.8	103.6	19.3	340.5	430.6	1731.5	2396.9	4.6	1160.2
2002	8.1	133.7	27.7	383.8	380.1	1903.7	2351.9	4.4	1152.7
2003	11.1	187.7	94.8	458.1	346.4	2018.5	2267.9	4.5	1072.0
2004	15.1	239.1	119.5	546.9	359.2	2087.3	2135.2	4.7	1059.7
2005	19.0	306.8	160.2	661.6	418.2	2123.4	2019.5	4.3	1025.4
2006	25.6	377.5	204.8	727.1	479.1	2071.6	1928.5	4.5	1045.1
2007	31.2	447.8	248.2	788.3	530.9	1963.7	1870.2	5.0	1049.1
2008	34.5	511.9	286.3	836.1	580.7	1868.0	1865.0	5.2	1040.5
2009	37.1	531.1	285.6	823.7	624.9	1797.7	1805.2	5.7	1040.6
2010	38.4	575.4	316.4	794.4	665.0	1750.4	1739.6	5.9	1057.6
2011	43.0	608.2	328.5	787.7	660.0	1736.7	1662.8	4.4	1184.7
2012	48.6	624.7	320.9	791.5	674.6	1660.8	1641.6	4.9	1433.6
2013	51.4	638.7	318.7	799.0	674.4	1561.5	1581.1	5.1	1491.7
2014	53.6	659.4	318.0	799.6	622.9	1413.5	1476.6	4.9	1527.2
2015	55.2	680.9	322.3	797.7	567.9	1417.6	1437.3	5.3	1590.3
2016	56.4	704.2	329.8	792.4	533.6	1423.9	1507.4	5.9	1623.2
2017	57.8	735.8	351.6	775.7	496.9	1397.5	1565.9	6.9	1652.7
2018	60.4	753.3	366.5	779.2	487.3	1367.8	1616.5	8.1	1790.6
2019	64.0	758.5	363.8	789.2	493.5	1454.1	1647.9	9.8	1765.2
2020	72.9	797.2	376.7	786.5	484.9	1535.3	1640.3	12.1	1779.4
2021	77.3	826.5	398.4	780.2	375.4	1587.1	1718.0	14.6	1714.8

7-14-11 技工学校情况

年 份	学校数(所)	教职工数(万人)	毕业生数(万人)	招生数(万人)	在校学生数(万人)
1986	3765	24.4	23.3	39.4	89.2
1987	3952	26.2	26.5	42.3	103.1
1988	3996	28.0	31.1	46.1	116.1
1989	4102	29.6	36.8	47.0	125.8
1990	4184	30.8	41.3	50.6	133.2
1991	4269	32.5	45.4	54.4	142.2
1992	4392	33.6	45.7	60.2	155.6
1993	4477	33.5	49.7	66.4	171.7
1994	4430	34.0	55.7	71.4	187.1
1995	4521	33.7	68.5	74.6	189.0
1996	4467	33.5	68.1	72.7	191.8
1997	4395	31.0	69.9	73.4	193.1
1998	4362	31.0	68.2	59.4	181.3
1999	4098	26.9	66.2	51.5	156.0
2000	3792	24.0	64.6	50.4	140.1
2001	3470	22.0	47.7	55.1	134.7
2002	3075	20.3	45.4	73.3	153.0
2003	2970	20.2	45.3	91.6	193.1
2004	2884	20.4	53.5	109.7	234.4
2005	2855	20.4	69.0	118.4	275.3
2006	2880	21.5	86.4	134.8	320.8
2007	2995	24.0	99.7	158.5	367.1
2008	3075	24.7	109.0	161.4	397.5
2009	3064	25.8	115.2	156.4	414.3
2010	2998	26.5	121.3	158.6	421.0
2011	2914	26.5	118.9	163.5	429.4
2012	2892	26.7	120.2	156.8	422.8
2013	2882	26.9	116.9	133.5	386.6
2014	2818	26.5	106.8	124.4	339.0
2015	2545	26.0	94.6	121.4	321.5
2016	2526	26.5	93.1	127.2	323.2
2017	2490	26.9	90.5	130.9	338.2
2018	2379	26.7	90.3	128.5	341.6
2019	2392	27.2	98.4	143.0	360.3
2020	2423	27.9	101.4	160.1	395.5
2021	2492	29.8	108.7	167.2	426.7

7-14-12 进城务工子女在校情况

单位：人

项　目	进城务工人员随迁子女	外省迁入	本省外县迁入
普通小学			
毕业生数	1532122	658914	873208
招生数	1590972	667989	922983
在校学生数	9841120	4185169	5655951
#女	4475086	1888379	2586707
初中			
毕业生数	1136205	448935	687270
招生数	1342791	553073	789718
在校学生数	3883013	1578647	2304366
#女	1756590	705746	1050844

7-14-13 义务教育巩固率、高中阶段和高等教育毛入学率

单位：%

年 份	九年义务教育巩固率	高中阶段毛入学率	高等教育毛入学率
1995		33.6	7.2
1996		38.0	8.3
1997		40.6	9.1
1998		40.7	9.8
1999		41.0	10.5
2000		42.8	12.5
2001		42.8	13.3
2002		42.8	15.0
2003		43.8	17.0
2004		48.1	19.0
2005		52.7	21.0
2006		59.8	22.0
2007		66.0	23.0
2008		74.0	23.3
2009		79.2	24.2
2010	91.1	82.5	26.5
2011	91.5	84.0	26.9
2012	91.8	85.0	30.0
2013	92.3	86.0	34.5
2014	92.6	86.5	37.5
2015	93.0	87.0	40.0
2016	93.4	87.5	42.7
2017	93.8	88.3	45.7
2018	94.2	88.8	48.1
2019	94.8	89.5	51.6
2020	95.2	91.2	54.4
2021	95.4	91.4	57.8

7-14-14 分地区普通、职业本专科学生情况

单位：人

地 区	招生数	普通本科	职业本科	专科	在校生数	普通本科	职业本科	专科
全 国	**10013151**	**4445969**	**41381**	**5525801**	**34961307**	**18931044**	**129297**	**15900966**
北 京	159757	136298		23459	616978	548951		68027
天 津	158484	89647		68837	583353	372830		210523
河 北	482794	218750	1007	263037	1704330	925538	1007	777785
山 西	258098	124848	2852	130398	890774	532480	4724	353570
内蒙古	144869	63785		81084	506809	280205		226604
辽 宁	290082	174452	753	114877	1178402	728339	2726	447337
吉 林	206308	121406		84902	755552	509652		245900
黑龙江	239044	137601		101443	879107	574384		304723
上 海	147006	98187	662	48157	548733	405818	1038	141877
江 苏	609863	287265	1019	321579	2110805	1209970	4278	896557
浙 江	347490	156244	1638	189608	1210296	680131	3533	526632
安 徽	440167	173681		266486	1504991	745625		759366
福 建	293916	130884	1850	161182	1023362	553638	5952	463772
江 西	387085	155224	3381	228480	1348666	656050	11636	680980
山 东	711083	266467	6069	438547	2429912	1175328	18240	1236344
河 南	823664	297261	2586	523817	2686440	1299765	8764	1377911
湖 北	470875	224745		246130	1699723	975490		724233
湖 南	474566	200983	332	273251	1596103	818193	332	777578
广 东	694317	293721	3293	397303	2539779	1266623	19104	1254052
广 西	403945	133445	5148	265352	1321042	588884	12423	719735
海 南	66296	29858	1602	34836	245129	125765	7426	111938
重 庆	296776	119748	1896	175132	1002720	506480	7683	488557
四 川	560377	245431	1349	313597	1920825	1041510	5602	873713
贵 州	255207	89575	982	164650	881641	404847	982	475812
云 南	319658	115063		204595	1044081	515446		528635
西 藏	10815	7245		3570	41304	28521		12783
陕 西	351027	177779	2734	170514	1283340	739600	9436	534304
甘 肃	168317	76110	1441	90766	613378	320959	1441	290978
青 海	23539	12176		11363	77125	45306		31819
宁 夏	48585	24085		24500	161054	94950		66104
新 疆	169141	64005	787	104349	555553	259766	2970	292817

7-14-14 续表 单位：人

地区	毕业生数	普通本科	专科	授予学位数	预计毕业生数	普通本科	职业本科	专科
全国	**8265064**	**4280970**	**3984094**	**4249274**	**10068273**	**4847707**	**9288**	**5211278**
北京	150942	124012	26930	123909	164685	137184		27501
天津	143462	84843	58619	85368	165676	95592		70084
河北	408859	198519	210340	198202	491184	228456		262728
山西	219441	132905	86536	131868	252629	136922		115707
内蒙古	130344	65721	64623	64885	147302	72560		74742
辽宁	258326	166638	91688	166041	378221	183849		194372
吉林	181377	120331	61046	120008	217618	128903		88715
黑龙江	196489	131227	65262	130420	249111	142124		106987
上海	135655	92227	43428	91262	156313	105886	38	50389
江苏	523645	278580	245065	273412	602335	312443	904	288988
浙江	300419	157518	142901	156462	360249	178751	184	181314
安徽	327004	167216	159788	165949	436394	191784		244610
福建	224740	125132	99608	124634	294541	141998		152543
江西	310180	135101	175079	134272	398704	167760	519	230425
山东	617855	277063	340792	277326	748511	306874		441637
河南	678384	305896	372488	304875	794745	346496	601	447648
湖北	416408	220745	195663	217638	485261	253027		232234
湖南	394182	179771	214411	178247	463134	199151		263983
广东	574407	282227	292180	282311	658827	328997	4178	325652
广西	286009	129050	156959	127857	383064	148509	1048	233507
海南	53305	27783	25522	27133	71508	32433	296	38779
重庆	215783	112774	103009	111796	289695	127557	790	161348
四川	451644	226120	225524	224500	536769	267664		269105
贵州	211215	89564	121651	87159	259026	103459		155567
云南	259313	126824	132489	125450	306260	139637		166623
西藏	9054	5847	3207	5632	10689	6125		4564
陕西	291873	171857	120016	170730	373288	189962	210	183116
甘肃	140033	71429	68604	70332	171571	81093		90478
青海	20136	9554	10582	9495	21450	10823		10627
宁夏	34761	20231	14530	20025	42952	22386		20566
新疆	99819	44265	55554	42076	136561	59302	520	76739

7-14-15 分地区普通、职业高等学校情况

单位：人

地 区	学校数(所)	教职工数	#专任教师	正高级	副高级	中级	初级	未定职级	#行政人员	#教辅人员	#工勤人员
全 国	**2756**	**2751229**	**1865541**	**244132**	**555873**	**705491**	**195753**	**164292**	**392599**	**243351**	**127038**
北 京	92	156701	73566	21135	27181	20883	1956	2411	28476	19586	11688
天 津	56	48368	32459	4938	10349	13131	2598	1443	8838	4505	1609
河 北	123	122080	89396	11328	26079	33846	7831	10312	15560	8912	6251
山 西	82	64185	40205	2996	11595	17472	5652	2490	8991	7334	3503
内蒙古	54	41852	26981	3183	8795	10933	1929	2141	6986	4162	1796
辽 宁	114	97034	62612	9581	20672	26061	4383	1915	17056	10635	4828
吉 林	66	64350	41197	6825	13403	14772	5133	1064	10928	6711	4160
黑龙江	80	75101	48343	8212	16420	17562	3727	2422	12494	6905	4793
上 海	64	83911	48692	9762	15908	18337	3085	1600	16095	11814	2828
江 苏	167	171500	116615	17700	39975	44811	8157	5972	27064	14818	6517
浙 江	109	109481	74227	11166	21229	30756	5221	5855	17675	9790	2252
安 徽	121	93607	70185	7325	19326	26266	10018	7250	10332	5902	3435
福 建	89	78199	52856	6389	16654	20455	6365	2993	13721	6463	2669
江 西	106	93293	67510	5809	17001	25838	9196	9666	8558	11425	3410
山 东	153	177805	129888	15349	39441	51265	15969	7864	22073	14611	5123
河 南	156	183980	137725	11071	35380	54220	24006	13048	17327	9745	8423
湖 北	130	138566	90996	12807	31005	31657	8345	7182	21692	13191	7714
湖 南	128	113308	79247	9207	22999	31558	6803	8680	14553	9963	4812
广 东	160	190310	128811	17363	34613	49268	9776	17791	26155	16553	7681
广 西	85	78418	56576	5889	14333	21192	3457	11705	10731	5748	4683
海 南	21	19332	12983	1818	3515	4510	1415	1725	2743	1691	1654
重 庆	69	70499	52097	6078	14426	20938	5529	5126	9356	4089	2483
四 川	134	140637	97670	10015	25369	36809	16979	8498	18154	10242	7379
贵 州	75	55823	40660	4086	12239	12872	5642	5821	7646	4779	1964
云 南	82	63447	44248	4615	12036	15824	5598	6175	8608	5309	3657
西 藏	7	4052	2738	355	792	1066	287	238	727	340	158
陕 西	97	111948	75079	10440	24374	28501	7711	4053	16983	10252	4847
甘 肃	49	44079	32369	4475	10607	11602	3559	2126	5237	2772	1770
青 海	12	8316	5035	711	1562	1522	634	606	1139	777	1093
宁 夏	20	13252	9440	1594	2579	2691	1596	980	1876	1022	420
新 疆	55	37795	25135	1910	6016	8873	3196	5140	4825	3305	3438

7-14-16 分地区普通高中情况

单位：人

地 区	学校数（所）	教职工数	#专任教师	毕业生数	招生数	在校学生数
全 国	**14585**	**3119854**	**2028341**	**7802267**	**9049538**	**26050291**
北 京	332	66366	21798	45077	62263	176095
天 津	191	32595	17123	51828	64707	190701
河 北	738	190153	125082	447668	585863	1648476
山 西	517	107331	65048	207577	235639	683118
内蒙古	307	60197	39273	132419	138161	410955
辽 宁	431	69266	53745	187630	205136	609690
吉 林	263	48345	34369	125455	150919	450088
黑龙江	366	58753	44127	174127	190854	573916
上 海	262	35530	19391	51692	60462	174454
江 苏	609	147327	113133	345900	449416	1251876
浙 江	631	104796	76319	251695	284764	837036
安 徽	679	132296	86288	359916	390969	1163441
福 建	557	115405	54804	196437	245357	699277
江 西	544	113635	72115	341650	397179	1158428
山 东	723	196816	155902	539843	628796	1826401
河 南	970	217511	164350	717596	851108	2376877
湖 北	548	100183	71973	276792	329871	945007
湖 南	686	140096	95092	394244	480904	1354094
广 东	1076	292107	157383	592106	705236	2007726
广 西	521	113050	76598	353003	427099	1212148
海 南	133	33328	15175	56505	68311	193696
重 庆	269	76518	42322	201782	217560	639982
四 川	806	200721	106673	452530	489874	1438246
贵 州	478	97482	70536	327933	331022	965576
云 南	616	117146	75028	289905	356676	1015711
西 藏	39	7317	6288	24678	26656	75736
陕 西	453	87850	56934	230361	226178	650421
甘 肃	363	63395	47335	171143	171832	515162
青 海	107	15067	10719	41827	45715	131406
宁 夏	70	14893	12079	50447	57485	167356
新 疆	300	64379	41339	162501	173526	507195

7-14-17 分地区中等职业学校情况

单位：人

地 区	学校数(所)	教职工数	#专任教师	毕业生数	招生数	在校生数	预计毕业生数
全 国	**7294**	**827727**	**695447**	**3753709**	**4889890**	**13118146**	**4058842**
北 京	83	8621	6114	14169	16495	48028	12699
天 津	63	7366	5471	24478	28441	80117	25709
河 北	602	65294	53618	255152	356058	910748	291979
山 西	337	30348	25409	89969	118933	322092	100125
内蒙古	200	17604	14375	48568	67352	178668	51637
辽 宁	266	25364	19461	75271	93188	267638	78434
吉 林	241	17483	13392	33449	48777	131079	42974
黑龙江	195	16496	12734	46062	61788	176725	56071
上 海	87	11667	8051	31894	38730	108907	33274
江 苏	198	52823	45535	181724	235154	641184	195922
浙 江	249	41525	38022	159707	182920	556039	180222
安 徽	271	35082	31196	263064	298376	752140	243728
福 建	165	21036	18693	99079	139845	375367	114463
江 西	287	23413	19177	117575	204856	519162	141107
山 东	400	60026	53576	221047	293603	839144	255706
河 南	537	57525	51602	355674	442530	1180043	375845
湖 北	261	27024	22322	124728	152845	441214	137121
湖 南	496	43575	37461	206223	282461	746552	224843
广 东	382	57214	44944	260465	335993	903049	278795
广 西	230	27724	21476	188153	272341	690913	220265
海 南	61	5050	3691	32527	48238	121256	33846
重 庆	129	19738	17779	95217	136767	364201	107632
四 川	383	49987	41016	255637	352894	872310	265689
贵 州	183	20617	17228	128181	157849	397515	118531
云 南	363	24347	21620	175462	175398	550892	194524
西 藏	13	2645	2526	9970	14585	33196	11678
陕 西	223	20961	17331	71322	104372	296995	90973
甘 肃	180	15817	13478	52394	83891	202176	50035
青 海	33	2778	2349	24061	31270	89118	23728
宁 夏	31	3950	3475	23721	28183	76339	23837
新 疆	145	14627	12325	88766	85757	245339	77450

7-14-18 分地区初中情况

单位：人

地区	学校数（所）	初中阶段专任教师数	城区	镇区	乡村	初中阶段在校生数	城区	镇区	乡村
全国	**52871**	**3971121**	**1558277**	**1877894**	**534950**	**50184373**	**20172559**	**23912325**	**6099489**
北京	335	39406	32861	3725	2820	349611	305649	26391	17571
天津	344	30401	21819	5826	2756	340858	247876	63907	29075
河北	2516	230664	70664	123185	36815	3089361	949351	1672599	467411
山西	1538	106246	42941	49127	14178	1092565	490471	480260	121834
内蒙古	719	62953	25435	33499	4019	665544	297953	335874	31717
辽宁	1528	99927	55594	33783	10550	993434	604481	302123	86830
吉林	1189	66843	27703	25896	13244	601187	293831	226316	81040
黑龙江	1409	85456	38652	35935	10869	834518	429220	330424	74874
上海	605	46052	39780	4909	1363	497550	441206	43610	12734
江苏	2286	222691	109110	103956	9625	2638789	1269505	1264205	105079
浙江	1768	135947	77602	47720	10625	1663693	957455	586119	120119
安徽	2825	170244	44826	92884	32534	2298698	626977	1290341	381380
福建	1265	112737	44556	51469	16712	1526120	670480	673098	182542
江西	2218	150983	47324	77493	26166	2164336	701964	1131827	330545
山东	3296	316086	138777	150042	27267	3881202	1722106	1831434	327662
河南	4726	350769	94288	191755	64726	4791855	1345160	2662945	783750
湖北	2161	140865	61582	62787	16496	1772054	801927	779560	190567
湖南	3412	195541	57178	103652	34711	2574016	801476	1386848	385692
广东	3832	315086	183643	104226	27217	4292084	2521491	1423287	347306
广西	1757	157292	45221	93610	18461	2298651	672915	1371453	254283
海南	404	29376	12087	13348	3941	392252	171500	172703	48049
重庆	854	85756	40532	37282	7942	1132272	558980	474648	98644
四川	3522	224050	76278	118798	28974	2798061	1013208	1478680	306173
贵州	2013	129760	33197	79878	16685	1799906	460257	1124561	215088
云南	1692	139066	31252	70743	37071	1835147	426162	942751	466234
西藏	104	12558	3462	6263	2833	145089	39051	71016	35022
陕西	1646	104282	40997	54204	9081	1204702	553492	573388	77822
甘肃	1471	82310	20554	47119	14637	884769	252028	508435	124306
青海	266	16982	5457	8251	3274	222217	71915	109490	40812
宁夏	248	21100	8792	9516	2792	286945	129770	127474	29701
新疆	922	89692	26113	37013	26566	1116887	344702	446558	325627

7-14-19 分地区普通小学情况

单位：人

地区	普通小学数(所)	小学阶段专任教师数	城区	镇区	乡村	小学阶段在校生数	城区	镇区	乡村
全国	**154279**	**6600799**	**2488913**	**2414174**	**1697712**	**107799349**	**44602238**	**40723223**	**22473888**
北京	837	74442	63030	5748	5664	1036584	912508	67150	56926
天津	895	49277	37369	5058	6850	751918	593969	74922	83027
河北	11604	412528	110079	162395	140054	6843544	2066401	2787620	1989523
山西	4668	171741	64202	66249	41290	2328311	1088685	926199	313427
内蒙古	1661	107636	38012	51164	18460	1408464	625083	643420	139961
辽宁	2601	140647	76399	40326	23922	1973326	1332825	442751	197750
吉林	3199	104324	38807	36488	29029	1151039	574880	421941	154218
黑龙江	1380	101192	43655	41027	16510	1173409	642463	438719	92227
上海	680	63336	54682	6972	1682	892789	778058	91646	23085
江苏	4116	359010	183884	146313	28813	5856796	3026465	2412189	418142
浙江	3257	228272	129936	70051	28285	3833995	2266703	1155317	411975
安徽	6964	269012	71038	118106	79868	4687309	1345721	2231757	1109831
福建	5077	198335	80250	77009	41076	3528993	1526604	1425022	577367
江西	6753	245240	73200	104681	67359	3957907	1361351	1824973	771583
山东	9458	468276	192840	171315	104121	7558069	3354612	2825082	1378375
河南	17500	605740	145307	242017	218416	10118713	2800578	4386848	2931287
湖北	5322	219343	93879	78305	47159	3832002	1794163	1410318	627521
湖南	7132	311039	96381	140704	73954	5300555	1816447	2527433	956675
广东	10599	592196	344406	142694	105096	10790100	6472236	2726500	1591364
广西	7950	293089	78116	103740	111233	5159552	1506268	1918803	1734481
海南	1374	56690	20021	19699	16970	869933	364685	320779	184469
重庆	2717	133259	62022	45253	25984	2030863	1107396	676971	246496
四川	5443	349448	119040	154635	75773	5489827	2118996	2414180	956651
贵州	6709	212735	51753	94841	66141	3963246	1025732	1904273	1033241
云南	10533	236287	47612	67780	120895	3852272	887934	1174936	1789402
西藏	832	25381	4776	6534	14071	365581	75869	92687	197025
陕西	4559	185039	76301	78870	29868	2964036	1425704	1236732	301600
甘肃	4951	152144	31975	62973	57196	2025009	566207	944213	514589
青海	729	29995	8206	11466	10323	517669	148322	208951	160396
宁夏	1129	34995	12630	12005	10360	603706	255360	215101	133245
新疆	3650	170151	39105	49756	81290	2933832	740013	795790	1398029

7-14-20 分地区特殊教育情况

单位：人

地区	学校数(所)	专任教师数	毕业生数	招生数	在校学生数	#女
全国	**2288**	**69353**	**145899**	**149062**	**919767**	**336940**
北京	20	958	1673	1134	7808	2618
天津	20	640	801	562	4734	1650
河北	163	3678	5598	5492	40990	15223
山西	86	2037	3251	3498	21073	8313
内蒙古	54	1815	2392	2446	14339	5533
辽宁	86	2271	2249	2280	16242	5690
吉林	52	1734	2102	2189	12977	4597
黑龙江	73	2168	2017	1451	15764	5659
上海	31	1584	1707	1449	9044	3174
江苏	106	3828	6445	6453	41085	14034
浙江	86	2817	4208	4359	23493	8301
安徽	77	2178	5599	6521	41581	14826
福建	76	2569	5159	4879	28719	9594
江西	92	2065	8537	6577	40514	14531
山东	155	6063	7930	8637	51777	18363
河南	150	4379	6981	10024	68013	25801
湖北	88	2009	3744	4189	29355	9935
湖南	99	2946	6977	8333	53886	18854
广东	150	6589	9289	13198	71170	23656
广西	85	2309	6826	7377	43913	15574
海南	14	450	928	1089	6624	2094
重庆	39	1120	4955	4599	27446	10555
四川	135	3427	12054	10919	65981	25367
贵州	77	2068	7900	7419	42351	16195
云南	83	2568	10158	8093	47394	18973
西藏	7	297	1391	1215	7185	3421
陕西	77	1733	3243	2867	19357	7453
甘肃	45	1116	3340	3576	21968	8480
青海	14	239	1622	1209	7731	3258
宁夏	15	389	1417	1284	7436	2929
新疆	33	1309	5406	5744	29817	12289

7-14-21 分地区各级学校生师比

(教师人数=1)

年 份 地 区	小学阶段	初中阶段	普通高中	中等职业教育	高等教育
2006	19.17	17.15	18.13	22.65	17.93
2007	18.82	16.52	17.48	23.13	17.28
2008	18.38	16.07	16.78	23.32	17.23
2009	17.88	15.47	16.30	25.27	17.27
2010	17.70	14.98	15.99	25.69	17.33
2011	17.71	14.38	15.77	24.97	17.42
2012	17.36	13.59	15.47	24.19	17.52
2013	16.76	12.76	14.95	22.97	17.53
2014	16.78	12.57	14.44	21.34	17.68
2015	17.05	12.41	14.01	20.47	17.73
2016	17.12	12.41	13.65	19.84	17.07
2017	16.98	12.52	13.39	18.98	17.52
2018	16.97	12.79	13.10	19.10	17.56
2019	16.85	12.88	12.99	18.94	17.95
2020	16.67	12.73	12.90	19.54	18.37
2021	16.33	12.64	12.84	18.86	18.54
北 京	13.92	8.87	8.08	7.86	16.31
天 津	15.26	11.21	11.14	14.64	18.81
河 北	16.59	13.39	13.18	16.99	17.91
山 西	13.56	10.28	10.50	12.68	21.78
内蒙古	13.09	10.57	10.46	12.43	17.86
辽 宁	14.03	9.94	11.34	13.75	20.48
吉 林	11.03	8.99	13.10	9.79	19.91
黑龙江	11.60	9.77	13.01	13.88	17.65
上 海	14.10	10.80	9.00	13.53	15.48
江 苏	16.31	11.85	11.07	14.08	16.80
浙 江	16.80	12.24	10.97	14.62	16.02
安 徽	17.42	13.50	13.48	24.11	19.84
福 建	17.79	13.54	12.76	20.08	17.82
江 西	16.14	14.33	16.06	27.07	18.47
山 东	16.14	12.28	11.72	15.66	17.70
河 南	16.70	13.66	14.46	22.87	18.47
湖 北	17.47	12.58	13.13	19.77	18.93
湖 南	17.04	13.16	14.24	19.93	18.73
广 东	18.22	13.62	12.76	20.09	18.97
广 西	17.60	14.61	15.82	32.17	20.42
海 南	15.35	13.35	12.76	32.85	18.08
重 庆	15.24	13.20	15.12	20.48	18.24
四 川	15.71	12.49	13.48	21.27	19.87
贵 州	18.63	13.87	13.69	23.07	20.04
云 南	16.30	13.20	13.54	25.48	21.45
西 藏	14.40	11.55	12.04	13.14	17.63
陕 西	16.02	11.55	11.42	17.14	19.19
甘 肃	13.31	10.75	10.88	15.00	19.55
青 海	17.26	13.09	12.26	37.94	16.47
宁 夏	17.25	13.60	13.86	21.97	17.74
新 疆	17.24	12.45	12.27	19.91	20.52

7-14-22 每十万人口各级教育平均在校生数

单位：人

年份 地区	学前教育	小学阶段	初中阶段	高中阶段	高等教育
1995	2262	11010	3945	1610	457
1996	2208	11273	4180	1780	470
1997	2058	11435	4289	1905	482
1998	1944	11287	4408	1978	519
1999	1864	10855	4656	2032	594
2000	1782	10335	4969	2000	723
2001	1602	9937	5161	2021	931
2002	1595	9525	5240	2283	1146
2003	1560	9100	5209	2523	1298
2004	1617	8725	5058	2824	1420
2005	1676	8358	4781	3070	1613
2006	1731	8192	4557	3321	1816
2007	1787	8037	4364	3409	1924
2008	1873	7819	4227	3463	2042
2009	2001	7584	4097	3495	2128
2010	2230	7448	3955	3504	2189
2011	2554	7403	3779	3495	2253
2012	2736	7196	3535	3411	2335
2013	2876	6913	3279	3227	2418
2014	2977	6946	3222	3100	2488
2015	3118	7086	3152	2965	2524
2016	3211	7211	3150	2887	2530
2017	3327	7300	3213	2861	2576
2018	3350	7438	3347	2828	2658
2019	3378	7569	3459	2850	2857
2020	3441	7661	3510	2948	3126
2021	3403	7634	3554	2774	3301
北　京	2589	4735	1597	1024	5313
天　津	2278	5421	2458	1953	5153
河　北	3310	9169	4139	3429	2926
山　西	2893	6671	3131	2880	3112
内蒙古	2514	5861	2770	2454	2351
辽　宁	2049	4638	2335	2062	3742
吉　林	1749	4798	2506	2423	4550
黑龙江	1541	3700	2632	2367	3448
上　海	2251	3588	2000	1139	3691
江　苏	2979	6909	3113	2233	3531
浙　江	3105	5928	2572	2162	2632
安　徽	3506	7678	3765	3138	3089
福　建	4020	8481	3668	2583	3023
江　西	3581	8758	4789	3712	4001
山　东	3830	7435	3818	2622	3429
河　南	4018	10179	4820	3578	3424
湖　北	3108	6670	3085	2413	3914
湖　南	3452	7977	3874	3161	3487
广　东	3964	8547	3400	2306	2922
广　西	4533	10280	4580	3792	3432
海　南	3871	8596	3876	3112	2839
重　庆	3101	6329	3528	3129	3605
四　川	3127	6558	3343	2760	2925
贵　州	4291	10273	4665	3533	2593
云　南	3748	8158	3886	3318	2871
西　藏	4274	9989	3964	2976	1634
陕　西	3473	7494	3046	2395	4279
甘　肃	3879	8097	3538	2868	2999
青　海	3845	8730	3747	3719	1613
宁　夏	3626	8373	3980	3380	2749
新　疆	4305	11328	4312	2906	2526

注：1.高等教育在校生数包括研究生、普通本科、职业本专科、成人本专科，不含网络本专科生。
2.2021年起，高中阶段在校生数不含人社部管理的技工学校。

【主要统计指标解释】

国家财政性教育经费 包括一般公共预算安排的教育经费，政府性基金预算安排的教育经费，企业办学中的企业拨款，校办产业和社会服务收入用于教育的经费，其他属于国家财政性教育经费。

一般公共预算教育经费 指学校（单位）以同级财政部门取得的一般公共预算拨款。包括教育事业费、基建经费和教育费附加。

普通高等学校 指通过国家普通高等教育招生考试，招收高中毕业生为主要培养对象，实施高等学历教育的全日制大学、独立设置的学院、独立学院和高等专科学校、高等职业学校及其他普通高教机构。

大学、独立设置的学院主要实施本科及本科层次以上的教育。独立学院主要实施本科层次的教育。高等专科学校、高等职业学校实施专科层次的教育。

其他普通高教机构是指承担国家普通招生计划任务不计校数的机构，包括普通高等学校分校、大专班等。

成人高等学校 指通过国家成人高等教育招生考试，招收具有高中毕业或同等学力的人员为主要培养对象，利用函授、业余、脱产等多种形式，对其实施高等学历教育的学校。包括：职工高等学校、农民高等学校、管理干部学院、教育学院、独立函授学院、广播电视大学、其他成人高教机构。其他成人高教机构是指承担国家成人招生计划任务不计校数的机构。

7 第三产业分行业主要指标

7-15 卫生和社会工作

简要说明

一、主要内容

本篇资料主要包括卫生事业、民政事业等内容。

卫生经费资料包括卫生总费用、政府卫生支出等。

民政事业费资料包括民政事业费总支出、社会福利支出、社会救助支出等。

卫生事业统计资料主要包括医疗卫生机构、卫生人员、卫生设施以及各级各类医疗卫生机构服务、妇幼保健、疾病控制、居民病伤死亡原因等情况。

社会服务统计资料主要包括民政机构床位数、社会救助、医疗救助、社区服务机构、社会工作师等情况。

卫生和社会工作企业法人单位分地区主要指标。

二、资料来源

卫生统计资料由国家卫生健康委员会提供。社会服务统计资料由民政部和国家医疗保障局提供。

详细资料分别见《中国卫生健康统计年鉴》(国家卫生健康委员会编)、《中国民政统计年鉴》(中华人民共和国民政部编)。

卫生和社会工作企业法人单位分地区主要指标来源于国家统计局服务业统计司《规模以上服务业统计报表制度》和《规模以下服务业抽样调查统计报表制度》调查结果。

7-15-1 卫生总费用

年 份	卫生总费用(亿元)				卫生总费用构成(%)			人均卫生费用(元)	卫生总费用与GDP之比(%)
	合计	政府卫生支出	社会卫生支出	个人现金卫生支 出	政府卫生支出	社会卫生支出	个人现金卫生支 出		
1985	279.00	107.65	91.96	79.39	38.58	32.96	28.46	26.36	3.07
1986	315.90	122.23	110.35	83.32	38.69	34.93	26.37	29.38	3.04
1987	379.58	127.28	137.25	115.05	33.53	36.16	30.31	34.73	3.12
1988	488.04	145.39	189.99	152.66	29.79	38.93	31.28	43.96	3.21
1989	615.50	167.83	237.84	209.83	27.27	38.64	34.09	54.61	3.58
1990	747.39	187.28	293.10	267.01	25.06	39.22	35.73	65.37	3.96
1991	893.49	204.05	354.41	335.02	22.84	39.67	37.50	77.14	4.06
1992	1096.86	228.61	431.55	436.70	20.84	39.34	39.81	93.61	4.03
1993	1377.78	272.06	524.75	580.97	19.75	38.09	42.17	116.25	3.86
1994	1761.24	342.28	644.91	774.06	19.43	36.62	43.95	146.95	3.62
1995	2155.13	387.34	767.81	999.98	17.97	35.63	46.40	177.93	3.51
1996	2709.42	461.61	875.66	1372.15	17.04	32.32	50.64	221.38	3.77
1997	3196.71	523.56	984.06	1689.09	16.38	30.78	52.84	258.58	4.01
1998	3678.72	590.06	1071.03	2017.63	16.04	29.11	54.85	294.86	4.32
1999	4047.50	640.96	1145.99	2260.56	15.84	28.31	55.85	321.78	4.47
2000	4586.63	709.52	1171.94	2705.17	15.47	25.55	58.98	361.88	4.57
2001	5025.93	800.61	1211.43	3013.88	15.93	24.10	59.97	393.80	4.53
2002	5790.03	908.51	1539.38	3342.14	15.69	26.59	57.72	450.75	4.76
2003	6584.10	1116.94	1788.50	3678.67	16.96	27.16	55.87	509.50	4.79
2004	7590.29	1293.58	2225.35	4071.35	17.04	29.32	53.64	583.92	4.69
2005	8659.91	1552.53	2586.41	4520.98	17.93	29.87	52.21	662.30	4.62
2006	9843.34	1778.86	3210.92	4853.56	18.07	32.62	49.31	748.84	4.49
2007	11573.97	2581.58	3893.72	5098.66	22.31	33.64	44.05	875.96	4.29
2008	14535.40	3593.94	5065.60	5875.86	24.73	34.85	40.42	1094.52	4.55
2009	17541.92	4816.26	6154.49	6571.16	27.46	35.08	37.46	1314.49	5.03
2010	19980.39	5732.49	7196.61	7051.29	28.69	36.02	35.29	1490.06	4.85
2011	24345.91	7464.18	8416.45	8465.28	30.66	34.57	34.77	1804.52	4.99
2012	28119.00	8431.98	10030.70	9656.32	29.99	35.67	34.34	2068.76	5.22
2013	31668.95	9545.81	11393.79	10729.34	30.14	35.98	33.88	2316.23	5.34
2014	35312.40	10579.23	13437.75	11295.41	29.96	38.05	31.99	2565.45	5.49
2015	40974.64	12475.28	16506.71	11992.65	30.45	40.29	29.27	2962.18	5.95
2016	46344.88	13910.31	19096.68	13337.90	30.01	41.21	28.78	3328.61	6.21
2017	52598.28	15205.87	22258.81	15133.60	28.91	42.32	28.77	3756.72	6.32
2018	59121.91	16399.13	25810.78	16911.99	27.74	43.66	28.61	4206.74	6.43
2019	65841.39	18016.95	29150.57	18673.87	27.36	44.27	28.36	4669.34	6.67
2020	72175.00	21941.90	30273.67	19959.43	30.40	41.94	27.65	5112.34	7.10
2021	76844.99	20676.06	34963.26	21205.67	26.91	45.50	27.60	5439.97	6.72

注：1. 本表系按当年价格核算数，2021年为初步测算数。
2. 2001年起卫生总费用不含高等医学教育经费，2006年起包括城乡医疗救助经费。

7-15-2 各地区卫生总费用(2020年)

地 区	卫生总费用构成(%)			卫生总费用与GDP之比(%)	人均卫生费用(元)
	政府卫生支出	社会卫生支出	个人现金卫生支出		
全 国	**26.91**	**45.50**	**27.60**	**6.72**	**5439.97**
北 京	23.39	63.46	13.15	8.32	15315.34
天 津	18.66	53.27	28.07	6.83	7810.62
河 北	25.69	44.33	29.98	8.19	4442.29
山 西	27.85	40.99	31.16	6.95	4509.19
内蒙古	29.30	40.87	29.84	6.49	5543.80
辽 宁	21.33	48.69	29.98	7.07	4611.08
吉 林	26.62	43.41	29.97	8.80	4902.29
黑龙江	26.03	44.01	29.96	11.75	5595.98
上 海	21.65	60.18	18.17	7.70	13362.78
江 苏	21.73	54.02	24.25	4.97	6794.95
浙 江	22.71	53.10	24.19	5.84	6560.17
安 徽	30.19	40.60	29.21	5.86	4116.03
福 建	27.36	47.64	24.99	4.26	4962.17
江 西	35.29	36.78	27.93	6.28	4118.97
山 东	21.82	49.97	28.21	6.47	5284.90
河 南	26.73	43.28	29.99	6.93	4132.02
湖 北	24.88	45.23	29.89	6.10	5233.30
湖 南	26.84	45.34	27.82	6.62	4608.05
广 东	24.38	49.78	25.84	6.48	6357.60
广 西	32.71	39.48	27.81	7.85	3854.68
海 南	37.34	41.03	21.63	8.58	5447.16
重 庆	27.02	45.12	27.86	6.07	5268.31
四 川	26.10	46.32	27.58	7.90	5082.07
贵 州	37.05	38.31	24.64	7.85	3989.88
云 南	36.94	36.02	27.04	7.61	4403.22
西 藏	67.92	23.23	8.85	12.24	6958.61
陕 西	27.65	42.87	29.48	7.20	5426.12
甘 肃	37.18	34.44	28.39	10.84	4460.63
青 海	49.21	28.70	22.09	11.60	6533.09
宁 夏	31.68	40.37	27.95	8.25	5143.74
新 疆	33.80	42.16	24.04	9.91	6121.00

7-15-3 民政事业费支出情况

单位：亿元

年份 地区	民政事业费总支出	社会福利	社会救助	民政管理事务支出	行政事业单位离退休	其他
2004	577.4	52.1	223.6		13.9	58.5
2005	718.4	55.6	279.6		13.7	74.4
2006	915.4	65.3	372.0		14.0	90.6
2007	1215.5	87.6	509.7		24.8	137.8
2008	2146.5	103.1	806.7		26.5	166.2
2009	2181.9	124.1	1098.1		30.0	194.5
2010	2697.5	109.9	1302.0		30.4	386.3
2011	3229.1	232.2	1766.3	220.8	35.3	115.3
2012	3683.7	319.5	1866.1	248.5	39.0	158.2
2013	4276.5	397.6	2172.4	296.7	43.6	133.8
2014	4404.1	480.9	2197.5	330.5	44.2	133.1
2015	4926.4	562.8	2347.4	399.6	50.1	148.5
2016	5440.2	753.4	2492.8	441.7	48.4	152.2
2017	5932.7	920.5	2609.8	501.0	47.9	175.0
2018	4076.9	1064.8	2224.0	500.3	38.2	249.6
2019	4279.2	1228.8	2281.4	497.7	46.1	225.2
2020	4808.2	1327.3	2711.9	501.2	47.6	220.3
2021	4679.0	1402.4	2549.4	493.8	33.3	200.1
中央级	24.5			4.5	0.6	19.4
北　京	162.3	95.2	24.5	21.5	2.3	18.8
天　津	63.7	18.1	23.3	19.9	0.5	1.9
河　北	158.7	46.1	92.0	17.4	1.6	1.7
山　西	116.6	26.0	74.8	9.9	0.6	5.4
内蒙古	127.5	28.7	86.2	8.3	0.8	3.5
辽　宁	120.2	22.1	67.9	24.8	0.9	4.6
吉　林	86.6	18.3	54.8	9.3	0.5	3.8
黑龙江	98.1	17.1	70.6	7.5	1.2	1.7
上　海	171.4	100.9	53.4	12.4	0.7	4.1
江　苏	267.2	139.4	82.3	30.3	2.3	12.8
浙　江	197.1	78.0	70.7	38.8	1.7	7.8
安　徽	217.1	50.1	149.5	12.6	0.9	4.0
福　建	105.2	37.0	46.2	11.3	1.4	9.2
江　西	152.6	35.9	101.2	12.7	0.4	2.3
山　东	254.3	81.4	135.0	28.5	1.3	8.1
河　南	218.6	65.8	127.7	14.2	1.4	9.5
湖　北	202.3	56.7	113.8	26.1	1.0	4.7
湖　南	179.4	44.1	109.7	19.8	0.5	5.2
广　东	324.3	131.5	118.7	47.3	4.7	22.2
广　西	163.1	37.9	102.2	9.7	0.8	12.4
海　南	24.8	7.2	11.7	4.0	0.1	1.8
重　庆	116.1	25.1	75.2	13.8	1.2	0.8
四　川	278.6	80.6	168.1	22.1	2.3	5.5
贵　州	150.9	27.0	110.3	10.5	0.6	2.5
云　南	187.3	38.3	124.6	17.1	1.2	6.0
西　藏	25.4	4.3	9.1	5.9	0.2	5.9
陕　西	144.8	31.5	92.3	16.8	0.4	3.7
甘　肃	135.9	20.5	105.9	5.0	0.4	4.1
青　海	47.0	10.0	31.4	2.8	0.2	2.7
宁　夏	39.0	8.3	23.7	3.6	0.3	3.0
新　疆	118.5	19.3	92.6	5.2	0.3	1.0

注：1.2010年起，其他民政事业费支出不包含民政管理事务支出。
2.2018年起，民政事业费支出不包含抚恤支出、退役安置支出、医疗救助支出、自然灾害生活救助支出；社会救助支出不包含医疗救助支出。
3.2018年民政系统机构改革，优抚安置、防灾减灾、医疗救助等职能转隶，民政事业费支出、社会救助支出等较以前年度出现较大减幅。

7-15-4 卫生和社会工作企业法人单位分地区主要指标

地 区	营业收入（亿元）	资产总计（亿元）	从业人员（万人）
全 国	**7656.6**	**16199.7**	**293.1**
北 京	528.0	892.4	11.8
天 津	92.4	217.7	3.4
河 北	181.5	454.4	9.7
山 西	118.2	320.3	7.2
内蒙古	44.4	160.9	2.8
辽 宁	255.9	693.8	11.5
吉 林	79.8	249.8	5.0
黑龙江	122.2	244.2	6.0
上 海	406.5	794.3	8.3
江 苏	602.0	1100.2	20.9
浙 江	582.4	939.2	18.9
安 徽	292.3	647.3	12.5
福 建	215.7	417.7	7.3
江 西	298.8	520.4	11.1
山 东	463.5	1069.1	16.9
河 南	505.6	999.6	19.3
湖 北	297.8	693.2	12.5
湖 南	331.8	740.1	12.1
广 东	692.4	1255.5	23.5
广 西	75.7	194.6	4.0
海 南	42.2	274.3	2.0
重 庆	287.4	418.6	10.7
四 川	497.9	1011.4	21.4
贵 州	201.4	507.1	9.3
云 南	144.0	403.2	8.2
西 藏	11.6	23.9	0.5
陕 西	164.1	521.0	8.3
甘 肃	44.3	156.3	3.1
青 海	12.3	34.0	1.0
宁 夏	24.0	140.5	1.4
新 疆	40.5	104.5	2.6

7-15-5 医疗卫生机构情况

单位：个

年 份	合计	#医院	#综合医院	#中医医院	#专科医院	#基层医疗卫生机构	#社区卫生服务中心(站)	#乡 镇卫生院
1950	8915	2803	2692	4	85			
1955	67725	3648	3351	67	188			
1960	261195	6020	5173	330	401			24849
1965	224266	5330	4747	131	339			36965
1970	149823	5964	5353	117	385			56568
1975	151733	7654	6817	160	543			54026
1978	169732	9293	7539	447	643			55018
1980	180553	9902	7859	678	694			55413
1981	800205	10252	8044	781	718			55500
1982	801869	10471	8146	878	731			55496
1983	870686	10901	8370	1009	772			55559
1984	905424	11381	8545	1218	810			55549
1985	978540	11955	9197	1485	938			47387
1986	999102	12442	9363	1646	1030			46967
1987	1012804	12962	9657	1790	1097			47177
1988	1012485	13544	9916	1932	1190			47529
1989	1027522	14090	10242	2046	1265			47523
1990	1012690	14377	10424	2115	1362			47749
1991	1003769	14628	10562	2195	1345			48140
1992	1001310	14889	10774	2269	1376			46117
1993	1000531	15436	11426	2298	1438			45024
1994	1005271	15595	11549	2336	1440			51929
1995	994409	15663	11586	2361	1445			51797
1996	1078131	15833	11696	2405	1473			51277
1997	1048657	15944	11771	2413	1488			50981
1998	1042885	16001	11779	2443	1495			50071
1999	1017673	16678	11868	2441	1533			49694
2000	1034229	16318	11872	2453	1543	1000169		49229
2001	1029314	16197	11834	2478	1576	995670		48090
2002	1005004	17844	12716	2492	2237	973098	8211	44992
2003	806243	17764	12599	2518	2271	774693	10101	44279
2004	849140	18393	12900	2611	2492	817018	14153	41626
2005	882206	18703	12982	2620	2682	849488	17128	40907
2006	918097	19246	13120	2665	3022	884818	22656	39975
2007	912263	19852	13372	2720	3282	878686	27069	39876
2008	891480	19712	13119	2688	3437	858015	24260	39080
2009	916571	20291	13364	2728	3716	882153	27308	38475
2010	936927	20918	13681	2778	3956	901709	32739	37836
2011	954389	21979	14328	2831	4283	918003	32860	37295
2012	950297	23170	15021	2889	4665	912620	33562	37097
2013	974398	24709	15887	3015	5127	915368	33965	37015
2014	981432	25860	16524	3115	5478	917335	34238	36902
2015	983528	27587	17430	3267	6023	920770	34321	36817
2016	983394	29140	18020	3462	6642	926518	34327	36795
2017	986649	31056	18921	3695	7220	933024	34652	36551
2018	997433	33009	19693	3977	7900	943639	34997	36461
2019	1007579	34354	19963	4221	8531	954390	35013	36112
2020	1022922	35394	20133	4426	9021	970036	35365	35762
2021	1030935	36570	20307	4630	9699	977790	36160	34943

7-15-5 续表

单位：个

年 份	#村卫生室	#门诊部(所)	#专业公共卫生机构	#疾病预防控制中心	#专科疾病防治院(所/站)	#妇幼保健院(所/站)	#卫生监督所(中心)
1950		3356		61	30	426	
1955		51600		315	287	3944	
1960		213823		1866	683	4213	
1965		170430		2499	822	2910	
1970		79600		1714	607	1124	
1975		80739		2912	683	2128	
1978		94395		2989	887	2571	
1980		102474		3105	1138	2745	
1981	610079	111189		3202	1197	2789	
1982	608431	113916		3271	1272	2827	
1983	674669	115826		3274	1326	2851	
1984	707168	117028		3339	1458	2955	
1985	777674	126604		3410	1566	2996	
1986	795963	127575		3475	1635	3059	
1987	807844	128459		3512	1697	3082	
1988	806497	128422		3532	1727	3103	
1989	820798	128112		3591	1747	3112	
1990	803956	129332		3618	1781	3148	
1991	794733	128665		3652	1818	3187	
1992	796523	125873		3673	1845	3187	
1993	806945	115161		3729	1872	3115	
1994	813529	105984		3711	1905	3190	
1995	804352	104406		3729	1895	3179	
1996	755565	237153		3737	1887	3172	
1997	733624	229474		3747	1893	3180	
1998	728788	229349		3746	1889	3191	
1999	716677	226588		3763	1877	3180	
2000	709458	240934	11386	3741	1839	3163	
2001	698966	248061	11471	3813	1783	3132	
2002	698966	219907	10787	3580	1839	3067	571
2003	514920	204468	10792	3584	1749	3033	838
2004	551600	208794	10878	3588	1583	2998	1284
2005	583209	207457	11177	3585	1502	3021	1702
2006	609128	212243	11269	3548	1402	3003	2097
2007	613855	197083	11528	3585	1365	3051	2553
2008	613143	180752	11485	3534	1310	3011	2675
2009	632770	182448	11665	3536	1291	3020	2809
2010	648424	181781	11835	3513	1274	3025	2992
2011	662894	184287	11926	3484	1294	3036	3022
2012	653419	187932	12083	3490	1289	3044	3088
2013	648619	195176	31155	3516	1271	3144	2967
2014	645470	200130	35029	3490	1242	3098	2975
2015	640536	208572	31927	3478	1234	3078	2986
2016	638763	216187	24866	3481	1213	3063	2986
2017	632057	229221	19896	3456	1200	3077	2992
2018	622001	249654	18033	3443	1161	3080	2949
2019	616094	266659	15958	3403	1128	3071	2869
2020	608828	289542	14492	3384	1048	3052	2934
2021	599292	306883	13276	3376	932	3032	3010

注：1.村卫生室数计入医疗卫生机构数中；2.2008年社区卫生服务中心(站)减少的原因是江苏省约5000家农村社区卫生服务站划归村卫生室；3.2002年起，医疗卫生机构数不再包括高中等医学院校本部、药检机构、国境卫生检疫所和非卫生部门举办的计划生育指导站；4.2013年起，医疗卫生机构数包括原计生部门主管的计划生育技术服务机构；5.1996年以前门诊部(所)不包括私人诊所。

7-15-6 各地区医疗卫生机构情况

单位：个

地区	合计	医院				基层医疗卫生机构		
		小计	#综合医院	#中医医院	#专科医院	小计	#社区卫生服务中心(站)	#乡镇卫生院
全 国	**1030935**	**36570**	**20307**	**4630**	**9699**	**977790**	**36160**	**34943**
北 京	10699	644	214	167	206	9777	1989	
天 津	6076	432	276	55	97	5489	673	133
河 北	88162	2395	1589	275	476	85029	1543	1970
山 西	41007	1427	678	217	486	39101	1037	1312
内蒙古	24948	806	379	140	172	23684	1230	1251
辽 宁	33051	1444	758	207	444	30919	1387	1025
吉 林	25344	825	406	131	271	24155	321	762
黑龙江	20578	1187	762	177	231	18772	673	964
上 海	6308	426	178	23	132	5656	1159	
江 苏	36448	2030	974	152	532	33387	2669	973
浙 江	35120	1485	603	194	561	33021	4658	1042
安 徽	29554	1338	760	147	342	27629	1814	1347
福 建	28693	711	381	88	224	27463	725	889
江 西	36764	939	562	126	223	35216	587	1588
山 东	85715	2654	1447	347	730	82062	2406	1492
河 南	78536	2410	1395	431	495	75174	1791	2010
湖 北	36529	1167	601	146	382	34823	1073	1110
湖 南	55677	1716	848	211	608	53354	970	2099
广 东	57964	1762	955	185	569	55139	2736	1166
广 西	34112	803	429	114	227	32643	338	1263
海 南	6277	269	166	22	74	5881	222	274
重 庆	21361	858	442	133	215	20268	577	810
四 川	80249	2481	1483	266	641	76875	1116	3661
贵 州	29292	1449	982	116	319	27465	893	1331
云 南	26885	1405	877	163	337	24869	652	1369
西 藏	6907	179	115	1	11	6600	14	675
陕 西	34971	1270	754	172	320	33185	741	1531
甘 肃	25759	699	361	116	169	24373	698	1357
青 海	6408	222	121	15	40	6011	275	410
宁 夏	4571	213	128	31	48	4242	239	205
新 疆	16970	924	683	62	117	15528	954	924

7-15-6 续表 单位：个

地 区	#村卫生室	#门诊部(所)	专业公共卫生机构				
			小计	#疾病预防控制中心	#专科疾病防治院(所/站)	#妇 幼保健院(所/站)	#卫生监督所(中心)
全 国	**599292**	**306883**	**13276**	**3376**	**932**	**3032**	**3010**
北 京	2559	5229	101	25	19	18	18
天 津	2214	2464	73	20	3	17	18
河 北	59967	21549	644	187	12	184	181
山 西	26355	10149	431	132	8	127	124
内蒙古	12965	8237	400	121	14	114	116
辽 宁	16235	12258	539	109	51	86	107
吉 林	9463	13609	285	66	55	71	49
黑龙江	10128	7000	548	146	32	117	140
上 海	1147	3350	103	19	16	19	17
江 苏	14936	14802	619	115	34	118	110
浙 江	11221	16087	406	103	14	95	99
安 徽	15630	8829	466	122	41	126	113
福 建	16847	9002	392	100	23	94	87
江 西	27189	5847	513	144	92	112	110
山 东	52940	25176	779	191	86	161	150
河 南	58488	12876	791	183	22	164	183
湖 北	22961	9650	459	116	70	101	108
湖 南	37078	13207	539	144	78	136	137
广 东	25448	25782	788	142	128	130	160
广 西	19088	11954	599	122	30	105	125
海 南	2737	2648	111	29	16	25	
重 庆	9495	9377	154	41	13	41	39
四 川	50309	21763	703	212	23	202	178
贵 州	20105	5090	328	100	5	99	79
云 南	13588	9234	544	150	28	147	143
西 藏	5258	653	127	82		36	2
陕 西	22394	8519	415	119	5	118	118
甘 肃	16301	6015	652	103	9	99	97
青 海	4472	854	173	55	2	50	53
宁 夏	2159	1639	95	25		23	24
新 疆	9615	4034	499	153	3	97	125

7-15-7 村卫生室情况

单位：个

年份 地区	合计	村办	乡卫生院设点	联合办	私人办	其他
1990	803956	266137	29963	87149	381844	38863
1995	804352	297462	36388	90681	354981	
2000	709458	300864	47101	89828	255179	16486
2005	583209	313633	32396	38561	180403	18216
2006	609128	333790	34803	36805	186524	17206
2007	613855	340082	33633	33649	186841	19650
2008	613143	342692	40248	31698	180157	18348
2009	632770	350515	45434	31035	183699	22087
2010	648424	365153	49678	32650	177080	23863
2011	662894	372661	56128	33639	175747	24719
2012	653419	370099	58317	32278	167025	25700
2013	648619	371579	59896	32690	158811	25643
2014	645470	349428	59396	29180	160549	46917
2015	640536	353196	60231	29208	153353	44548
2016	638763	351016	60419	29336	152164	45828
2017	632057	349025	63598	28687	147046	43701
2018	622001	342062	65495	28353	141623	44468
2019	616094	339525	69091	27626	134575	45277
2020	608828	337868	71858	26817	125503	46782
2021	599292	338065	67551	26751	118322	48603
北　京	2559	2308	4	1	186	60
天　津	2214	590	762	125	130	607
河　北	59967	30399	5205	1213	19012	4138
山　西	26355	18264	1204	674	2769	3444
内蒙古	12965	4900	2734	242	3750	1339
辽　宁	16235	7298	419	141	7688	689
吉　林	9463	3644	1918	1047	2308	546
黑龙江	10128	7014	1543	147	932	492
上　海	1147	783				364
江　苏	14936	8026	3788	1956	38	1128
浙　江	11221	6413	2156	127	1647	878
安　徽	15630	9169	280	2408	762	3011
福　建	16847	10570	1062	208	3418	1589
江　西	27189	12974	587	1481	11040	1107
山　东	52940	27176	13329	4231	4886	3318
河　南	58488	34860	1139	2772	15805	3912
湖　北	22961	14149	3932	2728	1090	1062
湖　南	37078	25038	1673	923	6083	3361
广　东	25448	12813	2573	171	5771	4120
广　西	19088	13257	1156	134	4011	530
海　南	2737	845	395	35	1273	189
重　庆	9495	6673	836	179	827	980
四　川	50309	25222	3454	2423	15816	3394
贵　州	20105	12160	1	354	4232	3358
云　南	13588	10121	1737	509	211	1010
西　藏	5258	1896	2593	33		736
陕　西	22394	21238	190	97	848	21
甘　肃	16301	5855	5645	729	2501	1571
青　海	4472	1710	768	602	737	655
宁　夏	2159	870	654	145	224	266
新　疆	9615	1830	5814	916	327	728

7-15-8 卫生人员情况

单位：人

年 份	卫生人员	卫生技术人员	#执业(助理)医师	#执业医师	#注册护士	#药师(士)	乡村医生和卫生员	其他技术人员	管理人员	工勤技能人员
1960	1769205	1504894	596109	427498	170143	119293			132034	132277
1965	1872300	1531600	762804	510091	234546	117314		10996	168845	160899
1970	6571795	1453247	702304	446251	295147		4779280	10813	156862	171593
1975	7435212	2057068	877716	521617	379545	219904	4841695	14122	251420	270907
1978	7883041	2463931	978152	609608	405223	266570	4777469	22950	298104	320587
1980	7355483	2798241	1153234	709473	465798	308438	3820776	27834	310805	397827
1981	7199133	3011038	1243787	620291	525311	323786	3403012	29622	318721	436740
1982	6954413	3142943	1307205	668010	563912	342451	2996609	32207	326883	455771
1983	6757244	3252836	1352651	704060	595569	351002	2667214	37830	326927	472437
1984	6622973	3343998	1381456	716365	616080	358969	2409327	42539	341271	485838
1985	5606105	3410910	1413281	724238	636974	365145	1293094	46052	358812	497237
1986	5725854	3506517	1444150	745592	680583	372760	1279935	50957	370056	518389
1987	5842621	3608618	1481754	777333	717596	382121	1278499	57255	371167	527082
1988	5924557	3723756	1618174	1095926	829261	394287	1247045	65063	368227	520466
1989	6028234	3809097	1718018	1257668	921687	401098	1241275	73530	384890	519442
1990	6137711	3897921	1763086	1302997	974541	405978	1231510	85504	396694	526082
1991	6278458	3984974	1779545	1310933	1011943	409325	1253324	91265	408819	540076
1992	6409307	4073986	1808194	1327875	1039674	413598	1269061	99177	417670	549413
1993	6540522	4117067	1831665	1372471	1056096	413025	1325106	113138	432903	552311
1994	6630710	4199217	1882180	1425375	1093544	417166	1323701	116921	438084	552787
1995	6704395	4256923	1917772	1454926	1125661	418520	1331017	120782	450013	545660
1996	6735097	4311845	1941235	1475232	1162609	424952	1316095	125480	444571	537106
1997	6833962	4397805	1984867	1505342	1198228	428295	1317786	133369	448047	536955
1998	6863315	4423721	1999521	1513975	1218836	423644	1327633	145060	435507	531394
1999	6894985	4458669	2044672	1561584	1244844	418574	1324937	150041	434997	526341
2000	6910383	4490803	2075843	1603266	1266838	414408	1319357	157533	426789	515901
2001	6874527	4507700	2099658	1637337	1286938	404087	1290595	157961	412757	505514
2002	6528674	4269779	1843995	1463573	1246545	357659	1290595	179962	332628	455710
2003	6216971	4380878	1942364	1534046	1265959	357378	867778	199331	318692	450292
2004	6332739	4485983	1999457	1582442	1308433	355451	883075	209422	315595	438664
2005	6447246	4564050	2042135	1622683.8	1349589	349533	916532	225697	312826	428141
2006	6681184	4728350	2099064	1678031	1426339	353565	957459	235466	323705	436204
2007	6964389	4913186	2122925	1715460	1558822	325212	931761	243460	356569	519413
2008	7251803	5174478	2201904	1791881	1678091	330525	938313	255149	356854	527009
2009	7781448	5535124	2329206	1905436	1854818	341910	1050991	275006	362665	557662
2010	8207502	5876158	2413259	1972840	2048071	353916	1091863	290161	370548	578772
2011	8616040	6202858	2466094	2020154	2244020	363993	1126443	305981	374885	605873
2012	9115705	6675549	2616064	2138836	2496599	377398	1094419	319117	372997	653623
2013	9790483	7210578	2794754	2285794	2783121	395578	1081063	359819	420971	718052
2014	10234213	7589790	2892518	2374917	3004144	409595	1058182	379740	451250	755251
2015	10693881	8007537	3039135	2508408	3241469	423294	1031525	399712	472620	782487
2016	11172945	8454403	3191005	2651398	3507166	439246	1000324	426171	483198	808849
2017	11748972	8988230	3390034	2828999	3804021	452968	968611	451480	509093	831558
2018	12300325	9529179	3607156	3010376	4098630	467685	907098	476569	529045	858434
2019	12928335	10154010	3866916	3210515	4445047	483420	842302	503947	543750	884326
2020	13474992	10678019	4085689	3401672	4708717	496793	795510	529601	561157	910705
2021	13985363	11244217	4287604	3590846	5019422	520865	696749	599026	460012	985359

注：1. 卫生人员和卫生技术人员包括获得“卫生监督员”证书的公务员1万人。
2. 2013年起，卫生人员数包括卫生计生部门主管的计划生育技术服务机构人员数。
3. 执业(助理)医师数包括村卫生室执业(助理)医师数。
4. 1985年以前乡村医生和卫生员系赤脚医生数。
5.2021年起，管理人员指仅从事管理的人员数，不含同时担负临床或监督工作的管理人员。

7-15-9 各地区卫生人员情况

单位：人

地 区	合计	卫生技术人员					乡村医生和卫生员	其他技术人员	管理人员	工勤技能人员
		小计	#执业(助理)医师	#执业医师	#注册护士	#药师(士)				
全 国	**13985363**	**11244217**	**4287604**	**3590846**	**5019422**	**520865**	**696749**	**599026**	**460012**	**985359**
北 京	361004	289021	112514	105757	124086	15515	2367	18829	19210	31577
天 津	152473	121717	51777	48546	46810	7179	3745	8157	9178	9676
河 北	710338	559405	254233	197945	225019	21179	56605	32271	20666	41391
山 西	362910	281533	113350	96227	124305	11526	29672	16315	12108	23282
内蒙古	261660	211694	84230	71988	88938	11619	13417	13494	9221	13834
辽 宁	417681	334026	132022	119022	152697	13907	16036	19381	15191	33047
吉 林	276724	217251	87309	75430	97803	8894	12643	13203	11620	22007
黑龙江	314884	248554	96932	83220	107095	11082	13878	15104	12999	24349
上 海	281031	229024	84055	80241	103859	11187	500	12829	12737	25941
江 苏	853428	691783	272663	230820	308650	34323	21328	43154	25936	71227
浙 江	694800	579080	232669	206656	250311	32483	6474	28726	23217	57303
安 徽	519418	435127	172581	140783	200950	17098	26888	21007	12217	24179
福 建	366095	294368	111058	95297	130171	16728	16853	16927	9680	28267
江 西	381722	305661	111394	93000	139922	17530	29676	13390	8819	24176
山 东	1055683	853147	342790	282332	376542	38925	71765	53604	25667	51500
河 南	969594	755601	297515	228705	328077	31940	71914	46674	27304	68101
湖 北	564148	456373	169525	143673	214644	19291	29925	26037	18948	32865
湖 南	619810	506165	192504	152842	239222	22387	30118	25156	18696	39675
广 东	1058702	873183	319438	270948	401698	46559	19357	35025	37811	93326
广 西	493178	393882	131975	109429	182407	21721	27116	19202	12852	40126
海 南	99580	80506	29682	25362	38410	3544	2665	3562	4203	8644
重 庆	308519	246615	92134	76155	114010	10527	13337	10573	13165	24829
四 川	865416	672694	250397	209833	306685	30283	54138	31897	30401	76286
贵 州	384145	309378	105369	84453	141650	11510	24672	13744	15381	20970
云 南	470049	380657	125764	104086	182586	13987	31797	19667	10728	27200
西 藏	42311	25607	10627	8304	7795	1196	10457	2321	1003	2923
陕 西	445858	368611	120561	97605	159406	16058	18985	5042	24887	28333
甘 肃	247666	200989	70649	57995	91701	8043	16376	11320	5569	13412
青 海	66755	51656	18773	15796	21349	2570	6088	3733	1208	4070
宁 夏	73110	60596	22519	19722	27255	3345	2723	2405	2602	4784
新 疆	256671	200313	70595	58674	85369	8729	15234	16277	6788	18059

7-15-10 每千人口卫生技术人员数

单位：人

年份	卫生技术人员			执业(助理)医师			注册护士		
	合计	城市	农村	合计	城市	农村	合计	城市	农村
1955	1.42	3.49	1.01	0.81	1.24	0.74	0.14	0.64	0.04
1960	2.37	5.67	1.85	1.04	1.97	0.90	0.23	1.04	0.07
1965	2.11	5.37	1.46	1.05	2.22	0.82	0.32	1.45	0.10
1970	1.76	4.88	1.22	0.85	1.97	0.66	0.29	1.10	0.14
1975	2.24	6.92	1.41	0.95	2.66	0.65	0.41	1.74	0.18
1980	2.85	8.03	1.81	1.17	3.22	0.76	0.47	1.83	0.20
1985	3.28	7.92	2.09	1.36	3.35	0.85	0.61	1.85	0.30
1990	3.45	6.59	2.15	1.56	2.95	0.98	0.86	1.91	0.43
1995	3.59	5.36	2.32	1.62	2.39	1.07	0.95	1.59	0.49
1998	3.64	5.30	2.35	1.65	2.34	1.11	1.00	1.64	0.51
1999	3.64	5.24	2.38	1.67	2.33	1.14	1.02	1.64	0.52
2000	3.63	5.17	2.41	1.68	2.31	1.17	1.02	1.64	0.54
2001	3.62	5.15	2.38	1.69	2.32	1.17	1.03	1.65	0.54
2002	3.41			1.47			1.00		
2003	3.48	4.88	2.26	1.54	2.13	1.04	1.00	1.59	0.50
2004	3.53	4.99	2.24	1.57	2.18	1.04	1.03	1.63	0.50
2005	3.50	5.82	2.69	1.56	2.46	1.26	1.03	2.10	0.65
2006	3.60	6.09	2.70	1.60	2.56	1.26	1.09	2.22	0.66
2007	3.72	6.44	2.69	1.61	2.61	1.23	1.18	2.42	0.70
2008	3.90	6.68	2.80	1.66	2.68	1.26	1.27	2.54	0.76
2009	4.15	7.15	2.94	1.75	2.83	1.31	1.39	2.82	0.81
2010	4.39	7.62	3.04	1.80	2.97	1.32	1.53	3.09	0.89
2011	4.58	7.90	3.19	1.82	3.00	1.33	1.66	3.29	0.98
2012	4.94	8.54	3.41	1.94	3.19	1.40	1.85	3.65	1.09
2013	5.27	9.18	3.64	2.04	3.39	1.48	2.04	4.00	1.22
2014	5.56	9.70	3.77	2.12	3.54	1.51	2.20	4.30	1.31
2015	5.84	10.21	3.90	2.22	3.72	1.55	2.37	4.58	1.39
2016	6.12	10.42	4.08	2.31	3.79	1.61	2.54	4.75	1.50
2017	6.47	10.87	4.28	2.44	3.97	1.68	2.74	5.01	1.62
2018	6.83	10.91	4.63	2.59	4.01	1.82	2.94	5.08	1.80
2019	7.26	11.10	4.96	2.77	4.10	1.96	3.18	5.22	1.99
2020	7.57	11.46	5.18	2.90	4.25	2.06	3.34	5.40	2.10
2021	7.97	9.87	6.27	3.04	3.73	2.42	3.56	4.58	2.64

注：1. 2002年以前，执业(助理)医师系医生，执业医师系医师，注册护士系护师(士)。
2. 城市包括直辖市区和地级市辖区，农村包括县及县级市。
3. 合计分母系常住人口数，分城乡分母为户籍人口数。

7-15-11 各地区每千人口卫生技术人员数

单位：人

地区	卫生技术人员			执业(助理)医师			注册护士		
	合计	城市	农村	合计	城市	农村	合计	城市	农村
全国	**7.97**	**9.87**	**6.27**	**3.04**	**3.73**	**2.42**	**3.56**	**4.58**	**2.64**
北京	13.20	13.20		5.14	5.14		5.67	5.67	
天津	8.87	8.87		3.77	3.77		3.41	3.41	
河北	7.51	10.50	5.88	3.41	4.51	2.82	3.02	4.60	2.16
山西	8.09	11.58	5.63	3.26	4.42	2.44	3.57	5.54	2.19
内蒙古	8.82	11.63	6.91	3.51	4.45	2.87	3.71	5.31	2.61
辽宁	7.90	9.73	5.21	3.12	3.77	2.18	3.61	4.63	2.11
吉林	9.15	9.76	8.63	3.68	3.79	3.58	4.12	4.65	3.66
黑龙江	7.95	10.07	5.94	3.10	3.84	2.40	3.43	4.72	2.20
上海	9.20	9.20		3.38	3.38		4.17	4.17	
江苏	8.13	9.23	6.77	3.21	3.52	2.82	3.63	4.24	2.88
浙江	8.85	10.67	7.20	3.56	4.17	3.00	3.83	4.74	3.00
安徽	7.12	9.54	5.54	2.82	3.64	2.29	3.29	4.58	2.44
福建	7.03	9.28	5.19	2.65	3.55	1.92	3.11	4.20	2.22
江西	6.77	9.35	5.35	2.47	3.29	2.01	3.10	4.54	2.31
山东	8.39	10.64	6.51	3.37	4.25	2.64	3.70	4.86	2.74
河南	7.65	11.88	5.81	3.01	4.50	2.37	3.32	5.60	2.33
湖北	7.83	10.07	6.19	2.91	3.67	2.35	3.68	4.94	2.76
湖南	7.64	11.16	6.21	2.91	4.06	2.43	3.61	5.59	2.80
广东	6.88	7.47	5.38	2.52	2.76	1.90	3.17	3.47	2.39
广西	7.82	10.30	6.01	2.62	3.59	1.91	3.62	4.93	2.66
海南	7.89	9.44	6.45	2.91	3.39	2.46	3.77	4.70	2.89
重庆	7.68	7.68	7.68	2.87	2.88	2.82	3.55	3.59	3.39
四川	8.04	9.99	6.43	2.99	3.72	2.39	3.66	4.75	2.77
贵州	8.03	10.22	7.05	2.74	3.65	2.32	3.68	4.89	3.13
云南	8.12	12.04	6.88	2.68	4.18	2.21	3.89	6.03	3.22
西藏	7.00	14.62	4.46	2.90	6.14	1.83	2.13	5.43	1.03
陕西	9.32	10.21	8.33	3.05	3.48	2.57	4.03	4.74	3.24
甘肃	8.07	11.06	6.29	2.84	3.84	2.24	3.68	5.39	2.66
青海	8.70	12.52	6.25	3.16	4.35	2.40	3.59	5.85	2.15
宁夏	8.36	10.40	5.94	3.11	3.87	2.20	3.76	4.83	2.49
新疆	7.74	11.79	6.82	2.73	4.48	2.33	3.30	5.32	2.84

7-15-12 医疗卫生机构床位数

单位：万张

年份	合计	#医院	#综合医院	#中医医院	#专科医院	#基层医疗卫生机构	#社区卫生服务中心(站)	#乡镇卫生院	#专业公共卫生机构	#妇幼保健院(所/站)	#专科疾病防治院(所/站)
1955	36.28	21.53	17.08	0.14	2.80					0.57	
1960	97.68	59.14	44.74	1.42	7.95			4.63		0.88	1.74
1965	103.33	61.20	48.04	1.04	7.49			13.25		0.92	
1970	126.15	70.50	57.21	1.01	7.79			36.80		0.70	
1975	176.43	94.02	76.33	1.37	11.11			62.03		0.97	2.88
1978	204.17	110.00	87.33	3.40	12.10			74.73		1.16	2.63
1980	218.44	119.58	94.11	5.00	12.87			77.54		1.64	2.73
1981	223.38	124.09	96.80	5.79	13.49			76.31		1.97	2.71
1982	228.03	128.52	99.83	6.40	13.90			75.32		2.33	2.73
1983	234.16	134.53	103.99	7.24	14.58			74.62		2.75	2.85
1984	241.24	141.24	108.00	8.65	15.29			73.14		3.18	2.96
1985	248.71	150.86	112.77	11.23	16.56			72.06		3.46	2.95
1986	256.25	155.98	117.52	12.52	17.71			71.12		3.67	3.06
1987	268.50	165.34	123.71	14.21	19.03			72.30		4.00	3.07
1988	279.49	174.70	129.06	15.55	20.23			72.61		4.35	3.00
1989	286.70	181.46	133.60	16.60	20.93			72.30		4.50	3.10
1990	292.54	186.89	136.90	17.57	21.95			72.29		4.66	3.10
1991	299.19	192.61	140.55	18.82	22.26			72.92		4.80	3.17
1992	304.94	197.66	144.10	20.04	22.71			73.28		5.00	3.22
1993	309.90	203.64	156.63	21.35	24.37			73.08		4.50	3.03
1994	313.40	207.04	158.70	22.18	24.85			73.24		4.80	2.98
1995	314.06	206.33	158.72	22.72	24.51			73.31		5.13	3.07
1996	309.96	209.65	159.73	23.75	24.86			73.47		5.60	2.83
1997	313.45	211.92	161.21	24.46	24.97			74.24		6.02	3.06
1998	314.30	213.41	162.00	24.95	25.01			73.77		6.30	2.90
1999	315.90	215.07	163.25	25.33	25.03			73.40		6.63	2.93
2000	317.70	216.67	164.09	25.93	25.08	76.65		73.48	11.86	7.12	2.84
2001	320.12	215.56	150.50	24.60	25.65	77.14		74.00	12.02	7.40	2.70
2002	313.61	222.18	168.38	24.67	26.21	71.05	1.20	67.13	12.37	7.98	3.18
2003	316.40	226.95	171.34	26.02	26.72	71.05	1.21	67.27	12.61	8.09	3.38
2004	326.84	236.35	177.68	27.55	28.26	71.44	1.81	66.89	12.73	8.70	3.12
2005	336.75	244.50	183.47	28.77	29.21	72.58	2.50	67.82	13.58	9.41	3.34
2006	351.18	256.04	190.29	30.32	32.05	76.19	4.12	69.62	13.50	9.93	2.80
2007	370.11	267.51	197.16	32.16	34.37	85.03	7.66	74.72	13.29	10.62	2.59
2008	403.87	288.29	211.28	35.03	37.77	97.10	9.80	84.69	14.66	11.73	2.64
2009	441.66	312.08	227.11	38.56	41.67	109.98	13.13	93.34	15.40	12.61	2.71
2010	478.68	338.74	244.95	42.42	45.95	119.22	16.88	99.43	16.45	13.44	2.93
2011	515.99	370.51	267.07	47.71	49.65	123.37	18.71	102.63	17.81	14.59	3.14
2012	572.48	416.15	297.99	54.80	55.74	132.43	20.32	109.93	19.82	16.16	3.57
2013	618.19	457.86	325.52	60.88	62.11	134.99	19.42	113.65	21.49	17.55	3.85
2014	660.12	496.12	349.99	66.50	68.58	138.12	19.59	116.72	22.30	18.48	3.76
2015	701.52	533.06	372.10	71.54	76.25	141.38	20.10	119.61	23.63	19.54	4.03
2016	741.05	568.89	392.79	76.18	84.46	144.19	20.27	122.39	24.72	20.65	4.00
2017	794.03	612.05	417.24	81.82	94.56	152.85	21.84	129.21	26.26	22.11	4.08
2018	840.41	651.97	437.89	87.21	105.41	158.36	23.13	133.39	27.44	23.28	4.08
2019	880.70	686.65	453.27	93.26	115.81	163.11	23.74	136.99	28.50	24.32	4.11
2020	910.07	713.12	462.25	98.11	125.83	164.94	23.83	139.03	29.61	25.29	4.23
2021	945.01	741.42	469.97	102.28	139.84	169.98	25.17	141.74	30.16	26.01	4.06

7-15-13 各地区医疗卫生机构床位数

单位：张

地区	合计	#医院	#基层医疗卫生机构	#社区卫生服务中心(站)	#乡镇卫生院	#专业公共卫生机构	#妇幼保健院(所/站)	#专科疾病防治院(所/站)
全国	**9450110**	**7414228**	**1699776**	**251720**	**1417410**	**301566**	**260132**	**40611**
北京	130259	122287	5243	5243		2729	2090	639
天津	68681	62238	5867	1780	3893	351		351
河北	454994	360191	79694	8415	69928	14711	14443	192
山西	228946	186067	37686	4308	30327	4503	4036	460
内蒙古	166598	133841	27301	5031	21368	4817	4481	336
辽宁	324528	278149	39426	7211	30078	2977	1795	1044
吉林	176546	151196	20529	3224	15804	2831	1731	1100
黑龙江	260536	221206	32718	7583	23917	5871	3697	2155
上海	160378	142730	15537	15537		1346	1142	204
江苏	548560	429886	104712	25501	77851	11520	9712	1771
浙江	369875	327374	29765	9826	19123	11507	11044	427
安徽	411023	318415	81997	10153	70681	9574	8044	1524
福建	223813	176316	37451	4346	33105	8986	6827	2113
江西	307292	223990	65449	3862	60898	16422	12674	3742
山东	673920	522326	121696	19309	98065	26632	20835	5733
河南	721329	536984	150946	18924	130970	27564	25412	2071
湖北	433965	314615	101445	15818	83365	17604	15350	2250
湖南	532668	389837	124927	18164	106303	17334	13584	3750
广东	588964	479712	75834	8797	66310	33030	26743	6276
广西	319045	219722	81584	3361	78203	16609	16194	414
海南	61408	48537	10171	1518	8327	2370	2338	28
重庆	240741	178223	57673	12052	44766	4517	4385	132
四川	662029	497531	148484	15970	131720	14708	13398	1299
贵州	296902	232086	54012	6997	45749	10519	10295	224
云南	330278	256141	62247	5866	55086	10607	9718	646
西藏	19650	14808	4216	114	4066	468	468	
陕西	284545	233562	40533	4527	35777	9655	8500	1155
甘肃	183166	142546	33146	4155	28747	6304	5786	500
青海	42153	35825	5693	705	4795	543	503	40
宁夏	41191	35703	3884	455	3394	1604	1604	
新疆	186127	142184	39910	2968	34794	3353	3303	35

7-15-14 各地区医疗卫生机构门诊服务情况

地区	诊疗人次数(万人次)	#门急诊	观察室留观病例数(万人)	健康检查人数(万人)	急诊病死率(%)	观察室病死率(%)	居民平均就诊次数(次)
全国	**84.72**	**80.41**	**3506.05**	**54873.03**	**0.08**	**0.14**	**6.01**
北京	2.27	2.26	141.47	1021.92	0.13	0.38	10.39
天津	1.09	1.03	90.29	503.09	0.11	0.14	7.90
河北	3.99	3.67	113.18	2200.31	0.18	0.16	5.35
山西	1.34	1.25	50.55	1094.20	0.14	0.25	3.86
内蒙古	1.03	0.95	34.70	690.59	0.15	0.37	4.29
辽宁	1.67	1.55	155.24	1130.18	0.14	0.14	3.96
吉林	1.05	0.89	41.57	598.31	0.15	0.24	4.40
黑龙江	0.96	0.89	23.23	727.14	0.16	0.73	3.09
上海	2.67	2.63	13.18	1499.90	0.13	1.47	10.72
江苏	5.70	5.55	110.87	4024.04	0.05	0.07	6.70
浙江	6.71	6.45	106.27	3757.19	0.04	0.26	10.26
安徽	3.64	3.37	86.22	2182.04	0.07	0.07	5.96
福建	2.67	2.50	52.49	1532.66	0.03	0.06	6.38
江西	2.29	2.17	103.54	1442.70	0.03	0.04	5.06
山东	6.72	6.29	264.68	3385.86	0.16	0.18	6.60
河南	6.19	5.88	129.02	3146.10	0.10	0.12	6.26
湖北	3.44	3.22	194.73	2604.94	0.07	0.05	5.90
湖南	3.01	2.76	315.63	2200.88	0.03	0.27	4.55
广东	8.17	7.91	375.17	7410.83	0.03	0.06	6.44
广西	2.56	2.45	71.00	1981.34	0.04	0.06	5.08
海南	0.51	0.47	18.64	319.87	0.04	0.01	4.96
重庆	1.94	1.86	162.80	1167.80	0.07	0.02	6.03
四川	5.46	5.15	193.85	3420.26	0.08	0.08	6.53
贵州	1.81	1.76	106.75	1182.49	0.04	0.03	4.70
云南	2.94	2.84	304.75	1503.78	0.04	0.06	6.26
西藏	0.16	0.14	3.93	195.27	0.04	0.18	4.43
陕西	1.87	1.83	31.41	1331.73	0.09	0.19	4.73
甘肃	1.15	1.08	89.15	850.76	0.09	0.05	4.63
青海	0.27	0.25	21.77	209.63	0.14	0.06	4.46
宁夏	0.41	0.39	42.79	269.51	0.11	0.03	5.68
新疆	1.05	0.97	57.18	1287.71	0.22	0.44	4.05

7-15-15 各地区医疗卫生机构住院服务情况

地 区	入院人数（万人）	出院人数（万人）	住院病人手术人次（万人次）	病死率（%）	每床出院人数（人）	每百门急诊入院人数（人）	居民年住院率（%）
全 国	**24731.8**	**24642.1**	**8103.1**	**0.4**	**26.1**	**4.1**	**17.5**
北 京	367.7	349.8	163.3	1.0	26.9	1.7	16.8
天 津	162.7	162.6	94.4	0.7	23.7	1.8	11.8
河 北	1025.0	1019.9	263.2	0.4	22.4	4.4	13.8
山 西	445.8	434.8	144.7	0.3	19.0	4.6	12.8
内蒙古	311.8	310.9	82.5	0.7	18.7	4.1	13.0
辽 宁	614.2	610.3	191.8	1.1	18.8	4.7	14.5
吉 林	348.4	346.1	87.3	1.1	19.6	4.9	14.7
黑龙江	442.1	440.2	141.6	1.2	17.0	5.6	14.1
上 海	448.1	447.2	401.7	1.3	27.9	1.9	18.0
江 苏	1415.7	1415.6	532.9	0.2	25.9	3.3	16.6
浙 江	1081.2	1083.0	424.2	0.3	29.3	2.1	16.5
安 徽	949.3	947.3	306.8	0.4	23.1	4.0	15.5
福 建	561.0	560.2	203.9	0.2	25.1	3.2	13.4
江 西	861.6	857.9	222.1	0.2	27.9	6.0	19.1
山 东	1823.2	1817.1	564.9	0.5	27.0	4.6	17.9
河 南	1914.9	1908.9	463.2	0.3	26.5	4.8	19.4
湖 北	1214.7	1212.0	396.7	0.4	27.9	5.3	20.8
湖 南	1510.0	1505.8	349.3	0.2	28.3	7.6	22.8
广 东	1729.3	1730.0	963.4	0.5	29.4	2.8	13.6
广 西	1067.6	1064.0	241.0	0.3	33.4	5.6	21.2
海 南	128.2	128.3	49.1	0.3	21.0	3.4	12.6
重 庆	730.5	729.8	193.1	0.4	30.3	5.9	22.7
四 川	1863.0	1856.7	584.4	0.4	28.1	5.2	22.3
贵 州	844.9	839.4	212.1	0.2	28.3	6.2	21.9
云 南	993.9	992.0	275.5	0.3	30.1	4.8	21.2
西 藏	32.2	32.3	8.3	0.2	16.4	2.9	8.8
陕 西	728.4	727.9	270.3	0.3	25.6	5.4	18.4
甘 肃	445.1	444.2	88.6	0.2	24.3	5.7	17.9
青 海	98.2	97.3	23.4	0.4	23.1	4.9	16.5
宁 夏	108.1	107.9	31.8	0.3	26.2	3.4	14.9
新 疆	465.1	462.7	127.7	0.5	24.9	5.4	18.0

7-15-16 社区卫生服务中心(站)医疗服务情况

年份 地区	社区卫生服务中心					社区卫生服务站	
	诊疗人次 (万人次)	入院人数 (万人)	病床使用率 (%)	平均住院日 (日)	医师日均担负诊疗人次 (人次)	诊疗人次 (万人次)	医师日均担负诊疗人次 (人次)
2005	5938.5	26.6	60.7	17.2	13.7	6281.5	11.0
2006	8285.5	43.6	57.9	15.5	13.0	9378.9	13.1
2007	12712.4	74.3	59.6	13.1	13.1	9875.0	14.6
2008	17247.3	103.3	58.7	13.4	12.9	8425.1	12.5
2009	26080.2	164.2	59.8	10.6	14.0	11617.3	13.7
2010	34740.4	218.1	56.1	10.4	13.6	13711.1	13.6
2011	40950.0	247.3	54.4	10.2	14.0	13703.8	13.7
2012	45475.1	268.7	55.5	10.1	14.8	14393.6	14.0
2013	50788.6	292.1	57.0	9.8	15.7	14921.2	14.3
2014	53618.8	298.1	55.6	9.9	16.1	14912.0	14.4
2015	55902.6	305.5	54.7	9.8	16.3	14742.5	14.1
2016	56327.0	313.7	54.6	9.7	15.9	15561.9	14.5
2017	60743.2	344.2	54.8	9.5	16.2	15982.4	14.1
2018	63897.9	339.5	52.0	9.9	16.1	16011.5	13.7
2019	69110.7	339.5	49.7	9.7	16.5	16805.7	14.0
2020	62068.4	292.7	42.8	10.3	13.9	13403.7	10.8
2021	69596.6	319.3	43.2	9.8	14.6	14005.9	11.0
北京	5722.1	1.5	25.5	27.6	17.1	764.5	19.5
天津	1678.5	0.2	18.7	21.3	17.3	219.1	27.8
河北	795.9	4.1	25.9	9.1	8.1	802.4	6.5
山西	512.4	2.1	17.9	9.9	7.7	393.2	5.6
内蒙古	525.7	2.1	18.0	7.9	7.0	274.9	5.5
辽宁	950.1	2.7	20.6	10.6	8.1	380.6	6.0
吉林	711.9	1.3	20.7	9.9	9.1	29.2	4.6
黑龙江	805.1	2.3	14.0	8.5	7.5	49.9	4.2
上海	7103.6	2.6	72.7	160.9	20.2		
江苏	6991.3	36.7	45.9	10.1	14.1	1195.5	17.2
浙江	10490.8	9.6	42.7	13.9	21.1	304.3	20.9
安徽	2028.7	11.6	28.2	5.5	15.2	1241.9	12.3
福建	2534.3	4.8	25.4	7.9	22.2	340.8	9.9
江西	485.4	3.7	31.0	6.5	10.6	329.5	11.6
山东	3141.6	25.5	47.0	9.5	11.1	1754.9	12.6
河南	2281.7	23.7	44.0	9.7	10.7	843.4	10.1
湖北	1826.0	23.4	44.4	8.4	10.4	572.4	14.4
湖南	1866.3	37.6	52.7	7.0	9.4	257.3	6.8
广东	10507.1	10.5	36.6	9.6	19.6	1379.0	19.3
广西	915.6	6.8	57.5	8.6	12.3	189.3	10.3
海南	138.3	1.1	26.1	6.8	8.1	242.1	14.1
重庆	1208.5	35.4	64.8	7.8	9.7	165.2	10.2
四川	3042.2	36.6	56.4	7.8	14.9	468.6	12.6
贵州	881.9	13.6	40.2	5.9	10.3	295.2	8.2
云南	773.9	10.5	47.0	7.8	11.5	307.2	10.1
西藏	18.6		0.2		6.2	4.1	5.2
陕西	596.3	4.0	20.9	7.5	9.6	271.5	8.8
甘肃	356.5	3.4	44.8	6.6	7.6	330.3	10.3
青海	93.6	0.5	26.1	8.2	8.1	152.4	13.2
宁夏	158.9	0.1	8.3	8.8	17.0	287.1	22.0
新疆	453.8	1.1	18.1	10.0	11.5	160.3	4.4

7-15-17 监测地区5岁以下儿童和孕产妇死亡率

年 份	新生儿死亡率(‰)			婴儿死亡率(‰)			5岁以下儿童死亡率(‰)			孕产妇死亡率(1/10万)		
	合计	城市	农村	合计	城市	农村	合计	城市	农村	合计	城市	农村
1992	32.5	13.9	36.8	46.7	18.4	53.2	57.4	20.7	65.6	76.5	42.7	97.9
1993	31.2	12.9	35.4	43.6	15.9	50.0	53.1	18.3	61.6	67.3	38.5	85.1
1994	28.5	12.2	32.3	39.9	15.5	45.6	49.6	18.0	56.9	64.8	44.1	77.5
1995	27.3	10.6	31.1	36.4	14.2	41.6	44.5	16.4	51.1	61.9	39.2	76.0
1996	24.0	12.2	26.7	36.0	14.8	40.9	45.0	16.9	51.4	63.9	29.2	86.4
1997	24.2	10.3	27.5	33.1	13.1	37.7	42.3	15.5	48.5	63.6	38.3	80.4
1998	22.3	10.0	25.1	33.2	13.5	37.7	42.0	16.2	47.9	56.2	28.6	74.1
1999	22.2	9.5	25.1	33.3	11.9	38.2	41.4	14.3	47.7	58.7	26.2	79.7
2000	22.8	9.5	25.8	32.2	11.8	37.0	39.7	13.8	45.7	53.0	29.3	69.6
2001	21.4	10.6	23.9	30.0	13.6	33.8	35.9	16.3	40.4	50.2	33.1	61.9
2002	20.7	9.7	23.2	29.2	12.2	33.1	34.9	14.6	39.6	43.2	22.3	58.2
2003	18.0	8.9	20.1	25.5	11.3	28.7	29.9	14.8	33.4	51.3	27.6	65.4
2004	15.4	8.4	17.3	21.5	10.1	24.5	25.0	12.0	28.5	48.3	26.1	63.0
2005	13.2	7.5	14.7	19.0	9.1	21.6	22.5	10.7	25.7	47.7	25.0	53.8
2006	12.0	6.8	13.4	17.2	8.0	19.7	20.6	9.6	23.6	41.1	24.8	45.5
2007	10.7	5.5	12.8	15.3	7.7	18.6	18.1	9.0	21.8	36.6	25.2	41.3
2008	10.2	5.0	12.3	14.9	6.5	18.4	18.5	7.9	22.7	34.2	29.2	36.1
2009	9.0	4.5	10.8	13.8	6.2	17.0	17.2	7.6	21.1	31.9	26.6	34.0
2010	8.3	4.1	10.0	13.1	5.8	16.1	16.4	7.3	20.1	30.0	29.7	30.1
2011	7.8	4.0	9.4	12.1	5.8	14.7	15.6	7.1	19.1	26.1	25.2	26.5
2012	6.9	3.9	8.1	10.3	5.2	12.4	13.2	5.9	16.2	24.5	22.2	25.6
2013	6.3	3.7	7.3	9.5	5.2	11.3	12.0	6.0	14.5	23.2	22.4	23.6
2014	5.9	3.5	6.9	8.9	4.8	10.7	11.7	5.9	14.2	21.7	20.5	22.2
2015	5.4	3.3	6.4	8.1	4.7	9.6	10.7	5.8	12.9	20.1	19.8	20.2
2016	4.9	2.9	5.7	7.5	4.2	9.0	10.2	5.2	12.4	19.9	19.5	20.0
2017	4.5	2.6	5.3	6.8	4.1	7.9	9.1	4.8	10.9	19.6	16.6	21.1
2018	3.9	2.2	4.7	6.1	3.6	7.3	8.4	4.4	10.2	18.3	15.5	19.9
2019	3.5	2.0	4.1	5.6	3.4	6.6	7.8	4.1	9.4	17.8	16.5	18.6
2020	3.4	2.1	3.9	5.4	3.6	6.2	7.5	4.4	8.9	16.9	14.1	18.5
2021	3.1	1.9	3.6	5.0	3.2	5.8	7.1	4.1	8.5	16.1	15.4	16.5

7-15-18 部分地区城市居民主要疾病死亡率及死因构成

疾病名称	合计			男			女		
	死亡率(1/10万)	构成(%)	位次	死亡率(1/10万)	构成(%)	位次	死亡率(1/10万)	构成(%)	位次
传染病(含肺结核)	5.30	0.82	10	7.36	1.00	10	3.21	0.58	11
寄生虫病	0.07	0.01	16	0.06	0.01	16	0.08	0.01	16
恶性肿瘤	158.70	24.61	2	200.10	27.20	1	116.76	21.11	3
血液,造血器官及免疫疾病	1.33	0.21	13	1.39	0.19	13	1.27	0.23	13
内分泌,营养和代谢疾病	24.15	3.74	6	24.31	3.30	6	23.99	4.34	6
精神障碍	3.45	0.54	11	3.07	0.42	11	3.84	0.70	10
神经系统疾病	9.44	1.46	8	9.36	1.27	8	9.53	1.72	8
心脏病	165.37	25.64	1	171.26	23.28	2	159.40	28.83	1
脑血管病	140.02	21.71	3	155.32	21.11	3	124.52	22.52	2
呼吸系统疾病	54.49	8.45	4	67.30	9.15	4	41.51	7.51	4
消化系统疾病	15.41	2.39	7	18.76	2.55	7	12.01	2.17	7
肌肉骨骼和结缔组织疾病	1.95	0.30	12	1.48	0.20	12	2.43	0.44	12
泌尿生殖系统疾病	6.75	1.05	9	7.94	1.08	9	5.56	1.00	9
妊娠,分娩产褥期并发症	0.02		17				0.04	0.01	17
围生期疾病	0.69	0.11	15	0.79	0.11	15	0.58	0.11	15
先天畸形,变形和染色体异常	0.87	0.13	14	0.86	0.12	14	0.88	0.16	14
损伤和中毒外部原因	35.22	5.46	5	42.93	5.83	5	27.41	4.96	5
诊断不明	3.19	0.50		4.32	0.59		2.05	0.37	
其他疾病	5.57	0.86		4.56	0.62		6.60	1.19	

注：本表系605个死因监测点结果。下表同。

7-15-19 部分地区农村居民主要疾病死亡率及死因构成

疾病名称	合计			男			女		
	死亡率(1/10万)	构成(%)	位次	死亡率(1/10万)	构成(%)	位次	死亡率(1/10万)	构成(%)	位次
传染病(含肺结核)	6.52	0.88	10	8.96	1.06	10	3.99	0.62	10
寄生虫病	0.04	0.01	17	0.05	0.01	16	0.03		17
恶性肿瘤	167.06	22.47	3	213.11	25.30	1	119.11	18.60	3
血液,造血器官及免疫疾病	1.36	0.18	13	1.44	0.17	13	1.27	0.20	13
内分泌营养和代谢疾病	21.09	2.84	6	19.42	2.31	7	22.83	3.56	6
精神障碍	3.54	0.48	11	3.29	0.39	11	3.81	0.59	11
神经系统疾病	10.15	1.37	8	9.71	1.15	8	10.61	1.66	8
心脏病	188.58	25.36	1	192.09	22.80	3	184.93	28.87	1
脑血管病	175.58	23.62	2	192.41	22.84	2	158.06	24.68	2
呼吸系统疾病	65.23	8.77	4	77.67	9.22	4	52.27	8.16	4
消化系统疾病	15.98	2.15	7	20.19	2.40	6	11.60	1.81	7
肌肉骨骼和结缔组织疾病	2.48	0.33	12	2.17	0.26	12	2.81	0.44	12
泌尿生殖系统疾病	7.86	1.06	9	9.34	1.11	9	6.32	0.99	9
妊娠分娩产褥期并发症	0.04	0.01	16				0.08	0.01	16
围生期疾病	0.79	0.11	15	0.88	0.10	15	0.69	0.11	15
先天畸形,变形和染色体异常	1.04	0.14	14	1.15	0.14	14	0.93	0.15	14
损伤和中毒外部原因	52.98	7.13	5	66.62	7.91	5	38.77	6.05	5
诊断不明	2.61	0.35		3.43	0.41		1.75	0.27	
其他疾病	6.91	0.93		5.45	0.65		8.42	1.32	

注：农村包括县及县级市。

7-15-20 分地区民政机构床位数

单位：万张

地区	提供住宿的民政机构床位数	养老	儿童福利和救助	精神疾病	其他	每千老年人口养老床位数（张）
全 国	**530.5**	**503.6**	**9.8**	**7.1**	**10.0**	**30.5**
北 京	11.6	10.9	0.3		0.4	28.3
天 津	6.2	6.0	0.1	0.1		23.3
河 北	24.3	23.8	0.1	0.1	0.3	30.4
山 西	9.1	8.6	0.1	0.2	0.3	25.2
内蒙古	8.4	7.8	0.2	0.2	0.2	44.2
辽 宁	19.1	18.6	0.1		0.4	22.6
吉 林	15.2	14.2	0.3	0.5	0.2	27.8
黑龙江	19.2	18.2	0.2	0.5	0.2	28.5
上 海	15.3	14.7	0.1	0.2	0.3	28.7
江 苏	45.6	44.1	0.4	0.6	0.5	39.3
浙 江	27.2	26.5	0.4	0.1	0.3	33.4
安 徽	38.8	37.7	0.6		0.5	38.7
福 建	11.4	10.6	0.2	0.4	0.2	40.9
江 西	18.1	17.7	0.1	0.1	0.2	34.0
山 东	38.7	38.0	0.4		0.3	30.2
河 南	35.1	34.1	0.4	0.1	0.6	25.1
湖 北	29.3	28.4	0.4	0.1	0.4	39.0
湖 南	27.9	26.2	0.4	0.7	0.6	33.4
广 东	26.3	24.7	0.6	0.2	0.8	28.3
广 西	9.5	8.6	0.4	0.3	0.2	30.1
海 南	0.9	0.8			0.1	8.5
重 庆	13.0	12.2	0.3	0.3	0.3	28.8
四 川	33.1	29.7	0.8	1.6	1.0	25.2
贵 州	9.6	8.5	0.4	0.4	0.3	28.1
云 南	9.9	9.2	0.3	0.2	0.2	17.9
西 藏	1.4	0.9	0.5			35.6
陕 西	11.6	10.8	0.3	0.1	0.3	26.6
甘 肃	3.7	3.1	0.3	0.1	0.3	36.4
青 海	1.0	0.8	0.2			24.6
宁 夏	2.7	2.5	0.1		0.1	33.2
新 疆	6.9	5.4	0.9	0.4	0.2	28.8

注：老年人口指60岁及以上人口。

7-15-21 社会救助情况

单位：万人

年份 地区	城市居民最低生活保障人数	农村居民最低生活保障人数	农村特困人员集中供养人数	农村特困人员分散供养人数
2008	2334.8	4305.5	155.6	393.0
2009	2345.6	4760.0	171.8	381.6
2010	2310.5	5214.0	177.4	378.9
2011	2276.8	5305.7	184.5	366.5
2012	2143.5	5344.5	185.3	360.3
2013	2064.0	5388.0	183.5	353.8
2014	1877.0	5207.0	174.3	354.8
2015	1701.1	4903.6	162.3	354.4
2016	1480.2	4586.5	139.7	357.2
2017	1261.0	4045.2	99.6	367.2
2018	1007.0	3519.1	86.2	368.8
2019	860.9	3455.4	75.0	364.1
2020	805.1	3620.8	73.9	372.4
2021	737.8	3474.5	69.2	368.1
北　京	7.1	3.9	0.2	0.4
天　津	6.7	6.1	0.1	1.0
河　北	15.7	152.1	2.9	22.4
山　西	23.8	96.5	1.5	11.4
内蒙古	28.3	130.6	1.2	7.3
辽　宁	30.9	68.1	1.8	10.9
吉　林	35.0	54.2	1.1	6.5
黑龙江	49.0	81.1	1.3	7.8
上　海	13.6	3.4	0.1	0.1
江　苏	10.0	62.4	3.7	16.0
浙　江	6.0	53.3	1.6	1.7
安　徽	31.7	176.9	5.2	27.8
福　建	6.5	48.4	1.1	5.0
江　西	31.1	142.6	3.5	8.9
山　东	10.9	134.9	5.7	27.2
河　南	35.8	289.1	7.6	40.8
湖　北	28.3	137.7	4.3	19.2
湖　南	39.0	145.3	5.2	30.1
广　东	15.0	127.3	1.4	18.8
广　西	34.4	243.0	0.7	22.7
海　南	3.4	14.7	0.2	2.1
重　庆	23.9	58.6	1.1	8.6
四　川	58.9	359.6	7.2	34.6
贵　州	60.8	188.4	1.7	7.0
云　南	39.2	226.0	1.5	10.1
西　藏	2.3	13.1	0.6	0.6
陕　西	18.6	115.9	3.8	8.7
甘　肃	32.6	143.7	0.9	8.3
青　海	5.9	28.7	0.3	1.2
宁　夏	7.6	37.3	0.3	0.6
新　疆	25.8	131.7	1.3	0.4

7-15-22 分地区医疗救助情况

地 区	资助参加基本医疗保险人数（万人）	门诊和住院医疗救助人次数（万人次）	资助参加基本医疗保险资金数（万元）	门诊和住院医疗救助资金数（万元）
全 国	**8815.6**	**10126.0**	**1851109.9**	**3880557.1**
北 京	9.6	18.9	4071.0	31396.0
天 津	18.3	94.4	4988.6	20645.5
河 北	389.9	407.4	83267.0	146051.0
山 西	81.3	38.8	16337.3	48474.7
内蒙古	122.4	105.0	18495.3	84285.2
辽 宁	143.5	184.5	36234.6	70875.9
吉 林	115.8	91.8	20264.4	34791.9
黑龙江	178.7	163.0	39281.4	104382.7
上 海	12.9	380.1	8228.0	60192.0
江 苏	317.3	1761.5	122496.3	299572.4
浙 江	105.4	1121.4	64401.0	132470.0
安 徽	464.3	560.2	117749.0	257048.2
福 建	115.5	390.3	33074.6	80791.8
江 西	89.4	443.4	18800.7	184531.1
山 东	248.7	465.5	57065.3	174155.1
河 南	562.7	345.2	71130.3	162326.1
湖 北	305.0	287.9	76901.0	216172.7
湖 南	406.6	172.2	76111.5	143415.7
广 东	305.1	620.4	96445.7	287130.6
广 西	373.0	404.7	66192.7	190871.5
海 南	64.0	67.3	16576.6	21243.4
重 庆	154.3	500.6	41818.0	106442.0
四 川	895.7	397.9	238480.7	245669.9
贵 州	873.0	300.5	118030.5	168954.8
云 南	983.5	262.1	135280.6	137851.3
西 藏	63.2	8.5	10740.5	8598.1
陕 西	107.7	135.4	19416.6	137514.5
甘 肃	729.2	163.3	99292.2	143554.4
青 海	62.3	29.3	19583.7	36972.7
宁 夏	109.8	51.5	29968.4	21416.6
新 疆	407.5	153.2	90386.7	122759.4

注：1.2016年起，将资助参加合作医疗保险合并到资助参加基本医疗保险统计。
2.2018年起，直接医疗救助修改为门诊和住院医疗救助，统计口径不变。
3.新疆数据包括新疆生产建设兵团。

7-15-23 社区服务机构、社会工作师情况

年份 地区	社区综合服务机构和设施（个）	社区养老服务机构和设施（个）	社会工作师累计合格人数（人）	助理社会工作师累计合格人数（人）
全国	**567077**	**317695**	**176691**	**559464**
北京	8538	1261	10306	28820
天津	5086	1244	3126	10078
河北	51390	29696	3883	8338
山西	21130	6849	2882	6539
内蒙古	2653	2587	3426	5142
辽宁	17036	8311	6168	16163
吉林	12371	3927	2939	10888
黑龙江	11441	1622	2542	7135
上海	9131	11616	8743	23826
江苏	29639	18308	19204	65765
浙江	32107	23543	25200	87365
安徽	19410	5711	4722	13561
福建	20728	16471	7161	19319
江西	22159	21637	1864	6928
山东	66546	16969	14891	29868
河南	49636	10764	3797	10422
湖北	25442	19711	4958	20883
湖南	31928	29314	4100	12624
广东	31894	21450	23550	97763
广西	4426	12308	1604	5693
海南	3332	276	259	1190
重庆	12370	5415	3501	12316
四川	14068	12277	6621	25462
贵州	19769	10113	701	2956
云南	14645	3249	1821	6570
西藏	51	27	30	139
陕西	4380	9513	5287	13640
甘肃	5616	9538	1235	3927
青海	5143	1311	204	756
宁夏	2146	1432	746	2327
新疆	12866	1245	1220	3061

【主要统计指标解释】

卫生总费用 指一个国家或地区在一定时期内，为开展卫生服务活动从全社会筹集的卫生资源的货币总额，按来源法核算。它反映一定经济条件下，政府、社会和居民个人对卫生保健的重视程度和费用负担水平，以及卫生筹资模式的主要特征和卫生筹资的公平性合理性。

政府卫生支出 指各级政府用于医疗卫生服务、医疗保障补助、卫生和医疗保障行政管理、人口与计划生育事务支出等各项事业的经费。

社会卫生支出 指政府支出外的社会各界对卫生事业的资金投入。包括社会医疗保障支出、商业健康保险费、社会办医支出、社会捐赠援助、行政事业性收费收入等。

个人现金卫生支出 指城乡居民在接受各类医疗卫生服务时的现金支付，包括享受各种医疗保险制度的居民就医时自付的费用。

人均卫生费用 即某年卫生总费用与同期平均人口数之比。

卫生总费用与GDP之比 指某年卫生总费用与同期国内生产总值（GDP）之比。是用来反映一定时期，一定经济条件下，国家对卫生事业的资金投入力度，以及政府和全社会对居民卫生健康的重视程度。

民政事业费总支出 包括社会福利支出、社会救助支出、民政管理事务支出、行政事业单位离退休支出，以及财政从预算内经费中安排的其他用于民政事业的经费支出。

社会福利支出 指各级列入政府收支分类科目中20810项预算指标，用于社会福利支出。包括儿童福利、老年人福利、残疾人福利、殡葬、社会福利事业单位和其他社会福利支出。

医疗卫生机构 指从卫生健康行政部门取得《医疗机构执业许可证》，或从民政、工商行政、机构编制管理部门取得法人单位登记证书，为社会提供医疗保健、疾病控制、卫生监督服务或从事医学科研和医学在职培训等工作的单位。医疗卫生机构包括医院、基层医疗卫生机构、专业公共卫生机构、其他医疗卫生机构。

基层医疗卫生机构 包括社区卫生服务中心(站)、街道卫生院、乡镇卫生院、村卫生室、门诊部、诊所(医务室)。

专业公共卫生机构 包括疾病预防控制中心、专科疾病防治机构、妇幼保健机构、健康教育机构、急救中心(站)、采供血机构、卫生监督机构、卫生健康部门主管的计划生育技术服务机构。不包括传染病院、结核病医院、血防医院、精神病医院、卫生监督(监测、检测)机构。

卫生人员 指在医院、基层医疗卫生机构、专业公共卫生机构及其他医疗卫生机构工作的职工，包括卫生技术人员、乡村医生和卫生员、其他技术人员、管理人员和工勤人员等。

卫生技术人员 包括执业医师、执业助理医师、注册护士、药师（士）、检验技师（士）、影像技师（士）、卫生监督员和见习医（药、护、技）师（士）等卫生专业人员。不包括从事管理工作的卫生技术人员。

执业医师 指《医师执业证》“级别”为“执业医师”且实际从事医疗、预防保健工作的人员，不包括实际从事管理工作的执业医师。执业医师类别分为临床、中医、口腔和公共卫生四类。

每千人口执业(助理)医师 每千人口执业(助理)医师=（执业医师数+执业助理医师数）/人口数×1000。

新生儿死亡率 指年内新生儿死亡数与活产数之比，一般以‰表示。新生儿死亡指出生至28天以内(即0-27天)死亡人数。

5岁以下儿童死亡率 指年内未满5岁儿童死亡人数与活产数之比，一般以‰表示。

孕产妇死亡率 指年内每10万名孕产妇的死亡人数。孕产妇死亡指从妊娠期至产后42天内，由于任何妊娠或妊娠处理有关的原因导致的死亡，但不包括意外原因死亡者。按国际通用计算方法，“孕产妇总数”以“活产数”代替计算。

城市居民最低生活保障人数 指在报告期末共同生活的家庭成员人均收入低于当地最低生活保障标准，且家庭财产状况符合相关规定的城镇居民，并已发放补助经费的人数。

农村居民最低生活保障人数 指报告期末共同生活的家庭成员人均收入低于当地最低生活保障标准，得到当地政府给予最低生活保障待遇的农业人口家庭人数。

社区服务机构和设施数 是面向全体城乡居民提供社区服务的机构和设施。原则上，城乡社区服务机构应能提供以公共服务为主体的综合性服务，城乡社区服务设施面积应能满足社区组织办公和社区综合服务所需，并配置多功能社区居民活动场所。在此基础上可根据社区居民的实际需求，重点强化若干类服务功能。社区服务机构和设施包括（1）社区服务指导中心；（2）社区服务中心；（3）社区服务站；（4）未登记注册的农村特困供养机构；（5）社区养老照料机构和设施；（6）社区互助型养老设施；（7）其他社区服务机构和设施。

7 第三产业分行业主要指标

7-16 文化、体育和娱乐业

简要说明

一、主要内容

本篇主要反映新闻出版、广电、文化、文物、档案、体育事业发展情况。

内容包括广播电视业和文化事业财务情况；图书、期刊、报纸、音像制品的出版、印刷以及引进和输出版权情况；广播电视覆盖、节目制作、财务收支等方面的情况；艺术表演团体、公共图书馆、群众文化机构、博物馆以及国家档案馆等单位的机构、人员、经费和业务活动情况；体育系统机构人员、运动员获世界冠军以及创世界记录情况。

文化、体育和娱乐业企业法人单位分地区主要指标。

二、资料来源

新闻出版资料由国家新闻出版署提供；广播、电视资料由国家广播电视总局提供；电影资料由国家电影局提供；文化资料由文化和旅游部提供；文物资料由国家文物局提供；档案资料由国家档案局提供；体育资料由国家体育总局提供。

详细资料分别见《中国新闻出版统计资料汇编》（国家新闻出版署编）、《全国广播电视服务业统计数据》（国家广播电视总局编）、《中国文化文物统计年鉴》（文化和旅游部编）、《体育事业统计年鉴》（国家体育总局体育经济司编）。

文化、体育和娱乐业企业法人单位分地区主要指标来源于国家统计局服务业统计司《规模以上服务业统计报表制度》和《规模以下服务业抽样调查统计报表制度》调查结果。

7-16-1 各地区广播电视行政事业单位财务收支情况

单位：万元

地区	总收入	财政补助收入	事业收入	经营收入	其它收入	总支出
全国合计	**11696751**	**8550194**	**2140437**	**556324**	**449796**	**11753042**
国家广播电视总局	422357	327874	68921		25562	411941
中央广播电视总台						
其他部门所属单位	199174	25871	101076	63391	8836	211438
北京	633786	320214	272930	18938	21704	599963
天津	111390	51332	45470	5035	9553	127933
河北	292754	266757	20482	2246	3270	288420
山西	438294	392567	32709	1584	11435	432739
内蒙古	337425	334452	447	1119	1407	337386
辽宁	347071	272717	62506	6849	4998	336488
吉林	263819	256374	2772	2307	2366	280205
黑龙江	266822	246403	4891	7999	7529	260924
上海	212208	198380	2057	1122	10649	219247
江苏	583384	257958	160933	107198	57296	628077
浙江	700108	432639	149775	71933	45761	692742
安徽	577361	417981	134513	6825	18042	615218
福建	285043	224264	44601	2479	13699	292485
江西	422092	374746	14893	22345	10109	418669
山东	726530	396868	271927	19092	38642	720773
河南	473434	313629	137225	5834	16746	456608
湖北	293352	237092	45506	2026	8728	299499
湖南	299885	217834	62240	10933	8878	303048
广东	592083	298593	208852	50444	34195	705048
广西	439642	341849	79098	607	18088	430008
海南	100386	72545	17478	5474	4890	83672
重庆	129315	120852	853	3569	4040	131474
四川	771315	678616	39247	47003	6450	762878
贵州	194488	180456	4642	79	9311	199265
云南	295785	207369	78531	2278	7607	300010
西藏	128062	125450	1749	135	728	128811
陕西	294875	207092	18632	58789	10361	295205
甘肃	267374	234916	24018	3508	4932	249642
青海	116354	105992	7884		2479	101192
宁夏	100158	75852	18032	2313	3961	95433
新疆	380626	334663	5547	22872	17544	336603

7-16-2 各地区广播电视企业单位经营情况

单位：万元

地　　区	总收入	#营业收入	本年应缴税　　金	营业利润	本年新增固定资产
全国合计	**103191382**	**101284922**	**2977108**	**3301119**	**3812876**
国家广播电视总局	272732	261588	5808	-4460	17170
中央广播电视总台	5985729	5678854	231118	1017475	879235
其他部门所属单位	311664	297264	25986	23448	45541
北　　京	43854921	43574823	1236601	398294	661320
天　　津	856263	832925	50694	165919	15213
河　　北	649656	586628	17757	24701	62816
山　　西	232294	224712	5264	-4538	8688
内 蒙 古	175943	163536	1229	-25243	12538
辽　　宁	314986	294460	6919	-9385	61270
吉　　林	260084	250585	1773	74174	112269
黑 龙 江	339364	315665	6122	-25216	56495
上　　海	12466129	12320241	227018	-151119	95131
江　　苏	3902480	3707155	218716	282275	338089
浙　　江	5963553	5851771	202291	273186	213020
安　　徽	786454	770965	15555	28416	60527
福　　建	2857524	2773591	53913	57490	113880
江　　西	317029	308094	3091	-7248	21006
山　　东	1618689	1581887	57771	78779	153004
河　　南	322621	314640	4720	-66069	12213
湖　　北	1673405	1595806	26152	-202412	126306
湖　　南	2983213	2913196	164741	89176	47431
广　　东	10128454	9966950	204979	1192738	210096
广　　西	312092	302169	6721	-21705	66453
海　　南	666299	660113	65839	12218	7452
重　　庆	738107	706914	12034	96141	60106
四　　川	1566393	1500027	44534	49601	112416
贵　　州	738289	682338	19678	4769	71185
云　　南	396694	373984	27813	-41133	65524
西　　藏	104165	102791	742	-4606	163
陕　　西	960255	948176	8092	-5051	80619
甘　　肃	82150	79066	-13667	-56039	4350
青　　海	21612	20432	1726	-5204	4037
宁　　夏	43428	41583	769	2046	885
新　　疆	1288711	1281994	34608	59699	16430

7-16-3 各地区广播电视企业资产负债情况

单位：万元

地区	资产总额	#固定资产净值	负债总额
全国合计	**243963332**	**22709844**	**135945824**
国家广播电视总局	7227802	97482	1041803
中央广播电视总台	20330494	2041923	3201262
其他部门所属单位	984328	73584	272070
北　京	58267550	1805819	43617922
天　津	2577937	182517	1800892
河　北	2197280	628582	1331869
山　西	664729	162701	477112
内蒙古	768437	176150	315359
辽　宁	974475	414698	573719
吉　林	2875524	766466	1447735
黑龙江	1385958	446374	976710
上　海	31929345	1016333	15493434
江　苏	17227008	2959177	8749303
浙　江	21602041	1464626	11441763
安　徽	1384990	431181	854208
福　建	3688477	496679	2646420
江　西	797015	217524	643173
山　东	4855433	1322617	1918023
河　南	1552347	396174	1315518
湖　北	4454468	1018000	3292841
湖　南	9914408	856463	4077435
广　东	24376978	1457371	14640449
广　西	1356542	549054	846830
海　南	1050335	111601	779143
重　庆	1574405	359391	972396
四　川	4585422	818652	2917366
贵　州	3472096	742418	2480304
云　南	2855947	522372	1945238
西　藏	208404	11167	115159
陕　西	2434102	524600	1465658
甘　肃	1405458	371818	1234599
青　海	71597	52438	25862
宁　夏	302561	104223	208170
新　疆	4609438	109671	2826078

7-16-4 文化、体育和娱乐业企业法人单位分地区主要指标

地区	营业收入（亿元）	资产总计（亿元）	从业人员（万人）
全国	**12570.7**	**44208.9**	**377.8**
北京	2230.5	7158.4	33.6
天津	281.0	1063.8	3.4
河北	177.8	1062.3	12.3
山西	69.0	523.3	7.1
内蒙古	26.0	296.6	2.1
辽宁	103.0	751.0	5.3
吉林	52.0	322.4	2.5
黑龙江	41.9	172.9	2.7
上海	904.4	3753.4	11.9
江苏	1049.6	4073.2	29.4
浙江	1233.5	4398.9	25.7
安徽	311.2	991.0	13.7
福建	509.5	1089.2	18.4
江西	241.3	569.0	9.5
山东	557.8	1822.2	19.7
河南	617.4	1245.9	26.9
湖北	551.2	2017.8	18.7
湖南	742.1	1857.9	20.1
广东	1078.9	3333.4	38.5
广西	92.2	445.5	6.3
海南	64.2	513.8	2.5
重庆	349.3	1023.5	14.8
四川	429.4	1081.8	19.1
贵州	134.1	1018.1	7.0
云南	126.5	692.8	8.1
西藏	14.8	74.9	0.8
陕西	191.4	1415.6	9.2
甘肃	39.9	404.7	3.7
青海	9.4	87.3	1.1
宁夏	18.5	80.7	1.3
新疆	322.9	867.7	2.2

7-16-5 电影综合情况

年 份	生产故事影片(部)	生产动画影片(部)	生产科教影片(部)	生产纪录影片(部)	生产特种影片(部)
1978	46	26	289	202	
1979	65	25	349	317	
1980	82	32	337	242	
1981	105	33	277	276	
1982	112	33	284	259	
1983	127	37	343	299	
1984	144	37	387	337	
1985	127	45	357	419	
1986	134	46	383	417	
1987	146	45	353	347	
1988	158	38	344	350	
1989	136	53	334	259	
1990	134	51	326	296	
1991	130	46	351	283	
1992	170	56	354	307	
1993	154	47	252	300	
1994	148	32	182	22	
1995	146	37	40	111	
1996	110	58	33	39	
1997	88	28	34	95	
1998	82	9	30	54	
1999	99	3	20	14	
2000	91	1	49	10	
2001	88	1	56	9	
2002	100	2	60	7	
2003	140	2	53	6	
2004	212	4	30	10	
2005	260	7	33	2	
2006	330	13	36	13	
2007	402	6	34	9	
2008	406	16	39	16	2
2009	456	27	52	19	4
2010	526	16	54	16	9
2011	558	24	76	26	5
2012	745	33	74	15	26
2013	638	29	121	18	18
2014	618	40	52	25	23
2015	686	51	96	38	17
2016	772	49	67	32	24
2017	798	32	68	44	28
2018	902	51	61	57	11
2019	850	51	74	47	15
2020	531	45	25	31	18
2021	565	47	54	55	19

注：2005年及以前动画片数为美术片数。

7-16-6 主要文化机构情况

单位：个

年 份	公共图书馆	文化馆(站)	省级、地市级文化馆	县市级文化馆	乡镇(街道)文化站	博物馆	艺术表演团 体	艺术表演场 馆
1978	1218	6893	92	2748	4053	349	3150	1095
1980	1732	8739	218	2912	5609	365	3533	1444
1985	2344	8576	335	2960	5281	711	3317	1377
1986	2406	8913	337	2993	5583	777	3195	2058
1987	2440	8974	348	2973	5653	827	3094	2148
1988	2485	9045	358	2975	5712	903	2985	2081
1989	2512	9037	366	2955	5716	967	2850	2050
1990	2527	9216	366	2955	5895	1013	2805	1955
1991	2535	10507	371	2894	7242	1075	2772	2068
1992	2558	9564	372	2900	6292	1106	2753	2037
1993	2572	10155	370	2886	6899	1130	2707	2024
1994	2589	11276	374	2887	8015	1161	2698	1998
1995	2615	13487	373	2886	10228	1194	2682	1958
1996	2620	45253	392	2892	41969	1219	2664	1934
1997	2628	45449	385	2901	42163	1282	2663	1947
1998	2662	45834	386	2901	42547	1339	2652	1929
1999	2669	45837	389	2905	42543	1363	2632	1911
2000	2675	45321	390	2907	42024	1392	2619	1900
2001	2696	43379	399	2842	40138	1461	2605	1854
2002	2697	42516	389	2854	39273	1511	2587	1829
2003	2709	41816	382	2846	38588	1515	2601	1900
2004	2720	41402	380	2841	38181	1548	2759	1928
2005	2762	41588	375	2851	38362	1581	2805	1866
2006	2778	40088	395	2819	36874	1617	2866	1839
2007	2799	40601	411	2806	37384	1722	4512	1732
2008	2820	41156	389	2829	37938	1893	5114	1662
2009	2850	41959	361	2862	38736	2252	6139	1499
2010	2884	43382	374	2890	40118	2435	6864	1461
2011	2952	43675	379	2906	40390	2650	7055	1429
2012	3076	43876	382	2919	40575	3069	7321	1279
2013	3112	44260	385	2930	40945	3473	8180	1344
2014	3117	44423	385	2928	41110	3658	8769	1338
2015	3139	44291	386	2929	40976	3852	10787	2143
2016	3153	44497	389	2933	41175	4109	12301	2285
2017	3166	44521	390	2938	41193	4721	15742	2455
2018	3176	44464	390	2936	41138	4918	17123	2478
2019	3196	44073	390	2936	40747	5132	17795	2716
2020	3212	43687	390	2931	40366	5452	17581	2770
2021	3215	43531	390	2926	40215	5772	18370	3093

注：1.2007年以前艺术表演团体为文化系统内数据，2007年起含非文化部门单位。艺术表演场馆不含民营艺术表演场馆。
2.1996年以前文化站数据未包括其他部门所属乡镇文化站。1996-1998年包括其他部门所属文化站，1999年以后，其他部门所属文化站划归文化部门管理。

7-16-7 文化文物机构人员情况

机构类别	机构（个）	文化部门	其他部门	从业人员（人）	文化部门	其他部门
总　计	**312067**	**65305**	**246762**	**4834341**	**710429**	**4123912**
一、文化和旅游合计	**301522**	**57003**	**244519**	**4652849**	**561945**	**4090904**
艺术表演团体	18370	1947	16423	453254	106690	346564
艺术表演场馆	3093	1075	2018	73827	18242	55585
公共图书馆	3215	3215		59301	59301	
文化馆	3316	3316		54595	54595	
文化站	40215	40215		135412	135412	
艺术展览创作机构	824	774	50	7418	6786	632
文化和旅游部门教育机构	107	107		13127	13127	
文化和旅游科研机构	179	178	1	4917	4915	2
文化市场经营机构	172762		172762	1120042		1120042
文化和旅游行政部门	3244	3244		111049	111049	
其他文化和旅游机构	56197	2932	53265	2619907	51828	2568079
二、文物合计	**10545**	**8302**	**2243**	**181492**	**148484**	**33008**
博物馆	5772	3666	2106	125704	96720	28984
文物保护管理机构	2257	2225	32	30212	27632	2580
文物科研机构	132	131	1	5970	5958	12
其他文物机构	2384	2280	104	19606	18174	1432

7-16-8 各地区出版印刷生产情况

地区	企业数（个）	从业人员（人）	印刷产量		装订产量（万令）	用纸量（万令）
			黑白（万令）	彩色（万对开色令）		
全国	**9518**	**357567**	**18956.4**	**123687.1**	**29626.0**	**39304.8**
北京	934	25034	1478.0	12982.0	2367.9	3228.0
天津	225	6216	345.0	2969.3	502.6	895.2
河北	802	25781	1788.2	4000.5	3260.8	2566.1
山西	139	5547	160.2	1354.6	301.5	375.0
内蒙古	175	2705	93.6	818.6	114.6	253.6
辽宁	187	5000	402.6	2149.5	548.1	727.9
吉林	211	5271	380.9	1814.3	317.0	700.7
黑龙江	152	3344	179.9	961.5	224.2	350.5
上海	183	13293	309.8	7763.0	522.8	1644.6
江苏	438	24366	1409.4	8975.2	2142.0	3047.4
浙江	705	26434	1675.5	13096.5	2531.3	3548.3
安徽	358	11730	444.9	4564.3	908.2	1069.4
福建	287	11846	586.6	2033.3	710.9	900.6
江西	156	5962	744.3	1823.2	888.8	1080.6
山东	635	35155	2238.0	8512.9	2989.3	3641.8
河南	460	12293	820.7	4912.0	1202.0	1478.5
湖北	373	13639	1057.8	4365.0	1460.3	1797.3
湖南	493	17574	795.0	6678.7	1454.0	1815.2
广东	819	58132	1690.4	19171.2	3949.7	5539.4
广西	259	6084	340.2	3066.6	500.7	799.7
海南	46	1520	43.1	586.2	30.1	140.8
重庆	95	4203	205.1	1559.6	329.1	435.4
四川	305	9140	874.6	2627.6	1104.6	1344.7
贵州	160	3399	72.9	1361.2	144.4	262.0
云南	165	4816	161.7	1528.1	232.1	363.7
西藏	25	724	34.3	270.5	42.5	69.2
陕西	316	8597	336.9	1922.4	464.4	668.9
甘肃	106	3299	130.5	492.1	147.2	202.5
青海	60	1329	29.8	127.7	31.7	50.9
宁夏	110	1004	38.1	92.5	40.1	56.8
新疆	139	4130	88.6	1107.0	163.4	250.3

7-16-9 图书出版情况

类别	种数 (种)	印数 (万册)
图书总计	**529197**	**1186381**
使用“中国标准书号”部分合计	**528850**	**1184463**
马列主义、毛泽东思想	1012	2559
哲学	9363	8175
社会科学总论	5669	3378
政治、法律	18530	61340
军事	1313	1005
经济	35554	15247
文化、科学、教育、体育	219040	900214
语言、文字	18949	25530
文学	54780	79217
艺术	24504	18907
历史、地理	19569	18331
自然科学总论	1034	1104
数理科学、化学	11551	6560
天文学、地球科学	3935	1823
生物科学	4351	3182
医学、卫生	23008	12039
农业科学	5279	1426
工业技术	56028	17939
交通运输	7034	2222
航空、航天	1039	337
环境科学	3093	1044
综合性图书	4215	2884
不使用“中国标准书号”部分合计	**347**	**1918**
图片	347	283
国标(GB)、部标(BB)等标准类文件印品		1000
活页文选、活页歌篇、小件印品等		635

7-16-10 图书、期刊和报纸出版情况

年份 地区	图书			期刊		报纸	
	种数（种）	#新出版	总印数（亿册、亿张）	种数（种）	总印数（亿册）	种数（种）	总印数（亿份）
1990	80224	55245	56.4	5751	17.9	1444	211.3
1995	101381	59159	63.2	7583	23.4	2089	263.3
1996	112813	63647	71.6	7916	23.1	2163	274.3
1997	120106	66585	73.1	7918	24.4	2149	287.6
1998	130613	74719	72.4	7999	25.4	2053	300.4
1999	141831	83095	73.2	8187	28.5	2038	318.4
2000	143376	84235	62.7	8725	29.4	2007	329.3
2001	154526	91416	63.1	8889	28.9	2111	351.1
2002	170962	100693	68.7	9029	29.5	2137	367.8
2003	190391	110812	66.7	9074	29.5	2119	383.1
2004	208294	121597	64.1	9490	28.3	1922	402.4
2005	222473	128578	64.7	9468	27.6	1931	412.6
2006	233971	160757	64.1	9468	28.5	1938	424.5
2007	248283	136226	62.9	9468	30.4	1938	438.0
2008	274123	148978	70.6	9549	31.0	1943	442.9
2009	301719	168296	70.4	9851	31.5	1937	439.1
2010	328387	189295	71.7	9884	32.2	1939	452.1
2011	369523	207506	77.0	9849	32.9	1928	467.4
2012	414005	241986	79.2	9867	33.5	1918	482.3
2013	444427	255981	83.1	9877	32.7	1915	482.4
2014	448431	255890	81.8	9966	30.9	1912	463.9
2015	475768	260426	86.6	10014	28.8	1906	430.1
2016	499884	262415	90.4	10084	27.0	1894	390.1
2017	512487	255106	92.4	10130	24.9	1884	362.5
2018	519250	247108	100.1	10139	22.9	1871	337.3
2019	505979	224762	106.0	10171	21.9	1851	317.6
2020	489051	213636	103.7	10192	20.4	1810	289.1
2021	529197	225253	118.6	10185	20.1	1752	283.0
中　央	216059	89335	33.5	3106	7.2	204	75.3
北　京	14775	6242	4.0	171	0.2	30	2.7
天　津	7857	3999	1.0	249	0.3	16	1.9
河　北	10855	2928	3.8	225	0.4	62	10.3
山　西	3187	1767	1.2	199	0.2	54	22.4
内蒙古	3049	1179	0.6	151	0.1	53	2.3
辽　宁	11433	5195	1.9	322	0.6	66	5.4
吉　林	27597	13147	3.1	241	0.4	46	5.5
黑龙江	8562	5566	0.9	316	0.2	51	3.1
上　海	30082	12885	5.0	642	0.6	67	6.5
江　苏	28273	9844	7.9	478	1.2	75	19.0
浙　江	16211	7041	4.9	236	0.6	66	16.8
安　徽	10121	3558	3.2	186	0.3	48	5.5
福　建	4833	2353	1.5	174	0.2	42	6.5
江　西	10217	5246	2.9	166	0.8	37	7.3
山　东	15591	5170	5.8	279	0.6	80	14.7
河　南	9670	4286	4.5	252	0.7	77	12.9
湖　北	14910	6472	3.2	433	0.8	68	6.0
湖　南	11045	4293	5.1	259	0.9	44	6.7
广　东	11565	5692	5.1	387	1.0	92	14.5
广　西	7054	2776	3.4	179	0.4	42	4.5
海　南	4048	1630	0.8	42	0.0	13	1.6
重　庆	5626	1984	1.4	143	0.3	27	1.7
四　川	14406	7190	4.2	360	0.5	72	10.0
贵　州	1202	787	1.3	93	0.1	27	2.2
云　南	6169	3347	2.0	129	0.2	40	3.0
西　藏	541	207	0.2	40	0.0	26	1.0
陕　西	12497	4991	2.3	288	0.3	43	4.4
甘　肃	4562	1948	1.1	131	0.8	45	3.1
青　海	613	281	0.1	55	0.0	25	0.7
宁　夏	2384	1157	0.5	37	0.0	13	0.9
新　疆	4203	2757	2.2	216	0.1	101	4.5

7-16-11 各地区少年儿童读物和课本出版情况

地 区	种数(种)		总印数（万册）		总印张(千印张)	
	少儿读物	课 本	少儿读物	课 本	少儿读物	课 本
全 国	**46322**	**90143**	**96994**	**432063**	**5592253**	**33587497**
中 央	11520	55297	26487	115852	1517020	11541919
北 京	3180	715	8662	2307	570231	227575
天 津	1012	459	1688	1801	89813	136797
河 北	1053	315	1934	17250	90208	1173849
山 西	139	207	90	5719	6798	407396
内蒙古	375	768	132	4378	10581	312603
辽 宁	1056	2569	1498	6439	94902	538087
吉 林	2636	534	2647	4399	152869	312594
黑龙江	694	1006	568	3438	35384	263726
上 海	1686	6269	7664	15062	258012	1221203
江 苏	1996	3588	2808	27910	197549	1868931
浙 江	2445	1510	3542	18450	266253	1160873
安 徽	1868	727	2810	13615	184936	1005899
福 建	668	309	1361	6714	77302	460840
江 西	2349	321	6125	8802	334688	704121
山 东	2256	1300	4181	22329	278789	1564338
河 南	471	1171	1093	25673	35448	1641687
湖 北	1169	2709	3070	9245	236712	756542
湖 南	997	1120	2842	16958	212200	1080529
广 东	944	1912	1452	27966	75181	1751063
广 西	2002	506	2630	12365	136698	840904
海 南	224	44	233	2206	17179	139466
重 庆	167	2167	141	7120	6395	507246
四 川	2743	2133	8013	14516	450135	1021399
贵 州	229	95	1839	8055	55529	573671
云 南	681	214	1223	9412	89308	667894
西 藏	49	76	25	1259	921	90456
陕 西	540	1808	1234	7903	48914	582150
甘 肃	310	34	390	4102	23329	307819
青 海	7	137	4	1116	159	84660
宁 夏	125	17	238	1077	20690	80535
新 疆	731	106	370	8625	18120	560725

7-16-12 课本出版情况

项 目	种数（种）	#新出版	总印数（万册）	总印张（千印张）	定价总金额（万元）
总 计	**90143**	**20075**	**432063**	**33587497**	**4890588**
大专及以上课本	66257	16451	33605	6014554	1498942
中专、技校课本	7399	1025	10945	1509138	324498
中学课本	5438	722	188125	15144425	1632630
小学课本	5257	848	195095	10190265	1228265
业余教育课本	1848	558	1425	265075	69627
扫盲课本	3	3	1	59	34
教学用书	3941	468	2867	463981	136592

7-16-13 分地区音像制品及电子出版物情况

地 区	录像制品出版品种（种）	录像制品出版数量（万盒、万张）	录音制品出版品种（种）	录音制品出版数量（万盒、万张）	电子出版物出版品种（种）	电子出版物出版数量（万张）
全 国	**3373**	**4753**	**4799**	**12448**	**8199**	**31773**
中 央	1527	3066	1744	9922	3958	25593
北 京	115	22	223	134	36	24
天 津	12	1	13	1	1	
河 北	3	2	39	446	119	156
山 西	11	2	53	77	37	2
内蒙古	6	1	13	2	100	89
辽 宁	36	4	96	154	216	126
吉 林	176	11	39	88	66	6
黑龙江	11				22	169
上 海	307	810	763	560	448	953
江 苏	26	3	139	81	442	2295
浙 江	64	52	66	150	229	674
安 徽	9	1	14	1	40	
福 建	12	3	22	4	33	10
江 西	188	322	104	113	65	79
山 东	120	19	64	6	584	122
河 南	28	2	2		302	173
湖 北	35	6	44	12	198	31
湖 南	80	38	121	158	106	140
广 东	189	36	951	414	426	989
广 西	12	3	116	56	10	1
海 南	5	1	16	2		
重 庆	25	8	18	5	112	49
四 川	40	3	18	2	502	39
贵 州					8	2
云 南	66	11	38	7	14	41
西 藏	16	39	1		20	2
陕 西	69	63	58	19	102	9
甘 肃	13	2	3		2	
青 海	12				1	
宁 夏						
新 疆	160	224	21	36		

7-16-14 全国图书、期刊、报纸进出口情况

指　　标	出　口		进　口	
	数量（万册、份）	金额（万美元）	数量（万册、份）	金额（万美元）
总　计	**699.5**	**3539.0**	**4435.7**	**37858.6**
图书	552.8	3211.3	3636.7	25138.5
哲学、社会科学	88.8	905.4	130.4	2127.6
文化、教育	120.7	554.3	654.4	4448.1
文学、艺术	75.8	561.8	843.9	5737.0
自然、科学技术	25.2	217.9	267.0	3330.7
少儿读物	151.4	182.7	967.1	3343.5
综合性图书	91.0	789.2	773.9	6151.6
期刊	141.1	326.3	226.7	11732.6
报纸	5.6	1.5	572.3	987.5

7-16-15 全国音像、电子出版物进出口情况

指　　标	出　口		进　口	
	数量（盒、张）	金额（万美元）	数量（盒、张）	金额（万美元）
总　计	**1863**	**185.2**	**146387**	**42688.3**
录音合计	194	0.3	143599	154.8
录像合计	1648	4.2	2788	5.0
电子出版物	21	50.1		
数字出版物		130.7		42528.5

7-16-16 版权引进和输出情况

单位：项

项 目	合 计	#图 书	#录 音 制 品	#录 像 制 品	#电 子 出版物
本年引进版权	**12220**	**12005**	**63**	**124**	**28**
总 计					
美 国	3218	3211	6		1
英 国	2659	2624	13	22	
德 国	888	883	2	3	
法 国	762	742	6	14	
俄罗斯	101	97	1	3	
加拿大	126	125		1	
新加坡	270	267	1	2	
日 本	2025	1990	5	23	7
韩 国	445	441		2	2
中国香港	153	129	19	4	1
中国澳门	2	2			
中国台湾	360	355	4	1	
其 他	1211	1139	6	49	17
本年输出版权	**12770**	**11795**	**238**	**23**	**714**
总 计					
美 国	887	849	11		27
英 国	446	417			29
德 国	435	403			32
法 国	166	165			1
俄罗斯	1025	1000			25
加拿大	233	228			5
新加坡	668	549		9	110
日 本	371	366	2		3
韩 国	512	458	16		38
中国香港	726	539	182		5
中国澳门	58	58			
中国台湾	1005	784	5	5	211
其 他	6238	5979	22	9	228

7-16-17 国家综合档案馆基本情况

年 份	馆藏档案（万卷、万件）	照片档案（万张）	开放档案（万卷、万件）	利用档案（万卷、万件次）	档案馆建筑面积（万平方米）
1991	9637.4	371.0	2094.3	937.0	348.1
1992	10003.5	402.4	2018.7	773.8	255.7
1993	10726.8	435.5	2140.7	891.9	275.9
1994	10782.9	449.6	2454.6	674.4	268.3
1995	11318.3	485.5	2790.3	529.3	282.5
1996	11341.4	494.6	2939.2	485.4	297.5
1997	12222.9	553.0	3304.6	501.0	347.6
1998	12276.5	579.7	3556.5	446.5	310.7
1999	12866.8	584.5	3808.2	508.5	328.4
2000	13314.0	631.7	4072.0	494.4	336.2
2001	13756.6	642.8	4129.7	575.4	342.0
2002	14790.7	720.5	4301.1	548.8	351.0
2003	15945.9	797.4	4618.4	602.6	361.4
2004	17601.5	827.9	4868.3	813.9	376.8
2005	18688.7	908.8	5132.3	868.0	393.1
2006	21656.5	1277.2	5746.3	1166.4	406.1
2007	23675.3	1393.3	5875.5	1244.9	421.9
2008	25051.0	1505.3	6072.2	1257.4	465.4
2009	28089.2	1646.3	6687.4	1308.0	473.3
2010	32198.6	1809.2	7428.6	1417.3	504.4
2011	35445.5	1965.8	7828.4	1564.5	551.1
2012	40547.7	1827.4	8254.6	1521.1	627.1
2013	42454.5	1927.6	8900.5	1477.8	709.3
2014	53470.3	2041.8	9179.7	1688.8	736.0
2015	58641.7	2102.4	9266.3	1978.3	785.5
2016	65062.5	2228.2	9707.9	2033.7	859.8
2017	65371.1	2336.5	10151.7	2078.0	949.3
2018	75051.1	2056.0	11222.1	1819.1	1050.9
2019	82850.7	2203.8	13171.6	2140.0	1164.6
2020	91789.8	2401.0	14584.5	2064.4	1268.4
2021	104671.1	2676.6	17549.7	2407.4	1410.8

7-16-18 档案馆机构和人员情况

单位：个、人

年份	国家综合档案馆		国家专门档案馆		部门档案馆		企业	事业单位	科技事业单
	馆数	专职人员	馆数	专职人员	馆数	专职人员	档案馆数	档案馆数	位档案馆数
1991	2957	21657	211	2038	128	2171	229	19	28
1992	2962	22226	206	2082	122	2258	231	19	28
1993	2980	23624	200	2245	122	1448	221	20	31
1994	2983	23568	205	2294	136	2160	209	20	36
1995	3024	24777	216	2484	144	2168	213	27	38
1996	3011	24542	226	2658	134	2072	232	23	44
1997	3021	24904	223	2578	162	2521	228	26	46
1998	3034	24197	232	3200	149	2411	245	27	46
1999	3046	23530	225	3436	142	2123	304	40	59
2000	3070	23701	234	3319	141	1865	307	53	80
2001	3100	23652	243	3448	142	2086	286	47	84
2002	3110	22825	253	3435	148	2109	299	75	93
2003	3121	23086	260	3514	141	1770	300	75	85
2004	3127	23401	258	3591	149	1932	300	79	99
2005	3142	23413	238	3452	145	2020	301	105	63
2006	3154	22689	239	3537	137	1699	216	110	95
2007	3161	21399	245	3737	146	1985	215	126	94
2008	3170	21414	240	3663	154	1886	241	141	87
2009	3191	20949	241	3626	149	1814	233	167	96
2010	3194	19750	252	3833	167	1747	223	160	111
2011	3196	19985	255	3843	170	2121	183	179	124
2012	3237	18009	238	3577	183	2161	204	260	
2013	3325	18106	240	3579	218	2182	189	274	
2014	3319	17863	247	3538	209	2129	169	252	
2015	3322	18386	234	3457	237	2263	176	224	
2016	3336	17511	236	3521	213	2021	180	272	
2017	3333	16799	234	3275	202	1939	167	274	
2018	3315	22584	211	3119	143	1739	158	309	
2019	3337	34349	256	3300	140	1566	181	320	
2020	3341	35028	260	3413	133	1584	177	322	
2021	3320	35833	256	3372	130	1573	118	312	

注：2012年新修订的《全国档案事业统计年报制度》不再细分事业单位的属性，统称“省部属事业单位档案馆”。省部属事业单位包括文化事业档案馆数，科技事业单位档案馆数。

7-16-19 各地区广播电视节目综合人口覆盖及播出情况

地　区	广播节目综合人口覆盖率(%)	电视节目综合人口覆盖率(%)	公共广播节目套数(套)	公共电视节目套数(套)
全　国	**99.48**	**99.66**	**2941**	**3613**
中央广播电视总台			23	30
其他部门所属单位				5
北　京	100.00	100.00	21	27
天　津	100.00	100.00	22	24
河　北	99.79	99.86	184	208
山　西	98.84	99.22	128	134
内蒙古	99.74	99.74	126	120
辽　宁	99.48	99.46	110	125
吉　林	99.51	99.60	83	77
黑龙江	99.94	99.93	106	104
上　海	100.00	100.00	21	21
江　苏	100.00	100.00	120	122
浙　江	99.79	99.86	112	113
安　徽	99.94	99.92	112	134
福　建	99.85	99.87	93	100
江　西	99.23	99.63	96	128
山　东	99.51	99.65	171	267
河　南	99.66	99.64	160	172
湖　北	99.89	99.85	100	115
湖　南	99.42	99.75	123	143
广　东	99.98	99.98	139	156
广　西	98.56	99.31	78	119
海　南	99.35	99.39	25	16
重　庆	99.49	99.56	39	48
四　川	99.17	99.58	154	212
贵　州	95.96	97.76	48	111
云　南	99.60	99.63	79	171
西　藏	99.24	99.39	30	82
陕　西	99.36	99.66	107	125
甘　肃	99.43	99.49	99	117
青　海	99.10	99.17	47	50
宁　夏	99.93	99.98	24	30
新　疆	99.15	99.24	161	207

7-16-20 各地区广播电视从业人员情况

单位：人

地　区	从业人员	#编辑、记者	#播音员、主持人	#工程技术人　员
全国合计	**1050050**	**180175**	**30120**	**149828**
国家广播电视总局	9494	138	1	5035
中央广播电视总台	41097	8230	546	4319
其他部门所属单位	5305	1681	31	527
北　京	125901	10247	1600	14677
天　津	9097	2904	257	1404
河　北	34832	6755	1381	4722
山　西	25831	6678	718	2922
内蒙古	18239	5232	855	3219
辽　宁	24284	4680	1061	4292
吉　林	20135	4527	804	3537
黑龙江	22707	5035	736	3756
上　海	40277	3891	612	4754
江　苏	62977	11607	1883	8747
浙　江	61800	9381	1594	9482
安　徽	27329	5138	1112	4030
福　建	35843	5457	804	4348
江　西	20771	3444	770	2373
山　东	58847	12913	2523	9295
河　南	38541	9296	1530	4763
湖　北	38421	6546	978	5566
湖　南	47058	6281	1008	6436
广　东	79888	9387	2036	12541
广　西	18520	3722	654	3273
海　南	7536	1403	289	1131
重　庆	15335	2940	417	1796
四　川	49622	7641	1419	5287
贵　州	20759	4073	622	2998
云　南	22554	5969	838	4644
西　藏	5020	1122	305	875
陕　西	20909	4122	725	2244
甘　肃	14997	3472	640	1909
青　海	4290	1013	320	866
宁　夏	4926	1373	208	866
新　疆	16908	3877	843	3194

7-16-21 广播电视节目制作时间

单位：小时

项　目	2011	2012	2013	2014	2015	2016	2017	2018	2019	2020	2021
广播节目制作	**6936960**	**7188245**	**7391245**	**7647267**	**7718163**	**7820296**	**7888254**	**8017573**	**8018667**	**8210448**	**8127066**
新闻	1295019	1333084	1397353	1443464	1436129	1457302	1426059	1432069	1418838	1452701	1457219
专题	2016386	2044073	2091787	2120517	2072348	2096407	2144051	2166880	2179937	2241754	2226133
综艺	1905916	1973796	1976162	2020456	2078791	2103561	2106228	2080201	1995132	1977798	1938630
广播剧	119477	140493	178163	185405	183124	172558	231143	218013	224078	218581	223858
广告	766463	796009	785278	808148	752705	761747	766344	749168	719208	684014	712183
其他	833699	900790	962502	1069277	1195065	1228720	1214428	1371241	1481473	1635600	1569044
电视节目制作	**2950490**	**3436301**	**3397834**	**3277394**	**3520190**	**3507217**	**3651775**	**3577444**	**3455809**	**3282440**	**3059642**
新闻	802376	886905	866756	918296	978801	989934	1085110	1079491	1086112	1097543	1093688
专题	775565	892521	854124	848276	930283	899782	909003	897248	870307	899825	792714
综艺	416289	483174	464977	468355	511398	484081	474273	439081	399761	341886	300189
影视剧	75452	163348	201117	116750	120604	119102	153062	117810	120295	95403	75241
广告	508294	555192	542823	510275	481973	483620	534911	472188	437437	389655	379452
其他	372515	455161	468035	415441	497131	530698	495417	571626	541898	458128	418358

7-16-22 公共广播电视节目播出时间

单位：小时

指　标	总　计	新闻资讯类节目	专题服务类节目	综艺益智类节目	广播(影视)剧类节目	广告类节　目	其他类节　目
广　播	15894889	3133267	3364658	3543340	977790	1434397	3441435
电　视	20139917	2888358	2742201	1094621	8843308	2260300	2311129

7-16-23 各地区有线广播电视实际用户情况

地 区	有线广播电视用户数(万户)	#农村	#数字电视	有线广播电视用户数占家庭总户数的比重(%)
全 国	**20423.2**	**6718.9**	**19634.5**	**44.6**
北 京	614.7	97.1	614.4	110.2
天 津	361.0	50.4	356.1	86.8
河 北	627.8	128.6	599.0	23.8
山 西	398.7	92.3	332.7	110.5
内蒙古	216.9	40.3	216.9	23.3
辽 宁	566.0	140.0	530.1	36.6
吉 林	621.6	212.3	621.6	60.6
黑龙江	564.0	107.2	557.9	40.2
上 海	753.6		738.7	134.3
江 苏	1335.5	496.7	1332.2	52.3
浙 江	1304.1	776.9	1290.6	74.9
安 徽	789.9	268.4	614.8	36.3
福 建	733.5	496.2	733.5	63.1
江 西	525.6	251.8	500.8	35.5
山 东	1550.0	647.9	1443.0	45.4
河 南	666.1	184.9	642.2	20.1
湖 北	1257.1	563.8	1245.9	60.2
湖 南	631.3	133.4	605.9	26.4
广 东	1709.8	363.2	1642.0	54.4
广 西	780.6	317.3	780.6	46.3
海 南	133.9	43.1	124.3	49.9
重 庆	610.6	155.1	545.8	50.8
四 川	929.8	286.7	894.5	29.2
贵 州	869.1	451.1	869.1	65.2
云 南	409.3	124.5	384.5	25.9
西 藏	28.1	0.1	26.5	27.8
陕 西	758.7	252.0	758.7	56.5
甘 肃	162.0	18.5	122.6	18.5
青 海	98.1	0.5	97.7	57.3
宁 夏	122.3	11.3	120.2	44.8
新 疆	293.8	7.4	292.0	33.3

7-16-24 电视节目进口情况

指标	合计	欧洲	非洲	美洲	#美国	亚洲
全年电视节目进口总额 （万元）	**133054**	**13918**	**3**	**32528**	**32041**	**86315**
#电视剧	63140	743		14679	14679	47718
动画电视	57420	7851		15459	15307	**34110**
纪录片	5525	3556	3	93	35	**1655**
全年电视节目进口量 （小时）	**40953**	**2152**	**1**	**3787**	**3729**	34920
#电视剧 （部/集）	236/6221	14/111		12/390	12/390	210/5720
动画电视 （小时）	6390	524		3406	3359	2460
纪录片 （小时）	1686	1298	1	41	33	313

7-16-24 续表

指标	#日本	#韩国	#东南亚	#中国香港	#中国台湾	大洋洲
全年电视节目进口总额 （万元）	**36001**	**1756**	**2831**	**43449**	**2120**	**291**
#电视剧	2727	1040	2698	39139	2100	
动画电视	33253	716	35	5		
纪录片	7		98	1509		217
全年电视节目进口量 （小时）	**2507**	**69**	**644**	**30424**	**1235**	**94**
#电视剧 （部/集）	21/201	2/32	26/697	129/3145	31/1625	
动画电视 （小时）	2313	34	53	55		
纪录片 （小时）			18	276		34

7-16-25 艺术表演场馆基本情况

项 目	机构数（个）	从业人员（人）	座席数（个）	演(映)出场次（万场次）	#艺术演出	观众人次（万人次）
总 计	**3093**	**73827**	**2533737**	**107.0**	**64.3**	**11209**
按登记注册类型分						
国 有	1043	18683	762147	36.6	6.0	2853
集 体	20	159	10764	0.3	0.2	21
其 他	2030	54985	1760826	70.1	58.1	8335
按性质分						
执行事业会计制度	1176	24008	920611	46.1	7.1	3624
执行企业会计制度	1917	49819	1613126	60.9	57.2	7585
按机构类型分						
剧场	1052	33931	975714	15.9	10.5	5898
影剧院	633	10189	448219	72.9	40.5	2195
书场、曲艺场	59	974	7296	1.3	0.9	82
杂技、马戏场	15	891	21050	0.5	0.5	150
音乐厅	125	3223	59996	2.1	1.6	409
综合性	279	11684	555702	7.3	4.3	1420
其他艺术表演场馆	930	12935	465760	7.1	6.0	1056
按隶属关系分						
中央	7	176	5942	0.1	0.1	39
省、区、市	121	4247	131720	5.5	1.3	856
地、市	328	9474	227945	21.3	3.6	982
县、市及以下	2637	59930	2168130	80.2	59.3	9332

7-16-25 续表

项 目	#艺术演出	收入合计（万元）	#财政拨款	#演出收入	支出合计（万元）
总 计	**8351**	**2044599**	**373542**	**722910**	**1977225**
按登记注册类型分					
国 有	1578	420444	151717	69804	432207
集 体	14	3925	1965	842	3810
其 他	6759	1620229	219860	652263	1541208
按性质分					
执行事业会计制度	2067	592963	208617	129184	600048
执行企业会计制度	6284	1451636	164925	593726	1377177
按机构类型分					
剧场	4826	1085329	242151	447330	1049041
影剧院	1217	248386	56699	60761	248293
书场、曲艺场	71	11140	63	9407	8844
杂技、马戏场	131	28139	527	11727	33072
音乐厅	244	73527	17678	30077	68807
综合性	1100	365991	46691	81059	352929
其他艺术表演场馆	763	232088	9733	82548	216239
按隶属关系分					
中央	34	5471	59	3427	5235
省、区、市	599	154146	49990	42160	144055
地、市	545	245684	81171	36612	248485
县、市及以下	7173	1639298	242321	640711	1579450

7-16-26 各地区艺术表演场馆基本情况

地 区	机构数(个)	从业人员(人)	坐席数(个)	演(映)出场次合计(万场次)	#艺术演出	观众人次合计(万人次)	#艺术演出观众人次
全 国	**3093**	**73827**	**2533737**	**107.0**	**64.3**	**11209.2**	**8350.7**
中央本级	7	176	5942	0.1	0.1	39.2	34.0
北 京	64	2068	42215	3.0	2.3	320.3	228.7
天 津	114	2485	67367	2.4	1.4	300.5	174.7
河 北	128	1943	60460	4.3	0.3	190.3	96.1
山 西	172	2597	79050	9.6	3.1	335.7	173.6
内蒙古	36	738	26569	0.7	0.1	94.2	50.9
辽 宁	85	2815	53196	2.6	2.4	382.7	315.1
吉 林	104	934	39413	2.2	0.6	74.5	36.3
黑龙江	62	1033	31511	0.3	0.3	50.2	43.5
上 海	83	3807	165224	2.0	1.6	802.2	720.9
江 苏	329	8179	315152	13.6	2.4	994.9	565.8
浙 江	273	8391	425396	9.8	5.6	1449.9	1232.7
安 徽	106	1600	51512	0.7	0.4	169.4	113.8
福 建	72	2926	80252	3.8	0.9	296.8	174.9
江 西	82	1092	45092	10.9	9.1	574.6	447.9
山 东	198	4071	188600	11.6	9.2	541.6	404.4
河 南	222	4859	165487	1.7	1.5	466.5	357.7
湖 北	70	1831	64248	1.8	1.6	249.4	165.3
湖 南	122	3552	120820	5.9	5.6	1177.7	885.1
广 东	136	5971	139697	1.8	1.0	660.9	470.6
广 西	34	901	13582	0.3	0.3	250.0	240.1
海 南	44	865	22595	1.6	1.4	352.5	319.9
重 庆	62	1763	101888	0.7	0.6	130.5	105.9
四 川	159	2960	88403	3.9	3.6	372.7	312.8
贵 州	23	664	7949	1.7	1.6	69.4	34.2
云 南	50	2399	35942	0.8	0.8	450.4	436.0
西 藏	27	121	3302	0.1	0.1	4.5	3.8
陕 西	102	1106	45609	2.6	1.4	138.6	75.4
甘 肃	55	1207	24089	0.9	0.6	103.4	83.2
青 海	44	359	8851	5.0	4.6	98.7	32.9
宁 夏	6	86	3384	0.1	0.1	8.8	7.7
新 疆	22	328	10940	0.8	0.1	58.4	6.9

7-16-26 续表

地区	收入合计(万元)	#财政拨款	#演出收入	支出合计(万元)	#人员支出	资产总计(万元)	#固定资产原价
全 国	**2044599**	**373542**	**722910**	**1977225**	**544138**	**10139397**	**1369687**
中央本级	5471	59	3427	5235	1876	4842	1321
北 京	73013.6	3090	46805.2	73202.2	19272	184586	10383
天 津	67636	3502	9330	67015	16796	626667	4198
河 北	29504	10856	4987	32598	10251	120728	49577
山 西	37834	6736	12828	35057	14698	124296	64784
内蒙古	10478	3582	3118	8287	2915	66829	3233
辽 宁	78041	12459	20722	78565	17424	480935	7062
吉 林	15068	5426	2000	11225	6168	59685	6465
黑龙江	17145	7972	2840	19149	5985	56972	4907
上 海	250110	35564	91523	225003	54601	758459	99611
江 苏	249661	76102	49478	249538	70339	1107096	327581
浙 江	294270	40139	122782	258563	64644	1296065	173209
安 徽	25623	9282	6256	23195	8267	235174	30898
福 建	60009	11162	22141	67007	20522	438670	14901
江 西	31115	16141	9902	21666	9444	156641	22133
山 东	102313	37284	31489	101469	28301	550911	115605
河 南	71872	9908	23356	60715	19287	358574	44241
湖 北	42101	7382	17369	49122	15049	126882	33648
湖 南	96879	14967	23219	111601	29539	839921	89147
广 东	270663	36402	120273	251031	60753	1105329	137419
广 西	19241	1459	11288	23341	2777	124625	1960
海 南	36668	1540	26638	33544	9257	269916	3822
重 庆	29216	3642	11563	29397	9233	131079	3854
四 川	58621	4544	20462	58712	15283	432355	14836
贵 州	5555	1267	2129	6557	3125	56448	1095
云 南	29307	1088	16197	32760	11067	246512	22645
西 藏	867	18	390	639	411	3747	106
陕 西	16006	6614	4715	16369	6441	69782	44599
甘 肃	13431	1285	5142	18407	6364	72542	17659
青 海	911	98	406	948	478	12305	11056
宁 夏	379	334	1	385	257	725	265
新 疆	5592	3639	138	6924	3317	20101	7471

7-16-27 艺术表演团体基本情况

项 目	机构（个）	从业人员（人）	演出场次（万场次）		国内演出观众人次（万人次）	收入合计（万元）
				#国内演出		
总 计	**18370**	**453254**	**232.5**	**232.1**	**92804**	**3546798**
按登记注册类型分						
国有	1615	93905	23.6	23.3	15486	1852599
集体	145	5081	3.1	3.1	1607	81035
其他	16610	354268	205.8	205.7	75711	1613164
按隶属关系分						
中央	9	3107	0.1	0.1	83	150371
省、区、市	212	29836	4.3	4.3	2298	832897
地、市	488	37133	7.5	7.4	4620	737269
县、市及以下	17661	383178	220.6	220.3	85804	1826261
按性质分						
执行事业会计制度	2031	112003	30.4	30.0	19190	2171756
执行企业会计制度	16339	341251	202.1	202.1	73613	1375042
按管理部门分						
文化和旅游部门	1947	106690	29.2	28.7	18525	2013134
其他部门	16423	346564	203.4	203.4	74279	1533664
按剧种分						
话剧、儿童剧、滑稽剧类	252	11001	2.5	2.5	2230	214333
歌舞、音乐类	3222	98178	32.8	32.6	24844	1215035
京剧、昆曲类	165	10486	1.7	1.7	1293	193883
地方戏曲类	7798	172341	65.9	65.8	32443	880229
杂技、魔术、马戏类	837	18147	26.5	26.4	4300	149995
曲艺类	1104	21200	28.3	28.3	5459	98753
综合性艺术表演团体	4992	121901	75.0	74.9	22234	794570

7-16-27 续表

项　　目			支出合计（万元）	政府采购的公益演出活动	
	#财政拨款	#演出收入		演出场次（万场次）	观众人次（万人次）
总　计	**2030764**	**1129901**	**3783618**	**13.7**	**8472**
按登记注册类型分					
国有	1408363	225457	1879744	11.3	7144
集体	59932	11914	76088	1.0	556
其他	562469	892530	1827786	1.4	771
按隶属关系分					
中央	93954	22457	152900		19
省、区、市	559261	135665	827835	1.5	847
地、市	576528	85093	755306	3.0	1765
县、市及以下	801021	886686	2047578	9.2	5841
按性质分					
执行事业会计制度	1568673	304580	2191700	13.7	8472
执行企业会计制度	462091	825321	1591918		
按管理部门分					
文化和旅游部门	1464775	270431	2038357	13.3	8284
其他部门	565990	859470	1745261	0.4	188
按剧种分					
话剧、儿童剧、滑稽剧类	132645	69522	236898	0.3	138
歌舞、音乐类	634492	370239	1289982	3.1	1449
京剧、昆曲类	152387	24178	202149	0.5	238
地方戏曲类	710629	244508	973932	7.5	5377
杂技、魔术、马戏类	72413	53057	145544	0.4	180
曲艺类	47709	41642	103030	0.3	165
综合性艺术表演团体	280490	326755	832083	1.6	926

7-16-28 各地区艺术表演团体基本情况

地区	机构（个）	从业人员（人）	演出场次（万场次）	#国内演出	国内演出观众人次（万人次）	收入合计（万元）
全国	**18370**	**453254**	**232.5**	**232.1**	**92804**	**3546798**
中央本级	9	3107	0.1	0.1	83	150371
北京	495	14737	2.3	2.3	1186	183747
天津	112	3827	1.0	1.0	234	44661
河北	874	16368	4.3	4.2	1923	65000
山西	814	20902	21.3	21.3	3975	94542
内蒙古	221	9785	1.9	1.8	677	103487
辽宁	184	6488	1.3	1.3	515	69981
吉林	114	4142	0.6	0.6	387	39754
黑龙江	97	4598	0.7	0.7	229	80078
上海	298	10546	2.8	2.8	1411	226098
江苏	704	18028	9.9	9.9	3069	321697
浙江	1357	41543	26.5	26.5	5947	184001
安徽	2870	41314	40.8	40.7	6119	134091
福建	545	16331	7.5	7.5	3010	141048
江西	395	8217	6.9	6.8	1406	54797
山东	1572	33708	17.9	17.9	6235	212031
河南	2249	51545	22.9	22.9	11748	165198
湖北	415	11826	3.8	3.8	2740	109925
湖南	675	20096	9.8	9.8	6628	165436
广东	447	12699	8.9	8.9	4538	176943
广西	72	2210	0.9	0.9	259	36349
海南	127	2593	0.9	0.9	238	20593
重庆	1286	21654	12.4	12.4	2394	130846
四川	663	13397	4.5	4.5	14891	98761
贵州	133	5676	1.7	1.7	1526	60661
云南	312	9170	2.4	2.4	1406	89498
西藏	89	2682	0.6	0.6	327	39018
陕西	577	17783	7.3	7.3	4298	124975
甘肃	392	16489	7.2	7.1	3587	97894
青海	116	5092	1.5	1.5	1110	34895
宁夏	43	1584	0.4	0.4	173	12976
新疆	113	5117	1.6	1.6	537	77446

7-16-28 续表

地 区			支出合计（万元）		资产总计（万元）	
	#财政补贴收入	#演出收入		#人员支出		#固定资产原价
全 国	**2030764**	**1129901**	**3783618**	**1923694**	**8718921**	**1541855**
中央本级	93954	22457	152900	66834	262456	118141
北 京	79719	62399	184400	86492	418341	33562
天 津	35249	11176	54564	31433	64255	29273
河 北	39957	18731	67824	41040	141785	31862
山 西	46393	39626	102547	51036	177494	31671
内蒙古	96289	4854	108125	64102	233873	127205
辽 宁	44824	19573	79133	32423	149753	36209
吉 林	30723	8628	49874	28023	35097	21123
黑龙江	52754	2959	87838	46488	146405	41045
上 海	112268	93734	238660	117060	359843	134253
江 苏	116840	87632	289907	129083	883073	44857
浙 江	114301	79071	188149	113606	247860	44268
安 徽	37560	83782	133793	80674	248213	33933
福 建	96475	37675	148600	84498	350722	80052
江 西	25045	26562	68029	31780	176945	27012
山 东	123103	73439	220263	118536	628309	35313
河 南	73387	65719	164076	90581	330550	39674
湖 北	75700	23410	118573	61888	150321	80074
湖 南	74709	65596	180165	84691	447243	32812
广 东	106054	49541	204486	88266	712235	115404
广 西	25414	4711	37811	16759	48180	7200
海 南	8685	8308	20379	8454	21212	10997
重 庆	34104	58340	141108	57317	994087	25600
四 川	63642	29702	106184	53330	157706	30509
贵 州	13770	30057	59634	20594	317720	29662
云 南	57834	25480	92479	56527	117896	18270
西 藏	35569	1060	36267	25322	64645	57277
陕 西	67357	50827	150239	74543	290680	89418
甘 肃	129973	28372	139700	65710	310702	71801
青 海	39918	11852	63237	32666	115181	17968
宁 夏	9094	2647	15452	6832	28564	14932
新 疆	70102	1981	79226	57106	87575	30477

7-16-29 群众文化机构基本情况

指标		总计	省、区、直辖市(级)	地市级	县市级	#县文化馆	乡镇(街道)文化站	#乡镇文化站
机构数	(个)	43531	31	359	2926	1585	40215	32524
从业人员	(人)	190007	1813	10399	42383	21478	135412	105606
组织文艺活动	(万次)	139.1	0.1	2.7	26.8	12.3	109.5	76.1
参加文艺活动人次	(万人次)	62140	291	4222	23758	12342	33871	25537
举办训练班	(万次)	92.1	0.7	9.4	30.8	8.3	51.1	31.0
参加培训人次	(万人次)	6119	29	509	1767	586	3815	2368
举办展览个数	(万个)	16.7	0.1	0.4	3.2	1.5	13.1	10.0
参观展览人次	(万人次)	14259	166	1189	4993	2150	7912	5595
组织各类理论研讨和讲座次数	(次)	41939	284	4921	36734	12756		
参加研讨和讲座人次	(万人次)	768.0	4.4	101.9	661.7	231.8		
拥有计算机台数	(万台)	40.0	0.3	1.1	4.9	2.3	33.7	24.8
本年收入合计	(亿元)	306.7	12.0	33.3	92.4	35.1	168.9	123.2
本年支出合计	(亿元)	318.6	11.6	34.3	94.1	35.8	178.7	132.3
馆办文艺团体	(个)	9533	99	1327	8107	3662		
馆办文艺团体演出场次	(万场次)	11.4	0.1	1.6	9.8	4.9		
馆办老年大学	(个)	670	10	58	602	336		
群众业余文艺团体	(万个)	45.5		0.7	9.6	4.2	35.1	27.0

7-16-30 各地区群众文化机构基本情况

地 区	机构数(个)	从业人员(人)	收入合计(万元)	支出合计(万元)	资产总计(万元)	#固定资产净值
全 国	**43531**	**190007**	**3067449**	**3186376**	**18122737**	**10573674**
北 京	356	4233	99259	92274	4487504	3076082
天 津	272	1733	28347	31540	93675	75086
河 北	2460	7543	62175	61357	163612	139291
山 西	1491	4457	35653	37348	118040	86423
内蒙古	1201	4936	51284	53016	120227	88669
辽 宁	1478	4462	34909	34996	166900	103765
吉 林	990	4285	44384	46137	82484	69151
黑龙江	1395	5052	49787	50197	81346	64267
上 海	241	4819	259635	257992	328131	238543
江 苏	1381	7476	207668	208513	661277	549257
浙 江	1451	9304	346734	349293	935281	747048
安 徽	1628	6141	67924	67590	565559	469835
福 建	1210	4054	54060	55371	170375	130419
江 西	1854	6303	56340	57179	305730	257377
山 东	1979	9168	125326	135814	402997	338808
河 南	2692	11737	83543	84985	150151	126839
湖 北	1428	5484	141960	139069	4389922	411993
湖 南	2355	11171	89930	91583	582330	480546
广 东	1761	14197	440082	440483	727931	505121
广 西	1300	5608	62049	65650	122277	98374
海 南	242	797	36286	36559	50126	20986
重 庆	1072	4975	86457	87037	453434	384277
四 川	4295	11056	135771	137291	992066	881848
贵 州	1721	6844	66749	87361	196675	150773
云 南	1608	7577	120439	172210	211172	161541
西 藏	779	5567	51087	49098	98392	81951
陕 西	1477	6838	82331	83449	514551	426458
甘 肃	1453	5993	47143	47448	229260	186398
青 海	442	1590	27187	28909	50045	37718
宁 夏	272	1410	21403	45731	513935	51819
新 疆	1247	5197	51548	50895	157331	133012

7-16-31 公共图书馆基本情况

指　　标	总　计	#少　儿图书馆	省、区、直辖市(级)	地市级	县市级	#县图书馆
机构数　（个）	3215	143	38	385	2791	1548
从业人员　（人）	59301	2610	7686	15967	34335	14339
总藏量　（万册件）	126178	5491	22635	32355	66958	23436
当年购买的报刊种类（万种）	100.5	3.8	13.5	30.3	55.1	21.2
实际持证读者数　（万个）	10314	322	1419	3942	4418	1131
总流通人次　（万人次）	74614	3476	5936	21180	47333	16897
#书刊文献外借人次	23809	1192	1142	6119	16529	6743
书刊文献外借册次（万册次）	58730	3683	3918	18013	36766	12468
组织各类讲座次数　（次）	83278	6234	2912	19962	60356	21830
举办展览　（个）	49839	2945	2520	9724	37588	18407
举办培训班　（个）	69451	3812	2496	20846	44601	15084
计算机　（台）	224473	8697	20165	53422	146782	66642
#电子阅览室终端数	139417	4842	8535	29607	100772	47936
阅览室坐席数　（万个）	134.4	5.6	8.9	35.6	89.3	37.9

7-16-32 各地区公共图书馆基本情况

地区	机构数(个)	从业人员(人)	总藏量(万册件)	人均拥有公共图书馆藏量(册件)	实际持证读者数(万个)	总流通人次(万人次)	#书刊文献外借人次	书刊文献外借册次(万册次)	阅览室座席数(个)
全国	**3215**	**59301**	**126178.0**	**0.9**	**103139289**	**74613.7**	**23809.2**	**58730.2**	**1344188**
北京	20	1224	3316.7	1.5	1929435	723.9	152.1	629.9	18078
天津	20	1090	2281.5	1.7	1388364	860.7	212.1	741.3	21658
河北	177	2149	3983.7	0.5	2281912	2157.3	936.1	1865.8	56849
山西	128	1788	2296.5	0.7	2050341	1476.8	578.7	1022.9	42932
内蒙古	117	1813	2145.1	0.9	988922	837.5	248.5	477.0	35801
辽宁	129	2193	4670.4	1.1	2303968	1737.6	488.0	1888.6	40967
吉林	66	1485	2401.1	1.0	1078096	509.9	161.1	353.6	23434
黑龙江	103	1558	2430.4	0.8	679601	508.6	145.3	354.1	28641
上海	22	2158	8222.2	3.3	5872263	1293.6	275.7	1536.4	22565
江苏	123	3825	11160.8	1.3	20266863	10960.9	4499.7	8019.6	79767
浙江	103	3902	10619.3	1.6	7930802	10998.8	1823.5	7399.0	97889
安徽	133	1622	3770.0	0.6	3676991	4099.2	1135.6	2281.4	50833
福建	96	1672	5251.2	1.3	2361966	2294.9	1043.6	3390.5	46217
江西	114	1389	3111.0	0.7	1994577	2650.7	863.7	1752.2	52462
山东	153	2995	7525.6	0.7	5979442	4251.0	1754.6	3493.6	74398
河南	169	2877	4105.9	0.4	2584518	3090.6	1280.5	2014.0	67239
湖北	117	2155	4650.8	0.8	2812443	1996.3	815.3	1730.8	50777
湖南	144	2168	4828.1	0.7	3408188	4107.3	1729.0	3582.1	53150
广东	150	5417	12687.2	1.0	15310995	8654.1	2007.3	8675.9	133606
广西	116	1763	3027.0	0.6	1991096	1790.1	396.5	869.0	38166
海南	24	358	696.8	0.7	364239	437.5	83.3	223.8	7057
重庆	43	1049	2340.7	0.7	2934256	1465.2	485.0	1184.3	33944
四川	207	2450	4612.6	0.6	3220524	2145.6	826.3	1618.3	68708
贵州	99	1238	1824.6	0.5	939531	1390.3	495.8	752.9	31650
云南	151	1777	2419.4	0.5	784426	1085.1	354.5	906.8	35053
西藏	82	198	262.6	0.7	18041	34.4	4.4	8.8	4322
陕西	117	2101	2295.0	0.6	842037	1126.5	380.2	750.7	33771
甘肃	104	1530	1953.1	0.8	564638	801.0	268.1	577.7	35810
青海	50	495	601.6	1.0	203607	111.4	27.7	48.9	8125
宁夏	27	562	856.2	1.2	357732	368.1	129.1	222.5	14147
新疆	110	987	1600.9	0.6	659542	484.6	189.2	324.8	30833

注：全国合计数中包括中央级公共图书馆。

7-16-32 续表

地 区	每万人拥有公共图书馆建筑面积(平方米)	计算机(台)	#电子阅览室终端数	收入合计(万元)	支出合计(万元)	资产总计(万元)	#固定资产净值
全 国	**135.5**	**224473**	**139417**	**1843958**	**1892952**	**7944334**	**6168753**
北 京	156.8	4724	2029	74299	74402	236834	156430
天 津	317.7	4562	2829	50525	50746	139832	114310
河 北	97.1	8112	5708	46599	47519	156229	118027
山 西	167.2	6983	4560	37388	35284	229402	188716
内蒙古	209.8	6331	4086	36649	37347	138154	123518
辽 宁	147.0	9438	5688	48701	47852	322497	274893
吉 林	138.6	4398	2656	29623	30983	84632	72125
黑龙江	116.3	5254	3240	30372	28797	108769	87530
上 海	177.9	6713	2697	141141	168390	844878	464064
江 苏	191.0	13144	6886	145056	145435	914529	773120
浙 江	238.9	11842	7169	144916	145727	643958	584874
安 徽	104.0	8198	5696	43576	43031	264605	211201
福 建	159.5	7298	4422	64178	59679	257488	201065
江 西	129.8	7233	5240	36882	40705	158285	134973
山 东	119.5	11690	7692	73822	74620	228616	171496
河 南	84.2	10512	6853	51331	51806	225504	166784
湖 北	128.2	7047	4395	59580	59938	260144	212451
湖 南	106.6	7918	5383	46144	62558	104828	83813
广 东	138.7	20155	12466	239392	239893	722776	592664
广 西	98.7	6548	4316	37102	37218	137113	111679
海 南	98.2	1588	1034	19806	19699	48986	18395
重 庆	124.7	4073	2758	35030	34752	114540	94139
四 川	98.7	10902	7601	63745	65155	208351	173308
贵 州	100.6	5794	3810	44836	41950	274722	179950
云 南	91.7	7405	4907	48353	48225	128884	85463
西 藏	196.4	1441	1020	6974	7155	14463	12620
陕 西	108.8	6224	4105	45365	46396	130150	75032
甘 肃	154.0	5346	3360	26747	28698	128706	56822
青 海	217.7	2216	1203	11957	12118	29117	21488
宁 夏	204.6	2178	1470	13058	13610	48408	42421
新 疆	145.8	5102	3635	21219	21456	102301	89816

7-16-33 文物业基本情况

项　　目	机　构（个）	从业人员（人）	本年收入合　计（万元）	本年支出合　计（万元）	资产总计（万元）	实际使用房屋建筑面积（万平方米）
总　计	**10545**	**181492**	**8046537**	**9431199**	**60426740**	**4742**
按单位性质分						
文物科研机构	132	5970	488560	463919	645459	45
文物保护管理机构	2257	30212	964873	1005672	2090164	1109
博物馆	5772	125704	3996501	4612286	51646572	3444
其他文物机构	2384	19606	2596603	3349322	6044545	145
按隶属关系分						
中　央	12	3758	261474	263790	678330	55
省、区、市	311	21765	1310281	1215542	4233129	358
地、市	1782	53061	2270321	2455558	20487093	1078
县、市	8440	102908	4204462	5496308	35028188	3251
按管理部门分						
文物部门	8302	148484	7152480	8246933	39439162	3705
其他部门	2243	33008	894057	1184265	20987578	1037

7-16-33 续表

项　　目	文物藏品（件/套）	#一级品	本年从有关部门接收文物数（件/套）	本年藏品征集数（件/套）	举办陈列展　览（个）	参观人次（万人次）
总　计	**55804468**	**99557**	**85848**	**520053**	**33205**	**84591**
按单位性质分						
文物科研机构	1639465	1658	1341		54	325
文物保护管理机构	1483468	6863	1910	29353	1220	9415
博物馆	46648282	85960	81461	411340	31931	74850
其他文物机构	6033253	5076	1136	79360		
按隶属关系分						
中　央	3422992	14963	19	12208	170	1095
省、区、市	16736725	38761	6198	171996	1385	6662
地、市	10562711	17562	61294	95280	8289	26635
县、市	25082040	28271	18337	240569	23361	50199
按管理部门分						
文物部门	41929432	94497	84028	403138	23491	68161
其他部门	13875036	5060	1820	116915	9714	16430

7-16-34 各地区博物馆基本情况

地区	机构数(个)	从业人员(人)	藏品(件/套)	基本陈列展览(个)	参观人次(万人次)	门票销售总额(万元)
总计	**5772**	**125704**	**46648282**	**31931**	**74850**	**297114**
中央	5	3053	3418340	170	1095	35882
北京	79	4657	2507722	418	1106	8269
天津	69	1567	762720	430	1130	2203
河北	172	4469	430874	900	1728	1100
山西	182	4620	1635012	566	1545	9157
内蒙古	168	2978	1253740	622	963	136
辽宁	65	2465	538510	410	1210	5961
吉林	105	2050	854346	591	580	2530
黑龙江	177	2872	987239	823	1088	29
上海	116	4178	3407545	736	2004	20448
江苏	366	7990	1970348	2141	6330	10770
浙江	425	6766	1572122	2792	4070	54599
安徽	223	3472	925034	1302	1962	126
福建	140	2824	748831	1193	1779	392
江西	189	4164	725931	1256	4354	3644
山东	629	10114	4712435	4125	4956	7264
河南	367	7837	1257209	1553	5082	12718
湖北	227	4664	2190909	1289	3052	2044
湖南	162	4100	698711	769	5776	1807
广东	339	6545	2544257	2360	3849	5502
广西	169	2839	411996	671	2517	279
海南	39	685	178695	210	269	140
重庆	111	3258	725555	707	2508	8177
四川	267	6879	4657256	1326	6068	29756
贵州	97	1879	213868	369	2064	460
云南	165	2119	1594615	1003	1176	151
西藏	13	284	76533	51	49	
陕西	312	8511	4387060	1276	2782	40576
甘肃	228	5303	589624	1246	2600	29256
青海	24	470	74966	90	99	
宁夏	64	885	373387	247	494	3739
新疆	78	1207	222892	289	567	

7-16-34 续表

地 区	收入合计（万元）	支出合计（万元）	资产总计（万元）	#固定资产净值
总 计	**3996501**	**4612286**	**51646572**	**22670984**
中 央	198706	203491	515976	238020
北 京	188608	180640	726621	383535
天 津	62787	123637	351751	219857
河 北	64673	79464	280056	216664
山 西	74499	81778	473458	187159
内蒙古	62409	96686	488085	431647
辽 宁	387623	393706	571574	287804
吉 林	39905	39256	121174	81524
黑龙江	72542	74286	314502	197389
上 海	303352	291057	1652342	742989
江 苏	270221	297462	26045425	10155164
浙 江	224266	271832	2471894	802831
安 徽	64273	68133	293535	206464
福 建	62836	71871	211410	137734
江 西	102952	100034	201190	81268
山 东	157295	224538	1187741	819756
河 南	134812	148558	627681	284484
湖 北	115496	129934	1057893	926160
湖 南	257012	232684	2203462	1739775
广 东	340425	437803	1857530	1373758
广 西	57803	125582	333601	190007
海 南	16491	18260	169188	145980
重 庆	102548	108702	281371	118996
四 川	140985	153496	761204	416692
贵 州	51457	186896	406755	264121
云 南	33618	35607	4966002	171140
西 藏	27608	29458	64518	1390
陕 西	180548	219598	1810350	1457876
甘 肃	131212	117634	889973	274163
青 海	19541	19933	140487	28976
宁 夏	15287	16421	83773	58378
新 疆	34715	33848	86053	29283

7-16-35 各地区文物保护管理机构基本情况

地　区	机构数（个）	从业人员（人）	藏品数（件/套）	收入合计（万元）	支出合计（万元）	资产总计（万元）	#固定资产原价
全　国	**2257**	**30212**	**882221**	**964873**	**1005672**	**2090164**	**817859**
北　京	27	968	11233	79713	78913	107558	23464
天　津	7	105	44	4889	5915	8004	2661
河　北	155	3493	93135	58279	67746	97294	49757
山　西	82	1452	60616	82888	66852	82945	40835
内蒙古	83	638	38311	14243	18864	46443	18464
辽　宁	61	1253	20716	16811	20534	23343	9595
吉　林	52	287	9170	4721	5602	2510	1281
黑龙江	54	186	8810	2698	2784	3385	2242
上　海	5	98		14149	7691	10979	2708
江　苏	47	426	7307	26706	27806	20159	4812
浙　江	86	2894	84089	128332	127857	658039	238173
安　徽	79	400	15491	18635	18326	23692	5937
福　建	55	343	105	12728	13019	12104	1256
江　西	63	446	29981	11462	12634	5711	1747
山　东	85	2675	46740	81525	99878	111787	20996
河　南	126	2186	73740	35357	37643	171804	26797
湖　北	41	671	9002	15785	15160	28771	17729
湖　南	39	586	7636	15944	17697	104790	37808
广　东	26	313	8603	9598	9209	10439	3212
广　西	70	392	23910	21776	17135	18230	2774
海　南	12	207	552	2712	2382	6181	5500
重　庆	38	196	29217	5775	9155	5446	641
四　川	174	2073	116772	111685	129217	125160	55796
贵　州	64	424	5129	9233	6375	6350	3631
云　南	136	896	42709	23069	24911	39219	22723
西　藏	228	1053	33939	26982	24075	10395	3752
陕　西	183	3803	65345	76120	80707	222131	117012
甘　肃	54	809	1273	14801	14660	22994	14831
青　海	28	82	11227	6129	5235	6772	5370
宁　夏	22	292	23541	8444	9742	74251	59808
新　疆	75	565	3878	23686	27949	23279	16548

7-16-36 各地区娱乐场所基本情况

单位：万元

地区	机构数(个)	从业人员(人)	资产总计	营业收入	营业成本	营业利润
全国	**50504**	**511075**	**11615310**	**4855771**	**4552942**	**302846**
北京	472	5016	152807	78176	81464	-3290
天津	384	4034	71711	39389	40062	-673
河北	1490	8237	210085	80841	109652	-28811
山西	1070	7644	134369	49473	44357	5117
内蒙古	1273	5422	99771	38177	31186	6992
辽宁	2118	10009	179408	70295	65848	4446
吉林	962	4261	86945	31433	28534	2900
黑龙江	1603	5634	135512	33930	30552	3378
上海	980	14430	669504	317038	297496	19543
江苏	4131	30413	503282	336555	319022	17535
浙江	2954	47212	711156	510551	461915	48637
安徽	2018	15560	304046	145685	131326	14360
福建	2084	34667	964121	323039	301884	21157
江西	1046	13946	202036	107888	93060	14829
山东	2064	12990	220959	113640	103886	9756
河南	1542	13102	182951	81355	76024	5331
湖北	1264	11385	243640	105866	99037	6829
湖南	1778	25502	402087	199319	185833	13486
广东	4249	74804	1039437	645547	636558	8989
广西	874	16221	201640	123397	116417	6982
海南	514	6140	84543	50499	48861	1638
重庆	1405	14160	204460	144518	129423	15096
四川	3642	31784	489171	300930	262286	38647
贵州	1819	25274	510373	203741	177308	26433
云南	3839	32975	975212	236532	211468	25065
西藏	532	6349	517388	138118	138811	-693
陕西	956	8719	145389	78042	75803	2240
甘肃	1367	8284	166227	74247	67524	6724
青海	248	2476	31594	19242	16163	3079
宁夏	671	3583	1585013	108486	102406	6080
新疆	1155	10842	190474	69822	68777	1045

7-16-37 各地区网吧基本情况

单位：万元

地 区	机构数(个)	从业人员(人)	资产总计	营业收入	营业成本	营业利润
全 国	**101758**	**201499**	**3535745**	**1696309**	**1925932**	**-229617**
北 京	297	1227	18300	7690	12460	-4770
天 津	775	1725	30152	15191	61397	-46205
河 北	4200	5242	88001	33776	65277	-31502
山 西	2486	4273	61286	25975	28280	-2305
内蒙古	1247	3354	54509	23334	25193	-1858
辽 宁	1429	3343	45477	21728	28111	-6383
吉 林	1585	2762	48516	21374	24593	-3219
黑龙江	1703	3605	58695	20037	26591	-6553
上 海	711	3453	268123	55782	58754	-2972
江 苏	10554	12567	216713	123512	132052	-8541
浙 江	2987	10556	170266	113439	119328	-5887
安 徽	6992	10700	193404	100817	95841	4977
福 建	2190	3833	52611	36734	37092	-359
江 西	2596	6584	107069	61658	55382	6276
山 东	10724	9869	149516	79293	78825	468
河 南	10100	15140	211815	85050	94307	-9256
湖 北	6013	8374	142309	70642	74798	-4155
湖 南	5751	18078	311084	159684	248224	-88540
广 东	5745	15712	214067	149046	165174	-16131
广 西	1031	5347	58552	35178	34819	359
海 南	899	1692	21896	11976	12709	-732
重 庆	2004	8370	124524	77699	72577	5122
四 川	9256	19033	274511	157637	154213	3426
贵 州	1649	7155	268845	58213	56267	1946
云 南	2775	5720	94719	40411	41912	-1500
西 藏	337	943	27187	12299	11930	369
陕 西	2562	5320	86805	38432	45720	-7288
甘 肃	1351	2547	50125	21664	23267	-1602
青 海	202	919	21722	9013	8707	306
宁 夏	404	1417	23027	10793	10754	39
新 疆	1203	2639	41921	18230	21378	-3148

7-16-38 体育系统机构人员情况

单位：个、人

指　标	合　计		国家级		省级		地级		县级	
	机构	人员	机构	人员	机构	人员	机构	人员	机构	人员
总　计	**6693**	**159346**	**44**	**5683**	**578**	**56529**	**1692**	**50031**	**4379**	**47103**
体育行政机关	3048	32443	1	234	32	1633	423	7994	2592	22582
运动项目管理部门	269	34004	20	1781	210	29853	38	2331	1	39
本科院校	8	5416	1	1144	7	4272				
职业、运动技术学院	16	5306			14	4841	2	465		
体育运动学校	215	15955			25	2456	158	12910	32	589
竞技体校	17	744					3	162	14	582
少儿体育运动学校(业余体校)	1238	19037			4	142	287	9185	947	9710
单项运动学校	15	470			2	27	9	391	4	52
体育中学	33	1844			1	151	15	1015	17	678
训练基地	62	2718	5	598	24	1661	32	440	1	19
体育场馆	528	11375	1	451	42	2347	295	6462	190	2115
体育科研机构	47	1290	1	126	25	932	21	232		
其他事业单位	1137	26042	13	796	174	7070	382	7653	568	10523
其他	60	2702	2	553	18	1144	27	791	13	214

7-16-39 运动员获世界冠军情况

年 份	项 数 (项)	人 数 (人)	个 数 (个)
1981	25	53	25
1982	12	31	13
1983	37	50	39
1984	33	46	37
1985	42	70	46
1986	26	56	26
1987	64	72	69
1988	54	59	54
1989	80	83	82
1990	54	61	54
1991	88	86	93
1992	86	68	89
1993	101	106	103
1994	79	86	79
1995	98	187	102
1996	72	58	75
1997	87	96	92
1998	75	89	83
1999	91	129	92
2000	92	109	110
2001	79	138	90
2002	99	123	110
2003	17	94	84
2004	27	175	101
2005	22	159	106
2006	24	169	141
2007	22	217	123
2008	24	151	120
2009	30	223	142
2010	22	180	108
2011	24	198	138
2012	24	140	107
2013	22	164	124
2014	22	206	98
2015	25	214	127
2016	23	154	107
2017	24	248	106
2018	27	222	118
2019	33	305	128
2020	3	4	4
2021	16	90	67

注：1. 自2003年起，我国运动员获世界冠军项数开始按照大项统计。
2. 受新型冠状病毒肺炎疫情影响，2020年国际级体育赛事大幅减少，我国运动员获世界冠军数及创世界记录数比往年有所减少(下表同)。

7-16-40　运动员分项创世界纪录情况

项　目	项　数(项)	人　数(人)	次　数(次)
总　计	**12**	**8**	**12**
游　泳	1		1
田　径	1	1	1
自行车	1		1
射　击	2	1	2
举　重	6	6	6
潜　水	1		1

7-16-41　分地区按等级和文化程度分在岗专职教练员情况(2021年)

单位：人

地　区	合 计	按岗位分			按文化程度分			
		一级	二级	三级	研究生及以上	本 科	专 科	中专(中学)及以下
全　国	**25759**	**9546**	**6779**	**1859**	**904**	**19410**	**4808**	**637**
国家直属	126	26	12	4	42	78	5	1
北　京	711	257	222	30	33	601	75	2
天　津	543	186	170	30	40	414	71	18
河　北	983	385	250	61	29	798	132	24
山　西	689	243	222	40	13	489	165	22
内蒙古	552	203	110	28	10	376	127	39
辽　宁	1269	489	227	100	67	986	195	21
吉　林	795	249	213	35	36	577	160	22
黑龙江	1053	348	169	64	28	741	262	22
上　海	1150	454	322	84	42	1028	77	3
江　苏	1443	495	407	86	90	1217	121	15
浙　江	1057	391	260	38	23	925	103	6
安　徽	640	236	205	27	21	433	175	11
福　建	1133	443	268	107	14	897	213	9
江　西	564	175	183	55	8	339	190	27
山　东	2727	1062	818	123	78	2135	421	93
河　南	944	396	260	46	43	760	127	14
湖　北	850	257	217	94	56	512	229	53
湖　南	955	374	311	113	22	607	290	36
广　东	1804	657	414	132	34	1492	246	32
广　西	797	311	223	69	33	539	196	29
海　南	116	56	37	5	1	96	11	8
重　庆	285	116	102	17	5	221	56	3
四　川	1137	440	323	102	55	776	285	21
贵　州	299	117	46	29	7	207	78	7
云　南	841	370	192	47	10	613	205	13
西　藏	48	20	4	8	1	26	20	1
陕　西	809	314	251	58	32	572	177	28
甘　肃	503	194	134	30	15	375	103	10
青　海	148	52	39	15	5	101	38	4
宁　夏	144	49	36	10	4	105	33	2
新　疆	644	181	132	172	7	374	222	41

【主要统计指标解释】

资产合计 指是指文化事业单位占有或者使用的能以货币计量的经济资源，包括各种财产、债权和其他权利。包括流动资产、固定资产、在建工程、无形资产和对外投资等。

固定资产原价 反映填表机构使用年限在一年以上、单位价值在规定标准以上，并在使用过程中基本保持原来物质形态的资产，包括房屋及构筑物，专用设备，通用设备，文物和陈列品，图书，档案，家具，用具，装具及动植物等，按原值（计提折旧的，按净值）进行反映。该指标根据“资产负债表”中的“固定资产原价”年（期）末数填列。

收入合计 反映行政事业单位在本年取得的全部收入，包括行政事业类资金收入和基本建设类收入，具体有财政拨款、上级补助收入、事业收入、经营收入、附属单位上缴收入和其他收入。根据“收入决算表”中的“本年收入合计”项填报。

财政补贴收入 反映填表单位本年度实际收到的本级财政拨款。包括一般预算财政拨款和政府性基金预算财政拨款。一级预算单位收到的应拨给下级单位使用的款项，年终时尚未拨出的，在编制财务决算表和填报统计报表时，应列为本单位的财政拨款。

事业收入 反映事业单位开展专业业务活动及辅助活动取得的收入。根据“收入决算表”中的“事业收入”项填报。

经营收入 反映事业单位在专业业务活动及辅助活动之外开展非独立核算经营活动取得的收入。根据“收入决算表”中的“经营收入”项填报。在确认经营收入时，应注意两个问题：一是经营收入是经营活动取得的收入，而不是专业业务活动及辅助活动取得的收入；二是经营收入是非独立核算的经营活动取得的收入，而不是独立核算的经营活动取得的收入。

支出合计 反映填表机构在业务活动中发生的各项资产耗费和损失等支出情况，包括基本支出、项目支出、经营支出等内容。按经济功能分类，还可分为工资福利支出、商品和服务支出、对个人和家庭补助支出、其他资本性支出等内容。

使用“中国标准书号”合计 使用统一书号的主要有两类：1.各级技术标准文献；2.年画、年历画、台历、无书名页的单张美术印刷品或折页美术印刷品，不另加封面的出版物（如活页文选、活页歌篇、小件印品）等。

不使用“中国标准书号”部分合计 指图片、图标（GB）、部标（BB）等标准类文件印品、活页文选、活页歌篇、小件印品等。

少年儿童读物类图书和课本出版种数 少年儿童读物是指供初中及初中以下少年儿童阅读的书籍，课本是指供大、中、小学生及业余教育使用的书籍。

国家综合档案馆 按行政区划或历史时期设置的，收集和管理所辖范围内多种门类档案的档案馆。

公共广播节目套数 指经国家广播电视总局批准的、广播电视播出机构开办的不向听众收取收听费用，以为大众提供公共广播服务为主要目的，用固定频率播出，并编有整套自办节目时间表的广播节目套数。

全年制作广播节目时间 指广播电视节目制作机构全年自采、自编、自录的及合作制作、加工制作的各类广播节目，包括直播广播节目。

公共电视节目套数 指经国家广播电视总局批准的、广播电视播出机构开办的不向观众收取收看费用，以为大众提供公共电视服务为主要目的，用固定频率播出的自办电视节目套数。

全年制作电视节目时间 指广播电视节目制作机构全年自采、自编、自录的及合作制作、加工制作的各类电视节目，包括直播电视节目。

全年公共电视节目播出时间 指广播电视播出机构自办节目频道内全年播出公共电视节目的时间（含重复播出时间）。

有线广播电视实际用户数 指通过广播电视有线传输网收看电视节目的家庭用户数，包括接收模拟信号和接收数字信号的有线电视用户数。

数字电视用户数 指通过广播电视有线传输网收看数字信号电视节目的家庭用户数。

广播综合人口覆盖率 根据国家广播电视总局制定的《广播电视人口覆盖率统计技术标准和方法》进行统计调查的，在对象区内能接收到中央、省、地市或县通过无线、有线或卫星等各种技术方式转播的各级广播节目的人口数占对象区总人口的比重。

电视节目综合人口覆盖率 根据国家广播电视总局制定的《广播电视人口覆盖率统计技术标准和方法》进行统计调查的，在对象区内能接收到中央、省、地市、或县通过无线、有线或卫星等各种技术方式转播的中央电视节目的人口数占对象区总人口的比重。

艺术表演团体 指由文化部门主办或实行行业管理（经文化市场行政部门审批或已申报登记并领取相关许可证），专门从事表演艺术等活动的各类专业艺术表演团体，含民间职业剧团。不包括群众业余文艺表演团体。

艺术表演场馆 指由文化部门主办或实行行业管理（经文化市场行政部门审批或已申报登记并领取相关许可证），有观众席、舞台、灯光设备，公开售票、专供文艺团体演出的文化活动场所。

文物及文化保护 指对具有历史、文化、艺术、科学价值，并经有关部门鉴定，列入文物保护范围的不可移动文物的保护和管理活动；对我国语言、文字、民间文化艺术、民俗等非物质遗产的文化保护和管理活动。包括近现代重要史迹及具有代表性、纪念性的建筑物的保护（含革命遗址、纪念碑、名人故居）；寺庙、清真寺、教学及各种祠、堂、碑遗址的保护；古文化遗址、古墓地、古建筑、石窟寺、石记得等的保护；民族语言、文字遗产保护；民间艺术（民间传说、神话、歌谣、故事、音乐、舞蹈、戏曲、曲艺皮影、绘画、剪纸等）遗产保护；民间、民俗传统活动（传统节日、庆典、民族艺术活动、民族体育活动等）遗产保护；民族制作（建筑风格、服饰、家具、木器、陶器、铜器等）遗产保护；其他未列明的文物与文化保护。

博物馆 指为了研究、教育、欣赏的目的，收藏、保护、展示人类活动和自然环境的见证物，向公众开放，非营利性、永久性社会服务机构，包括以博物馆（院）、纪念馆（舍）、美术（艺术）馆、科技馆、陈列馆等专有名称开展活动的单位。

总藏量 指图书馆已编目的古籍、图书、期刊和报纸的合订本、小册子、手稿，以及缩微制品、录像带、录音带、光盘等视听文献资料数量之和。

藏品 是文博机构根据收藏品的文化属性、自然属性等情况，所划分的文物藏品、标本藏品、模型藏品（含具有收藏、展示价值的雕塑、绘画等艺术作品）和复制品藏品的总和。本指标所统计的藏品是指报告期末，该机构已经整理并登记入账的藏品数。

7 第三产业分行业主要指标

7-17　公共管理、社会保障和社会组织

简要说明

一、主要内容

本篇资料主要包括社会活动参与、公检法、社会保险等内容。

社会活动参与资料主要包括历届全国人大代表情况、历届全国政协委员情况、全国工会组织情况。

公检法统计资料主要包括公安机关的刑事案件立案情况和治安案件查处情况，交通事故情况，人民检察机关办案情况，人民法院审理案件和收结案情况。

社会保险统计资料主要包括参加社会保险人员情况、社会保险基金收支情况。

二、资料来源

全国人大代表数由全国人大办公厅联络局提供，依全国人大换届情况每五年更新一次；全国政协委员数由全国政协办公厅人事局提供，依全国政协换届情况每五年更新一次；全国工会组织情况由全国总工会提供。

公检法统计资料分别由公安部、最高人民检察院、最高人民法院提供。

社会保险资料由人力资源和社会保障部与国家医疗保障局提供。

7-17-1 公安机关受理和查处治安案件数

案件类别	受 理 (起)	查 处 (起)	每万人口 受理案件数 (起)
总 计	**9060768**	**8205100**	**64.2**
扰乱单位秩序	47843	45993	0.3
扰乱公共场所秩序	165149	164705	1.2
寻衅滋事	111555	106365	0.8
阻碍执行职务	34780	33492	0.2
非法携带枪支、弹药、管制工具	23094	22200	0.2
违反危险物质管理规定	46364	45131	0.3
殴打他人	2316131	2164362	16.4
故意伤害	109959	98851	0.8
盗窃	2337264	1963694	16.6
敲诈勒索	60934	54384	0.4
抢夺	5716	4810	
盗窃、损毁公共设施	16653	14583	0.1
伪造、变造、倒卖有价票证、凭证	2039	1884	
违反旅馆业管理	68205	67818	0.5
违反房屋出租管理	128215	127843	0.9
诈骗	657489	541456	4.7
卖淫、嫖娼	135171	133375	1.0
赌博	275765	269961	2.0
毒品违法活动	241500	239724	1.7
其他	2276942	2104469	16.1

7-17-2 公安机关立案的刑事案件及构成

案件类别	立案（起）		构成（%）	
	2020	2021	2020	2021
总计	**4780624**	**5027829**	**100.00**	**100.00**
杀人	7157	6522	0.15	0.13
伤害	79662	82476	1.67	1.64
抢劫	11303	9700	0.24	0.19
强奸	33579	39577	0.70	0.79
拐卖妇女儿童	3035	2860	0.06	0.06
盗窃	1658609	1602450	34.69	31.87
诈骗	1915429	1954276	40.07	38.87
走私	4655	5057	0.10	0.10
伪造、变造货币，出售、购买运输、持有、使用假币	750	713	0.02	0.01
其他	1066445	1324198	22.31	26.34

7-17-3 交通事故情况

类别	发生数（起）	死亡人数（人）	受伤人数（人）	直接财产损失（万元）
总计	**273098**	**62218**	**281447**	**145035.9**
机动车	233729	56249	238035	134548.6
#汽车	171941	43601	166473	118578.2
摩托车	51740	10137	61122	12380.3
拖拉机	1502	495	1483	486.9
非机动车	35141	4525	40156	8032.2
#自行车	2844	493	2772	613.5
行人乘车人	4086	1413	3107	2345.1
其他	142	31	149	110.0

7-17-4　各地区交通事故情况

地　区	发生数（起）	死亡人数（人）	受伤人数（人）	直接财产损失（万元）
全　国	**273098**	**62218**	**281447**	**145035.9**
北　京	5363	1112	4417	5297.3
天　津	7548	936	7274	4239.1
河　北	4268	2354	3235	3983.8
山　西	9213	2118	9516	4651.2
内蒙古	3576	899	3528	2396.5
辽　宁	4876	1893	4334	2055.1
吉　林	11026	1778	12230	3687.0
黑龙江	5133	1008	5632	3620.7
上　海	930	797	330	525.7
江　苏	10529	3671	8495	7318.6
浙　江	11262	2812	11078	9691.5
安　徽	10267	2241	11244	5162.5
福　建	8578	1617	9143	1861.3
江　西	4352	1768	4123	4646.1
山　东	12660	3381	11554	6090.0
河　南	18696	2699	20657	9906.3
湖　北	31757	4681	36061	15711.1
湖　南	8625	3897	7860	8525.0
广　东	25693	4622	24357	7167.2
广　西	19313	3704	21966	5687.6
海　南	2998	684	3433	2279.1
重　庆	4782	922	5323	2804.1
四　川	9636	2412	11680	8389.6
贵　州	18052	3256	20462	9013.5
云　南	6884	2407	6088	2557.7
西　藏	557	135	614	1014.5
陕　西	4887	946	5175	3129.3
甘　肃	2856	1142	2955	655.0
青　海	1821	524	1767	1577.1
宁　夏	1588	456	1443	508.8
新　疆	5372	1346	5473	883.5

7-17-5 人民检察院审查逮捕、审查起诉情况

单位：人

案件分类	批捕、决定逮捕	决定起诉
合计	**868445**	**1748962**
危害公共安全案	42780	449915
破坏社会主义市场经济秩序案	66774	134068
侵犯公民人身、民主权利案	116446	171780
侵犯财产案	240880	356646
妨害社会管理秩序案	391226	618192
贪污贿赂案	8205	14834
渎职侵权案	1202	2344
其他	932	1183

7-17-6 人民检察院办理刑事抗诉案件情况

案件类别	提出抗诉（件）	审判结果合计（件）	改判		维持原判（件）	发回重审（件）
			（件）	（人）		
合计	**8850**	**6380**	**2932**	**4725**	**2050**	**1398**
贪污贿赂案件	369	311	159	182	89	63
渎职侵权案件	102	90	37	41	28	25
其他刑事案件	8379	5979	2736	4502	1933	1310

7-17-7 人民检察院办理民事、行政抗诉案件情况

单位：件

案件类别	合 计	民事案件	行政案件
提出抗诉	5564	5319	245
抗诉案件再审	4127	4006	121
改 判	2754	2703	51
调 解	180	179	1
发回重审	600	574	26
和解撤诉	83	74	9
维持原判	458	428	30
其 他	52	48	4
提出再审检察建议	9025	8803	222
采纳再审检察建议再审情况	5793	5711	82
改 判	4661	4626	35
调 解	288	259	29
发回重审	50	49	1
和解撤诉	209	204	5
维持原判	84	82	2
其 他	501	491	10

7-17-8 人民检察院办理民事、行政公益诉讼案件情况（2021年）

单位：件

项 目	合 计	民事案件	行政案件
案件线索受理	187998	23360	164638
立案	169790	20412	149378
诉前检察建议	144163	17378	126785
#涉及防范化解重大风险	695	43	652
涉及精准脱贫	1316	87	1229
涉及污染防治	28084	1273	26811
起诉	10798	9840	958
法院审结	9347	8562	785
#一审判决支持	8223	7661	562

7-17-9　人民检察院处理申诉案件情况

单位：件

案件分类	受 案	#改变原决定	#纠正原决定	#提出抗诉	#提出再审检察建议
合　　计	**9196**	**64**	**119**	**32**	**429**
不服检察机关处理决定	4157	64	119		
不服不批捕	379	13	4		
不服不起诉	3415	50	108		
不服撤案	21		2		
不服其他诉讼终结的刑事处理决定	342	1	5		
不服法院刑事判决裁定	5039			32	429

7-17-10　人民检察院纠正违法情况

项　　目	2020	2021
已纠正件次合计(件次)	**124476**	**185181**
立案监督小计	45948	54244
监督立案	21960	24951
监督撤案	23988	29293
侦查监督	46078	72791
刑事执行活动检察	32450	58146
已纠正案件涉及人次合计(人次)	**216401**	**253607**
立案监督小计	57724	67537
监督立案	27977	31854
监督撤案	29747	35683
侦查监督小计	49548	57098
纠正漏捕	20477	24853
纠正漏诉	29071	32245
减刑、假释、暂予监外执行检察	50598	58026
监外执行和社区矫正监管活动检察	58531	70946

7-17-11 人民法院审理一审案件情况

单位：件

年份	收案	刑事	民事	行政	行政赔偿
1981	906051	232125	673926		
1982	1024160	245219	778941		
1983	1343164	542648	756436	527	
1984	1355460	431357	838307	983	
1985	1319741	246655	846391	916	
1986	1611282	299720	989409	632	
1987	1875229	289614	1213219	5940	
1988	2290624	313306	1455130	8573	
1989	2913515	392564	1815385	9934	
1990	2916774	459656	1851897	13006	
1991	2901685	427840	1880635	25667	
1992	3051157	422991	1948786	27125	
1993	3414845	403267	2089257	27911	
1994	3955475	482927	2383764	35083	
1995	4545676	495741	2718533	52596	
1996	5312580	618826	3093995	79966	
1997	5288379	436894	3277572	90557	
1998	5410798	482164	3375069	98350	
1999	5692434	540008	3519244	97569	
2000	5356294	560432	3412259	85760	
2001	5344934	628996	3459025	100921	
2002	5132199	631348	4420123	80728	
2003	5130760	632605	4410236	87919	
2004	5072881	647541	4332727	92613	
2005	5161170	684897	4380095	96178	
2006	5183794	702445	4385732	95617	
2007	5550062	724112	4724440	101510	
2008	6288831	767842	5412591	108398	
2009	6688963	768507	5800144	120312	
2010	6999350	779595	6090622	129133	
2011	7596116	845714	6614049	136353	
2012	8442657	996611	7316463	129583	
2013	8876733	971567	7781972	123194	
2014	9489787	1040457	8307450	141880	
2015	11444950	1126748	10097804	220398	
2016	12088800	1101191	10762124	225485	
2017	12907729	1294377	11373753	230432	9167
2018	13920964	1203055	12449685	256656	11568
2019	15439600	1293911	13852052	279574	14063
2020	14518468	1107610	13136436	260220	14202
2021	18226928	1277197	16612893	319977	16861

注：1.一审案件指人民法院按照诉讼级别管辖按第一审程序审理的案件。
2.2002年起，经济纠纷和海事海商并入民事案件中。
3.2017年起，行政赔偿案件从行政案件中分离出来。

7-17-12 人民法院审理刑事一审案件收结案情况

单位：件

项 目	收 案	结 案
合 计	**1277197**	**1255671**
危害公共安全罪	435951	433269
破坏社会主义市场经济秩序罪	74734	73728
侵犯公民人身权利民主权利罪	149046	145273
侵犯财产罪	271533	269145
妨害社会管理秩序罪	330311	319603
危害国防利益罪	437	434
贪污贿赂罪	12881	12118
渎职罪	2001	1846
其他	303	255
合计中含自诉案件	9267	9023

注：结案中含上年旧存(以下各表同)。

7-17-13 人民法院审理刑事案件罪犯情况

单位：人

年 份	刑事罪犯总 数	#青少年罪犯			青少年罪犯占刑事罪犯比重(%)
			不满18岁	18岁至25岁	
1998	528301	208076	33612	174464	39.4
1999	602380	221153	40014	181139	36.7
2000	639814	220981	41709	179272	34.5
2001	746328	253465	49883	203582	34.0
2002	701858	217909	50030	167879	31.0
2003	742261	231715	58870	172845	31.2
2004	764441	248834	70086	178748	32.6
2005	842545	285801	82692	203109	33.9
2006	889042	303631	83697	219934	34.2
2007	931745	316298	87506	228792	33.9
2008	1007304	322061	88891	233170	32.0
2009	996666	302023	77604	224419	30.3
2010	1006420	287978	68193	219785	28.6
2011	1050747	282429	67280	215149	26.9
2012	1173406	282990	63782	219208	24.1
2013	1157784	265439	55817	209622	22.9
2014	1183784	249576	50415	199161	21.1
2015	1231656	236341	43839	192502	19.2
2016	1219569	204657	35743	168914	16.8
2017	1268985	183471	32778	150693	14.5
2018	1428772	243275	34365	208910	17.0
2019	1659550	281860	43038	238822	17.0
2020	1526811	245074	33768	211306	16.1
2021	1714942	283565	34616	248949	16.5

7-17-14 人民法院审理婚姻家庭、继承一审案件收结案情况

单位：件

项目	收案	结案	调解	判决	不予受理	驳回	撤诉	其他
合计	**1898588**	**1830655**	**718798**	**688420**	**1835**	**20875**	**384211**	**16516**
婚姻家庭纠纷	1769487	1709455	658007	654048	1651	17973	362291	15485
离婚纠纷	1440908	1394548	546865	537041	1010	12513	286335	10784
抚养纠纷	135986	130743	52046	46553	147	1720	28775	1502
扶养纠纷	4029	3869	1235	1498	5	77	983	71
赡养纠纷	24117	23196	6848	8992	19	337	6525	475
收养关系纠纷	1778	1727	641	659	7	44	354	22
监护权纠纷	732	691	209	213	5	23	232	9
探望权纠纷	7808	7435	2760	2782	14	79	1633	167
其他	154129	147246	47403	56310	444	3180	37454	2455
继承纠纷	127128	119057	59952	33680	178	2863	21384	1000
法定继承纠纷	53358	50365	32813	8822	41	769	7642	278
遗嘱继承纠纷	8282	7322	2714	2963	7	178	1391	69
其他	65488	61370	24425	21895	130	1916	12351	653
其他	1973	2143	839	692	6	39	536	31

7-17-15 人民法院审理民事一审案件情况

单位：件

项目	收案	结案	判决	不予受理	驳回	撤诉	调解	其他
合计	**16612893**	**15745884**	**7361443**	**36593**	**421804**	**4250271**	**3483469**	**192304**
人格权纠纷	192675	181768	93817	421	3561	42124	40781	1064
婚姻家庭、继承纠纷	1898588	1830655	688420	1835	20875	384211	718798	16516
物权纠纷	388106	359180	159759	3574	28646	111703	52064	3434
合同、无因管理、不当得利纠纷	11331129	10765884	5107577	24554	304273	3041011	2182156	106313
知识产权与竞争纠纷	550263	515861	181492	605	4921	262566	45729	20548
劳动争议、人事争议	533204	499546	255350	2277	21072	89122	115379	16346
海事海商纠纷	14663	13695	5240	47	205	4557	3278	368
与公司、证券、保险、票据等有关的民事纠纷	547113	500007	268991	1668	16955	108919	80526	22948
侵权责任纠纷	1073014	1003495	549854	1331	15570	188581	243863	4296
其他	84138	75793	50943	281	5726	17477	895	471

7-17-16 人民法院审理行政一审案件收结案情况

单位：件

项目	收案	结案	判决	不予立案	驳回	撤诉	调解	其他
合计	**319977**	**298301**	**144010**	**15194**	**66589**	**59095**	**2142**	**11271**
公安	32292	30278	14581	1893	4880	8189	31	704
资源	51835	49126	20973	2708	14095	8896	241	2213
城乡建设	67195	62753	26927	2850	17497	11471	558	3450
计划生育	121	115	51	10	29	24		1
工商	7834	7312	2694	560	1643	2118	45	252
卫生	1364	1284	551	88	328	270	10	37
环境保护	2943	2702	1311	30	367	902	27	65
交通运输	2906	2853	1246	122	464	955	9	57
税务	1055	923	319	103	264	214	3	20
劳动和社会保障	25858	24314	15362	738	2297	5391	79	447
乡政府	24654	21828	9364	1241	5423	4221	244	1335
其他	101920	94813	50631	4851	19302	16444	895	2690

7-17-17 工会组织情况

单位：万人

年份	工会基层组织数（万个）	全国已建工会组织的基层单位的职工与会员人数				工会专职工作人员人数
		职工人数	#女性	会员人数	#女性	
全国	**221.4**	**26595.0**	**10311.2**	**25491.8**	**9941.2**	**82.9**
北京	3.4	566.0	195.7	516.1	180.7	1.5
天津	1.6	252.8	98.0	249.9	97.4	0.6
河北	12.5	1432.0	473.3	1409.5	468.2	4.8
山西	5.3	722.0	242.6	689.0	230.4	3.6
内蒙古	5.2	490.8	161.8	469.1	156.3	1.6
辽宁	5.7	967.9	371.2	929.6	357.6	2.5
吉林	2.8	369.9	145.7	358.4	142.6	1.2
黑龙江	4.1	512.2	175.7	489.7	169.7	2.6
上海	4.8	737.6	284.7	699.2	272.0	1.4
江苏	14.6	2137.4	910.9	2033.5	867.6	3.0
浙江	13.6	1917.1	813.9	1846.1	793.5	2.8
安徽	11.0	1011.3	377.5	961.3	362.2	3.8
福建	9.4	791.1	338.4	772.0	332.6	1.4
江西	7.9	867.4	316.4	822.5	308.9	5.4
山东	10.5	1468.6	557.7	1408.2	537.7	6.6
河南	13.8	1488.8	562.1	1413.8	537.2	10.0
湖北	10.0	1113.8	420.5	1066.2	406.3	2.7
湖南	11.6	1109.5	399.6	1053.3	383.3	6.1
广东	13.7	2143.5	940.2	2002.0	875.3	6.0
广西	6.3	576.6	238.1	559.1	233.1	1.5
海南	1.5	162.4	68.5	153.8	65.0	0.3
重庆	4.4	544.5	211.9	522.3	203.3	1.7
四川	14.1	1935.6	755.8	1890.9	742.2	3.0
贵州	5.5	717.0	268.7	700.1	264.8	1.4
云南	6.7	478.1	196.8	459.3	189.3	1.2
西藏	0.9	67.5	27.2	60.7	24.2	0.2
陕西	10.7	898.1	322.7	877.0	316.1	3.3
甘肃	3.6	384.7	143.7	375.2	140.9	1.0
青海	1.4	120.5	48.2	115.7	46.3	0.2
宁夏	1.2	122.9	50.8	120.5	49.9	0.2
新疆	3.6	443.7	173.6	425.5	167.8	1.2

7-17-18 社会保险基金收支及累计结余

单位：亿元

年 份	合 计	基本养老保险	失业保险	基本医疗保险	工伤保险	生育保险
基金收入						
2000	2644.9	2278.5	160.4	170.0	24.8	11.2
2001	3101.9	2489.0	187.3	383.6	28.3	13.7
2002	4048.7	3171.5	213.4	607.8	32.0	21.8
2003	4882.9	3680.0	249.5	890.0	37.6	25.8
2004	5780.3	4258.4	290.8	1140.5	58.3	32.1
2005	6975.2	5093.3	340.3	1405.3	92.5	43.8
2006	8643.2	6309.8	402.4	1747.1	121.8	62.1
2007	10812.3	7834.2	471.7	2257.2	165.6	83.6
2008	13696.1	9740.2	585.1	3040.4	216.7	113.7
2009	16115.6	11490.8	580.4	3671.9	240.1	132.4
2010	19276.1	13872.9	649.8	4308.9	284.9	159.6
2011	25153.3	18004.8	923.1	5539.2	466.4	219.8
2012	30738.8	21830.2	1138.9	6938.7	526.7	304.2
2013	35252.9	24732.6	1288.9	8248.3	614.8	368.4
2014	39827.7	27619.9	1379.8	9687.2	694.8	446.1
2015	46012.1	32195.5	1367.8	11192.9	754.2	501.7
2016	53562.7	37990.8	1228.9	13084.3	736.9	521.9
2017	67154.5	46613.8	1112.6	17931.3	853.8	643.0
2018	79254.8	55005.3	1171.1	21384.4	913.0	781.0
2019	83550.4	57025.9	1284.2	24420.9	819.4	
2020	75512.5	49228.6	951.5	24846.1	486.3	
2021	96936.8	65793.3	1459.6	28732.0	951.9	
基金支出						
2000	2385.6	2115.5	123.4	124.5	13.8	8.3
2001	2748.0	2321.3	156.6	244.1	16.5	9.6
2002	3471.5	2842.9	182.6	409.4	19.9	12.8
2003	4016.4	3122.1	199.8	653.9	27.1	13.5
2004	4627.4	3502.1	211.3	862.2	33.3	18.8
2005	5400.8	4040.3	206.9	1078.7	47.5	27.4
2006	6477.4	4896.7	198.0	1276.7	68.5	37.5
2007	7887.8	5964.9	217.7	1561.8	87.9	55.6
2008	9925.1	7389.6	253.5	2083.6	126.9	71.5
2009	12302.6	8894.4	366.8	2797.4	155.7	88.3
2010	15018.9	10755.3	423.3	3538.1	192.4	109.9
2011	18652.9	13363.2	432.8	4431.4	286.4	139.2
2012	23331.3	16711.5	450.6	5543.6	406.3	219.3
2013	27916.3	19818.7	531.6	6801.0	482.1	282.8
2014	33002.7	23325.8	614.7	8133.6	560.5	368.1
2015	38988.1	27929.4	736.4	9312.1	598.7	411.5
2016	46888.4	34004.3	976.1	10767.1	610.3	530.6
2017	57145.6	40423.8	893.8	14421.8	662.3	744.0
2018	67792.7	47550.4	915.3	17823.0	742.0	762.0
2019	75346.6	52342.3	1333.2	20854.2	816.9	
2020	78611.8	54656.5	2103.0	21032.1	820.3	
2021	86734.9	60196.5	1500.0	24048.2	990.2	
累计结余						
2000	1327.5	947.1	195.9	109.8	57.9	16.8
2001	1622.8	1054.1	226.2	253.0	68.9	20.6
2002	2423.4	1608.0	253.8	450.7	81.1	29.7
2003	3313.8	2206.5	303.5	670.6	91.2	42.0
2004	4493.4	2975.0	385.8	957.9	118.6	55.9
2005	6073.7	4041.0	519.0	1278.1	163.5	72.1
2006	8255.9	5488.9	724.8	1752.4	192.9	96.9
2007	11236.6	7391.4	979.1	2476.9	262.6	126.6
2008	15225.6	9931.0	1310.1	3431.7	384.6	168.2
2009	19006.5	12526.1	1523.6	4275.9	468.8	212.1
2010	23407.5	15787.8	1749.8	5047.1	561.4	261.4
2011	30233.1	20727.8	2240.2	6180.0	742.6	342.5
2012	38106.6	26243.5	2929.0	7644.5	861.9	427.6
2013	45588.1	31274.8	3685.9	9116.5	996.2	514.7
2014	52462.3	35644.5	4451.5	10644.8	1128.8	592.7
2015	59532.5	39937.1	5083.0	12542.8	1285.3	684.4
2016	66349.7	43965.2	5333.3	14964.3	1410.9	675.9
2017	77312.1	50202.2	5552.4	19385.6	1606.9	565.0
2018	89775.5	58151.6	5817.0	23440.0	1784.9	582.0
2019	96977.8	62872.6	4625.4	27696.7	1783.2	
2020	94378.7	58075.2	3354.1	31500.0	1449.3	
2021	104872.1	63970.0	3312.5	36178.3	1411.2	

注：1.2007年及以后基本医疗保险基金中包括职工基本医疗保险和城乡居民基本医疗保险。

2.2010年及以后基本养老保险基金中包括城镇职工基本养老保险和城乡居民基本养老保险。

3.工伤保险累计结余中含储备金。

4.2019年起，基本医疗保险基金包含生育保险基金(下同)。

7-17-19 参加基本养老保险人数

单位：万人

年 份	年末参加基本养老保险人数	城镇职工基本养老保险					城乡居民基本养老保险
		合 计	职 工	#企业	离退休人 员	#企业	
1990	6166.0	6166.0	5200.7	5200.7	965.3	965.3	
1991	6740.3	6740.3	5653.7	5653.7	1086.6	1086.6	
1992	9456.2	9456.2	7774.7	7774.7	1681.5	1681.5	
1993	9847.6	9847.6	8008.2	8008.2	1839.4	1839.4	
1994	10573.5	10573.5	8494.1	8494.1	2079.4	2079.4	
1995	10979.0	10979.0	8737.8	8737.8	2241.2	2241.2	
1996	11116.7	11116.7	8758.4	8758.4	2358.3	2358.3	
1997	11203.9	11203.9	8670.9	8670.9	2533.0	2533.0	
1998	11203.1	11203.1	8475.8	8475.8	2727.3	2727.3	
1999	12485.4	12485.4	9501.8	8859.2	2983.6	2863.8	
2000	13617.4	13617.4	10447.5	9469.9	3169.9	3016.5	
2001	14182.5	14182.5	10801.9	9733.0	3380.6	3171.3	
2002	14736.6	14736.6	11128.8	9929.4	3607.8	3349.2	
2003	15506.7	15506.7	11646.5	10324.5	3860.2	3556.9	
2004	16352.9	16352.9	12250.3	10903.9	4102.6	3775.0	
2005	17487.9	17487.9	13120.4	11710.6	4367.5	4005.2	
2006	18766.3	18766.3	14130.9	12618.0	4635.4	4238.6	
2007	20136.9	20136.9	15183.2	13690.6	4953.7	4544.0	
2008	21891.1	21891.1	16587.5	15083.4	5303.6	4868.0	
2009	23549.9	23549.9	17743.0	16219.0	5806.9	5348.0	
2010	35984.1	25707.3	19402.3	17822.7	6305.0	5811.6	10276.8
2011	61573.3	28391.3	21565.0	19970.0	6826.2	6314.0	33182.0
2012	78796.3	30426.8	22981.1	21360.9	7445.7	6910.9	48369.5
2013	81968.4	32218.4	24177.3	22564.7	8041.0	7484.8	49750.1
2014	84231.9	34124.4	25531.0	23932.3	8593.4	8013.6	50107.5
2015	85833.4	35361.2	26219.2	24586.8	9141.9	8536.5	50472.2
2016	88776.8	37929.7	27826.3	25239.6	10103.4	9023.9	50847.1
2017	91548.3	40293.3	29267.6	25856.3	11025.7	9460.4	51255.0
2018	94293.3	41901.6	30104.0	26502.6	11797.7	9980.5	52391.7
2019	96753.9	43487.9	31177.5	27508.7	12310.4	10396.3	53266.0
2020	99864.9	45621.1	32858.7	29123.6	12762.3	10784.2	54243.8
2021	102871.4	48074.0	34917.1	31101.5	13157.0	11126.5	54797.4

7-17-20 社会保险基本情况

年 份	失 业 保 险			基本医疗保险			工伤保险		年末参加生育保险人数（万人）
	年末参保人数（万人）	全年发放失业保险金人数（万人）	全年发放失业保险金（亿元）	年末参保人数（万人）	年末参保职工	年末参保城乡居民	年末参保人数（万人）	年末享受工伤待遇的人数（万人）	
1995	8237.7	261.3	8.2	745.9	745.9		2614.8	7.1	1500.2
1996	8333.1	330.8	13.9	855.7	855.7		3102.6	10.1	2015.6
1997	7961.4	319.0	18.7	1762.0	1762.0		3507.8	12.5	2485.9
1998	7927.9	158.1	20.4	1877.6	1877.6		3781.3	15.3	2776.7
1999	9852.0	271.4	31.9	2065.3	2065.3		3912.3	15.1	2929.8
2000	10408.4	329.7	56.2	3786.9	3786.9		4350.3	18.8	3001.6
2001	10354.6	468.5	83.3	7285.9	7285.9		4345.3	18.7	3455.1
2002	10181.6	657.0	116.8	9401.2	9401.2		4405.6	26.5	3488.2
2003	10372.9	741.6	133.4	10901.7	10901.7		4574.8	32.9	3655.4
2004	10583.9	753.5	137.5	12403.6	12403.6		6845.2	51.9	4383.8
2005	10647.7	677.8	132.4	13782.9	13782.9		8478.0	65.1	5408.5
2006	11186.6	598.1	125.8	15731.8	15731.8		10268.5	77.8	6458.9
2007	11644.6	538.5	129.4	22311.1	18020.0	4291.1	12173.3	96.0	7775.3
2008	12399.8	516.7	139.5	31821.6	19995.6	11826.0	13787.2	117.8	9254.1
2009	12715.5	483.9	145.8	40147.0	21937.4	18209.6	14895.5	129.6	10875.7
2010	13375.6	431.6	140.4	43262.9	23734.7	19528.3	16160.7	147.5	12335.9
2011	14317.1	394.4	159.9	47343.2	25227.1	22116.1	17695.9	163.0	13892.0
2012	15224.7	390.1	181.3	53641.3	26485.6	27155.7	19010.1	190.5	15428.7
2013	16416.8	416.7	203.2	57072.6	27443.1	29629.4	19917.2	195.2	16392.0
2014	17042.6	422.0	233.3	59746.9	28296.0	31450.9	20639.2	198.2	17038.7
2015	17326.0	456.8	269.8	66581.6	28893.1	37688.5	21432.5	201.9	17771.0
2016	18088.8	483.9	309.4	74391.6	29531.5	44860.0	21889.3	196.0	18451.0
2017	18784.2	458.1	318.2	117681.4	30322.7	87358.7	22723.7	192.8	19300.2
2018	19643.5	452.3	357.6	134458.6	31680.8	102777.8	23874.4	198.5	20434.1
2019	20542.7	461.2	396.8	135407.4	32924.7	102482.7	25478.4	194.4	21417.3
2020	21689.5	515.1	413.9	136131.1	34455.1	101676.0	26763.4	187.6	23567.3
2021	22957.9	607.6	530.7	136296.7	35430.9	100865.9	28286.5	206.2	23751.7

7-17-21 各地区城镇职工基本养老保险情况

地 区	年末参加城镇职工基本养老保险人数(万人)	职 工	离退休人员	基金收支情况(亿元) 基金收入	基金支出	累计结余
全 国	**48074.0**	**34917.1**	**13157.0**	**60454.7**	**56481.5**	**52573.6**
北 京	1826.8	1507.7	319.0	3265.9	2074.8	6517.4
天 津	765.1	527.2	237.9	1159.9	1196.0	326.6
河 北	1805.5	1313.8	491.7	2076.3	2142.2	623.6
山 西	1002.3	710.5	291.8	1429.2	1400.5	1595.5
内蒙古	823.1	503.1	320.0	1195.2	1379.8	336.3
辽 宁	2084.6	1227.6	857.0	2593.9	3329.5	143.5
吉 林	922.0	526.6	395.4	1316.8	1510.3	369.6
黑龙江	1446.6	811.8	634.8	1824.5	2456.8	-372.3
上 海	1654.4	1126.0	528.4	3379.5	3222.0	1225.0
江 苏	3609.3	2607.5	1001.8	4391.1	4006.6	4414.4
浙 江	3367.5	2455.6	911.9	3488.7	3737.2	2128.3
安 徽	1384.2	1003.2	381.0	1731.6	1469.6	2129.5
福 建	1330.0	1110.3	219.6	1065.1	927.2	707.2
江 西	1246.9	875.5	371.4	1334.2	1276.4	842.5
山 东	3226.7	2437.7	789.0	3454.3	3483.2	1385.6
河 南	2377.2	1841.2	536.0	2136.7	2114.9	1131.3
湖 北	1834.7	1217.5	617.1	2441.9	2441.8	1104.3
湖 南	1849.5	1327.7	521.8	1859.6	1874.2	1864.4
广 东	5079.5	4327.1	752.4	6112.5	3483.9	14110.1
广 西	985.3	704.2	281.1	1278.0	1195.5	718.3
海 南	329.0	252.9	76.1	387.9	317.7	318.6
重 庆	1354.2	911.5	442.7	1737.8	1440.1	1335.2
四 川	3178.5	2201.5	977.1	3596.7	3346.2	3717.2
贵 州	755.8	591.0	164.9	864.4	711.6	1031.2
云 南	739.3	550.5	188.8	1076.5	891.9	1555.7
西 藏	59.5	48.6	10.9	159.7	127.6	217.2
陕 西	1229.4	946.8	282.6	1604.6	1509.1	851.2
甘 肃	502.5	334.0	168.5	694.1	733.4	378.1
青 海	169.0	119.0	50.0	272.4	291.1	26.4
宁 夏	252.1	181.7	70.4	302.3	314.2	230.8
新 疆	791.5	561.6	229.9	1336.5	1185.4	1493.7
不分地区	92.1	56.0	36.1	886.8	890.6	117.1
中央调剂金账户						

注：1.不分地区合计中，包括中国人民银行、中国农业发展银行数。
2.中央调剂金账户金额为调剂基金利息收入。

7-17-22 各地区城乡居民基本养老保险情况

地区	参保人数（万人）	#实际领取待遇人数	基金收支情况(亿元) 基金收入	基金支出	累计结余
全国	**54797.4**	**16213.3**	**5338.6**	**3715.0**	**11396.4**
北京	192.4	90.8	113.6	103.7	179.9
天津	172.0	82.8	76.7	50.0	323.1
河北	3552.8	1086.9	263.8	172.7	576.2
山西	1637.9	420.9	121.7	72.7	318.8
内蒙古	791.7	249.3	88.9	64.1	148.9
辽宁	1040.9	426.6	82.9	78.2	92.9
吉林	933.7	281.7	57.6	43.8	99.4
黑龙江	889.9	244.1	68.6	48.2	136.7
上海	74.4	52.0	92.4	90.2	91.5
江苏	2355.6	1093.4	503.6	398.4	893.4
浙江	1055.5	535.6	342.6	242.7	354.4
安徽	3457.6	913.8	294.8	157.2	726.2
福建	1597.4	486.5	132.9	102.3	261.6
江西	2074.3	508.4	146.4	100.7	351.1
山东	4614.1	1567.2	598.1	383.0	1506.1
河南	5306.3	1431.7	320.7	222.0	739.8
湖北	2612.9	803.4	229.9	149.3	525.8
湖南	3435.1	850.3	235.2	152.8	493.4
广东	2681.4	894.9	304.9	273.6	506.4
广西	2671.8	588.8	146.2	103.7	276.5
海南	329.2	77.9	39.1	21.9	130.7
重庆	1139.9	334.8	89.6	69.5	191.9
四川	3181.1	1099.5	384.1	231.0	785.5
贵州	1928.6	462.0	97.7	64.4	187.3
云南	2460.3	542.7	155.9	99.7	553.9
西藏	174.9	26.3	12.8	7.5	39.2
陕西	1799.5	540.5	143.5	102.8	340.8
甘肃	1387.9	315.7	103.7	55.2	297.9
青海	262.6	42.0	19.0	12.7	66.0
宁夏	230.7	42.5	20.3	12.1	51.2
新疆	754.8	120.5	51.4	28.7	149.8

注：2012年8月起，新型农村社会养老保险和城镇居民社会养老保险制度全覆盖工作全面启动，合并为城乡居民社会养老保险。

7-17-23 各地区失业保险情况

地 区	年末参加失业保险人数(万人)	年末领取失业保险金人数(万人)	基金收支情况(亿元)		
			基金收入	基金支出	累计结余
全 国	**22957.9**	**258.8**	**1459.6**	**1500.0**	**3312.5**
北 京	1359.0	8.4	122.8	150.6	113.9
天 津	372.3	7.7	28.8	33.8	43.6
河 北	747.4	7.0	44.4	35.1	141.3
山 西	504.5	3.7	35.7	25.6	162.4
内蒙古	290.9	2.9	23.5	19.9	117.5
辽 宁	690.9	19.2	42.0	84.0	118.1
吉 林	278.0	2.6	24.5	29.8	77.8
黑龙江	329.5	3.7	23.6	22.7	109.2
上 海	1021.3	16.6	144.4	121.4	51.3
江 苏	1967.0	29.2	136.0	137.2	248.3
浙 江	1793.5	20.0	108.8	76.0	199.7
安 徽	616.6	7.4	40.4	26.5	87.6
福 建	716.7	6.0	30.8	45.1	84.5
江 西	308.0	2.4	18.1	20.5	66.2
山 东	1542.7	23.2	104.3	102.4	178.4
河 南	1004.9	9.4	46.7	64.6	81.2
湖 北	698.7	7.1	46.4	70.5	107.5
湖 南	687.4	6.3	33.8	28.4	113.5
广 东	3725.1	25.8	116.1	150.3	438.8
广 西	475.0	6.8	31.9	28.0	92.9
海 南	205.6	2.9	10.0	11.6	21.0
重 庆	598.3	7.6	28.1	18.9	42.0
四 川	1128.9	12.6	76.7	71.8	179.0
贵 州	320.9	3.7	22.5	24.5	61.9
云 南	329.8	6.4	25.5	28.0	94.5
西 藏	29.6	0.1	4.2	0.9	25.3
陕 西	468.7	3.9	30.9	30.1	51.9
甘 肃	196.1	0.8	15.2	11.3	73.4
青 海	55.0	0.4	9.7	2.4	24.8
宁 夏	108.5	1.6	7.0	11.4	23.1
新 疆	387.2	3.5	26.9	17.0	82.1

7-17-24 各地区基本医疗保险参保人数

单位：万人

地 区	年末参保人数合计	职工基本医疗保险	职工	退休人员	城乡居民基本医疗保险
全 国	**136296.7**	**35430.9**	**26106.5**	**9324.4**	**100865.9**
北 京	1886.9	1486.0	1165.5	320.5	400.8
天 津	1175.0	637.6	415.5	222.1	537.4
河 北	7091.0	1212.0	846.0	366.0	5879.0
山 西	3246.0	731.1	497.0	234.1	2515.0
内蒙古	2192.2	564.7	380.5	184.2	1627.5
辽 宁	3808.3	1571.0	902.4	668.6	2237.3
吉 林	2290.3	537.5	333.3	204.2	1752.8
黑龙江	2821.1	884.9	484.3	400.6	1936.2
上 海	1978.5	1613.4	1084.7	528.7	365.0
江 苏	8063.8	3246.0	2403.9	842.0	4817.8
浙 江	5654.5	2736.0	2188.2	547.8	2918.5
安 徽	6661.9	1010.8	731.6	279.2	5651.0
福 建	3872.1	933.0	757.4	175.6	2939.0
江 西	4689.1	610.1	394.9	215.2	4079.0
山 东	9732.4	2435.6	1811.1	624.5	7296.7
河 南	10339.2	1351.8	949.7	402.1	8987.4
湖 北	5619.7	1196.1	838.1	358.0	4423.6
湖 南	6748.7	1025.2	712.9	312.3	5723.5
广 东	11271.9	4757.1	4175.8	581.3	6514.8
广 西	5249.3	714.8	531.4	183.4	4534.5
海 南	938.8	245.8	179.6	66.2	693.0
重 庆	3261.7	795.9	586.3	209.5	2465.9
四 川	8586.2	1945.8	1435.4	510.4	6640.4
贵 州	4214.5	479.4	357.3	122.1	3735.0
云 南	4521.9	569.2	407.4	161.8	3952.6
西 藏	346.0	55.1	43.7	11.3	291.0
陕 西	3891.6	783.8	566.8	217.0	3107.8
甘 肃	2587.2	372.3	253.2	119.2	2214.8
青 海	567.0	114.8	76.7	38.1	452.1
宁 夏	663.4	159.6	119.1	40.5	503.8
新 疆	2326.4	654.1	476.5	177.7	1672.3

7-17-25 分地区基本医疗保险基金(含生育保险)收支情况

单位：亿元

地区	基金收入			基金支出			累计结余		
	合计	职工	居民	合计	职工	居民	合计	职工	居民
全国	**28732.0**	**19007.5**	**9724.5**	**24048.2**	**14751.8**	**9296.4**	**36178.3**	**29461.8**	**6716.6**
北京	1786.1	1672.4	113.6	1465.6	1358.8	106.8	1674.2	1613.1	61.1
天津	440.0	386.6	53.3	385.4	324.1	61.3	467.7	374.3	93.5
河北	1130.6	608.0	522.5	931.4	462.1	469.3	1385.0	1068.1	316.9
山西	566.0	322.5	243.5	460.3	244.2	216.0	671.8	508.7	163.1
内蒙古	432.5	279.9	152.6	342.6	209.2	133.3	596.5	479.4	117.1
辽宁	810.4	608.8	201.6	698.8	499.1	199.7	881.3	679.5	201.8
吉林	367.4	226.2	141.2	306.8	175.9	130.9	542.5	413.7	128.8
黑龙江	551.3	379.9	171.5	477.4	308.0	169.4	782.1	589.8	192.3
上海	1829.1	1730.5	98.6	1133.3	1038.0	95.2	3903.4	3876.0	27.3
江苏	2176.2	1614.6	561.6	1854.0	1315.1	538.9	2625.7	2348.9	276.9
浙江	2032.6	1549.5	483.1	1632.5	1174.6	457.8	2860.2	2599.3	260.9
安徽	906.7	417.8	488.9	817.8	328.1	489.7	867.5	632.3	235.2
福建	715.4	447.9	267.5	618.7	357.8	260.9	963.6	854.0	109.6
江西	672.1	268.9	403.3	616.8	225.6	391.2	730.9	432.5	298.5
山东	1921.5	1223.6	697.9	1827.6	1118.0	709.6	1759.2	1335.4	423.9
河南	1399.0	614.7	784.2	1275.1	493.4	781.7	1200.3	880.2	320.1
湖北	1001.9	598.0	403.9	861.6	469.0	392.6	1042.8	754.3	288.4
湖南	956.0	453.2	502.8	806.2	347.9	458.3	1060.5	767.4	293.1
广东	2573.2	1890.5	682.6	2199.3	1572.9	626.4	4042.1	3313.3	728.9
广西	731.0	321.4	409.6	677.3	257.9	419.4	913.9	513.4	400.5
海南	197.2	123.6	73.6	141.4	86.0	55.4	277.8	215.3	62.5
重庆	605.5	401.6	203.9	504.7	290.7	214.0	615.7	445.3	170.4
四川	1554.6	962.0	592.6	1247.3	674.3	573.1	2250.4	1749.4	501.1
贵州	588.0	261.4	326.6	489.0	187.4	301.6	647.2	379.6	267.6
云南	760.4	388.4	372.0	640.3	298.9	341.3	853.8	613.8	240.0
西藏	87.5	63.6	23.9	40.9	25.7	15.2	194.2	174.8	19.4
陕西	695.6	415.0	280.6	629.8	351.0	278.7	770.7	605.5	165.1
甘肃	402.7	201.6	201.1	318.8	145.9	172.9	376.4	258.5	117.9
青海	139.1	94.9	44.2	110.1	66.9	43.2	215.2	168.7	46.5
宁夏	127.8	78.2	49.7	101.5	54.8	46.7	178.3	140.7	37.5
新疆	574.5	402.3	172.2	435.8	290.3	145.5	827.2	676.5	150.7

7-17-26 各地区工伤保险情况

地区	年末参加工伤保险人数(万人)	享受工伤保险待遇人次(万人次)	基金收支情况(亿元)		
			基金收入	基金支出	累计结余
全 国	**28286.5**	**206.2**	**951.9**	**990.2**	**1411.2**
北 京	1307.2	4.6	46.8	51.3	36.9
天 津	408.4	4.1	15.3	14.1	12.7
河 北	1084.7	9.9	62.1	51.1	46.7
山 西	640.1	8.2	45.2	50.1	36.3
内蒙古	338.2	2.5	11.6	15.1	37.6
辽 宁	807.9	12.1	44.3	34.4	52.7
吉 林	392.4	5.9	12.9	12.2	35.9
黑龙江	444.4	4.4	32.2	28.9	32.0
上 海	1097.3	6.2	42.8	44.2	42.4
江 苏	2340.6	16.4	88.2	88.4	121.0
浙 江	2741.6	19.3	75.3	81.4	71.0
安 徽	718.0	7.4	24.7	29.4	32.7
福 建	984.4	5.1	27.8	28.9	48.0
江 西	563.5	5.1	19.1	19.3	52.9
山 东	1921.9	13.8	61.1	65.1	89.9
河 南	1045.4	6.9	33.5	32.2	61.9
湖 北	828.3	5.4	19.8	22.4	36.8
湖 南	853.8	15.3	47.6	48.1	86.8
广 东	4068.6	17.1	51.1	92.4	190.8
广 西	551.3	2.2	12.1	12.4	47.7
海 南	184.9	0.4	3.7	2.6	19.3
重 庆	765.7	7.3	28.0	25.2	7.4
四 川	1472.1	8.9	45.3	45.3	72.9
贵 州	529.9	4.2	22.1	20.2	14.2
云 南	541.9	4.1	18.2	18.5	20.8
西 藏	49.6	0.1	2.2	1.8	7.3
陕 西	629.6	3.9	22.5	19.0	38.9
甘 肃	278.7	1.6	12.1	9.9	17.8
青 海	95.9	0.6	2.8	3.5	9.7
宁 夏	143.8	0.6	4.8	5.0	9.0
新 疆	456.1	2.3	16.6	17.7	21.3

注：工伤保险累计结余中含储备金。

7-17-27 各地区生育保险情况

地 区	年末参加 生育保险人数 (万人)	享 受 待遇人次 (万人次)
全 国	**23751.7**	**1320.5**
北 京	1082.7	49.1
天 津	366.1	18.1
河 北	900.6	24.4
山 西	379.1	12.8
内蒙古	345.4	9.6
辽 宁	704.8	31.8
吉 林	331.7	19.0
黑龙江	396.0	12.0
上 海	1084.7	29.3
江 苏	2094.9	101.9
浙 江	1810.9	152.1
安 徽	700.9	40.2
福 建	711.1	18.4
江 西	380.4	12.4
山 东	1607.5	76.1
河 南	889.4	29.6
湖 北	710.1	36.9
湖 南	652.8	29.1
广 东	3973.9	420.1
广 西	523.5	17.4
海 南	179.6	10.7
重 庆	536.5	26.3
四 川	1201.7	33.2
贵 州	341.7	36.0
云 南	393.3	17.5
西 藏	41.6	3.5
陕 西	560.2	18.1
甘 肃	250.7	9.9
青 海	68.4	6.9
宁 夏	111.5	5.3
新 疆	420.0	12.6

【主要统计指标解释】

城镇职工基本养老保险

1. 参保职工人数 指报告期末按照国家法律、法规和有关政策规定参加城镇职工基本养老保险并在社保经办机构已建立缴费记录档案的职工人数，包括中断缴费但未终止养老保险关系的职工人数，不包括只登记未建立缴费记录档案的人数。

2. 离退休人员人数 指报告期末参加城镇职工基本养老保险的离休、退休和退职人员的人数。

3. 基金收入 指根据国家有关规定，由纳入基本养老保险范围的缴费单位和个人按国家规定的缴费基数和缴费比例缴纳的养老保险费，以及通过其他方式取得的形成基金来源的收入。包括单位和职工个人缴纳的基本养老保险费、基本养老保险基金利息收入、上级补助收入、下级上解收入、转移收入、财政补贴和其他收入。

4. 基金支出 指按照国家政策规定的开支范围和开支标准从职工基本养老保险基金中支付给参加职工基本养老保险的个人养老保险待遇支出，以及由于保险关系转移、上下级之间补助、上解等原因而发生的支出。其他支出包括基本养老金、医疗补助金、丧葬补助金和抚恤金、病残津贴、补助下级支出、上解上级支出、转移支出和其他支出等。

5. 基金累计结余 指职工基本养老保险基金收支相抵后的期末累计余额。

城乡居民基本养老保险

1. 参保人数 指报告期末，参加城乡居民养老保险（在经办机构参保登记并已建立缴费记录以及制度实施当年已经年满60周岁并在经办机构参保登记）的人数（不包括已经办理注销登记手续的人数）。

2. 实际领取待遇人数 指报告期末，实际领取城乡居民养老保险待遇的人数，不包括未足额发放的人数。

3. 基金收入 指根据国家有关规定，由参加城乡居民基本养老保险的个人按规定缴费的城乡居民基本养老保险费，以及通过集体补助、财政补助等其他方式取得的形成基金来源的收入。包括个人缴费收入、集体补助收入、政府补贴收入、利息收入、委托投资收益、转移收入、上级补助收入、下级上解收入和其他收入。

4. 基金支出 指按照国家政策规定的开支范围和开支标准从城乡居民基本养老保险基金中支付给参加城乡居民基本养老保险的个人养老金待遇支出，以及由于参保人员跨统筹地区或跨制度流动而发生的支出等。包括养老保险待遇支出、转移支出、补助下级支出、上解上级支出、其他支出。

5. 基金累计结余 指城乡居民基本养老保险基金收支相抵后的期末累计余额。

基本医疗保险

1. 参保人数 指报告期末按国家有关规定参加职工基本医疗保险和城乡居民基本医疗保险人员的合计。

2. 基金收入（含生育保险） 指由用人单位和个人按照国家规定的缴费基数、缴费比例或缴费标准缴纳的基本医疗保险费（含生育保险），财政补贴资金以及通过其他方式取得的形成基金来源的款项，包括：单位缴纳收入、个人缴纳收入、财政补贴收入、利息收入、上级补助收入、下级上解收入和其他收入。

3. **基金支出（含生育保险）** 指按照国家政策规定的开支范围和开支标准，从基本医疗保险基金（含生育保险）中支付给参保人员的医疗保险待遇支出，生育保险待遇支出以及其他支出。包括住院费用支出、门诊费用支出、大病保险支出、补助下级支出，上解上级支出和其他支出。

4. **基金累计结余（含生育保险）** 指基本医疗保险基金（含生育保险）收支相抵后的期末累计结余金额。

失业保险

1. **参保人数** 指报告期末按照国家法律、法规和有关政策规定参加了失业保险的城镇企业、事业单位的职工及地方政府规定参加失业保险的其他人员的人数。

2. **基金收入** 指报告期内筹集的失业保险基金的总额，包括失业保险费收入、利息收入、财政补贴收入、其他收入、转移收入。

3. **基金支出** 指报告期内为保障失业人员基本生活、预防失业、促进再就业等支出的基金总额，包括失业保险金支出、医疗补助金支出、丧葬补助金和抚恤金支出、职业培训和职业介绍补贴支出、其他费用支出、技能提升补贴支出、稳定岗位补贴支出、转移支出、其他支出。

4. **基金累计结余** 指截止报告期末失业保险基金收支相抵后的累计余额。

工伤保险

1. **参加保险人数** 指报告期末依据国家有关规定参加工伤保险的职工人数和有雇工的个体工商户的雇工数。

2. **享受工伤保险待遇人数** 指年报告期内因工伤或职业病而享受工伤保险待遇的职工人数。为享受工伤医疗待遇中未评定等级的人数、享受伤残待遇人数以及享受因工死亡待遇人数之和。

3. **基金收入** 指根据国家有关规定，由参加工伤保险的单位按国家规定的缴费基数和缴费比例缴纳及难以直接按照工资总额计算缴纳工伤保险费的部分行业企业按规定方式缴纳的工伤保险费，以及依法通过其他形式取得的形成基金来源的款项。包括：工伤保险费收入、利息收入、上级补助收入、下级上解收入和其他收入。

4. **基金支出** 指按照国家政策规定的开支范围和开支标准从工伤保险基金中支付给参加工伤保险的人员及供养直系亲属工伤保险待遇支出及其他支出。包括工伤医疗待遇支出、伤残待遇支出、工亡待遇支出、劳动能力鉴定支出、工伤预防费用支出、补助下级支出、上解上级支出和其他支出。

5. **基金累计结余** 指工伤保险基金收支相抵后的期末累计结余金额。

8 派生产业情况

8-1 旅游及相关产业

简要说明

一、主要内容

旅游及相关产业增加值，国内游客，入境游客（外国人、港澳同胞和台湾同胞），以及国际、国内旅游收入等。

二、统计范围

国内旅游和国际旅游。

旅游及相关产业增加值的核算范围包括《国家旅游及相关产业统计分类》中规定的全部旅游及相关活动。

三、统计调查方法

国内游客、国际旅游收入和国内旅游收入等指标采取抽样调查方法，其余指标均为全面调查统计取得。

旅游及相关产业增加值按照生产法、收入法核算。核算所需的数据来源于全国经济普查数据、国民经济核算数据和旅游及相关产业消费结构调查数据等资料。

四、资料来源

本篇资料由国家统计局贸易外经统计司根据国家移民管理局、文化和旅游部的资料编制。

入境游客人数和国内居民出境人数来自国家移民管理局；各地区接待入境过夜游客人数、国内游客人数和国内旅游收入资料来自文化和旅游部；国际旅游收入，1994 年以前由国家统计局贸易外经统计司根据国际旅游者在华花费外汇券统计资料整理提供，1994 年及以后由国家旅游局整理提供，2018 年及以后由文化和旅游部整理提供。

旅游及相关产业增加值由国家统计局国民经济核算司提供。

8-1-1 旅游及相关产业增加值

年 份	增加值(亿元)	占GDP比重(%)
2014	27433	4.26
2015	30017	4.36
2016	32979	4.42
2017	37081	4.46
2018	41478	4.51
2019	44989	4.56
2020	40628	4.01
2021	45484	3.96

注：第四次全国经济普查后，对2014年以来GDP和旅游及相关产业增加值历史数据进行了修订。

8-1-2 国内旅游情况

年 份	国内游客(百万人次)			旅游总花费(亿元)		
		城镇居民	农村居民		城镇居民	农村居民
1996	640	256	383	1638.38	1368.36	270.02
1997	644	259	385	2112.70	1551.83	560.87
1998	695	250	445	2391.18	1515.10	876.05
1999	719	284	435	2831.92	1748.23	1083.69
2000	744	329	415	3175.54	2235.26	940.28
2001	784	375	409	3522.37	2651.68	870.69
2002	878	385	493	3878.36	2848.09	1030.27
2003	870	351	519	3442.27	2404.08	1038.19
2004	1102	459	643	4710.71	3359.04	1351.67
2005	1212	496	716	5285.86	3656.13	1629.73
2006	1394	576	818	6229.70	4414.70	1815.00
2007	1610	612	998	7770.60	5550.40	2220.20
2008	1712	703	1009	8749.30	5971.75	2777.55
2009	1902	903	999	10183.69	7233.79	2949.90
2010	2103	1065	1038	12579.77	9403.81	3175.96
2011	2641	1687	954	19305.39	14808.61	4496.78
2012	2957	1933	1024	22706.22	17678.03	5028.19
2013	3262	2186	1076	26276.12	20692.59	5583.53
2014	3611	2483	1128	30311.86	24219.76	6092.11
2015	3990	2802	1188	34195.05	27610.90	6584.15
2016	4435	3195	1240	39389.82	32241.95	7147.87
2017	5001	3677	1324	45660.77	37673.03	7987.74
2018	5539	4119	1420	51278.29	42589.99	8688.30
2019	6006	4471	1535	57250.92	47508.99	9741.93
2020	2879	2065	814	22286.30	17966.50	4319.80
2021	3246	2342	904	29190.74	23644.17	5546.57

8-1-3 历年入境游客

单位：万人次

年 份	合 计	#入境过夜游客	外国人	港澳台同胞	#台湾同胞
1981	776.71	376.70	67.52	705.31	
1982	792.43	392.40	76.45	711.70	
1983	947.70	379.10	87.25	856.41	
1984	1285.22	514.10	113.43	1167.04	
1985	1783.31	713.30	137.05	1637.78	
1986	2281.95	900.10	148.23	2126.90	
1987	2690.23	1076.00	172.78	2508.74	
1988	3169.48	1236.10	184.22	2977.33	43.77
1989	2450.14	936.10	146.10	2297.19	54.10
1990	2746.18	1048.40	174.73	2562.34	94.80
1991	3334.98	1246.40	271.01	3050.62	94.66
1992	3811.49	1651.20	400.64	3394.34	131.78
1993	4152.69	1898.20	465.59	3670.49	152.70
1994	4368.45	2107.00	518.21	3838.72	139.02
1995	4638.65	2003.40	588.67	4038.40	153.23
1996	5112.75	2276.50	674.43	4422.86	173.39
1997	5758.79	2377.00	742.80	5006.09	211.76
1998	6347.84	2507.29	710.77	5625.00	217.46
1999	7279.56	2704.66	843.23	6425.52	258.46
2000	8344.39	3122.88	1016.04	7320.80	310.86
2001	8901.29	3316.67	1122.64	7778.65	344.20
2002	9790.83	3680.26	1343.95	8446.88	366.06
2003	9166.21	3297.05	1140.29	8025.92	273.19
2004	10903.82	4176.14	1693.25	9210.57	368.53
2005	12029.23	4680.90	2025.51	10003.71	410.92
2006	12494.21	4991.34	2221.03	10273.19	441.35
2007	13187.33	5471.98	2610.97	10576.36	462.79
2008	13002.74	5304.92	2432.53	10570.21	438.56
2009	12647.59	5087.52	2193.75	10453.84	448.40
2010	13376.22	5566.45	2612.69	10763.53	514.06
2011	13542.35	5758.07	2711.20	10831.15	526.30
2012	13240.53	5772.49	2719.16	10521.37	534.02
2013	12907.78	5568.59	2629.03	10278.75	516.25
2014	12849.83	5562.20	2636.08	10213.75	536.59
2015	13382.04	5688.57	2598.54	10783.50	549.86
2016	13844.38	5926.73	2815.12	11029.26	573.00
2017	13948.24	6073.84	2916.53	11031.71	587.13
2018	14119.83	6289.57	3054.29	11065.53	613.61
2019	14530.78	6572.52	3188.34	11342.43	613.42

8-1-4 历年入境游客增长速度

单位：%

年　份	合　计	#入境过夜游客	外国人	港澳台同胞	#台湾同胞
1981	36.2	7.6	27.6	37.2	
1982	2.0	4.2	13.2	0.9	
1983	19.6	-3.4	14.1	20.3	
1984	35.6	35.6	30.0	36.3	
1985	38.8	38.7	20.8	40.3	
1986	28.0	26.2	8.2	29.9	
1987	17.9	19.5	16.6	18.0	
1988	17.8	14.9	6.6	18.7	
1989	-22.7	-24.3	-20.7	-22.8	23.6
1990	12.1	12.0	19.6	11.5	75.2
1991	21.4	18.9	55.1	19.1	-0.1
1992	14.3	32.5	47.8	11.3	39.2
1993	9.0	15.0	16.2	8.1	15.9
1994	5.2	11.0	11.3	4.6	-9.0
1995	6.2	-4.9	13.6	5.2	10.2
1996	10.2	13.6	14.6	9.5	13.2
1997	12.6	4.4	10.1	13.2	22.1
1998	10.2	5.5	-4.3	12.4	2.7
1999	14.7	7.9	18.6	14.2	18.9
2000	14.6	15.5	20.5	13.9	20.3
2001	6.7	6.2	10.5	6.3	10.7
2002	10.0	11.0	19.7	8.6	6.4
2003	-6.4	-10.4	-15.2	-5.0	-25.4
2004	19.0	26.7	48.5	14.8	34.9
2005	10.3	12.1	19.6	8.6	11.5
2006	3.9	6.6	9.7	2.7	7.4
2007	5.5	9.6	17.6	3.0	4.9
2008	-1.4	-3.1	-6.8	-0.1	-5.2
2009	-2.7	-4.1	-9.8	-1.1	2.2
2010	5.8	9.4	19.1	3.0	14.6
2011	1.2	3.4	3.8	0.6	2.4
2012	-2.3	0.3	0.3	-2.9	1.5
2013	-2.5	-3.5	-3.3	-2.3	-3.3
2014	-0.5	-0.1	0.3	-0.6	3.9
2015	4.1	2.3	-1.4	5.6	2.5
2016	3.5	4.2	8.3	2.3	4.2
2017	0.8	2.5	3.6		2.5
2018	1.2	3.6	4.7	0.3	4.5
2019	2.9	4.5	4.4	2.5	

8-1-5 历年国际旅游收入及增长速度

单位：亿美元

年　份	收入合计	商品收入	劳务收入	增长速度(%)	商品收入	劳务收入
1981	7.85	4.06	3.79	27.2	28.9	25.5
1982	8.43	4.31	4.12	7.4	6.2	8.7
1983	9.41	4.66	4.75	11.6	8.1	15.3
1984	11.31	5.65	5.66	20.2	21.2	19.2
1985	12.50	5.30	7.20	10.5	-6.2	27.2
1986	15.31	6.66	8.65	22.5	25.7	20.1
1987	18.62	7.78	10.84	21.6	16.8	25.3
1988	22.47	8.95	13.52	20.7	15.0	24.7
1989	18.60	6.30	12.30	-17.2	-29.6	-9.0
1990	22.18	7.75	14.43	19.2	23.0	17.3
1991	28.45	9.89	18.56	28.3	27.6	28.6
1992	39.47	12.90	26.57	38.7	30.4	43.2
1993	46.83	13.09	33.74	18.6	1.5	27.0
1994	73.23	26.45	46.78	56.4	102.1	38.6
1995	87.33	32.99	54.34	19.3	24.7	16.2
1996	102.00	34.50	67.50	16.8	4.6	24.2
1997	120.74	40.24	80.50	18.4	16.6	19.3
1998	126.02	41.39	84.63	4.4	2.9	5.1
1999	140.99	42.99	98.00	11.9	3.9	15.8
2000	162.24	47.54	114.70	15.1	10.6	17.0
2001	177.92	52.93	124.99	9.7	11.3	9.0
2002	203.85	58.71	145.14	14.6	10.9	16.1
2003	174.06	50.51	123.55	-14.6	-14.0	-14.9
2004	257.39	77.40	179.99	47.9	53.2	45.7
2005	292.96	91.26	201.70	13.8	17.9	12.1
2006	339.49	147.19	192.30	15.9	61.3	-4.7
2007	419.19	142.42	276.77	23.5	-3.2	43.9
2008	408.43	124.07	284.35	-2.6	-12.9	2.7
2009	396.75	127.63	269.12	-2.9	2.9	-5.4
2010	458.14	157.05	301.09	15.5	23.1	11.9
2011	484.64	154.54	330.09	5.8	-1.6	9.6
2012	500.28	149.01	351.26	3.2	-3.6	6.4
2013	516.64	153.10	363.54	3.3	2.7	3.5
2014	569.13	161.56	407.58	10.2	5.5	12.1
2015	1136.50	291.60	844.90			
2016	1200.00	305.70	894.30	5.6	4.8	5.8
2017	1234.17	333.02	901.15	2.8	8.9	0.8
2018	1271.03	470.16	800.85	3.0	41.2	-11.1
2019	1312.54	463.38	849.16	3.3	-1.4	6.0

注：2015年起“国际旅游收入”补充完善了停留时间为3-12个月的入境游客花费和游客在华短期旅居的花费，与以前年度不可比(以下表同)。

8-1-6 入境外国游客分组构成

单位：万人次

指　　标	2019		2018	
	人数	比重(%)	人数	比重(%)
总　　计	**4911.36**	**100.0**	**4795.11**	**100.0**
按性别分				
男	2881.29	58.7	2859.71	59.6
女	2030.07	41.3	1935.39	40.4
按年龄分				
14岁及以下	184.92	3.8	161.18	3.4
15-24岁	686.20	14.0	656.71	13.7
25-44岁	2439.71	49.7	2394.69	49.9
45-64岁	1365.75	27.8	1363.24	28.4
65岁以上	234.77	4.8	219.28	4.6
按事由分				
会议/商务	628.47	12.8	614.70	12.8
观光/休闲	1740.31	35.4	1608.57	33.5
探亲/访友	143.17	2.9	132.24	2.8
服务员工	714.01	14.5	744.86	15.5
其他	1685.40	34.3	1694.74	35.3
按入境方式分				
船舶	260.67	5.3	276.26	5.8
飞机	1912.14	38.9	1827.17	38.1
火车	68.96	1.4	51.72	1.1
汽车	756.44	15.4	790.17	16.5
徒步	1913.15	39.0	1849.78	38.6

8-1-7 国际旅游收入

单位：亿美元

指　　标	2009	2010	2011	2012	2013	2014	2015	2016	2017	2018	2019
总　　计	**396.75**	**458.14**	**484.64**	**500.28**	**516.64**	**569.13**	**1136.50**	**1200.00**	**1234.17**	**1271.03**	**1312.54**
商品收入	**127.63**	**157.05**	**154.54**	**149.01**	**153.10**	**161.56**	**291.60**	**305.70**	**333.02**	**470.16**	**463.38**
商品销售	91.49	115.90	118.56	111.54	111.82	113.28	209.00	209.50	229.95	327.61	302.97
餐饮	36.14	41.15	35.98	37.47	41.28	48.28	82.60	96.20	103.07	142.55	160.41
劳务收入	**269.12**	**301.09**	**330.09**	**351.26**	**363.54**	**407.58**	**844.90**	**894.30**	**901.15**	**800.85**	**849.16**
长途交通	117.41	130.91	151.17	172.78	174.57	195.95	448.50	446.50	449.46	366.31	401.91
民航	85.84	98.08	114.70	131.64	134.10	145.79	294.80	290.60	304.87	333.53	369.02
铁路	12.77	12.47	14.06	16.46	16.00	20.90	43.20	53.20	49.52	13.52	14.10
汽车	9.58	10.81	14.06	15.54	13.65	15.68	32.50	31.60	29.43	13.72	15.93
轮船	9.22	9.56	8.35	9.14	10.82	13.59	78.00	71.00	65.65	5.54	2.85
游览	20.80	21.07	25.32	25.55	30.92	32.54	44.80	67.10	65.04	53.71	58.66
住宿	44.34	51.95	50.98	52.11	59.76	69.50	132.90	116.30	122.08	181.09	200.49
娱乐	28.82	31.72	34.66	36.13	35.91	36.74	53.90	77.10	74.16	45.82	44.21
邮电通讯	9.55	14.60	10.36	7.91	7.92	11.04	23.90	28.90	27.57	11.62	7.47
市内交通	13.29	10.68	16.19	16.10	14.44	16.04	22.40	40.40	39.20	27.76	34.53
其他服务	34.91	40.15	41.41	40.68	40.01	45.77	118.60	118.00	123.64	114.54	101.89

8-1-8 各地区接待入境过夜游客情况

地 区	2019				2018			
	人数（万人次）	#外国人	人天数（万人天）	#外国人	人数（万人次）	#外国人	人天数（万人天）	#外国人
北 京	376.90	320.71	1714.71	1459.08	400.41	339.77	1721.75	1461.00
天 津	56.10	50.76	401.64	361.16	58.96	55.93	378.61	373.16
河 北	97.08	73.56	385.10	385.10	98.86	74.50	366.65	288.50
山 西	76.22	49.80	201.89	136.22	71.35	46.60	187.15	125.78
内蒙古	195.83	186.56	602.40	565.13	188.08	178.82	592.40	550.88
辽 宁	294.14	236.93	890.47	715.00	287.70	229.84	779.06	640.05
吉 林	136.58	121.11	383.80	338.23	143.75	123.84	409.79	361.23
黑龙江	110.69	99.29	405.29	353.64	109.16	104.13	261.97	252.37
上 海	734.69	599.16	2867.79	2336.72	742.04	601.99	2741.47	2227.36
江 苏	399.46	266.46	1533.44	940.00	400.85	264.69	1523.91	926.00
浙 江	467.11	329.83	1160.66	866.07	456.76	323.41	1134.77	850.91
安 徽	379.74	210.74	1022.74	556.13	370.75	218.79	939.24	548.30
福 建	566.03	239.98	1456.72	694.86	513.55	218.29	1324.59	639.44
江 西	197.17	61.14	391.07	121.71	191.78	57.25	396.63	120.33
山 东	404.22	294.41	1291.39	803.63	422.00	306.20	1383.03	1017.57
河 南	180.35	113.76	455.62	301.74	167.25	105.02	390.01	250.89
湖 北	450.02	349.94	1131.94	881.90	405.11	307.03	1020.90	793.19
湖 南	466.95	250.14	1088.55	610.81	365.08	178.74	781.01	402.90
广 东	3731.39	856.96	10507.31	2612.65	3748.06	862.37	9496.44	2602.70
广 西	623.96	294.80	1456.86	712.15	562.33	270.19	1245.89	610.40
海 南	143.59	107.91	438.19	373.82	126.36	89.68	338.94	273.48
重 庆	297.11	169.72	1473.67	841.81	279.98	159.00	1357.89	771.15
四 川	414.78	313.09	753.79	579.03	369.82	276.47	675.77	509.37
贵 州	47.18	23.50	125.76	62.04	39.69	17.53	87.65	40.33
云 南	739.02	586.50	1546.12	1227.07	706.08	549.94	1451.27	1137.34
西 藏	54.19	36.91	202.13	137.69	47.62	24.16	135.79	78.06
陕 西	465.72	329.61	1342.85	1027.88	437.14	307.30	1396.31	1068.96
甘 肃	19.82	11.37	31.84	18.98	10.01	5.69	15.80	9.11
青 海	7.31	4.70	21.93	15.03	6.92	5.36	21.44	17.37
宁 夏	12.66	3.61	46.69	11.55	8.82	3.43	32.71	9.61
新 疆	34.67	25.78	177.99	135.95	99.30	85.63	421.20	361.47

8-1-9 各地区入境过夜游客人均天花费额

单位：美元/人天

地 区	人均天花费		外国人		香港同胞		澳门同胞		台湾同胞	
	2019	2018	2019	2018	2019	2018	2019	2018	2019	2018
北 京	309.66	286.38	316.70	300.10	250.71	234.98	258.96	298.36	283.97	255.87
天 津	256.83	250.34	265.56	262.31	210.47	208.16	241.41	207.34	244.50	210.06
河 北	200.16	180.51	199.24	183.90	208.54	185.70	173.39	164.48	181.52	165.52
山 西	161.81	197.11	163.96	203.97	143.55	215.19	140.70	210.65	151.85	180.36
内蒙古	200.40	200.07	205.96	210.86	186.26	195.63	228.56	191.62	185.27	205.46
辽 宁	213.04	197.42	221.03	195.87	265.34	228.32	219.56	190.16	196.83	201.78
吉 林	194.46	189.75	209.70	191.70	170.68	181.07	135.57	159.25	153.98	166.63
黑龙江	193.47	206.07	191.04	206.02	208.59	228.20	181.05	224.40	200.29	202.70
上 海	288.75	266.63	293.08	267.00	251.39	265.34	236.04	243.30	271.05	250.14
江 苏	295.99	269.62	307.04	275.38	287.21	262.25	243.49	252.62	273.63	253.43
浙 江	247.39	233.52	250.99	226.96	230.91	217.19	216.76	253.14	230.11	221.36
安 徽	204.48	212.78	208.83	214.37	174.31	190.15	166.72	195.32	160.63	198.21
福 建	241.69	223.05	278.54	242.28	174.25	181.92	180.44	199.56	195.60	184.79
江 西	230.77	192.93	231.11	196.28	215.08	184.13	211.26	179.07	224.60	189.44
山 东	260.09	235.47	282.58	242.23	200.59	228.78	185.82	205.76	198.48	199.64
河 南	205.50	185.04	199.87	186.03	230.73	193.75	219.02	184.04	219.97	193.13
湖 北	211.63	218.10	223.08	221.46	187.06	189.28	197.61	200.77	214.31	212.96
湖 南	206.64	197.17	214.95	198.54	168.81	184.02	179.87	196.22	207.28	204.57
广 东	200.34	190.50	220.74	205.15	179.28	170.06	154.96	163.93	211.79	191.14
广 西	216.35	215.26	219.17	219.16	195.86	199.13	215.78	207.23	224.15	213.23
海 南	211.46	209.27	209.00	207.43	212.67	238.19	234.03	191.71	216.39	315.06
重 庆	239.09	215.81	241.94	224.88	224.75	214.39	232.88	223.36	251.74	223.99
四 川	195.31	193.82	199.84	200.44	185.82	178.12	174.39	189.99	189.71	187.66
贵 州	181.41	213.90	208.09	221.03	163.90	195.48	153.19	179.04	152.52	179.85
云 南	283.29	245.51	300.74	273.68	236.00	198.60	263.72	233.05	269.41	239.27
西 藏	259.55	227.38	257.48	231.02	207.51	193.49	259.84	187.26	239.16	211.63
陕 西	250.73	224.85	248.88	223.68	259.75	221.35	241.58	233.28	263.99	223.45
甘 肃	194.83	181.03	197.22	190.69	194.77	166.81	180.23	179.88	149.45	158.70
青 海	157.25	172.20	162.09	180.42	145.05	163.44	140.42	145.31	144.52	167.55
宁 夏	162.45	200.15	180.80	204.36	124.15	135.06	153.75	170.94	145.40	158.27
新 疆	250.30	197.49	258.70	197.49					230.88	

【主要统计指标解释】

旅游人数

1. 入境游客：指报告期内来我国观光、度假、探亲访友、就医疗养、购物、参加会议或从事经济、文化、体育、宗教活动的外国人、港澳台同胞等入境游客。统计时，外国人、港澳台同胞每入境一次统计1人次。

2. 国内游客：指报告期内在中国（大陆）观光游览、度假、探亲访友、就医疗养、购物、参加会议或从事经济、文化、体育、宗教活动的中国（大陆）居民人数，其出游的目的不是通过所从事的活动谋取报酬。统计时，国内游客按每出游一次统计1人次。

国际旅游收入　指入境游客在中国（大陆）境内旅行、游览过程中用于交通、参观游览、住宿、餐饮、购物、娱乐等全部花费。

国内旅游总花费　指国内游客在国内旅行、游览过程中用于交通、参观游览、住宿、餐馆、购物、娱乐等全部花费。

旅游及相关产业　指在国民经济活动中为游客直接提供行、住、吃、游、购、娱等旅游服务，以及为旅游提供相关服务活动的集合。《国家旅游及相关产业统计分类》中规定，游客是指以游览观光、休闲娱乐、探亲访友、文化体育、健康医疗、短期教育（培训）、宗教朝拜，或因公务、商务等为目的，前往惯常环境以外，出行持续时间不足一年的出行者。旅游是指游客的活动，即游客的出行、住宿、餐饮、游览、购物、娱乐等活动。

旅游及相关产业增加值　指一个国家所有常住单位一定时期内进行旅游及相关产业生产活动而创造的增加值。常住单位指在我国的经济领土上具有经济利益中心的经济单位。生产是指在机构单位的控制和组织下，利用劳动、资本、货物和服务投入，创造新的货物和服务产出的活动。

8 派生产业情况

8-2 文化及相关产业

简要说明

一、主要内容

本篇资料反映2021年全国及分地区文化服务业的发展情况，主要内容包括文化及相关产业增加值，文化服务业企业的资产、收入、税金、利润等指标。

二、统计范围

文化及相关产业增加值的核算范围包括《文化及相关产业分类（2018）》中规定的全部文化及相关活动。

三、资料来源

本篇资料由国家统计局社会科技和文化产业统计司根据2021年规模以上文化服务业企业有关资料整理提供，其中，文化及相关产业增加值数据由国家统计局核算司提供。

8-2-1 文化及相关产业增加值

年 份	增加值(亿元)	占GDP比重(%)
2005	4253	2.27
2006	5123	2.33
2007	6455	2.39
2008	7630	2.39
2009	8786	2.52
2010	11052	2.68
2011	13479	2.75
2012	18071	3.34
2013	21870	3.67
2014	24538	3.81
2015	27235	3.95
2016	30785	4.12
2017	35427	4.26
2018	41171	4.48
2019	44363	4.50
2020	44945	4.43
2021	52385	4.56

注：1.2004-2011年执行《文化及相关产业分类》，2012-2016年执行《文化及相关产业分类(2012)》，2017-2021年执行《文化及相关产业分类(2018)》。

2.第四次全国经济普查后，对2014年以来的GDP和文化及相关产业增加值历史数据进行了修订。

8-2-2 各地区文化及相关产业增加值(2021年)

地　区	增加值(亿元)	占地区生产总值比重(%)
北　京	4509	10.99
天　津	397	2.53
河　北	1039	2.57
山　西	479	2.09
内蒙古	424	2.01
辽　宁	730	2.65
吉　林	165	1.25
黑龙江	236	1.59
上　海	2756	6.31
江　苏	5907	5.03
浙　江	5145	6.95
安　徽	1890	4.44
福　建	2562	5.17
江　西	1316	4.41
山　东	3207	3.87
河　南	2591	4.46
湖　北	2157	4.31
湖　南	2394	5.24
广　东	6910	5.54
广　西	568	2.25
海　南	254	3.90
重　庆	1105	3.94
四　川	2441	4.51
贵　州	503	2.59
云　南	739	2.72
西　藏	91	4.37
陕　西	843	2.80
甘　肃	217	2.12
青　海	61	1.81
宁　夏	122	2.66
新　疆	313	1.92

8-2-3 规模以上文化服务业企业基本情况

单位：万元

指 标	企业单位数(个)	年末从业人员(人)	资产总计	营业收入	营业利润	税金及附加	应交增值税
总 计	**35090**	**3646973**	**1201187195**	**582920778**	**57992058**	**2408967**	**9206626**
按单位规模分							
大型	1476	1653286	524311762	254837322	36754890	1141734	4729905
中型	4832	1028315	290696919	135324260	11066650	475701	2131411
小型	21973	879385	321516327	146131467	8168850	651244	1793126
微型	6809	85987	64662187	46627729	2001668	140289	552184
按登记注册类型分							
内资企业	33596	3145651	899650369	414446657	29572783	1854598	5970240
港、澳、台商投资企业	801	333965	247000524	118783578	26273553	420642	2718932
外商投资企业	693	167357	54536302	49690542	2145722	133728	517454
按企业控股情况分							
国有控股	6045	1116781	494828289	104788734	8334005	806447	1940260
集体控股	376	49710	12973722	3683912	595716	33117	88829
私人控股	27132	1984809	386412364	304330414	19598917	1021064	3901585
港澳台商控股	766	324194	247489740	120827458	26376446	419725	2733251
外商控股	595	134921	42362081	44340869	2373872	107382	439528
其他	176	36558	17121000	4949391	713102	21232	103173
按地区分							
北 京	4549	531725	254700434	149139985	13618487	407590	1992298
天 津	632	38139	16324778	9471040	591751	28284	114946
河 北	574	55459	14706432	2627978	-49987	20858	58579
山 西	207	24619	9973974	2145964	-29615	8146	26421
内蒙古	116	12398	2846748	539651	-59573	4868	3998
辽 宁	518	88114	9797060	3797059	58414	27801	68517
吉 林	143	16959	5257266	879297	80862	8536	22768
黑龙江	121	14697	2348033	589424	-44274	4820	-20941
上 海	2680	332708	134058058	69801830	5355176	232851	927876
江 苏	4533	520663	152767523	41816712	3482152	253110	901865
浙 江	1989	229398	141511064	85105458	10317367	250650	1052455
安 徽	951	82574	18845433	8112136	615047	41173	142238
福 建	1528	104897	17013966	13429597	1058929	50425	208535
江 西	965	56795	11699598	5431261	62323	25959	65065
山 东	1092	121656	27723718	8860144	488279	70935	162800
河 南	1318	130508	17996865	7589243	396596	89660	168226
湖 北	1467	196882	43389078	24171793	1611870	170589	377210
湖 南	2057	120954	23705792	9771190	715773	127005	135654
广 东	4525	472900	154597194	82973402	12644417	280784	1537815
广 西	390	37985	6834339	4716837	554109	17387	56972
海 南	188	24870	7018315	7247041	260022	16983	64564
重 庆	744	81377	29612396	11487466	1277855	40841	168034
四 川	1524	161088	44432916	19921659	4756027	140771	737426
贵 州	333	32095	10366820	2183903	-111032	14936	48585
云 南	429	43117	11180461	2738986	70327	18226	50905
西 藏	24	2028	686251	245005	10293	321	1753
陕 西	1118	78188	22339116	5582306	163170	41962	88113
甘 肃	131	14066	2637738	608838	-33580	4624	16282
青 海	31	3617	1046809	112862	-29458	859	1048
宁 夏	41	5641	787090	211851	-4159	2498	4190
新 疆	172	10856	4981930	1610864	164489	5516	22430

注：本表数据根据《文化及相关产业分类(2018)》中文化服务业企业年报数据汇总得出。

【主要统计指标解释】

营业收入 指企业经营主要业务和其他业务所确认的收入总额。

营业利润 指企业从事生产经营活动所取得的利润。

营业税金及附加 指企业因从事生产经营活动按税法规定缴纳的应从经营收入中抵扣的税金和附加，包括营业税、消费税、城市维护建设税、教育费附加等。

应交增值税 指企业按税法规定，从事货物销售或提供加工、修理修配劳务等增加货物价值的活动本期应交纳的税金，不含期初未抵扣税额。

资产总计 指企业过去的交易或者事项形成的、由企业拥有或者控制的、预期会给企业带来经济利益的资源。

文化及相关产业 指为社会公众提供文化产品和文化相关产品的生产活动的集合。按照《文化及相关产业分类（2018）》的规定,文化及相关产业包括:

（一）以文化为核心内容，为直接满足人们的精神需要而进行的创作、制造、传播、展示等文化产品（包括货物和服务）的生产活动。具体包括新闻信息服务、内容创作生产、创意设计服务、文化传播渠道、文化投资运营和文化娱乐休闲服务等活动。

（二）为实现文化产品的生产活动所需的文化辅助生产和中介服务、文化装备生产和文化消费终端生产（包括制造和销售）等活动。

文化及相关产业增加值 指一个国家所有常住单位一定时期内进行文化及相关产业生产活动而创造的新增价值。常住单位指在我国的经济领土上具有经济利益中心的经济单位。生产是指在机构单位的控制和组织下，利用劳动、资本、货物和服务投入，创造新的货物和服务产出的活动。

8 派生产业情况

8-3 体育产业

简要说明

一、主要内容

体育产业增加值。

二、统计范围

体育产业增加值的核算范围包括《体育产业统计分类》中规定的全部体育及相关活动。

三、资料来源

本篇资料由国家统计局国民经济核算司提供。体育产业总产出和增加值采用生产法和收入法核算。核算所需的数据主要来源于三大部分：一是普查资料和专项调查资料，包括全国经济普查资料、全国体育产业专项调查资料等；二是国家统计局统计资料，包括国民经济核算资料、有关专业统计年报资料等；三是行政管理资料，如国家体育总局的部门统计资料等。

8-3-1 体育产业增加值(2021年)

单位：亿元

分类名称	总产出	增加值
体育产业	**31175**	**12245**
体育服务业	16591	8576
体育管理活动	975	515
体育竞赛表演活动	343	129
体育健身休闲活动	1877	892
体育场地和设施管理	2833	1031
体育经纪与代理、广告与会展、表演与设计服务	378	119
体育教育与培训	2272	1795
体育传媒与信息服务	1045	406
体育用品及相关产品销售、出租与贸易代理	5145	2955
其他体育服务	1725	733
体育用品及相关产品制造	13572	3433
体育场地设施建设	1012	236

注：2021年执行《体育产业统计分类(2019)》。

【主要统计指标解释】

体育产业 指为社会提供各种体育产品（货物和服务）和体育相关产品的生产活动的集合。

体育产业增加值 指一个国家所有常住单位一定时期内进行体育产业生产活动而创造的增加值。常住单位指在我国的经济领土上具有经济利益中心的经济单位。生产是指在机构单位的控制和组织下，利用劳动、资本、货物和服务投入，创造新的货物和服务产出的活动。

8 派生产业情况

8-4 企业信息化和电子商务

简要说明

一、主要内容

企业生产经营中应用信息技术的基本情况和电子商务交易活动情况。

二、统计范围

辖区内规模以上工业、有资质的建筑业、限额以上批发和零售业、限额以上住宿和餐饮业、有开发经营活动的全部房地产开发经营业和规模以上服务业的法人单位。

三、调查方法

以联网直报的方式对统计范围内的企业进行全面调查。

四、企业标准

规模以上工业：年主营业务收入2000万元及以上的工业法人单位。

有资质的建筑业：有总承包或专业承包资质的建筑业法人单位。

限额以上批发和零售业：年主营业务收入2000万元及以上的批发业和年主营业务收入500万元及以上的零售业法人单位。

限额以上住宿和餐饮业：年主营业务收入200万元及以上的住宿和餐饮业法人单位。

有开发经营活动的全部房地产开发经营业：有开发经营活动的全部房地产开发经营业法人单位。

规模以上服务业：年营业收入2000万元及以上服务业法人单位，包括：交通运输、仓储和邮政业，信息传输、软件和信息技术服务业，水利、环境和公共设施管理业三个门类和卫生行业大类；年营业收入1000万元及以上服务业法人单位，包括租赁和商务服务业，科学研究和技术服务业，教育三个门类，以及物业管理、房地产中介服务、房地产租赁经营和其他房地产业四个行业小类；年营业收入500万元及以上服务业法人单位，包括：居民服务、修理和其他服务业，文化、体育和娱乐业两个门类，以及社会工作行业大类。

五、资料来源

本部分资料由国家统计局服务业统计司根据《信息化和电子商务应用情况》调查结果进行加工整理而得。

8-4-1 分地区企业信息化基本情况

单位：个

地区	企业数	使用计算机的企业	比重(%)	使用互联网的企业	比重(%)	有网站的企业	比重(%)
全国	**1245482**	**1244716**	**99.9**	**1245482**	**100.0**	**513347**	**41.2**
北京	39461	39416	99.9	39461	100.0	18554	47.0
天津	23803	23692	99.5	23803	100.0	8175	34.3
河北	35616	35605	100.0	35616	100.0	15027	42.2
山西	23262	23256	100.0	23262	100.0	6039	26.0
内蒙古	10762	10758	100.0	10762	100.0	3515	32.7
辽宁	28657	28631	99.9	28657	100.0	11384	39.7
吉林	11996	11990	99.9	11996	100.0	4188	34.9
黑龙江	12701	12698	100.0	12701	100.0	4175	32.9
上海	51587	51484	99.8	51587	100.0	25256	49.0
江苏	137207	137121	99.9	137207	100.0	65301	47.6
浙江	115015	114995	100.0	115015	100.0	47359	41.2
安徽	47073	47057	100.0	47073	100.0	22342	47.5
福建	57375	57375	100.0	57375	100.0	19990	34.8
江西	37612	37610	100.0	37612	100.0	15312	40.7
山东	88436	88404	100.0	88436	100.0	36133	40.9
河南	60508	60506	100.0	60508	100.0	20503	33.9
湖北	44335	44328	100.0	44335	100.0	20950	47.3
湖南	45146	45143	100.0	45146	100.0	18686	41.4
广东	171162	170925	99.9	171162	100.0	78830	46.1
广西	24122	24117	100.0	24122	100.0	5784	24.0
海南	4753	4746	99.9	4753	100.0	1626	34.2
重庆	25113	25109	100.0	25113	100.0	9891	39.4
四川	51800	51793	100.0	51800	100.0	20987	40.5
贵州	17607	17605	100.0	17607	100.0	5853	33.2
云南	19600	19596	100.0	19600	100.0	6144	31.3
西藏	1408	1407	99.9	1408	100.0	461	32.7
陕西	27327	27321	100.0	27327	100.0	11191	41.0
甘肃	10271	10268	100.0	10271	100.0	3852	37.5
青海	2375	2375	100.0	2375	100.0	920	38.7
宁夏	3776	3776	100.0	3776	100.0	1434	38.0
新疆	15616	15609	100.0	15616	100.0	3485	22.3

8-4-2 分地区企业信息化应用情况

单位：个

地区	企业数	采用信息化管理的企业	比重(%)	通过互联网开展有关生产经营活动的企业	比重(%)	通过互联网进行宣传和推广的企业	比重(%)
全国	**1245482**	**1174506**	**94.3**	**1245482**	**100.0**	**990351**	**79.5**
北京	39461	37648	95.4	39461	100.0	30836	78.1
天津	23803	22168	93.1	23803	100.0	16856	70.8
河北	35616	31936	89.7	35616	100.0	27017	75.9
山西	23262	20875	89.7	23262	100.0	15651	67.3
内蒙古	10762	9951	92.5	10762	100.0	7783	72.3
辽宁	28657	27114	94.6	28657	100.0	20384	71.1
吉林	11996	10918	91.0	11996	100.0	8339	69.5
黑龙江	12701	11192	88.1	12701	100.0	8459	66.6
上海	51587	49453	95.9	51587	100.0	41276	80.0
江苏	137207	132387	96.5	137207	100.0	110555	80.6
浙江	115015	110822	96.4	115015	100.0	92256	80.2
安徽	47073	45968	97.7	47073	100.0	39998	85.0
福建	57375	53483	93.2	57375	100.0	45864	79.9
江西	37612	35354	94.0	37612	100.0	30541	81.2
山东	88436	83225	94.1	88436	100.0	70430	79.6
河南	60508	55667	92.0	60508	100.0	53178	87.9
湖北	44335	42622	96.1	44335	100.0	37681	85.0
湖南	45146	43183	95.7	45146	100.0	38720	85.8
广东	171162	159845	93.4	171162	100.0	134148	78.4
广西	24122	22298	92.4	24122	100.0	17948	74.4
海南	4753	4373	92.0	4753	100.0	3455	72.7
重庆	25113	23717	94.4	25113	100.0	20674	82.3
四川	51800	49824	96.2	51800	100.0	42750	82.5
贵州	17607	15885	90.2	17607	100.0	13373	76.0
云南	19600	18616	95.0	19600	100.0	15286	78.0
西藏	1408	1268	90.1	1408	100.0	1005	71.4
陕西	27327	25648	93.9	27327	100.0	22109	80.9
甘肃	10271	9595	93.4	10271	100.0	8268	80.5
青海	2375	2337	98.4	2375	100.0	1908	80.3
宁夏	3776	3501	92.7	3776	100.0	2992	79.2
新疆	15616	13633	87.3	15616	100.0	10611	67.9

8-4-3 分地区电子商务应用情况

地区	企业数（个）	有电子商务交易的企业（个）	比重（%）	有电子商务销售的企业（个）	比重（%）	有电子商务采购的企业（个）	比重（%）	企业电子商务销售额（亿元）	企业电子商务采购额（亿元）
全　国	**1245482**	**139074**	**11.2**	**110440**	**8.9**	**61439**	**4.9**	**227611.3**	**125987.2**
北　京	39461	9263	23.5	6685	16.9	5665	14.4	31239.8	16856.2
天　津	23803	1726	7.3	1341	5.6	730	3.1	5403.4	2437.5
河　北	35616	2677	7.5	2177	6.1	1042	2.9	3790.8	2265.5
山　西	23262	1529	6.6	1199	5.2	579	2.5	3420.8	1619.0
内蒙古	10762	804	7.5	591	5.5	312	2.9	3145.5	2845.3
辽　宁	28657	1686	5.9	1337	4.7	629	2.2	4785.7	2870.6
吉　林	11996	673	5.6	552	4.6	240	2.0	587.1	349.0
黑龙江	12701	765	6.0	652	5.1	239	1.9	801.7	610.4
上　海	51587	5851	11.3	4595	8.9	2323	4.5	29122.5	19284.3
江　苏	137207	14337	10.4	11881	8.7	5987	4.4	13386.1	7234.2
浙　江	115015	13726	11.9	11377	9.9	5438	4.7	14913.5	4982.5
安　徽	47073	5878	12.5	4902	10.4	2582	5.5	7461.9	3647.2
福　建	57375	6786	11.8	6076	10.6	2174	3.8	6397.2	2292.4
江　西	37612	3972	10.6	3600	9.6	1668	4.4	3807.7	1860.1
山　东	88436	13120	14.8	7036	8.0	8760	9.9	17145.5	9115.6
河　南	60508	4291	7.1	3411	5.6	1924	3.2	5088.3	3523.6
湖　北	44335	4775	10.8	3948	8.9	2214	5.0	6126.9	3495.6
湖　南	45146	4949	11.0	4087	9.1	2244	5.0	5065.8	3484.9
广　东	171162	19257	11.3	16457	9.6	7242	4.2	37886.1	20748.4
广　西	24122	2365	9.8	1865	7.7	966	4.0	2616.6	1330.0
海　南	4753	657	13.8	567	11.9	191	4.0	1250.1	360.4
重　庆	25113	3406	13.6	2762	11.0	1470	5.9	6723.4	2851.3
四　川	51800	6518	12.6	5067	9.8	3018	5.8	7364.4	5474.7
贵　州	17607	1883	10.7	1542	8.8	702	4.0	1746.6	893.8
云　南	19600	2247	11.5	1829	9.3	857	4.4	2461.7	1459.4
西　藏	1408	140	9.9	114	8.1	57	4.0	152.2	22.1
陕　西	27327	3252	11.9	2763	10.1	1261	4.6	3048.6	1813.6
甘　肃	10271	955	9.3	773	7.5	350	3.4	771.1	876.4
青　海	2375	301	12.7	263	11.1	78	3.3	665.2	275.8
宁　夏	3776	351	9.3	264	7.0	140	3.7	317.2	236.1
新　疆	15616	934	6.0	727	4.7	357	2.3	917.7	871.5

8-4-4 按行业分企业信息化基本情况

单位：个

行业	企业数	使用计算机的企业	比重(%)	使用互联网的企业	比重(%)	有网站的企业	比重(%)
总　计	**1245482**	**1244716**	**99.9**	**1245482**	**100.0**	**513347**	**41.2**
采矿业	10696	10692	100.0	10696	100.0	2894	27.1
制造业	400437	400367	100.0	400437	100.0	222220	55.5
电力、热力、燃气及水的生产和供应业	16918	16903	99.9	16918	100.0	6888	40.7
建筑业	136752	136725	100.0	136752	100.0	43408	31.7
批发和零售业	309585	309399	99.9	309585	100.0	90641	29.3
交通运输、仓储和邮政业	41709	41661	99.9	41709	100.0	14591	35.0
住宿和餐饮业	62253	62239	100.0	62253	100.0	18341	29.5
信息传输、软件和信息技术服务业	26087	26046	99.8	26087	100.0	19097	73.2
房地产业	122911	122695	99.8	122911	100.0	38806	31.6
租赁和商务服务业	49862	49765	99.8	49862	100.0	20800	41.7
科学研究和技术服务业	27433	27412	99.9	27433	100.0	16798	61.2
水利、环境和公共设施管理业	5809	5808	100.0	5809	100.0	2602	44.8
居民服务、修理和其他服务业	9179	9175	100.0	9179	100.0	2940	32.0
教育	5240	5236	99.9	5240	100.0	3083	58.8
卫生和社会工作	6960	6958	100.0	6960	100.0	4391	63.1
文化、体育和娱乐业	13651	13635	99.9	13651	100.0	5847	42.8

8-4-5 按行业分企业信息化应用情况

单位：个

行业	企业数	采用信息化管理的企业	比重(%)	通过互联网开展有关生产经营活动的企业	比重(%)	通过互联网进行宣传和推广的企业	比重(%)
总　计	**1245482**	**1174506**	**94.3**	**1245482**	**100.0**	**990351**	**79.5**
采矿业	10696	9993	93.4	10696	100.0	6985	65.3
制造业	400437	384593	96.0	400437	100.0	341088	85.2
电力、热力、燃气及水的生产和供应业	16918	16309	96.4	16918	100.0	12385	73.2
建筑业	136752	127884	93.5	136752	100.0	100917	73.8
批发和零售业	309585	286777	92.6	309585	100.0	227759	73.6
交通运输、仓储和邮政业	41709	39043	93.6	41709	100.0	31082	74.5
住宿和餐饮业	62253	58029	93.2	62253	100.0	51008	81.9
信息传输、软件和信息技术服务业	26087	25586	98.1	26087	100.0	24015	92.1
房地产业	122911	115298	93.8	122911	100.0	98288	80.0
租赁和商务服务业	49862	45993	92.2	49862	100.0	38775	77.8
科学研究和技术服务业	27433	26232	95.6	27433	100.0	23484	85.6
水利、环境和公共设施管理业	5809	5534	95.3	5809	100.0	4573	78.7
居民服务、修理和其他服务业	9179	8544	93.1	9179	100.0	7016	76.4
教育	5240	5045	96.3	5240	100.0	4816	91.9
卫生和社会工作	6960	6841	98.3	6960	100.0	6268	90.1
文化、体育和娱乐业	13651	12805	93.8	13651	100.0	11892	87.1

8-4-6 按行业分企业电子商务应用情况

行 业	企业数（个）	有电子商务交易的企业（个）	比重（%）	有电子商务销售的企业（个）	比重（%）	有电子商务采购的企业（个）	比重（%）	企业电子商务销售额（亿元）	企业电子商务采购额（亿元）
总 计	**1245482**	**139074**	**11.2**	**110440**	**8.9**	**61439**	**4.9**	**227611.3**	**125987.2**
采矿业	10696	378	3.5	127	1.2	302	2.8	843.3	741.1
制造业	400437	42851	10.7	31971	8.0	22183	5.5	71267.7	45330.7
电力、热力、燃气及水的生产和供应业	16918	1152	6.8	288	1.7	936	5.5	1799.8	1811.0
建筑业	136752	4507	3.3	869	0.6	3987	2.9	208.7	10399.6
批发和零售业	309585	44601	14.4	41327	13.3	15685	5.1	115344.1	59088.3
交通运输、仓储和邮政业	41709	2678	6.4	1552	3.7	1636	3.9	9421.9	2120.9
住宿和餐饮业	62253	22043	35.4	21628	34.7	3957	6.4	1894.6	68.1
信息传输、软件和信息技术服务业	26087	5351	20.5	3940	15.1	3098	11.9	18604.5	2903.4
房地产业	122911	3885	3.2	1004	0.8	3182	2.6	370.6	26.7
租赁和商务服务业	49862	4156	8.3	2820	5.7	2331	4.7	5667.5	2083.5
科学研究和技术服务业	27433	2298	8.4	853	3.1	1822	6.6	665.7	1301.7
水利、环境和公共设施管理业	5809	703	12.1	519	8.9	349	6.0	72.9	6.9
居民服务、修理和其他服务业	9179	731	8.0	471	5.1	418	4.6	122.1	16.3
教育	5240	453	8.6	323	6.2	250	4.8	800.4	10.1
卫生和社会工作	6960	625	9.0	388	5.6	339	4.9	45.2	31.3
文化、体育和娱乐业	13651	2662	19.5	2360	17.3	964	7.1	482.5	47.6

【主要统计指标解释】

计算机（数） 指企业（单位）在生产经营中使用的计算机，包括台式机、笔记本电脑和平板电脑。

互联网 指在世界范围内的公共计算机网络。它提供一系列通信服务（包括万维网）的接入，并传送电子邮件、新闻、娱乐和数据文件等。

网站 指在公共互联网上，面向公众使用的，基于TCP/IP协议的计算机系统，以域名本身或者“WWW.+域名”为网址的web站点，由地址、软件、硬件和内容组成。

企业电子商务销售额 指报告期内企业（单位）借助网络订单而销售的商品和服务总额（包括增值税）。借助网络订单指通过网络接受订单，付款和配送可以不借助于网络。

企业电子商务采购额 指报告期内企业（单位）借助网络订单而采购的商品和服务总额（包括增值税）。借助网络订单指通过网络发送订单，付款和配送可以不借助于网络。

9 港澳台第三产业情况

9-1 香港第三产业情况

简要说明

一、本章资料反映香港特别行政区主要社会、经济发展情况。内容包括：土地、人口、就业、国民收入、国际收支平衡、工业、能源、建筑、运输、对外贸易、政府收支及金融、教育、房屋、卫生、社会保障等方面。

二、本章由香港特别行政区政府统计处向有关政府决策局／部门及公营机构搜集数据，国家统计局国际统计信息中心负责整理、编辑。

三、在统计工作方面，按《中华人民共和国香港特别行政区基本法》的有关原则，香港特别行政区保留其单独运作的统计系统，并负责编制和发布反映香港特别行政区情况的统计数据。由于香港和内地在使用统计名词及概念方面会有所不同，读者在比较两地数据时，请参考本章末的“主要统计指标解释”。

四、香港特别行政区是单独的关税地区，香港与内地之间的贸易，亦需办理进出口报关。在贸易统计方面，香港特别行政区对外贸易统计数据亦包括香港特别行政区与内地的贸易。

五、在外汇统计及与之有关的各方面，港币是香港特别行政区的法定货币，因此，除港币以外的货币（包括人民币）均视作外币。

六、更详细的统计资料及有关的技术细节，可参阅香港特别行政区政府统计处出版的《香港统计月刊》、《香港统计年刊》及各专题统计出版物。

七、本章节表中的符号使用说明：

本章节表中使用的符号含义如下：“-”表示不适用；“空格”表示没有数字；“#”表示临时数字；“§”表示数字少于单位的一半；“@”表示数字将于日后修订。

9-1-1 主要统计指标概况

项　　目	2017	2018	2019	2020	2021
香港陆地面积①　　　（平方公里）	**1106**	**1106**	**1106**	**1110**	**1114**
香港岛	81	81	81	81	81
九龙	47	47	47	47	47
新界	978	978	978	982	985
人口					
年中人口　（万人）	739.3	745.3	750.8	748.1	741.3
粗出生率　（‰）	7.6	7.2	7.0	5.8	5.0
粗死亡率　（‰）	6.3	6.4	6.5	6.8	6.9#
婴儿死亡率　（‰）	1.7	1.5	1.5	1.9	1.7#
（按每千名登记活产婴儿计算）					
劳工					
劳动人口　（万人）	395.6	399.7	398.8	391.8	387.0
劳动人口参与率　（%）	61.1	61.3	60.7	59.7	59.4
失业率　（%）	3.1	2.8	2.9	5.8	5.2
就业人数　（万人）	383.2	388.5	387.1	369.1	367.0
选定行业的就业人数　（万人）					
制造	11.2	10.4	10.5	10.4	9.4
建筑	34.3	35.2	33.9	31.1	32.6
进出口贸易及批发	45.1	44.7	39.1	33.1	31.6
零售、住宿②及膳食服务③	63.9	63.3	61.2	52.0	51.6
运输、仓库、邮政及速递服务、资讯及通讯	45.5	45.3	45.2	43.8	43.0
金融、保险、地产、专业及商用服务	78.1	79.7	84.0	85.3	86.2
公共行政、社会及个人服务	103.2	107.4	110.8	111.1	110.2
实际工资指数④　（1992年9月=100）	123.2	124.5	123.6	126.4	125.0
对外贸易					
商品贸易					
进口　（亿港元）	43570	47214	44154	42698	53078
整体出口　（亿港元）	38759	41581	39887	39275	49607
服务贸易					
服务出口⑤　（亿港元）	8113	8869	7989	5189	5967@
服务进口⑤　（亿港元）	6059	6399	6342	4263	4796@
国民收入及国际收支平衡					
本地生产总值					
按2020年环比物量计算⑥					
年增长率　（%）	3.8	2.8	-1.7	-6.5@	6.3@
本地生产总值　（亿港元）	28314	29120	28631	26757@	28454@
人均本地生产总值　（港元）	382968	390732	381345	357667@	383838@
按当年价格计算					
年增长率　（%）	6.8	6.6	0.3	-5.9@	7.2@
本地生产总值　（亿港元）	26596	28354	28448	26757@	28697@
人均本地生产总值　（港元）	359737	380462	378913	357667@	387110@
本地居民总收入					
按当年价格计算					
本地居民总收入　（亿港元）	27752	29702	29886	28318@	30747@
人均本地居民总收入　（港元）	375367	398551	398055	378531@	414759@
对外初次收入流量净值(亿港元)	1156	1348	1437	1561	2050@

9-1-1 续表 1

项 目	2017	2018	2019	2020	2021
国际收支平衡					
经常帐户 (亿港元)	1218	1059	1663	1868@	3243@
资本及金融帐户 (亿港元)	-765	-1751	-2374	-2443@	-3804@
净误差及遗漏 (亿港元)	-454	691	711	576@	561@
整体的国际收支 (亿港元)	2505	76	-89	2630@	-91@
国际投资头寸⑦					
国际投资头寸净值⑧ (亿港元)	111050	100473	122972	164519	165743@
对外金融资产 (亿港元)	428100	425477	439324	487770	501271@
对外金融负债 (亿港元)	317051	325004	316353	323252	335528@
消费价格指数					
(2014年10月至2015年9月=100)					
综合消费价格指数	94.6	96.8	99.6	99.9	101.4
甲类消费价格指数	94.6	97.2	100.5	99.8	102.7
乙类消费价格指数	94.4	96.6	99.2	99.8	100.8
丙类消费价格指数	94.6	96.7	99.1	99.9	100.8
工业生产					
工业生产指数 (2015年=100)	100.0	101.3	101.7	95.8	101.0
工业电力消费量 (太焦耳)	11196	11081	10815	10672	11163
工业煤气消费量 (太焦耳)	1569	1717	1824	1653	1596
房屋及物业					
永久性居住屋宇单位⑨ (万个)					
公营租住房屋⑩	80.54	81.29	83.01	83.21	84.31
资助出售单位⑪	40.31	40.90	41.88	42.41	42.98
私人永久性房屋⑪	156.51	158.25	160.36	164.15	166.99
总计	277.36	280.44	285.25	289.76	294.28
新落成私人楼宇					
楼宇数目 (栋)	703	732	656	628	361
实用楼面面积 (万平方米)					
住宅⑫	63.2	79.3	47.4	70.5	45.3
非住宅	74.1	61.7	67.0	38.3	27.8
获批准可动工兴建私人楼宇 (栋)					
初次呈交	269	238	247	192	158
重大修改	192	199	147	174	147
政府收支、金融、保险 (亿港元)					
政府储备结余⑬⑭	11029	11709	11603	9278	9571
政府收入总额⑭⑮	6198	5998	5909	5642	6936
政府开支总额⑭⑮	4709	5318	6078	8161	6933
货币供应量M_3					
港元⑯	70245	72843	74547	79370	80574
外币⑰	67793	71194	73317	77070	82535
总计	138038	144037	147864	156440	163109
港汇指数(贸易总值(进口及整体出口)加权) (2010年1月=100)⑱	98.4	96.2	99.4	100.0	95.5

9-1-1 续表 2

项　　目	2017	2018	2019	2020	2021
运输、通讯、旅游					
进出香港货物					
总卸下　(万吨)	19108	17543	18567	18380	15011
总装上　(万吨)	11772	10975	10276	8900	8842
集装箱吞吐量 (万标准集装箱)	2077	1960	1830	1797	1780
电话服务　(万条操作线路)	415	410	405	393	383
访港旅客　(万人次)	5847.2	6514.8	5591.3	356.9	9.1
教育　(人)					
小学学生人数	362049	372465	373228	364257	348994
中学学生人数⑲	332382	327023	328743	330305	327326
教资会资助大学学生人数	192034	193469	189484	186882	191302
卫生					
医生　(人)	14290	14651	15004	15298	15546
注册中医　(人)	7425	7409	7582	7919	8080
病床　(张)	33853	34460	35347	35715	36126
社会保障					
综合社会保障援助⑬					
个案数目　(个)	231468	224603	222691	223792	216688
发放款项　(亿港元)	217	223	227	229	229#
公共福利金⑬					
个案数目　(个)	897541	957595	1015187	1076990	1135572
发放款项　(亿港元)	236	393	366	382	398#
交通意外伤亡援助⑬					
获批个案数目　(个)	6553	7334	6820	9013	8320

注：①2014年起的数字是该年10月底的数据。面积包括不在区议会分区内的落马州河套。
②住宿服务包括酒店、宾馆、旅舍及其他提供短期住宿服务的机构单位。
③零售、住宿及膳食服务业合计通常被称为「与消费及旅游相关行业」。
④实际工资指数是按其名义指数扣除以2019/20年为基期的甲类消费物价指数而计算出来。
⑤数字已采纳《2010年国际服务贸易统计手册》内最新的国际建议。
⑥以环比物量计算的本地生产总值及其组成部分的参照年，已由2019年重订为2020年。重订参照年会影响以环比物量计算的数值，但不会影响其变动率。
⑦期末头寸。
⑧国际投资头寸净值是对外金融资产总值与对外金融负债总值之间的差额。
⑨数字包括所有住宅屋宇单位及非住宅楼宇内已知作居所用途的屋宇单位，但不包括非住宅用途、酒店及院舍内供住院或在囚人士居住的屋宇单位。
⑩数字不包括香港房屋委员会售出的公营租住房屋单位。
⑪数字包括香港房屋委员会、香港房屋协会及市区重建局售出而不可在公开市场买卖的屋宇单位。可在公开市场买卖的资助出售单位则归类为私人永久性房屋。
⑫数字包括住宅楼宇内用作非住宅用途的实用楼面面积，例如：会所/娱乐设施、管理员办事处/宿舍、电机房等。
⑬数字是以相应的财政年度为根据。例如2021年的数字代表2021/22财政年度终结时的数字。
⑭2021/22年度的数字有待审计署署长核实。
⑮数字不包括“政府一般收入帐目及各基金之间的转拨”。
⑯所列数字已包括外币掉期存款。
⑰所列数字已扣除外币掉期存款。《中华人民共和国香港特别行政区基本法》说明，港元是香港特别行政区的法定货币。外币指港元以外的其他货币，因而人民币亦视作外币。
⑱由2022年1月3日起公布的重订基期后数列。数字是指年内每日电汇或现钞收市中间兑换价的平均值。
⑲数字涵盖日、夜校。

9-1-2 按当时价格计算的生产法本地生产总值

单位：亿港元

经济活动	2016	2017	2018	2019	2020@
农业、渔业、采矿及采石①	**18.98**	**17.36**	**17.62**	**20.57**	**26.48**
工业	**1861.91**	**1919.91**	**1837.04**	**1779.48**	**1651.12**
制造	268.44	272.99	275.71	293.66	255.25
电力、燃气和自来水供应及废弃物管理	344.14	349.78	356.60	340.83	353.25
建筑	1249.32	1297.14	1204.73	1144.99	1042.62
服务	**22297.60**	**23573.59**	**25149.47**	**25605.36**	**23923.33**
进出口贸易、批发及零售	5255.26	5486.36	5751.03	5333.52	4712.46
住宿及膳食服务②	796.82	835.07	915.25	759.18	369.34
运输、仓库、邮政及速递服务	1497.42	1533.59	1584.40	1515.74	1139.51
资讯及通讯	842.08	868.91	914.49	955.57	937.59
金融及保险	4289.03	4804.88	5351.26	5813.19	5995.39
地产、专业及商用服务	2661.39	2748.22	2808.43	2764.97	2443.37
公共行政、社会及个人服务	4369.12	4654.88	4994.33	5372.38	5291.53
楼宇业权	2586.49	2641.66	2830.28	3090.81	3034.14
以基本价格计算的本地生产总值	**24178.49**	**25510.86**	**27004.13**	**27405.41**	**25600.93**
产品税	**837.43**	**1106.98**	**1178.25**	**936.23**	**1020.66**
统计差额③ (%)	**-0.4**	**-0.1**	**0.6**	**0.4**	**0.5**
以当时市价计算的本地生产总值	**24905.98**	**26596.11**	**28354.29**	**28448.43**	**26757.08**

注：以上的统计数字是按“香港标准行业分类2.0版”编制。
①由于要为采矿及采石业个别机构单位的数据保密，因此采矿及采石业的数字会包括在「农业、渔业、采矿及采石」内。
②住宿服务包括酒店、宾馆、旅舍及其他提供短期住宿服务的机构单位。
③统计差额是以当时价格计算，以支出法编制的本地生产总值与以生产法编制的本地生产总值之间的差额。这差额是由于在编制过程中数据来源及估算方法有所不同而引致的。统计差额是以其占当时市价计算的本地生产总值的百分比来表示。

9-1-3 按行业划分的就业人数

单位：万人

行　业	2017	2018	2019	2020	2021
制造	11.2	10.4	10.5	10.4	9.4
建筑	34.3	35.2	33.9	31.1	32.6
进出口贸易及批发	45.1	44.7	39.1	33.1	31.6
零售、住宿①及膳食服务②	63.9	63.3	61.2	52.0	51.6
运输、仓库、邮政及速递服务、资讯及通讯	45.5	45.3	45.2	43.8	43.0
金融、保险、地产、专业及商用服务	78.1	79.7	84.0	85.3	86.2
公共行政、社会及个人服务	103.2	107.4	110.8	111.1	110.2
其他	2.1	2.4	2.6	2.3	2.3
总计	**383.2**	**388.5**	**387.1**	**369.1**	**367.0**

注：数字是根据该年1月至12月进行的“综合住户统计调查”结果，以及年中人口估计数字而编制。
载于上表内的统计数字在编制过程中涉及应用人口数字。根据2021年人口普查的结果得出的最新人口基准，2016年年中以后的人口数字已作修订。统计表内的统计数字亦相应作出了修订。
①住宿服务包括酒店、宾馆、旅舍及其他提供短期住宿服务的机构单位。
②零售、住宿及膳食服务业合计通常被称为「与消费及旅游相关行业」。

9-1-4 按行业划分督导级

(不包括经理级与专业雇员)及以下雇员的工资指数 (1992年9月 = 100)

行业主类	2017	2018	2019	2020	2021
名义工资指数					
制造	214.8	223.4	229.7	233.5	237.8
进出口贸易、批发及零售	222.8	229.5	233.1	234.7	238.6
运输	200.8	212.7	220.0	216.8	216.3
住宿及膳食服务活动①	204.2	214.0	221.0	223.1	227.8
金融及保险活动	238.2	247.3	254.7	260.6	267.9
地产租赁及保养管理	250.8	261.4	270.6	278.0	286.7
专业及商业服务	258.8	269.8	277.9	282.2	288.2
个人服务	313.9	326.1	335.5	336.7	339.8
所有选定行业②	227.9	237.3	243.9	246.5	251.0
实际工资指数③					
制造	116.1	117.2	116.4	119.8	118.4
进出口贸易、批发及零售	120.4	120.4	118.1	120.4	118.8
运输	108.5	111.6	111.4	111.2	107.7
住宿及膳食服务活动①	110.4	112.3	111.9	114.4	113.4
金融及保险活动	128.7	129.7	129.0	133.7	133.4
地产租赁及保养管理	135.6	137.1	137.1	142.6	142.8
专业及商业服务	139.9	141.5	140.8	144.7	143.5
个人服务	169.6	171.1	169.9	172.7	169.2
所有选定行业②	123.2	124.5	123.6	126.4	125.0

注：指有关年度12月份的数字。

①住宿服务包括酒店、宾馆、旅舍及其他提供短期住宿服务的机构单位。

②指“劳工收入统计调查”内工资统计调查所涵盖的所有行业，包括并没有列出其统计数字的电力及燃气供应业、污水处理及废弃物管理业与出版活动业。

③实际工资指数是按其名义指数扣除以2019/20年为基期的甲类消费价格指数而计算出来。

9-1-5 商品进出口贸易总额

单位：亿港元

贸易种类	2017	2018	2019	2020	2021
进口	43570	47214	44154	42698	53078
整体出口	38759	41581	39887	39275	49607
贸易总额	82329	88795	84041	81973	102684
商品贸易差额	-4811	-5633	-4268	-3422	-3471

9-1-6 商品进口及商品整体出口的主要供应地和目的地

单位：亿港元

贸易种类／主要国家／地区	2017	2018	2019	2020	2021
进口(供应地)	**43570**	**47214**	**44154**	**42698**	**53078**
中国内地	20301	21863	20581	19235	24335
中国台湾	3297	3384	3305	4057	5475
新加坡	2881	3141	2907	3141	4138
日本	2534	2600	2526	2400	2708
韩国	2521	2783	2201	2472	3246
整体出口(目的地)	**38759**	**41581**	**39887**	**39275**	**49607**
中国内地	21058	22873	22109	23245	29520
美国	3302	3568	3040	2588	3096
日本	1285	1293	1210	1093	1188
印度	1586	1343	1182	974	1331
中国台湾	894	862	883	985	1438

9-1-7 商品转口的主要来源地和目的地

单位：亿港元

贸易种类／主要国家／地区	2017	2018	2019	2020	2021
转口(目的地)	**38324**	**41118**	**39409**	**38801**	**48861**
中国内地	20886	22668	21902	23024	29229
美国	3267	3532	3003	2539	3023
日本	1275	1283	1201	1087	1182
印度	1572	1337	1177	971	1322
中国台湾	873	837	863	957	1355
转口(来源地)	**38324**	**41118**	**39409**	**38801**	**48861**
中国内地	22268	23460	21547	20530	25138
美国	1157	1258	1399	1241	1488
中国台湾	3437	3974	4151	4900	6682
韩国	2279	2618	2511	2580	3725
日本	1854	1974	1982	1953	2348

9-1-8 按标准国际贸易分类划分商品进口和出口

单位：亿港元

标准国际贸易分类	2016	2017	2018	2019	2020	2021
进口	**40084**	**43570**	**47214**	**44154**	**42698**	**53078**
0 粮食及活动物	1770	1820	1906	1809	1648	1763
1 饮料及烟叶	318	317	339	296	236	276
2 除燃料外的非食用未加工材料	143	162	166	193	149	211
3 矿物燃料、润滑油及有关物质	753	973	1236	1126	686	880
4 动物及植物油、脂肪及蜡	14	15	15	15	14	19
5 未列明的化学及有关产品	1493	1584	1696	1520	1669	1812
6 主要按材料分类的制成品	3574	3771	3810	3463	2883	3726
7 机械和运输设备	26141	28769	31462	29456	30140	37766
8 杂项制成品	5860	6113	6523	6204	5181	6508
9 未列入其他分类的货物及交易	16	46	62	73	91	117
整体出口	**35882**	**38759**	**41581**	**39887**	**39275**	**49607**
0 粮食及活动物	614	702	751	689	533	588
1 饮料及烟叶	197	179	191	163	95	115
2 除燃料外的非食用未加工材料	125	128	160	166	120	277
3 矿物燃料、润滑油及有关物质	40	46	54	49	37	50
4 动物及植物油、脂肪及蜡	3	3	3	3	3	4
5 未列明的化学及有关产品	1173	1222	1267	1219	1295	1469
6 主要按材料分类的制成品	3292	3637	3237	2841	2557	3455
7 机械和运输设备	24801	27025	29779	28907	29775	37830
8 杂项制成品	5586	5766	6093	5799	4800	5733
9 未列入其他分类的货物及交易	51	50	46	51	60	86

9-1-9 按服务组成部分划分的服务出口及进口

单位：亿港元

服务组成部分	2017	2018	2019	2020	2021
服务出口					
制造服务	§	§	§	§	
保养及维修服务	26	29	28	19	
运输	2374	2588	2467	1859	
旅游	2598	2890	2266	222	
建筑	10	8	7	3	
保险及退休金服务	110	117	111	91	
金融服务	1570	1741	1691	1685	
知识产权使用费	56	58	59	54	
电子通讯、计算机及资讯服务	221	231	242	257	
其他商业服务	1115	1173	1084	971	
个人、文化及康乐服务	26	27	27	21	
政府货品及服务	8	8	7	8	
总计	**8113**	**8869**	**7989**	**5189**	**5967@**
服务进口					
制造服务	913	932	881	790	
保养及维修服务	11	14	16	16	
运输	1363	1453	1437	1153	
旅游	1979	2072	2106	428	
建筑	10	8	5	3	
保险及退休金服务	113	118	120	128	
金融服务	423	486	506	560	
知识产权使用费	150	156	155	137	
电子通讯、计算机及资讯服务	150	157	161	178	
其他商业服务	924	980	932	844	
个人、文化及康乐服务	10	11	11	17	
政府货品及服务	14	13	13	10	
总计	**6059**	**6399**	**6342**	**4263**	**4796@**
服务出口净额	**2054**	**2469**	**1647**	**927**	**1171@**

注：数字已采纳《2010年国际服务贸易统计手册》内最新的国际建议。
由于进位原因，统计表内个别项目的数字加起来可能与其总计略有差别。

9-1-10 按主要目的地和来源地划分的服务出口及进口

单位：亿港元

目的地／来源地	2016	2017	2018	2019	2020
服务出口①					
中国内地	2964	3103	3401	2865	967
美国	1048	1106	1200	1137	1107
英国	607	635	688	674	605
新加坡	295	322	342	322	283
德国	189	216	245	238	225
其他	2287	2381	2552	2372	1695
所有目的地	7390	7763	8429	7607	4882
服务进口①					
中国内地	2210	2283	2375	2349	1619
美国	656	663	699	682	682
英国	333	349	376	393	332
新加坡	244	257	272	272	256
日本	459	499	520	509	193
其他	1844	1922	2031	2017	1101
所有来源地	5745	5972	6274	6223	4183

注：数字已采纳《2010年国际服务贸易统计手册》内最新的国际建议。
由于进位原因，统计表内个别项目的数字加起来可能与其所有目的地／来源地的数字略有差别。
①由于非直接计算金融中介服务没有按地区细分数字，本统计表内的数字不包括非直接计算的金融中介服务数字。因此于本统计表内所有目的地／来源地的数字与表9-1-9内所有服务的相应数字并不相同。

9-1-11 按当年价格计算货物及服务进出口占本地生产总值比重

单位：%

指　　标	2010	2015	2018	2019	2020@	2021@
本地生产总值（亿港元）	**17763**	**23983**	**28354**	**28448**	**26757**	**28697**
对外商品贸易						
进口（离岸价）	168.66	169.56	165.98	153.81	158.45	181.99
出口（离岸价）	170.10	162.17	157.06	149.57	156.91	182.73
对外服务贸易						
服务出口	35.23	33.73	31.28	28.08	19.39	20.79
服务进口	30.79	23.95	22.57	22.29	15.93	16.71

注：对外商品进口及出口与服务出口及进口数字是根据《2008年国民经济核算体系》的标准，采用所有权转移原则记录外地加工货品及转手商贸活动编制而成的。

9-1-12 按居住国家和地区划分的访港旅客人数

单位：万人次

居住国家和地区	2017	2018	2019	2020	2021
中国内地	4444.5	5103.8	4377.5	270.6	6.6
南亚及东南亚	362.6	357.2	304.1	19.1	1.0
中国台湾	201.1	192.5	153.9	10.5	0.3
北亚	271.8	270.9	212.1	9.0	0.1
欧洲、非洲及中东	220.2	223.2	198.5	17.8	0.7
美洲	178.2	187.3	160.1	12.3	0.3
澳大利亚、新西兰及南太平洋	68.7	70.4	61.2	5.8	0.1
中国澳门①/未能辨别	100.1	109.5	123.9	11.8	0.2
总计	**5847.2**	**6514.8**	**5591.3**	**356.9**	**9.1**
与上年比较的变动百分比(%)	**3.2**	**11.4**	**-14.2**	**-93.6**	**-97.4**

注：①访港旅客数字包括经澳门访港的非澳门居民。

9-1-13 按居住国家和地区划分的访港旅客人均消费和逗留时间

国家和地区	2010	2015	2017	2018	2019
过夜旅客人均消费 (港元)	**6728**	**7234**	**6443**	**6614**	**5818**
中国内地	7453	7924	7010	7029	5990
南亚及东南亚	5251	6255	5687	6026	5732
中国台湾	5197	5092	4758	5233	4813
北亚	4976	4156	3978	4354	4272
欧洲、非洲及中东	6674	6412	5862	6739	5981
美洲	6476	6737	6184	6215	6008
澳大利亚、新西兰及南太平洋	7050	6530	6500	6726	6200
中国澳门/未能辨别	3824	4383	3979	4240	4481
入境不过夜旅客人均消费(港元)	**1846**	**2409**	**2059**	**2202**	**2004**
中国内地	2356	2696	2298	2410	2198
南亚及东南亚	543	630	752	603	704
中国台湾	610	587	553	693	634
北亚	377	441	374	519	526
欧洲、非洲及中东	560	510	520	586	581
美洲	329	458	378	416	444
澳大利亚、新西兰及南太平洋	573	491	487	430	423
中国澳门/未能辨别	2299	1818	1807	2050	1777
过夜旅客逗留时间 (晚数)	**3.6**	**3.3**	**3.2**	**3.1**	**3.3**
中国内地	3.9	3.2	3.1	3	3.3
南亚及东南亚	3.2	3.4	3.5	3.4	3.5
中国台湾	2.5	2.6	2.7	2.7	2.9
北亚	2.2	2.3	2.2	2.2	2.3
欧洲、非洲及中东	3.9	4.1	4	3.9	4
美洲	3.9	3.9	3.8	3.8	3.9
澳大利亚、新西兰及南太平洋	3.8	3.9	3.8	3.8	3.8
中国澳门/未能辨别	2.2	2.2	2.2	2.2	2.3

9-1-14 按主要货物装卸地点划分的集装箱吞吐量

单位：万标准集装箱

项　　目	2017	2018	2019	2020	2021
集装箱吞吐量	**2077.0**	**1959.6**	**1830.3**	**1796.9**	**1779.8**
葵青货柜码头					
抵港					
载货集装箱	740.6	680.0	639.3	653.7	639.8
空集装箱	104.9	120.2	108.0	115.9	125.6
离港					
载货集装箱	701.3	668.8	604.5	576.8	595.3
空集装箱	76.7	78.3	70.2	99.2	97.2
葵青货柜码头以外					
抵港					
载货集装箱	180.1	182.8	176.6	143.6	136.4
空集装箱	51.1	31.3	28.9	25.9	23.6
离港					
载货集装箱	153.2	138.3	145.1	130.8	116.9
空集装箱	69.1	59.9	57.8	51.1	45.0

注：一个标准集装箱单位等同一个20英尺集装箱的容量。

9-1-15 按运输方式划分的进出香港货物

单位：万吨

项　　目	2017	2018	2019	2020	2021
卸下					
空运	172.4	178.1	160.7	144.8	163.6
水运	17457.8	15950.9	17093.3	16993.1	13490.4
海运	11887.3	10987.8	11115.2	10357.7	9745.9
河运	5570.5	4963.1	5978.1	6635.3	3744.5
道路运输①	1477.4	1414.0	1312.5	1242.5	1356.7
总计	19107.6	17543.0	18566.5	18380.3	15010.6
装上					
空运	321.4	323.7	309.7	297.2	335.1
水运	10696.7	9903.2	9238.2	7935.5	7882.7
海运	5801.7	5467.2	5017.2	4559.7	5179.7
河运	4895.1	4436.0	4221.0	3375.8	2702.9
道路运输①	753.6	747.6	727.9	667.4	624.6
总计	11771.7	10974.5	10275.8	8900.1	8842.3

注：①港珠澳大桥于2018年10月24日开始通车营运。由2018年10月开始，道路货物数字亦包括港珠澳大桥。

9-1-16 通讯及互联网服务

项目	2017	2018	2019	2020	2021
邮递服务					
信件邮件 (亿件物品)	11.7	12.5	11.7	9.8	9.5
包裹 (万件)	88.2	81.2	69.9	73.6	71.9
已使用对外电讯设施容量①（以每秒千兆比特计）	**48717**	**64592**	**96234**	**113609**	**145263**
电话服务①② （万条操作线路）					
住宅	232.5	228.6	226.5	219.9	211.5
商用	182.6	181.3	178.8	173.5	171.7
总计	415.1	409.9	405.4	393.4	383.1
图文传真① （万条操作线路）	**16.1**	**15.4**	**14.5**	**13.5**	**12.8**
对外电话通讯量 （万分钟）					
拨出③	303071	225271	143347	120642	
拨入④	136351	102000	83059	76291	
公共无线电传呼接收器① （个）	**23128**	**18147**	**14948**	**11392**	**8958**
移动电话用户	**8604971**	**9208885**	**9481012**	**9489934**	**9817549**
系统①⑤⑥ （个）	**(19013175)**	**(21639538)**	**(23975075)**	**(23138116)**	**(24816489)**
互联网服务					
互联网服务商数目①⑦ （个）	**233**	**251**	**252**	**263**	**289**
互联网服务的用户(接驳线)数目①⑧ （个）					
拨号上网登记线路(不包括互联网储值卡)⑨	140923	52284	50055	27753	27004
以私人租用线路接驳的已登记线路⑨	2641	2911	23192	22996	22062
宽带互联网接驳线⑨	2645752	2699029	2787835	2871081	2933087
互联网使用量⑧					
客户通过公共电话网络接驳⑩ （万分钟）	19676	16271	13240	11885	6290
客户通过宽带网络接驳 (太字节)⑪	5988964	6792188	7849486	9948029	10713620

注：①年底数字。②数字包括直通内线式电话线、图文传真线及电文线路的直拨服务。③数字也包括图文传真及数据。
④估计数字。⑤数字不包括预付智能卡。包括预付智能卡的数字于括号内展示。 ⑥数字包括3G及4G服务。自2020年4月开始，数字亦包括5G服务。
⑦营办商数目包括所有持牌获准提供互联网接驳服务的营办商。
⑧数字为根据互联网服务供应商申报的估计数字，并不包括不属于持牌互联网服务供应商客户的使用者。
⑨已登记线路是指由互联网服务供应商以拨号或宽频互联网形式向客户提供的接驳(包括免费的接驳线)。如互联网服务供应商向同一客户提供多条接驳线，统计数字会根据其向客户提供的接驳线数目作统计。相关接驳线如用作提供多于一项服务，亦只作一条接驳线计算。在2019年之前，统计数字为已登记客户户口数目，即互联网服务供应商的客户户口(包括免费的客户户口)。拥有超过一个客户登入识别码的登记客户户口只算作一个已登记的客户户口。已登记客户户口数目不包括只获提供电邮地址的客户户口。
⑩不包括通过私人租用线路接驳及使用宽带服务的客户。
⑪1个太字节 = 8万亿比特。

9-1-17 15岁及以上人口受教育程度

教育程度/性别	2017		2018		2019		2020		2021	
	人数(万人)	百分比(%)	人数(万人)	百分比(%)	人数(万人)	百分比(%)	人数(万人)	百分比(%)	人数(万人)	百分比(%)
总计										
男	292.29	45.16	293.58	45.01	294.55	44.81	294.74	44.91	292.48	44.87
女	354.97	54.84	358.69	54.99	362.71	55.19	361.48	55.09	359.38	55.13
未受教育/学前教育①										
男	5.53	0.85	5.54	0.85	5.70	0.87	6.02	0.92	6.14	0.94
女	19.32	2.99	18.86	2.89	19.52	2.97	19.12	2.91	18.77	2.88
小学										
男	38.01	5.87	37.29	5.72	37.64	5.73	37.31	5.69	36.56	5.61
女	55.22	8.53	55.32	8.48	55.87	8.50	55.61	8.47	55.25	8.48
初中										
男	47.76	7.38	47.76	7.32	47.58	7.24	45.99	7.01	47.04	7.22
女	49.73	7.68	49.91	7.65	50.52	7.69	48.85	7.44	48.39	7.42
高中										
男	98.03	15.15	96.62	14.81	94.85	14.43	94.96	14.47	94.94	14.56
女	126.20	19.50	125.60	19.26	123.65	18.81	123.34	18.80	124.50	19.10
高等教育										
非学位课程②										
男	24.45	3.78	25.52	3.91	27.97	4.26	28.56	4.35	28.31	4.34
女	22.87	3.53	24.81	3.80	28.21	4.29	30.10	4.59	28.62	4.39
学位课程③										
男	78.50	12.13	80.85	12.40	80.81	12.30	81.91	12.48	79.50	12.20
女	81.62	12.61	84.18	12.91	84.95	12.92	84.46	12.87	83.85	12.86

注：数字是根据该年1月至12月进行的“综合住户统计调查”结果，以及年中人口估计数字而编制。
载于上表内的统计数字在编制过程中涉及应用人口数字。根据2021年人口普查的结果得出的最新人口基准，2016年年中数字已作修订。统计表内的统计数字亦相应作出了修订。
① 包括所有幼儿园及幼儿中心班级。
② 包括所有在香港或以外地区学院的证书、文凭、高级证书、高级文凭、专业文凭及其它同等程度的高等教育课程。
③ 包括所有在香港或以外地区学院的学士学位、研究生修课及专题研究课程。

9-1-18 研究及发展经费支出及人员情况

年份	研究及发展经费支出(百万港元)			研究及发展人员数目①（人）			
	总计	资本支出	经常支出	总计	研究人员	技术人员	其他辅助人员
2000	6218	496	5722	9802	7728	1374	699
2005	10922	2228	8694	22054	18024	2346	1683
2010	13313	899	12414	25174	21697	2159	1319
2011	13945	1009	12935	25698	21618	2462	1617
2012	14816	1152	13664	26517	22488	2779	1249
2013	15613	1054	14559	27524	23945	2080	1499
2014	16727	1141	15587	29169	25622	1985	1563
2015	18271	1640	16630	30110	25619	2692	1799
2016	19713	1890	17824	31282	27100	2351	1831
2017	21280	2145	19135	32355	27635	2908	1811
2018	24478	2831	21647	33577	29683	2328	1566
2019	26333	2379	23954	35416	31722	2183	1511
2020	26554	2379	24174	36106	32628	2332	1146

注：① 研究及发展人员的数目是以“相当于全日制的人数”计算。

9-1-19　香港国际收支平衡表

单位：亿港元

标准组成部分①	2017	2018	2019	2020@	2021@
经常账户②	**1218**	**1059**	**1663**	**1868**	**3243**
货物	-1785	-2530	-1205	-413	213
服务	2054	2469	1647	927	1171
初次收入	1156	1348	1437	1561	2050
二次收入	-206	-228	-216	-207	-191
资本及金融账户②	**-765**	**-1751**	**-2374**	**-2443**	**-3804**
资本账户	-6	-16	-7	-5	-105
直接投资	1869	1728	1607	2637	4139
证券投资	2642	-6164	-2158	-5280	-8173
金融衍生工具	618	332	12	188	418
其他投资	-3381	2445	-1918	2648	-175
储备资产③	-2505	-76	89	-2630	91
净误差及遗漏④	**-454**	**691**	**711**	**576**	**561**
整体的国际收支	**2505**	**76**	**-89**	**2630**	**-91**

注：①根据国际收支平衡的会计常规，某标准组成部分的净贷方数字以正数显示，而净借方则以负数显示。
②经常账户差额的正数值显示盈余而负数值则为赤字。在资本及金融账户方面，正数值显示资金净流入而负数值则为资金净流出。由于对外资产的增加是属于借方记账而减少则属贷方记账，因此负数值的储备资产显示储备资产的增加，而正数值则显示减少。
③在国际收支平衡架构下储备及非储备资产的估计数字是指交易数字。因估值方式改变(包括价格变动及汇率变动)及重新分类所导致的影响并没计算在内。
④原则上，贷方和借方各项记账的净总和等于零。实际上，由于有关数据是从多个来源搜集得来，贷方和借方记账之间可能由于各种原因而出现差异。为令贷方记账的总和与借方记账的总和相等，须加进一个反映净误差及遗漏的平衡项目。

9-1-20　香港国际投资头寸（期末头寸）

单位：亿港元

概括组成部分	2016	2017	2018	2019	2020	2021@
资产	**357388**	**428100**	**425477**	**439324**	**487770**	**501271**
直接投资	135269	159229	160713	156944	164203	173055
证券投资	106015	134711	124782	141688	169996	166472
金融衍生工具	8581	6169	6313	6151	8851	8035
其他投资	77577	94269	100421	100152	106589	114972
储备资产	29946	33721	33249	34389	38131	38737
负债	**267921**	**317051**	**325004**	**316353**	**323252**	**335528**
直接投资	141422	169435	171207	161869	158835	168366
证券投资	33908	44772	42186	44637	43444	41064
金融衍生工具	8270	5509	5753	5804	9043	7549
其他投资	84321	97334	105857	104042	111929	118550
国际投资头寸净值①	**89468**	**111050**	**100473**	**122972**	**164519**	**165743**

注：①国际投资头寸净值是对外金融资产总值与对外金融负债总值之间的差额。

9-1-21 外币兑换率及港汇指数

单位：每单位外币兑换港元

项　　目	2017	2018	2019	2020	2021
年内平均数字①					
澳元	5.98	5.86	5.44	5.36	5.84
加拿大元	6.01	6.05	5.91	5.79	6.20
人民币	1.1552	1.1855	1.1332	1.1248	1.2054
欧元	8.82	9.25	8.77	8.86	9.20
印度卢比	0.120	0.115	0.111	0.105	0.105
印尼盾	0.0006	0.0006	0.0006	0.0005	0.0005
日元	0.0695	0.0709	0.0719	0.0727	0.0708
韩圆	0.0069	0.0071	0.0067	0.0066	0.0068
马来西亚林吉特	1.81	1.94	1.89	1.85	1.88
新台币	0.262	0.263	0.256	0.261	0.273
菲律宾比索	0.157	0.152	0.153	0.157	0.160
英镑	10.05	10.46	10.00	9.96	10.69
新加坡元	5.65	5.81	5.74	5.63	5.78
南非兰特	0.59	0.59	0.54	0.47	0.53
瑞士法郎	7.92	8.01	7.89	8.28	8.51
泰铢	0.230	0.243	0.253	0.249	0.244
美元	7.794	7.839	7.836	7.757	7.774
特别提款权	10.80958	11.10253	10.82677	10.79899	11.07748
港汇指数					
(2020年1月=100)②					
贸易总值(进口及整体出口)加权	98.4	96.2	99.4	100.0	95.5
进口货值加权	98.8	96.5	99.5	100.1	95.8
整体出口货值加权 ③	98.0	95.8	99.2	100.0	95.1
年底数字④					
澳元	6.10	5.53	5.46	5.97	5.66
加拿大元	6.22	5.75	5.97	6.09	6.13
人民币	1.1989	1.1386	1.1175	1.1919	1.2245
欧元	9.38	8.95	8.72	9.53	8.82
印度卢比	0.123	0.112	0.110	0.106	0.105
印尼盾	0.0006	0.0005	0.0006	0.0006	0.0005
日元	0.0693	0.0709	0.0716	0.0751	0.0677
韩圆	0.0073	0.0071	0.0067	0.0071	0.0066
马来西亚林吉特	1.93	1.89	1.90	1.93	1.87
新台币	0.267	0.257	0.258	0.265	0.280
菲律宾比索	0.157	0.152	0.153	0.164	0.155
英镑	10.55	9.93	10.21	10.57	10.53
新加坡元	5.85	5.74	5.78	5.86	5.77
南非兰特	0.63	0.54	0.55	0.53	0.49
瑞士法郎	8.02	7.95	8.04	8.80	8.53
泰铢	0.241	0.241	0.260	0.260	0.234
美元	7.814	7.834	7.787	7.753	7.798
特别提款权	11.13385	10.89406	10.76948	11.16641	10.91540
港汇指数					
(2020年1月=100)②					
贸易总值(进口及整体出口)加权	95.3	99.0	100.1	95.3	95.3
进口货值加权	95.6	99.1	100.0	95.4	95.7
整体出口货值加权③	94.9	98.9	100.1	95.2	94.7

注：《中华人民共和国香港特别行政区基本法》说明，港元是香港特别行政区的法定货币。外币指港元以外的其他货币，因而人民币亦视作外币。

①数字是指年内每日电汇或现钞收市中间兑换价的平均值。

②由2022年1月3日起公布的重订基期后数列。

③包括转口和港产品出口。

④数字是该年最后一个交易日的电汇或现钞收市中间兑换价。

9-1-22 货币供应量(年底数字)

单位：亿港元

项　　目	2017	2018	2019	2020	2021
法定纸币及硬币的流通量					
由商业银行发行	4557.15	4838.45	5166.05	5595.15	5926.45
由政府发行	124.39	128.45	132.54	131.73	133.85
总计	4681.54	4966.90	5298.59	5726.88	6060.30
由认可机构持有的法定纸币及硬币	294.00	301.51	325.59	316.91	306.83
由公众持有的法定纸币及硬币	4387.54	4665.39	4973.00	5409.97	5753.47
货币供应量：就外币掉期存款作出调整					
货币供应量 M_1					
港元	15980.14	15557.31	15331.04	19727.19	20789.11
外币	8334.47	8658.67	9516.34	12592.03	14119.47
总计	24314.61	24215.98	24847.38	32319.21	34908.58
货币供应量 M_2					
港元①	70103.45	72624.51	74387.89	79220.89	80439.94
外币②	67449.10	70856.08	73070.83	76845.18	82286.56
总计	137552.55	143480.59	147458.72	156066.08	162726.50
货币供应量 M_3					
港元①	70245.14	72843.22	74546.55	79370.38	80574.08
外币②	67793.24	71193.67	73317.20	77070.06	82534.58
总计	138038.37	144036.88	147863.75	156440.43	163108.66
货币供应量：未就外币掉期存款作出调整					
货币供应量 M_2					
港元	70102.79	72624.26	74387.65	79220.67	80439.72
外币	67449.77	70856.33	73071.07	76845.41	82286.78
总计	137552.55	143480.59	147458.72	156066.08	162726.50
货币供应量 M_3					
港元	70244.47	72842.97	74546.31	79370.15	80573.86
外币	67793.91	71193.92	73317.43	77070.28	82534.80
总计	138038.37	144036.88	147863.75	156440.43	163108.66

注：《中华人民共和国香港特别行政区基本法》说明，港元是香港特别行政区的法定货币。外币指港元以外的其他货币，因而人民币亦视作外币。
①所列数字已包括外币掉期存款。
②所列数字已扣除外币掉期存款。

9-1-23 股票价格指数、证券交易成交额及市场总值

项　　目	2017	2018	2019	2020	2021
香港上市①					
主板					
股票价格指数②					
恒生指数（1964年7月31日=100）					
最高	30199.7	33484.1	30280.1	29174.9	31183.4
最低	21883.8	24540.6	24896.9	21139.3	22665.3
收市	29919.2	25845.7	28189.8	27231.1	23397.7
分类指数（1984年1月13日=975.47）					
金融					
最高	41193.5	46650.3	42019.2	40369.3	41547.2
最低	30116.2	34073.3	34448.3	29910.5	32369.3
收市	40829.5	35808.2	39114.6	36939.0	33869.5
公用事业					
最高	59179.5	59676.1	63052.4	58417.6	53325.0
最低	50174.3	52940.1	53631.5	43060.9	44696.6
收市	55654.7	57792.6	56584.5	45760.1	50685.6
地产					
最高	40252.6	44445.1	45890.9	40832.1	36609.9
最低	28996.9	33396.2	35380.1	28387.0	27060.2
收市	40088.4	37143.4	40190.1	32127.3	29580.4
工商业					
最高	18738.9	20091.8	17561.2	17570.0	21210.2
最低	12790.1	13956.6	14023.8	11682.3	13406.6
收市	18156.2	14656.7	16234.3	17452.8	13996.2
恒生综合指数（2000年1月3日=2000）					
最高	4168.1	4631.4	4079.0	4298.3	5058.9
最低	2980.1	3269.6	3313.2	2871.9	3506.1
收市	4140.5	3449.7	3827.6	4294.7	3626.5
恒生中国企业指数（2000年1月3日=2000）					
最高	12100.7	13962.5	11881.7	11502.5	12271.6
最低	9310.8	9902.6	9731.9	8290.3	8011.0
收市	11709.3	10124.8	11168.1	10738.4	8236.4
恒生香港中资企业指数（2000年1月3日=2000）					
最高	4478.4	4929.0	4788.6	4633.0	4324.1
最低	3558.0	3994.4	3941.1	3059.6	3558.9
收市	4426.3	4169.0	4537.8	3799.6	3899.6
主板					
成交金额（亿港元）	215601.0	262952.7	213901.9	320237.8	410863.6
市场总值③（亿港元）	337180.0	297232.4	380583.4	473922.0	422727.7
GEM					
成交金额（亿港元）	1490.6	1274.9	498.6	863.7	958.9
市场总值③（亿港元）	2808.4	1861.8	1067.0	1308.2	1083.8

注：对于最高和最低指数，恒生指数有限公司是根据期内每日即市指数编制。
①恒生指数系列按指数成分股的上市地域分类为香港上市、跨市场及内地上市。
②以下指数采用流通市值加权法计算，并设有个别成分股比重上限。
③年底数字。

9-1-24 按种类划分的平均固体废物量

单位：吨(每日计)

种　类	2016	2017	2018	2019	2020
于堆填区弃置的固体废物					
都市固体废物①					
家居②	6 391	6 404	6 712	6 554	6844
工商业③	3 954	4 329	4 716	4 503	3965
小计	10 345	10 733	11 428	11 057	10809
整体建筑废物④	4 422	4 207	4 081	3 946	3418
特殊废物⑤	565	575	587	635	513
总计	**15 332**	**15 516**	**16 096**	**15 637**	**14739**
已回收的都市固体废物⑥	5 225	5 015	4 870	4 491	4201

注：①都市固体废物包括运往弃置设施的家居废物及工商业废物，但不包括建筑废物及已回收的都市固体废物。
②家居废物包括在住宅及公众地方所产生的废物，包括住宅大厦、公共垃圾桶、街道、本港海域及郊野公园收集的废物。
③工商业废物包括商店、食肆、酒店、办公室、私人屋苑街市及所有工业活动产生的废物，而建筑及拆卸废物、化学废物或其他特殊废物除外。
④建筑废物包括由建筑及拆卸活动所产生的废物，但不包括可运往公众填土区作填海用途的物料。在堆填区弃置的整体建筑废物包括来自建筑地盘的建筑废物，以及在建筑地盘以外设立的混凝土配料厂和水泥/砂浆生产厂所产生的废弃混凝土。
⑤特殊废物包括弃置于堆填区的动物尸体、屠房废物、报废货物、滤水厂及污水处理后的污泥、污水处理厂的隔滤物、禽畜废物、医疗废物及化学废物。
⑥都市固体废物回收后会在本地或香港以外地方循环再造。

【主要统计指标解释】

年中人口 是以“居住人口”方法编制，利用“居住人口”方法所编制的人口估计称为“居港人口”。“居港人口”包括“常住居民”和“流动居民”。“常住居民”包括两类人士：（a）在统计时点之前的6个月内，在港逗留最少3个月，又或在统计时点之后的6个月内，在港逗留最少3个月的香港永久性居民，不论在统计时点他们是否身在香港；及（b）在统计时点身在香港的非永久性居民。对于不是“常住居民”的香港永久性居民，如他们在统计时点之前的6个月内，在港逗留最少1个月但少于3个月，又或在统计时点之后的6个月内，在港逗留最少1个月但少于3个月，不论在统计时点他们是否身在香港，会被界定为“流动居民”。根据“居住人口”编制方法，旅客并不包括在香港人口内。

粗出生率 是指某一年内的活产婴儿数目相对该年年中每千名人口的比率。

粗死亡率 是指某一年内的死亡人数相对该年年中每千名人口的比率。

婴儿死亡率 是指某一年内一岁以下婴儿死亡人数相对该年每千名活产婴儿的比率。

劳动人口 是指15岁及以上陆上非住院人口，并符合就业人口或失业人口定义的人士。

劳动人口参与率 是指劳动人口占所有15岁及以上陆上非住院人口的比例。

就业人口 包括在统计前7天内有做工赚取薪酬或利润或有一份正式工作的15岁及以上人士。无酬家庭从业人员及在统计前7天内正休假的就业人士亦包括在内。

失业率 是指失业人士在劳动人口中所占的比例。

本地生产总值 是指一个经济体的所有居民生产单位，在一个指定的期间内(一般是1年或1季)，未扣除固定资本消耗的生产总值。

人均本地生产总值 是指把该经济体在某统计年的本地生产总值除以该经济体在同年的年中人口总数所得的数字。

本地居民总收入 是指一个经济体的居民透过从事各项经济活动而赚取的总收入，不论该等经济活动是否在该经济体的经济领域内或外进行。换言之，编制本地居民总收入应包括本地居民在该经济领域内或外从事各类经济活动的收入，并扣除非本地居民在该经济领域内从事经济活动的收入。本地居民总收入的计算方法如下:

本地居民总收入

=本地生产总值 + 对外初次收入流量净值

=本地生产总值 + 本地居民从经济领域外所赚取的初次收入 - 非本地居民从经济领域内所赚取的初次收入

初次收入 包括投资收益及雇员报酬。投资收益包括: 直接投资收益、证券投资收益、其他投资收益及储备资产收益。

人均本地居民总收入 是指把该经济体在某统计年的本地居民总收入除以该经济体在同年的年中人口总数所得的数字。

国际收支平衡 是一项统计报表，有系统地撮录在一个指定期间内（一般是1年或1季）某经济体与世界各地之间（即居民与非居民之间）进行的经济交易。国际收支平衡表包括两大账户：(a)经常账户；及(b)资本及金融账户。

经常账户 量度居民与非居民之间关于货物、服务、初次收入和二次收入的流量。

货物 在国际收支平衡表内经常账户的货物主要包括一般商品、转手商贸活动下的货物净出口及非货币黄金。

服务 在国际收支平衡表内经常账户的服务主要包括制造服务、运输、旅游、保险和退休金服务、金融服务及其他服务。

初次收入账户 显示应收及应付的外地款额，作为向非居民提供／从非居民获得可予使用的劳动力、金融资源或自然资源的回报。在国际收支平衡经常账户内初次收入的概念及定义，与本地居民总收入的对外初次收入流量是相同的。

二次收入账户 记录居民与非居民之间的经常转移。经常转移指提供可能即时或短时间内被耗用的实质或金融资源而无同等经济价值作回报的交易。经常转移属单向性质，在国际收支平衡表内是一项用以抵销单边交易的记账。例子包括职工汇款、捐款、官方援助及退休金。

资本账户 量度有关资本转移及非生产、非金融资产（如商标和品牌）的获得和处置的对外交易。资本转移的例子包括债权人减免债务，和涉及获得或处置固定资产的现金转移。

金融账户 记录居民与非居民之间关于金融资产及负债的交易，显示某经济体的对外交易是如何结算的。金融账户内的交易按功能(即投资目的)归类为直接投资、证券投资、金融衍生工具、其他投资及储备资产。

直接投资 指某经济体的投资者对另一经济体的企业所作的对外投资，并对该企业拥有持久利益及在其管理上具有相当程度的影响力或话语权。就统计计算而言，若投资者持有某企业10%或以上的表决权，便视作对该企业的管理具话语权。

证券投资 指直接投资和储备资产以外，对非本地股权证券及债务证券（如中长期债券、货币市场工具）所作的投资。与直接投资者相比，证券投资者在所投资的企业并无持久利益或管理方面的影响力。凡持有一间企业不足10%的表决权均视为证券投资。

金融衍生工具 与另一个特定的金融工具、指标或商品挂钩，投资者可透过金融衍生工具在金融市场对特定的金融风险本身（例如利率风险、外汇风险、股权和商品价格风险、信用风险等）进行交易。金融衍生工具包括期权类合约（如认股权证和期权）及远期类合约（如期货、利率掉期、货币掉期、远期利率协议、远期外汇合约）。

其他投资 泛指直接投资、证券投资、金融衍生工具或储备资产以外，对非居民的金融申索和负债。其他投资包括不可转让的贷款、货币和存款、贸易信贷和预付款，以及其他资产／负债。

储备资产 是由一个经济体的金融当局（就香港而言，即香港金融管理局）控制的对外资产，并随时可供金融当局应付国际收支平衡的财务需要、干预外汇市场以调节该经济体的货币汇率，以及用作其他相关目的（如维持大众对货币及经济的信心，及作为向外地借贷的基础）。

国际投资头寸 是显示一个经济体在某特定时点的对外金融资产及负债存量的资产负债表。对外金融资产及负债的差额即为该经济体的国际投资头寸净值，代表其对世界各地的净申索或净负债。国际投资头寸与国际收支平衡的金融账户完全协调，同样也按投资类别分类。资产和负债分类为直接投资、证券投资、金融衍生工具及其他投资。国际投资头寸的资产方还包括储备资产。有关投资组成部分的详细解释，请参阅国际收支平衡表内金融账户组成部分的解释。

国际投资头寸净值 是对外金融资产总值与对外金融负债总值之间的差额。

工业生产指数 量度本地工业生产量的实际变动，即撇除价格变动因素后的本地生产量的变动情况。

实用楼面面积 指各层楼面面积总和，但不包括楼梯、公共通道空间、升降机等候处、盥洗室、厕所、厨房、及为楼宇提供升降机、空调系统、或类似设施而安装的机械所占用的空间。

获批准可动工兴建楼宇 是指获屋宇署签发“同意书”动工兴建的楼宇。这种“同意书”是发给私人发展计划（包括香港房屋协会的计划）。

初次呈交 就一项建筑工程初次呈交建筑事务监督要求批准的图则。

重大修改 指经过大规模修改的建筑图则，而这些图则必须从根本上接受重新评估。

自置住房住户 是指住户拥有其居住屋宇单位的业权。

进口货品 是指在香港以外出产或制成的货品，输入香港供本地使用或转口，以及再进口的香港产品。其货值是以到岸价值计算。

整体出口货品 包括港产品出口及转口货品。港产品出口货物是指香港的天然产品或在香港经过制造工序，以致其基本生产物料的形状、性质、结构或效用受到永久及实质改变的产品。如果产品在香港只进行简单稀释、包装、装瓶、弄干、简单装配、分类、装饰等工序，则该产品并不能以香港作为来源地。转口货品是指输出曾经自外地输入香港的货品，而这些货品并没有在香港经过任何制造工序，以致永久及实质改变其基本原料的形状、性质、结构或效用。其货值是以离岸价值计算。

港汇指数 是量度港元相对其他主要贸易伙伴的货币汇率变动加权平均值的指数，作为反映港元相对各种选定货币强弱的整体指标。该指数现时是以2020年1月为基期及包括18种货币。

外币兑换率 指外币兑港元的电汇或现钞收市中间兑换价。

认可机构 包括持牌银行、有限制牌照银行及接受存款公司。持牌银行可接受任何金额及期限的存款。随着撤销利率限制的最后阶段在2001年7月3日生效，各类存款利率再无任何限制。至于有限制牌照银行，它们可接受金额不少于港币50万元的任何期限的定期存款。接受存款公司则可接受金额不少于港币10万元而期限不少于3个月的定期存款。有限制牌照银行及接受存款公司均无任何存款利率限制。

外币掉期存款 是指顾客在现货市场购买外币，然后存入认可机构，但同时订下远期合约，将该笔外币（本金加利息）在存款到期时售予认可机构。从分析角度来看，这类掉期存款应当作港元定期存款。

货币供应量（M_1） 是指市民持有的法定纸币和硬币加上持牌银行的客户活期存款。

货币供应量（M_2） 是指货币供应量M_1所包括的项目，加上持牌银行的客户储蓄及定期存款，再加上持牌银行发行而由非认可机构持有的可转让存款证。

货币供应量（M_3） 是指货币供应量M_2所包括的各项，加上有限制牌照银行及接受存款公司客户的存款，再加上以上两类认可机构发行而由非认可机构持有的可转让存款证。

恒生指数 是以流通市值加权法计算，并设有个别成分股比重上限。该指数内的成分股划分为四个分类指数，包括金融、公用事业、地产及工商业。

消费物价指数 量度住户一般所购买的消费商品和服务的价格水平随时间而变动的情况。消费物价指数的按年变动率广泛地用作反映消费者所面对的通货膨胀的指标。不同的消费物价指数数列反映消费物价转变对不同开支范围的住户的影响。甲类、乙类及丙类消费物价指数分别根据较低、中等及较高开支范围的住户的开支模式编制而成。综合消费物价指数是根据以上所有住户的整体开支模式而编制，反映消费物价转变对整体住户的影响。

教育程度 是指某人在学校或其他教育机构修读达到的最高教育水平，不论他／她有否完成该课程。计算教育程度时，只包括正式课程，即须最少为期一个学年，入学须具备指定的学历资格（香港公开大学的非学位、副学位、学位及研究生课程除外），以及设有考试或指定评核成绩的程序。

社会保障计划 旨在帮助社会上需要经济或物质援助的人士，应付基本及特别需要。这个无须供款的社会保障制度，包括综合社会保障援助计划、公共福利金计划、暴力及执法伤亡赔偿计划、交通意外伤亡援助计划和紧急救济。

综合社会保障援助计划 是以入息补助方法，为那些在经济上无法自给的人士提供安全网，使他们的入息达到一定水平，以应付生活上的基本需要。申请人必须符合居港规定及通过入息及资产审查。

公共福利金计划 包括普通伤残津贴、高额伤残津贴、高龄津贴、普通长者生活津贴、高额长者生活津贴、广东计划及福建计划。高龄津贴及伤残津贴分别为年龄在70岁或以上或严重残疾的香港居民，每月提供现金津贴，以应付因年老或严重残疾而引致的特别需要。至于在 2013年4月起实施的长者生活津贴（易名为普通长者生活津贴）及在2018年6月实施高额长者生活津贴是为年龄在65岁或以上有经济需要的香港居民，每月提供津贴，以补助他们的生活开支。广东计划由2013年10月起实施，以及福建计划由2018年4月起实施。广东计划及福建计划下的长者生活津贴（包括普通长者生活津贴及高额长者生活津贴）由2020年1月起实施。

交通意外伤亡援助计划 目的是向道路交通意外受害人或这些人士的受养人（如受害人因伤死亡）迅速提供经济援助，而无须考虑计划受惠人的经济状况，或有关交通意外是因谁人的过失而造成。援助金按意外受害人的伤亡情况支付；至于财物损失，则不在援助范围内。

9 港澳台第三产业情况

9-2 澳门第三产业情况

简要说明

一、本章资料反映澳门特别行政区主要社会、经济发展情况。内容包括：土地、人口、就业、国民经济核算、工业、能源、建筑、交通通讯、对外贸易、财政金融、物价、教育、卫生、房屋、社会保障等方面。

二、本章由澳门特别行政区政府统计暨普查局提供所有数据，国家统计局国际统计信息中心负责整理、编辑。

三、在统计工作方面，按中华人民共和国"澳门特别行政区基本法"的有关原则，澳门特别行政区保留其单独运作的统计系统，并负责编制和发布反映澳门特别行政区情况的统计数据。由于澳门和内地在使用统计名词及概念方面会有所不同，读者在比较两地数据时，请参考本章末的"主要统计指标解释"。

四、澳门特别行政区是单独的关税地区，澳门与内地之间的贸易，亦需办理进出口报关。在贸易统计方面，澳门特别行政区对外商品贸易统计数据亦包括澳门特别行政区与内地的贸易。

五、在外汇统计及与之有关的各方面，澳门元是澳门特别行政区的法定货币，因此，除澳门元以外的货币（包括人民币）均视作外币。

六、更详细的统计资料及有关的技术细节，可参阅澳门特别行政区政府统计暨普查局出版的《统计月刊》、《统计年鉴》及各专题统计出版物。

七、本章节表中的符号使用说明："0"表示数据小于本表最小单位半数；"#"表示保密资料；"-"表示绝对数值为零；"r"表示修订数字；"～"表示没有数字。

9-2-1 主要统计指标概况

项目		2017	2018	2019	2020	2021
人口及生命统计						
年中人口	(万人)	64.8	65.9	67.2	68.5	68.3
粗出生率	(‰)	10.1	9.0	8.9	8.1	7.4
粗死亡率	(‰)	3.3	3.1	3.4	3.3	3.4
婴儿死亡率	(‰)	2.3	3.4	1.5	2.2	1.8
(按每千名出生登记活产婴儿计算)						
劳动、就业						
劳动人口	(万人)	38.7	39.2	39.5	40.5	39.0
劳动力参与率	(%)	70.8	70.9	70.3	70.5	69.0
失业率	(%)	2.0	1.8	1.7	2.5	2.9
就业不足率	(%)	0.4	0.5	0.5	3.5	4.1
就业人口	(万人)	38.0	38.5	38.8	39.5	37.8
建筑业		3.3	3.1	3.0	3.8	3.3
批发及零售业		4.6	4.4	4.2	4.6	4.3
酒店及饮食业		5.5	5.6	5.6	5.4	5.0
文娱博彩及其他服务业		9.2	9.6	9.7	9.1	8.9
对外商品贸易	**(亿澳门元)**					
出口		113	122	128	108	130
本地产品出口		18	15	15	16	20
再出口		95	107	113	92	110
进口		759	901	901	926	1539
贸易价格比率	(2016=100)	100.2	100.0	100.1	100.2	99.8
工业生产						
工业电力消耗量	(亿千瓦小时)	1.6	1.6	1.5	1.4	1.6
私人建筑						
获发使用准照楼宇						
单位数目	(个)	4525	4268	3013	2521	2545
总建筑面积	(万平方米)	84	129	47	29	95
获发动工批示楼宇						
单位数目	(个)	3226	1674	405	233	1407
总建筑面积	(万平方米)	41	58	44	88	56
楼宇单位买卖数目	(个)	13985	15073	11022	9002	8802
不动产买卖契约数目	(宗)	13961	13494	10303	11589	11959
不动产按揭贷款数目	(宗)	17439	20095	16508	14954	14835
运输、通讯、旅游	**(万次)**					
进出澳门重型货运车		34.5	34.8	34.1	29.8	34.2
进出澳门的客轮班次		13.9	13.2	11.1	2.1	2.5
澳门国际机场升降的商业航班		5.5	6.2	7.4	1.4	1.4
注册车辆	(万辆)	24.2	24.0	24.1	24.4	24.8
固网及移动电话用户(包括预付卡，万户)		238.0	230.5	291.0	172.9	137.5
入境旅客	(万人次)	3261	3580	3941	590	771
酒店业平均入住率	(%)	87	91	91	29	50
财政收支、货币、金融(亿澳门元)						
财政总收入		1264	1413	1407	1017	948
财政总支出		813	830	847	961	892
货币供应(广义货币供应量M_2)						
总计		5915	6515	6875	6924	6875
澳门元		1828	1985	2106	2354	2434
港元		3203	3420	3311	3382	3442
其他货币		884	1110	1458	1187	1000
本地/私人部门贷款及垫款		4517	5011	5155	5301	5607

注：酒店业平均入住率不包括部分酒店/公寓因受新型冠状病毒肺炎疫情影响而暂停营业或用于医学观察期间的数据。

9-2-1 续表

项目		2017	2018	2019	2020	2021
消费物价指数						
（2018年4月至2019年3月=100）						
综合消费物价指数		96.16	99.05	101.78	102.60	102.63
甲类消费物价指数		96.22	99.13	101.79	102.71	102.66
乙类消费物价指数		95.71	98.48	101.77	102.45	102.58
房屋（期末）						
公共房屋	（套）	12209	14817	14670	14632	15437
教育						
幼儿教育学生	（人）	18802	18626	19265	18908	18109
小学生	（人）	30169	32530	33961	35450	36791
中学生	（人）	26608	26022	26396	27627	28961
高等教育学生	（人）	33098	34279	36107	39093	43964
医疗						
医生	（人）	1730	1754	1808	1789	1888
护士	（人）	2397	2464	2491	2568	2742
病床	（张）	1596	1604	1628	1715	1744
社会保障						
受益人数目	（人）	360044	364665	365435	360508	358974
供款单位数目	（个）	24443	25470	25860	27768	28518
福利金受领人数	（人）	107174	117159	125429	131867	138996
福利金发放金额	（万澳门元）	372508	403924	459194	499070	527098
律贴受领人次	（人次）	18430	18074 r	18278	25520	24458
律贴发放金额	（万澳门元）	4668	6414	7091	10819	9499
治安						
罪案数目	（宗）	14293	14365	14178	10057	11376
囚犯数目	（期末）	1284	1458	1636	1548	1520
本地生产总值						
按以环比物量（2019年）计算						
实际增长率	（%）	10.0	6.5	-2.5 r	-54.0 r	18.0
本地生产总值	（亿澳门元）	4282.5 r	4559.3 r	4444.8 r	2044.1 r	2411.8
人均本地生产总值	（万澳门元）	66.0 r	69.1 r	66.0 r	30.0 r	35.3
当年价格						
名义增长率	（%）	12.3	10.2	-0.2 r	-54.1 r	17.1
本地生产总值	（亿澳门元）	4048.4 r	4462.8 r	4455.3 r	2044.1 r	2394.1
人均本地生产总值	（万澳门元）	62.4	67.6	66.2 r	30.0 r	35.0

9-2-2 本地生产总值(当年价格)

年 份	本地生产总值		实际增长率(%)	人均本地生产总值	
	(亿澳门元)	(亿美元)		(澳门元)	(美元)
1995	561.4	70.5	3.3	137165	17215
1996	571.7	71.8	-0.4	137734	17289
1997	579.6	72.7	-0.3	138897	17417
1998	542.4	68.0	-4.6	128434	16097
1999	523.3	65.5	-2.4	122431	15320
2000	543.7	67.7	5.7	126271	15733
2001	551.1	68.6	2.9	127015	15811
2002	592.2	73.7	8.9	135079	16815
2003	661.5	82.5	11.6	149113	18589
2004	853.8	106.4	26.6	187793	23408
2005	974.2	121.6	8.1	205753	25684
2006	1190.1	148.8	13.4	239417	29925
2007	1481.8	184.4	14.5	284495	35403
2008	1686.4	210.3	3.4	313785	39122
2009	1723.6	215.9	1.3	320275	40114
2010	2260.0	282.4	25.1	420915	52600
2011	2954.4	368.4	21.6	538165	67115
2012	3450.8	431.9	9.2	605740	75813
2013	4117.4	515.4	10.8	692289	86653
2014	4385.2	549.0	-2.0	705180	88290
2015	3597.1 [r]	450.5 [r]	-21.5	560729 [r]	70223 [r]
2016	3603.4 [r]	450.7 [r]	-0.7	557938 [r]	69788 [r]
2017	4048.4 [r]	504.4 [r]	10.0	623790 [r]	77719 [r]
2018	4462.8 [r]	552.8 [r]	6.5	675931 [r]	83728 [r]
2019	4455.3 [r]	552.1 [r]	-2.5 [r]	661515 [r]	81969 [r]
2020	2044.1 [r]	255.9 [r]	-54.0 [r]	300007 [r]	37553 [r]
2021	2394.1	299.0	18.0	350445	43774

9-2-3 支出法本地生产总值

单位：亿澳门元

本地生产总值组成部分	2017	2018	2019	2020	2021
按当年价格计算					
私人消费支出	995.6	1068.0	1116.3 r	951.6 r	1021.8
政府最终消费支出	393.5	420.5	453.7 r	522.9 r	528.3
固定资本形成总额	801.7	746.6	615.4	530.1 r	551.7
存货增加	-9.8	21.9	13.2 r	-7.6 r	-5.0
货物出口	140.1	159.0	149.7 r	339.5 r	653.1
减:货物进口	996.2	1033.5	1002.9 r	954.4 r	1509.3
服务出口	3116.5 r	3524.2 r	3526.9 r	923.3 r	1460.8
减:服务进口	393.0 r	443.7 r	417.0 r	261.3 r	307.3
本地生产总值	**4048.4 r**	**4462.8 r**	**4455.3 r**	**2044.1 r**	**2394.1**
人均本地生产总值 （澳门元）	**623790 r**	**675931 r**	**661515 r**	**300007 r**	**350445**
以环比物量(2020年)计算					
私人消费支出	1043.3 r	1088.9 r	1121.9 r	951.6 r	1018.1
政府最终消费支出	431.7 r	446.5 r	465.6 r	522.9 r	523.3
固定资本形成总额	833.8 r	752.0 r	618.0 r	530.1 r	520.3
存货增加	-9.8	21.9	13.2 r	-7.6 r	-5.0
货物出口	141.2 r	159.2 r	150.0 r	339.5 r	648.5
减:货物进口	1001.8 r	1030.8 r	1001.9 r	954.4 r	1493.4
服务出口	3209.5 r	3520.8 r	3448.2 r	923.3 r	1496.7
减:服务进口	417.6 r	459.6 r	426.3 r	261.3 r	296.7
本地生产总值	**4282.5 r**	**4559.3 r**	**4444.8 r**	**2044.1 r**	**2411.8**
人均本地生产总值 （澳门元）	**659856 r**	**690544 r**	**659954 r**	**300007 r**	**353047**

9-2-4 生产法本地生产总值

单位：亿澳门元

经济活动	2016	2017	2018	2019	2020
第二产业	**238.6**	**202.1**	**182.2**	**188.4**	**172.4**
采矿业	-	-	-	-	-
制造业	21.5	23.1	24.0	24.9	17.5
电力、煤气及水供应	25.6	29.9	27.0	28.1	28.4
建筑业	191.5	149.0	131.2	135.4	126.6
第三产业	**3344.8**	**3786.5**	**4208.1**	**4173.6 r**	**1812.2**
批发零售、维修、酒店、餐厅及酒楼业	397.7	463.4	516.7	516.9 r	190.6
运输、仓储及通讯业	102.0	105.2	112.8	117.3 r	60.1
银行、保险、不动产、租赁及商业服务	812.2	875.0	933.4	872.8 r	718.4
公共行政、社会服务及个人服务（包括博彩业）	2032.9	2343.0	2645.2	2666.6 r	843.2
以生产者价格计算的增加值	**3583.4**	**3988.6**	**4390.3**	**4362.0 r**	**1984.7**
加进口税	**4.5**	**5.3**	**5.1**	**5.3**	**6.0**
以市场价格按生产法计算的本地生产总值	**3587.8**	**3993.9**	**4395.4**	**4367.3 r**	**1990.7**
以市场价格按支出法计算的本地生产总值	**3603.4 r**	**4048.4 r**	**4462.8 r**	**4455.3 r**	**2044.1**
统计差异(%)	**-0.5**	**-1.4**	**-1.5**	**-2.0 r**	**-2.6**

9-2-5 生产法本地生产总值结构

单位：%

经济活动	2016	2017	2018	2019	2020
第二产业	**6.7**	**5.1**	**4.2**	**4.3**	**8.7**
采矿业	-	-	-	-	-
制造业	0.6	0.6	0.5	0.6	0.9
电力、煤气及水供应业	0.7	0.7	0.6	0.6	1.4
建筑业	5.3	3.7	3.0	3.1	6.4
第三产业	**93.3**	**94.9**	**95.8**	**95.7**	**91.3**
批发零售、维修、酒店、餐厅及酒楼业	11.1	11.6	11.8	11.9	9.6
运输、仓储及通讯业	2.8	2.6	2.6	2.7	3.0
银行、保险、不动产、租赁及商业服务	22.7	21.9	21.3	20.0 r	36.2
公共行政、社会服务及个人服务（包括博彩业）	56.7	58.7	60.3	61.1 r	42.5
以生产者价格计算的增加值	**100.0**	**100.0**	**100.0**	**100.0**	**100.0**

9-2-6 按行业划分的就业人口

单位：万人

行　　业	2017	2018	2019	2020	2021
总数	**37.98**	**38.54**	**38.78**	**39.51**	**37.84**
制造业	0.65	0.64	0.63	0.64	0.66
水电及气体生产供应业	0.11	0.11	0.09	0.12	0.09
建筑业	3.27	3.11	3.05	3.76	3.26
批发及零售业	4.58	4.37	4.16	4.62	4.34
酒店及饮食业	5.46	5.61	5.61	5.44	5.03
运输、仓储及通讯业	1.91	1.92	1.98	1.80	1.76
金融业	1.13	1.08	1.21	1.28	1.36
不动产及工商服务业	3.02	3.19	3.48	3.56	3.28
公共行政及社保事务	2.87	2.98	2.79	2.74	2.86
教育	1.70	1.75	1.73	1.82	1.92
医疗卫生及社会福利	1.29	1.24	1.26	1.35	1.43
文娱博彩及其他服务业	9.23	9.64	9.70	9.13	8.91
家务工作	2.68	2.85	3.03	3.15	2.85
其他及不详	0.06	0.06	0.08	0.10	0.08

9-2-7 按行业划分的月工作收入中位数

单位：澳门元

行　　业	2017	2018	2019	2020	2021
总数	**15000**	**16000**	**17000**	**15000**	**15800**
制造业	12000	11500	10800	11000	12000
水电及气体生产供应业	29000	30000	20500	22000	29500
建筑业	15000	15000	17000	15000	15000
批发及零售业	13000	13000	14000	12000	13000
酒店及饮食业	10000	11000	12000	11000	11800
运输、仓储及通讯业	15300	16000	16000	15000	15000
金融业	20000	20000	21000	22000	21000
不动产及工商服务业	10000	10000	11000	10000	10000
公共行政及社保事务	37400	39500	40300	43000	44600
教育	25000	25000	28000	25500	25300
医疗卫生及社会福利	21000	24000	22100	23300	23000
文娱博彩及其他服务业	19000	20000	20000	19300	19000
家务工作	4000	4000	4200	4400	4500

9-2-8 主要商品进出口总额及占本地生产总值比重

单位：亿澳门元

贸易种类		2017	2018	2019	2020	2021
商品进出口总额		**871.3**	**1023.0**	**1029.2**	**1033.7**	**1668.4**
出口		112.8	121.9	128.0	108.1	129.6
本地产品出口		17.9	15.3	15.1	15.6	20.0
再出口		95.0	106.6	112.8	92.5	109.6
进口		758.5	901.0	901.3	925.6	1538.8
进出口差额		-645.7	-779.1	-773.3	-817.5	-1409.1
出口/进口比率	(%)	14.9	13.5	14.2	11.7	8.4
占本地生产总值比重	**(%)**					
出口		2.8	2.7	2.9	5.3[r]	5.4
本地产品出口		0.4	0.3	0.3	0.8	0.8
再出口		2.3	2.4	2.5	4.5[r]	4.6
进口		18.7	20.2	20.2	45.3[r]	64.3

9-2-9 按主要原产地和目的地划分的商品进出口

单位：亿澳门元

主要国家/地区	2017	2018	2019	2020	2021
进口(原产地)					
中国内地	257.0	315.2	306.5	276.1	485.2
中国香港	68.0	70.4	56.5	29.1	56.9
欧盟	190.9	225.3	249.2	285.4	498.0
日本	54.5	73.0	61.8	95.9	131.6
中国台湾	14.7	14.5	13.0	15.7	12.9
美国	33.2	36.7	43.5	83.2	105.1
出口(目的地)					
美国	1.9	1.3	2.9	5.5	6.8
欧盟	1.9	2.1	2.0	1.8	1.9
中国内地	21.2	20.1	15.8	16.2	18.1
中国香港	66.0	75.7	81.6	74.6	91.6

9-2-10 按标准国际贸易分类划分的商品进口和出口

单位：百万澳门元

标准国际贸易分类	2010			2020			2021		
	进口	出口	出进口比率(%)	进口	出口	出进口比率(%)	进口	出口	出进口比率(%)
总数	**44118**	**6960**	**15.8**	**92559**	**10813**	**11.7**	**153877**	**12964**	**8.4**
0 粮食及活动物	4142	108	2.6	9006	296	3.3	10432	184	1.8
1 饮料及烟叶	3409	473	13.9	3871	327	8.4	6258	507	8.1
2 除燃料外的非食用未加工材料	196	73	37.4	831	139	16.8	876	256	29.3
3 矿物燃料、润滑油及有关物质	5285	#	#	5083	#	#	5871	#	#
4 动物及植物油、脂肪及蜡	124	1	1.1	141	2	1.2	170	1	0.9
5 未列明的化学及有关产品	3026	269	8.9	25928	831	3.2	36202	885	2.4
6 主要按材料分类的制成品	3107	1011	32.5	4352	501	11.5	5731	686	12.0
7 机械和运输设备	10473	1025	9.8	14563r	2240	15.4	30038	2973	9.9
8 杂项制成品	14281	3182	22.3	28688r	5939	20.7	58194	6859	11.8

注：部分货物的资料因统计保密的规定而未在此表列出。

9-2-11 按证件签发地划分的入境旅客人数

单位：万人次

证件签发地	2017	2018	2019	2020	2021
总数	**3261.1**	**3580.4**	**3940.6**	**589.7**	**770.6**
亚洲	3191.7	3507.9	3868.7	584.2	770.5
中国内地	2219.6	2526.1	2792.3	475.4	704.5
中国香港	616.5	632.8	735.4	84.3	58.9
中国台湾	106.0	106.1	106.3	10.4	7.1
日本	32.9	32.6	29.6	1.5	o
马来西亚	21.8	22.8	20.6	0.9	o
菲律宾	30.7	31.2	42.3	3.2	o
韩国	87.4	81.3	74.3	4.4	o
新加坡	14.3	13.5	11.6	0.6	o
其他	62.4	61.6	56.2	3.3	o
美洲	29.6	31.5	31.5	2.3	o
欧洲	26.8	27.7	27.8	2.0	o
大洋洲	10.4	10.7	10.0	0.9	o
非洲及其他	2.5	2.5	2.6	0.2	o

注：由于小数进位关系，各小项之和与总数可能出现差异。

9-2-12 按原居地划分的旅客人均消费

单位：澳门元

原居地	2015	2016	2017	2018	2019	2020	2021
人均消费①	**1665**	**1701**	**1880**	**1946**	**1626**	**2025**	**3173**
中国内地	1965	1975	2203	2242	1834	2252	3258
中国香港	887	999	970	1054	954	995	~
中国台湾	1466	1620	1585	1613	1377	1378	~
日本	1524	1708	1744	1871	1752	~	~
东南亚	1448	1388	1449	1378	1241	~	~
欧洲	1154	1170	1258	1287	1248	~	~
美洲	1240	1212	1181	1242	1192	~	~
大洋洲	1334	1386	1385	1461	1330	~	~
其他②	1302	1355	1619	1791	1645	1286	~
非购物消费①	**902**	**958**	**1026**	**1030**	**884**	**903**	**1116**
中国内地	913	952	1052	1040	873	912	1046
中国香港	744	838	798	859	759	765	~
中国台湾	1101	1228	1188	1217	1067	1150	~
日本	1355	1526	1530	1652	1582	~	~
东南亚	1105	1075	1094	1036	950	~	~
欧洲	1023	1066	1138	1165	1152	~	~
美洲	1035	1034	1008	1057	1026	~	~
大洋洲	1134	1225	1229	1287	1193	~	~
其他②	1130	1181	1364	1508	1435	1123	~
购物消费	**762**	**744**	**855**	**916**	**743**	**1122**	**2057**
中国内地	1051	1022	1151	1202	960	1339	2211
中国香港	143	161	173	196	195	230	~
中国台湾	365	391	397	396	310	228	~
日本	169	182	214	219	170	~	~
东南亚	342	313	354	343	291	~	~
欧洲	131	104	120	122	96	~	~
美洲	205	178	173	185	166	~	~
大洋洲	200	161	156	174	137	~	~
其他②	172	175	255	283	210	163	~

注：①不包括博彩消费。
②自2018年起不包括韩国旅客的人均消费。

9-2-13 零售业销售额

单位：亿澳门元

项　　目	2016	2017	2018	2019	2020	2021
销售总额	**588.39**	**662.62**	**768.07**	**771.87**	**452.25**	**740.90**
百货	85.99	98.85	123.28	133.40	66.23	120.32
超级市场	42.48	44.33	46.13	49.49	51.45	50.66
汽车	20.15	21.52	25.71	23.91	20.71	20.83
钟表珠宝	126.04	147.44	161.69	158.50	72.72	164.86
成人服装	77.46	86.89	101.47	89.03	41.91	60.84
车用燃料	12.14	12.80	15.05	16.80	11.43	12.45
家用燃料	5.46	5.68	6.32	5.90	4.31	4.68
家庭电器	12.86	11.73	13.01	11.65	8.65	10.28
药房	18.16	19.25	21.41	21.33	14.39	16.99
其他	82.42	214.13	254.00	261.86	160.45	278.99

9-2-14 按出入境方式统计的对外商品贸易

单位：万吨

项　　目	2017	2018	2019	2020	2021
入境①					
海路	348.6	353.1	526.9	693.8	618.4
空路	0.6	0.7	0.8	0.4	0.5
陆路	148.4	136.2	130.6	109.3	140.5
其他②	9780.7	10126.3	10183.0	9631.8	9501.5
总数	**10278.4**	**10616.4**	**10841.3**	**10435.3**	**10260.9**
出境①					
海路	46.1	32.9	16.0	16.6	19.5
空路	1.5	2.0	2.3	2.7	4.4
陆路	4.7	4.6	3.0	2.8	3.1
其他②	19.7	22.1	25.3	5.9	7.2
总数	**72.0**	**61.6**	**46.6**	**28.0**	**34.2**

注：①包括转运货物。
②包括邮递及以管道运输方式进出澳门的货物。

9-2-15 港口集装箱总吞吐量

单位：标准集装箱

项　　目	2017	2018	2019	2020	2021
入　　境	81958	86943	84618	83365	82695
出　　境	47631	51119	47699	37883	40840
转　　口	209	577	722	155	540

9-2-16 通信服务

项目	2017	2018	2019	2020	2021
邮递服务 （万件）					
信件邮件	3218	3303	3079	2628	2311
包裹	0.5	0.5	0.5	0.7	0.8
电话服务 （万户）					
固网电话用户	13.1	12.4	11.6	10.7	10.0
移动电话用户	74.3	76.4	80.2	83.3	88.1
预付卡	150.6	141.7	199.1	78.8	39.4
对外电话通讯量 （万分钟）					
拨出	21168	17473	14008	8186	6956
拨入	17211	15645	13450	6145	6460
互联网					
登记用户 （万户）	39.7	54.3	59.0	63.2	67.2
总使用时数 （万小时）	124194	126880	158540	165428	166102

注：由于小数进位关系，此表内“电话服务”细项之和与统计表9-2-1内“固网及移动电话用户”之总数出现差异。

9-2-17 按受教育程度统计14岁及以上人口

项目	2001人口普查		2006中期人口统计		2011人口普查		2016中期人口统计		2021人口普查	
	人数（万人）	构成（%）	人数（万人）	构成（%）	人数（万人）	构成（%）	人数（万人）	构成（%）	人数（万人）	构成（%）
总计	**34.97**	**100.0**	**43.36**	**100.0**	**49.27**	**100.0**	**57.70**	**100.0**	**58.84**	**100.0**
男	16.45	47.0	20.97	48.4	23.40	47.5	27.55	47.8	27.15	46.1
女	18.52	53.0	22.39	51.6	25.86	52.5	30.15	52.2	31.69	53.9
从未入学/学前教育	2.10	6.0	2.06	4.7	1.65	3.4	1.59	2.7	0.94	1.6
男	0.48	1.4	0.50	1.1	0.38	0.8	0.39	0.7	0.21	0.4
女	1.62	4.6	1.56	3.6	1.27	2.6	1.20	2.1	0.73	1.2
小学	13.64	39.0	13.28	30.6	12.17	24.7	12.14	21.0	12.26	20.8
男	6.63	19.0	6.59	15.2	5.81	11.8	5.71	9.9	5.43	9.2
女	7.01	20.0	6.69	15.4	6.36	12.9	6.43	11.1	6.84	11.6
初中	9.45	27.0	12.07	27.8	12.31	25.0	12.69	22.0	10.88	18.5
男	4.43	12.7	6.00	13.8	6.11	12.4	6.39	11.1	5.24	8.9
女	5.02	14.3	6.07	14.0	6.19	12.6	6.30	10.9	5.64	9.6
高中	6.63	18.9	10.43	24.0	14.09	28.6	16.61	28.8	16.53	28.1
男	3.32	9.5	5.16	11.9	6.73	13.7	8.09	14.0	7.83	13.3
女	3.31	9.5	5.27	12.1	7.36	14.9	8.52	14.8	8.70	14.8
文凭课程	~	~	~	~	~	~	~	~	0.57	1.0
男	~	~	~	~	~	~	~	~	0.23	0.4
女	~	~	~	~	~	~	~	~	0.33	0.6
高等教育 ①										
高等专科	0.75	2.1	0.64	1.5	0.99	2.0	1.28	2.2	2.58	4.4
男	0.29	0.8	0.26	0.6	0.46	0.9	0.61	1.1	1.17	2.0
女	0.46	1.3	0.38	0.9	0.53	1.1	0.67	1.2	1.41	2.4
大学	2.39	6.8	4.86	11.2	8.02	16.3	13.34	23.1	15.02	25.5
男	1.29	3.7	2.44	5.6	3.88	7.9	6.33	11.0	7.00	11.9
女	1.10	3.2	2.42	5.6	4.13	8.4	7.01	12.2	8.01	13.6
特殊教育	0.02	0.1	0.03	0.1	0.04	0.1	0.06	0.1	0.08	0.1
男	0.01	o	0.02	o	0.03	o	0.04	o	0.05	0.1
女	0.01	o	0.01	o	0.02	o	0.02	o	0.03	0.1

注：①自2021人口普查起，高等教育不包括文凭课程。

9-2-18 外币兑换率

单位：一单位外币兑换的澳门元

项　目	2017	2018	2019	2020	2021
年内平均数字					
澳元	6.1552	6.0401	5.6078	5.5165	6.0154
欧元	9.0677	9.5360	9.0358	9.1196	9.4749
韩圆	0.0071	0.0073	0.0069	0.0068	0.0070
美元	8.0262	8.0729	8.0703	7.9889	8.0057
新台币	0.2638	0.2679	0.2611	0.2712	0.2866
英镑	10.3353	10.7810	10.2996	10.2496	11.0171
港元	1.0300	1.0300	1.0300	1.0300	1.0300
日元	0.0716	0.0731	0.0741	0.0748	0.0730
马来西亚林吉特	1.8669	2.0022	1.9479	1.9007	1.9316
新西兰元	5.7079	5.5894	5.3171	5.1939	5.6643
人民币	1.1889	1.2220	1.1673	1.1575	1.2409
新加坡元	5.8132	5.9850	5.9150	5.7914	5.9580
瑞士法郎	8.1582	8.2533	8.1243	8.5168	8.7587
年底数字					
澳元	6.2828	5.6848	5.6179	6.1502	5.8263
欧元	9.6179	9.2324	8.9870	9.8278	9.0969
韩圆	0.0075	0.0072	0.0069	0.0073	0.0067
美元	8.0518	8.0664	8.0216	7.9852	8.0319
新台币	0.2704	0.2640	0.2669	0.2844	0.2902
英镑	10.8289	10.2359	10.5199	10.8958	10.8447
港元	1.0300	1.0300	1.0300	1.0300	1.0300
日元	0.0713	0.0731	0.0737	0.0774	0.0698
马来西亚林吉特	1.9834	1.9463	1.9567	1.9822	1.9243
新西兰元	5.7152	5.4130	5.4021	5.7717	5.4886
人民币	1.2327	1.1730	1.1492	1.2274	1.2595
新加坡元	6.0212	5.9079	5.9501	6.0396	5.9403
瑞士法郎	8.2321	8.2009	8.2795	9.0622	8.7929

9-2-19 货币供应

单位：亿澳门元(年底数字)

项　目	2017	2018	2019	2020	2021
狭义货币供应量M_1	**723.9**	**807.6**	**881.6**	**811.9**	**758.7**
分类一：澳门元	421.3	452.4	470.6	481.1	491.8
港元	287.8	341.8	386.6	306.7	247.1
其他货币	14.8	13.4	24.4	24.0	19.8
分类二：流通货币(澳门元)	149.1	160.1	168.8	185.8	198.9
活期存款	574.8	647.5	712.9	626.1	559.9
广义货币供应量$M_2$①	**5914.7**	**6514.5**	**6875.2**	**6923.6**	**6875.4**
分类一：澳门元	1827.9	1985.1	2106.3	2354.1	2434.0
港元	3203.0	3419.7	3311.0	3382.4	3441.8
其他货币	883.8	1109.8	1457.9	1187.1	999.7
分类二：狭义货币供应量$M_1$②	723.9	807.6	881.6	811.9	758.7
准货币负债③	5190.7	5706.9	5993.6	6111.7	6116.7
储蓄存款	1923.9	1924.0	1931.7	2239.4	2255.3
通知存款	3.4	1.7	1.8	1.5	0.7
定期存款	3262.2	3780.7	4059.7	3832.1	3830.3

注：① $M_2=M_1+$准货币负债。
② 货币供应量M_1包括流通货币及活期存款。
③ 准货币负债：包括储蓄存款、通知存款、定期存款、其他存款及存款证明书。

【主要统计指标解释】

本地生产总值 反映每年在澳门特区生产的货物和提供各种服务的总量。本年鉴中的本地生产总值用支出法及生产法估算，支出法等于私人消费支出、政府最终消费支出、固定资本形成总额、库存变化和货物及服务出口净值（出口减进口）的总和。而生产法等于各经济行业的增加值总额的总和，这种方法可以评估澳门特区的产业结构。

婴儿死亡率 参考期内年龄在1岁或以下的死亡人数与出生活婴数目的千分比。

出生率 参考期内出生活婴数目与平均人口之千分比。

死亡率 参考期内死亡人数与平均人口之千分比。

幼儿、小学、中学教育 指有系统的，且主要专为儿童及青少年开办的，由幼儿教育至中学教育的课程；中学教育包括职业技术教育。

幼儿教育 为期3年，对象是年龄3-5岁的儿童。在报名当年的12月31日年满3岁的幼儿可报读幼儿教育第一年。

小学教育 为期6年，完成幼儿教育或在报名当年的12月31日年满6岁的儿童可报读小学教育第一年。就读小学的最高年龄为15岁。

中学教育 由两个阶段组成：初中教育及高中教育。大学预科不纳入中学教育。

1. 初中教育 为期3年，合格完成小学教育者可以入读。就读初中最大年龄为18岁，但在特别情况下，经教育机构决定，可以逾越此年限。

2. 高中教育 为期3年，合格完成初中教育者可以入读。就读高中最大年龄为21岁，但在特别情况下，经教育机构决定，可以逾越此年限。

高等教育 指透过理论、实践等在科学、文化及技术领域提供的培训教育；高等教育包括大学教育及高等专科教育。

劳动人口 在调查日前7天内可参与生产商品或提供服务的年龄在16岁及以上人士。包括就业人士及失业人士。

就业人口 在调查日前7天内为赚取报酬或利润而工作至少1小时的年龄在16岁及以上人士，亦包括无酬家属帮工、没有上班但与雇主保持正式工作联系的雇员，以及正在休假的雇主或自雇人士。

就业不足人口 在调查日前7天内不论其职业身份，非自愿地工作少于35小时，并可随时接受更多的工作或在调查日前30天内正在寻找更多工作的就业人士。因此，在调查日前7天内处于无薪假期且符合上述条件的就业人士会视为就业不足人口。

劳动力参与率 劳动人口占年龄在16岁及以上人士的百分比。

失业率 失业人口占劳动人口的百分比。

就业不足率 就业不足人口占劳动人口的百分比。

旅客 指任何非以澳门特区为惯常活动环境的人士，连续在澳门的逗留时间少于一年，其旅游目的并非受雇于澳门特别行政区的居民实体。

酒店业平均入住率 入住客房数量与可供应客房数量之百分比。

进口 将来自外地的货物输入澳门特区，但再进口和转运制度下输入者除外。

出口 将货物输出澳门特区，但暂时出口和转运制度下输出者除外。

本地产品出口 将原产地为澳门特区的任何货物输出澳门特区。

再出口 指原进口的货物未经加工输出澳门特区；或虽加工，但不能取得澳门特区产地资格。

转运 货物经过澳门特区而运到下一目的地。

原产地 农业产品种植之国家／地区、矿产开采之国家／地区、工业产品生产之国家／地区，被视为原产地国家／地区。若工业产品的制造工序于两个或以上的国家／地区进行，应以进行最后转变成型工序的国家／地区为原产地，再包装、分类及混合等工序不能构成最后转变成型工序；当产品入口国对相关货物产地来源有特定规定时，应遵从有关规定。

目的地 目的地是指货物实际最后到达的国家或地区(不论在运输途中有或没有中断)。如有中间国家或地区，只要不在中间国家或地区内进行商业交易，最后到达的国家或地区都可被视为目的地。

贸易价格比率指数 即货物出口单位价格指数与货物进口单位价格指数之比率。

单位 包括住宅、商业、办公室、工业、停车位、酒店及其他单位。

建筑面积 相等于所有楼层楼面面积之总和。楼面面积从外墙起量度，包括大堂、楼梯、升降机所占面积以及所有公用地方面积。

消费物价指数 反映澳门特区住户于购买一篮子之指定商品或服务时，在不同时间该等商品或服务之价格变动。

狭义货币供应量M_1 为流通货币及活期存款之和。

广义货币供应量M_2 指狭义货币供应量M_1加上准货币负债。准货币负债指储蓄存款、通知存款、定期存款、其他存款和存款证明书。

财务活动 由财务资产及财务负债组成。

9 港澳台第三产业情况

简要说明

一、本章资料反映台湾省主要社会、经济发展情况，重点反映第三产业情况。内容包括：人口、就业、国民经济核算、工业、交通通讯、对外贸易、财政金融、物价、教育、社会保障等方面。

二、本章数据主要来自台湾“行政院主计处”及相关部门统计出版物，国家统计局国际统计信息中心负责整理、编辑。

三、贸易数据从2016年1月起按照一般贸易制度口径予以统计，并按此方法对2001年至2015年的贸易数据进行了重新修订。

9-3-1 主要统计指标概况

指标		2016	2017	2018	2019	2020	2021
人口							
户籍登记人口数①	(万人)	2354.0	2357.1	2358.9	2360.3	2356.1	2337.5
人口自然增长率	(‰)	1.5	1.0	0.4	0.1	-0.3	-1.3
人口密度①	(人/平方公里)	650.3	651.2	651.7	652.1	650.9	645.8
性别比①(女=100)		99.1	98.9	98.6	98.4	98.2	98.2
劳动、就业							
劳动力人口	(万人)	1172.7	1179.5	1187.4	1194.6	1196.4	1191.9
劳动力参与率	(%)	58.8	58.8	59.0	59.2	59.1	59.0
男		67.1	67.1	67.2	67.3	67.2	66.9
女		50.8	50.9	51.1	51.4	51.4	51.5
工业就业人口比率	(%)	35.9	35.8	35.7	35.6	35.4	35.5
服务业就业人口比率	(%)	59.2	59.3	59.4	59.6	59.8	59.8
失业率	(%)	3.9	3.8	3.7	3.7	3.9	4.0
工业及服务业月人均薪资	(新台币元)	49266.0	50480.0	52407.0	53457.0	54160.0	55792.0
工业		48654.0	49907.0	52005.0	52865.0	53136.0	56298.0
服务业		49730.0	50912.0	52708.0	53882.0	54893.0	55428.0
公共安全							
刑案发生率	(件/10万人)	1253.8	1245.8	1206.7	1137.3	1101.3	1035.8
犯罪人口率	(人/10万人)	1160.1	1219.7	1236.7	1176.7	1195.0	1130.1
刑案破获率	(%)	93.0	94.6	95.2	96.4	97.7	98.8
少年疑犯人数(12-17岁)	(人)	9775.0	10499.0	8893.0	9441.0	10226.0	9627.0
火灾发生次数	(次)	1856.0	30464.0	27922.0	22866.0	22248.0	21684.0
死伤人数	(人)	430.0	480.0	463.0	628.0	625.0	496.0
机动车肇事率	(件/万辆)	142.4	137.4	147.0	155.5	163.2	159.6
道路交通事故伤亡人数							
死亡	(人)	1604.0	1517.0	1493.0	1849.0	1851.0	1860.0
受伤	(人)	403906.0	394198.0	428049.0	456378.0	483409.0	454401.0
保险							
全民健保参保人数	(万人)	2381.5	2388.0	2394.8	2402.0	2398.7	2386.1
社保参保人数	(万人)						
公务员和教师		57.9	58.4	58.9	59.2	59.4	58.7
劳工		1016.5	1027.2	1037.2	1046.9	1055.5	1074.2
农民		123.6	117.5	113.0	108.4	104.6	100.6
工业							
受雇者劳动生产力指数(2016年＝100)		100.0	103.3	105.4	105.3	113.8	127.4
工业生产指数(2016年=100)		100.0	105.0	108.8	108.5	116.1	131.7
制造业		100.0	105.3	109.4	108.9	117.2	133.9
工业生产价值	(新台币亿元)	131456.1	139100.7	147888.9	139798.9	134953.5	168586.3
商业及对外贸易							
营利事业家数①	(万家)	137.5	140.4	143.4	146.5	150.7	155.7
营利事业销售额	(新台币亿元)	384053.2	403054.5	427446.5	431020.1	437395.2	508452.6
货物进出口额	(亿美元)	5083.7	5726.9	6188.0	6148.1	6312.7	8278.7
出口		2791.7	3154.9	3340.1	3291.6	3451.3	4463.8
进口		2292.0	2572.0	2847.9	2856.5	2861.5	3814.9
出（入)超		499.8	582.9	492.2	435.1	589.8	648.9
对日出（入)超		-211.5	-213.7	-213.5	-207.7	-225.0	-268.9
对美出（入)超		63.1	83.8	63.9	114.0	180.4	265.5
对内地及港出（入)超		666.6	783.6	827.0	736.6	865.7	1047.0
外销订单	(亿美元)	4445.4	4928.1	5118.2	4845.6	5336.6	6741.3
运输通信							
交通运输客运人数	(亿人)						
铁路		10.9	11.2	11.5	11.9	10.3	7.9

注：①为年底数。②为年度资料。③卖出汇率，且为年底数。④从2013年12月30日起，国道高速公路由计次收费改为计程电子收费。

9-3-1 续表

指 标	2016	2017	2018	2019	2020	2021
公路	12.3	12.4	12.5	12.5	10.8	7.9
航空 （万人）						
省内	1084.3	1109.7	1159.2	1224.1	1011.3	657.4
省外	5197.9	5447.5	5692.2	5957.8	883.1	102.4
高速公路收费站通行车辆数④ （万辆次）	579102.6	591902.2	592668.3	597496.5	607532.2	579762.1
每百人机动车辆数① （辆）	91.4	92.1	92.7	93.7	94.6	96.7
港埠货物装卸量 （万计费吨）	73356.1	72550.4	74085.2	73055.8	70299.5	75059.1
旅游 （万人次）						
出省旅游人数	1458.9	1565.5	1664.5	1710.1	233.6	36.0
来台湾旅客人数	1069.0	1074.0	1106.7	1186.4	137.8	14.0
财政、金融						
赋税实征净额② （新台币亿元）	22240.8	22512.5	23869.4	24705.2	23986.7	28742.1
外汇存底① （亿美元）	4342.0	4515.0	4617.8	4781.3	5299.1	5484.1
汇率③						
1美元 （新台币）	32.3	30.4	30.2	30.9	29.6	28.0
货币总计数$M_2$① （新台币亿元）	413018.3	427702.2	439052.0	458918.5	501879.0	538752.1
年增率 （%）	3.6	3.6	2.7	4.5	9.4	7.4
存款① （新台币亿元）	407174.0	420940.0	431958.0	450861.0	492197.0	527570.0
放款与投资① （新台币亿元）	305492.0	320227.0	337475.0	354224.0	378266.0	409996.0
再贴现率① （年息百分比率）	1.4	1.4	1.4	1.4	1.1	1.1
股价指数(1966年＝100)	8763.0	10208.0	10620.0	10790.0	12075.0	16938.0
国际收支余额 （亿美元）						
经常账户	712.2	830.5	708.4	651.6	949.6	1161.2
资本账户	-0.1	-0.1	0.6	0.0	-0.09	0.03
金融账户	584.9	749.9	588.1	576.6	462.5	1046.0
价格指数年增长率(2016年＝100) （%）						
批发	-3.0	0.9	3.6	-2.3	-7.8	9.5
消费者	1.4	0.6	1.4	0.6	-0.2	2.0
进口	-3.1	1.4	6.1	-1.5	-10.2	10.5
出口	-2.7	-1.5	1.5	-2.8	-7.2	6.6
国民经济核算 （新台币亿元）						
本地居民总收入	180064.1	184307.1	187898.2	193847.8	203704.4	221696.3
本地生产总值	175552.7	179833.5	183750.2	189086.3	197986.0	217106.0
居民消费	90820.8	93256.8	96104.8	98830.7	96003.8	97043.3
固定资本形成总额	38075.7	37958.7	40011.3	45266.1	47841.1	56828.6
商品及服务出口	118081.3	120955.1	121913.5	119226.5	114910.2	144036.6
减：商品及服务进口	96147.4	96956.8	101361.0	100502.2	88538.9	111805.1
GDP增长率 （%）	2.2	3.3	2.8	3.1	3.4	6.6
农业	-9.7	8.3	4.5	-0.9	-1.6	-3.7
工业	3.7	4.8	2.6	1.4	7.0	12.9
服务业	1.3	2.9	3.0	3.6	1.2	3.1
产业结构 （%）						
农业	1.9	1.8	1.7	1.7	1.6	1.5
工业	36.9	37.0	36.5	35.4	37.0	37.8
服务业	61.3	61.6	62.3	62.8	61.0	60.4
人均本地居民总收入 （新台币元）	765711.0	782437.0	796852.0	821527.0	863806.0	944346.0
人均本地居民总收入 （美元）	23684.0	25704.0	26421.0	26561.0	29202.0	33708.0
居民储蓄总值 （新台币亿元）	63396.2	65639.4	65326.4	67350.7	78206.1	93943.8
储蓄率 （%）	35.2	35.6	34.8	34.7	38.4	42.4

9-3-2 本地生产总值部门构成

单位：%

年份	本地生产总值(新台币亿元)	农业	工业	制造业	水、电、燃气业及污染治理业	建筑业	服务业	批发、零售业	金融及保险业	不动产业	咨讯及通讯传播业
2009	129194.45	1.68	30.69	25.96	2.12	2.46	66.38	17.22	6.15	8.92	3.51
2010	140603.45	1.61	33.30	28.60	1.97	2.60	64.83	16.84	6.17	8.49	3.30
2011	142622.01	1.74	32.62	28.27	1.56	2.67	65.64	17.14	6.37	8.55	3.23
2012	146777.65	1.68	32.37	28.07	1.59	2.60	65.05	16.70	6.34	8.51	3.14
2013	152707.28	1.73	33.71	29.11	1.93	2.57	64.51	16.77	6.36	8.49	3.10
2014	162580.47	1.86	35.76	31.10	2.05	2.52	62.90	16.03	6.48	8.17	3.06
2015	170550.80	1.75	36.22	31.36	2.32	2.46	61.84	15.62	6.45	8.02	3.08
2016	175552.68	1.87	36.87	32.22	2.25	2.34	61.27	15.25	6.41	7.97	3.13
2017	179833.47	1.83	36.98	32.66	1.94	2.32	61.59	15.46	6.55	7.99	3.09
2018	183750.22	1.70	36.46	32.27	1.73	2.40	62.26	15.62	6.69	8.10	3.05
2019	189086.32	1.68	35.41	30.92	1.77	2.65	62.77	15.71	6.75	8.22	3.10
2020	197985.97	1.58	36.96	31.93	2.08	2.88	61.03	15.32	6.71	8.17	3.05
2021	217105.98	1.49	37.82	32.76	1.68	3.32	60.42	15.67	6.72	7.63	2.97

9-3-3 本地居民总收入

年份	本地居民总收入			人均本地居民总收入	
	新台币亿元	实际年增长率 %	亿美元①	新台币元	美元①
2007	136894	6.3	4169	597334	18189
2008	134209	-2.0	4255	583576	18503
2009	133218	-0.7	4030	577241	17460
2010	144761	8.7	4574	625560	19765
2011	146343	1.1	4966	630965	21410
2012	151100	3.3	5101	649322	21922
2013	156732	3.7	5265	671384	22552
2014	166972	6.5	5498	713443	23492
2015	174947	4.8	5483	745634	23367
2016	180064	2.9	5570	765711	23684
2017	184307	2.4	6055	782437	25704
2018	187898	2.0	6230	796852	26421
2019	193848	3.2	6267	821527	26561
2020	203704	5.1	6887	863806	29202
2021	221696	8.8	7913	944346	33708

注：①按当年汇率折算。

9-3-4 劳动力和就业状况

项目	2016	2017	2018	2019	2020	2021
劳动力总计 （万人）	1172.7	1179.5	1187.4	1194.6	1196.4	1191.9
男	654.1	656.8	660.2	663.1	663.8	659.5
女	518.6	522.7	527.2	531.5	532.6	532.4
就业人数 （万人）	1126.7	1135.2	1143.4	1150.0	1150.4	1144.7
男	626.7	630.5	634.6	637.6	637.8	633.2
女	500.0	504.7	508.9	512.4	512.6	511.5
就业者行业构成 (%)	100.0	100.0	100.0	100.0	100.0	100.0
农、林、渔、牧业	4.9	4.9	4.9	4.9	4.8	4.7
工业	35.9	35.8	35.7	35.6	35.4	35.5
矿业及土石采取业	0.04	0.04	0.03	0.03	0.03	0.03
制造业	26.9	26.8	26.8	26.7	26.4	26.4
电力及燃气供应业	0.3	0.3	0.3	0.3	0.3	0.3
用水供应及污染整治业	0.7	0.7	0.7	0.7	0.7	0.7
建筑业	8.0	7.9	7.9	7.9	8.0	8.0
服务业	59.2	59.3	59.4	59.6	59.8	59.8
批发及零售业	16.4	16.5	16.6	16.7	16.5	16.4
运输及仓储业	3.9	3.9	3.9	3.9	4.0	4.0
金融及保险业	3.8	3.8	3.8	3.8	3.8	3.8
咨讯及通讯传播	2.2	2.2	2.3	2.3	2.3	2.3
住宿及餐饮业	7.3	7.3	7.3	7.4	7.4	7.3
教育服务业	5.8	5.7	5.7	5.7	5.7	5.6
公共行政	3.3	3.3	3.2	3.2	3.3	3.3
失业人数 （万人）	46.0	44.3	44.0	44.6	46.0	47.1
失业率 (%)	3.9	3.8	3.7	3.7	3.9	4.0

9-3-5 服务业就业人员月平均工资

单位：新台币元

年份	服务业月平均工资	批发、零售业	运输、仓储业	金融、保险业	不动产业	专业、科学及技术服务
2009	43867	40081	47911	67713	39032	49426
2010	45600	41766	49012	74219	42093	52141
2011	46881	42562	50333	76920	43783	54097
2012	46747	41815	50364	77957	41546	54950
2013	46756	42249	50021	77864	42165	53835
2014	48558	44377	50291	83085	44786	55491
2015	49526	45422	51579	84742	44075	56132
2016	49730	45345	52540	85452	42897	56427
2017	50912	47260	53314	86425	44893	57585
2018	52708	49798	54994	89215	47658	58773
2019	53882	51328	55588	93059	50431	63534
2020	54893	52281	55097	94473	54188	64568
2021	55428	51448	57579	98875	57330	65478

9-3-6 货物进出口额

年份	按新台币计算（亿元）			按美元计算（亿美元）		
	进出口总额	出口	进口	进出口总额	出口	进口
2009	126093	67695	58398	3823	2052	1771
2010	168310	87574	80736	5331	2774	2557
2011	176112	91724	84388	5995	3122	2873
2012	172229	90373	81856	5818	3053	2765
2013	174434	92190	82243	5882	3109	2774
2014	181663	96634	85029	6005	3194	2811
2015	165024	90137	74887	5208	2844	2364
2016	163831	89972	73859	5084	2792	2292
2017	174402	96058	78344	5727	3155	2572
2018	186562	100691	85871	6188	3340	2848
2019	190174	101819	88354	6148	3292	2857
2020	186593	101987	84606	6313	3451	2861
2021	231859	125018	106841	8279	4464	3815

9-3-7 出口与进口货物分类

单位：亿美元

年份	出口				进口			
	出口额	资本品	中间产品	消费品	进口额	资本设备	原材料	消费品
2010	2773.5	293.0	2173.9	294.4	2557.5	386.1	1918.3	231.9
2011	3121.8	336.3	2407.6	365.1	2873.2	367.5	2206.7	274.8
2012	3053.1	337.5	2380.8	321.9	2764.7	340.6	2120.3	282.2
2013	3108.7	326.5	2444.9	320.8	2773.8	361.2	2084.0	297.1
2014	3194.1	342.3	2518.5	316.3	2811.0	377.7	2077.7	314.5
2015	2844.3	333.6	2207.6	285.4	2363.8	372.2	1626.1	320.1
2016	2791.7	337.4	2173.0	264.1	2292.0	411.1	1532.8	315.3
2017	3154.9	378.7	2481.1	276.6	2572.0	405.6	1789.5	339.9
2018	3340.1	404.6	2632.5	284.6	2847.9	418.7	2032.9	361.1
2019	3291.6	441.2	2537.2	294.4	2856.5	507.6	1939.6	371.7
2020	3451.3	461.2	2660.9	308.8	2861.5	526.4	1911.6	385.4
2021	4463.8	561.1	3507.5	372.3	3814.9	688.4	2648.1	435.7

9-3-8 货物出口去向和进口来源

单位：亿美元

项　目	2016	2017	2018	2019	2020	2021
出口去向						
中国内地	737.3	887.5	965.0	917.9	1024.5	1259.0
中国香港	382.5	411.7	414.0	403.3	489.4	629.7
日　本	194.7	205.7	228.0	232.8	234.0	292.1
韩　国	125.3	144.2	157.4	169.2	151.4	201.4
美　国	334.0	367.7	394.9	462.5	505.5	656.9
泰　国	54.9	63.8	61.7	55.2	52.9	70.2
马来西亚	78.1	103.7	106.0	94.0	94.6	133.3
印度尼西亚	27.5	31.9	33.3	29.2	22.8	30.7
新加坡	161.5	176.2	173.2	181.8	190.8	257.2
越　南	95.1	104.6	107.7	107.7	105.2	139.7
德　国	59.0	64.3	70.6	65.2	60.4	81.7
法　国	15.4	17.1	16.7	15.2	12.8	15.8
意大利	18.6	20.3	23.3	19.8	16.1	25.7
英　国	36.4	37.6	38.6	35.8	33.4	41.5
巴　西	9.5	12.7	13.4	11.8	10.8	16.3
澳大利亚	29.5	29.3	34.0	32.4	32.3	48.1
沙特阿拉伯	12.2	10.7	7.8	9.1	8.7	9.2
科威特	1.7	1.4	1.5	1.6	1.2	1.3
进口来源						
中国内地	439.9	500.4	537.9	573.9	635.9	824.7
中国香港	13.3	15.1	14.1	10.6	12.2	17.1
日　本	406.2	419.4	441.5	440.5	459.0	561.0
韩　国	146.5	168.9	195.2	177.4	206.1	306.4
美　国	270.9	284.0	331.0	348.5	325.1	391.4
泰　国	38.2	43.6	45.8	42.5	45.4	59.6
马来西亚	62.9	71.8	93.0	103.7	98.9	118.0
印度尼西亚	43.1	48.8	54.9	46.8	45.1	79.0
新加坡	75.3	87.1	84.2	79.2	89.9	120.7
越　南	27.5	31.2	37.0	52.8	55.0	61.4
德　国	85.7	92.0	99.7	94.0	101.8	125.0
法　国	30.3	39.0	37.1	32.1	29.9	35.1
意大利	22.0	25.2	26.9	26.1	26.6	30.1
英　国	18.4	19.4	20.8	20.2	19.0	23.7
巴　西	19.5	26.0	16.4	20.5	20.2	26.3
澳大利亚	61.2	82.4	95.5	100.2	80.6	147.6
沙特阿拉伯	58.1	68.6	86.1	77.3	48.5	78.9
科威特	29.3	35.7	51.2	43.1	25.3	45.3

9-3-9 旅游人数及外汇收入

指　　标		2017	2018	2019	2020	2021
离境旅游人数	**（万人次）**	**1565.5**	**1664.5**	**1710.1**	**233.6**	**36.0**
来台旅游人数	**（万人次）**	**1074.0**	**1106.7**	**1186.4**	**137.8**	**14.0**
中国香港澳门		169.2	165.4	175.8	17.8	1.1
中国大陆		273.3	269.6	271.4	11.1	1.3
外国		631.3	671.3	739.0	108.6	11.5
未列明		0.2	0.5	0.2	0.3	0.1
来台旅客						
旅游外汇收入	（亿美元）	123.2	137.1	144.1	18.0	
平均每人停留时间	（夜）	6.4	6.5	6.2	8.3	34.8
旅客人均每日消费	（美元）	179.5	191.7	195.9		

9-3-10 铁路和公路客货运量

年　份	铁　　路				公　　路			
	客运量（亿人）	客运周转量（亿人公里）	货运量（亿吨）	货物周转量（亿吨公里）	客运量（亿人）	客运周转量（亿人公里）	货运量（亿吨）	货物周转量（亿吨公里）
2009	7.18	192.69	0.10	7.70	10.39	158.82	5.97	290.71
2010	7.78	209.27	0.10	8.66	11.10	163.07	6.28	296.32
2011	8.63	228.21	0.11	8.48	11.64	170.40	6.38	295.51
2012	9.24	242.02	0.11	8.28	11.91	175.86	6.53	298.51
2013	9.70	253.16	0.11	7.27	12.20	179.28	5.51	384.74
2014	10.22	263.27	0.11	6.81	12.39	183.84	5.42	378.52
2015	10.60	270.98	0.11	6.34	12.17	175.65	5.32	378.05
2016	10.90	279.37	0.09	5.62	12.25	173.79	5.30	385.33
2017	11.21	289.91	0.08	5.12	12.35	170.53	5.37	403.51
2018	11.52	296.15	0.08	5.42	12.50	171.36	5.61	441.69
2019	11.93	304.44	0.07	5.17	12.47	170.64	5.60	443.70
2020	10.29	255.56	0.07	4.95	10.79	143.03	5.02	331.99
2021	7.91	195.33	0.07	4.45	7.91	101.35	5.17	340.94

9-3-11 港口客运量及货运量

年 份	客运量(万人)			货运量(万吨)		
	总计	进港	出港	总计	进港	出港
2009	57.58	27.77	29.80	23574	17057	6517
2010	66.96	32.53	34.44	24649	18212	6437
2011	66.48	32.43	34.04	24442	18139	6303
2012	69.91	34.59	35.32	23892	17876	6016
2013	99.12	49.17	49.94	24347	18189	6158
2014	137.86	68.30	69.56	25548	19240	6308
2015	135.12	66.87	68.25	24068	18208	5861
2016	122.96	60.79	62.17	24602	18593	6009
2017	142.71	70.49	72.22	24648	18924	5724
2018	142.46	70.26	72.20	24262	18290	5971
2019	150.41	74.33	76.07	23085	16919	6166
2020	42.83	20.19	22.64	22842	16988	5854
2021	23.21	10.83	12.38	24590	18209	6381

9-3-12 港口集装箱及货物装卸量

年 份	折合20英尺标准集装箱(万TEU)			装卸量(万收费吨)		
	总计	进港	出港	总计	装货量	卸货量
2009	1171	588	583	60575	24435	36140
2010	1274	635	639	65540	26584	38956
2011	1342	674	669	67900	27547	40353
2012	1388	694	694	69080	28455	40625
2013	1405	706	698	70575	28970	41606
2014	1505	754	751	74861	30844	44017
2015	1449	726	723	72139	29576	42562
2016	1487	744	742	73356	30395	42961
2017	1491	746	745	72550	30014	42536
2018	1532	767	765	74085	30817	43268
2019	1530	769	761	73056	30484	42571
2020	1459	729	730	70299	29298	41001
2021	1545	777	768	75059	30869	44190

9-3-13 民航客运量及货运量

年　份	客运量（万人次）	国际线	省内线	过境	货运量（万吨）	国际线	省内线
2007	3977	2443	1271	263	170.9	119.1	4.0
2008	3524	2278	985	218	158.7	103.4	3.7
2009	3606	2343	923	28	174.4	86.7	3.7
2010	4109	2526	973	25	233.6	101.8	3.7
2011	4286	2496	1048	24	217.9	95.2	3.6
2012	4686	2694	1068	28	209.1	93.1	3.6
2013	5034	3017	1055	40	208.5	90.6	3.6
2014	5536	3310	1056	40	222.2	94.4	3.5
2015	5816	3616	980	37	215.1	93.5	3.3
2016	6325	4072	1084	43	223.3	99.6	3.2
2017	6598	4403	1110	41	241.6	107.8	3.0
2018	6890	4618	1159	39	246.3	108.2	3.0
2019	7216	4883	1224	34	231.5	105.0	3.0
2020	1900	783	1011	5	243.5	100.2	2.9
2021	760	75	657	0	291.9	128.2	2.4

资料来源：台湾“交通部民航局”。

9-3-14 邮政及电信营运量

项　目	2016	2017	2018	2019	2020	2021
邮政						
函件（亿件）						
收寄	25.0	23.5	21.5	20.2	19.1	18.4
包裹（万件）						
收寄	2383.3	2460.5	2573.7	2594.6	2736.2	2982.1
电信						
市内电话用户数（万户）	1170	1145	1121	1099	1075	1052
移动电话用户数（万户）	2892.9	2865.6	2922.0	2920.8	2928.9	2958.0
综合业务数字网用户数（万户）	1.4	1.3	0.9	0.7	0.6	0.6
数据通信出租电路数（万路）	16.9	15.2	15.4	15.0	14.4	13.6
国际互联网用户数（万户）	620.5	622.3	614.9	627.3	589.6	560.9
宽带用户（万户）	579.2	582.3	576.2	589.7	553.1	525.4
国际电话去话分钟数（万分钟）	182973	136685	108830	69641	43644	27944

9-3-15 入学率和教育经费

单位：%

年 份	粗入学率(6-21岁)			15岁以上人口识字率②	教育经费占GNI比重	政府教育经费占政府支出比重
	初等教育(6-11岁)	中等教育(12-17岁)	高等教育①(18-21岁)			
2007	100.8	98.7	85.3	97.6	5.2	20.8
2008	99.0	99.1	84.1	97.8	5.4	20.5
2009	99.1	99.1	82.7	97.9	5.8	19.9
2010	99.0	99.0	83.1	98.0	5.3	20.1
2011	98.8	98.9	83.6	98.2	5.4	20.6
2012	98.7	98.7	84.2	98.3	5.4	20.5
2013	98.6	98.6	84.0	98.4	5.3	20.8
2014	98.5	98.7	83.8	98.5	5.1	21.3
2015	98.4	98.9	83.7	98.6	4.9	21.8
2016	98.3	98.6	84.0	98.7	4.9	21.5
2017	98.1	98.3	84.5	98.8	4.8	21.7
2018	98.0	98.5	84.7	98.9	4.8	21.6
2019	97.9	98.6	85.2	99.0	4.7	21.1
2021	98.1	98.7	87.9	99.0	4.6	19.6

注：① 不含五专前三年、研究所及进修教育。②年底资料。

9-3-16 科技人员数和科研开发经费

年 份	科技人员数(人)				科研开发经费			每万人口研究人员数(人)	研究人员平均每年使用经费(新台币万元)
	总计	研究人员	技术人员	支援人员	金额(新台币亿元)	占GDP比重(%)	政府投入经费所占比重(%)		
2009	256252	154949	80433	20870	3670.5	2.8	28.8	67.0	237.0
2010	273249	165370	86882	20997	3958.8	2.8	27.5	71.4	239.0
2011	288311	174341	91618	22352	4153.6	2.9	26.4	75.1	238.0
2012	296288	179491	94863	21934	4340.0	3.0	24.7	77.0	242.0
2013	300514	179975	98356	22183	4584.3	3.0	23.5	77.0	255.0
2014	307379	181589	103408	22382	4845.4	3.0	21.9	77.5	267.0
2015	312923	183022	106822	23079	5116.2	3.0	21.2	77.9	280.0
2016	316467	184898	108755	22814	5417.6	3.1	21.4	78.5	293.0
2017	321877	187971	110428	23478	5745.0	3.2	19.8	79.7	306.0
2018	330579	193035	114145	23399	6159.9	3.4	18.8	81.8	319.0
2019	342476	199144	118973	24360	6605.1	3.5	18.1	84.4	332.0
2020	350857	203970	121539	25348	7187.9	3.6	16.8	86.6	352.0

9-3-17 金融概况

年份	货币供应量（新台币亿元）	流动性负债（新台币亿元）	储备货币（新台币亿元）	主要金融机构存款（新台币亿元）	主要金融机构放款与投资（新台币亿元）	再贴现率（年息%）	汇率（卖出价）（新台币/美元）
2009	105116	416730	23040	294486	214823	1.25	32.08
2010	114571	445203	25018	310063	228037	1.63	30.42
2011	118302	469541	27209	323022	241729	1.88	30.32
2012	124184	496032	29021	333004	255488	1.88	29.08
2013	134708	530162	31208	350624	267206	1.88	29.82
2014	143101	568299	32633	371339	281106	1.88	31.68
2015	152926	607126	34524	393558	294063	1.63	32.88
2016	161777	638980	36303	407174	305492	1.38	32.30
2017	167414	672411	37765	420940	320227	1.38	29.85
2018	177160	704974	40545	431958	337475	1.38	30.75
2019	190606	744291	42985	450861	354224	1.38	30.05
2020	222803	803857	48362	492197	378266	1.13	28.15
2021	249735	855653	53491	527570	409996	1.13	27.73

【主要统计指标解释】

就业人口 于资料标准周内，年满15岁从事有酬工作者或工作在15小时以上的无酬家属工作者。

失业人口 于资料标准周内，年满15岁同时具有无工作、随时可以工作及正在寻找工作者。此外尚包括等待恢复工作者及已找到职业而未开始工作也无报酬者。

就业人员工资 包括经常性工资、加班费及其他非经常性工资。

劳动生产力指数 劳动生产力是指在单位时间内，每一劳工所能生产的产量。此项指数可衡量劳动生产力的变动趋势。

初等教育 小学教育。

中等教育 初中、高中、高职及五专前三年。

高等教育 大专院校（扣除五专前三年）及研究所硕士、博士班教育。

各级教育粗入学率 为（各该级教育学生人数/各该级教育学龄人口数）×100；其中高等教育学龄学生人数仅含大专院校扣除五专前三年及研究所（含硕士、博士班）的学生人数。

本地居民总收入(GNI) 为某一期间本地常住居民提供生产要素从事生产所创造的附加值或报酬（不论在地区内或国外），即等于地区内生产总值加国外要素所得收入净额。

本地生产总值(GDP) 为某一期间本地及非本国常住居民提供生产要素在地区内从事生产所创造的附加值。

经济增长率 指某一期间的实际本地生产总值的增长率。

储蓄率 据居民储蓄总值与本地居民生产总值之比。

商业与对外贸易 包括进口与出口。出口货物以通关放行装船（机）离岸日为统计时间，以离岸价格（F.O.B.）计价；进口货物经办妥通关手续，或存入保税关栈的货物，以其提出关栈报运进口放行日为统计时间，以到岸价格（C.I.F.）计价。出口国别是以出口货物的出口商所申报的运销地分列，其运销地有数处得随时变更者，以最终的运销地为准；进口国别是按原产国别分列。

客运周转量 指于某特定时间内，铁路、公路客运运输所运送旅客运程的总和，或每架次飞机所载运的旅客人数与其航行里程乘积之和。可用以推算该时间内的客运收入。

货运周转量 指于某特定时间内，铁路、公路、航空货运运输所运送货物的重量与其运程乘积之和。可用以推算该时间内的货运收入。

批发价格 指企业间相互交易的地区内生产物品出厂价格及进出口物品的价格，以反映生产厂商出售原材料、半成品及制成品等价格变动情况。

消费价格 以台湾地区（包括城市和农村）为范围所编制的零售价格指数，以此衡量台湾地区一般家庭为消费需要所购买的商品与服务价格水平的变动情况。

进口及出口价格 以台湾地区进出口商品为调查价格范围，以此衡量进出口商品价格水平的变动情况。

道路交通事故 指造成人员死亡或受伤的案件，死亡人数包括立即死亡及事故发生后24小时内死亡。

社会保险 社会保险是包括全民健康保险（1995年3月开办）、劳工保险、就业保险（2003年1月开办）、公务人员保险、退休人员保险、私立学校教职员保险、农民健康保险及军人保险。

储备货币 包括存款货币机构与中华邮政公司储汇处的准备金及社会大众持有的通货二项。

流动性负债 指金融机构及债券型基金的流动性负债，包括金融机构以外部门持有通货，金融机构收受企业及个人的各种存款、货币市场共同基金与信托资金，保险业提列的人寿保险准备，以及企业及个人持有金融债券、央行发行的国库券与储蓄券；自1994年1月资料起，尚加计企业及个人持有上列机构的附买回交易余额与外国人持有的新台币存款；自1999年1月资料起，尚包括企业及个人持有债券型基金。

存款货币 指企业及个人在货币机构的支票存款、活期存款及活期储蓄存款。

货币总计数 M_{1a}指通货净额加企业及个人（含非营利团体）在货币机构的支票存款及活期存款；M_{1b}是通货净额加存款货币，或M_{1a}加个人（含非营利团体）在货币机构的活期储蓄存款（目前仅个人及非营利团体可以开设储蓄存款帐户）。M_2指M_{1b}加准货币。

附录一 世界及主要国家第三产业统计资料摘要

简要说明

一、本章选取了四十余个国家和地区主要宏观经济指标和第三产业方面统计指标，力求反映国家或地区经济概貌同时重点介绍第三产业情况。如需了解这些国家和地区其他指标，请参阅国家统计局国际统计信息中心编辑的《国际统计年鉴》。

二、中国数据未包括中国香港特别行政区、中国澳门特别行政区和中国台湾省的相关数据。

三、所有国家和地区的数据均来自于有关国际组织，每张表均附有资料来源。

四、经过有关国际组织调整，数据口径基本一致。

五、一些数据的合计数或相对数，因受进位的影响，不一定等于分项的累加。

六、本章中使用的符号含义如下："空格"表示无该项数据或该项统计数据不详；"..."表示数据不够本表最小单位数的一半；"|"表示因统计口径的调整，与之前数据不严格可比。

附录1-1　国内生产总值

单位：亿美元

国家和地区	2010	2014	2015	2016	2017	2018	2019	2020	2021
世　　界	**665961**	**797088**	**751793**	**764656**	**814040**	**864130**	**876529**	**849068**	**961001**
中　　国	60872	104757	110616	112333	123104	138948	142799	146877	177341
中国香港	2286	2915	3094	3209	3413	3617	3631	3449	3681
中国澳门	282	549	450	451	504	553	552	256	299
孟加拉国	1153	1729	1951	2652	2938	3214	3512	3739	4163
文　　莱	137	171	129	114	121	136	135	120	140
柬 埔 寨	112	167	180	200	222	246	271	259	270
印　　度	16756	20391	21036	22948	26515	27029	28316	26677	31734
印度尼西亚	7551	8908	8609	9319	10156	10423	11191	10587	11861
伊　　朗	4868	4604	4082	4580	4866	3310	2914	2315	
以 色 列	2347	3109	3001	3190	3553	3736	3979	4071	4816
日　　本	57591	48970	44449	50037	49308	50378	51233	50401	49374
哈萨克斯坦	1480	2214	1844	1373	1668	1793	1817	1711	1908
韩　　国	11441	14843	14658	15001	16239	17248	16514	16379	17985
老　　挝	71	133	144	159	171	181	187	190	188
马来西亚	2550	3381	3014	3013	3191	3588	3653	3370	3727
蒙　　古	72	122	116	112	115	132	142	133	151
缅　　甸	378	633	630	603	614	671	687	789	651
巴基斯坦	1772	2444	2706	3136	3392	3561	3209	3003	3463
菲 律 宾	2084	2975	3064	3186	3285	3468	3768	3618	3941
新 加 坡	2398	3149	3080	3188	3432	3770	3755	3453	3970
斯里兰卡	567	794	806	824	874	880	839	810	845
泰　　国	3411	4073	4013	4134	4564	5068	5441	4997	5060
越　　南	1472	2334	2393	2571	2814	3087	3304	3432	3626
埃　　及	2190	3056	3294	3324	2357	2497	3031	3653	4041
尼日利亚	3615	5467	4868	4047	3757	3972	4481	4323	4408
南　　非	4174	3812	3467	3236	3814	4048	3879	3354	4199
加 拿 大	16173	18057	15565	15280	16493	17253	17420	16454	19908
墨 西 哥	10578	13154	11719	10785	11589	12224	12694	10871	12930
美　　国	150490	175507	182060	186951	194796	205272	213726	208937	229961
阿 根 廷	4236	5263	5947	5575	6436	5248	4528	3896	4915
巴　　西	22088	24560	18022	17957	20635	19169	18733	14486	16090
委内瑞拉	3932	4824							
捷　　克	2091	2094	1880	1963	2186	2490	2525	2453	2823
法　　国	26452	28560	24392	24730	25952	27910	27289	26303	29375
德　　国	33997	38891	33576	34699	36908	39773	38883	38464	42231
意 大 利	21361	21620	18366	18771	19618	20919	20113	18926	20999
荷　　兰	8474	8922	7656	7841	8339	9140	9102	9139	10180
波　　兰	4798	5425	4778	4726	5265	5874	5973	5966	6740
俄 罗 斯	15249	20592	13635	12768	15742	16573	16931	14883	17758
西 班 牙	14221	13712	11956	12329	13125	14210	13930	12815	14253
土 耳 其	7770	9390	8643	8697	8590	7785	7610	7200	8153
乌 克 兰	1412	1335	910	934	1121	1309	1539	1566	2001
英　　国	24911	30872	29566	27229	26990	29008	28787	27569	31869
澳大利亚	11476	14675	13505	12067	13269	14285	13920	13278	15427
新 西 兰	1465	2013	1781	1888	2066	2120	2134	2117	2500

资料来源：世界银行WDI数据库。

附录1-2 国内生产总值增长率

单位：%

国家和地区	2010	2014	2015	2016	2017	2018	2019	2020	2021
中 国	10.6	7.4	7.0	6.8	6.9	6.8	6.0	2.2	8.1
中国香港	6.8	2.8	2.4	2.2	3.8	2.8	-1.7	-6.5	6.4
中国澳门	25.1	-2.0	-21.5	-0.7	10.0	6.5	-2.5	-54.0	18.0
孟加拉国	5.6	6.1	6.6	7.1	6.6	7.3	7.9	3.4	6.9
文 莱	2.6	-2.5	-0.4	-2.5	1.3	0.1	3.9	1.1	-1.6
柬 埔 寨	6.0	7.1	7.0	6.9	7.0	7.5	7.1	-3.1	3.0
印 度	8.5	7.4	8.0	8.3	6.8	6.5	3.7	-6.6	8.9
印度尼西亚	6.2	5.0	4.9	5.0	5.1	5.2	5.0	-2.1	3.7
伊 朗	5.8	5.0	-1.4	8.8	2.8	-2.3	-1.3	1.8	
以 色 列	5.7	4.1	2.3	4.5	4.4	4.0	3.8	-2.2	8.2
日 本	4.1	0.3	1.6	0.8	1.7	0.6	-0.2	-4.5	1.6
哈萨克斯坦	7.3	4.2	1.2	1.1	4.1	4.1	4.5	-2.5	4.0
韩 国	6.8	3.2	2.8	2.9	3.2	2.9	2.2	-0.9	4.0
老 挝	8.5	7.6	7.3	7.0	6.9	6.2	5.5	0.5	2.5
马来西亚	7.4	6.0	5.1	4.5	5.8	4.8	4.4	-5.6	3.1
蒙 古	6.4	7.9	2.4	1.5	5.6	7.7	5.6	-4.6	1.4
巴基斯坦	1.6	4.7	4.7	5.5	4.4	6.2	2.5	-1.3	6.0
菲 律 宾	7.3	6.3	6.3	7.1	6.9	6.3	6.1	-9.5	5.7
新 加 坡	14.5	3.9	3.0	3.6	4.7	3.7	1.1	-4.1	7.6
斯里兰卡	8.0	5.0	5.0	4.5	3.6	3.3	2.3	-3.6	3.7
泰 国	7.5	1.0	3.1	3.4	4.2	4.2	2.2	-6.2	1.6
越 南	6.4	6.4	7.0	6.7	6.9	7.2	7.2	2.9	2.6
埃 及	5.1	2.9	4.4	4.3	4.2	5.3	5.6	3.6	3.3
尼日利亚	8.0	6.3	2.7	-1.6	0.8	1.9	2.2	-1.8	3.6
南 非	3.0	1.4	1.3	0.7	1.2	1.5	0.1	-6.4	4.9
加 拿 大	3.1	2.9	0.7	1.0	3.0	2.8	1.9	-5.2	4.6
墨 西 哥	5.1	2.9	3.3	2.6	2.1	2.2	-0.2	-8.2	4.8
美 国	2.7	2.3	2.7	1.7	2.3	2.9	2.3	-3.4	5.7
阿 根 廷	10.1	-2.5	2.7	-2.1	2.8	-2.6	-2.0	-9.9	10.3
巴 西	7.5	0.5	-3.5	-3.3	1.3	1.8	1.2	-3.9	4.6
委内瑞拉	-1.5	-3.9	-5.7						
捷 克	2.4	2.3	5.4	2.5	5.2	3.2	3.0	-5.8	3.3
法 国	1.9	1.0	1.1	1.1	2.3	1.9	1.8	-7.9	7.0
德 国	4.2	2.2	1.5	2.2	2.7	1.1	1.1	-4.6	2.9
意 大 利	1.7		0.8	1.3	1.7	0.9	0.5	-9.0	6.6
荷 兰	1.3	1.4	2.0	2.2	2.9	2.4	2.0	-3.8	5.0
波 兰	3.7	3.4	4.2	3.1	4.8	5.4	4.7	-2.5	5.7
俄 罗 斯	4.5	0.7	-2.0	0.2	1.8	2.8	2.2	-2.7	4.8
西 班 牙	0.2	1.4	3.8	3.0	3.0	2.3	2.1	-10.8	5.1
土 耳 其	8.4	4.9	6.1	3.3	7.5	3.0	0.9	1.8	11.0
乌 克 兰	4.1	-10.1	-9.8	2.4	2.4	3.5	3.2	-3.8	3.4
英 国	2.1	3.0	2.6	2.3	2.1	1.7	1.7	-9.3	7.4
澳大利亚	2.2	2.6	2.2	2.7	2.3	2.9	2.1		1.5
新 西 兰	1.5	3.8	3.7	3.8	3.6	3.4	2.2	-1.3	4.6

资料来源：世界银行WDI数据库。

附录1-3　国内生产总值产业构成

单位：%

国家和地区	第一产业			第二产业			第三产业		
	2010	2020	2021	2010	2020	2021	2010	2020	2021
中　　国	9.3	7.7	7.3	46.5	37.8	39.4	44.2	54.5	53.3
中国香港	0.1	0.1		6.8	6.1		90.9	89.6	
中国澳门				4.8	8.4		94.0	88.7	
孟加拉国	17.0	12.0	11.6	25.0	32.9	33.3	53.5	51.5	51.3
文　　莱	0.7	1.2	1.3	68.7	59.1	62.7	32.5	41.5	37.6
柬 埔 寨	33.9	22.7	22.8	21.9	34.6	36.8	38.3	36.6	34.2
印　　度	17.0	18.2	16.8	30.7	24.5	25.9	45.0	48.4	47.7
印度尼西亚	13.9	13.7	13.3	42.8	38.3	39.9	40.7	44.4	42.8
伊　　朗	6.5	12.8		44.2	35.7		51.1	49.0	
以 色 列	1.6	1.2		20.8	18.6		66.8	71.4	
日　　本	1.1	1.0		28.3	29.0		70.5	69.5	
哈萨克斯坦	4.5	5.4	5.1	40.6	33.1	35.0	51.7	56.1	53.5
韩　　国	2.1	1.8	1.8	34.1	32.6	32.5	54.7	57.1	57.3
老　　挝	22.6	16.3	16.1	30.5	32.4	34.1	43.6	41.1	38.8
马来西亚	10.1	8.2	9.6	40.5	35.9	37.7	48.5	54.8	51.5
蒙　　古	11.7	13.0	13.2	33.2	37.1	37.0	44.8	40.5	39.6
缅　　甸	37.4	20.9	23.5	25.6	38.6	35.2	37.0	40.5	41.3
巴基斯坦	23.3	21.9	23.0	19.7	18.6	18.7	52.8	53.7	52.1
菲 律 宾	13.7	10.2	10.1	32.3	28.4	28.9	53.9	61.4	61.0
新 加 坡				26.6	23.6	24.9	67.8	71.7	69.4
斯里兰卡	8.5	8.6	9.0	26.6	26.2	27.8	54.6	59.5	57.5
泰　　国	10.5	8.7	8.5	39.9	33.2	34.8	49.6	58.1	56.7
越　　南	18.4	14.9		32.1	33.7		36.9	41.6	
埃　　及	13.3	11.6	11.8	35.8	32.0	30.8	46.2	51.8	52.2
尼日利亚	23.9	24.1	23.4	25.3	28.2	31.4	50.8	46.4	43.8
南　　非	2.1	2.5	2.4	25.3	23.4	24.5	64.3	64.6	62.7
加 拿 大	1.5			26.4			65.7		
墨 西 哥	3.2	3.8	3.8	32.4	29.6	31.9	60.4	60.3	58.4
美　　国	1.0	1.1		19.3	18.4		76.3	80.1	
阿 根 廷	7.1	5.9	6.9	25.3	23.3	24.9	51.5	54.6	52.0
巴　　西	4.1	5.9	6.9	23.3	17.7	18.9	57.6	62.8	59.4
委内瑞拉	5.4			48.4			39.0		
捷　　克	1.5	1.9	2.0	33.2	30.8	31.2	55.8	58.3	57.7
法　　国	1.6	1.6	1.6	17.8	16.4	16.8	70.7	71.2	70.2
德　　国	0.8	0.7	0.8	26.8	26.5	26.6	62.3	63.3	63.0
意 大 利	1.8	2.0	2.0	21.9	21.6	22.6	66.3	66.8	65.1
荷　　兰	1.8	1.6	1.6	19.7	17.8	18.0	68.4	69.9	69.5
波　　兰	2.9	2.5	2.4	28.9	27.7	29.3	56.3	57.8	55.6
俄 罗 斯	3.3	4.0	3.8	30.0	29.8	33.2	53.1	56.1	53.0
西 班 牙	2.4	3.1	2.7	23.2	20.4	20.5	66.3	67.8	67.2
土 耳 其	9.0	6.7	5.6	24.5	28.0	31.1	54.5	54.2	52.7
乌 克 兰	7.4	9.3	10.6	25.6	20.8	23.5	55.5	55.8	51.8
英　　国	0.6	0.6	0.6	18.9	17.1	17.7	70.6	72.7	71.6
澳大利亚	2.2	2.0	2.3	25.2	25.5	25.5	65.7	66.3	65.7
新 西 兰	6.6			21.2			64.4		

资料来源：世界银行WDI数据库。

附录1-4 第三产业增加值

单位：亿美元

国家或地区	2010	2013	2014	2015	2016	2017	2018	2019	2020
中　国	26891	44866	50567	56161	58820	64857	74018	77496	79987
中国香港	2079	2512	2637	2779	2873	3025	3208	3266	3090
中国澳门	265	496	518	413	418	472	521	517	227
孟加拉国	617	801	927	1048	1358	1509	1636	1786	1926
文　莱	45	57	56	51	49	50	51	51	50
柬 埔 寨	43	59	66	72	80	88	97	105	95
印　度	7546	8671	9752	10052	10958	12640	13091	14188	12921
印度尼西亚	3071	3788	3763	3728	4067	4430	4524	4949	4700
伊　朗	2489	2348	2272	2253	2405	2465	1608	1468	1135
以 色 列	1568	2000	2113	2056	2214	2505	2629	2824	2907
日　本	40627	37331	34712	31024	34969	34287	34979	35564	35011
哈萨克斯坦	765	1258	1214	1093	794	956	995	1009	960
韩　国	6258	7569	8259	8146	8304	8907	9606	9453	9356
老　挝	31	51	59	64	68	71	75	78	78
马来西亚	1236	1615	1694	1567	1583	1656	1901	1979	1846
蒙　古	32	56	56	54	51	49	52	56	54
缅　甸	140	228	240	241	237	243	270	279	320
巴基斯坦	936	1203	1263	1411	1654	1806	1885	1721	1611
菲 律 宾	1123	1611	1686	1793	1896	1961	2074	2293	2222
新 加 坡	1627	2176	2215	2155	2253	2414	2615	2658	2475
斯里兰卡	310	419	452	462	465	490	504	489	482
泰　国	1690	2176	2165	2205	2312	2582	2891	3171	2901
越　南	428	663	727	768	840				
埃　及	1012	1509	1599	1751	1811	1255	1286	1530	1891
尼日利亚	1836	2664	2960	2829	2419	2097	2066	2229	2005
南　非	2683	2568	2440	2222	2068	2454	2599	2497	2166
加 拿 大	10631	12034	11720	10429	10384	11069	11537		
墨 西 哥	6385	7788	7919	7154	6553	6970	7326	7612	6552
美　国	114789	127698	133082	139717	144774	150054	157525	164995	167435
阿 根 廷	2181	2976	2786	3320	3129	3691	2958	2489	2128
巴　西	12726	14757	15044	11229	11349	13070	12010	11814	9096
委内瑞拉	1535	1691	2492						
捷　克	1166	1156	1135	1016	1069	1205	1405	1439	1431
法　国	18689	19769	20091	17125	17436	18240	19564	19114	18718
德　国	21166	23221	24155	20869	21433	22808	24709	24242	24353
意 大 利	14165	14283	14504	12300	12511	13032	13878	13325	12645
荷　兰	5794	6059	6237	5364	5505	5843	6401	6368	6383
波　兰	2700	2983	3069	2686	2660	2980	3329	3442	3451
俄 罗 斯	8100	12866	11467	7655	7279	8821	8855	9172	8354
西 班 牙	9425	9280	9386	8128	8372	8899	9642	9465	8684
土 耳 其	4238	5109	5054	4622	4695	4599	4240	4293	3902
乌 克 兰	784	1079	723	466	466	571	672	838	874
英　国	17591	19597	21650	20836	19346	19126	20555	20397	20049
澳大利亚	7539	10443	9639	9080	8232	8892	9522	9196	8801
新 西 兰	944	1230	1319	1174	1241	1346	1391	1400	

资料来源：世界银行WDI数据库。

附录1-5 第三产业就业人口占总就业人口比重

单位：%

国家或地区	2014	2015	2016	2017	2018	2019
中 国	40.6	42.2	43.5	44.9	45.6	47.3
中国香港	87.8	87.9	88.0	88.3	88.5	88.8
中国澳门	84.0	83.8	85.9	89.0	89.6	89.9
孟加拉国	36.3	36.6	36.9	39.0	39.8	40.4
文 莱	80.8	81.3	82.0	82.5	79.5	77.3
柬 埔 寨	30.2	32.6	36.7	36.3	36.6	37.6
印 度	29.7	30.2	30.7	31.2	31.7	32.3
印度尼西亚	44.3	44.9	46.5	47.2	48.1	49.1
伊 朗	48.4	49.4	50.1	50.4	50.3	51.2
以 色 列	81.2	81.4	81.5	81.6	81.8	81.9
日 本	71.2	71.4	71.8	71.9	72.1	72.4
哈萨克斯坦	58.8	61.4	62.2	62.8	63.4	64.2
韩 国	69.4	69.4	69.9	69.8	69.8	70.3
老 挝	22.9	23.4	23.9	24.5	25.0	25.6
马来西亚	59.7	60.0	61.1	61.0	62.3	62.7
蒙 古	51.3	51.3	50.7	52.0	52.7	53.1
缅 甸	31.1	31.5	32.4	33.5	34.6	34.2
巴基斯坦	34.9	35.0	34.1	35.9	37.6	38.1
菲 律 宾	53.7	54.6	55.7	56.3	56.6	58.0
新 加 坡	82.2	82.5	83.1	83.5	84.0	84.4
斯里兰卡	44.8	45.6	46.5	45.5	46.6	47.2
泰 国	43.1	44.0	45.2	45.7	45.1	45.7
越 南	32.2	33.2	33.4	34.1	34.7	35.3
埃 及	48.1	49.1	48.9	48.4	51.5	52.4
尼日利亚	50.6	51.1	51.4	51.9	52.5	53.0
南 非	71.9	70.6	71.1	71.4	71.7	72.4
加 拿 大	78.1	78.4	78.8	79.0	78.9	79.2
墨 西 哥	61.4	61.4	61.2	60.9	61.1	62.0
美 国	78.7	78.7	78.8	78.9	78.8	78.7
阿 根 廷	75.3	76.1	77.0	77.5	78.0	78.1
巴 西	66.8	67.6	69.0	70.1	70.6	70.9
委内瑞拉	72.0	72.8	73.8	74.8	75.8	76.8
捷 克	59.2	59.1	59.0	59.1	59.7	60.1
法 国	76.6	77.0	76.9	77.0	77.3	77.0
德 国	70.5	70.9	71.3	71.3	71.4	71.6
意 大 利	69.5	69.7	70.0	70.2	70.1	70.2
荷 兰	81.5	81.3	81.3	81.2	81.7	81.8
波 兰	58.0	57.9	58.0	58.1	58.6	58.7
俄 罗 斯	65.7	66.0	66.3	67.1	67.3	67.4
西 班 牙	76.3	76.0	76.2	75.6	75.5	75.5
土 耳 其	51.1	52.4	53.7	54.1	54.9	56.6
乌 克 兰	59.1	60.1	60.2	60.3	61.0	61.2
英 国	79.8	80.2	80.4	80.6	80.8	80.8
澳大利亚	76.9	78.0	78.0	78.0	77.5	78.4
新 西 兰	73.3	72.3	73.3	73.2	74.3	74.9

资料来源：世界银行WDI数据库。

附录1-6 雇员每月平均工资

单位：本币

国家或地区	2013	2014	2015	2016	2017	2018	2019	2020
中　　国	4290	4697	5169	5631				
中国香港	12600	13000	14200	15000				
中国澳门	12000	13000	15000	15000	15000	15800		
孟加拉国				12915	11812			
文　　莱		1799			1622		1499	
柬 埔 寨	498888	625347	668066	745008			1069006	
印　　度								
印度尼西亚	1576738	1704256	1818033		2433531	2463862	2588446	
伊　　朗								
以 色 列	9030	9317	9503	9724	10095	10584		
日　　本	295700	299600	304000	304000	304300	306200	25642	
哈萨克斯坦	109141	121021	126021	142898	150827			
韩　　国	3116400	3235210	3269000	3351000	3446000	3593000	3720000	
老　　挝					1977053			
马来西亚		2193	2312	2463	2879	3087		
蒙　　古		796597	807995	861900	944539	1002878	780354	
缅　　甸			125261		181860	203091		
巴基斯坦	12569	13701	15559		18827	19270		
菲 律 宾	10641	11164	11502	12209	12646	13487	14693	
新 加 坡	4622	4727	4892	4056	4232	4437	4563	
斯里兰卡	19212	20774	24139	27091	29691	31554		
泰　　国	14191	14352	11107	14818	14766	14048	14238	14621
越　　南	4099224	4470629	5126699	5493000	5371754	5775919	6645391	6873960
埃　　及	3044		1829	4079	4547	2254		
尼日利亚							45513	
南　　非	8194		3100		3500	3500		
加 拿 大	24	25	25	26	26	984		1081
墨 西 哥	5306	5343	5535	5782	6000	6321	6620	8646
美　　国	3579	3624	3728	3835	3955	4088	4233	4502
阿 根 廷	4981	6460			14490	18457	25563	36282
巴　　西	1456	1547	1683	2058	2174	2285	2380	
委内瑞拉								
捷　　克	26444	26802	27811	29056	31109	33684		
法　　国	2032	2050	2058	2072	2103	2149		2225
德　　国	3794	3045	3979	4078	4149	4278	4400	
意 大 利		2458	2123	2137	2141	2186	2192	
荷　　兰								
波　　兰	3659	3777	3908	4047	4284	382	410	
俄 罗 斯	29792	32495	34030	36709	38609		44729	
西 班 牙	1869	1881	1894	1878	1971	2001		
土 耳 其		2211				3960		
乌 克 兰	3265	3480	4195	5183	7104	8865	10497	
英　　国	2182		2208	2281	2341	2277	2482	
澳大利亚	4686	1172	1137	1145	1185	5324	5518	5630
新 西 兰		4420	4522	4640	4760		5120	

资料来源：联合国ILO数据库。

附录1-7 货物进口总额

单位：亿美元

国家和地区	2010	2014	2015	2016	2017	2018	2019	2020	2021
世 界	**154397**	**190658**	**167371**	**162105**	**179962**	**198401**	**193167**	**178720**	**225188**
中 国	13962	19592	16796	15879	18438	21357	20784	20660	26875
中国香港	4414	6008	5588	5465	5889	6266	5778	5698	7124
中国澳门	56	113	106	89	95	112	112	116	192
孟加拉国	278	411	420	448	528	605	591	528	809
文 莱	25	36	32	27	31	42	51	53	83
柬 埔 寨	68	107	133	124	143	175	203	191	280
印 度	3502	4629	3941	3616	4499	5145	4861	3732	5725
印度尼西亚	1357	1782	1427	1357	1569	1887	1713	1416	1960
伊 朗	654	551	449	431	495	494	418	388	490
以 色 列	587	715	621	658	691	766	766	693	902
日 本	6941	8122	6481	6077	6721	7485	7210	6355	7690
哈萨克斯坦	311	413	306	250	293	325	378	372	412
韩 国	4252	5256	4365	4062	4785	5352	5033	4676	6151
老 挝	21	43	57	54	57	63	63	54	65
马来西亚	1646	2089	1760	1687	1954	2176	2050	1899	2380
蒙 古	33	52	38	34	43	59	61	53	68
缅 甸	48	165	169	157	193	193	186	179	147
巴基斯坦	378	476	442	468	577	601	503	458	725
菲 律 宾	585	687	748	859	1019	1151	1129	908	1239
新 加 坡	3108	3779	2971	2833	3279	3709	3593	3298	4062
斯里兰卡	135	194	189	192	210	222	199	161	206
泰 国	1829	2277	2027	1942	2215	2482	2363	2062	2676
越 南	848	1478	1656	1748	2129	2369	2534	2627	3316
埃 及	529	668	636	558	616	720	709	598	666
尼日利亚	442	583	447	355	313	430	553	554	747
南 非	968	1220	1047	917	1016	1140	1075	841	1140
加 拿 大	4027	4753	4301	4129	4437	4705	4640	4148	4992
墨 西 哥	3102	4116	4053	3975	4322	4768	4674	3933	5225
美 国	19692	24125	23153	22502	24085	26142	25674	24069	29371
阿 根 廷	568	657	602	559	669	655	491	424	632
巴 西	1932	2408	1805	1452	1659	1928	1932	1663	2347
捷 克	1267	1542	1414	1430	1634	1847	1790	1711	2109
法 国	6111	6766	5708	5677	6193	6764	6547	5813	7143
德 国	10548	12072	10511	10553	11629	12844	12340	11718	14193
意 大 利	4870	4744	4109	4068	4531	5032	4750	4269	5504
荷 兰	5164	5896	5121	5008	5746	6455	6357	5951	7571
波 兰	1780	2236	1965	1995	2338	2690	2653	2616	3383
俄 罗 斯	2486	3079	1930	1915	2384	2489	2539	2396	3039
西 班 牙	3270	3589	3119	3109	3520	3906	3728	3262	4182
土 耳 其	1855	2511	2136	2022	2387	2312	2103	2195	2714
乌 克 兰	609	544	375	393	496	572	608	543	725
英 国	5923	6941	6300	6367	6410	6722	6961	6383	6944
澳大利亚	2016	2374	2085	1963	2288	2354	2216	2118	2613
新 西 兰	306	425	366	361	401	438	424	372	495

资料来源：世界贸易组织数据库。

附录1-8 货物出口总额

单位：亿美元

国家或地区	2010	2014	2015	2016	2017	2018	2019	2020	2021
世　界	**153025**	**190059**	**165565**	**160394**	**177426**	**195460**	**190046**	**176452**	**222838**
中　国	15778	23423	22735	20976	22633	24867	24995	25900	33640
中国香港	4007	5241	5105	5166	5499	5685	5349	5488	6699
中国澳门	9	12	13	13	14	15	16	14	16
孟加拉国	192	304	324	349	359	393	393	336	442
文　莱	89	105	64	49	56	66	70	66	111
柬埔寨	51	68	85	85	113	127	148	177	180
印　度	2264	3227	2680	2645	2992	3248	3243	2764	3954
印度尼西亚	1578	1763	1504	1445	1688	1801	1677	1633	2299
伊　朗	1013	952	703	729	928	1034	657	469	723
以色列	584	685	641	606	612	620	585	502	594
日　本	7698	6902	6249	6451	6983	7381	7056	6413	7560
哈萨克斯坦	600	795	460	367	483	610	573	464	606
韩　国	4664	5731	5268	4954	5737	6049	5422	5125	6444
老　挝	17	27	37	42	49	54	58	61	76
马来西亚	1986	2339	2000	1897	2181	2475	2382	2341	2990
蒙　古	29	58	47	49	62	70	76	76	92
缅　甸	87	115	114	118	139	166	180	167	154
巴基斯坦	214	247	221	204	216	234	233	220	283
菲律宾	515	621	588	563	687	675	703	639	746
新加坡	3519	4154	3516	3305	3734	4130	3908	3625	4574
斯里兰卡	86	113	105	103	114	119	119	100	125
泰　国	1933	2275	2143	2154	2366	2530	2463	2316	2712
越　南	722	1502	1621	1766	2150	2437	2643	2826	3359
埃　及	264	269	213	255	256	276	290	266	364
尼日利亚	840	1031	502	333	445	605	625	356	461
南　非	913	930	810	762	889	940	900	858	1236
加拿大	3875	4763	4101	3900	4207	4507	4462	3910	5034
墨西哥	2983	3969	3806	3739	4094	4507	4606	4170	4942
美　国	12785	16205	15026	14510	15463	16640	16432	14249	17546
阿根廷	682	684	568	579	586	618	651	549	779
巴　西	2004	2209	1868	1795	2150	2319	2211	2092	2808
捷　克	1330	1750	1579	1627	1821	2022	1991	1919	2264
法　国	5238	5814	5063	5012	5353	5822	5710	4886	5850
德　国	12589	14942	13262	13344	14482	15605	14894	13825	16318
意大利	4473	5298	4570	4617	5074	5495	5377	4998	6103
荷　兰	5743	6724	5704	5706	6521	7267	7086	6746	8360
波　兰	1597	2201	1991	2038	2344	2636	2666	2738	3379
伊　朗	1013	952	703	729	928	1034	657	469	723
俄罗斯	4006	4968	3414	2817	3529	4439	4197	3334	4940
西班牙	2544	3245	2823	2900	3195	3468	3340	3083	3845
土耳其	1139	1665	1510	1492	1645	1772	1808	1696	2253
乌克兰	515	539	381	364	433	473	501	492	681
英　国	4202	5108	4659	4109	4410	4864	4600	3995	4681
澳大利亚	2126	2400	1877	1925	2311	2571	2710	2508	3436
新西兰	314	416	344	338	381	397	395	389	449

资料来源：世界银行WDI数据库。

附录1-9 服务贸易进口总额

单位：亿美元

国家和地区	2010	2014	2015	2016	2017	2018	2019	2020	2021
世 界	**37681**	**50365**	**48006**	**48427**	**52434**	**57175**	**59346**	**48175**	**55387**
中 国	1923	4309	4330	4492	4641	5207	4970	3775	4381
中国香港	702	738	739	743	776	815	808	548	616
中国澳门	25	38	39	40	47	53	50	31	37
孟加拉国	41	74	74	76	83	93	93	76	105
文 莱	11	17	16	16	12	15	18	12	9
柬 埔 寨	10	21	22	24	27	30	32	20	21
印 度	1142	1274	1227	1328	1540	1749	1783	1527	1950
印度尼西亚	260	331	308	304	326	376	392	247	287
伊 朗	182	165	151	158	173	165	143	69	106
以 色 列	185	234	240	260	288	305	319	236	318
日 本	1629	1905	1766	1842	1910	2014	2175	1952	2052
哈萨克斯坦	112	137	107	97	99	119	113	80	75
韩 国	960	1141	1108	1108	1248	1315	1289	1049	1256
老 挝	3	11	11	10	11	12	12	4	3
马来西亚	324	451	399	399	420	443	435	331	353
蒙 古	8	19	14	21	22	26	32	21	20
缅 甸	8	22	24	25	29	34	36	32	18
巴基斯坦	66	80	82	93	112	111	97	76	93
菲 律 宾	117	206	234	238	258	263	277	176	190
新 加 坡	1003	1664	1615	1582	1812	2002	2055	2036	2234
斯里兰卡	43	56	59	61	65	68	65	38	29
泰 国	411	449	422	432	464	547	566	466	652
越 南	98	148	155	162	166	183	188	181	192
埃 及	130	168	167	161	161	178	204	171	210
尼日利亚	199	232	183	113	180	306	385	196	149
南 非	190	167	153	149	162	166	161	110	133
加 拿 大	989	1132	1038	1035	1109	1210	1252	969	1037
墨 西 哥	267	342	324	329	371	402	397	278	383
美 国	4045	4669	4768	4916	5264	5424	5696	4420	5249
阿 根 廷	143	176	187	216	250	241	194	115	126
巴 西	579	860	690	616	707	691	677	478	487
捷 克	177	223	197	200	218	250	258	215	246
法 国	1811	2525	2334	2368	2468	2740	2692	2357	2582
德 国	2624	3314	3005	3153	3462	3732	3739	3094	3793
意 大 利	1116	1153	1015	1035	1144	1248	1217	925	1120
荷 兰	1358	1927	2132	1833	2163	2592	2654	2129	2365
波 兰	296	350	319	334	373	430	434	400	492
俄 罗 斯	732	1189	872	731	874	934	977	636	747
西 班 牙	652	665	619	652	711	822	859	606	726
土 耳 其	185	265	243	245	260	274	275	229	306
乌 克 兰	122	117	104	109	124	138	149	101	133
英 国	1801	2260	2246	2185	2242	2598	2630	2070	2385
澳大利亚	569	700	628	616	676	724	709	378	379
新 西 兰	101	131	119	124	137	148	155	111	132

资料来源：世界贸易组织数据库。

附录1-10　服务贸易出口总额

单位：亿美元

国家和地区	2010	2014	2015	2016	2017	2018	2019	2020	2021
世界	**39082**	**51731**	**49381**	**50206**	**54667**	**60277**	**62120**	**51063**	**59943**
中国	1774	2181	2176	2083	2264	2697	2817	2781	3906
中国香港	805	1068	1043	984	1040	1130	1019	668	767
中国澳门	237	452	334	330	388	437	437	116	184
孟加拉国	12	16	17	20	23	30	32	31	49
文莱	5	6	6	5	5	6	6	3	2
柬埔寨	19	37	38	38	44	52	59	16	6
印度	1166	1566	1557	1612	1847	2043	2141	2025	2399
印度尼西亚	163	229	216	226	247	305	309	144	136
伊朗	87	103	108	102	93	96	106	46	56
以色列	254	368	374	397	440	506	555	535	718
日本	1318	1593	1583	1707	1820	1894	2050	1581	1640
哈萨克斯坦	39	67	59	59	63	71	75	49	56
韩国	819	1108	964	939	887	1029	1030	894	1220
老挝	5	8	8	8	8	10	12	3	1
马来西亚	346	420	348	355	370	402	410	220	208
蒙古	5	6	7	8	10	12	12	7	7
缅甸	3	31	37	37	37	44	65	40	21
巴基斯坦	29	36	35	37	45	47	47	44	55
菲律宾	178	255	290	312	348	384	412	318	336
新加坡	1001	1535	1529	1518	1707	2048	2152	2094	2296
斯里兰卡	25	56	64	71	77	83	75	30	25
泰国	341	516	577	635	707	772	808	314	242
越南	74	109	111	123	129	146	165	66	35
埃及	236	203	181	133	186	229	243	144	209
尼日利亚	26	15	27	32	45	44	45	35	36
南非	158	168	152	146	161	167	155	84	89
加拿大	771	914	837	861	933	1041	1114	928	1026
墨西哥	154	210	227	241	274	288	315	169	270
美国	5628	7374	7493	7647	8176	8434	8686	7044	7719
阿根廷	126	132	130	132	153	151	146	92	92
巴西	291	390	330	325	337	346	336	280	325
捷克	219	251	233	243	272	306	304	260	297
法国	2013	2720	2549	2585	2732	3021	2957	2540	3023
德国	2203	2949	2756	2886	3167	3487	3468	3052	3713
意大利	1002	1136	975	1001	1116	1226	1217	848	1005
荷兰	1599	2042	1959	1889	2189	2582	2740	2223	2452
波兰	347	476	441	487	575	681	702	661	806
俄罗斯	486	648	508	498	567	636	618	479	557
西班牙	1138	1370	1209	1300	1431	1552	1565	898	1185
土耳其	360	614	546	454	527	578	619	351	565
乌克兰	177	146	122	121	139	155	172	153	183
英国	2883	3882	3713	3625	3725	4133	4136	3825	4151
澳大利亚	511	582	541	572	643	685	701	489	445
新西兰	114	144	148	157	170	175	172	117	93

资料来源：世界贸易组织数据库。

附录1-11　外汇储备和黄金储备

国家和地区	外汇储备（亿美元）				黄金储备（万盎司）			
	2010	2015	2020	2021	2010	2015	2020	2021
中　　国	28473	33304	32165	32502	3389	5666	6264	6264
中国香港	2686	3587	4916	4967	7	7	7	7
中国澳门	237	189	251	267				
孟加拉国	99	258	410	429	43	44	45	45
文　　莱	12	29	34			15	15	
柬 埔 寨	32	68	184	169	40	46	146	162
印　　度	2678	3278	5422	5699	1793	1793	2175	2424
印度尼西亚	900	1006	1284	1314	235	251	253	253
以 色 列	693	889	1712	2083				
日　　本	10363	11795	13128	12833	2460	2460	2460	2720
哈萨克斯坦	247	198	113	85	216	713	1247	1294
韩　　国	2869	3585	4301	4383	46	336	336	336
老　　挝	7	10	13	13	29	1		
马来西亚	1023	914	1026	1072	117	123	125	125
蒙　　古	21	12	40	37	6	7	26	31
缅　　甸	57	43	72		23	23	23	
巴基斯坦	131	172	145	160	207	207	208	208
菲 律 宾	540	724	965	947	495	630	607	511
新 加 坡	2237	2457	3593	4083	410	410	410	494
斯里兰卡	66	65	52		35	72	22	
泰　　国	1657	1493	2460	2248	320	490	495	785
越　　南	121	279	944	1074				
埃　　及	324	121	334	321	243	243	258	260
尼日利亚	298	260	344		69	69		
南　　非	354	389	443	431	402	403	403	403
加 拿 大	449	691	768	781	11	5		
墨 西 哥	1149	1684	1842	1808	23	390	386	386
美　　国	521	392	445	407	26150	26150	26150	26150
阿 根 廷	466	206	339	354	176	198	198	176
巴　　西	2806	3489	3427	3309	108	216	217	417
委内瑞拉	92	51			1176	877		
捷　　克	403	626	1641	1687	41	32	30	34
法　　国	362	364	552	536	7830	7831	7833	7833
德　　国	374	364	369	370	10934	10870	10811	10800
意 大 利	357	344	466	486	7883	7883	7883	7883
荷　　兰	89	88	59	53	1969	1969	1969	1969
波　　兰	863	894	1385	1452	331	331	735	742
俄 罗 斯	4329	3094	4445	4681	2536	4548	7390	7400
西 班 牙	133	387	567	549	905	905	905	905
土 耳 其	790	914	484	632	373	1657	2303	2115
乌 克 兰	333	124	275	294	89	88	84	87
英　　国	493	1016	1396	1278	997	998	998	998
澳大利亚	328	372	321	374	257	250	179	225
新 西 兰	151	131	120	127				

资料来源：国际货币基金组织IFS数据库。

附录1-12 外商直接投资

单位：亿美元

国家和地区	外商直接投资				对外直接投资			
	2010	2015	2020	2021	2010	2015	2020	2021
世　界	**13909.4**	**20636.4**	**9631.4**	**15823.1**	**13920.6**	**17227.5**	**7804.8**	**17075.9**
中　国	1147.3	1355.8	1493.4	1809.6	688.1	1456.7	1537.1	1451.9
中国香港	705.4	1743.5	1347.1	1407.0	862.5	718.2	1007.2	874.5
中国澳门	28.3	10.1	-71.0	-3.0	-4.4	-8.7	17.3	15.3
孟加拉国	9.1	22.4	25.6	29.0	0.2	0.5	0.1	0.9
文　莱	4.8	1.7	5.8	2.1	-0.4	0.8		
柬埔寨	14.0	18.2	36.3	34.8	0.2	0.9	1.3	0.9
印　度	274.2	440.6	640.7	447.4	159.5	75.7	111.1	155.2
印度尼西亚	137.7	166.4	185.9	200.8	26.6	59.4	44.5	36.0
伊　朗	36.5	20.5	13.4	14.3	2.4	1.2	0.8	0.8
以色列	69.9	113.4	242.8	296.2	80.0	109.7	63.8	97.1
日　本	-12.5	29.8	107.0	246.5	562.6	1362.5	956.7	1467.8
哈萨克斯坦	115.5	40.6	36.8	31.7	78.9	8.0	-21.6	14.7
韩　国	95.0	41.0	87.7	168.2	282.2	236.9	348.3	608.2
老　挝	2.8	10.8	9.7	10.7	0.3	0.4		
马来西亚	90.6	100.8	31.6	116.2	134.0	105.5	24.2	47.5
蒙　古	16.9	0.9	17.2	21.4	0.6	0.1	0.3	1.1
缅　甸	66.7	31.4	19.1	20.7				
巴基斯坦	20.2	16.7	20.6	21.0	0.5	0.3	-0.5	2.4
菲律宾	10.7	56.4	68.2	105.2	27.1	55.4	35.6	24.0
新加坡	574.6	597.0	754.4	991.0	354.1	452.2	317.6	474.0
斯里兰卡	4.8	6.8	4.3	6.0	0.4	0.5	0.2	0.2
泰　国	146.6	89.3	-48.5	114.2	80.4	49.9	190.0	173.0
越　南	80.0	118.0	158.0	156.6	9.0	11.0	3.8	3.0
埃　及	63.9	69.3	58.5	51.2	11.8	1.8	3.3	3.7
尼日利亚	61.0	30.6	23.9	48.4	9.2	14.4	-3.4	12.4
南　非	36.4	17.3	30.6	408.9	-0.8	57.4	-19.5	0.2
加拿大	284.0	438.4	231.8	596.8	347.2	674.4	465.3	898.7
墨西哥	271.9	355.2	279.3	316.2	145.6	106.7	27.1	-7.2
美　国	1980.5	4676.3	1508.3	3673.8	2777.8	2643.6	2349.2	4031.0
阿根廷	113.3	117.6	40.2	65.3	9.7	8.8	12.9	13.6
巴　西	776.9	499.6	283.2	503.7	220.6	-116.4	-129.4	230.8
委内瑞拉	15.7	7.7	-4.6	-7.6	24.9	4.0	3.6	7.8
捷　克	61.4	4.7	94.1	58.1	11.7	24.9	29.9	55.8
法　国	138.9	453.7	48.7	141.9	481.6	532.2	460.1	-28.4
德　国	656.4	305.4	645.9	312.7	1254.5	990.3	606.2	1516.9
意大利	91.8	196.4	-236.2	84.9	326.9	216.4	-18.6	117.6
荷　兰	-71.8	1634.0	-1053.9	-810.6	683.6	2336.6	-1914.0	288.6
波　兰	128.0	152.7	138.3	248.2	61.5	50.0	13.0	1.8
俄罗斯	316.7	118.6	104.1	382.4	411.2	270.9	67.8	636.0
西班牙	398.7	85.6	56.8	97.8	378.4	419.3	235.7	-16.3
土耳其	90.9	189.8	78.2	125.3	14.7	48.1	32.3	49.8
乌克兰	65.0	-3.3	-0.4	65.5	7.4	-1.0	0.2	-2.0
英　国	582.0	391.9	181.9	275.6	480.9	-668.2	-653.6	1077.4
澳大利亚	368.0	295.8	167.3	250.9	198.0	-93.4	99.4	92.2
新西兰	-0.6	-3.1	38.1	34.8	7.2	-0.6	5.2	-18.8

资料来源：联合国贸发会议FDI数据库。

附录1-13 货币汇率(年平均价)

单位：1美元合本币数

国家或地区	2010	2015	2016	2017	2018	2019	2020	2021
中 国	6.77	6.23	6.64	6.76	6.62	6.91	6.90	6.45
中国香港	7.77	7.75	7.76	7.79	7.84	7.84	7.76	7.77
中国澳门	8.00	7.99	8.00	8.03	8.07	8.07	7.99	8.01
孟加拉国	69.65	77.95	78.47	80.44	83.47	84.45	84.87	85.08
文 莱	1.36	1.38	1.38	1.38	1.35	1.36	1.38	1.34
柬埔寨	4184.92	4067.75	4058.70	4050.58	4051.17	4061.15	4092.78	4098.72
印 度	45.73	64.15	67.19	65.12	68.39	70.42	74.10	73.92
印度尼西亚	9090.43	13389.41	13308.33	13380.83	14236.94	14147.67	14582.20	14308.14
伊 朗	10254.18	29011.49	30914.85	33226.30	40864.33	42000.00	42000.00	42000.00
以色列	3.74	3.89	3.84	3.60	3.59	3.57	3.44	3.23
日 本	87.78	121.04	108.79	112.17	110.42	109.01	106.78	109.75
哈萨克斯坦	147.35	221.73	342.16	326.00	344.71	382.75	412.95	425.91
韩 国	1156.46	1130.95	1160.77	1131.00	1100.16	1165.36	1180.27	1143.95
老 挝	8254.16	8127.61	8124.37	8244.84	8401.33	8679.41	9045.79	9697.92
马来西亚	3.22	3.91	4.15	4.30	4.04	4.14	4.20	4.14
蒙 古	1357.06	1970.31	2140.29	2439.78	2472.48	2663.54	2813.29	2849.29
缅 甸	5.64	1162.62	1234.87	1360.36	1429.81	1518.26	1381.62	
巴基斯坦	85.19	102.77	104.77	105.46	121.82	150.04	161.84	162.91
菲律宾	45.11	45.50	47.49	50.40	52.66	51.80	49.62	49.26
新加坡	1.36	1.38	1.38	1.38	1.35	1.36	1.38	1.34
斯里兰卡	113.06	135.86	145.58	152.45	162.47	178.75	185.59	
泰 国	31.69	34.25	35.30	33.94	32.31	31.05	31.29	31.98
越 南	18612.92	21697.57	21935.00	22370.09	22602.05	23050.24	23208.37	23159.78
埃 及	5.62	7.69	10.03	17.78	17.77	16.77	15.76	15.65
尼日利亚	150.30	192.44	253.49	305.79	306.08	306.92	358.81	
南 非	7.32	12.76	14.71	13.32	13.23	14.45	16.46	14.78
加拿大	1.03	1.28	1.33	1.30	1.30	1.33	1.34	1.25
墨西哥	12.64	15.85	18.66	18.93	19.24	19.26	21.49	20.27
美 国	1.00	1.00	1.00	1.00	1.00	1.00	1.00	1.00
阿根廷	3.90	9.23	14.76	16.56	28.10	48.15	70.54	94.99
巴 西	1.76	3.33	3.49	3.19	3.65	3.94	5.16	5.39
委内瑞拉	2.58	6.28	9.26	9.98	33765.99			
捷 克	19.10	24.60	24.44	23.38	21.73	22.93	23.21	21.68
法 国	0.75	0.90	0.90	0.89	0.85	0.89	0.88	0.85
德 国	0.75	0.90	0.90	0.89	0.85	0.89	0.88	0.85
意大利	0.75	0.90	0.90	0.89	0.85	0.89	0.88	0.85
荷 兰	0.75	0.90	0.90	0.89	0.85	0.89	0.88	0.85
波 兰	3.02	3.77	3.94	3.78	3.61	3.84	3.90	3.86
俄罗斯	30.37	60.94	67.06	58.34	62.67	64.74	72.11	73.65
西班牙	0.75	0.90	0.90	0.89	0.85	0.89	0.88	0.85
土耳其	1.50	2.72	3.02	3.65	4.83	5.67	7.01	8.85
乌克兰	7.94	21.85	25.55	26.60	27.20	25.85	26.96	27.29
英 国	0.65	0.66	0.74	0.78	0.75	0.78	0.78	0.73
澳大利亚	1.09	1.33	1.35	1.31	1.34	1.44	1.45	1.33
新西兰	1.39	1.43	1.44	1.41	1.45	1.52	1.54	1.41

资料来源：世界银行WDI数据库。

附录1-14 铁路货运和客运周转量

国家和地区	铁路货运周转量(亿吨公里)			铁路客运周转量(亿人公里)		
	2017	2018	2019	2017	2018	2019
中　　国	26962.2	28821.0		13456.9	6812.0	
孟加拉国						
柬 埔 寨						
印　　度	6542.9			11613.3		
印度尼西亚	133.8	151.0	155.7	256.5	280.0	290.7
伊　　朗	303.0	348.6		132.7	152.4	
以 色 列	13.8	12.4	12.4	27.7	30.3	
日　　本	216.6	193.7	201.2	4373.6	14.1	
哈萨克斯坦	2062.6	2199.3		192.4	191.1	
韩　　国	82.3	78.8	73.6	899.6	230.0	
马来西亚	12.3	13.2		24.7	23.2	
蒙　　古	134.9		173.8	9.7		
巴基斯坦	50.3	80.8		224.8	249.0	
泰　　国				60.2		
越　　南	35.7	39.9		36.6	35.4	
埃　　及						
尼日利亚						
南　　非						
加 拿 大	4201.4	4455.5	4331.4	15.3	16.0	
墨 西 哥	863.2	879.2	890.5	15.5	15.9	
美　　国	24451.4	25252.2	23641.4	332.6	319.6	
阿 根 廷	83.8			83.6		
巴　　西				158.1		
捷　　克	158.4	165.6	161.8	95.0	102.9	
法　　国	334.4	320.4	318.3	1104.7	1079.2	
德　　国	1312.0	1299.9	1131.1	955.3	980.0	
意 大 利	223.4	220.7	213.1	532.3	554.9	
荷　　兰	64.7	70.3	70.2	184.4	189.0	
波　　兰	548.0	593.9	545.8	203.2	210.4	
俄 罗 斯	24934.3	25977.8	26024.9	1231.0	1295.4	
西 班 牙	105.1	107.9		274.9	284.3	
土 耳 其	128.7	144.8	147.1	84.7	89.4	
乌 克 兰	1919.1	1863.4	1818.4	280.8	286.9	
英　　国	171.7	172.1		802.6	805.3	
澳大利亚				170.4	175.9	

资料来源：世界银行WDI数据库。

附录1-15 空运货物周转量和客运量

国家和地区	空运货物周转量（万吨公里）			航空客运量（万人）		
	2018	2019	2020	2018	2019	2020
世 界	**22116570**	**22149576**	**18053080**	**424245**	**455761**	**180939**
高收入国家	**16288727**	**16177742**	**13564901**	**245369**	**270760**	**90272**
中等收入国家	**5604693**	**5712993**	**4187042**	**176870**	**182978**	**89863**
低收入国家	**223150**	**258822**	**300848**	**1784**	**1871**	**776**
中 国	2525621	2539459	1926424	61144	65963	41726
中国香港	1267672	1173949	808490	4710	4647	588
中国澳门	3184	2603	899	316	366	54
孟加拉国	5062	16866	11779	568	626	298
文 莱	12935	12246	4023	123	142	28
柬 埔 寨	68	69		141	143	61
印 度	270396	193823	87512	16404	16750	6896
印度尼西亚	113191	98174	67480	11515	9132	3752
伊 朗	16980	15226	20211	2303	2164	1274
以 色 列	99454	88933	81663	740	707	125
日 本	942066	891948	784151	12639	13023	5113
哈萨克斯坦	4964	4985	2354	592	766	528
韩 国	1151863	1066438	1245657	8816	9243	3003
老 挝	91	91		101	98	39
马来西亚	135913	137875	81675	6048	6362	1589
蒙 古	782	739	138	67	74	14
缅 甸	474	831	124	341	370	151
巴基斯坦	21753	19298	9588	688	742	371
菲 律 宾	83591	92689	36070	4308	4778	1118
新 加 坡	694744	641199	301993	4040	4305	788
斯里兰卡	43620	39405	22648	588	558	124
泰 国	266626	232767	68421	7605	7634	2818
越 南	76266	102284	57208	4705	5323	3177
埃 及	43763	48341	43891	1239	1321	464
尼日利亚	1979	184	74	779	654	340
南 非	69673	56521	10239	2466	2621	830
加 拿 大	248200	310904	230617	9150	9335	2762
墨 西 哥	106299	107253	73280	6457	6994	3413
美 国	4298530	4249826	4079310	88902	92674	36950
阿 根 廷	31172	28028	8112	1808	1946	368
巴 西	184565	152115	120971	10211	10292	4541
委内瑞拉		18	288	222	152	28
捷 克	2523	2273	432	885	545	136
法 国	444379	452259	246794	7019	7129	2496
德 国	796986	776362	545464	10980	10963	2576
意 大 利	141801	134496	97876	2724	2776	780
荷 兰	588652	565644	530543	4442	4636	1475
波 兰	27149	31787	14056	928	1023	269
俄 罗 斯	681061	648100	431461	9933	10886	6245
西 班 牙	111873	119147	49426	8071	8824	2656
土 耳 其	594921	681551	687047	11560	11113	4472
乌 克 兰	7526	7562	1334	785	760	179
英 国	619837	585119	367525	16539	14239	3097
澳大利亚	202764	193116	120064	7567	7685	2363
新 西 兰	134930	120788	77395	1725	1776	852

资料来源：世界银行WDI数据库。

附录1-16 电话主线和移动电话普及率

国家和地区	电话主线(条/千人)			移动电话(部/千人)		
	2018	2019	2020	2018	2019	2020
世　界	**128.2**	**120.5**	**116.1**	**1054.6**	**1065.6**	**1061.5**
高收入国家	**380.8**	**368**	**356.9**	**1211.7**	**1225**	**1222.7**
中等收入国家	**83**	**79.4**	**76.6**	**1059.8**	**1091.2**	**1084.8**
低收入国家	**8.5**	**12.2**	**12**	**615**	**566.9**	**591.1**
中　国	134.6	133.2	126.4	1155.3	1217.9	1193.9
中国香港	569.2	541.9	520.3	2699.3	2885.3	2916.5
中国澳门	195.5	171.8	169.4	3453.3	4361	4301.3
孟加拉国	9	8.9	8.4	1002.5	1015.5	1070.4
文　莱	192.5	199.9	237.5	1319.3	1326.6	1226.6
柬埔寨	5.4	3.4	3.3	1194.9	1299.2	1261.3
印　度	16.2	15.4	14.5	869.4	842.7	836
印度尼西亚	31	35.7	35.3	1193.4	1261.1	1300.1
伊　朗	372.6	349.2	346.4	1084.6	1423.9	1519.5
以色列	381.8	368.6	389.4	1276.6	1373.3	1417.6
日　本	498.8	494.6	490	1414.1	1470.2	1542.2
哈萨克斯坦	175	165.6	164.6	1422.8	1386.3	1293.8
韩　国	506.3	482.7	465.4	1296.7	1344.9	1375.4
老　挝	209.9	207.9	204.9	518.6	608.4	563.5
马来西亚	235.6	231.8	230.7	1345.3	1396	1350.9
蒙　古	116.7	108.9	48.8	1331.8	1370.1	1331.2
缅　甸	9.7	9.7	9.6	1138.4	1516.2	1443.6
巴基斯坦	13.8	12.8	13	725.6	763.8	795.1
菲律宾	38.8	39.4	43.2	1262.1	1547.6	1365
新加坡	347.6	329.3	323.2	1488.2	1556.5	1443.5
斯里兰卡	116.5	107.5	121.8	1426.5	1329.6	1388.4
泰　国	87.3	77.8	71.7	1801.8	1861.6	1666.1
越　南	45	37.9	32.9	1471.9	1412.3	1427.3
埃　及	79.9	87.3	96.3	952.9	949.7	931.8
尼日利亚	0.7	0.5	0.5	881.8	918.5	990.7
南　非	57.9	34.6	35.4	1599.3	1656	1618
加拿大	373.4	363.4	353.5	895.8	918.6	857.4
墨西哥	171.5	177.8	190	952.3	956.6	953.2
美　国	337.3	324	306.7	1064.7	1080.9	1061.9
阿根廷	220.1	173.2	162.8	1320.9	1258.4	1211.7
巴　西	182.9	159.7	144.2	999.7	957.2	968.4
委内瑞拉	192	187.7	184.7	717.7	647.9	581.8
捷　克	141.8	139.8	124.7	1191.1	1225.7	1213.9
法　国	586.7	580.3	578.5	1083.6	1106.1	1114.6
德　国	511.3	483.7	457.1	1293.2	1283.6	1281.9
意大利	336.4	322.4	324.3	1374.7	1312.6	1283.1
荷　兰	345.9	325.2	288.1	1237.3	1272.9	1249.8
波　兰	173.4	159.6	152.7	1273.3	1277.3	1304
俄罗斯	206.6	189.7	177.4	1574.3	1643.9	1635.9
西班牙	423.3	420.2	416.1	1159.9	1184.4	1190.2
土耳其	141.3	138.2	147.6	973	968.4	973.8
乌克兰	143.9	99.6	79.4	1277.5	1306.3	1293.4
英　国	469.3	479.8	471.9	1175	1182.4	1163.8
澳大利亚	329.3	246	243.1	1110.1	1092.5	1076.6
新西兰	226.2	202.2	177.9	1332.2	1240	1274.9

资料来源：世界银行WDI数据库。

附录1-17 互联网服务商

单位：个/百万人

国家和地区	2013	2014	2015	2016	2017	2018	2019	2020
世 界	**370.5**	**450.0**	**572.7**	**1265.9**	**3514.2**	**6163.1**	**9975.3**	**11499.1**
高收入国家	**2121.5**	**2574.0**	**3266.6**	**6959.0**	**18633.7**	**33902.6**	**56076.9**	**64696.4**
中等收入国家	**20.3**	**27.4**	**42.8**	**166.4**	**638.5**	**866.9**	**1238.7**	**1531.1**
低收入国家	**0.8**	**1.2**	**1.6**	**2.8**	**8.5**	**10.4**	**10.6**	**13.9**
中 国	5.1	9.7	19.6	47.6	207.6	443.5	729.7	948.5
中国香港	1161.6	1553.6	2331.8	3873.3	10482.7	19399.4	60542.1	70629.6
中国澳门	415.7	503.2	752.4	1111.2	1779.7	2650.3	4167.4	6036.9
孟加拉国	1.0	1.3	2.0	23.6	65.2	116.0	100.2	140.2
文 莱	150.8	241.6	573.6	612.2	1620.8	1988.5	10720.2	15749.2
柬埔寨	4.0	4.6	10.2	20.5	55.2	81.1	159.3	188.5
印 度	6.2	8.4	11.7	38.3	123.1	187.8	389.2	479.9
印度尼西亚	7.8	11.8	17.7	306.2	1280.6	1283.0	1683.8	1877.6
伊 朗	3.1	5.2	12.3	64.1	225.7	494.6	1035.1	2422.0
以色列	960.4	1008.7	1305.0	2119.6	6967.6	9611.9	11114.9	12351.8
日 本	1054.7	1376.7	1504.3	2108.2	5971.5	11644.9	18647.0	22848.7
哈萨克斯坦	17.4	26.9	48.2	264.2	1232.2	1374.2	2359.0	3307.4
韩 国	337.1	406.6	557.7	721.0	1198.9	2066.0	4539.0	5939.0
老 挝	2.6	3.3	4.2	8.3	16.4	20.4	31.2	52.8
马来西亚	122.3	151.1	233.9	945.7	4917.8	5713.1	6723.9	7494.4
蒙 古	40.6	59.2	75.0	437.4	1527.1	1689.8	1690.5	1734.7
缅 甸	0.2	0.7	1.0	20.5	9.9	9.2	12.3	14.1
巴基斯坦	1.7	2.5	3.4	31.7	115.1	109.1	62.6	73.8
菲律宾	12.5	16.1	20.9	40.5	87.8	92.9	111.3	113.6
新加坡	2549.5	2544.0	3585.2	19060.7	58690.3	84713.9	122481.4	128377.7
斯里兰卡	11.6	15.9	20.9	71.1	305.2	412.4	328.4	384.2
泰 国	38.9	51.9	69.4	146.5	578.3	953.9	1403.8	1908.1
越 南	14.2	20.3	32.7	278.7	1348.7	1769.4	2597.0	3105.8
埃 及	6.4	8.0	10.5	14.7	36.2	35.1	35.3	44.0
尼日利亚	2.2	3.0	3.6	47.4	222.8	184.2	74.8	73.9
南 非	173.2	221.9	272.8	917.6	9429.2	12031.6	14353.1	14421.8
加拿大	2362.9	2697.8	3386.9	10221.4	26565.3	30947.1	35889.4	39849.7
墨西哥	31.6	41.0	57.9	119.7	185.5	225.7	271.5	322.8
美 国	4303.1	5129.5	6358.9	11435.1	30338.0	65833.8	123980.0	140808.3
阿根廷	73.9	89.9	123.3	735.0	1628.6	1872.6	3018.5	3685.8
巴 西	86.8	112.3	159.0	410.0	1581.6	2036.4	2740.9	3087.2
委内瑞拉	14.9	16.4	21.4	148.1	293.4	275.4	217.1	194.5
捷 克	1079.9	1417.6	2048.8	11991.4	25419.9	42344.6	56186.9	67601.8
法 国	821.4	1189.0	1898.5	6688.0	14819.5	20380.1	29313.6	36226.4
德 国	2601.2	3352.8	4297.9	11625.0	34181.3	56406.6	77970.0	97517.6
意大利	375.0	493.1	628.0	1305.1	7744.1	12258.0	15313.2	20673.5
荷 兰	5668.3	7204.7	9728.9	24130.8	70412.1	100581.5	130279.5	136863.0
波 兰	517.7	681.1	955.8	2492.5	6534.9	16227.1	20606.1	25181.4
俄罗斯	79.7	120.4	321.4	1163.9	3541.1	5190.6	9336.9	13347.6
西班牙	488.3	625.8	889.6	2762.6	7247.0	11302.8	17694.5	21587.6
土耳其	264.0	298.7	363.5	1301.0	3351.3	4334.1	5438.2	6759.7
乌克兰	54.0	74.7	141.8	1905.5	3948.3	6027.8	7867.0	8952.5
英 国	2832.5	3251.0	4386.3	8696.4	21195.9	27261.8	35988.5	36452.6
澳大利亚	3505.1	3938.6	4574.1	9810.2	21544.8	32903.6	36718.8	39794.4
新西兰	3194.0	3485.7	3921.1	6401.6	14919.2	17618.0	20120.9	20509.4

资料来源：世界银行WDI数据库。

附录1-18 互联网网民占总人口比重

单位：%

国家或地区	2010	2013	2014	2015	2016	2017	2018	2019	2020
世 界	**28.9**	**35.8**	**38.1**	**40.5**	**43.3**	**45.8**	**49.4**	**54.0**	**59.9**
高收入国家	**71.6**	**76.3**	**78.0**	**79.4**	**83.8**	**85.3**	**87.1**	**88.7**	**89.6**
中等收入国家	**21.6**	**29.8**	**32.1**	**34.9**	**37.9**	**40.7**	**44.5**	**50.0**	**57.3**
低收入国家	**3.3**	**5.4**	**7.0**	**9.2**	**11.1**	**13.8**	**16.2**	**18.1**	**20.6**
中 国	34.3	45.8	47.9	50.3	53.2	54.3	59.2	64.1	70.4
中国香港	72.0	74.2	79.9	85.0	87.5	89.4	90.5	91.7	92.4
中国澳门	55.2	65.8	69.8	77.6	81.6	83.2	83.8	86.5	88.1
孟加拉国	3.7	6.6	11.9	12.9	18.1	19.8	21.8	23.8	24.8
文 莱	53.0	64.5	68.8	71.2	90.0	94.9	95.0	95.0	95.0
柬埔寨	1.3	6.0	14.0	18.0	32.4	32.9	40.0	40.0	
印 度	7.5	12.3	13.5	14.9	16.5	18.2	20.1	29.4	43.0
印度尼西亚	10.9	14.9	17.1	22.1	25.5	32.3	39.9	47.7	53.7
伊 朗	15.9	30.0	39.4	45.3	53.2	64.0	70.2	77.8	84.1
以色列	67.5	70.3	75.0	77.4	79.7	81.6	83.7	86.8	90.1
日 本	78.2	88.2	89.1	91.1	93.2	91.7	91.3	92.7	90.2
哈萨克斯坦	31.6	63.3	66.0	70.8	74.6	76.4	78.9	81.9	85.9
韩 国	83.7	84.8	87.6	89.9	92.8	95.1	96.0	96.2	96.5
老 挝	7.0	12.5	14.3	18.2	21.9	25.5	29.1	30.8	33.8
马来西亚	56.3	57.1	63.7	71.1	78.8	80.1	81.2	84.2	89.6
蒙 古	10.2	17.7	19.9	22.5	22.3	23.7	47.1	51.1	62.5
缅 甸	0.3	1.8	7.4	10.9	16.0	23.6	28.7	34.9	35.1
巴基斯坦	8.0	9.0	10.0	11.0	12.4	13.8	15.3	17.1	25.0
菲律宾	25.0	32.7	34.7	36.9	39.2	41.6	44.1	43.0	49.8
新加坡	71.0	80.9	82.1	83.2	84.5	84.5	88.2	89.0	92.0
斯里兰卡	12.0	21.9	10.5	12.1	15.1	21.3	26.0	29.0	35.0
泰 国	22.4	28.9	34.9	39.3	47.5	52.9	56.8	66.7	77.8
越 南	30.7	38.5	41.0	45.0	53.0	58.1	69.9	68.7	70.3
埃 及	21.6	29.4	33.9	37.8	41.3	45.0	46.9	57.3	71.9
尼日利亚	11.5	19.1	21.0	24.5	25.7	28.0	31.9	33.6	35.5
南 非	24.0	46.5	49.0	51.9	54.0	56.2	62.4	68.2	70.0
加拿大	80.3	85.8	87.1	90.0	91.2	92.7	94.6	96.5	97.0
墨西哥	31.1	43.5	44.4	57.4	59.5	63.9	65.8	70.1	72.0
美 国	71.7	71.4	73.0	74.6	85.5	87.3	88.5	89.4	90.9
阿根廷	45.0	59.9	64.7	68.0	71.0	74.3	77.7	79.9	85.5
巴 西	40.7	51.0	54.6	58.3	60.9	67.5	70.4	73.9	81.3
委内瑞拉	37.4	54.9	57.0	58.0	60.0	61.6	72.0	72.0	
捷 克	68.8	74.1	74.2	75.7	76.5	78.7	80.7	80.9	81.3
法 国	77.3	81.9	83.8	78.0	79.3	80.5	82.0	83.3	84.8
德 国	82.0	84.2	86.2	87.6	84.2	84.4	87.0	88.1	89.8
意大利	53.7	58.5	55.6	58.1	61.3	63.1	74.4	76.1	70.5
荷 兰	90.7	94.0	91.7	91.7	90.4	93.2	91.9	93.3	91.3
波 兰	62.3	62.9	66.6	68.0	73.3	76.0	77.5	80.4	83.2
俄罗斯	49.0	68.0	70.5	70.1	73.1	76.0	80.9	82.6	85.0
西班牙	65.8	71.6	76.2	78.7	80.6	84.6	86.1	90.7	93.2
土耳其	39.8	46.3	51.0	53.8	58.4	64.7	71.0	74.0	77.7
乌克兰	23.3	41.0	46.2	48.9	53.0	58.9	62.6	70.1	75.0
英 国	85.0	89.8	91.6	92.0	94.8	90.4	90.7	92.5	94.8
澳大利亚	76.0	83.5	84.0	84.6	86.5	86.6	87.6	88.6	89.6
新西兰	80.5	82.8	84.0	85.2	86.5	87.7	89.0	90.2	91.5

资料来源：世界银行WDI数据库。

附录1-19　国际旅游收支

单位：亿美元

国家和地区	国际旅游支出			国际旅游收入		
	2018	2019	2020	2018	2019	2020
世　　界	**14127.4**	**14391.2**		**18299.6**	**18630.7**	
高收入国家	**9501.3**	**9596.7**		**11479.9**	**11521.5**	
中等收入国家	**4575.3**	**4760.5**		**4429.8**		
低收入国家				**116.8**	**117.5**	
中　　国	2773.5			403.9		
中国香港	265.0			423.1	327.0	
孟加拉国	12.1	13.9	6.6	3.6	3.9	2.2
柬 埔 寨	10.8	11.6	2.1	48.3	53.1	11.2
印　　度	257.9	286.0	157.8	291.4	316.6	134.1
印度尼西亚	131.7	144.5	19.8	179.2	184.1	35.3
伊　　朗	92.7			52.5		
以 色 列	99.8	103.9	21.8	80.5	84.6	26.6
日　　本	281.0	291.5	67.4	452.8	492.1	114.0
哈萨克斯坦	28.5	29.6	8.6	26.5	29.2	5.9
韩　　国	380.2	353.4	167.1	231.0	254.6	117.8
老　　挝	10.1	10.3	2.6	8.3	9.7	2.3
马来西亚	132.1	136.9	52.1	217.8	222.0	33.9
蒙　　古	8.2	10.4	5.7	5.3	6.1	0.5
缅　　甸	1.2	2.1		16.7	25.0	
巴基斯坦	29.6	30.0	12.5	8.5	9.9	7.7
菲 律 宾	124.7	129.3	48.7	97.2	114.6	27.7
新 加 坡	253.5			204.2		
斯里兰卡	24.9	24.4	8.0	56.1	46.6	10.8
泰　　国	144.1	149.7	36.8	613.8	643.7	153.6
越　　南	59.1	64.6	43.6	100.8	118.3	32.3
埃　　及	29.0	37.2	25.8	127.0	142.6	48.7
尼日利亚	132.2	164.1	66.1	19.8	14.7	3.2
南　　非	63.5	58.7	15.9	97.9	90.6	27.2
加 拿 大	335.8			219.8		
墨 西 哥	140.7	123.0	42.9	238.0	258.5	114.5
美　　国	1768.2	1860.8	488.4	2419.8	2394.5	842.1
阿 根 廷	130.8	98.5	27.5	60.0	56.5	17.0
巴　　西	222.3	211.8	64.9	63.2	61.3	31.0
委内瑞拉						
捷　　克	60.7	60.3	35.0	82.8	79.7	38.9
法　　国	591.3	597.5	311.9	725.2	707.8	359.6
德　　国	1035.0	1012.3		594.5	583.7	
意 大 利	376.4	379.1	129.7	516.0	519.1	204.6
荷　　兰	233.6	225.5	74.4	239.2	237.2	109.3
波　　兰	103.7	101.6	55.5	155.7	157.1	83.8
俄 罗 斯	387.9	406.1	108.0	187.4	172.4	49.6
西 班 牙	266.7			812.5		
土 耳 其	60.7	53.5	16.4	367.9	414.2	137.7
乌 克 兰	82.9	89.1	48.2	22.7	26.0	6.9
英　　国	688.9			485.2		
澳大利亚	424.4	413.5	76.5	473.3	479.5	262.3
新 西 兰	46.0			109.6		

资料来源：世界银行WDI数据库。

附录1-20 国际旅游人数

单位：万人

国家和地区	国外游客到达人数			出国旅游人数		
	2018	2019	2020	2018	2019	2020
世　　界	**233940.0**	**240307.4**		**199116.1**	**203443.2**	
高收入国家	**149187.0**	**152243.0**		**101696.5**	**103795.7**	
中等收入国家	**75885.8**	**79016.3**		**67654.1**	**69270.5**	
低收入国家	**1702.2**	**1741.0**				
中　　国	15860.6	16253.8	3040.2	14972.0	15463.2	2033.4
中国香港	6514.8	5591.3	356.9	9221.4	9471.5	826.1
中国澳门	3580.4	3940.6	589.7	178.0	176.5	12.5
孟加拉国	26.7	32.3				
文　　莱	452.1	444.9	107.1			
柬 埔 寨	620.1	661.1	130.6	199.5	203.8	32.6
印　　度	1742.3	1791.4		2629.6	2691.5	
印度尼西亚	1581.0	1610.7	405.3	946.8	1168.9	291.8
伊　　朗	729.5	910.7	155.0	724.3		155.0
以 色 列	438.9	490.5		847.3	917.9	
日　　本	3119.1	3188.1	411.6	1895.4	2008.1	317.4
哈萨克斯坦	878.9	851.5	203.5	1064.6	1070.7	286.5
韩　　国	1534.7	1750.3	251.9	2869.6	2871.4	427.6
老　　挝	418.6	479.1	88.6	320.7	269.0	70.7
马来西亚	2583.2	2610.1	433.3			
蒙　　古	59.8	63.7	6.7			
缅　　甸	355.1	436.4	90.3			
巴基斯坦						
菲 律 宾	716.8	826.1	148.3			148.3
新 加 坡	1850.8	1911.6	274.2	1037.8	1071.1	154.3
斯里兰卡	252.1	202.7	54.0	147.6	144.1	30.5
泰　　国	3817.8	3991.6		996.6	1044.6	
越　　南	1549.8	1800.9	383.7			
埃　　及	1134.6	1302.6				
尼日利亚						
南　　非	1500.4	1479.7	388.7			
加 拿 大	3127.4	3243.0		3806.9	3784.6	
墨 西 哥	9649.7	9740.6	5112.8	8628.0	8275.2	3605.6
美　　国	16932.5	16547.8	4503.7	15844.5	17093.0	6055.0
阿 根 廷	694.2	739.9		1841.1	1535.2	
巴　　西	662.1	635.3		1062.8		
委内瑞拉						
捷　　克	3626.8	3720.2		739.0	734.6	239.9
法　　国	21199.8	21787.7	11710.9	4806.9	4927.6	2128.7
德　　国	3888.1	3956.3	1244.9	10854.2	9953.3	
意 大 利	9322.9	9539.9	3841.9	6119.5	6220.7	2144.8
荷　　兰	1878.0	2012.9	726.5	2098.1	2204.5	
波　　兰	8594.6	8851.5		4860.0	5060.0	
俄 罗 斯	2455.1	2441.9	635.9	4196.4	4533.0	1236.1
西 班 牙	12445.6	12617.0	3641.0	2228.7	2281.6	623.6
土 耳 其	4611.3	5174.7	1597.1	838.3	965.1	224.3
乌 克 兰	1434.2	1371.0	338.2	2797.7	2934.6	1125.1
英　　国	4028.3	4085.7	1110.1	9057.1	9308.6	2382.7
澳大利亚	924.6	946.6	182.8	1140.3	1162.4	283.2
新 西 兰	385.8	388.8	99.6	303.8	322.5	51.1

资料来源：世界银行WDI数据库。

附录1-21　政府卫生保障支出占政府支出比重

单位：%

国家或地区	2010	2014	2015	2016	2017	2018	2019
中　　国	8.8	9.6	9.4	9.1	9.1	8.9	8.8
孟加拉国	4.4	3.6	3.4	3.0	3.0	3.0	3.0
文　　莱	5.8	5.2	5.9	6.2	5.9	7.1	6.8
柬 埔 寨	6.5	5.7	6.6	6.3	6.8	7.2	7.0
印　　度	3.1	3.3	3.4	3.4	3.4	3.1	3.4
印度尼西亚	3.9	5.3	6.6	8.2	8.2	8.4	8.7
伊　　朗	12.5	22.6	22.6	23.2	23.2	22.5	21.4
以 色 列	10.7	11.4	11.7	11.7	11.8	12.0	12.1
日　　本	18.9	22.6	23.2	23.2	24.3	24.3	24.2
哈萨克斯坦	8.2	10.0	8.4	9.5	7.9	9.1	8.3
韩　　国	11.9	12.2	12.6	13.1	13.6	14.2	14.3
老　　挝	2.7	2.7	3.4	3.6	4.1	4.2	4.7
马来西亚	6.3	7.8	8.2	8.3	8.8	8.4	8.5
蒙　　古	7.7	7.4	7.8	6.6	7.6	7.8	6.8
缅　　甸	1.4	4.5	5.0	3.1	3.6	3.5	3.6
巴基斯坦	2.8	3.5	3.7	4.3	4.3	5.3	4.9
菲 律 宾	7.2	7.3	8.2	7.9	7.8	7.4	7.6
新 加 坡	10.9	13.7	13.5	13.4	15.3	14.5	14.5
斯里兰卡	7.8	9.0	8.4	8.6	7.6	9.5	9.3
泰　　国	14.4	14.5	14.8	15.1	14.5	14.2	13.9
越　　南	7.9	8.5	7.9	9.6	10.1	10.2	10.1
埃　　及	4.4	4.2	5.1	5.1	5.4	4.7	4.7
尼日利亚	2.7	3.3	5.3	4.9	4.4	3.9	3.8
南　　非	14.2	14.9	15.2	15.3	15.3	15.3	15.3
加 拿 大	17.4	18.9	18.9	18.8	18.7	18.6	18.6
墨 西 哥	10.4	10.4	10.9	10.4	10.7	10.4	10.3
美　　国	18.4	21.5	22.3	22.4	22.4	22.4	22.4
阿 根 廷	16.7	16.3	16.5	13.5	16.1	15.0	15.5
巴　　西	9.0	9.6	10.0	10.0	10.3	10.3	10.5
委内瑞拉	8.2	4.8	5.8	7.3	7.4	6.6	11.6
捷　　克	13.1	14.7	14.1	14.6	15.0	15.3	15.4
法　　国	13.9	14.2	14.6	15.2	15.2	15.3	15.1
德　　国	17.5	19.2	19.5	19.6	19.9	20.0	20.1
意 大 利	14.0	13.2	13.1	13.2	13.1	13.2	13.2
荷　　兰	14.3	15.6	15.3	15.5	15.3	15.6	16.0
波　　兰	10.0	10.5	10.6	10.9	10.9	10.8	11.0
俄 罗 斯	8.6	9.2	8.8	8.2	8.8	9.8	10.2
西 班 牙	14.8	14.2	14.8	15.1	15.3	15.2	15.3
土 耳 其	10.9	10.2	9.7	9.7	9.7	9.2	9.5
乌 克 兰	7.5	7.7	8.6	9.0	8.5	8.4	7.7
英　　国	17.1	18.5	18.7	19.1	18.9	19.2	19.7
澳大利亚	16.1	15.7	16.3	16.5	16.5	16.4	16.3
新 西 兰	17.6	19.5	18.9	19.2	19.3	18.9	18.7

资料来源：世界银行WDI数据库。

附录1-22 教育支出占政府财政支出的比重

单位：%

国家或地区	2010	2015	2016	2017	2018	2019	2020
中　　国	15.0	12.1	11.9	11.6	10.8	11.2	10.5
中国澳门	13.0	13.4	13.8	14.1	15.2	16.6	12.3
孟加拉国	21.0	13.7	11.4	16.1	11.7	9.3	11.9
文　　莱	5.3		11.4				
柬 埔 寨	7.3				9.4	11.8	
印　　度	11.8	15.7	15.7	15.8	16.6	16.7	16.5
印度尼西亚	16.7	20.5	21.2	16.1	16.6	17.4	19.2
伊　　朗	19.3	18.6	19.5	20.3	21.2	21.3	23.1
以 色 列	13.7	15.5	15.4	15.7	15.5		
日　　本	9.2		8.4	8.4			
哈萨克斯坦		12.2	13.8	11.4	13.9	14.1	
韩　　国	14.8						
老　　挝	7.3		14.9	14.0			
马来西亚	18.4	19.8	20.9	21.3	19.6	17.7	15.4
蒙　　古	14.7	13.6	13.1	12.7	20.5	16.5	16.4
缅　　甸	7.5	8.7	9.7	9.9	10.4	10.6	
巴基斯坦	11.9	13.2	15.1	14.6		11.6	
菲 律 宾		16.0	17.0	17.2	15.4	17.5	14.2
中国香港	19.9	18.6	18.1	17.8	18.8	20.3	20.6
新 加 坡	18.6	19.7	18.5	20.1	20.8	19.5	11.9
斯里兰卡	8.6	11.0	17.7	14.5	11.3	9.9	
泰　　国	16.2	17.1	17.3	15.8	14.5	13.7	12.1
越　　南	17.1	17.1	15.6	15.1	16.1	14.0	14.4
埃　　及	11.3	11.9	11.5			11.6	12.3
尼日利亚		9.3	6.7	6.1	6.0	5.9	5.1
南　　非	18.0	18.7	18.1	18.7	18.9	19.6	19.5
加 拿 大	12.3						
墨 西 哥	18.6	19.0	17.9	17.6	16.6		
美　　国	13.1	13.6	13.2	13.9	13.2		
阿 根 廷	15.1	14.0	13.4	13.3	12.5	12.5	
巴　　西	14.2	16.2	15.9	16.5	16.2		
委内瑞拉		15.7	16.2	23.9			
捷　　克	9.2	13.7	14.0	9.8	10.5		
法　　国	10.1	9.7		9.7	9.7		
德　　国	10.3	11.0	10.9	11.0	11.2		
意 大 利	8.7	8.1	7.8	8.3	8.8		
荷　　兰	11.7	12.2	12.8	12.4	12.9		
波　　兰	11.0	11.5	11.3	11.1	11.1	12.0	
俄 罗 斯		10.9	11.0	13.5	14.3		
西 班 牙	10.6	9.8	10.0	10.2	10.0		
土 耳 其		12.8			12.4		
乌 克 兰		13.3	12.4	13.0	12.8	13.2	13.1
英　　国	12.8	13.5	13.5	13.8	13.3		
澳大利亚	14.3	14.1	13.8	13.6	13.5		
新 西 兰	15.7	16.4	16.8	16.6	16.1		

资料来源：世界银行WDI数据库。

【主要统计指标解释】

国内生产总值 指生产活动总成果，等于所有常住单位创造的增加值的总和（包括产出价值中未包括的产品税，不包括各项产品补贴），等于按购买者价格计算的货物和服务最终使用价值（不包括中间消费）减去进口的货物和服务价值，或等于常住生产单位初次收入分配的总和。

第三产业 第三产业即服务业。

在《国际标准产业分类》第三版中指第 50 类至第 99 类，包括批发零售贸易业（包括旅馆和饭店业）、交通运输业、政府、金融、专业服务和个人服务，例如教育、卫生、房地产服务，还包括虚拟的银行服务费、进口税和加工或调整数据时的统计误差。

在《国际标准产业分类》第四版中指第 45 类至第 99 类，包括批发和零售业；汽车和摩托车的修理、运输和储存、食宿服务活动、信息和通信、金融和保险活动、房地产活动、专业、科学和技术活动、行政和辅助活动、公共管理和国防；强制性社会保障、教育、人体健康和社会工作活动、艺术、娱乐和文娱活动、其他服务活动、家庭作为雇主的活动；家庭自用、未加区分的物品生产和服务活动、国际组织和机构的活动。

增加值总额 等于总产出减去中间消耗。用于衡量单个生产者、行业或部门生产活动对国内生产总值的贡献。增加值总额是国民核算账户（SNA）中初次收入形成的来源，因此被（从生产账户）结转到初次收入分配账户中进行反映。

就业人员 为一定年龄以上，在特定短期（一周或一天）内，属于下列类型的所有人：

（1）有酬从业人员，包括两类：①正在工作的人，指在参考期内做某些工作以得到现金或实物形式工资或薪金的人员；②有工作岗位但目前不工作的人，指现在有工作，却在短期内暂时不上班，但同时与工作单位有正式联系的人。这种正式联系，可以按照如下的一项或多项标准，根据各国的不同情况予以判断：1）持续领到工资或薪金；2）保证在暂时的不上班状态终止后返回该岗位，或对返回的时间有协议；3）在不工作的这段时间里，该从业者能得到补偿而无须接受其他工作。军人应被包括在有酬从业人员中。

（2）自营就业者，包括两类：①正在工作，指在短期时间内以利润或家庭收入为目的，从事某些工作得到现金或实物的人；②拥有企业而不工作的人，指自己拥有企业（如商业企业，农场，服务性企业），在一定时期内因特殊原因暂不工作的人。

工资 定期以现金或以实物形式支付给雇员的报酬，包括对雇员工作时间、完成的工作量和未工作的有酬时间（如年休假，法定假日）支付的劳动报酬。工资不包括雇主为其雇员支付的社会保险和养老金缴款、雇员因此而得到的收益、解雇和辞职时加发的工资。

贸易体系 是指贸易国家进行对外货物贸易统计所采用的统计制度。它有总贸易体系（又称一般贸易体系）和专门贸易体系（又称特殊贸易体系）两种类型。总贸易体系数值大于相应的专门贸易体系数值。

总贸易体系以货物通过国境作为统计进出口的标准。专门贸易体系则以货物通过关境或结关作为统计进出口的标准。

总贸易体系和专门贸易体系说明的是不同的问题。前者说明一国在国际商品流通中所处的地位和所起的作用；后者说明一国作为生产者和消费者在国际贸易中的地位。

出口 即货物离开一国的统计疆界。在总贸易体系中，一国的统计疆界与它的经济领土是一致的。在专门贸易体系中，一国的统计疆界只包括一部分经济领土，一般这部分与货物自由贸易区是一致的。自由贸易地区是一国经济疆界的一部分，在此间货物可以无进口税限制地流通。一般采用离岸价。

进口 指货物进入一国统计疆界。在总贸易体系中，进口包括直接为国内使用的进口，流入入境加工仓库的进口，注入海关仓库和自由区的进口；在专门贸易体系中，进口包括直接进入国内市场为国内使用的商品的进口，由海关仓库和自由区进入国内市场的进口，以及流向入境加工仓库的进口。一般采用到岸价。

服务贸易 服务（原为非要素服务）指无形商品的经济产出。它可以在同一时间产生、转让和消费。商品服务的出口（贷方和收入）和进口（借方和支付）来自于国际收支统计中的国际服务交易统计，其概念、定义和分类与国际货币基金组织 1993 年《国际收支手册》第五版一致。

外汇储备 一国当局可以使用和控制的外汇资产，它可直接用来弥补国际收支不平衡或间接用来平衡国际收支。

黄金储备（货币黄金） 一国当局拥有的、作为储备资产的黄金。

国际旅游支出 是指出境游客在他国的旅游消费，包括在国际旅行时，搭乘他国运输工具所支付的交通费（有些国家不包括这项交通费）。除非特别声明外，国际旅游支出包括境外一日游客（不过夜游客）在访问地的消费。

国际旅游收入 是指入境游客（过夜旅客）在本国的旅游消费，包括国际旅行时，入境游客搭乘本国运输工具所付给本国的交通费（有些国家不包括这项交通费）。国际旅游收入包括目的地国接受的所有商品和服务的支付。除特别声明外，国际旅游收入可以包括入境一日游游客（不过夜游客）在本国的消费。

附录二

中国服务业采购经理指数及世界主要经济体的相关情况

简要说明

一、调查内容

服务业企业主管运营的负责人或采购（或供应）经理对企业经营、采购及相关业务活动情况的判断，主要包括对业务总量、新订单（客户需求）、存货、投入品价格、销售价格、从业人员、供应商配送、业务活动预期等情况的判断。

二、调查范围

涉及《国民经济行业分类》（GB/T 4754-2017）中第三产业的 39 个行业大类。

三、调查方法

服务业采购经理调查采用 PPS 抽样调查方法。

四、季节调整说明

该调查是一项月度调查，受季节因素影响，数据波动较大。现发布的服务业采购经理调查各分类指数均为经季节调整后的数据。

五、资料来源

中国服务业采购经理指数资料是国家统计局服务业统计司根据《采购经理调查统计报表制度》收集的调查资料加工整理而得；世界主要经济体服务业采购经理指数资料主要来自于美国供应管理协会、摩根大通、标普全球等机构官方网站和各有关国际组织。

附录2-1 中国服务业采购经理指数(经季节调整)

单位：%

月份	商务活动指数	新订单指数	投入品价格指数	销售价格指数	业务活动预期指数
2021. 1	51.1	48.3	53.5	51.1	55.3
2	50.8	48.1	53.7	49.7	63.2
3	55.2	55.4	54.8	51.7	62.9
4	54.4	51.3	53.1	50.2	62.7
5	54.3	52.0	54.9	52.0	62.4
6	52.3	49.4	53.7	51.2	60.4
7	52.5	49.7	52.8	51.1	60.1
8	45.2	40.5	50.5	48.5	57.3
9	52.4	49.0	51.8	49.6	58.9
10	51.6	48.4	55.5	52.0	58.5
11	51.1	47.9	51.8	49.6	58.2
12	52.0	48.2	49.6	47.6	56.9

附录2-2 世界主要经济体服务业采购经理指数

单位：%

月份	中国	美国	欧元区	日本	德国	英国	法国	俄罗斯	巴西
2021. 1	51.1	58.7	45.4	46.1	46.7	39.5	47.3	52.7	47.0
2	50.8	55.3	45.7	46.3	45.7	49.5	45.6	52.2	47.1
3	55.2	63.7	49.6	48.3	51.5	56.3	48.2	55.8	44.1
4	54.4	62.7	50.5	49.5	49.9	61.0	50.3	55.2	42.9
5	54.3	64.0	55.2	46.5	52.8	62.9	56.6	57.5	48.3
6	52.3	60.1	58.3	48.0	57.5	62.4	57.8	56.5	53.9
7	52.5	64.1	59.8	47.4	61.8	59.6	56.8	53.5	54.4
8	45.2	61.7	59.0	42.9	60.8	55.0	56.3	49.3	55.1
9	52.4	61.9	56.4	47.8	56.2	55.4	56.2	50.5	54.6
10	51.6	66.7	54.6	50.7	52.4	59.1	56.6	48.8	54.9
11	51.1	69.1	55.9	53.0	52.7	58.5	57.4	47.1	53.6
12	52.0	62.3	53.1	52.1	48.7	53.6	57.0	49.5	53.6

【主要统计指标解释】

商务活动指数 指根据企业报告期内完成的业务活动总量的变化情况汇总而成的扩散指数。国际上通常用商务活动指数来反映服务业经济发展的总体情况，一般来说该指数高于50%，反映服务业经济总体上升或扩张；低于50%，反映服务业经济下降或收缩。

新订单指数 指根据企业报告期内签订的订单量、合同量或其它需求总量的变化情况汇总而成的扩散指数。

投入品价格指数 指根据企业报告期内主要投入价格水平的变化情况汇总而成的扩散指数。

销售价格指数 指根据企业报告期内销售（或收费）价格水平的变化情况汇总而成的扩散指数。

业务活动预期指数 指根据企业对未来业务活动整体水平预测的变化情况汇总而成的扩散指数。

附录三

部分国家服务业生产指数月度增速

简要说明

一、主要内容

中国服务业生产指数由中国国家统计局编制，于 2017 年 3 月开始正式按月对外发布。本篇收集了 2021 年中国月度服务业生产指数的当月同比增速和累计同比增速；英国、韩国服务业指数（Index of Services）、日本第三产业活动指数（Indices of Tertiary industry Activity）2021 年当月同比增速和环比增速。

二、统计范围

中国服务业生产指数统计范围包括《国民经济行业分类》（GB/T 4754-2017）中从批发和零售业到文化、体育和娱乐业等 13 个行业门类中 40 个行业大类的市场性活动，不包括公共管理、社会保障和社会组织，国际组织 2 个行业门类，以及科学研究和技术服务业，教育，卫生和社会工作 3 个行业门类中的非企业法人。同时，受基础数据所限，暂时也不包括农、林、牧、渔专业及辅助性活动，开采专业及辅助性活动，以及金属制品、机械和设备修理业。

三、资料来源

中国服务业生产指数由国家统计局服务业统计司提供；英国、韩国数据来自两国统计局官方网站，日本数据来自日本经济产业省官方网站。

附录3-1　2021年各国服务业生产指数月度增速(%)

月份	中国		英国		韩国		日本	
	同比	累计	同比	环比	同比	环比	同比	环比
1月			-9.6	-3.3	-1.8	-0.1	-5.5	-1.2
2月		31.1	-8.5	0.6	0.8	1.1	-5.4	
3月	25.3	29.2	2.6	3.0	7.8	1.3	1.7	1.5
4月	18.2	26.4	27.2	3.2	8.3	0.2	10.0	0.1
5月	12.5	23.6	25.8	0.8	4.2	-0.4	10.5	-1.7
6月	10.9	21.5	17.0	1.2	4.9	1.6	3.5	1.5
7月	7.8	19.6	8.6	-0.2	4.0	0.1	2.5	-0.4
8月	4.8	17.7	6.7	0.3	4.2	-0.8	0.4	-0.9
9月	5.2	16.3	6.3	0.7	3.4	1.4	-0.5	0.4
10月	3.8	15.1	5.9	0.4	5.1	-0.4	-0.4	1.4
11月	3.1	14.0	9.3	0.6	5.4	1.2	1.3	0.3
12月	3.0	13.1	6.9	-0.5	5.8	-0.4	1.3	-0.2

注：1.中国1月不计算指数，1-2月合并计算。
2.英国数据取自英国统计局2021年12月服务业指数报告。
3.韩国数据取自韩国统计局每月公布的服务业指数表。
4.日本数据取自日本经济产业省第三产业活动指数数据表。

【主要统计指标解释】

服务业生产指数 指剔除价格因素后，服务业报告期相对于基期的产出变化。以基期为100，如果指数大于100，表明服务业总体产出增长；小于100，表明服务业总体产出下降。目前，中国服务业生产指数以上年为基期。

服务业生产指数月度同比增速 指当月服务业生产指数相对于上年同期（以上年同期为100）的同比增速，=（当月服务业生产指数/100-1）×100%。

服务业生产指数月度累计增速 指累计服务业生产指数相对于上年同期（以上年同期为100）的同比增速，=（累计服务业生产指数/100-1）×100%。

服务业生产指数环比增速 指经季节调整后，当月服务业生产指数相对于上月（以上月为100）的增速，=（季节调整后当月服务业生产指数/100-1）×100%。